江苏水利年鉴 2023

江苏省水利厅 ◎ 编著

河海大学出版社
·南京·

图书在版编目(CIP)数据

江苏水利年鉴.2023/江苏省水利厅编著. --南京：河海大学出版社,2023.12
ISBN 978-7-5630-8839-3

Ⅰ.①江… Ⅱ.①江… Ⅲ.①水利建设－江苏－2023－年鉴 Ⅳ.①F426.9-54

中国国家版本馆 CIP 数据核字(2023)第 256619 号

敬　告

本书的封面、封底及正文部分图片由江苏省水利摄影协会供稿,在此我们表示衷心的感谢！也恳请各位读者朋友未经许可,不得擅自使用,谢谢！

书　　名	江苏水利年鉴(2023)
	JIANGSU SHUILI NIANJIAN (2023)
书　　号	ISBN 978-7-5630-8839-3
责任编辑	彭志诚
特约编辑	薛艳萍　李　茜
特约校对	王春兰
装帧设计	黄　煜　徐娟娟
出版发行	河海大学出版社
地　　址	南京市西康路 1 号(邮编:210098)
电　　话	(025)83737852(总编室)
	(025)83722833(营销部)
网　　址	http://www.hhup.com
排　　版	南京布克文化发展有限公司
印　　刷	南京工大印务有限公司
开　　本	787 毫米×1 092 毫米　1/16
印　　张	24.25
字　　数	590 千字
版　　次	2023 年 12 月第 1 版
印　　次	2023 年 12 月第 1 次印刷
定　　价	220.00 元

《江苏水利年鉴(2023)》编辑委员会

主　　任：高圣明

副 主 任：张劲松　　郑在洲　　方桂林　　韩全林　　周　萍
　　　　　王冬生　　蔡　勇　　喻君杰　　张春松　　黄良勇

委　　员：程　军　　张海泉　　杨　勇　　是　峰　　陈习庆
　　　　　吴晓春　　颜　建　　沈启涛　　周　岚　　凌国栋
　　　　　凌荣春　　葛志晖　　叶兴成　　吉玉高　　陈振强
　　　　　徐元亮　　李春华　　朱庆元　　黄章羽　　黄俊友
　　　　　张建华　　沈建强　　施红怡　　马志华　　陈　静
　　　　　王　嵘　　李　慧　　张树麟　　冯桂田　　陈昌仁
　　　　　武慧明　　刘胜松　　夏方坤　　刘劲松　　陈　健
　　　　　辛华荣　　张　鹏　　李　民　　魏　来　　孙明权
　　　　　唐荣桂　　李太民　　王　俊　　周元斌　　孙　勇
　　　　　韩成银　　郭明珠　　钱邦永　　张加雪　　洪国喜
　　　　　姚俊琪　　张　明　　马晓忠

《江苏水利年鉴(2023)》编辑部

主　编：喻君杰
副主编：吉玉高　　魏　来
编　辑：贾永志　　黄林霞　　程　瀛
　　　　楼　锋　　许　芬　　招　锐
　　　　邹安琪　　朱一丹

编辑说明

一、《江苏水利年鉴》（以下简称《年鉴》）是反映江苏水利事业发展和记录水利事实、汇集水利统计资料的工作书，每年编印一册。2023年刊为第35卷，主要收录2022年的资料和情况。

二、为深入贯彻落实习近平新时代中国特色社会主义思想和"节水优先、空间均衡、系统治理、两手发力"的治水思路，以及习近平总书记关于治水工作重要指示批示精神，突出反映新阶段水利高质量发展要求，《年鉴》编纂委员会对《年鉴》2023年卷编写框架进行了调整，调整后的《年鉴》包括17个专栏：特载、大事记、水利发展综述、重要文献、水利法治、水利建设、水利管理、防汛防旱、水文工作、南水北调、水利科技、政务公开、组织人事、党建与精神文明建设、地方水利、厅直工管单位和水利统计资料。

三、本卷记述起讫时间为2022年1月1日至12月31日。为保持内容资料的完整性、连续性，根据记述需要，部分内容适当上溯或下延。

四、专栏内包含文章、条目和表格。标有【　】者为条目的题名。

五、本书"特载"收录《江苏水利系统开展"牢记嘱托建新功"活动》《淮河入海水道二期工程开工动员会举行》《江苏省吴淞江整治工程开工动员会举行》《淮河以南地区战胜60年一遇夏伏旱》《省政府民生实事水利项目纪实》5个专题。

六、《年鉴》文稿资料由省水利厅机关处室、厅属相关单位、厅直属各水利工程管理单位，13个设区市以及昆山市、泰兴市、沭阳县水利（务）局提供，并经相关部门、单位把关审定。

七、《年鉴》采用中国法定计量单位。数字的用法遵从国家标准《出版物上数字用法》(GB/T 15835—2011)的相关规定。技术术语、专业名词、符号等力求符合规范要求或约定俗成。

八、限于编辑水平和经验，《年鉴》难免有缺点和错误。《年鉴》编辑部诚挚希望广大读者提出宝贵意见，以便不断改进工作。

目 录

特 载

江苏水利系统开展"牢记嘱托建新功"
活动 …………………………………（002）
淮河入海水道二期工程开工动员会举行
………………………………………（005）
江苏省吴淞江整治工程开工动员会举行
………………………………………（008）
淮河以南地区战胜60年一遇夏伏旱
………………………………………（010）
省政府民生实事水利项目纪实 ………（012）

大 事 记

2022年江苏水利大事记 ………………（016）

水利发展综述

2022年水利发展综述 …………………（028）

重 要 文 献

法规文件 ………………………………（032）
水利部关于加快推进省级水网建设的
指导意见 ……………………………（032）
江苏省洪泽湖保护条例 ………………（036）
江苏省防汛抗旱应急预案 ……………（043）
重要文献 ………………………………（057）
省水利厅关于印发《江苏省水行政处罚
裁量权实施办法》和《江苏省水行政处罚
裁量权基准》的通知 ………………（057）
 江苏省水行政处罚裁量权实施办法
 ………………………………………（058）
 江苏省水行政处罚裁量权基准 ……（061）
  中华人民共和国水法 ……………（062）
  中华人民共和国防洪法 …………（067）
  中华人民共和国水土保持法 ……（071）
  中华人民共和国长江保护法 ……（073）
  中华人民共和国水土保持法实施
  条例 ………………………………（075）
  长江河道采砂管理条例 …………（075）
  取水许可和水资源费征收管理
  条例 ………………………………（077）
  大中型水利水电工程建设征地补偿
  和移民安置条例 …………………（080）
  中华人民共和国水文条例 ………（081）
  中华人民共和国抗旱条例 ………（082）
  太湖流域管理条例 ………………（083）
  地下水管理条例 …………………（085）
  江苏省水利工程管理条例 ………（087）
  江苏省水资源管理条例 …………（095）
  江苏省防洪条例 …………………（096）
  江苏省人民代表大会常务委员会
  关于在长江江苏水域严禁非法采
  砂的决定 …………………………（097）

江苏省人民代表大会常务委员会
关于在苏锡常地区限期禁止开采
地下水的决定 …………………（098）
江苏省人民代表大会常务委员会
关于加强饮用水源地保护的决定
……………………………………（099）
江苏省水文条例 ………………（099）
江苏省水库管理条例 …………（101）
江苏省水土保持条例 …………（104）
江苏省节约用水条例 …………（105）
江苏省河道管理条例 …………（106）
江苏省农村水利条例 …………（112）
江苏省洪泽湖保护条例 ………（113）
建设项目水资源论证管理办法
……………………………………（114）
水行政许可实施办法 …………（114）
取水许可管理办法 ……………（116）
水利工程质量检测管理规定 …（116）
河道管理范围内建设项目管理的
有关规定 ………………………（118）
水利工程建设监理规定 ………（118）
工程建设项目货物招标投标办法
……………………………………（120）
工程建设项目勘察设计招标投标
办法 ……………………………（121）
工程建设项目施工招标投标办法
……………………………………（124）
评标委员会和评标方法暂行规定
……………………………………（130）
水库大坝注册登记办法 ………（131）
江苏省长江防洪工程管理办法 …（131）
江苏省长江河道采砂管理实施办法
……………………………………（131）
江苏省建设项目占用水域管理办法
……………………………………（132）
江苏省水利厅关于废止和修改部分行政
规范性文件的决定 ……………（136）
省水利厅关于印发《江苏省重点水利
工程基本建设项目招标投标行政监督
实施细则》的通知 ……………（139）
省水利厅关于印发《江苏省用水统计
管理暂行办法》的通知 ………（144）
领导讲话 ……………………（148）
在2022年全国水利工作会议上的讲话
……………………………………（148）
赓续使命　勇立潮头
奋力抒写强富美高新江苏水利现代化篇章
……………………………………（163）

水 利 法 治

政策法规 ……………………（178）
水法规制定及政策研究 ………（178）
水利普法与法制宣传教育 ……（178）
水行政审批 ……………………（179）
水行政复议 ……………………（179）
法治水利建设 …………………（179）
水政监察 ……………………（180）
水利综合执法 …………………（180）
执法队伍建设 …………………（181）

水 利 建 设

重点水利工程建设 …………（184）
国家水网骨干工程 ……………（184）
堤防能力提升工程 ……………（186）
闸站加固改造工程 ……………（186）
中小河流治理工程 ……………（187）
沿海水利工程 …………………（187）
河湖生态修复工程 ……………（187）
数字赋能工程 …………………（188）
农村水利建设 ………………（188）
大中型灌区建设 ………………（188）
农村生态河道建设 ……………（189）
农村供水 ………………………（189）

农业水价综合改革 …………………… (190)
水土保持 ……………………………… (190)
水利帮促工作 ………………………… (190)
城市水利建设 ………………………… (191)

水利管理

规划管理 ……………………………… (194)
水利规划体系建设 …………………… (194)
水利规划管理 ………………………… (194)
部分规划成果简介 …………………… (194)
工程建设管理 ………………………… (196)
水利事权划分 ………………………… (196)
前期工作 ……………………………… (197)
水利建设管理改革 …………………… (197)
工程建设管理 ………………………… (197)
施工质量管理 ………………………… (198)
工程管理 ……………………………… (199)
水利工程管理 ………………………… (199)
水利风景区管理 ……………………… (200)
水利工程移民管理 …………………… (201)
省属水利工程运行管理 ……………… (202)
水资源管理与保护 …………………… (203)
最严格水资源管理制度 ……………… (203)
水资源配置 …………………………… (203)
水资源规范化管理 …………………… (203)
水资源保护 …………………………… (204)
水资源管理改革创新 ………………… (204)
水资源管理能力建设 ………………… (204)
节约用水管理 ………………………… (205)
实施国家节水行动 …………………… (205)
节水型社会建设 ……………………… (205)
节水制度标准体系建设 ……………… (206)
节水宣传教育 ………………………… (206)
河湖管理与保护 ……………………… (206)
河湖规范化管理 ……………………… (206)
河湖采砂管理 ………………………… (207)

长江治理保护 ………………………… (207)
大运河治理保护 ……………………… (208)
太湖治理保护 ………………………… (208)
洪泽湖治理保护 ……………………… (208)
河湖长制 ……………………………… (209)
河湖长制工作 ………………………… (209)
河湖长履职 …………………………… (209)
幸福河湖建设 ………………………… (209)
安全生产 ……………………………… (210)
安全生产管理 ………………………… (210)
重大水利工程建设安全生产 ………… (211)
省属水利工程安全生产 ……………… (212)

防汛防旱

雨情、水情、旱涝灾情分析 ………… (216)
全省防汛抗旱防台工作 ……………… (217)
2022年省防指成员名单 ……………… (220)
2022年省联防指挥部成员名单 ……… (221)

水文工作

水文站网 ……………………………… (224)
站网设置 ……………………………… (224)
站网建设 ……………………………… (224)
站网维修养护 ………………………… (224)
水文测报 ……………………………… (224)
雨水情监测 …………………………… (224)
水资源监测 …………………………… (225)
水环境监测 …………………………… (226)
水土保持监测 ………………………… (226)
应急监测 ……………………………… (226)
资料整编与刊布 ……………………… (227)
水文分析与服务 ……………………… (227)
雨水情分析服务 ……………………… (227)
水资源分析服务 ……………………… (228)
水环境分析服务 ……………………… (228)

水土保持分析服务 …………………………（229）
水文行业管理 ……………………………（229）
规划工作 …………………………………（229）
行业建设 …………………………………（229）
精细化管理 ………………………………（230）
安全生产 …………………………………（230）

南 水 北 调

工程建设 …………………………………（232）
工程概况 …………………………………（232）
征迁安置 …………………………………（232）
工程验收 …………………………………（232）
后续规划 …………………………………（232）
工程运行 …………………………………（232）
体制机制 …………………………………（232）
运行监管 …………………………………（233）
水质监管 …………………………………（233）
水价水费 …………………………………（233）
调水管理 …………………………………（233）
管理体制 …………………………………（233）
调度运行 …………………………………（233）
数字孪生建设 ……………………………（234）
工程效益 …………………………………（234）

水 利 科 技

智慧水利建设 ……………………………（236）
水利科技管理 ……………………………（237）
水利科技成果 ……………………………（237）
水利技术标准 ……………………………（238）
省水利科学研究工作 ……………………（239）

政 务 公 开

信息公开 …………………………………（242）

宣传教育 …………………………………（242）
财务审计 …………………………………（243）
机关后勤 …………………………………（244）
疫情防控 …………………………………（244）

组 织 人 事

人事管理 …………………………………（248）
选配干部 …………………………………（248）
监督管理 …………………………………（248）
人才建设 …………………………………（248）
队伍结构 …………………………………（248）
机构编制 …………………………………（248）
机构职责 …………………………………（248）
机构设置 …………………………………（249）
人员编制 …………………………………（250）
教育培训 …………………………………（250）
表彰奖励 …………………………………（251）
老干部工作 ………………………………（251）
水利厅领导干部名录 ……………………（252）

党建与精神文明建设

党建工作 …………………………………（258）
党的政治建设 ……………………………（258）
党的二十大精神学习 ……………………（258）
党的思想建设 ……………………………（258）
党的组织建设 ……………………………（259）
党的作风建设 ……………………………（259）
党的纪律建设和反腐败斗争 ……………（259）
精神文明建设 ……………………………（260）
群团工作 …………………………………（261）
工会工作 …………………………………（261）
共青团工作 ………………………………（261）
水利学会工作 ……………………………（262）

地 方 水 利

南京市 ……………………………………（264）
工作概述 ……………………………………（264）
水利建设 ……………………………………（264）
河湖长制 ……………………………………（264）
河湖管理 ……………………………………（265）
水资源管理 …………………………………（265）
农村水利 ……………………………………（266）
工程管理 ……………………………………（266）
防汛防旱 ……………………………………（266）
水政执法 ……………………………………（266）
水利科技 ……………………………………（266）
党建工作 ……………………………………（267）
宣传教育 ……………………………………（267）
无锡市 ……………………………………（267）
工作概述 ……………………………………（267）
水利建设 ……………………………………（267）
河湖长制 ……………………………………（267）
河湖管理 ……………………………………（268）
太湖治理 ……………………………………（268）
水资源管理 …………………………………（268）
农村水利 ……………………………………（269）
工程管理 ……………………………………（269）
防汛防旱 ……………………………………（269）
水政执法 ……………………………………（270）
水利科技 ……………………………………（270）
党建工作 ……………………………………（270）
宣传教育 ……………………………………（270）
徐州市 ……………………………………（271）
工作概述 ……………………………………（271）
水利水务建设 ………………………………（271）
河湖长制 ……………………………………（272）
河湖管理 ……………………………………（272）
水资源管理 …………………………………（272）
农村水利 ……………………………………（273）
工程管理 ……………………………………（273）
防汛防旱 ……………………………………（273）
水政执法 ……………………………………（274）
水利科技 ……………………………………（275）
党建工作 ……………………………………（275）
宣传教育 ……………………………………（276）
常州市 ……………………………………（276）
工作概述 ……………………………………（276）
水利建设 ……………………………………（276）
河湖长制 ……………………………………（276）
河湖管理 ……………………………………（276）
水资源管理 …………………………………（277）
农村水利 ……………………………………（277）
防汛防旱 ……………………………………（278）
工程管理 ……………………………………（278）
水政执法 ……………………………………（278）
水利科技 ……………………………………（279）
党建工作 ……………………………………（279）
宣传教育 ……………………………………（279）
苏州市 ……………………………………（279）
工作概述 ……………………………………（279）
水利水务建设 ………………………………（280）
河湖长制 ……………………………………（280）
河湖管理 ……………………………………（280）
水资源管理 …………………………………（281）
农村水利 ……………………………………（281）
工程管理 ……………………………………（282）
防汛防旱 ……………………………………（282）
水政执法 ……………………………………（283）
水利科技 ……………………………………（283）
党建工作 ……………………………………（284）
宣传教育 ……………………………………（284）
南通市 ……………………………………（285）
工作概述 ……………………………………（285）
水利建设 ……………………………………（285）
河湖长制 ……………………………………（285）
河湖管理 ……………………………………（286）
水资源管理 …………………………………（286）

农村水利	(286)	水资源管理	(298)
工程管理	(287)	农村水利	(299)
防汛防旱	(287)	工程管理	(299)
水政执法	(287)	防汛防旱	(300)
水利科技	(287)	水政执法	(300)
党建工作	(288)	水利科技	(301)
宣传教育	(288)	党建工作	(301)
连云港市	(288)	宣传教育	(301)
工作概述	(288)	**扬州市**	(301)
水利建设	(289)	工作概述	(301)
河湖长制	(289)	水利建设	(302)
河湖管理	(290)	河湖长制	(302)
水资源管理	(290)	河湖管理	(303)
农村水利	(291)	水资源管理	(303)
工程管理	(292)	农村水利	(304)
防汛防旱	(292)	工程管理	(304)
水政执法	(293)	防汛防旱	(305)
水利科技	(293)	水政执法	(305)
党建工作	(293)	水利科技	(305)
宣传教育	(293)	党建工作	(306)
淮安市	(293)	宣传教育	(306)
工作概述	(293)	**镇江市**	(307)
水利建设	(294)	工作概述	(307)
河湖长制	(294)	水利建设	(307)
河湖管理	(294)	河湖长制	(307)
水资源管理	(295)	河湖管理	(307)
农村水利	(295)	水资源管理	(307)
工程管理	(295)	农村水利	(307)
防汛防旱	(295)	工程管理	(308)
水政执法	(296)	防汛防旱	(308)
水利科技	(296)	水政执法	(308)
党建工作	(296)	水利科技	(308)
宣传教育	(297)	党建工作	(308)
盐城市	(297)	宣传教育	(309)
工作概述	(297)	**泰州市**	(309)
水利建设	(297)	工作概述	(309)
河湖长制	(298)	水利建设	(309)
河湖管理	(298)	河湖长制	(309)

河湖管理 …………………………… (310)	河湖长制 …………………………… (321)
水资源管理 ………………………… (310)	河湖管理 …………………………… (322)
农村水利 …………………………… (310)	水资源管理 ………………………… (322)
工程管理 …………………………… (310)	农村水利 …………………………… (322)
防汛防旱 …………………………… (310)	工程管理 …………………………… (322)
水政执法 …………………………… (310)	防汛防旱 …………………………… (322)
水利科技 …………………………… (311)	水政执法 …………………………… (323)
党建工作 …………………………… (311)	水利科技 …………………………… (323)
宣传教育 …………………………… (311)	党建工作 …………………………… (323)
宿迁市 ………………………………… (312)	宣传教育 …………………………… (324)
工作概述 …………………………… (312)	**沭阳县** ………………………………… (324)
水利建设 …………………………… (312)	工作概述 …………………………… (324)
河湖长制 …………………………… (312)	水利建设 …………………………… (324)
河湖管理 …………………………… (312)	河湖长制 …………………………… (324)
水资源管理 ………………………… (313)	河湖管理 …………………………… (325)
农村水利 …………………………… (313)	水资源管理 ………………………… (325)
工程管理 …………………………… (314)	农村水利 …………………………… (325)
防汛防旱 …………………………… (314)	工程管理 …………………………… (325)
水政执法 …………………………… (314)	防汛防旱 …………………………… (326)
水利科技 …………………………… (315)	水政执法 …………………………… (326)
党建工作 …………………………… (315)	党建工作 …………………………… (326)
宣传教育 …………………………… (316)	宣传教育 …………………………… (326)
昆山市 ………………………………… (316)	
工作概述 …………………………… (316)	## 厅直工管单位
水利水务建设 ……………………… (316)	
河湖长制 …………………………… (316)	**省骆运水利工程管理处** ……………… (328)
河湖管理 …………………………… (317)	工作概述 …………………………… (328)
水资源管理 ………………………… (317)	工程管理 …………………………… (328)
农村水利 …………………………… (317)	防汛防旱 …………………………… (328)
工程管理 …………………………… (318)	水政水资源 ………………………… (328)
防汛防旱 …………………………… (318)	基础建设 …………………………… (329)
水政执法 …………………………… (318)	管理与改革 ………………………… (329)
水利科技 …………………………… (319)	党建及精神文明建设 ……………… (329)
党建工作 …………………………… (319)	安全生产 …………………………… (329)
宣传教育 …………………………… (320)	**省淮沭新河管理处**
泰兴市 ………………………………… (320)	**省通榆河蔷薇河送清水工程管理处**
工作概述 …………………………… (320)	…………………………………………… (330)
水利建设 …………………………… (321)	

工作概述 …………………………（330）	省秦淮河水利工程管理处 ……………（339）
工程管理 …………………………（330）	工作概述 …………………………（339）
防汛防旱 …………………………（330）	工程管理 …………………………（339）
水政水资源 ………………………（331）	防汛防旱 …………………………（339）
基础建设 …………………………（331）	水政水资源 ………………………（340）
管理与改革 ………………………（331）	基础建设 …………………………（340）
党建及精神文明建设 ……………（331）	管理与改革 ………………………（340）
安全生产 …………………………（331）	党建及精神文明建设 ……………（340）
省灌溉总渠管理处	安全生产 …………………………（341）
省淮河入海水道工程管理处 …………（332）	**省太湖地区水利工程管理处** …………（341）
工作概述 …………………………（332）	工作概述 …………………………（341）
工程管理 …………………………（332）	工程管理 …………………………（341）
防汛防旱 …………………………（332）	防汛防旱 …………………………（341）
水政水资源 ………………………（333）	水政水资源 ………………………（342）
基础建设 …………………………（333）	基础建设 …………………………（342）
管理与改革 ………………………（333）	管理与改革 ………………………（342）
党建及精神文明建设 ……………（333）	党建及精神文明建设 ……………（342）
安全生产 …………………………（333）	安全生产 …………………………（343）
省洪泽湖水利工程管理处 …………（334）	**省泰州引江河管理处**
工作概述 …………………………（334）	**省灌溉动力管理一处** …………………（343）
工程管理 …………………………（334）	工作概述 …………………………（343）
防汛防旱 …………………………（334）	工程管理 …………………………（343）
水政水资源 ………………………（334）	防汛防旱 …………………………（343）
基础建设 …………………………（334）	水政水资源 ………………………（343）
管理与改革 ………………………（335）	基础建设 …………………………（344）
党建及精神文明建设 ……………（335）	管理与改革 ………………………（344）
安全生产 …………………………（335）	党建及精神文明建设 ……………（344）
省江都水利工程管理处 ……………（335）	安全生产 …………………………（344）
工作概述 …………………………（335）	**省防汛防旱抢险中心**
工程管理 …………………………（336）	工作概述 …………………………（345）
防汛防旱 …………………………（336）	工程管理 …………………………（345）
水政水资源 ………………………（336）	防汛抗旱 …………………………（345）
基础建设 …………………………（336）	水政水资源 ………………………（345）
管理与改革 ………………………（337）	基础建设 …………………………（345）
党建及精神文明建设 ……………（337）	管理与改革 ………………………（346）
"牢记嘱托 再建新功"系列活动 …（337）	党建及精神文明建设 ……………（346）
安全生产 …………………………（338）	安全生产 …………………………（346）

水利统计资料

2022年江苏省水资源公报 …………（348）
2022年全省水利重点工程建设完成情况表 ……………………………（359）
2022年度省级组织验收统计表 ………（360）
2022年江苏省洪涝灾害基本情况统计表 …………………………………（361）
2022年江苏省水利设施洪涝灾害统计表 …………………………………（362）
2022年江苏省较大重大水毁工程台账 …………………………………（363）
2022年江苏省城镇受淹情况统计表 …………………………………（364）
2022年江苏省抗洪抢险技术支撑情况统计表 ……………………………（365）
2022年江苏省农业灾情统计表 ………（366）
2022年江苏省抗旱情况统计表 ………（367）
2022年度江苏省水利科技进步奖获奖名单 ………………………………（368）

特　载

江苏水利系统开展"牢记嘱托建新功"活动

2020年11月13日,习近平总书记视察江都水利枢纽,作出重要指示。江苏水利系统以习近平总书记视察江都水利枢纽重要指示为强大动力,推进水利跨越发展。

2022年11月13日,在习近平总书记视察江都水利枢纽两周年之际,江苏水利系统在江都水利枢纽开展"牢记嘱托建新功"活动。省水利厅党组书记、厅长陈杰号召全系统坚定捍卫"两个确立",昂首奋进新征程,以实际行动学习贯彻落实党的二十大精神。

会议指出,两年来,全系统始终牢记嘱托,以饱满的政治激情坚决落实,以昂扬的斗争精神攻坚克难,以强烈的使命担当创新突破。主动"勇挑大梁当先锋",重大工程建设取得突破。开工建设长三角一体化重点工程吴淞江整治,顺利实施新中国成立以来我省单项投资最大的淮河入海水道二期工程,全省重大工程突进提速。谨记"每条河流要有'河长'了",河湖长制实践取得突破。全域建设幸福河湖,江苏河长制经验在北京向世界专题专场发布,入选向党的二十大献礼读物——《解码中国之治》，把学问写在江苏大地上。秉承"防灾减灾新理念"，抗旱御台斗争取得突破。面对2022年长历时、大范围的严重气象干旱，以150亿立方米的长江之水，浇灌3300多万亩水稻，保证丰产丰收。面对抗御路径不确定、超历史强度的台风"烟花""梅花"，牢牢守护人民生命财产安全。倾注"国情和水情教育"，水利文化事业取得突破。高邮灌区、兴化垛田成功入选世界灌溉遗产名录，水情教育基地、水利风景区遍布全省，运河博物馆、水工博物馆闪耀江淮。确保"一江清水向北送"，助力世纪通水取得突破。切实发挥东线工程"四个生命线"作用，建成投运南水北调智能化调度系统，一期工程建设全面收官，累计调水出省55亿立方米，助力大运河百年来首次全线贯通。

会议指出，迈进新时代，全省水利系统深入践行习近平生态文明思想，贯彻"十六字"治水思路，落实国家江河战略，江苏水利事业取得了系统性变化、历史性成就，形成了系统治水新格局。省委省政府部署生态河湖行动计划，作为系统治水总抓手，在全国率先开展生态河湖建设，实现河湖面貌转折性变化。构建了防汛抗旱新格局。扛起主责天职，构建指挥层级升格、防办实体运作、部门协调有序、上下步调一致的防汛抗旱工作体系，连续成功抗御洪涝旱和强台风，减免灾效益达3000多亿元。完善了服务民生新格局。在全国率先实现城乡供水一体化，农村区域供水入户率达99%。大中型灌区现代化改造领跑全国，有效灌溉面积占比提高到92%、旱涝保收农田占比提高到85%。营造了管"盆"护"水"新格局。率先部署打赢打好碧水保卫战、河湖保护战，治理河湖"两违三乱"突出问题3.8万个，累计恢复自由水面220平方千米，全省水域面积提高到1.8万平方千米。培育了党建融合新格局。省委高质量考核连续4年位列第一等次，厅党组中心组连续获评"全省理论学习示范点"，厅系统创建全国和省级文明单位127家，党风、政风、行风持续向上向好。

会议强调，新征程上，全省水利系统要把学习宣传贯彻党的二十大精神作为首要政治任务，围绕中国式现代化目标，加快推进全省水利现代化。要坚定信心，朝着水利现代化的方向迈进。发挥江苏水利各项工作长期走在全国前列的基础优势，扛起"三大光荣使命"。要坚强决心，树立水利现代化的江苏样板。落实国家水网建设纲要，融入长江大保护、长三角一体化示范区建设等国家战略，服务乡村全面振兴部署。要坚守初心，扛起水利现代化的政治责任。坚持以人民为中心，发扬实干精神，不断增强群众安全感、获得感、幸福感。

唐洪武院士、胡亚安院士，中国文化遗产研究院荀德麟特聘研究员受邀出席。兴化市、高邮市党委政府负责同志参加活动。全体厅领导，厅机关处室、在宁厅属单位处级干部，厅属工程管理单位、各市水文分局中层以上干部参加活动。

淮河入海水道二期工程开工动员会举行

2022年7月30日上午,新中国成立以来江苏投资额和工程量最大的水利工程——淮河入海水道二期工程开工动员会举行。动员会深入学习贯彻习近平总书记重要指示精神,全面加强水利基础设施建设,为淮河流域治理作出江苏贡献。省委书记吴政隆出席并宣布淮河入海水道二期工程开工。水利部部长李国英、省长许昆林出席并讲话,省委副书记、省委政法委书记邓修明出席。

吴政隆指出,水利事关战略全局、事关长远发展、事关人民福祉。要认真学习贯彻习近平总书记在省部级主要领导干部专题研讨班和中央政治局会议上的重要讲话精神,胸怀"两个大局"、牢记"国之大者",树牢新发展理念和安全发展理念,加快服务构建新发展格局,强化要素保障,加强组织领导,上下联动、左右协同,精心组织实施,着力打造精品工程、安全工程、绿色工程、廉洁工程、民生工程,确保河湖安澜和粮食安全,确保人民群众生命财产安全,早日发挥水利重大项目防风险、保安全、稳增长、惠民生的综合效益,以治水兴水的新成效建设人水和谐的美丽江苏。各级领导干部要深刻领悟"两个确立"的决定性意义,全面落实党中央"疫情要防住、经济要稳住、发展要安全"的重大要求,以重大项目建设为契机,在"高效"上想办法,在"统筹"上出实招,知责于心、担责于身、履责于行,只争朝夕、埋头苦干、敢为善为,统筹好疫情防控和经济社会发展,统筹好发展和安全,力争实现最好结果,坚决"扛起新使命、谱写新篇章",在全国发展大局中勇挑大梁,以实际行动迎接党的二十大胜利召开。

李国英代表水利部对工程顺利开工建设表示祝贺,对江苏省委、省政府高度重视和大力支持水利基础设施建设表示感谢。他指出,党中央高度重视淮河治理。党的十八大以来,以习近平同志为核心的党中央对淮河治理作出一系列重要部署,治淮事业取得巨大成就。淮河入海水道二期工程是淮河流域防洪工程体系的标志性、战略性工程,是淮河流域亿万人民翘首以盼的民生工程、发展工程。工程实施后,将扩大淮河下游洪水出路、打通淮河流域泄洪通道、减轻淮河干流防洪除涝压力,对保障淮河流域人民群众生命财产安全、支撑淮河流域经济社会高质量发展具有十分重要的意义。要立足千年大计,以对历史极端负责的精神,严格执行工程建设管理制度,精心组织施工,强化安全生产管理,高标准高质量推进工程建设,力争早日建成发挥效益,努力让淮河入海水道二期工程经得起历史和实践检验,造福流域广大人民群众。

许昆林代表省委、省政府,向水利部、国家发展改革委等国家部委对工程开工建设的大力支持和悉心指导表示感谢。他指出,淮河入海水道二期工程投资规模大、建设周期长、社会关注度高,是淮河治理的标志性工程,具有全局性重要意义。要认真贯彻党中央决策部署,以高度的政治责任感和历史使命感，高质量推进二期工程建设，全力打造水利工程新标杆。省有关部门和淮安市、盐城市要切实担负起主体责任，强化工程建设管理，严格基本建设程序，有力有序推进工程建设，参建单位要坚持安全第一、质量至上，坚持科学施工、绿色施工，为稳定经济增长再注活力，为确保淮河安澜再建新功。

淮河入海水道二期工程全长162.3千米，自西向东设五大枢纽，设计行洪流量从2 270立方米/秒扩大到7 000立方米/秒。工程实施后，洪泽湖防洪标准将由100年一遇提高到300年一遇，保护洪泽湖及下游地区2 000多万人口、3 000多万亩耕地防洪安全，有力支撑淮河流域经济社会高质量发展。

会议以视频形式在水利部和南京、淮安、盐城同步举行。水利部副部长刘伟平，省委常委、常务副省长费高云，副省长马欣，省政府秘书长陈建刚，国家有关部委司局、淮河水利委员会、省市有关部门和工程沿线地区党委政府主要负责同志，参建单位代表参加会议。省水利厅、淮安市、盐城市代表发言。

江苏省吴淞江整治工程开工动员会举行

2022年5月16日下午，江苏省吴淞江整治工程开工动员会举行。动员会深入学习贯彻习近平总书记重要指示精神，全面加强基础设施建设，更好地服务长三角一体化高质量发展。省委书记吴政隆出席并宣布江苏省吴淞江整治工程开工。水利部部长李国英、省长许昆林出席并讲话。

李国英代表水利部对工程的顺利开工建设表示祝贺，对江苏省委、省政府高度重视和大力支持水利基础设施建设表示感谢。他指出，吴淞江整治工程将进一步完善太湖流域防洪工程体系，增加太湖洪水外排通道，提高太湖流域防洪排涝能力，改善区域水资源、水生态、水环境条件，提升苏州至上海内港航道航运能力，为长三角一体化高质量发展提供更加有力的水安全保障。要树立强烈的质量第一意识，严格落实工程建设管理制度，统筹做好施工组织、安全生产、疫情防控，确保工程建设质量、安全、进度，把吴淞江整治工程建成经得起历史和实践检验的放心工程、精品工程、民心工程。

许昆林代表省委、省政府对水利部长期以来关心支持江苏发展表示感谢。他指出,在全国上下统筹疫情防控和经济社会发展的重要时刻,举行江苏省吴淞江整治工程开工动员,是深入贯彻习近平总书记重要指示精神,落实党中央"疫情要防住、经济要稳住、发展要安全"重大要求,奋力推动长三角一体化高质量发展的具体行动。吴淞江整治工程是促进长三角地区基础设施互联互通、流域防洪保安和水生态环境持续改善的标志性重大项目。省有关部门和苏州市要提高政治站位、加强组织协调、强化服务保障,参建各方要统筹疫情防控和项目建设,坚持安全第一、质量至上,精益求精、争创一流,为履行新使命、谱写新篇章、助推长三角一体化高质量发展作出更大贡献,以实际行动迎接党的二十大胜利召开。

吴淞江整治工程涉及江苏、上海两地,是国家节水供水重大水利工程、省际重大水利工程。江苏段工程涉及苏州市吴江区、吴中区、工业园区、昆山市,总长61.7千米,竣工后将成为太湖第三条行洪通道,进一步提高太湖流域和工程沿线流域防洪除涝能力,促进长三角地区生态环境修复与保护共治共享,更好地保护人民群众生命财产安全、建设人与自然和谐共生的现代化。

会议以视频形式在水利部和南京、苏州同步举行。水利部副部长魏山忠,省委常委惠建林,省委常委、省委秘书长潘贤掌,省委常委、苏州市委书记曹路宝,副省长马欣,省政府秘书长陈建刚,水利部相关司局、省市有关部门负责同志,参建单位代表参加会议。省水利厅、苏州市代表发言。

淮河以南地区战胜 60 年一遇夏伏旱

2022 年，江苏本地降雨偏少，长江、淮河上游来水偏枯，夏季持续晴热高温，淮河以南地区遭遇 60 年一遇夏伏旱。汛期全省降雨量 439.9 毫米，位列历史同期（1951 年以来，下同）倒数第 5 位，尤其 5 月全省面雨量 9.6 毫米，较常年偏少 8.8 成，列历史倒数第 1 位；8 月全省面雨量 70.1 毫米，较常年偏少 5 至 6 成，列历史倒数第 4 位。淮河以南地区一度出现热旱叠加、江淮并枯的局面，长江出现罕见"主汛期反枯"现象，长江潮位及沿江支流出现设站以来同期最低水位，太湖最低日平均水位为近 20 年来历史同期最低水位。

面对严峻旱情，江苏立足江水北调、江水东引、引江济太三大调水工程体系，利用沿江分散供水区的引水口门、丘陵地区抗旱翻水线等调水系统，统筹配置水源，强化用水管理，科学系统组织抗旱工作。一是加强研判，及时会商部署。密切关注天气形势、旱情发展，加强雨水旱情监测、预报、预警，定期召开会商会，并视情加密会商频次，研判天气变化和旱情发展趋势，部署抗旱调度措施。抗旱期间，两次发布洪泽湖干旱蓝色预警，并于 2022 年 8 月 19 日启动淮河以南地区抗旱Ⅳ级应急响应，派出 6 支抗旱工作组。二是精准施策，科学调配水源。针对淮河水系湖库蓄水不足而沂沭泗水系来水较多的情况，相机实施引沂济淮，有效利用洪水资源10亿立方米。利用三大跨流域调水系统，适时启用里下河水源调整工程、通榆河北延工程、秦淮新河泵站、高港泵站等闸泵，全力抽引长江水补充区域水量，并补充骆马湖、洪泽湖水源。据统计，三大调水系统全年累计抽引江水188亿立方米；南京、常州、淮安、扬州、镇江等5市启用61条抗旱翻水线每日提水；省市县三级水利部门在南京、镇江、扬州、无锡、常州、苏州等6市丘陵山区共架设2 033台套临时机组增加调水能力。此外，全省各地气象部门共实施增雨作业240次。三是加强督导，严格管水用水。按月制定并下达江水北调沿线供水调度计划，从紧从细安排各地供水量。采用"线上＋线下"监督方式，每日统计分析调水河段用水情况，严控各河段用水量；优化灌区灌溉引水，实施错峰轮灌，指导做好农业节水工作；督促各地加强灌区骨干水利工程巡检、养护和维修，确保干支渠系和农村河道畅通、各类设施设备运行良好；协调交通部门优化船闸运行，降低通航频次，提高通行效率，减少水源消耗。四是强化协作，联动高效抗旱。按照"优化、协同、高效"原则，气象、住建、交通、农业、应急、电力等部门各司其职，各负其责，协作抗旱；各地政府不等不靠，主动作为，不断加大人员、物资和经费等抗旱投入力度。2022年中央下达抗旱资金2.73亿元，用于江苏抗旱油电补助、设备补充及应急水源工程建设。据统计，全省累计投入抗旱人数46.53万人，投入抗旱设施机电井3.39万眼、泵站2.18万处、机动抗旱设备20.15万套、机动运水车辆1.28万辆；各级财政累计投入抗旱资金8.79亿元，累计抗旱浇灌面积816.42千公顷。

省政府民生实事水利项目纪实

新治理443千米农村骨干河道

农村骨干河道是江苏河网水系的重要组成部分,加快农村骨干河道治理事关防洪保安、事关粮食安全、事关民生福祉。省政府把全面推进37条农村骨干河道治理列入2022年度省政府民生实事项目。省水利厅高度重视农村骨干河道治理工作,将其列入年度水利重点工作,依托国家新一轮中小河流治理规划,坚持以抓建设、保安全为重点,加强前期工作,排定推进目标,确保立项实施;加大推动力度,倒排节点工作,优化施工组织;加强要素保障,争取中央补助资金,强化部门统筹协调,扎实推进农村骨干河道治理取得实效。

截至2022年底,全省完成农村骨干河道治理443千米,超额完成年度治理任务,实现保护人口387万人,保护耕地316万亩,新增、改善灌溉面积92万亩,改善排涝收益面积652万亩,新增粮食生产能力893万千克。已治理河段防洪标准达到 20 年一遇以上、除涝标准达到 10 年一遇，区域防洪除涝供水体系进一步完善，"河畅、水清、岸绿、景美"的水生态环境渐次铺陈，为保障粮食安全、助力乡村振兴奠定了坚实的水利基础。

新建成 550 条农村生态河道

农村河道具有防洪排涝、灌溉供水、养殖生产、生态改善等综合功能，事关民生民本。实施农村生态河道建设，对改善农村生态环境、提高居民生活质量具有重要意义。2022 年，全省各地把农村生态河道建设作为助力乡村振兴、改善人居环境、增进民生福祉的一件大事来抓，高站位、高标准、高要求谋划实施。聚焦农村水环境"痛点""难点""堵点"，将其中人民群众最关心、治理需求最迫切的 550 条农村河道列入年度为民办实事项目，各地因地制宜，一河一策，科学选择适合的治理方案。省水利厅加强考核监管，对各地农村生态河道建设逐条开展现场评估考核，以考促干、以考创优，充分发挥考核"指挥棒"作用。省财政安排专项资金，依据考核结果对各地农村生态河道建设

进行奖补。各地通过搭平台、建机制、深发动,凝聚社会力量,着力健全完善农村河道长效管护机制,同时通过各种渠道,大力宣传生态河道重要意义,营造了全社会护河爱河的良好氛围。

2022年先后投入资金16.7亿元,新建成550条农村生态河道,累计疏浚河道土方1 391万立方米,打造生态护岸1 571千米,配套建筑物733座,植树58万株,绿化岸坡334万平方米,有效提升了河道蓄排能力,不少地方重现"河畅、水清、岸绿、景美"的乡村美景,受到了广大农村居民的普遍欢迎,交出了高分民生答卷,相关工作经省人大常委会评议位居前列。

大 事 记

2022年江苏水利大事记

1月

6日，中国水利报社第十一届年度"中国水利记忆·TOP10"评选结果揭晓。"江苏如皋市'自己的河道自己管护'破解农村河道管护难题"被评为"大地河源杯"2021基层治水十大经验之一。

11日，省信息化领导小组办公室公布"2021年智慧江苏重点工程"项目名单，全省共认定50个项目为2021年智慧江苏重点工程、10个项目为标志性工程，"南水北调江苏智能调度系统"项目同时上榜两项工程名单。

12日，省水利厅党组书记、厅长陈杰主持召开党史学习教育专题民主生活会，集中学习习近平总书记在十九届中共中央政治局第三十五次集体学习时重要讲话精神、关于认真组织学习《习近平法治思想学习纲要》的通知精神和《中国共产党组织工作条例》。

13—14日，中国工程院副院长、南水北调后续工程专家咨询委员会主任何华武院士带队来我省调研南水北调东线工程后续规划。中国工程院院士张建云、唐洪武参加调研。副省长马欣，省水利厅厅长陈杰陪同调研。

14日，省水利厅与淮安市政府签署战略合作协议，共谋幸福河湖建设，共探高质量跨越发展。省水利厅厅长陈杰，淮安市委书记陈之常出席签约仪式。

17日，水利部副部长魏山忠作出批示，要求水利部河长办将淮安市河长制工作经验向全国进行总结推广。

18日，省水利厅党组书记、厅长陈杰主持召开党史学习教育总结大会，传达学习习近平总书记关于党史学习教育的重要指示精神以及中央、省委党史学习教育总结会议精神，全面总结厅系统党史学习教育开展情况，研究部署巩固拓展党史学习教育具体措施。

△省水利厅召开全省水利工作会议，总结2021年全省水利工作，分析当前面临的形势，部署2022年水利重点任务。厅长陈杰在讲话中强调，要做好学习贯彻习近平总书记视察江都水利枢纽重要指示精神这篇永久文章，按照"争当表率、争做示范、走在前列"的目标要求，赓续使命、勇立潮头，扎实推进新阶段水利高质量发展，奋力抒写"强富美高"新江苏水利现代化篇章，以实际行动迎接党的二十大胜利召开。

21日，省水利厅召开援派干部座谈会。省水利厅副厅长王冬生参加会议。

24日，南水北调江苏数字孪生技术创新联盟揭牌成立，标志着南水北调江苏段智慧化建设、数字化转型进入了一个新发展时期。省南水北调办副主任郑在洲参加活动。

25日，省水利厅组织开展统一集中巡江行动，巩固长江河道采砂管理综合整治成果，做好春节期间长江河道采砂管理工作。省水利厅副厅长韩全林参加活动。

26日，省水利厅组织召开2021年度综合考核述职汇报会。

27日,省水利厅党组书记、厅长陈杰主持召开厅党组会,传达学习省政协十二届五次会议、省十三届人大五次会议、省委农村工作会议、省打好污染防治攻坚战指挥部会议、全省安全生产电视电话会议暨省安委会全体(扩大)会议精神。

△ 水利部召开全国水旱灾害防御工作先进表彰大会。我省水旱灾害防御调度指挥中心、省水文水资源勘测局等3家单位被评为全国水旱灾害防御工作先进集体,省灌溉动力管理一处机动抢险队朱国祥等6名个人被评为全国水旱灾害防御工作先进个人。

28日,省水利厅与省发展改革委联合印发《江苏沿海地区水利发展三年行动计划(2022—2024)》。

△ 省水利厅党组书记、厅长陈杰主持召开全省水利系统全面从严治党暨党风廉政建设会议,动员全省水利系统弘扬伟大建党精神,发扬自我革命精神,坚持不懈把全面从严治党和党风廉政建设向纵深推进。

2月

7日,省水利厅党组书记、厅长陈杰主持召开厅党组会,传达学习习近平总书记春节前夕赴山西看望慰问基层干部群众时重要讲话指示精神,通报郑州"7·20"特大暴雨灾害调查报告并进行交流研讨。

△ 省推进长三角一体化发展领导小组召开第四次全体会议。省水利厅厅长陈杰参加会议。

10日,江苏省水利厅会同上海市水务局、浙江省水利厅、长三角示范区执委会联合印发《长三角生态绿色一体化发展示范区建设水务(利)领域2022年行动计划》。

19—20日,中共中央政治局委员、国务院副总理胡春华在我省督导水利建设运行和冬小麦田间管理工作。

24日,省水利厅厅长陈杰主持召开加快推进长三角一体化示范区建设水利工作视频会,部署长三角一体化示范区幸福水网。

△ 吴淞江(江苏段)整治工程可研报告获得省发展改革委批复。

25日,省水利厅党组书记、厅长陈杰主持召开厅党组会,集中学习宪法。

28日,省水利厅召开2022年度太湖蓝藻水草打捞处置及湖泛巡查防控工作启动会议。省水利厅副厅长韩全林参加会议。

3月

1日,省推动长江经济带发展领导小组会议召开。省水利厅厅长陈杰参加会议。

△ 省水利厅召开全省河湖管理工作视频会议。省水利厅副厅长韩全林参加会议。

△ 江苏水文启动2022年度太湖安全度夏巡查监测督导工作。

3日,水利部召开全国水利系统节约用水工作会议。省南水北调办副主任郑在洲作交流发言。

4—11日,全国人大代表、江苏省水利厅厅长陈杰参加全国两会。

7日,省水利厅召开全省水利监督暨安全生产工作视频会议。省水利厅一级巡视员朱海生、省水利厅副厅长方桂林参加会议。

8日,省全民科学素质工作领导小组会议在南京召开。省水利厅副厅长方桂林作交流发言。

9日,省水利厅召开厅系统安全生产工作会议。省水利厅副厅长方桂林参加会议。

△ 省水利厅召开全省工程运行管理工作

会议。省水利厅副厅长张劲松参加会议。

△省水利厅召开厅属管理处工程运行管理工作视频会议。省水利厅副厅长张劲松参加会议。

10日,省水利厅召开全省水利工程建设管理工作会议。省水利厅一级巡视员朱海生、省水利厅副厅长方桂林参加会议。

△省水利厅召开全省水资源管理暨节约用水工作会议。省南水北调办副主任郑在洲参加会议。

11日,省水利厅召开全省水利政策法规暨行政执法工作视频会议。省水利厅副厅长韩全林参加会议。

△省水利厅召开全省南水北调工作视频会议。省南水北调办副主任郑在洲参加会议。

15日,省水利厅厅长陈杰组织召开省水利厅内部审计工作领导小组会议,研究部署2022年厅内部审计工作。

17日,省防指副指挥、省水利厅厅长陈杰主持召开水旱灾害防御工作视频会议。

△省水利厅召开全省水利规划计划工作视频会议。省水利厅总工程师周萍参加会议。

18日,全国水资源管理工作座谈会召开。省水利厅厅长陈杰作交流发言。

△省水利厅召开全省农村水利与水土保持工作视频会议。省水利厅副厅长高圣明参加会议。

22日12时,省水利厅根据淮河水情,本年度首次调度三河闸开闸泄洪。

22日,水利部等十部委联合举办《公民节约用水行为规范》主题宣传活动启动仪式。省南水北调办副主任郑在洲参加活动。

△省水利厅召开《公民节约用水行为规范》主题宣传活动动员部署会。省南水北调办副主任郑在洲参加会议。

25日,省水利厅赴省政府网站开展"地下水管理与保护"主题在线访谈。省南水北调办副主任郑在洲参加访谈。

△全省水文工作会议在南京召开。省水利厅副厅长张劲松参加会议。

△南水北调东线一期工程江苏段调度运行管理系统工程通过设计单元工程完工验收,标志着经过20年的不懈努力,南水北调东线一期工程江苏境内调水工程的40个设计单元工程全部通过完工验收。

31日,省十三届人大常委会第二十九次会议审议通过《江苏省洪泽湖保护条例》。

4 月

11日,全国水利工程建设工作会议召开。省水利厅一级巡视员朱海生作交流发言。

12日,副省长马欣来省水利厅,调研水利工作和汛前准备工作。

12—13日,省长许昆林在扬州检查指导疫情防控、经济运行、大运河文化带建设、重大水利工程建设等工作。

16日,省长、省防指指挥、省总河长许昆林,在宿迁和淮安检查指导水利建设、汛前准备等工作。

18日,省委书记吴政隆召开会议,研究我省防汛抗旱工作。

△全省防汛抗旱工作电视电话会议召开,省委书记吴政隆作出批示,省长、省防指指挥许昆林出席会议并讲话。

21日,省水利厅组织召开水利重点工程建设推进座谈会,贯彻全国水利工程建设工作会议精神,加快推进水利工程建设。省水利厅一级巡视员朱海生、省水利工程建设局局长蔡勇参加会议。

22日,淮河防总召开视频会议,部署安排2022年淮河流域防汛抗旱工作。副省长储永宏作交流发言。

25日,水利部召开高质量推进中小河流

系统治理工作会议，我省在会上作交流发言。

26日11时，省水利厅启用引淮入石工程，通过房山、芝麻、石梁河等泵站向石梁河水库补水，为2011年以来首次。

27日，《江苏省洪泽湖保护条例》贯彻实施座谈会在南京召开。省人大常委会副主任魏国强、省政府副省长马欣出席会议并讲话。

28日，省水利厅召开洮滆湖地区系统治理推进会，研究部署洮滆湖地区系统治理。省水利厅厅长陈杰参加会议。

△全国水利风景区建设与管理工作视频会议召开。省水利厅副厅长张劲松作交流发言。

△全国水利财务工作会召开。省水利厅总工程师周萍在会上作交流发言。

29日，水利部召开全国大中型灌区续建配套与现代化改造建设进度及问题整改情况视频会。省水利厅副厅长高圣明作交流发言。

5月

1日，我省进入汛期。

6日，长江防总召开视频会议，安排部署长江流域水旱灾害防御工作。副省长马欣作交流发言。

7日，太湖防总指挥长会议暨太湖流域片省级河湖长联席会议全体会议召开。省长、太湖防总总指挥、联席会议轮值召集人许昆林，水利部副部长刘伟平出席并讲话。副省长胡广杰作交流发言。

△省水利厅召开用好地方政府专项债券调度培训会。省水利厅总工程师周萍参加会议。

△我省兴化垛田灌排工程体系成功入选2022年度世界灌溉工程遗产。

7—8日，省委书记吴政隆深入连云港的企业车间、水库河道、田间地头、重大项目进行现场调研。省委常委、省委秘书长潘贤掌陪同调研。

9日，省水利厅、省南水北调办组织召开北延应急调水工作协调会。省水利厅副厅长郑在洲参加会议。

10日，水利部召开重大工程开工调度会议。省水利厅总工程师周萍在会上作交流发言。

11日，省水利厅召开全省水利财务审计工作会议。省水利厅总工程师周萍参加会议。

12—13日，省防指组织召开全省市县防汛抗旱指挥长专题学习会。省防指副指挥、省水利厅厅长陈杰参加会议。

13日，我省数字孪生秦淮河、数字孪生江苏太湖地区典型水网工程、数字孪生沂沭泗水系（江苏部分）、数字孪生水网（南通城区）入选数字孪生流域建设先行先试试点。

16日，吴淞江（江苏段）整治工程开工动员会举行，省委书记吴政隆出席会议并宣布江苏省吴淞江整治工程开工，水利部部长李国英、省长许昆林出席并讲话。省委常委、省委秘书长潘贤掌，省委常委、苏州市委书记曹路宝参加会议，副省长马欣主持会议。

18日，省水利厅党组书记、厅长陈杰以"四不两直"方式，到常州现场察看武进滆湖生态清淤工程和新孟河延伸拓浚工程奔牛段，推进工程建设进度，协调新孟河涉铁项目事宜。

19日，省洪泽湖管委会召开全体成员视频会议。副省长马欣出席会议并讲话。

20日，省水文局组织开展2022年全省水文系统应急测报演练。省水利厅副厅长张劲松观摩指导。

△省水利厅以视频形式召开省长江干流联防工作会议。省水利厅副厅长方桂林参加会议。

23日，水利部召开全国三峡后续及移民

工作座谈会。省水利厅副厅长王冬生作交流发言。

24日，省长许昆林带领省相关部门负责人到常州市武进区调研滆湖防洪及生态修复工程。

26日，省水利厅组织编制的《水旱灾害防御调度方案编制规范》《生态清洁小流域建设技术规范》2项地方标准获60万元江苏省质量强省奖补专项资金。

31日，全省水利移民工作视频会议召开。省水利厅副厅长王冬生参加会议。

△省水利厅召开2022年全省水利"安全生产月"活动动员部署会议。省水利厅一级巡视员朱海生参加会议。

6月

2日，国务委员、国家防总总指挥王勇在江苏检查指导防汛工作。

△国务院办公厅发布通报，对2021年落实有关重大政策措施真抓实干成效明显的地方予以督查激励。我省地方水利建设投资落实情况好、中央水利建设投资计划完成率高，河长制工作推进力度大、成效明显等2项水利工作受国务院办公厅督查激励。

9日，水利部、财政部通报了第一批水系连通及水美乡村建设试点县实施情况终期评估结果，我省南京市高淳区、苏州市吴江区、宿迁市泗阳县3个县（区）均获优秀等级，成为试点县实施终期评估"全优"省份。

△扬州市检察机关督促整治某公司占用廖家沟河道公益诉讼案、建湖县人民检察院诉张某某等人长江非法采砂刑事附带民事公益诉讼案入选全国涉水领域首批十大检察公益诉讼典型案例。

15日，水利部太湖局联合省水利厅和无锡市水利局，开展2022年太湖流域防洪调度演练。

18日，省水利厅在南京召开全省市县水利局长座谈会。

20日，省水利厅发布洪泽湖干旱蓝色预警。

21日，省水利厅以视频形式组织开展2022年石梁河水库防洪调度演练。省水利厅原一级巡视员张劲松、省水利厅副厅长王冬生观摩指导。

22日，太湖淀山湖湖长协作机制会议以视频形式召开。

23日，我省淮河以南地区正式入梅。

△省防指在省防汛抢险训练中心举行2022年军地联合防汛应急抢险汇报演练。副省长马欣现场观摩。

△省水利厅、省财政厅、人民银行南京分行联合召开江苏水利基础设施建设融资工作推进会。省水利厅总工程师周萍参加会议。

△国家发展改革委、自然资源部、生态环境部、住房和城乡建设部、水利部、农业农村部等6部门联合印发新一轮《太湖流域水环境综合治理总体方案》。

24日，省水利厅厅长陈杰主持召开防汛抗旱视频会商会，扎实做好当前防汛抗旱各项工作。

25日，石臼湖"两省四地"联合共治座谈会在南京市溧水区召开。会上，江苏省、安徽省，南京市、马鞍山市，南京市溧水区、高淳区，马鞍山市博望区、当涂县等省市区联合签订《环石臼湖联合共治协议》，达成"跨界联防联控、共同治理保护、协调解决争议"共识。

26—27日，我省淮北部分地区出现入梅后的第二场强降水。同期沂沭泗流域上中游出现强降雨过程，沂河、沭河等河道发生洪水。洪泽湖水位继续下降逼近死水位。

27日，经国务院审定，2021年度国家最严格水资源管理制度考核结果发布，我省再次获得优秀等次第一名。

28日,省生态环境厅、省水利厅、省科学技术协会联合举办的首届江苏省中小学生水科技发明比赛启动。

7月

1日,水利部开展全国大中型灌区项目建设调度会商。省水利厅副厅长高圣明作交流发言。

2日,省水利厅厅长陈杰召开视频会议,专题研究部署推进淮河入海水道二期工程开工事宜。

8日,宿迁市宿豫区人民政府与沭阳县人民政府在中国水权交易所签订水权交易书,标志着全省首例区域间水权交易完成。

11日,我省淮河以南地区出梅,梅雨期19天。

12日,省水利厅党组书记、厅长陈杰主持召开全省水利系统水利工程建设领域党风廉政建设警示教育大会。

△长江流域省级河湖长第一次联席会议在武汉举行。副省长马欣作交流发言。

13日,《丰县水资源刚性约束"四水四定"试点实施方案(2022—2025)》获县政府批复,是全省8个试点单位中首个通过县级批复的试点城市。

△2022年度中国地理信息产业优秀工程奖和地理信息科技进步奖评选结果揭晓。省水利厅《"十三五"江苏省重点河湖库遥感监测》获地理信息产业优秀工程金奖,《江苏省水域保护动态遥感监测关键技术研究及应用》获地理信息科技进步二等奖,这是江苏省水利系统首次在该领域获得金奖。

16日,江苏省会同太湖流域管理局启动2022年夏季引江济太调水工作,为近10年来首次在主汛期开展。

19日,洪泽湖治理保护推进会议召开,部署安排当前及下一阶段洪泽湖治理保护重点任务。省水利厅副厅长韩全林参加会议。

21日,省水利厅发布《水利数字化转型三年行动计划》。

△淮河流域省级河湖长联席会议召开。副省长胡广杰作交流发言。

22日,国家发展改革委主任办公会议审议通过淮河入海水道二期工程项目立项。

23日,省发展改革委批复淮河入海水道二期工程先导段工程初步设计。

26日,在水利部、中央文明办等10部委部署开展的"节水中国·你我同行"主题宣传联合行动中,我省获得地区综合排行、数量排行、人气排行等3项全国第一。

27日,水利部南水北调司一行到我省调研南水北调东线一期工程水量消纳情况。省水利厅厅长陈杰参加调研。

28日,水利部水利风景区建设与管理领导小组办公室举办"水美中国"首届国家水利风景区高质量发展典型案例发布会,江都水利枢纽入选十大标杆景区。

30日,淮河入海水道二期工程开工动员会举行。省委书记吴政隆出席并宣布淮河入海水道二期工程开工,水利部部长李国英、省长许昆林出席并讲话,省委副书记、省委政法委书记邓修明出席。水利部副部长刘伟平,省委常委、常务副省长费高云,副省长马欣参加。

8月

1日,国务委员、国家防总总指挥王勇主持召开防汛抗旱救灾工作视频会议。省长许昆林、副省长马欣参加会议。

2日,省长许昆林主持召开太湖治理工作专题会议,研究安排江苏省治太规划和重点工作。省委常委、常务副省长费高云,副省长方伟参加会议。

4日,中国国际发展知识中心编著的《解码中国之治:贯彻新发展理念实践案例精选2021》由人民出版社出版发行。江苏省河长制实践案例是该书生态文明建设方面的唯一案例。

9日,2022年引江济太累计引长江水2.91亿立方米,通过望虞河向两岸地区供水1.6亿立方米,太湖1.31亿立方米,调水成效显著。

10日,水利部召开水利基础设施建设进展和成效新闻发布会。省水利厅厅长陈杰在江苏分会场通过视频形式出席会议,就我省加快推进大中型灌区建设答记者问。

11日,水利部针对长江流域旱情发展启动干旱防御Ⅳ级应急响应。

12日,省十三届人大常委会第三十一次会议批准《宿迁市骆马湖水环境保护条例》和《徐州市骆马湖水环境保护条例》,这是淮海经济区城市间首次开展的紧密型协同立法。

△淮河入海水道二期工程建设领导小组办公室召开第一次会议。省领导小组副组长、办公室主任,省水利厅厅长陈杰主持会议并讲话。

△长江南京河段八卦洲汊道河道整治工程通过省水利厅组织的竣工验收。该工程是国务院确定的172项节水供水重大水利工程之一,工程总投资约4.7亿元。

15日,省水利厅召开全省中小河流治理总体方案编制工作启动会,部署新一轮全省中小河流治理方案编制工作。省水利厅总工程师周萍出席会议并讲话。

19日,省防指副指挥、省水利厅厅长陈杰主持召开全省水利系统抗旱工作视频会。15时,我省启动淮河以南地区抗旱Ⅳ级应急响应。

20日,省防指副指挥、省水利厅厅长陈杰主持召开全省抗旱工作会商会,分析当前我省抗旱形势,研究部署下一阶段抗旱措施。

△经省人民政府批准,省政府办公厅印发修订后的《江苏省防汛抗旱应急预案》。

21日,淮河入海水道二期工程开工专题片——《盛世治淮河 坦荡归海去》由荔枝新闻、我苏网同步全网首发,这是我省首次通过公共渠道播放为专门活动制作的专题片。

25日,中共中央政治局委员、国务院副总理胡春华在江苏考察指导农业生产和防灾减灾工作。

26日,江苏省人大常委会召开《中华人民共和国长江保护法》和《江苏省长江水污染防治条例》执法检查动员部署会。

27日,省水利厅解除洪泽湖干旱蓝色预警,省防汛抗旱指挥部宣布终止江苏省淮河以南地区抗旱Ⅳ级应急响应。

30日,水利部办公厅印发全国水土保持实施情况2021年度评估结果,江苏省连续三年获全国水土保持规划实施情况评估优秀等次。

9月

3日,省防指副指挥、省水利厅厅长陈杰组织省防指主要成员单位,会商台风"轩岚诺"防御工作。

4日,省委常委、常务副省长、省防指常务副指挥费高云主持召开台风"轩岚诺"防御工作会商会。

6日,省第六督导和服务组组长、省水利厅厅长陈杰带队赴常州和淮安开展督导调研，传达党中央、国务院，以及省委、省政府有关精神和督导服务工作要求。

13日，水利部组织长江水利委员会和江苏、安徽、江西、湖北、湖南省水利厅，研究制定抗旱联合调度方案，再次启动长江流域水库群抗旱保供水联合调度专项行动。

13日，省防指副指挥、省水利厅厅长陈杰主持防御台风"梅花"视频会商。10时，启动我省防台风Ⅳ级应急响应。

13日晚，省防指召开台风"梅花"防御视频调度会议。省长、省防指指挥许昆林主持会议并讲话。

14日，省防指召开台风"梅花"防御视频调度会。副省长、省防指副指挥马欣主持会议并讲话。

△省防指提升我省防台风应急响应至Ⅱ级。

15日，省委书记吴政隆到省防指检查台风"梅花"防御工作。省委常委、常务副省长费高云，省委常委、苏州市委书记曹路宝，省委常委、省委秘书长储永宏，副省长马欣参加会议。

15日，第八届江苏省科普公益作品大赛颁奖大会在南京召开，由省水利信息中心创作的《水·利江苏》获科普影视类专业组一等奖。

16日，2022数字江苏建设优秀实践成果结果公布，省江都管理处申报的"江都水利枢纽数字泵站"项目是全省水利系统唯一入选成果。

19日，2022年"全国社会治理创新案例"结果公布，共遴选出100份案例，《南京市建邺区构建"六化"体系破解中心城区河湖治理难题》是入选案例中唯一的涉水治理创新案例。

26日，省水利厅党组书记、厅长陈杰主持召开全省水利系统"抓建设、保稳定、正行风"工作会议。

10月

6日，泰州市兴化垛田灌排工程体系获评2022年（第九批）世界灌溉工程遗产。

1—7日，省水利厅厅长陈杰到省洪泽湖管理处、省江都管理处等厅属单位，查看工程运行和工程施工现场，调研指导调水运行、安全生产、值班值守等工作。

9日，省水环境监测中心通过国家计量认证复查评审。

11日，省水利厅启动新孟河界牌水利枢纽抗旱调水试运行。

13日，省水利厅召开全省水利新闻宣传暨水情教育工作座谈会，研究部署我省水利新闻宣传和水情教育工作。省水利厅副厅长高圣明参加会议。

△副省长马欣到淮河入海水道二期工程先导段现场，调研工程建设进展情况。

△省发展改革委批复淮河入海水道第二批工程初步设计报告，启动实施淮河入海水道二期工程淮安市清江浦区和工业园区、盐城市阜宁县和滨海县部分河道工程。

20日，省级河长、副省长胡广杰在溧阳和宜兴巡查新沟河、新孟河、滆湖、长荡湖治理与保护情况。

20日，新孟河工程抗旱调水正式实施。按照调度指令，省太湖管理处开启新孟河界牌水利枢纽3台机组，抽引长江水100立方米每秒。

21日，2022年江苏省青年志愿服务项目大赛评选结果公布，省水利厅4个项目获奖。其中，省江都水利工程管理处"源头·水云间"志愿服务项目，省淮沭新河管理处"关爱母亲河·守护绿色家园"志愿服务项目荣获二等奖；省泰州引江河管理处"同'引'一江水·共护母亲河"志愿服务项目、省洪泽湖水利工程管理处"关爱洪泽湖·保护水环境"志愿服务项目荣获三等奖。

23日,《新华日报》就筑牢水安全保障、加快水利现代化建设专访省水利厅厅长陈杰。

25日,第一届"水润农家"短视频征集活动获奖作品名单公布。省水利厅获优秀组织单位奖。

27日,省委副书记、省委政法委书记邓修明到省水利厅,深入宣传贯彻党的二十大精神,调研推动新时代新征程水利工作。

28日,省水利厅、省农业农村厅联合召开全省农田灌溉发展规划编制工作动员部署会。省水利厅副厅长高圣明参加会议。

11月

1日,国务院副总理胡春华在京出席全国冬春农田水利建设暨秋冬"三农"重点工作电视电话会议时强调,要深入学习贯彻党的二十大精神,全面贯彻落实习近平总书记关于"三农"工作的重要论述,扎实抓好冬春农田水利建设和农业生产,为夺取明年农业丰收奠定坚实基础。会后,省政府接着召开续会,部署我省今冬明春农田水利基础建设和农业生产工作。副省长胡广杰出席会议并讲话。

2日,省委副书记、省委政法委书记邓修明主持召开省委农村工作领导小组会议。副省长马欣出席会议并讲话。省水利厅厅长陈杰参加会议。

3日,省水利厅厅长陈杰到省水利科学研究院调研,并与南京水利科学研究院专家座谈交流,共谋水利科技发展大计。

△ 水利部公布安全生产法知识网络答题和全国水利安全生产知识网络竞赛获奖名单,省水利厅获得优秀组织奖。

4日,省水利厅召开全省水利系统冬春水利建设动员会,安排部署水利建设重点任务。省水利厅厅长陈杰参加会议。

△ 省水利厅荣获省政协提案先进承办单位称号。

7日,淮河入海水道二期工程先行用地获得自然资源部批复。

△ 水利部、财政部公布了2023—2024年第四批水系连通及水美乡村建设县名单,江苏省常州市武进区、淮安市淮阴区成功入围。

8日,省水利厅走进省《政风热线》直播间,就防汛抗旱、河湖保护、水资源管理、水利建设、农村水利等民生话题,现场回应社会关切。省水利厅副厅长方桂林、王冬生参加活动。

12日,溧阳市大溪水库以总分961分高分通过了水利部标准化管理工程评价验收,这是水利部新标准出台后,江苏省首家通过标准化评价验收的工程。

13日,江苏水利系统在江都水利枢纽开展"牢记嘱托建新功"活动。省水利厅党组书记、厅长陈杰参加活动并讲话。

△ 经水利部批准,南水北调东线一期工程启动第10个跨年度全线调水,此次调水规模为工程通水9年来最多的一次。

18日,省水利厅召开长江太湖片防汛抗旱工作总结座谈会。省水利厅副厅长兼省应急管理厅副厅长王冬生参加会议。

21日,省水利厅印发实施《江苏省用水统计管理暂行办法》。

24日,财政部、水利部通报,江苏省在2021年度中央财政水利发展资金绩效评价中获得优秀等级,连续6年位列全国31个省(市、区)前三名。

24日,省水利厅召开淮沂沭泗片防汛抗旱总结暨用水管理座谈会。省水利厅一级巡视员张劲松、省水利厅副厅长兼省应急管理厅副厅长王冬生参加会议。

△省十三届人大常委会第三十三次会议围绕《中华人民共和国长江保护法》《江苏省长江水污染防治条例》实施情况开展专题询问。省水利厅厅长陈杰就加强生态保护与修复等方面情况进行现场作答。

△《江苏省现代水网先导区建设实施方案》专家审查会在南京召开。省水利厅总工程师周萍参加会议。

26日，常州市武进区湟里镇高标准节水型乡镇建设高分通过考评验收，标志着湟里镇正式创成全国首个市级高标准节水型乡镇。

28日，全省水利工程建设安全生产电视电话会议召开。省水利工程建设局局长蔡勇参加会议。

29日，省水利厅印发《江苏省"十四五"水情教育规划》。

12月

8日，省泰州引江河管理处"文明善水润物无声"等7个案例入选第二届全国水利系统基层单位文明创建案例名单，数量居全国第一。

9日，江苏泗阳海峡环保有限公司与泗阳红亿纺织科技有限公司签订水权交易合同，完成全省首例再生水水权交易，转让60万立方米再生水水量指标。

12日，省水利厅通过视频会议形式，推进合同节水管理政策措施，推广合同节水管理模式，加快推进合同节水管理工作。省水利厅副厅长郑在洲参加会议。

13日，第三届全国水利科普讲解大赛圆满结束，我省获得二等奖2项、三等奖3项，是本次比赛获奖最多的省份。

14日，《水情教育基地评价规范》（DB32/T 4388—2022）正式发布，为全国首个水情教育基地评价地方标准。

20日，2022年度长江科学技术奖获奖名单公布。省水利科学研究院的《感潮河段深水岸坡一体化感知与防护质量提升关键技术及应用》和省水利工程规划办公室的《基于AIoT和流式计算的智慧河流关键技术研究》均获科技进步二等奖。

水利发展综述

2022年水利发展综述

2022年，江苏水利系统深入贯彻习近平总书记关于治水重要讲话重要指示精神，全力落实"十六字"治水思路，紧紧围绕"强富美高"新江苏现代化建设大局，扎实推进水利改革发展各项工作，取得明显成效。重大工程相继开工，抗旱防台全面胜利，工程质量考核"两连优"、水土保持规划实施评估"三连优"、水利发展资金绩效评价"六连优"、水资源管理考核"八连优"，水利建设、河长制工作获国务院激励表彰。

（一）水利建设实现重大进展。充分发挥水利稳投资、稳增长的重要作用，全省全年水利重点工程建设投入235亿元，带动全社会水利投入超560亿元，我省再次荣获国务院水利建设"真抓实干"激励表彰。国家重大项目取得突破，吴淞江（江苏段）整治工程、淮河入海水道二期工程开工。新孟河工程建成发挥效益，太湖"两进三出"骨干引排格局形成；淮河流域重点平原洼地近期治理工程基本完成，洪泽湖周边滞洪区近期建设等一批重点工程持续推进。区域治理项目加快实施，国家下达的中小河流443公里治理任务超额完成，完成投资26亿元，保护人口387万人，保护耕地316万亩。工程质量精品纷呈，推进水利工程建设专职项目法人建设，实现13个设区市全覆盖。开展"十四五"质量提升专项行动，实施施工现场标准化建设和质量安全通病专项治理，推行项目省市县三级稽察机制，推广项目法人施工单位联合委托质量检测机制，保障水利工程建设质量安全，10项工程通过大禹奖专家现场复核，年度数量全国第一，扬州市瓜洲泵站入选鲁班奖，为全国水利行业唯一项目。

（二）抗旱防台保障粮食丰收。深入贯彻落实习近平总书记关于防汛抗旱工作的重要指示精神，在省委、省政府的正确领导下，充分发挥水利工程防灾减灾效益，全力以赴做好防汛抗旱防台各项工作，科学防御太湖、淮河流域春汛洪水，成功应对沂沭泗地区长历时行洪，将7亿立方米沂沭泗洪水调入洪泽湖。成功防御第11号台风"轩岚诺"、第12号台风"梅花"。特别是面对长历时、大范围的严重气象干旱，以150亿立方米的长江之水，浇灌3300多万亩水稻，保证丰产丰收，保障生产生活生态、交通航运等用水，减免灾效益达800多亿元。同时，完成南水北调调水出省3.41亿立方米。首次启用新孟河抗旱调水试运行，引长江水4.3亿立方米，有效缓解太湖地区抗旱形势。

（三）农村水利助力乡村振兴。聚焦灌区改造高标准、农村供水高品质、生态河道高质量、水土保持高水平，全省投资80亿元，加快农村水利创新发展，助力乡村全面振兴。大中型灌区建设管理走在全国前列，完成35个大中型灌区现代化改造年度任务，大中型灌区高标准农田占比提升至80%，全省有效灌溉面积占比提升至91.9%，旱涝保收农田占比提升至85%，均居全国前列。水土流失综合防治成效显著，实施了25个国家水土保持重点工程项目，新建成48条生态清洁小流域，治理水土流失面积244平方公里,无锡市锡山区、溧阳市、苏州市吴江区创建国家级水土保持示范县,新沟河工程获得国家水土保持示范工程。国家对我省水土保持规划实施情况考核评估连续三年优秀。民生水利工程长久惠民,农村供水保障项目完成投资19亿元,铺设供水管网2 262公里,农村供水水质、供水保证率和供水集约化水平持续提升;高标准治理农村骨干河道超400公里,新建成农村生态河道5 000公里以上。实施水库移民扶持项目328项,建成26个美丽移民乡村,帮扶24个移民村发展产业,600个移民村基础设施和人居环境得到改善,中央财政水库移民扶持资金、三峡后续工作基金绩效评价均获优秀等次第一名。

（四）重点河湖生态加快复苏。深化河湖长制,系统推进河湖生态复苏,重点河湖治理成效显著,全省河湖水域面积稳中有增,86.7%的重点河流生态优良。长江经济带生态环境涉水问题如期整改,开展长江干流岸线利用项目排查整治行动"回头看",累计腾退生产岸线72.6公里,复绿1万多亩。完善长江巡查管控模式,实时掌握利用动态,按照"动态清零"要求发现处理问题277项,确保长江岸线规范利用。发挥洪泽湖管委会机制优势,首次开展河湖空间功能整体区划和分类分区管控,推动洪泽湖周边滞洪区建设和退圩还湖综合治理,加固堤防160公里,清退30平方公里历史圈圩,有效修复洪泽湖生态环境。开展"百里画廊""醉美湖湾"建设,累计恢复生态湖岸线58公里。推进太湖水环境综合治理,打捞蓝藻217万吨,启动新一轮太湖生态清淤工程,150万立方米年度任务顺利完成。加大引江济太力度,望虞河累计入湖11.9亿立方米,创近十年新高。小范围水质异常频次降至历史最低,太湖"两保两提"治理目标不断提升。切实加强河湖管理基础工作,全面完成省级32个重点流域性河湖、市县骨干河道和省保护名录湖泊以及652座小水库保护规划编制。出台河湖划界管理等办法,开展水域保护状况评价,应用遥感监测成果等,推动河湖实现有效保护。

（五）水资源考核管理亮点纷呈。用水总量控制在620亿立方米以内,低于国控目标,国家最严格水资源管理制度考核荣获第一。刚性约束加快实施,率先研究制定水资源刚性约束实施意见,在全国首推"四水四定"试点,南京江北新区等8个实施方案获批。印发4个跨市、93个跨县河湖分水方案,重点河湖分水全面完成。确定28个省级和148个市级生态水位,均得到有效保障。水资源管理更加规范,推进水资源管理规范化提档升级,颁布《取用水管理技术规范》(T/JSSL 0005—2022)地方标准,累计完成3 000余个取水口的规范化改造,建成124个重点大中型灌区渠首577个监测计量站,完成2/3的城市水源地规范化管理建设。提请省政府出台关于进一步加强地下水保护管理工作的意见,完成地下水超采区划定和覆盖全域的8 000余个地下取水工程登记造册。水权改革纵深推进,正式上线运行省级水权交易平台,累计完成91单水权交易,盘活存量水资源6 000万立方米以上。取水许可告知承诺制全面实行,全省1/3省级以上开发园区完成水资源论证区域评估。

（六）运行管理保持引领态势。强推数字化赋能,紧紧围绕省政府"着力打造全国数字经济创新发展新高地"目标,发布《水利数字化转型三年行动计划》,加强信息技术与水利业务的深度融合。推进数字孪生流域建设,数字孪生秦淮河等4大项、20单项工程入选水利部先行先试任务,同步在长江等江河湖库推进省级试点20余项。《数字孪生河网建设总体技术指南》列入省地方标准,江都水利枢纽数字泵站项目入选2022数字江苏建设优秀实践成果。普遍推进精细化管理,印发水利工程精细化管理评价办法及标准,督促指导全省打造管理标准化的升级版,已有国家级水管单位24家,省级水管单位330家,一级精细化管理工程172个,二级精细化管理工程216个,均处全国首位。力推安全化运行,建立工程定期安全鉴定与常态化消险机制,努力实现"动态清零",组织实施了15座水库大坝及63座大中型闸站安全鉴定。列入前期工作三年滚动计划的28项大中型病险工程,已开工7项,可研批复6项,其余正抓紧推进中。病险水库实现了"动态清零"。全面推进水利设施风险隐患排查整治,全省水利工程全年运行无事故。加强水利安全生产标准化建设,全年通过9家标准化一级单位、10家二级单位、6家省属三级单位。

（七）全面从严治党持续纵深推进。全面落实新时代党的建设总要求,以党的二十大精神的学习宣传贯彻为主线,持续深化"三个表率"模范机关建设,党建工作质量全面提升,党建引领作用充分发挥。持续强化意识形态工作,抓教育、强引领,抓宣传、扬正气,抓整治、守阵地,意识形态形势持续向上向好。持之以恒正风肃纪反腐,坚持严的主基调不动摇,严抓政治监督、严抓一体推进、严抓作风整改、严抓责任落实,持续打造"亲清水利 廉洁机关"品牌,营造了风清气正的良好政治生态。

重 要 文 献

重要文献　　031～176页

法规文件

水利部关于加快推进省级水网建设的指导意见

水规计〔2022〕201号

部机关各司局，部直属各单位，各省、自治区、直辖市水利（水务）厅（局），各计划单列市水利（水务）局，新疆生产建设兵团水利局：

为深入贯彻习近平总书记关于治水重要讲话指示批示精神，认真落实中央财经委员会第十一次会议精神，按照党中央、国务院有关部署，加快构建国家水网，推动新阶段水利高质量发展，提高水安全保障能力，现就加快推进省级水网建设提出以下意见。

一、总体要求

以习近平新时代中国特色社会主义思想为指导，全面贯彻党的十九大和十九届历次全会精神，深入落实习近平总书记"节水优先、空间均衡、系统治理、两手发力"的治水思路和关于治水重要讲话指示批示精神，完整、准确、全面贯彻新发展理念，以推动高质量发展为主题，统筹发展和安全，锚定"系统完备、安全可靠、集约高效、绿色智能、循环通畅、调控有序"的目标，以国家骨干网为依托，以省域自然河湖水系为基础、引调排水工程为通道、调蓄工程为节点、智慧化调控为手段、体制机制法治管理为支撑，科学谋划省级水网建设布局，加快推进省级水网建设，推动新阶段水利高质量发展，为全面建设社会主义现代化国家提供有力的水安全保障。

到2025年，省级水网建设规划体系全面建立，水网工程建设取得积极进展，水利基础设施薄弱环节建设得到加强，水资源集约节约安全利用水平得到提高，体制机制法治进一步健全，初步形成一批可借鉴、可推广的典型经验。到2035年，省级水网体系基本建成，水旱灾害防御能力、水资源集约节约利用能力、水资源优化配置能力、河湖生态保护治理能力、水网智慧化水平、体制机制法治管理水平明显提高，水安全保障能力显著增强。

二、科学编制省级水网建设规划

（一）切实强化规划引领。省级水网在国家水网中处于承上启下的关键环节，是提升国家水安全保障能力的重要基础支撑。各省级水行政主管部门要根据国家水网建设规划总体布局，围绕国家重大战略部署和区域发展需求，抓紧组织编制省级水网建设规划，做好顶层设计和规划论证，力争今明两年内完成规划编制，并经省级人民政府批复，作为今后一个时期省级水网建设的重要依据。规划编制要坚持系统观念，坚持问题导向和目标导向，充分利用已有水利规划成果，依据相关流域规划，明确规划思路和布局方案，深化重点问题研究，加强与发展规划、空间规划、区域规划、相关专项规划的衔接协调，注重目标指标的科学性、可达性和任务措施的可操作性。规划审批前应报水利部审核,经水利部组织有关单位和流域管理机构审核同意后方可审批。规划审批后,省级水行政主管部门应在一个月内将规划报水利部及相关流域管理机构备案。各地可结合实际,因地制宜开展市、县级水网建设规划编制工作。

(二)全面分析省级水网建设基础和需求。根据省域范围内自然河湖水系分布、水利基础设施建设等情况,结合区域经济社会发展对水安全保障的需求,在已开展水网规划建设和河湖水系连通等工作基础上,全面摸清省级水网建设的本底条件和建设基础。对照构建现代化、高质量基础设施体系要求,分析水利基础设施体系存在的短板弱项、水安全保障存在的问题,从完善防洪排涝减灾体系、水资源配置和供水保障体系、水生态保护治理体系等方面,综合分析今后一个时期省级水网建设需求,研判发展方向。

(三)合理确定省级水网建设目标指标。按照"三新一高"要求,着眼于提高省级水网水旱灾害防御能力、水资源调配能力、城乡供水保障能力、河湖生态保护治理能力、水网智慧化水平、体制机制法治管理水平,研究提出省级水网建设总体思路,明确到2025年、2035年的主要目标,科学确定省级水网覆盖范围、水流调控能力、防洪排涝、城乡供水和灌溉排水、水生态保护与治理、水网智慧化等具体指标。

(四)科学谋划省级水网建设布局。依托国家骨干网的调控作用,全方位贯彻"四水四定"原则,根据省域自然河湖水系特点和水利基础设施网络布局,综合考虑水资源多种功能属性,把联网、补网、强链作为重点,统筹谋划省级水网"纲、目、结",合理布局省级水网骨干工程,构建符合区域特点的省级水网格局。统筹国家、区域水安全保障需求,加强省级水网与国家骨干网的衔接和互联互通。优化市、县级水网建设布局,与上一级水网进行合理衔接和互联互通,落实到水网建设"最后一公里",形成省级水网"一张图"。

(五)统筹确定省级水网建设重点任务。针对水旱灾害防御新形势,依据流域防洪规划布局安排和区域防洪减灾要求,以流域为单元,提出河道堤防达标提标建设和河道整治、控制性枢纽工程建设、蓄滞洪区建设、排涝能力建设、洪水风险防控等重点任务和骨干工程。根据本地区水资源条件和经济社会发展布局,坚持节水优先、量水而行,提出区域水资源配置、城乡供水、灌溉排水、水源建设等重点任务和骨干工程。着眼提升生态系统质量和稳定性,根据水生态保护与修复要求,坚持综合治理、系统治理、源头治理,提出河湖生态环境保护修复、水系连通、地下水超采治理、水源涵养与水土保持等重点任务和骨干工程。以提升水网智慧化水平为目标,提出水网监测能力建设、智能化改造与建设、数字孪生水网、调度运行体系建设等举措。从强化体制机制法治入手,提出建立完善水网工程管理体制和运行机制、加强法治管理的措施意见。

(六)研究提出推进省级水网高质量发展举措。按照"整体规划、分步实施"的原则,考虑投资需求与可能,区分轻重缓急,科学合理安排省级水网工程建设时序,提出规划实施安排和保障措施。坚持高标准、高水平建设,从安全发展、绿色发展、智慧发展、协同发展以及水利产业化等方面,研究提出推动水网高质量发展的相关措施。

三、加快推进省级水网建设

(一)加快省级水网骨干工程建设。按照国家水网总体布局及省级水网建设布局,加快实施省级水网骨干工程建设,优先安排省域范围内国家骨干网重大工程及配套工程建设任务,确保配套工程与主体工程同步建成、同期发挥效益,加快列入"十四五"水安全保障规划的重大引调水、骨干输排水通道、控制性调蓄工程、大中型灌区、重点水生态治理修复等工程建设,为构建国家水网提供支撑。

(二)加强水网互联互通。协同推进省域范围内引调排水通道、河湖综合治理、水系连通、城乡供水、灌溉排水等工程建设,加强互联互通,完善省级水网工程布局。加强省级水网与市、县级水网的连通,支持城镇供水管网向乡村延伸,指导市县一体化推进水利基础设施建设,形成城乡一体、互联互通的省级水网体系,提升水利基本公共服务水平,筑牢省级水网基础。要以规划为依据,以水资源承载力为刚性约束,严格用水总量控制,严守生态保护红线,做好工程方案优化比选,避免盲目建设引调排水和水系连通工程,坚决防止过度调水、无序引水、人造水景观等现象。

(三)提升水网调控能力。统筹存量和增量,充分发挥已建蓄、引、提、调、拦、排等各类水工程调控水流的能力,规划新建一批水库、引调水和输排水通道、城乡供水、灌溉排水等工程,完善防洪排涝减灾、水资源配置和供水保障、水生态保护治理体系,加强水网工程联合调度,进一步增强调控能力,发挥水网综合调控作用。

(四)推进水网智慧化建设。加快重要江河干流及主要支流、中小河流监测站网优化与建设,加强水文水资源、水生态、河湖空间、水土保持、水工程安全等监测,全面提升水网监测感知能力。加强与新型基础设施建设相融合,开展水网工程智能化改造与建设试点,推动数字孪生水网建设,提升数字化、网络化、智能化水平。加快水网调度指挥体系建设,强化预报、预警、预演、预案措施,提供精准化决策支持,提高水网综合调度管理水平。

(五)强化水网体制机制法治管理。坚持系统观念,推进水网建设与水电、内河航运等行业融合发展,发挥水网综合功能和效益。依托具有一定规模和专业优势的水管单位、供水公司、投融资平台等,组建水网建设运营实体,积极探索投建管运一体化的建设管理模式。建立健全水网良性运行机制,深化水权、水价、水市场改革,推进工程标准化管理,积极推进工程管养分离,促进水网工程专业化、标准化、物业化管理。完善水网建设相关法律法规,健全依法行政制度体系,提高依法治水管水能力。

四、创新省级水网建设推进机制

(一)开展省级水网先导区建设。在整体推进省级水网建设的同时,组织开展省级水网先导区建设,鼓励地方先行先试,充分发挥引领作用,推动省级水网建设任务加快落地实施。力争用3到5年时间,先导区建设取得明显成效,骨干工程格局加快形成;数字孪生水网建设取得积极进展,监测调度智能化水平得到提升;体制机制法治管理有创新,水网工程实现良性运行和规范管理,为加快建设国家水网创造一批可借鉴、可推广的典型经验。

(二)把握先导区建设基本条件。开展省级水网先导区建设的省份,应具备的基本条件包括:一是积极性高。地方党委和政府对水网建设高度重视,省级人民政府已经批复省级水网建设规划,并积极研究出台相关支持政策。二是水网建设已具备较好的基础。近年来水利投入较大,水利建设运行管理体制机制和法治体系比较健全,一批水网骨干工程在建,纳入国家层面"十四五"水安全保障规划的重点项目前期工作推进较快,省级水网骨干工程格局正在形成。三是对服务支撑国家区域重大战略和区域协调发展战略实施具有重要作用,在国家水网总体布局中具有一定的区域代表性。

(三)编制先导区实施方案。为细化实化省级水网先导区建设任务和工作举措,拟开展先导区建设的相关省份,省级水行政主管部门应组织编制省级水网建设先导区实施方案。实施方案应包括开展省级水网先导区建设的基础条件，分析需解决的突出问题，明确先导区建设的总体思路、主要目标任务、实施的重点工程、发挥的重要作用、投资来源和保障措施，要突出工程建设、水网智慧化提升、体制机制法治管理、资金筹措等方面创新举措。实施方案编制完成后，与省级水网建设规划一并报送水利部。

（四）择优确定省级水网先导区。水利部组织有关单位、流域管理机构和专家，对地方申报的省级水网建设规划、先导区实施方案进行审核，审核重点主要包括：基础条件是否具备，总体思路是否清晰，目标指标是否可达，水资源管控指标是否符合，建设任务是否合理，实施安排是否可行，建设资金能否落实，工作推进机制是否健全，预期成效是否显著，工程建设运行管理方面是否有创新等。水利部综合考虑审核结果、区域平衡等情况，择优确定先导区名单。

（五）加强实施总结。开展先导区建设的省级水行政主管部门根据审核通过的实施方案，制定年度工作计划，推进各项建设任务落地实施，及时跟踪实施效果，总结提炼典型经验做法。水利部适时组织开展先导区建设工作总结，对于能够按期完成先导区建设任务并取得明显成效的省份，予以表扬并宣传推广。

五、强化组织保障

（一）加强组织领导。各省级水行政主管部门要把省级水网规划建设作为贯彻落实党中央、国务院决策部署，推动新阶段水利高质量发展的一项重要举措，加强组织领导，建立工作机制，明确重点任务，细化责任分工，狠抓工作落实，抓紧出台省级水网建设规划和相关政策文件。

（二）推进前期论证。各省级水行政主管部门要加快推进列入"十四五"水安全保障规划的水网重点工程建设，按照"确有需要、生态安全、可以持续"的重大水利工程论证原则，扎实做好项目前期工作，深入论证工程技术经济可行性，科学合理确定工程建设规模、布局和方案。协调做好规划选址、用地预审、环境影响评价、社会稳定风险评估等工作，按程序办理取水许可、洪水影响评价类、水土保持方案等涉水行政审批事项，积极推进项目立项审批和开工建设，确保省级水网落地实施、尽早发挥效益。

（三）加大资金投入。各省级水行政主管部门要坚持两手发力，加强与发展改革、财政等部门沟通协调，积极争取加大公共财政投入力度，用好地方政府专项债券支持政策，充分发挥政府投资撬动作用，支持水网工程建设。深化水利投融资体制机制改革，完善水价政策，建立合理回报机制，加大金融资金支持力度，积极引导社会资本依法合规参与工程建设运营。推动符合条件的项目开展基础设施领域不动产投资信托基金（REITs）试点。

（四）强化跟踪指导。水利部加强对省级水网规划建设的指导和支持，及时研究解决建设中的重大问题，做好国家、省级水网建设规划衔接协调，推动各层级水网协同发展。各流域管理机构要加强本流域内省级水网建设的跟踪指导和督促检查，积极支持省级水网建设规划编制和水网骨干工程立项建设。

（五）做好总结推广。各省级水行政主管部门要立足实际，及时总结本行政区水网规划建设的典型经验和做法。水利部适时组织对省级水网规划建设及先导区建设情况进行交流，对典型经验做法进行宣传推广。

水利部
2022年5月10日

江苏省洪泽湖保护条例

(2022年3月31日江苏省第十三届人民代表大会常务委员会第二十九次会议通过)

目　录

第一章　总则
第二章　规划与管控
第三章　资源保护与利用
第四章　水污染防治
第五章　水生态修复
第六章　法律责任
第七章　附则

第一章　总　则

第一条　为了加强洪泽湖保护，促进资源科学利用，保障防洪、供水、生态安全，根据《中华人民共和国水法》《中华人民共和国防洪法》《中华人民共和国水污染防治法》等有关法律、行政法规，结合本省实际，制定本条例。

第二条　在本省洪泽湖集水汇水区域内开展洪泽湖保护以及从事各类生产生活、开发建设等活动，应当遵守本条例。

洪泽湖周边滞洪区、自然保护区、大运河文化带的管理按照有关法律、法规和国家、省有关规定执行。

第三条　洪泽湖保护应当坚持生态优先、绿色发展，遵循科学规划、系统治理、统筹兼顾、协同共治的原则。

第四条　省人民政府和相关设区的市、县（区）人民政府（以下统称相关县级以上地方人民政府）应当将洪泽湖保护工作纳入国民经济和社会发展规划，将洪泽湖保护经费列入本级政府财政预算，落实调整经济结构、优化产业布局、推动绿色发展、促进生态安全的责任。

相关乡镇人民政府、街道办事处应当按照规定的职责，做好本辖区内洪泽湖保护的有关工作。

洪泽湖各级河湖长按照各自职责做好洪泽湖保护的相关工作。

第五条　省人民政府设立的洪泽湖管理委员会统筹协调洪泽湖保护工作，拟订相关政策措施，确定治理目标和考核指标，督促检查重要工作的落实。

相关设区的市、县（区）人民政府设立的洪泽湖保护综合协调机制统筹协调、指导监督本行政区域内的洪泽湖保护工作。

第六条　省人民政府水行政主管部门是洪泽湖的主管部门，承担省洪泽湖管理委员会的日常工作。经批准设立的省洪泽湖水利工程管理机构，按照规定的职责做好洪泽湖保护相关工作。

相关设区的市、县（区）人民政府水行政主管部门是本行政区域洪泽湖的主管部门，承担同级洪泽湖保护综合协调机制的日常工作。

相关县级以上地方人民政府发展改革、工业和信息化、公安、财政、自然资源、生态环境、住房城乡建设、交通运输、农业农村、文化和旅游、林业等相关部门按照职责分工，做好洪泽湖保护有关工作。

第七条 相关县级以上地方人民政府应当支持和引导金融组织和社会资本参与洪泽湖保护。

第八条 鼓励和支持开展洪泽湖集水汇水区域防洪排涝、污染防治、生态修复、绿色发展的科学研究与技术开发、成果转化与应用。

第九条 相关县级以上地方人民政府应当加强洪泽湖保护宣传教育工作，引导公众参与洪泽湖保护。鼓励依法开展生态环境公益诉讼等活动。

第十条 相关县级以上地方人民代表大会常务委员会通过听取和审议本级人民政府专项工作报告、组织执法检查等方式，加强对洪泽湖保护工作的监督。

第十一条 对保护洪泽湖成绩显著的单位和个人，按照国家和省有关规定给予表彰、奖励。

第二章 规划与管控

第十二条 省人民政府水行政主管部门应当会同省发展改革、自然资源、生态环境、住房城乡建设、交通运输、农业农村、林业等有关部门，依据流域综合规划、流域水生态环境保护规划、省国民经济和社会发展规划、国土空间规划等，编制洪泽湖保护规划，报省人民政府批准后实施。

洪泽湖保护规划的内容应当包括功能定位、保护目标、保护范围、防洪除涝要求、供水保障要求以及措施、水域岸线功能分类保护要求、种植养殖区域以及面积控制目标、水生态保护与修复措施、退圩（渔）还湖措施等。

涉及洪泽湖的交通、湿地、林业、自然保护区、生态环境保护、旅游、养殖水域滩涂等专项规划应当与洪泽湖保护规划相衔接。

经批准的洪泽湖保护规划是洪泽湖保护的依据，任何组织和个人不得违反洪泽湖保护规划从事开发利用活动。

第十三条 相关设区的市、县（区）国土空间规划应当体现洪泽湖保护范围和水域岸线功能分类保护要求。

洪泽湖集水汇水区域生态保护红线划定、永久基本农田划定、城镇开发边界划定，应当服从防洪总体安排，预留防洪设施建设空间。

第十四条 相关设区的市、县（区）人民政府应当依据洪泽湖保护规划，组织划定本行政区域内洪泽湖具体保护范围，设置界桩、标识牌，并向社会公告。

第十五条 相关设区的市、县（区）人民政府应当依据洪泽湖保护规划以及省洪泽湖管理委员会确定的洪泽湖治理目标和考核指标，制定实施计划，并将实施计划完成情况纳入对本级人民政府有关部门和下一级人民政府及其负责人考核评价的内容。

第十六条 洪泽湖保护范围内禁止下列行为：

（一）弃置废弃船只，擅自弃置清淤弃土；

（二）围湖造地、圈圩种植、圈圩养殖；

（三）新设除城乡生活污水集中处理设施排污口以外的排污口；

（四）设置住家船、餐饮船；

（五）新建、扩建宾馆饭店，开发建设房地产，或者违法建设其他设施；

（六）在洪泽湖迎水侧水域、湖洲、滩地上种植阻碍行洪的林木和高秆作物；

（七）其他缩小水域面积、侵占水域岸线、危害防洪安全、影响河势稳定、破坏水生态和水环境的行为。

洪泽湖保护范围内已有的耕地和永久基本农田应当依法逐步退出。对已有的圈圩，不得加高、加宽圩堤和垫高土地地面，不得新建、扩建硬质道路、涵闸、泵站、房屋等设施；已经列入洪泽湖退圩还湖规划和实施方案的，在退出前不得转作他用。

第十七条 相关县级以上地方人民政府应当调整洪泽湖集水汇水区域产业结构，优化产业布局，推进清洁生产和资源循环利用，促进绿色发展。产业结构和布局应当与生态系统、资源环境承载能力相适应。

相关县级以上地方人民政府应当开展洪泽湖集水汇水区域工业污染整治，淘汰不符合产业政策的落后产能。

第十八条 相关县级以上地方人民政府应当采取措施，推进洪泽湖堤防、滞洪区、主要出入湖河道整治，提高洪涝灾害防御工程标准，加强水工程联合调度，建立与经济社会发展相适应的防洪减灾工程体系，提升洪涝灾害整体防御能力。

第十九条 洪泽湖集水汇水区域内圩区的建设和治理应当符合防洪要求，合理控制圩区标准，统筹安排圩区外排水河道规模，严格控制联圩并圩。禁止在洪泽湖蓄水范围内开展圩区建设。

省人民政府水行政主管部门应当按照规定的权限开展洪泽湖洪水调度，相关设区的市、县（区）人民政府应当采取相应措施，落实滞洪区滞洪和超标准洪水应对的有关要求。

第二十条 确需在洪泽湖保护范围和入湖河道管理范围内建设跨河（湖）、穿河（湖）、临河（湖）、穿堤的建筑物、构筑物等工程设施的，其工程建设方案以及工程位置和界限应当经相关县级以上地方人民政府水行政主管部门或者流域管理机构按照权限批准。

在洪泽湖保护范围内开展水上旅游、水上运动等活动，应当符合洪泽湖保护规划，不得影响防洪安全、工程安全、生态安全和公共安全，有关部门在批准前应当征求相关设区的市人民政府水行政主管部门意见。

第二十一条 洪泽湖保护范围内实施网格化管理。省洪泽湖水利工程管理机构负责网格化管理机制运行的具体协调、指导和考核。

第二十二条 相关县级以上地方人民政府应当加强洪泽湖集水汇水区域内河湖公共空间治理，维护河湖公共空间的完整性。相关县级以上地方人民政府可以根据本地实际情况制定公共空间治理的具体办法。

第二十三条 相关县级以上地方人民政府水行政、自然资源、生态环境主管部门应当根据职责分工，对洪泽湖和入湖河道的水位、水量、水质、水生态、开发利用状况、地下水资源等进行动态监测，建立健全监测体系。

省人民政府水行政主管部门应当会同省有关部门每两年对洪泽湖保护状况进行评估，并向社会公布评估结果。

第三章 资源保护与利用

第二十四条 洪泽湖水资源配置与调度应当统筹本地水源与引江水源，协调省外调水与省内用水，优先满足城乡居民生活用水，保障基本生态用水，兼顾农业、工业用水以及航运等需要。

省人民政府水行政主管部门按照国家有关规定统一调度洪泽湖水资源，组织编制年度水量调度计划，明确相关河段流量水量、水位管控要求，分解下达到相关设区的市、县（区）人民政府；制定洪泽湖抗旱应急水量调度方案，发布洪泽湖干旱预警信息。

第二十五条 相关县级以上地方人民政府应当依法加强洪泽湖饮用水水源地、南水北调输水通道保护，组织开展应急水源地建设。

第二十六条 省人民政府水行政主管部门应当会同省有关部门确定洪泽湖生态水位并向社会公布。

省人民政府水行政主管部门应当建立洪泽湖生态水位监测预警机制，组织制定生态水位保障实施方案。洪泽湖水位接近生态水位时，省人民政府水行政主管部门应当采取补水、限制取水等措施。

第二十七条 相关县级以上地方人民政府应当按照洪泽湖以及入湖河道水域岸线功能区用途管制、节约集约利用的要求，开展河湖水域岸线综合整治，优化整合生产岸线、整治提升生活岸线、保护修复生态岸线，依法清退不符合功能区用途管制要求的项目。

第二十八条 洪泽湖采砂管理实行相关县级以上地方人民政府行政首长负责制。省人民政府应当依法确定洪泽湖禁止采砂区和禁止采砂期，并予以公告。

洪泽湖入湖河道禁止采砂区和禁止采砂期由相关县级以上地方人民政府依法确定并公告。

第二十九条 相关县级以上地方人民政府可以按照国家有关规定，结合河湖和航道的清淤疏浚、综合治理等，建立疏浚砂综合利用机制，促进疏浚砂综合利用。河湖和航道的清淤疏浚、综合治理工程涉及疏浚砂综合利用的，应当在项目实施方案中明确疏浚砂处置方案。

第三十条 相关县级以上地方人民政府应当在洪泽湖集水汇水区域重要典型生态系统的完整分布区、生态环境敏感区、珍贵野生动植物天然集中分布区和重要栖息地、重要自然遗迹分布区等区域，依法设立自然保护区、自然公园等自然保护地，加强自然保护地的保护和管理，维护生态功能和生物多样性。

第三十一条 省人民政府农业农村主管部门应当会同省有关部门组织开展洪泽湖水生生物资源监测，加强水产种质资源保护区管理。相关县级以上地方人民政府及其农业农村等主管部门应当加强水生生物资源保护，采取水生生物增殖放流等措施，维护水生生物多样性。

第三十二条 相关县级以上地方人民政府农业农村主管部门应当依据洪泽湖保护规划，编制洪泽湖养殖水域滩涂规划，划定禁养区、限养区和养殖区，报同级人民政府同意后公布并实施。

禁养区内的养殖应当依法退出；限养区内的养殖应当按照规划严格控制规模；养殖区的布局应当满足水域功能区的要求，兼顾近岸水域水生生物栖息地保护与恢复。

第三十三条 省人民政府农业农村主管部门应当依法确定洪泽湖禁止捕捞和限制捕捞的渔业资源区域、种类、期限。

洪泽湖水产种质资源保护区禁止生产性捕捞和垂钓。

第三十四条 相关县级以上地方人民政府及其有关部门应当保护洪泽湖集水汇水区域历史文化遗存，合理规划和建设水工遗址展示点、水文化展览馆、水情教育基地等设施，继承和弘扬大运河、洪泽湖历史文化。

第四章 水污染防治

第三十五条 相关设区的市、县（区）、乡镇人民政府对本行政区域内的水环境质量负责，应当加大洪泽湖集水汇水区域的水污染防治力度，推进城市内涝治理，合理规划建设城乡生活污水集中处理设施及配套管网，并保障其正常运行，预防、控制和减少水环境污染。

第三十六条 洪泽湖集水汇水区域实行重点水污染物排放总量控制制度。相关设区的市、县（区）人民政府应当根据省人民政府下达的总量控制指标，制定洪泽湖水污染物排放总量削减和控制计划，并分解下达实施。

省人民政府可以根据洪泽湖水生态环境保护的需要，对国家水污染物排放标准中未作规定的项目制定地方水污染物排放标准，对国家水污染物排放标准已作规定的项目制定严于国家水污染物排放标准的地方水污染物排放标准。地方水污染物排放标准应当报国务院生态环境主管部门备案。

第三十七条 洪泽湖主要入湖河道实行行政区界上下游、左右岸水体断面水质交接责任制。入湖河道水质未达标的,由相关县级以上地方人民政府制定整治方案并限期整改;未按期整改到位的,生态环境主管部门应当报经有批准权的人民政府批准后,责令排污单位采取限制生产、停止生产等措施,减少水污染物排放。

相关设区的市、县(区)人民政府应当组织开展洪泽湖入湖河道排污口核查整治,明确责任主体,实施分类管理,依法予以处理。

第三十八条 在洪泽湖集水汇水区域内,新建、改建、扩建排放水污染物的生产项目,应当符合《中华人民共和国水污染防治法》《淮河流域水污染防治暂行条例》《江苏省水污染防治条例》等法律、法规和国家、省产业政策。

在洪泽湖集水汇水区域内,禁止和严格限制的产业、产品名录,按照国家有关规定执行。省人民政府可以根据洪泽湖水生态环境保护的需要,增加严格限制新建的生产项目类别。

第三十九条 相关县级以上地方人民政府及其有关部门应当指导农业生产者科学合理使用化肥和农药,加强对洪泽湖周边圩区农田灌溉退水的治理和水质监控,因地制宜采取建设生物拦截带、生态沟渠、径流集蓄与再利用设施等措施,推进农田灌溉水循环利用,控制地表径流农业污染。

洪泽湖集水汇水区域畜禽养殖应当严格遵守国家和省关于禁养区的规定。依法设置的畜禽养殖场(小区)应当对畜禽粪便、污水进行无害化处理,因地制宜开展综合利用;达到省定规模的养殖场(小区)应当配套建设相应的畜禽粪污处理利用设施,并确保其正常运转。

洪泽湖集水汇水区域从事水产养殖的单位和个人,应当科学使用饵料、药物,开展养殖池塘标准化改造,促进养殖尾水达标排放或者循环利用。

第四十条 无船名船号、无船舶证书、无船籍港的船舶和住家船、餐饮船不得进入洪泽湖保护范围。

在洪泽湖和入湖河道航行、停泊、作业的船舶应当根据船舶种类、吨位、功率和配员等,配备相适应的生活污水收集处理设施以及废油、残油、垃圾和其他有害物质的存储容器,并正常使用。

第四十一条 禁止在洪泽湖保护范围和入湖河道管理范围内倾倒、填埋、堆放、弃置、处理固体废物。

相关县级以上地方人民政府应当加强对跨区域固体废物污染环境的联防联控。

第四十二条 相关县级以上地方人民政府应当与相邻省份、本省相邻区域同级人民政府建立洪泽湖水污染防治跨区域协作机制,共同预防和治理水污染、保护水环境。

生态环境主管部门应当将跨省断面纳入水环境监测网络,建立与相邻省份同级人民政府有关部门的联动工作机制,加强水环境信息交流和共享,依法开展生态环境监测、执法、应急处置等合作,共同处理跨省突发水环境事件以及水污染纠纷,协调解决重大水环境问题。

第五章 水生态修复

第四十三条 相关县级以上地方人民政府应当依据国土空间生态保护和修复规划,按照山水林田湖草系统治理的要求,坚持自然恢复为主、自然恢复与人工修复相结合的原则,组织开展退圩(渔)还湖、水域岸线生态修复、清淤疏浚、水系连通、入湖河道综合治理、水生态涵养区建设、水土流失防治等,恢复、修复河湖功能。

第四十四条 相关县(区)人民政府应当依据省人民政府批准的洪泽湖退圩(渔)还湖规划,编制实施方案,落实年度计划。

退圩(渔)还湖需要堆放弃土的,应当符

合洪泽湖退圩（渔）还湖规划的要求，兼顾防洪调蓄、生态保护与科学利用。退圩（渔）还湖完成后，根据实际情况重新划定洪泽湖保护范围。

相关县级以上地方人民政府在安排年度建设用地指标时，对退圩（渔）还湖涉及的水利工程建设用地应当优先予以支持。相关县（区）人民政府应当将土地整治等形成的新增耕地，优先用于退圩（渔）还湖需要调整的耕地和永久基本农田的调整补划。省人民政府自然资源主管部门应当加强洪泽湖退圩（渔）还湖涉及用地的协调、指导工作。

相关设区的市、县（区）人民政府实施退圩（渔）还湖时，应当采取切合当地实际的政策措施，依法保护有关组织和个人的合法权益。

第四十五条　相关县级以上地方人民政府应当依据洪泽湖保护规划，在确保防洪、供水安全的前提下，因地制宜开展洪泽湖水域岸线生态修复，建设生态型护岸，保护洪泽湖滩地，改善水生动植物赖以生存的生态环境。

第四十六条　相关县级以上地方人民政府应当采取河道清淤、岸坡防护、截污纳管、生态湿地过滤、排污口整治等多种措施，开展入湖河道综合治理，保证入湖河道水质达标。

第四十七条　相关县级以上地方人民政府可以将生态功能突出的区域划定为水生态涵养区，实行严格保护。

相关县（区）人民政府应当加强洪泽湖和入湖河道水生植物的管理，科学利用、合理收割芦苇、蒲草等水生植物。

第四十八条　相关县级以上地方人民政府水行政主管部门应当根据洪泽湖集水汇水区域河湖水网水系特点，实施河湖水系连通工程，逐步恢复河湖自然连通能力；加强防洪、供水、生态综合调度，促进水体互联互通、活水畅流。

第四十九条　相关县级以上地方人民政府水行政主管部门应当定期开展河湖淤积监测，根据需要进行清淤疏浚，实施淤泥无害化、减量化处置，推动无污染淤泥的综合利用。

第五十条　省人民政府应当将洪泽湖生态空间管控区域纳入重点生态功能区转移支付范围，并加大财政转移支付力度。

鼓励洪泽湖集水汇水区域内上下游、左右岸地方人民政府之间开展生态保护补偿。鼓励社会资金建立市场化运作的洪泽湖生态保护补偿基金。鼓励洪泽湖集水汇水区域相关主体之间采取自愿协商等方式开展生态保护补偿。

第六章　法律责任

第五十一条　违反本条例规定，法律、法规已有处罚规定的，从其规定。

第五十二条　违反本条例规定，相关县级以上地方人民政府、有关部门、乡镇人民政府、街道办事处及其工作人员玩忽职守、滥用职权、徇私舞弊的，对直接负责的主管人员和其他直接责任人员依法给予处分；构成犯罪的，依法追究刑事责任。

第五十三条　违反本条例第十六条第一款第一项规定，在洪泽湖保护范围内弃置废弃船只的，由相关县（区）人民政府指定的部门责令违法者限期清除；逾期不清除的，代为清除，所需费用由违法者承担；违法者无法确定的，组织清除。

违反本条例第十六条第一款第一项规定，在洪泽湖保护范围内擅自弃置清淤弃土的，由相关县级以上地方人民政府水行政主管部门责令停止违法行为，限期清除，可以处一万元以上五万元以下罚款；逾期不清除的，代为清除，所需费用由违法者承担。

违反本条例第十六条第一款第四项规定，在洪泽湖保护范围内设置住家船、餐饮船的，由相关县（区）人民政府指定的部门责令限期拖离或者拆除，逾期不拖离的，予以拖离;不能拖离或者逾期不拆除的,代为拆除,所需费用由违法者承担,可以处五千元以上二万元以下罚款。

第五十四条 因污染洪泽湖环境、破坏生态造成他人损害的,侵权人应当依法承担侵权责任。

违反规定造成洪泽湖生态环境损害的,国家规定的机关或者法律规定的组织依法有权请求侵权人承担修复责任、赔偿损失和有关费用。

第五十五条 相关县级以上地方人民政府应当建立洪泽湖联合执法机制,组织有关部门对洪泽湖跨行政区域、生态敏感区域和违法案件高发区域以及重大违法案件,依法开展联合执法。有条件的地方经依法批准,可以建立综合行政执法制度,相对集中洪泽湖管理保护行政处罚权。

相关县级以上地方人民政府有关部门应当依照本条例规定和职责分工,对洪泽湖保护活动进行监督检查,依法查处各类违法行为;发现涉嫌犯罪的,应当移送司法机关。司法机关对有关部门移送的涉嫌犯罪案件,应当按照国家和省有关规定处理。

第五十六条 对洪泽湖保护工作不力、问题突出、督查检查发现问题整治不力、群众反映集中的地区,省洪泽湖管理委员会和省人民政府有关部门可以约谈相关设区的市、县(区)人民政府及其有关部门主要负责人,要求其采取措施及时整改。

第七章 附 则

第五十七条 本条例所称洪泽湖集水汇水区域,是指淮安市、宿迁市行政区域内废黄河以南、洪泽湖大堤以西、盱眙山脉分水岭以北、苏皖省界以东的区域。

本条例所称相关设区的市、县(区),是指淮安市、宿迁市,淮安市淮阴区、洪泽区、盱眙县,宿迁市宿城区、泗阳县、泗洪县。

本条例所称洪泽湖保护范围,是指洪泽湖设计洪水位以下的湖泊水体(包括淮河洪山头以下至老子山的干流)、湖盆、湖洲、湖滩、湖心岛屿、湖水出入口、堤防及其护堤地。其中,无堤防段根据洪泽湖设计洪水位确定;有堤防段以背水坡堤脚外五十米为界(有顺堤河的,以顺堤河为界),城镇段堤防背水坡堤脚外不小于五米。

本条例所称入湖河道,是指洪泽湖集水汇水区域内的高桥河、维桥河、池河、淮河干流、团结河、怀洪新河、新汴河、老汴河、新滩河、老滩河、濉河、徐洪河、安东河、西民便河、古山河、五河、肖河、马化河、朱成洼河、成子河、高松河、黄码河、淮泗河、赵公河、老场沟、杨场沟、张福河。

第五十八条 本条例自2022年5月1日起施行。

江苏省防汛抗旱应急预案

1　总则
1.1　编制目的
1.2　编制依据
1.3　适用范围
1.4　工作原则
2　组织体系
2.1　省防汛抗旱指挥部
2.2　联防指挥部
2.3　地方政府防汛抗旱指挥机构
2.4　基层防汛抗旱组织
2.5　专家库
3　监测预报、预警和预备
3.1　监测预报
3.2　预警
3.3　预备
4　应急响应
4.1　防汛应急响应启动条件
4.2　抗旱应急响应启动条件
4.3　综合研判
4.4　应急响应行动
4.5　应急响应措施
4.6　信息报告和发布
4.7　社会动员和参与
4.8　应急响应变更与终止
5　保障措施
5.1　组织保障
5.2　资金保障
5.3　物资保障
5.4　队伍保障
5.5　技术保障
5.6　信息保障
5.7　交通保障
5.8　供电保障
5.9　治安保障
6　善后工作
6.1　灾后重建
6.2　水毁修复
6.3　物资补充
6.4　行蓄洪区运用补偿
6.5　征用补偿
6.6　总结评估
6.7　奖惩
7　预案管理
7.1　预案修订
7.2　预案解释部门
7.3　预案实施时间

1　总　　则

1.1　编制目的

做好洪涝干旱灾害的预防和处置工作，保证防汛抗旱工作依法、规范、有序进行，最大限度减少灾害损失，保障经济社会全面、协调、可持续发展。

1.2　编制依据

依据《中华人民共和国突发事件应对法》

《中华人民共和国水法》《中华人民共和国防洪法》《中华人民共和国防汛条例》《中华人民共和国抗旱条例》《国家突发公共事件总体应急预案》《国家防汛抗旱应急预案》《抗旱预案编制导则》《国家防汛抗旱总指挥部办公室关于加强地方防汛抗旱应急预案修订的指导意见》以及《江苏省防洪条例》《江苏省水利工程管理条例》《江苏省突发事件总体应急预案》《江苏省气象灾害应急预案》等，制定本预案。

1.3 适用范围

本预案适用于全省境内发生的洪涝干旱灾害预防和应急处置。

灾害包括：洪水、雨涝、干旱和水工程出险等及其引发的次生、衍生灾害。

1.4 工作原则

1.4.1 以人为本，安全第一。坚持把保障人民生命财产安全放在首位，最大程度地减少灾害造成的危害和损失。

1.4.2 统一领导，分级分部门负责。各级人民政府是本行政区域内防汛抗旱工作的责任主体，实行行政首长负责制，统一指挥、分级分部门负责。

1.4.3 以防为主，防抗救结合。预防与处置相结合，常态与非常态相结合，强化预防和应急处置的规范化、制度化和法制化。

1.4.4 统筹兼顾，服从全局。坚持因地制宜，城乡统筹，流域区域兼顾，突出重点，局部利益服从全局利益。

1.4.5 快速反应，协同应对。坚持第一时间响应，实行公众参与、军民结合、专群结合、平战结合、上下联动。

2 组织体系

省人民政府设立省防汛抗旱指挥部（以下简称省防指），下设沂沭泗、洪泽湖、里下河、长江干流、秦淮河、太湖联防指挥部。县级及以上地方人民政府设立本级防汛抗旱指挥机构。有关单位根据需要设立防汛抗旱指挥机构，负责本单位防汛抗旱工作，并服从当地防汛抗旱指挥机构的统一指挥。

2.1 省防汛抗旱指挥部

省防指负责组织领导全省防汛抗旱工作，其日常办事机构省防汛抗旱指挥部办公室（以下简称省防办）由省水利厅、省应急厅共同组成。

2.1.1 省防指组成人员

指挥：省长

常务副指挥：常务副省长

副指挥：分管水利工作的副省长、省军区副司令员、省政府秘书长、省政府副秘书长、省水利厅厅长、省应急厅厅长、武警江苏省总队副司令员。

成员：东部战区联合参谋部作战局、省委宣传部、省发展改革委、省教育厅、省工业和信息化厅、省公安厅、省财政厅、省自然资源厅、省生态环境厅、省住房城乡建设厅、省交通运输厅、省农业农村厅、省文化和旅游厅、省卫生健康委、省粮食和储备局、省气象局、省通信管理局、省消防救援总队、民航江苏安全监管局、江苏海事局、南京铁路办事处、省供销社、省电力公司、中石化江苏石油分公司、江苏交通控股有限公司、江苏水源公司、中国安能集团第二工程局有限公司常州分公司等单位主要负责同志。

2.1.2 省防指职责

省防指组织领导全省防汛抗旱工作，贯彻实施国家防汛抗旱法律、法规和方针政策，贯彻执行国家防总和省委、省政府决策部署，指导监督防汛抗旱重大决策的落实。主要职责：组织制定全省防汛抗旱工作的政策、规程、制度，启动、变更或终止防汛抗旱应急响应，组织协调、指导、指挥抗洪抢险及抗旱减灾，协调灾后处置等工作。

2.1.3 省防指成员单位职责

各成员单位应服从省防指统一指挥，及时高效执行各项指令；按照职责分工和省防指统一安排部署,负责本系统汛前检查及防汛抗旱督查等工作。

省军区:联合地方开展防汛演练、风险隐患排查等,掌握防汛抗洪薄弱环节;组织民兵支援地方抗洪抢险救灾,协助转移、安置受灾群众,必要时协调部队支援;按指令协调相关单位完成爆破分洪、滞洪和清障等任务。

东部战区联合参谋部作战局:协调组织军队相关任务单位参加支援江苏地区抗洪抢险工作。

武警江苏省总队:协调武警部队支持地方抗洪抢险;加强对重要目标的安全保卫,协同公安部门维护社会治安秩序;协助地方组织群众转移和安置。

省委宣传部:组织指导协调防汛抗旱新闻发布和宣传报道;加强舆情收集分析,正确引导舆论;协助做好防汛抗旱公益宣传、知识普及,提升公众防灾意识和避险能力;畅通信息共享渠道,协助有关部门做好预警信息的公众发布。

省发展改革委:参与安排防汛抗旱工程建设、除险加固、水毁修复、抗洪抗旱救灾资金和物资储备计划。负责对淮安市防汛抗旱工作的督查、指导。

省教育厅:负责指导协调校舍防洪保安;组织学校开展防汛抗旱宣传,提高师生防范意识和自我防护能力;协调组织学校师生转移安置;督促指导受灾学校开展灾后自救和恢复教学秩序工作。负责对连云港市防汛抗旱工作的督查、指导。

省工业和信息化厅:负责保障抢险救灾专用无线电频率、台站使用安全;组织对防汛抗旱无线电通讯台站使用情况进行监督检查;查处应急处置期间对防汛抗旱无线电通讯造成有害干扰的行为;协调做好防汛抗旱抢险所需物资器材的生产保障工作。负责对徐州市防汛抗旱工作的督查、指导。

省公安厅:负责维护社会治安和道路交通秩序,必要时实施交通管制;依法打击阻挠防汛抗旱工作以及破坏防汛抗旱设施的违法犯罪活动;协助有关部门妥善处置因防汛抗旱引发的群体性治安事件;协助组织群众从危险地区安全撤离或转移。负责对盐城市防汛抗旱工作的督查、指导。

省财政厅:负责安排省级防汛抗旱专项资金,管理和监督防汛抗旱专项资金使用。负责对南京市防汛抗旱工作的督查、指导。

省自然资源厅:负责组织指导制定地质灾害防治和海洋灾害监测预警工作方案;组织指导协调和监督因雨洪引发的山体滑坡、崩塌等地质灾害调查评价及隐患普查、详查、排查;及时向社会发布地质灾害气象风险预警和海浪预警等信息;指导开展地质与海洋灾害专业监测、观测;承担地质灾害应急救援的技术支撑工作,参与重大海洋灾害应急处置工作。负责对镇江市防汛抗旱工作的督查、指导。

省生态环境厅:负责河湖库水质监测,及时提供水质污染情况;组织开展重要断面、闸控和排涝泵站水质监管,做好河湖库水污染溯源调查与处置工作,严查趁汛偷排偷放超标废水等违法行为,确保不因水污染事故影响防洪抗旱工程正常运行。负责对泰州市防汛抗旱工作的督查、指导。

省住房城乡建设厅:负责指导城市排水防涝工程的规划建设和运行管理;指导协调城市排水防涝和供水安全保障;指导协调城市内涝风险、病房危房、市政公共设施、建筑工地临时工棚、塔吊脚手架等防洪保安。负责对苏州市防汛抗旱工作的督查、指导。

省交通运输厅:负责组织协调公路、机场、水运设施、在建交通工程防洪保安;及时向社会发布公路、港口、内河(航道)、湖区(航道)、渡口、码头(长江除外)等的洪旱预警信息,提醒公众做好防范和避险准备;组织协调基础交通设施的水毁抢修;保障抢险救灾交通干线安全畅通，必要时配合公安等部门实行交通管制；协调抢险救灾物资调运，协助蓄滞洪区人员撤退和物资运输；组织开展对具备防洪及调水功能的航道船舶、港口和渡口的安全监管。负责对无锡市防汛抗旱工作的督查、指导。

省水利厅：根据省防指统一部署，统筹协调全省防汛抗旱防台风工作，组织指导水旱灾害应急抢险救援工作。负责组织指导水旱灾害防治体系建设；及时组织开展水情、旱情、工情的监测预报及预警信息发布；组织开展水利工程日常检查、水利防汛抗旱抢险专业队伍建设、省级水利防汛抗旱物资储备和管理。负责水旱灾害防御及水量调度指挥；组织指导水毁水利设施抢修；指导蓄滞洪区、受灾地区人员转移撤离；承担防御洪水应急抢险技术支撑工作。

省农业农村厅：负责农业水旱灾害和台风灾害的防灾、减灾，及时向出港捕捞船只、设施种植和养殖主体等发布预警信息，组织协调渔船回港和沿海养殖人员上岸避风；及时核查报送农业灾害情况、人员转移情况等信息。负责农业生产救灾指导和技术服务，指导灾后自救和恢复生产；配合做好农业救灾资金下达和协调灾后复产物资等的供需调度等。负责对扬州市防汛抗旱工作的督查、指导。

省文化和旅游厅：负责指导协调文保单位、A级旅游景区防洪保安；指导A级旅游景区、重大文旅活动场地及时发布防汛预警信息、落实避险措施；监督指导受洪水影响地区A级旅游景区游客转移避险、救护、疏导和景区关闭等工作。负责对常州市防汛抗旱工作的督查、指导。

省卫生健康委：负责灾区医疗救援、卫生防疫和卫生监督工作，确保防汛减灾卫生应急工作有序、高效、科学开展；及时核查报送灾区医疗卫生信息。

省应急厅：根据省防指统一部署，组织指导协调水旱灾害应急抢险救援工作。负责应急系统抢险救援队伍建设、防汛抢险物资储备；组织协调应急系统抢险救援队伍、物资装备参与抢险救援工作，组织指导各类社会救援力量参与应急救援工作，提请、衔接解放军和武警部队参与应急救援工作；会同有关方面组织协调紧急转移安置受灾群众，依法统一发布灾情；提出省级救灾物资的动用决策。负责对宿迁市防汛抗旱工作的督查、指导。

省粮食和储备局：负责组织开展省级救灾物资储备和管理；协调灾区粮油、猪肉供应和救灾物资调运，保障受灾群众的基本生活。

省气象局：负责灾害性天气的监测、预报、预警，对重要天气形势和灾害性天气作出滚动预报；及时发布气象灾害预警信息等；组织开展救灾现场气象保障服务。

省通信管理局：负责组织协调省内基础电信运营企业、铁塔公司做好公用通信网应急通信保障工作；协调省内基础电信运营企业向公众发送公益性预警及应急响应提醒短信。

省消防救援总队：负责组织指导各级消防救援队伍建设、应急救援装备及物资储备；组织、指挥各级消防救援队伍参与抢险救援工作，参与组织协调动员各类社会救援力量参加救援任务，协助地方人民政府疏散和营救危险地区群众。负责临时安置点消防安全工作。

民航江苏安全监管局：负责组织协调省内民航系统防洪自保；组织协调航空公司根据暴雨影响情况动态调整航班；保障紧急情况下防汛抢险物资、设备和抗灾人员的运输。

江苏海事局：负责长江江苏段和南通沿海海域的航行警告发布；加强在航船舶管理和防汛宣传，对辖区内重点船舶进行安全提醒、实时监控；组织协调长江江苏段和南通沿海海域水上搜救。

南京铁路办事处：负责所管辖铁路的防洪保安；保障防汛抢险物资、设备和抗灾人员的铁路运输。

省供销社：发挥供销社系统连锁超市和农产品批发市场的调节作用，做好应急期间农副产品供应和市场稳价工作；组织协调生产救灾所需化肥、农药等生产资料调运供应，保障灾后生产恢复。负责对南通市防汛抗旱工作的督查、指导。

省电力公司：负责所管辖电力设施的防洪保安；保障防汛抗旱用电需要。

中石化江苏石油分公司：负责防汛抗旱成品油等货源的组织、储备、供应和调运。

江苏交通控股有限公司：负责所管辖高速公路、过江桥梁防洪保安；保障防汛抗旱救灾物资优先通行；协助人员转移，必要时配合公安等部门实行交通管制，保障抢险救灾工作顺利进行。

江苏水源公司：负责所管辖南水北调工程的防洪保安。

中国安能集团第二工程局有限公司常州分公司：参与抢险救援救灾，协助地方人民政府疏散和营救危险地区的遇险群众。

2.1.4　工作组

省防指设立综合协调、监测预警、技术支持、抢险救援、转移安置、交通通信、医疗救治、秩序保障、宣传报道、灾情评估等工作组，其组成及职责如下。

综合协调组：由省政府办公厅牵头，省发展改革委、省财政厅、省水利厅、省应急厅等组成。贯彻落实党中央、国务院、国家防总（办）和省委、省政府决策部署，负责综合协调、上传下达、工作指导、财物协调、督办核查等工作。

监测预警组：由省气象局、省水利厅牵头，省自然资源厅、省生态环境厅、省住房城乡建设厅、省农业农村厅等组成。负责气象、水文、海洋、地质、水质、积涝水及墒情监测、预报，视情向相关单位和社会发布预警信息。

技术支持组：由省水利厅牵头，省工业和信息化厅、省自然资源厅、省生态环境厅、省住房城乡建设厅、省交通运输厅、省应急厅、江苏海事局等组成。根据地方人民政府防汛抢险需要，组织专家提供防汛抢险技术支持。

抢险救援组：由省应急厅、省水利厅牵头，省军区、东部战区联合参谋部作战局、武警江苏省总队、省公安厅、省消防救援总队、省粮食和储备局、江苏海事局、省供销社、中国安能集团第二工程局有限公司常州分公司等组成。负责组织指导工程抢险、受灾群众救援，统筹协调抢险救援队伍、物资等。

转移安置组：由省应急厅牵头，省教育厅、省公安厅、省财政厅、省自然资源厅、省住房城乡建设厅、省交通运输厅、省水利厅、省农业农村厅、省文化和旅游厅、省卫生健康委、省粮食和储备局、江苏海事局、省供销社等组成。负责组织指导受灾群众转移安置、基本生活保障和受灾人员家属抚慰，组织调拨救灾款物。

交通通信组：由省交通运输厅、省通信管理局牵头，省工业和信息化厅、民航江苏安全监管局、南京铁路办事处、省电力公司、江苏交通控股有限公司等组成。负责做好防汛抗旱交通运输、应急通信、电力等保障，组织协调优先运送伤员和抢险救援救灾人员、物资。

医疗救治组：由省卫生健康委牵头，省军区、武警江苏省总队、省应急厅等组成。负责组织协调调度医疗队伍、物资，组织指导受灾群众的医疗救援救治、卫生防疫和安置人员、救援人员的医疗保障，做好灾后疾病预防控制和卫生监督工作。

秩序保障组：由省公安厅牵头，省军区、武警江苏省总队等组成。负责指导灾区社会治安维稳工作，预防和打击各类犯罪活动，预防和处置群体事件；做好灾区重要目标安全保卫工作；实施必要的交通疏导和管制，维护交通秩序。

宣传报道组：由省委宣传部、省政府办公厅牵头，省水利厅、省应急厅、省消防救援总队等组成。负责组织指导新闻报道工作；组织开展舆情监测、研判与引导，回应社会热点关注；加强避险自救等公益宣传。

灾情评估组：由省应急厅牵头，省教育厅、省自然资源厅、省住房城乡建设厅、省交通运输厅、省水利厅、省农业农村厅、省文化和旅游厅等组成。负责组织指导灾情和灾害损失统计、核查与评估。

2.1.5 省防办职责

承担省防指的日常工作，负责组织指导协调各地区和相关部门的防汛抗旱工作。

2.2 联防指挥部

联防指挥部（以下简称联防指）是省防指下设的流域（区域）防汛抗旱指挥机构，由省水利厅、所在流域（区域）设区市人民政府及相关单位组成，协助省防指负责所在流域（区域）的防汛抗旱准备、防汛抗旱应急处理和灾后处置等指挥协调工作。其办事机构为联防指挥部办公室，设在相关省属水利工程管理处。

2.3 地方政府防汛抗旱指挥机构

县级及以上地方人民政府设立防汛抗旱指挥机构，在本级党委、政府和上级防汛抗旱指挥机构的领导下，组织和指挥本地区的防汛抗旱工作。

2.4 基层防汛抗旱组织

乡镇（街道）、村（社区）和企事业单位按照基层防汛抗旱体系建设要求，明确职责和人员，在县级防指和乡级党委、政府的领导下，做好本行政区域和本单位的防汛抗旱工作。

2.5 专家库

省防指组建专家库，由相关专业的技术和管理专家组成，为防汛抗旱指挥决策、应急处置等提供技术支撑。

3 监测预报、预警和预备

3.1 监测预报

各级气象、水利、自然资源、生态环境、住房城乡建设、农业农村部门应加强气象、水文、海洋、地质、水质、积淹水及墒情的监测预报，将结果及时报告有关防汛抗旱指挥机构，并按权限向社会发布预警信息。遭遇重大灾害性天气时，应加强联合监测、会商和预报，尽可能延长预见期，并对未来可能发展趋势及影响作出评估，将评估结果及处置措施建议报告有关防汛抗旱指挥机构。

3.2 预警

各有关部门应建立监测预报预警信息报送、发布制度，督促、提醒相关企业、单位、公众做好防汛抗旱准备。

3.2.1 各级气象部门负责本行政区域内公众气象预报、灾害性天气警报，依法及时发布气象灾害预警信息、灾害性天气警报和气象灾害预警信号；与同级水利、应急管理等部门实时共享卫星图像数据、气象监测预报预警信息。

3.2.2 各级水利部门负责本行政区域内的水情汛情旱情监测预报，依法及时发布水情汛情旱情预警信息和水利工程险情信息；及时向本级防汛抗旱指挥机构报告水情汛情旱情监测预报预警和调度信息。

3.2.3 各级自然资源部门指导开展与防汛有关的地质灾害专业监测和预报预警工作，负责海洋观测预报、监测预警工作，依法及时发布海洋预报和海洋灾害预警信息；与同级水利、应急管理等部门实时共享监测预报预警信息。

3.2.4 各级农业农村部门加强旱情墒情监测，依法及时发布农业干旱预警信息，与同级水利、应急管理等部门实时共享监测预报预警信息。

3.2.5 各级交通海事部门按照职责负

责公路、港口、内河（航道）、湖区（航道）、渡口、码头等方面洪旱信息监测，依法及时发布相关预警信号，提醒公众做好防范和避险准备；与同级水利、应急管理等部门实时共享监测预报预警信息。

3.2.6 各级住房城乡建设（市政和园林、水务）部门负责本行政区域内的城市市政道路重点点位积淹水信息监测，依法及时发布相关预警信号，提醒公众做好防范和避险准备；与同级水利、应急管理等部门实时共享监测预报预警信息。

3.2.7 预警信息发布、调整和解除的方式包括网站、广播、电视（含移动电视）、报刊、短信、微信、微博或警报器、宣传车等，必要时可组织人员逐户通知。

3.3 预备

各级各部门应按照职责要求做好各项准备工作，组织各单位与公众积极开展自我防范。

3.3.1 防御准备

（1）组织准备：建立健全防汛抗旱组织体系和责任体系，落实责任人、抢险队伍和应对措施，加强专业机动抢险队伍和服务组织建设。加强防汛抗旱工作宣传，动员社会各方面力量支援防汛抗旱工作。

（2）工程准备：按时完成水毁工程修复和水源工程建设任务，对存在病险的江河湖堤防、水库大坝、涵闸、泵站等各类防汛抗旱工程实施应急消险加固，做好工程运行准备；对险工患段和跨汛期施工的涉水工程，落实安全度汛方案。

（3）预案准备：修订完善各类江河湖库等防汛抗旱工程抢险预案，城市防洪预案，蓄滞洪区、淮干滩区及江心洲等人员转移安置预案，水工程调度方案，抗旱应急水量调度方案等。各行业主管部门应及时修订完善本行业、本部门防汛抗旱应急预案；承担防汛主体责任的企事业单位，应及时制定本单位防汛抗旱应急预案。

（4）物资准备：按照国家和省有关规定，分区域储备必需的抢险救灾物资和设备，在重点防御部位，现场储备一定数量的抢险救灾物资和设备。

（5）通信准备：组织省内基础电信企业、铁塔公司做好公用通信网络的汛前物资储备和重点电信设施隐患排查，落实应急通信设施设备。

3.3.2 检查巡查

（1）各级防汛抗旱指挥机构定期组织开展防汛抗旱工作检查，对发现的问题及隐患，责成有关部门和单位限期整改。

（2）水利、住房城乡建设、电力、交通运输、通信管理、教育、文化和旅游、民航、海事等部门加强对重要基础设施和重点保护对象的检查和巡查，发现问题及时处理。

（3）住房城乡建设、农业农村、水利等部门以及乡镇人民政府（街道办事处）按职责组织对危险区域人员、房屋、船只、设施等进行调查，并登记造册，报同级防汛抗旱指挥机构备案。

4 应急响应

省级应急响应适用于全省境内发生的流域性、跨设区市及其他需省级参与的洪涝干旱灾害防御和应急处置工作。按洪涝干旱灾害严重程度和影响范围，应急响应行动分为Ⅳ级（一般）、Ⅲ级（较大）、Ⅱ级（重大）和Ⅰ级（特别重大）四级。

4.1 防汛应急响应启动条件

4.1.1 Ⅳ级应急响应

出现下列条件之一，经综合研判后可能发生一般洪涝灾害，启动全省或局部Ⅳ级应急响应。

（1）国家或流域防总发布涉及我省范围的防汛Ⅳ级应急响应；

（2）省水利厅发布洪水蓝色预警；

(3)省气象局发布气象灾害暴雨蓝色预警；

(4)长江(含太湖)流域受淹(涝)面积超过550万亩或淮河(含沂沭泗)流域受淹(涝)面积超过950万亩；

(5)流域性防洪工程、区域性骨干防洪工程、水库大坝等可能或已经出现一般险情,其他重要基础设施因雨洪可能或已经出现一般险情；

(6)其他需要启动Ⅳ级应急响应的情况。

4.1.2　Ⅲ级应急响应

出现下列条件之一,经综合研判后可能发生较大洪涝灾害,启动全省或局部Ⅲ级应急响应。

(1)国家或流域防总发布涉及我省范围的防汛Ⅲ级应急响应；

(2)省水利厅发布洪水黄色预警；

(3)省气象局发布气象灾害暴雨黄色预警；

(4)长江(含太湖)流域受淹(涝)面积超过700万亩或淮河(含沂沭泗)流域受淹(涝)面积超过1 400万亩；

(5)流域性防洪工程、区域性骨干防洪工程、水库大坝等可能或已经出现较大险情,其他重要基础设施因雨洪可能或已经出现较大险情；

(6)其他需要启动Ⅲ级应急响应的情况。

4.1.3　Ⅱ级应急响应

出现下列条件之一,经综合研判后可能发生重大洪涝灾害,启动全省或局部Ⅱ级应急响应。

(1)国家或流域防总发布涉及我省范围的防汛Ⅱ级应急响应；

(2)省水利厅发布洪水橙色预警；

(3)省气象局发布气象灾害暴雨橙色预警；

(4)长江(含太湖)流域受淹(涝)面积超过900万亩或淮河(含沂沭泗)流域受淹(涝)面积超过1 900万亩；

(5)流域性防洪工程、区域性骨干防洪工程、大中型水库大坝等可能或已经出现重大险情,小型水库出现垮坝,其他重要基础设施因雨洪可能或已经出现重大险情,威胁人民生命财产安全；

(6)其他需要启动Ⅱ级应急响应的情况。

4.1.4　Ⅰ级应急响应

出现下列条件之一,经综合研判后可能发生特别重大洪涝灾害,启动全省或局部Ⅰ级应急响应。

(1)国家或流域防总发布涉及我省范围的防汛Ⅰ级应急响应；

(2)省水利厅发布洪水红色预警；

(3)省气象局发布气象灾害暴雨红色预警；

(4)长江(含太湖)流域受淹(涝)面积超过1 300万亩或淮河(含沂沭泗)流域受淹(涝)面积超过2 800万亩；

(5)流域性防洪工程可能或已经发生特别重大险情,大江大河堤防可能或已经发生决口,多处区域性骨干防洪工程或区域性河道可能或已经发生决口,大中型水库或重要小型水库可能或已经出现垮坝,其他重要基础设施因雨洪可能或已经发生特别重大险情,严重威胁人民生命财产安全；

(6)其他需要启动Ⅰ级应急响应的情况。

4.2　抗旱应急响应启动条件

4.2.1　Ⅳ级应急响应

出现下列条件之一,经综合研判后可能发生轻度干旱灾害,启动全省或局部Ⅳ级应急响应。

(1)国家或流域防总发布涉及我省范围的抗旱Ⅳ级应急响应；

(2)省水利厅发布水情干旱蓝色预警；

(3)长江(含太湖)流域受旱面积超过350万亩或淮河(含沂沭泗)流域受旱面积超过950万亩；

（4）因旱影响多个县级城市集中饮用水水源地取水；

（5）其他需要启动Ⅳ级应急响应的情况。

4.2.2　Ⅲ级应急响应

出现下列条件之一，经综合研判后可能发生中度干旱灾害，启动全省或局部Ⅲ级应急响应。

（1）国家或流域防总发布涉及我省范围的抗旱Ⅲ级应急响应；

（2）省水利厅发布水情干旱黄色预警；

（3）省气象局发布气象灾害干旱黄色预警；

（4）长江（含太湖）流域受旱面积超过550万亩或淮河（含沂沭泗）流域受旱面积超过1 400万亩；

（5）因旱影响某个设区市集中饮用水水源地取水；

（6）其他需要启动Ⅲ级应急响应的情况。

4.2.3　Ⅱ级应急响应

出现下列条件之一，经综合研判后可能发生严重干旱灾害，启动全省或局部Ⅱ级应急响应。

（1）国家或流域防总发布涉及我省范围的抗旱Ⅱ级应急响应；

（2）省水利厅发布水情干旱橙色预警；

（3）省气象局发布气象灾害干旱橙色预警；

（4）长江（含太湖）流域受旱面积超过700万亩或淮河（含沂沭泗）流域受旱面积超过1 900万亩；

（5）因旱影响多个设区市集中饮用水水源地取水；

（6）其他需要启动Ⅱ级应急响应的情况。

4.2.4　Ⅰ级应急响应

出现下列条件之一，经综合研判后可能发生特大干旱灾害，启动全省或局部Ⅰ级应急响应。

（1）国家或流域防总发布涉及我省范围的抗旱Ⅰ级应急响应；

（2）省水利厅发布水情干旱红色预警；

（3）省气象局发布气象灾害干旱红色预警；

（4）长江（含太湖）流域受旱面积超过1 000万亩或淮河（含沂沭泗）流域受旱面积超过2 800万亩；

（5）因旱严重影响多个设区市集中饮用水水源地取水；

（6）其他需要启动Ⅰ级应急响应的情况。

4.3　综合研判

当出现应急响应启动条件时，由省防办组织综合研判，必要时省防指相关成员单位、相关联防指及设区市防指参与，提出启动应急响应等级建议。

4.4　应急响应行动

4.4.1　Ⅳ级应急响应行动

（1）由省防指副指挥或省防办主任决定启动Ⅳ级应急响应。

（2）省防办主任主持会商，省自然资源厅、省水利厅、省农业农村厅、省应急厅、省气象局等主要成员单位负责同志参加，作出相应工作部署。视情连线有关市、县防指进行动员部署。

（3）省防办实行24小时防汛值班，密切监视汛情、旱情、险情、灾情变化。

（4）省防指成员单位按照单位职责做好应急响应期间相关工作，向省防办报告工作动态，遇重大险情、灾情及时报告。

（5）相关设区市防指应做好应急响应期间工作，并向省防办报告工作动态，遇突发险情、灾情及时报告。

4.4.2　Ⅲ级应急响应行动

（1）由省防指副指挥决定启动Ⅲ级应急响应。

（2）省防指副指挥或委托省防办主任主持会商，省自然资源厅、省住房城乡建设厅、省交通运输厅、省水利厅、省农业农村厅、省应急厅、省气象局等主要成员单位负责同志参加，提出工作目标、对策措施。重要情况及时上报省政府和国家防总及流域防总。视情向事发地派出督导组、专家组，指导防汛抗旱工作。视情连线有关市、县防指进行动员部署。

（3）省防办主任带班，省防办实行24小时防汛值班。密切监视汛情、旱情、险情、灾情变化，做好抢险物资队伍调用准备。

（4）省防指成员单位按照单位职责做好应急响应期间相关工作，向省防办报告工作动态，遇重大险情、灾情及时报告。

（5）联防指加强联防区域防汛抗旱工作督导，及时向省防办报告工作动态。

（6）相关设区市防指应做好应急响应期间工作，并向省防办报告工作动态，遇突发险情、灾情及时报告。

4.4.3　Ⅱ级应急响应行动

（1）由省防指常务副指挥决定启动Ⅱ级应急响应。

（2）省防指常务副指挥或委托副指挥主持会商，防指成员单位和相关市、县防指负责同志参加，提出工作目标、对策措施，并将情况报省政府和国家防总及流域防总。向事发地派督导组、专家组，指导防汛抗旱工作。视情成立现场指挥部靠前指挥，督促检查指导相关区域防汛工作。

（3）省防指常务副指挥或委托副指挥坐镇指挥，相关地区党政负责同志深入重要险情灾情现场靠前指挥、现场督查。省防办实行24小时防汛抗旱值班，省自然资源厅、省住房城乡建设厅、省交通运输厅、省水利厅、省农业农村厅、省应急厅、省气象局、省消防救援总队等有关成员单位派员到省防办进行联合值守。密切监视汛情、旱情、险情、灾情变化，做好抢险物资队伍调用准备。

（4）省防指成员单位按照单位职责做好应急响应期间相关工作，每天不少于1次向省防办报告工作动态，遇重大险情、灾情及时报告。

（5）联防指加强联防区域防汛抗旱工作督导，及时向省防办报告工作动态。

（6）相关设区市党委、政府视情采取限制公共场所活动、错峰上下班或停课、停业、停工、停产、停运及其他防范措施，确保人民生命安全。相关设区市防指应做好应急响应期间工作，每天不少于1次向省防办报告工作动态，遇突发险情、灾情及时报告。

4.4.4　Ⅰ级应急响应行动

（1）由省防指指挥决定启动Ⅰ级应急响应。

（2）省防指指挥或委托常务副指挥主持会商，省防指成员单位和相关市、县防指负责同志参加，提出工作目标、对策措施，紧急部署防汛抗旱和抢险救灾工作。成立现场指挥部靠前指挥，派出督导组、专家组，督促检查指导防汛抗旱工作。

（3）省防指指挥或委托常务副指挥坐镇指挥，相关地区党政负责同志深入重要险情灾情现场靠前指挥、现场督查。省防办实行24小时防汛抗旱值班，全部成员单位负责人到省防办联合值守。密切监视汛情、旱情、险情、灾情变化，做好抢险物资队伍调用准备。

（4）省防指成员单位按照单位职责做好应急响应期间相关工作，每天不少于2次向省防办报告工作动态，遇重大险情、灾情及时报告。

（5）联防指加强联防区域防汛抗旱工作督导，及时向省防办报告工作动态。

（6）相关设区市党委、政府应果断采取限制公共场所活动、错峰上下班或停课、停业、停工、停产、停运及其他防范措施，力保人民生命安全，并给予群众基本生活保障支持。相关设区市防指应做好应急响应期间工作，每天不少于2次向省防办报告工作动态，遇突发险情、灾情及时报告。

（7）情况特别严重时，由省防指报请省政府依法宣布全省或部分区域进入紧急防汛期，并报国家防总及流域防总。采取非常紧急措施，保障人民生命安全，保护重点地区和大局安全。相关设区市党委、政府应果断采取其他非常紧急措施。所有单位和个人必须听从指挥，承担所分配的抗洪抢险任务。

（8）需国家或省外援助时，省防指适时提出申请，主动对口衔接，明确抢险救援任务，保障后勤服务。

4.5 应急响应措施

当启动应急响应时，根据实际情况采取相应措施。

4.5.1 洪水

（1）根据江河水情和洪水预报，按照规定的权限和防御洪水方案、洪水调度方案，水利部门适时调度水工程。

（2）当发布江河洪水预警后，当地人民政府应组织人员巡堤查险，并做好抢险准备。

（3）当洪水位继续上涨，危及重点保护对象，或者预报洪水接近或超过设计水位时，当地人民政府应强化重点保护对象的防护，提前组织危险区域人员转移避险。当预报水位接近或超过蓄滞洪区启用条件时，提前做好转移准备。

（4）根据丘陵山区强降雨预报，当地人民政府应及时组织人员转移安置。

（5）在宣布进入紧急防汛期后，各级防汛抗旱指挥机构依法行使相关权力，保障抗洪抢险的顺利实施。

4.5.2 雨涝

（1）根据暴雨及城市积淹水预警，当地住房城乡建设、水务等部门应科学调度水工程和排涝设施设备，尽快排除涝水。

（2）当城镇发生严重内涝时，公安、交通、住房城乡建设等部门做好相关区域管制，禁止人员、车辆进入，组织受灾人员、车辆等撤离，必要时关闭或限制使用可能受到危害的场所。

（3）交通运输、通信、电力等部门确保相关重要基础设施安全运行。

4.5.3 水工程出险

（1）当出现溃堤、漫堤、水闸垮塌、水库溃坝、漫坝等前期征兆时，当地人民政府要迅速调集人力、物力全力组织抢险，尽可能控制险情，并及时向下游发出警报，迅速组织受影响群众转移，并视情况抢筑二道防线，控制洪水影响范围。

（2）当发生堤防决口、水闸垮塌、水库垮坝等险情时，当地人民政府应立即组织抢险。水利部门负责抢险技术支撑，并调度有关水利工程，为抢险创造条件；应急管理部门负责协调部队、武警等力量参与抢险救援。

4.5.4 行蓄洪区启用

（1）当达到黄墩湖滞洪区启用条件时，由淮河防汛抗旱总指挥部商省政府决定，报国家防总备案，省防指负责组织实施。当达到洪泽湖周边（含鲍集圩）滞洪区启用条件时，由淮河防汛抗旱总指挥部商省政府提出意见，报国家防总决定。当达到蒿子圩蓄洪区启用条件时，由长江防汛抗旱总指挥部商省政府决定，报国家防总备案。

（2）当达到赤山湖蓄滞洪区启用条件时，由省防指决定，镇江市防指负责组织句容市防指实施。当达到里下河滞涝圩启用条件时，由省防指提出意见报省政府决定，所在市防指负责组织实施。

（3）地方人民政府负责行蓄洪区管理、建设，按要求执行行蓄洪区调度指令，负责落实各项分蓄洪措施，提前做好运用前准备，积极做好宣传预警预报工作，提前组织人员转移，并妥善安置。

（4）行蓄洪区运用后，地方人民政府做好行蓄洪区内居民、灾民生活救助和救灾物资发放工作，有关部门组织对行蓄洪区运用情况进行总结评估。

4.5.5 干旱

（1）农业农村、气象、水利部门加强旱情墒情监测，及时掌握旱情灾情；水利部门调度抗旱骨干水源工程，提前开展引水、蓄水、保水，增加干旱地区可用水源。

（2）防汛抗旱指挥机构强化抗旱工作的统一指挥和组织协调，加强会商研判，及时分析旱情变化发展趋势及影响，上报、通报旱情和抗旱信息，适时向社会通报旱情信息。各有关部门按照防汛抗旱指挥机构的统一指挥部署，协调联动，全面做好抗旱工作。

（3）抗旱应急响应启动后，视情启动应急开源、应急限水、应急调水、应急送水、人工增雨等各项抗旱措施。

（4）加强旱情、灾情及抗旱工作的宣传，动员社会各方面力量支援抗旱救灾工作。

4.6 信息报告和发布

4.6.1 信息报告

（1）汛情、旱情、工情、险情、灾情等防汛抗旱信息实行分级上报，归口处理，同级共享。

（2）各级各部门按照国家防汛抗旱总指挥部印发的《洪涝突发险情灾情报告暂行规定》，做好险情、灾情信息报送工作。

（3）一旦发生重大险情、灾情，事发地防指必须在接报后半小时内向省防办口头报告，1小时内向省防办书面报告。省防办接报后，应在第一时间处置并同时通报省防指相关成员单位或所在设区市防汛抗旱指挥机构，视情报告省防指，按照规定报告省政府办公厅、国家防总和流域防总办公室。

（4）各设区市防汛抗旱指挥机构，相关单位、部门要与毗邻区域加强协作，建立突发险情、灾情等信息通报、协调渠道。一旦出现突发险情、灾情影响范围超出本行政区域的态势，要根据应急处置工作的需要，及时通报、联系和协调。

4.6.2 信息发布

（1）汛情、旱情、险情、灾情及防汛抗旱工作动态等信息由行业部门统计、审核，信息应当及时、准确、客观、全面。

（2）防汛抗旱信息按分级负责要求由各级防办组织发布，信息发布后应及时报送上级防汛抗旱指挥机构。

（3）信息发布形式主要包括授权发布、播发新闻稿、组织报道、接受记者采访、举行新闻发布会等。

（4）发现影响或者可能影响社会稳定、扰乱社会秩序的虚假或不完整信息时，各级防办应及时组织相关行业部门发布准确信息予以澄清。

4.7 社会动员和参与

出现水旱灾害后，事发地的防汛抗旱指挥机构可根据事件的性质和危害程度报经当地人民政府批准，对重点地区和重点部位实施紧急控制，防止事态及其危害的进一步扩大。必要时当地人民政府可广泛调动社会力量积极参与应急突发事件的处置，紧急情况下可依法征用、调用车辆、物资、人员等，全力投入防汛抗旱。

4.8 应急响应变更与终止

4.8.1 视汛情、旱情、险情等情况变化，由省防办适时提出变更或终止应急响应的请示，按照"谁启动、谁终止"的原则，报经同意后宣布变更或终止应急响应。

4.8.2 应急响应变更或终止后，相关应急响应行动及措施等视情进行调整，同时采取必要措施，尽快恢复正常生活、生产、工作秩序。

5 保障措施

5.1 组织保障

建立健全防汛抗旱指挥机构，完善组织体系，细化成员单位任务分工，明确工作衔接关系，建立与市、县级防汛抗旱指挥机构应急联动、信息共享、组织协调等工作机制。

5.2 资金保障

省级财政安排防汛抗旱专项资金，用于

补助遭受水旱灾害的市县和省属单位开展防汛抗洪抢险、修复水毁水利设施以及抗旱支出。各级用于防汛抗旱抢险的支出，按现行事权、财权划分原则，分级负担。

5.3 物资保障

各级水利、应急管理、粮食和物资储备、供销等部门按职责分工负责储备防汛抗旱、抢险救援救灾物资及装备，其他企事业单位应按相关规定储备防汛抢险抗旱物资及设备。各级防汛抗旱指挥机构可委托代储部分抢险物资及设备。鼓励公民、法人和其他组织储备基本的应急自救和生活必需品。

5.4 队伍保障

防汛抗旱抢险队伍由综合性消防救援队伍、专业抢险救援队伍、解放军和武警部队、基层抢险队伍及社会抢险力量等组成。公安、住房城乡建设、交通运输、水利、卫生健康、电力、海事、民航等部门组建专业抢险救援队伍。各级防汛抗旱指挥机构应组织抢险救援队伍开展业务培训和演练工作。

5.5 技术保障

省防办搭建水旱灾害信息互联互通共享平台，完善防汛抗旱指挥系统建设，加强对各级防办能力建设的检查指导，提升全省防办系统水旱灾害应对与综合防御能力。

省水利厅承担防汛抗旱抢险技术支撑工作，省自然资源厅承担地质灾害应急救援技术支撑工作，省气象局承担灾害性天气信息的监测、预报及预警技术支撑工作。

5.6 信息保障

建立健全应急通信网络、应急广播体系，提升公众通信网络防灾抗毁能力和应急服务能力，推进实施应急指挥通信系统建设工程。各基础电信运营企业、铁塔公司优先为防汛抗旱指挥调度做好公用通信网应急通信保障工作。各级防汛抗旱指挥机构应按照以公用通信网为主的原则，组建防汛专用通信网络，确保信息畅通。强化极端条件下现场通信保障，在紧急情况下，应充分利用公共广播和电视等媒体以及手机短信等发布信息，通知群众快速撤离，确保人民生命安全。

5.7 交通保障

交通运输部门统筹各类交通工具通行管理，健全运力调用调配和应急绿色通道机制。负责优先保证防汛抢险人员、防汛抗旱救灾物资运输；蓄滞洪区分洪时，协助地方做好群众安全转移所需车辆、船舶的调配；负责泄洪时航运、港口和渡口的安全，负责抢险、救灾车辆、船舶的及时调配。

5.8 供电保障

电力部门负责抗洪抢险、抢排雨涝、抗旱救灾等方面的供电需要和应急救援现场的临时供电。

5.9 治安保障

公安部门负责做好水旱灾区的治安管理工作，依法严厉打击破坏抗灾救灾行动和工程设施安全的行为，保证抗灾救灾工作的顺利进行；负责组织做好防汛抢险、分洪爆破时的戒严、警卫工作，维护灾区的社会治安秩序。

6 善后工作

6.1 灾后重建

各相关部门应尽快组织灾后重建，原则上按原标准恢复，条件允许可提高标准重建。相关险情消除后，临时设置的应急工程和设施应尽快拆除，恢复原水利工程功能。

6.2 水毁修复

汛期结束或洪水退去后，各地人民政府组织有关部门尽快修复通信、市政公用、交通、水利、电力等水毁工程设施，力争在下一次洪水到来之前恢复主体功能。

6.3 物资补充

针对防汛抗旱物资消耗情况，按照分级负担的原则，各级财政应安排专项资金，及时补充到位，所需物料数量和品种按物资储备定额确定。

6.4　行蓄洪区运用补偿

行蓄洪区运用后,按照《蓄滞洪区运用补偿暂行办法》等有关规定对运用损失予以补偿,财政、水利等部门组织核查财产损失,提出补偿方案,报政府或上级主管部门批准后执行。

6.5　征用补偿

防汛抗旱指挥机构因防汛抗旱征用、调用的物资、设备、交通运输工具等,结束后应及时归还或按有关规定给予补偿。

6.6　总结评估

各级防汛抗旱指挥机构应对防汛抗旱工作进行总结评估,总结经验教训,提出改进建议。推行建立第三方评价机制。

6.7　奖惩

6.7.1　对防汛抢险和抗旱工作作出突出贡献的劳动模范、集体和个人,按国家和省有关规定给予表彰和奖励;对防汛抢险和抗旱工作中英勇献身的人员,按有关规定追认为烈士;对防汛抢险和抗旱工作中致伤致残的人员,按有关规定给予工作生活照顾。

6.7.2　对迟报、谎报、瞒报和漏报防汛抗旱重要险情或者防汛抗旱工作中有其他失职、渎职行为的,依法依规对有关责任人给予处分;构成犯罪的,依法追究刑事责任。

7　预案管理

7.1　预案修订

本预案由省水利厅牵头负责编制,省人民政府审批。地方各级防汛抗旱指挥机构应根据本预案,制定本级相应的应急预案,经本级人民政府批准实施,并报上级人民政府和防汛抗旱指挥机构备案。省有关部门(单位)结合实际,编制本部门(单位)防汛抗旱应急预案或纳入本单位应急预案,报省防指备案。省防指成员单位按照本部门(单位)防汛抗旱职责完善细化相关预案方案,作为本预案的组成部分。

防汛抗旱应急预案应根据本区域实际情况变化适时修订,每3年对本预案评估修订一次,并按原报批程序报批。

7.2　预案解释部门

本预案由省政府办公厅负责解释。

7.3　预案实施时间

本预案自印发之日起实施。

重要文献

省水利厅关于印发《江苏省水行政处罚裁量权实施办法》和《江苏省水行政处罚裁量权基准》的通知

苏水规〔2022〕1号

各设区市、县(市、区)水利(务)局,厅直各水利工程管理处:

《江苏省水行政处罚裁量权实施办法》和《江苏省水行政处罚裁量权基准》已经厅党组会议审议通过,现予印发,自2022年12月1日起施行,有效期5年。请各地结合实际,认真贯彻执行。原《关于印发〈江苏省水行政处罚自由裁量权实施办法〉和〈江苏省水行政处罚自由裁量权参照执行标准〉的通知》(苏水规〔2012〕2号)同时废止。

江苏省水利厅

2022年10月28日

江苏省水行政处罚裁量权实施办法

第一条 为了规范水行政处罚裁量权的行使,促进依法、合理行政,维护公民、法人和其他组织的合法权益,根据《中华人民共和国行政处罚法》《中华人民共和国水法》等有关法律、法规、规章的规定,结合本省水行政执法实际,制定本办法。

第二条 本省各级水行政主管部门,法律、法规授权的组织和依法受委托的组织,相对集中行使水行政处罚权力的综合执法机关,省人民政府依法决定的承接县级水行政主管部门行政处罚权的乡镇人民政府、街道办事处(以下统称水行政处罚实施机关)在行使水行政处罚裁量权时,适用本办法。

第三条 本办法所称水行政处罚裁量权,是指本省水行政处罚实施机关在实施行政处罚时,依据水法律、法规、规章的规定,决定是否予以行政处罚、选择给予行政处罚的种类或者罚款数额的权限。

第四条 行使水行政处罚裁量权应当遵循公平、公正、公开的原则,应当平等对待行政管理相对人,不偏私、不歧视;应当符合法律目的,排除不相关因素的干扰;所采取的措施和手段应当必要、适当;可以采用多种方式实现行政目的的,应当避免采用损害当事人权益的方式。

实施水行政处罚、纠正违法行为应当坚持处罚与教育相结合,教育公民、法人或者其他组织自觉守法。

对违法行为给予水行政处罚的规定必须公布,具有一定社会影响的水行政处罚决定应当依法公开。

第五条 行使行政处罚裁量权应当遵循过罚相当原则,以事实为依据,与违法行为的事实、性质、情节以及社会危害程度相当。所处罚种类或者罚款数额,应当与违法行为人的过错程度相适应。

第六条 当事人有下列情形之一的,不予行政处罚:

(一)违法行为轻微并及时纠正,没有造成危害后果的;

(二)不满十四周岁的未成年人有违法行为的;

(三)精神病人、智力残疾人在不能辨认或者不能控制自己行为时有违法行为的;

(四)违法行为在二年内未被发现的,涉及公民生命健康安全且有危害后果在五年内未被发现的,法律另有规定的除外;

(五)违法行为人有证据足以证明没有主观过错的,法律、行政法规另有规定的,从其规定;

(六)其他依法不予行政处罚的情形。

初次违法且危害后果轻微并及时改正的,可以不予行政处罚。

依法不予行政处罚的,水行政处罚实施机关应当对当事人进行教育。

第七条 当事人有下列违法行为情形之一的,行政处罚裁量时应当从轻或者减轻行政处罚:

(一)主动消除或者减轻违法行为危害后果的;

(二)受他人胁迫或者诱骗实施违法行为的;

(三)主动供述水行政处罚实施机关尚未掌握的违法行为的;

(四)配合水行政处罚实施机关查处违法行为有立功表现的;

（五）已满十四周岁不满十八周岁的未成年人有违法行为的；

（六）法律、法规、规章规定其他应当从轻或者减轻行政处罚的情形。

尚未完全丧失辨认或者控制自己行为能力的精神病人、智力残疾人有违法行为的，可以从轻或者减轻行政处罚。

从轻处罚的，可以低于行政处罚裁量权基准所对应的层级，但不得低于法律、法规和规章设定的下限。

减轻处罚的，可以低于法律、法规和规章设定的下限。

第八条 当事人有下列情形之一的，行政处罚裁量时应当从重处罚：

（一）危及公共安全、人身健康和生命财产安全并造成重大社会不良影响或者重大损失的；

（二）在紧急防汛期或者发生重大自然灾害、突发事件时实施违法行为的；

（三）在共同违法行为中起主要作用的；

（四）因相同或者类似违法行为受过行政处罚再犯的；

（五）故意隐瞒事实、弄虚作假、阻挠查处的；

（六）未在规定期限内停止违法行为或者改正、恢复原状、采取补救措施且无正当理由的；

（七）暴力抗拒执法或者对证人、举报人打击报复尚未构成犯罪的；

（八）擅自转移、隐匿、销毁已被采取行政强制措施的物品或者先行登记保存的证据的；

（九）其他依法从重行政处罚的。

从重处罚的，可以高于行政处罚裁量标准所对应的层级，但不得高于法律、法规和规章设定的上限。

同时具有从轻、从重多个裁量情节的，采用同向相加、逆向相减的方法调节最终罚款数额。

第九条 水行政处罚实施机关在适用法律、法规、规章时，应当遵守以下规定：

（一）法条表述为"应当……"时，必须适用，不得选择适用；表述为"可以……"时，应当结合案情决定是否适用；

（二）在使用数字表示幅度、范围、期限时，法条表述为"……以上"、"……以下"、"……以内"、"从……起"或者"……至……"时，本数包括在幅度、范围、期限内。表述为"……以外"、"超过……"、"不超过……"或者"不满……"时，幅度、范围、期限不包括本数。法律、法规和规章对幅度、范围和期限另有规定的，从其规定；

（三）责令停止违法行为、限期改正违法行为或者恢复原状的，水行政处罚实施机关可根据具体情况合理确定责令停止、限期改正或者恢复原状的具体期限。

第十条 法律、法规、规章规定行政处罚可以单处也可以并处的，违法行为轻微优先适用单处的行政处罚，其他适用并处的行政处罚。

依法应当并处的，不得选择单处。

第十一条 水行政处罚案件涉及下列裁量权运用情形之一的，应当由水行政处罚实施机关负责人集体讨论决定并做好会议纪录。

（一）对公民处以五千元以上罚款、对法人或者其他组织处五万元以上罚款的；

（二）对公民、法人或者其他组织作出没收违法所得和非法财物达到本条第一款第一项所列数额的行政处罚的；

（三）给予当事人暂扣许可证件、降低资质等级、吊销许可证件、限制开展生产经营活动、责令停产停业、责令关闭、限制从业等行政处罚的；

（四）认定事实和证据争议较大的；

（五）适用的法律、法规和规章有较大异议的；

（六）违法行为性质较重或者危害较

大的；

（七）本辖区内有较大影响、涉及重大公共利益的案件，或者其他属于重大、复杂案件的。

国务院主管部门规定的较大数额罚款和没收较大数额违法所得、没收较大价值非法财物标准低于前款规定的，从其规定。

第十二条 水行政处罚实施机关作出行政处罚决定时，应当对事实进行详细描述，并运用证据加以证明，引用法条的同时阐明适用法律及其行政处罚裁量权的理由。

对违法行为人的申辩意见是否采纳以及有从重、从轻、减轻处罚情节的，应当在案卷讨论记录和行政处罚决定书中予以说明。

第十三条 水行政处罚实施机关应当加强内部监督，发现行政处罚裁量权行使不当，侵害公民、法人或者其他组织合法权益的，应当主动纠正；造成不良影响和后果的，应当追究相关责任人员的责任。

重大水行政处罚决定在作出前，应当由本机关法制工作机构对其合法性进行审核。

第十四条 省、设区的市水行政处罚实施机关应当定期组织编制典型案例，指导本行政区域水行政执法人员公正、合理行使行政处罚裁量权。

第十五条 水行政处罚实施机关应当加强对行使行政处罚裁量权的监督，并将规范行政处罚裁量权工作纳入法治政府建设内容。

第十六条 设区的市水行政主管部门可以依照法律、法规、规章以及上级行政机关制定的行政处罚裁量权基准，制定本行政区域内的水行政处罚裁量权基准。

县级水行政处罚实施机关可以在法定范围内，对上级行政机关制定的行政处罚裁量权基准适用的标准、条件、种类、幅度、方式、时限予以合理细化量化。

第十七条 水行政处罚实施机关应当建立裁量权基准定期评估、清理制度，及时根据法律、法规、规章和上级机关裁量权基准的变化以及执法实践需要对裁量权基准进行修改、废止和补充。

第十八条 执法人员徇私舞弊、滥用行政处罚裁量权的，由本级水行政处罚实施机关暂扣直接责任人员执法证件；情节严重的，取消直接责任人员执法资格，并按照行政执法过错责任追究的有关规定追究行政责任。

第十九条 本办法由江苏省水利厅负责解释。涉及住房与城乡建设、生态环境、安全生产、招标投标等领域行政处罚时，可适用相关行业主管部门制定的裁量权基准。

第二十条 本办法自2022年12月1日施行，有效期5年，《江苏省水行政处罚自由裁量权实施办法》（苏水规〔2012〕2号）同时废止。

江苏省水行政处罚裁量权基准

目 录

一、法 律

中华人民共和国水法
中华人民共和国防洪法
中华人民共和国水土保持法
中华人民共和国长江保护法

二、行政法规

中华人民共和国水土保持法实施条例
长江河道采砂管理条例
取水许可和水资源费征收管理条例
大中型水利水电工程建设征地补偿和移民安置条例
中华人民共和国水文条例
中华人民共和国抗旱条例
太湖流域管理条例
地下水管理条例

三、地方性法规

江苏省水利工程管理条例
江苏省水资源管理条例
江苏省防洪条例
江苏省人民代表大会常务委员会关于在长江江苏水域严禁非法采砂的决定
江苏省人民代表大会常务委员会关于在苏锡常地区限期禁止开采地下水的决定
江苏省人民代表大会常务委员会关于加强饮用水源地保护的决定
江苏省水文条例
江苏省水库管理条例
江苏省水土保持条例
江苏省节约用水条例
江苏省河道管理条例
江苏省农村水利条例
江苏省洪泽湖保护条例

四、部省规章

建设项目水资源论证管理办法
水行政许可实施办法
取水许可管理办法
水利工程质量检测管理规定
河道管理范围内建设项目管理的有关规定
水利工程建设监理规定
工程建设项目货物招标投标办法
工程建设项目勘察设计招标投标办法
工程建设项目施工招标投标办法
评标委员会和评标方法暂行规定
水库大坝注册登记办法
江苏省长江防洪工程管理办法
江苏省长江河道采砂管理实施办法
江苏省建设项目占用水域管理办法

中华人民共和国水法

第六十五条 在河道管理范围内建设妨碍行洪的建筑物、构筑物，或者从事影响河势稳定、危害河岸堤防安全和其他妨碍河道行洪的活动的，由县级以上人民政府水行政主管部门或者流域管理机构依据职权，责令停止违法行为，限期拆除违法建筑物、构筑物，恢复原状；逾期不拆除、不恢复原状的，强行拆除，所需费用由违法单位或者个人负担，并处一万元以上十万元以下的罚款。

未经水行政主管部门或者流域管理机构同意，擅自修建水工程，或者建设桥梁、码头和其他拦河、跨河、临河建筑物、构筑物，铺设跨河管道、电缆，且防洪法未作规定的，由县级以上人民政府水行政主管部门或者流域管理机构依据职权，责令停止违法行为，限期补办有关手续；逾期不补办或者补办未被批准的，责令限期拆除违法建筑物、构筑物；逾期不拆除的，强行拆除，所需费用由违法单位或者个人负担，并处一万元以上十万元以下的罚款。

虽经水行政主管部门或者流域管理机构同意，但未按照要求修建前款所列工程设施的，由县级以上人民政府行政主管部门或者流域管理机构依据职权，责令限期改正，按照情节轻重，处一万元以上十万元以下的罚款。

行政处罚裁量权基准：

1. 建设妨碍行洪的建筑物、构筑物，逾期不拆除、不恢复原状的

（1）建筑物、构筑物占河道设计洪水位（没有设计洪水位，按河道防汛警戒水位、设计排涝水位或者设计灌溉水位，下同）断面3%以下的，或者建筑占用面积在100平方米以下的，强行拆除，并处一万元以上三万元以下的罚款；

（2）建筑物、构筑物占河道设计洪水位断面3%以上8%以下的，或者建筑占用面积在100平方米以上200平方米以下的，强行拆除，并处三万元以上五万元以下的罚款；

（3）建筑物、构筑物占河道设计洪水位断面8%以上15%以下的，或者建筑占用面积在200平方米以上400平方米以下的，强行拆除，并处五万元以上七万元以下的罚款；

（4）建筑物、构筑物占河道设计洪水位断面15%以上的，或者建筑占用面积在400平方米以上的，强行拆除，并处七万元以上十万元以下的罚款。

2. 从事影响河势稳定、危害河岸堤防安全和其他妨碍河道行洪的活动，逾期不拆除、不恢复原状的

（1）恢复原状费用在一万元以下的，强行拆除，并处一万元以上三万元以下的罚款；

（2）恢复原状费用在一万元以上三万元以下的，强行拆除，并处三万元以上五万元以下的罚款；

（3）恢复原状费用在三万元以上五万元以下的，强行拆除，并处五万元以上七万元以下的罚款；

（4）恢复原状费用在五万元以上的，强行拆除，并处七万元以上十万元以下的罚款。

3. 逾期不拆除擅自修建的水工程或者桥梁、码头和拦河、跨河、临河建筑物、构筑物，铺设跨河管道、电缆，且防洪法未作规定的

（1）占用面积在100平方米以下的，或者投资额在三十万元以下的，或者铺设跨河、临河管道、电缆占用河道管理范围长度200米以下的，强行拆除，并处一万元以上三万元以下

的罚款;

(2)占用面积在100平方米以上200平方米以下的,或者投资额在三十万元以上五十万元以下的,或者铺设跨河、临河管道、电缆占用河道管理范围长度200米以上300米以下的,强行拆除,并处三万元以上五万元以下的罚款;

(3)占用面积在200平方米以上400平方米以下的,或者投资额在五十万元以上七十万元以下的,或者铺设跨河、临河管道、电缆占用河道管理范围长度300米以上400米以下的,强行拆除,并处五万元以上七万元以下的罚款;

(4)占用面积在400平方米以上的,或者投资额在七十万元以上的,或者铺设跨河、临河管道、电缆占用河道管理范围长度400米以上的,强行拆除,并处七万元以上十万元以下的罚款。

4. 影响行洪但在规定期限内补办批准手续并采取补救措施的

按照《防洪法》第五十七条的裁量权基准执行。

5. 虽经水行政主管部门同意,但未按照要求修建工程设施的

(1)违反批准的界限、位置之一,在规定的期限内改正的,处一万元以上三万元以下的罚款;

(2)违反批准的界限、位置两种,在规定的期限内改正的,处三万元以上五万元以下的罚款;

(3)违反批准的界限、位置之一,在规定的期限未完全改正的,处五万元以上七万元以下的罚款;

(4)违反批准的界限、位置两种,未在规定的期限内改正的,或者违反批准的界限、位置之一,在规定的期限内拒不改正的,处七万元以上十万元以下的罚款。

(注:本条中违法行为可以同时适用填堵河道断面、占有河道管理范围长度或者面积、投资额等多种裁量因素的,按照其对防洪和水生态安全等造成的危害程度合理选择适用。)

第六十六条 有下列行为之一,且防洪法未作规定的,由县级以上人民政府水行政主管部门或者流域管理机构依据职权,责令停止违法行为,限期清除障碍或者采取其他补救措施,处一万元以上五万元以下的罚款:

(一)在江河、湖泊、水库、运河、渠道内弃置、堆放阻碍行洪的物体和种植阻碍行洪的林木及高秆作物的;

(二)围湖造地或者未经批准围垦河道的。

行政处罚裁量权基准:

1. 在江河、湖泊、水库、运河、渠道内弃置、堆放阻碍行洪物体的

(1)物体在20立方米以下,或者占河道设计洪水位断面3%以下,在规定期限内清除障碍或者采取其他补救措施的,处一万元以上二万元以下的罚款;

(2)物体在20立方米以上50立方米以下,或者占河道设计洪水位断面3%以上8%以下,在规定期限内清除障碍或者采取其他补救措施的,处二万元以上四万元以下的罚款;

(3)在规定期限内拒不清除障碍、拒不采取其他补救措施的,或者物体在50立方米以上的,或者占河道设计洪水位断面8%以上的,处四万元以上五万元以下的罚款。

2. 种植阻碍行洪的林木及高秆作物的

按照《防洪法》第五十五条第三项的裁量权基准执行。

3. 围湖造地或者未经批准围垦河道的

按照《防洪法》第五十六条的裁量权基准执行。

(注:违法行为可以同时适用物体面积、占河道设计洪水位断面等多种裁量因素的,

按照其对防洪和水生态安全等造成的危害程度合理选择适用。）

第六十九条 有下列行为之一的，由县级以上人民政府水行政主管部门或者流域管理机构依据职权，责令停止违法行为，限期采取补救措施，处二万元以上十万元以下的罚款；情节严重的，吊销其取水许可证：

（一）未经批准擅自取水的；

（二）未依照批准的取水许可规定条件取水的。

行政处罚裁量权基准：

1. 未经批准擅自取用地表水的

（1）取水能力每小时 50 吨以下，在规定期限内停止违法行为，采取补救措施的，处二万元以上三万元以下的罚款；

（2）取水能力在每小时 50 吨以上 80 吨以下，在规定期限内停止违法行为，采取补救措施的，处三万元以上五万元以下的罚款；

（3）取水能力在每小时 80 吨以上 100 吨以下，在规定期限内停止违法行为，采取补救措施的，处五万元以上七万元以下的罚款；

（4）在规定的期限内拒不停止违法行为、不采取补救措施的，或者取水能力在每小时 100 吨以上的，处七万元以上十万元以下的罚款。

2. 未经批准擅自取用浅层地下水的

（1）在规定的期限内停止违法行为，并采取补救措施的，处二万元罚款；

（2）在规定的期限内停止违法行为，未采取补救措施的，或者采取的补救措施不到位的，处二万元以上四万元以下的罚款；

（3）在规定的期限内不停止违法行为，未采取补救措施的，处四万元以上五万元以下罚款；

（4）在规定的期限内不停止违法行为，未采取补救措施，阻挠监督检查的，处五万元以上七万元以下罚款；

（5）在规定的期限内不停止违法行为，未采取补救措施，造成严重后果的，处七万元以上十万元以下罚款。

3. 未经批准擅自取用深层地下水或者基岩地下水的或者在超采区未经批准擅自取用地下水的

（1）取水能力每小时 10 吨以下，在规定期限内停止违法行为，采取补救措施的，处二万元以上三万元以下的罚款；

（2）取水能力在每小时 10 吨以上 30 吨以下，在规定期限内停止违法行为，采取补救措施的，处三万元以上五万元以下的罚款；

（3）取水能力在每小时 30 吨以上 50 吨以下，在规定期限内停止违法行为，采取补救措施的，处五万元以上七万元以下的罚款；

（4）在规定的期限内拒不停止违法行为，不采取补救措施的，或者取水能力在每小时 50 吨以上的，处七万元以上十万元以下的罚款。

4. 在地下水禁止开采区内未经批准擅自取用深层地下水或者基岩地下水的

（1）取水能力每小时 5 吨以下，在规定期限内停止违法行为，采取补救措施的，处二万元以上三万元以下的罚款；

（2）取水能力在每小时 5 吨以上 8 吨以下，在规定期限内停止违法行为，采取补救措施的，处三万元以上五万元以下的罚款；

（3）取水能力在每小时 8 吨以上 10 吨以下，在规定期限内停止违法行为，采取补救措施的，处五万元以上七万元以下的罚款；

（4）拒不停止违法行为、不采取补救措施的，或者取水能力在每小时 10 吨以上的，处七万元以上十万元以下的罚款。

5. 未经批准擅自扩大取水的

（1）擅自扩大的取水量占批准的取水量 10% 以下，在规定的期限内停止违法行为并采取补救措施的，处二万元以上三万元以下的罚款；

（2）擅自扩大的取水量占批准的取水量

10%以上30%以下,在规定期限内停止违法行为并采取补救措施的,处三万元以上五万元以下的罚款;

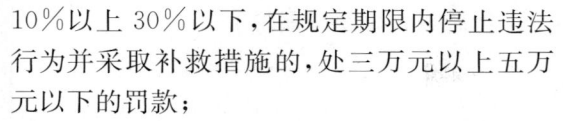

(3)擅自扩大的取水量占批准的取水量30%以上60%以下的,在规定期限内停止违法行为并采取补救措施的,处五万元以上七万元以下的罚款;

(4)擅自扩大的取水量占批准的取水量60%以上100%以下,在规定期限内停止违法行为并采取补救措施的,处七万元以上十万元以下的罚款;

(5)在规定期限内拒不停止违法行为,又不采取补救措施的,或者擅自扩大的取水量超过批准的取水量100%以上的,处十万元罚款,并吊销其取水许可证。

6. 取水水源、取水地点、取水用途、退水地点、退水方式及退水量、取水量年内分配等未按照取水许可审批意见执行的

(1)在规定期限内停止违法行为,采取补救措施的,处二万元以上五万元以下的罚款;

(2)在规定期限内停止违法行为,但未及时采取补救措施或者采取的补救措施不到位的,处五万元以上七万元以下的罚款;

(3)在规定期限内拒不停止违法行为,不采取补救措施的,处七万元以上十万元以下的罚款,并吊销其取水许可证。

7. 违反取水许可审批意见,混合、串通、以浅代深开采地下水的

(1)在规定期限内停止违法行为,采取补救措施的,处二万元以上五万元以下的罚款;

(2)在规定期限内停止违法行为,但未采取补救措施或者采取的补救措施不到位的,处五万元以上七万元以下罚款;

(3)在规定期限内拒不停止违法行为,不采取补救措施的,处七万元以上十万元以下的罚款,并吊销取水许可证。

8. 超过批准的用水定额取水的

(1)实际用水指标超过用水定额10%以下,在规定的期限内停止违法行为、采取补救措施的,处二万元罚款;

(2)实际用水指标超过用水定额10%以上30%以下,在规定的期限内停止违法行为、采取补救措施的,处二万元以上三万元以下的罚款;

(3)实际用水指标超过用水定额30%以上60%以下,在规定的期限内停止违法行为、采取补救措施的,处三万元以上五万元以下的罚款;

(4)实际用水指标超过用水定额60%以上100%以下,在规定的期限内停止违法行为、采取补救措施的,处五万元以上七万元以下的罚款;

(5)在规定的期限内拒不停止违法行为,不采取补救措施的,或者实际用水指标超过用水定额100%,处七万元以上十万元以下的罚款,并吊销其取水许可证。

第七十条 拒不缴纳、拖延缴纳或者拖欠水资源费的,由县级以上人民政府水行政主管部门或者流域管理机构依据职权,责令限期缴纳;逾期不缴纳的,从滞纳之日起按日加收滞纳部分千分之二的滞纳金,并处应缴或者补缴水资源费一倍以上五倍以下的罚款。

行政处罚裁量权基准:

拒不缴纳、拖延缴纳或者拖欠水资源费,经责令限期缴纳仍逾期不缴纳的

(1)超过规定的缴纳期限,欠缴数额占应缴或者补缴水资源费总额30%以下的,除按照规定加收滞纳金外,处欠缴水资源费一倍以上二倍以下的罚款;

(2)超过规定的缴纳期限,欠缴数额占应缴或者补缴水资源费总额30%以上50%以下的,除按照规定加收滞纳金外,处欠缴水资源费二倍以上三倍以下的罚款;

(3)超过规定的缴纳期限,欠缴数额占应缴或者补缴水资源费总额50%以上70%以下的,除按照规定加收滞纳金外,处欠缴水资源

费三倍以上四倍以下的罚款；

（4）超过规定的缴纳期限，欠缴数额占应缴或者补缴水资源费总额70%以上的，除按照规定加收滞纳金外，处欠缴水资源费四倍以上五倍以下的罚款。

第七十一条　建设项目的节水设施没有建成或者没有达到国家规定的要求，擅自投入使用的，由县级以上人民政府有关部门或者流域管理机构依据职权，责令停止使用，限期改正，处五万元以上十万元以下的罚款。

行政处罚裁量权基准：

建设项目的节水设施没有建成或者没有达到国家规定的要求，擅自投入使用的

（1）在规定期限内停止使用未达到国家规定要求的节水设施并改正的，处五万元罚款；

（2）在规定期限内停止使用未达到国家规定要求的节水设施，但未改正的，处五万元以上八万元以下罚款；

（3）节水设施未建成，在规定期限内不停止使用未达到国家规定要求的节水设施，也不改正的，处八万元以上十万元以下罚款。

第七十二条　有下列行为之一，构成犯罪的，依照刑法的有关规定追究刑事责任；尚不够刑事处罚，且防洪法未作规定的，由县级以上地方人民政府水行政主管部门或者流域管理机构依据职权，责令停止违法行为，采取补救措施，处一万元以上五万元以下的罚款；违反治安管理处罚法的，由公安机关依法给予治安管理处罚；给他人造成损失的，依法承担赔偿责任：

（一）侵占、毁坏水工程及堤防、护岸等有关设施，毁坏防汛、水文监测、水文地质监测设施的；

（二）在水工程保护范围内，从事影响水工程运行和危害水工程安全的爆破、打井、采石、取土等活动的。

行政处罚裁量权基准：

1. 侵占、毁坏水工程及堤防、护岸等有关设施，毁坏防汛、水文监测、水文地质监测设施的

（1）违法行为未对防洪工程设施造成损坏，在规定期限内停止违法行为、采取补救措施的，按照《防洪法》第六十条的行政处罚裁量权基准的第（1）（2）项执行；

（2）造成的损失在一万元以上五万元以下，在规定期限内停止违法行为、采取补救措施的，处一万元以上三万元以下的罚款；

（3）在规定期限内拒不停止违法行为、不采取补救措施的，或者造成的损失在五万元以上的，处三万元以上五万元以下的罚款。

2. 在水工程保护范围内，从事影响水工程运行和危害水工程安全的爆破、打井等活动的

（1）在规定期限内停止违法行为、采取补救措施，消除危害后果的，处一万元以上二万元以下的罚款；

（2）在规定期限内停止违法行为、采取补救措施，基本消除危害后果的，处二万元以上三万元以下的罚款；

（3）在规定期限内停止违法行为、采取补救措施，但未能消除危害后果的，处三万元以上四万元以下的罚款；

（4）在规定期限内拒不停止违法行为，不采取补救措施的，处四万元以上五万元以下的罚款。

3. 在水工程保护范围内，从事影响水工程运行和危害水工程安全的采石、取土等活动的

（1）采石、取土在50立方米以下，在规定期限内停止违法行为、采取补救措施的，处一万元以上二万元以下的罚款；

（2）采石、取土在50立方米以上100立方米以下，在规定期限内停止违法行为、采取补救措施的，处二万元以上三万元以下的罚款；

(3) 采石、取土在100立方米以上200立方米以下,在规定期限内停止违法行为,采取补救措施的,处三万元以上四万元以下罚款;

(4) 采石、取土在200立方米以上,在规定期限内停止违法行为,采取补救措施,或者采石、取土虽在200立方米以下,但拒不停止违法行为、不采取补救措施的,处四万元以上五万元以下罚款。

中华人民共和国防洪法

第五十三条 违反本法第十七条规定,未经水行政主管部门签署规划同意书,擅自在江河、湖泊上建设防洪工程和其他水工程、水电站的,责令停止违法行为,补办规划同意书手续;违反规划同意书的要求,严重影响防洪的,责令限期拆除;违反规划同意书的要求,影响防洪但尚可采取补救措施的,责令限期采取补救措施,可以处一万元以上十万元以下的罚款。

行政处罚裁量权基准:

违反规划同意书的要求,影响防洪但尚可采取补救措施的

(1) 在规定的期限内采取补救措施基本消除危害后果的,或者投资额在三十万元以下的,或者违法工程占河道设计洪水位(没有设计洪水位的,按河道防汛警戒水位、设计排涝水位或者设计灌溉水位,下同)断面3%以下的,或者建筑占用面积在100平方米以下的,处一万元以上三万元以下罚款;

(2) 在规定的期限内采取补救措施消除部分危害后果的,或者投资额在三十万元以上五十万元以下的,或者违法工程占河道设计洪水位断面3%以上8%以下,或者建筑占用面积在100平方米以上200平方米以下的,处三万元以上五万元以下罚款;

(3) 在规定的期限内采取补救措施,但未能消除危害后果的,或者投资额在五十万元以上七十万元以下的,或者违法工程占河道设计洪水位断面8%以上15%以下,或者建筑占用面积在200平方米以上400平方米以下的,处五万元以上七万元以下罚款;

(4) 在规定的期限内拒不采取补救措施消除危害后果的,或者投资额在七十万元以上的,或者违法工程占河道设计洪水位断面15%以上,或者建筑占用面积在400平方米以上的,强行拆除,处七万元以上十万元以下的罚款。

第五十四条 违反本法第十九条规定,未按照规划治导线整治河道和修建控制引导河水流向、保护堤岸等工程,影响防洪的,责令停止违法行为,恢复原状或者采取其他补救措施,可以处一万元以上十万元以下的罚款。

行政处罚裁量权基准:

未按照规划治导线整治河道和修建控制引导河水流向、保护堤岸等工程,影响防洪的

(1) 投资额在一百万元以下,且恢复原状或者采取其他补救措施的,处一万元以上三万元以下罚款;

(2) 投资额在一百万元以上五百万元以下,且恢复原状或者采取其他补救措施的,处三万元以上五万元以下的罚款;

(3) 投资额在五百万元以上一千万元以下,且恢复原状或者采取其他补救措施的,处五万元以上八万元以下的罚款;

(4) 在规定期限内拒不停止违法行为、不恢复原状、不采取其他补救措施的;或者投资额在一千万元以上的,处八万元以上十万元

以下的罚款。

第五十五条 违反本法第二十二条第二款、第三款规定,有下列行为之一的,责令停止违法行为,排除阻碍或者采取其他补救措施,可以处五万元以下的罚款:

(一)在河道、湖泊管理范围内建设妨碍行洪的建筑物、构筑物的;

(二)在河道、湖泊管理范围内倾倒垃圾、渣土,从事影响河势稳定、危害河岸堤防安全和其他妨碍河道行洪的活动的;

(三)在行洪河道内种植阻碍行洪的林木和高秆作物的。

行政处罚裁量权基准:

1. 在河道、湖泊管理范围内建设妨碍行洪的建筑物、构筑物的

(1)建筑物、构筑物占河道设计洪水位断面5%以下,或者建筑面积在80平方米以下,在规定期限内停止违法行为,并排除阻碍或者采取其他补救措施的,处一万元以下的罚款;

(2)建筑物、构筑物占河道设计洪水位断面5%以上8%以下,或者建筑面积在80平方米以上150平方米以下,在规定期限内停止违法行为,并排除妨碍或者采取其他补救措施的,处一万元以上三万元以下的罚款;

(3)建筑物、构筑物占河道设计洪水位断面8%以上10%以下,或者建筑面积在150平方米以上300平方米以下,在规定期限内停止违法行为,并排除阻碍或者采取其他补救措施的,处三万元以上五万元以下的罚款;

(4)在规定期限内拒不停止违法行为,不排除阻碍,不采取其他补救措施,或者建筑物、构筑物占河道设计洪水位断面在10%以上,或者建筑面积在300平方米以上的,处五万元的罚款。

2. 在河道、湖泊管理范围内倾倒垃圾、渣土的

(1)垃圾、渣土在20立方米以下,在规定期限内清除或者采取其他补救措施的,处二万元以下的罚款;

(2)垃圾、渣土在20立方米以上50立方米以下,在规定期限内清除或者采取其他补救措施的,处二万元以上四万元以下的罚款;

(3)在规定期限内拒不清除、拒不采取其他补救措施,或者垃圾、渣土在50立方米以上的,处四万元以上五万元以下的罚款。

3. 在河道、湖泊管理范围内从事影响河势稳定、危害河岸堤防安全和其他妨碍河道行洪的活动的

(1)在规定的期限内停止违法行为,排除阻碍或者采取其他补救措施后基本消除危害后果的,处一万元以下的罚款;

(2)在规定的期限内停止违法行为,排除阻碍或者采取其他补救措施后部分消除危害后果的,处一万元以上三万元以下的罚款;

(3)在规定的期限内拒不停止违法行为,不排除阻碍,不采取其他补救措施,处三万元以上五万元以下的罚款。

4. 在行洪河道内种植阻碍行洪的林木或者高秆作物的

(1)种植面积在600平方米以下,在规定的期限内停止违法行为,并排除阻碍或者采取其他补救措施的,处一万元以下的罚款;

(2)种植面积在600平方米以上2 000平方米以下,在规定期限内停止违法行为,并排除阻碍或者采取其他补救措施的,处一万元以上三万元以下的罚款;

(3)在规定的期限内拒不停止违法行为,不排除阻碍,不采取其他补救措施的,或者种植面积在2 000平方米以上的,处三万元以上五万元以下的罚款。

第五十六条 违反本法第十五条第二款、第二十三条规定,围海造地、围湖造地、围垦河道的,责令停止违法行为,恢复原状或者采取其他补救措施,可以处五万元以下的罚款;既不恢复原状也不采取其他补救措施的,

代为恢复原状或者采取其他补救措施,所需费用由违法者承担。

行政处罚裁量权基准:

1. 围湖造地的

(1) 围湖造地在 1 000 平方米以下,在规定的期限内停止违法行为,并恢复原状或者采取其他补救措施的,处一万元以下的罚款;

(2) 围湖造地在 1 000 平方米以上 6 000 平方米以下,在规定的期限内停止违法行为,并恢复原状或者采取其他补救措施的,处一万元以上二万元以下的罚款;

(3) 围湖造地面积在 6 000 平方米以上 10 000 平方米以下,在规定的期限内停止违法行为,并恢复原状或者采取其他补救措施的,处二万元以上三万元以下的罚款;

(4) 在规定的期限内拒不停止违法行为,不恢复原状,不采取其他补救措施的,或者围湖造地面积在 10 000 平方米以上的,处三万元以上五万元以下的罚款。

2. 未经批准围垦河道的

(1) 围垦河道面积在 500 平方米以下,在规定的期限内停止违法行为,恢复原状或者采取其他补救措施的,处一万元以下的罚款;

(2) 围垦河道面积在 500 平方米以上 2 000平方米以下,在规定的期限内停止违法行为,恢复原状或者采取其他补救措施的,处一万元以上二万元以下的罚款;

(3) 围垦河道面积在 2 000 平方米以上 4 000平方米以下,在规定的期限内停止违法行为,恢复原状或者采取其他补救措施的,处二万元以上三万元以下的罚款;

(4) 在规定的期限内拒不停止违法行为,不恢复原状,不采取其他补救措施的,或者围垦河道面积在 4 000 平方米以上的,处三万元以上五万元以下的罚款。

3. 在长江、淮河入海河口围海造地不符合河口整治规划的

(1) 围海造地面积在 5 000 平方米以下,在规定的期限内停止违法行为,恢复原状或者采取其他补救措施的,处一万元以下的罚款;

(2) 围海造地面积在 5 000 平方米以上 10 000 平方米以下,在规定的期限内停止违法行为,恢复原状或者采取其他补救措施的,处一万元以上二万元以下的罚款;

(3) 围海造地面积在 10 000 平方米以上 30 000 平方米以下,在规定的期限内停止违法行为,恢复原状或者采取其他补救措施的,处二万元以上三万元以下的罚款;

(4) 在规定的期限内拒不停止违法行为,不恢复原状,不采取其他补救措施的,或者围海造地面积在 30 000 平方米以上的,处三万元以上五万元以下的罚款。

第五十七条 违反本法第二十七条规定,未经水行政主管部门对其工程建设方案审查同意或者未按照有关水行政主管部门审查批准的位置、界限,在河道、湖泊管理范围内从事工程设施建设活动的,责令停止违法行为,补办审查同意或者审查批准手续;工程设施建设严重影响防洪的,责令限期拆除,逾期不拆除的,强行拆除,所需费用由建设单位承担;影响行洪但尚可采取补救措施的,责令限期采取补救措施,可以处一万元以上十万元以下的罚款。

行政处罚裁量权基准:

擅自从事工程设施建设活动,或者未按照批准的位置、界限从事工程设施建设活动,影响行洪,但尚可采取补救措施的

(1) 建设项目投资额在六十万元以下,在规定期限内采取补救措施排除影响的,处一万元以上三万元以下的罚款;

(2) 建设项目投资额在六十万元以上一百万元以下,在规定期限内采取补救措施排除影响的,处三万元以上五万元以下的罚款;

(3) 建设项目投资额在一百万元以上一百六十万元以下,在规定期限内采取补救措

施排除影响的,处五万元以上八万元以下的罚款;

(4)在规定的期限内拒不采取补救措施的,或者建设项目投资额在一百六十万元以上的,处八万元以上十万元以下的罚款。

第五十八条 违反本法第三十三条第一款规定,在洪泛区、蓄滞洪区内建设非防洪建设项目,未编制洪水影响评价报告或者洪水影响评价报告未经审查批准开工建设的,责令限期改正;逾期不改正的,处五万元以下的罚款。

违反本法第三十三条第二款规定,防洪工程设施未经验收,即将建设项目投入生产或者使用的,责令停止生产或者使用,限期验收防洪工程设施,可以处五万元以下的罚款。

行政处罚裁量权基准:

1. 在洪泛区、蓄滞洪区内建设非防洪建设项目,未编制洪水影响评价报告,经责令限期改正但逾期不改正的

(1)逾期30天以内的,处一万元以下的罚款;

(2)逾期30天以上90天以内的,处一万元以上三万元以下的罚款;

(3)逾期90天以上的,处三万元以上五万元以下的罚款。

2. 防洪工程设施未经验收,即将建设项目投入生产或者使用的

(1)投资额在三十万元以下的,经责令停止生产或者使用并在规定的期限内通过验收的,处一万元以下的罚款;

(2)投资额在三十万元以上五十万元以下的,或者经责令停止生产、使用,但在规定的期限内验收未能通过的,处一万元以上二万元以下的罚款;

(3)投资额在五十万元以上一百万元以下的,或者经责令停止生产、使用,但未在规定的期限内申请验收的,处二万元以上三万元以下的罚款;

(4)在规定的期限内拒不停止生产、使用、验收的,或者投资额在一百万元以上的,处三万元以上五万元以下的罚款。

第六十条 违反本法规定,破坏、侵占、毁损堤防、水闸、护岸、抽水站、排水渠系等防洪工程和水文、通信设施以及防汛备用的器材、物料的,责令停止违法行为,采取补救措施,可以处五万元以下的罚款;造成损坏的,依法承担民事责任;应当给予治安管理处罚的,依照治安管理处罚法的规定处罚;构成犯罪的,依法追究刑事责任。

行政处罚裁量权基准:

破坏、侵占、毁损堤防、水闸、护岸、抽水站、排水渠系等防洪工程和水文、通信设施以及防汛备用的器材、物料的

(1)违法行为未对防洪工程设施造成损坏,在规定期限内停止违法行为、采取补救措施的,处三千元以下的罚款;

(2)违法行为对防洪工程设施造成的损失在一万元以下,在规定期限内停止违法行为,采取补救措施的,处三千元以上一万元以下的罚款;

(3)违法行为对防洪工程设施造成的损失在一万元以上五万元以下,在规定期限内停止违法行为,采取补救措施的,处一万元以上三万元以下的罚款。

(4)在规定期限内拒不停止违法行为,不采取补救措施的,或者造成的损失在五万元以上的,处三万元以上五万元以下的罚款。

中华人民共和国水土保持法

第四十八条 违反本法规定,在崩塌、滑坡危险区或者泥石流易发区从事取土、挖砂、采石等可能造成水土流失的活动的,由县级以上地方人民政府水行政主管部门责令停止违法行为,没收违法所得,对个人处一千元以上一万元以下的罚款,对单位处二万元以上二十万元以下的罚款。

行政处罚裁量权基准:

在崩塌、滑坡危险区或者泥石流易发区从事取土、挖砂、采石等可能造成水土流失的活动的

(1) 取土、挖砂、采石等活动在 200 立方米以下,没收违法所得,对个人处一千元以上三千元以下的罚款,对单位处二万元以上五万元以下的罚款;

(2) 取土、挖砂、采石等活动在 200 立方米以上 500 立方米以下,没收违法所得,对个人处三千元以上五千元以下的罚款,对单位处五万元以上十万元以下的罚款;

(3) 取土、挖砂、采石等活动在 500 立方米以上 2 000 立方米以下,没收违法所得,对个人处五千元以上八千元以下的罚款,对单位处十万元以上十五万元以下的罚款;

(4) 取土、挖砂、采石等活动在 2 000 立方米以上,没收违法所得,对个人处八千元以上一万元以下的罚款,对单位处十五万元以上二十万元以下的罚款。

第四十九条 违反本法规定,在禁止开垦坡度以上陡坡地开垦种植农作物,或者在禁止开垦、开发的植物保护带内开垦、开发的,由县级以上地方人民政府水行政主管部门责令停止违法行为,采取退耕、恢复植被等补救措施;按照开垦或者开发面积,可以对个人处每平方米二元以下的罚款、对单位处每平方米十元以下的罚款。

行政处罚裁量权基准:

在禁止开垦坡度以上陡坡地开垦种植农作物,或者在禁止开垦、开发的植物保护带(侵蚀沟的沟坡和沟岸、河流的两岸以及湖泊和水库周边的植物保护带)内开垦、开发的

(1) 开垦或开发面积在 1 000 平方米以下,可以对个人处每平方米五角以下的罚款,对单位处每平方米三元以下的罚款;

(2) 开垦或开发面积在 1 000 平方米以上 2 000 平方米以下,可以对个人处每平方米五角以上一元以下的罚款,对单位处每平方米三元以上五元以下的罚款;

(3) 开垦或开发面积在 2 000 平方米以上 5 000 平方米以下,可以对个人处每平方米一元以上一元五角以下的罚款,对单位处每平方米五元以上八元以下的罚款;

(4) 开垦或开发面积在 5 000 平方米以上,可以对个人处每平方米一元五角以上二元以下的罚款,对单位处每平方米八元以上十元以下的罚款。

第五十一条第一款 违反本法规定,采集发菜,或者在水土流失重点预防区和重点治理区铲草皮、挖树兜,滥挖虫草、甘草、麻黄等的,由县级以上地方人民政府水行政主管部门责令停止违法行为,采取补救措施,没收违法所得,并处违法所得一倍以上五倍以下的罚款;没有违法所得的,可以处五万元以下的罚款。

行政处罚裁量权基准:

采集发菜,或者在水土流失重点预防区和重点治理区铲草皮、挖树兜,滥挖虫草、甘

草、麻黄等的

（1）采挖面积1 000平方米以下，没收违法所得，并处违法所得一倍以上二倍以下的罚款；没有违法所得的，可以处二万元以下的罚款；

（2）采挖面积1 000平方米以上2 000平方米以下，没收违法所得，并处违法所得二倍以上三倍以下的罚款；没有违法所得的，可以处二万元以上三万元以下的罚款；

（3）采挖面积2 000平方米以上5 000平方米以下，没收违法所得，并处违法所得三倍以上四倍以下的罚款；没有违法所得的，可以处三万元以上四万元以下的罚款；

（4）采挖面积5 000平方米以上，没收违法所得，并处违法所得四倍以上五倍以下的罚款；没有违法所得的，可以处四万元以上五万元以下的罚款。

第五十二条 在林区采伐林木不依法采取防止水土流失措施的，由县级以上地方人民政府林业主管部门、水行政主管部门责令限期改正，采取补救措施；造成水土流失的，由水行政主管部门按照造成水土流失的面积处每平方米二元以上十元以下的罚款。

行政处罚裁量权基准：

在林区采伐林木不依法采取防止水土流失措施，造成水土流失的

（1）造成水土流失面积1 000平方米以下，处每平方米二元以上四元以下的罚款；

（2）造成水土流失面积1 000平方米以上2 000平方米以下，处每平方米四元以上六元以下的罚款；

（3）造成水土流失面积2 000平方米以上5 000平方米以下，处每平方米六元以上八元以下的罚款；

（4）造成水土流失面积在5 000平方米以上，处每平方米八元以上十元以下的罚款。

第五十三条 违反本法规定，有下列行为之一的，由县级以上人民政府水行政主管部门责令停止违法行为，限期补办手续；逾期不补办手续的，处五万元以上五十万元以下的罚款；对生产建设单位直接负责的主管人员和其他直接责任人员依法给予处分：

（一）依法应当编制水土保持方案的生产建设项目，未编制水土保持方案或者编制的水土保持方案未经批准而开工建设的；

（二）生产建设项目的地点、规模发生重大变化，未补充、修改水土保持方案或者补充、修改的水土保持方案未经原审批机关批准的；

（三）水土保持方案实施过程中，未经原审批机关批准，对水土保持措施作出重大变更的。

行政处罚裁量权基准：

依法应当编制水土保持方案的生产建设项目，未编制水土保持方案或者编制的水土保持方案未经批准而开工建设的；生产建设项目的地点、规模发生重大变化，未补充、修改水土保持方案或者补充、修改的水土保持方案未经原审批机关批准的；水土保持方案实施过程中，未经原审批机关批准，对水土保持措施作出重大变更的

（1）占地面积0.5公顷以上2公顷以下，处五万元以上十五万元以下的罚款；

（2）占地面积2公顷以上5公顷以下，处十五万元以上二十五万元以下的罚款；

（3）占地面积5公顷以上10公顷以下，处二十五万元以上三十五万元以下的罚款；

（4）占地面积10公顷以上，处三十五万元以上五十万元以下的罚款。

第五十四条 违反本法规定，水土保持设施未经验收或者验收不合格将生产建设项目投产使用的，由县级以上人民政府水行政主管部门责令停止生产或者使用，直至验收合格，并处五万元以上五十万元以下的罚款。

行政处罚裁量权基准：

水土保持设施未经验收或者验收不合格将生产建设项目投产使用的

（1）占地面积0.5公顷以上2公顷以下，处五万元以上十五万元以下的罚款；

（2）占地面积2公顷以上5公顷以下，处十五万元以上二十五万元以下的罚款；

（3）占地面积5公顷以上10公顷以下，处二十五万元以上三十五万元以下的罚款；

（4）占地面积10公顷以上，处三十五万元以上五十万元以下的罚款。

第五十五条 违反本法规定，在水土保持方案确定的专门存放地以外的区域倾倒砂、石、土、矸石、尾矿、废渣等的，由县级以上地方人民政府水行政主管部门责令停止违法行为，限期清理，按照倾倒数量处每立方米十元以上二十元以下的罚款；逾期仍不清理的，县级以上地方人民政府水行政主管部门可以指定有清理能力的单位代为清理，所需费用由违法行为人承担。

行政处罚裁量权基准：

在水土保持方案确定的专门存放地以外的区域倾倒砂、石、土、矸石、尾矿、废渣等的

（1）采取符合标准的水土保持措施，无安全隐患，尚未造成水土流失，按照倾倒数量处每立方米十元以上十二元以下的罚款；

（2）采取部分水土保持措施，无安全隐患，造成水土流失，按照倾倒数量处每立方米十二元以上十五元以下的罚款；

（3）未采取水土保持措施，无安全隐患，造成水土流失，按照倾倒数量处每立方米十五元以上十八元以下的罚款；

（4）未采取水土保持措施，存在安全隐患，造成水土流失，按照倾倒数量处每立方米十八元以上二十元以下的罚款。

第五十七条 违反本法规定，拒不缴纳水土保持补偿费的，由县级以上人民政府水行政主管部门责令限期缴纳；逾期不缴纳的，自滞纳之日起按日加收滞纳部分万分之五的滞纳金，可以处应缴水土保持补偿费三倍以下的罚款。

行政处罚裁量权基准：

拒不缴纳水土保持补偿费的

（1）逾期三个月以内，可以处应缴水土保持补偿费零点五倍以下的罚款；

（2）逾期三个月以上六个月以内，可以处应缴水土保持补偿费零点五倍以上一点五倍以下的罚款；

（3）逾期六个月以上十二个月以内，可以处应缴水土保持补偿费一点五倍以上二点五倍以下的罚款；

（4）逾期十二个月以上，可以处应缴水土保持补偿费二点五倍以上三倍以下的罚款。

中华人民共和国长江保护法

第八十四条 违反本法规定，有下列行为之一的，由有关主管部门按照职责分工，责令停止违法行为，给予警告，并处一万元以上十万元以下罚款；情节严重的，并处十万元以上五十万元以下罚款：

……

（三）水利水电、航运枢纽等工程未将生态用水调度纳入日常运行调度规程的；

……

行政处罚裁量权基准：

水利水电、航运枢纽等工程未将生态用水调度纳入日常运行调度规程的

（1）水利水电、航运枢纽等工程未将生态用水调度纳入日常运行调度规程的，实际调

度过程中基本保障生态用水的,给予警告,并处一万元以上五万元以下罚款;

(2)水利水电、航运枢纽等工程未将生态用水调度纳入日常运行调度规程的,实际调度过程中生态用水不满足程度在10%以下的,给予警告,并处五万元以上十万元以下罚款;

(3)水利水电、航运枢纽等工程未将生态用水调度纳入日常运行调度规程的,实际调度过程中生态用水不满足程度在10%以上30%以下的,处十万元以上二十万元以下罚款;

(4)水利水电、航运枢纽等工程未将生态用水调度纳入日常运行调度规程的,实际调度过程中生态用水不满足程度在30%以上的,处二十万元以上五十万元以下罚款。

第八十七条 违反本法规定,非法侵占长江流域河湖水域,或者违法利用、占用河湖岸线的,由县级以上人民政府水行政、自然资源等主管部门按照职责分工,责令停止违法行为,限期拆除并恢复原状,所需费用由违法者承担,没收违法所得,并处五万元以上五十万元以下罚款。

行政处罚裁量权基准:

1. 非法侵占长江流域河湖水域

(1)侵占河道宽度5%以下,或者侵占河湖水域的面积在300平方米以下,在规定期限内拆除违法建筑物、构筑物或设施,恢复原状的,没收违法所得,处五万元以上十万元以下罚款;

(2)侵占河道宽度5%以上10%以下,或者侵占河湖水域的面积在300平方米以上500平方米以下,在规定期限内拆除违法建筑物、构筑物或设施,恢复原状的,没收违法所得,处十万元以上三十万元以下罚款;

(3)侵占河道宽度10%以上15%以下,或者侵占河湖水域的面积在500平方米以上800平方米以下,在规定期限内拆除违法建筑物、构筑物或设施,恢复原状的,没收违法所得,处三十万元以上五十万元以下罚款;

(4)侵占河道宽度20%以上,或者侵占河湖水域的面积在800平方米以上,或者故意隐瞒事实,弄虚作假阻扰水行政执法人员查处的,或者在规定的期限内拒绝拆除恢复原状的,或者以暴力、威胁等方式阻碍水行政执法人员依法执行公务的尚未构成犯罪的,没收违法所得,处五十万元罚款。

适用注意事项:

1. 以架空形式违法占用河道搞建设的,占河面积可按照建筑物投影面积计算。

2. 除占河道宽度比重、建筑面积外,具体处罚额度的确定还可综合违法行为实施主体(个人还是单位)、违法行为发生河道的重要程度、违法行为时间(汛期或者非汛期)、造成的危害后果、当事人主观因素等因子。

3. 违法行为可以同时适用侵占河道宽度、河湖面积等多种裁量标准的,选择公正合理的标准适用。

第九十一条 违反本法规定,在长江流域未依法取得许可从事采砂活动,或者在禁止采砂区和禁止采砂期从事采砂活动的,由国务院水行政主管部门有关流域管理机构或者县级以上地方人民政府水行政主管部门责令停止违法行为,没收违法所得以及用于违法活动的船舶、设备、工具,并处货值金额二倍以上二十倍以下罚款;货值金额不足十万元的,并处二十万元以上二百万元以下罚款;已经取得河道采砂许可证的,吊销河道采砂许可证。

行政处罚裁量权基准:

1. 在长江流域未依法取得许可从事采砂活动,没收违法所得以及用于违法活动的船舶、设备、工具,货值不足十万元的

(1)货值在二万元以下的,处二十万元以上四十万元以下罚款;

(2)货值在二万元以上四万元以下的,处四十万元以上八十万元以下罚款;

（3）货值在四万元以上六万元以下的，处八十万元以上一百二十万元以下罚款；

（4）货值在六万元以上八万元以下的，处一百二十万元以上一百六十万元以下罚款；

（5）货值在八万元以上不足十万元的，处一百六十万元以上二百万元以下罚款。

2. 在长江流域未依法取得许可从事采砂活动，没收违法所得以及用于违法活动的船舶、设备、工具，货值在十万元以上的

（1）有《江苏省水行政处罚裁量权实施办法》规定的从轻处罚情形二种以上（含本数）的，处货值二倍以上（含本数）五倍以下（不含本数）罚款；

（2）有《江苏省水行政处罚裁量权实施办法》规定的从轻处罚情形之一的，处货值五倍以上（含本数）八倍以下（不含本数）罚款；

（3）没有《江苏省水行政处罚裁量权实施办法》规定的从轻、从重处罚情形的，处货值八倍以上（含本数）十二倍以下（不含本数）罚款；

（4）有《江苏省水行政处罚裁量权实施办法》规定的从重处罚情形之一的，处货值十二倍以上（含本数）十五倍以下（不含本数）罚款；

（5）有《江苏省水行政处罚裁量权实施办法》规定的从重处罚情形二种以上（含本数）的，处货值十五倍以上（含本数）二十倍以下（含本数）罚款。

同时具有从轻、从重多个裁量情节的，采用同向相加、逆向相减的方法调节最终罚款数额。

中华人民共和国水土保持法实施条例

第二十六条 依照《水土保持法》第三十二条的规定处以罚款的，罚款幅度为非法开垦的陡坡地每平方米1元至2元。

第二十七条 依照《水土保持法》第三十三条的规定处以罚款的，罚款幅度为擅自开垦的荒坡地每平方米0.5元至1元。

第二十八条 依照《水土保持法》第三十四条的规定处以罚款的，罚款幅度为500元以上、5 000元以下。

第二十九条 依照《水土保持法》第三十五条的规定处以罚款的，罚款幅度为造成的水土流失面积每平方米2元至5元。

第三十条 依照《水土保持法》第三十六条的规定处以罚款的，罚款幅度为1 000元以上、1万元以下。

行政处罚裁量权基准：

相关违法行为依据《中华人民共和国水土保持法》处罚，并执行其行政处罚裁量权基准。

长江河道采砂管理条例

第十八条 违反本条例规定，未办理河道采砂许可证，擅自在长江采砂的，由县级以上地方人民政府水行政主管部门或者长江水利委员会依据职权，责令停止违法行为，没收违法所得和非法采砂机具，并处10万元以上30万元以下的罚款；情节严重的，扣押或者没

收非法采砂船舶,并对没收的非法采砂船舶予以拍卖,拍卖款项全部上缴财政。拒绝、阻碍水行政主管部门或者长江水利委员会依法执行职务,构成违反治安管理行为的,由公安机关依法给予治安管理处罚;触犯刑律的,依法追究刑事责任。

违反本条例规定,虽持有河道采砂许可证,但在禁采区、禁采期采砂的,由县级以上地方人民政府水行政主管部门或者长江水利委员会依据职权,依照前款规定处罚,并吊销河道采砂许可证。

行政处罚裁量权基准:

按照《中华人民共和国长江保护法》第91条行政处罚裁量权基准执行。

第十九条 违反本条例规定,未按照河道采砂许可证规定的要求采砂的,由县级以上地方人民政府水行政主管部门或者长江水利委员会依据职权,责令停止违法行为,没收违法所得,处5万元以上10万元以下的罚款,并吊销河道采砂许可证;触犯刑律的,依法追究刑事责任。

行政处罚裁量权基准:

1. 不在采砂许可证规定的地点或超越许可证规定的范围采砂的

(1)吸砂点超过规定范围的最外沿100米以内,或者在规定的范围内超采时限24小时以内的,没收违法所得,处五万元的罚款,并吊销采砂许可证;

(2)吸砂点超过规定的范围达100米以上300米以下,或者在规定的范围内超采时限达24小时以上72小时以下的,没收违法所得,处五万元以上八万元以下的罚款,并吊销采砂许可证;

(3)吸砂点超过规定的范围达300米以上,或者在规定的范围内超采时限达72小时以上的,没收违法所得,处八万元以上十万元以下的罚款,并吊销采砂许可证。

2. 超越采砂许可规定的开采量的

(1)超出采砂许可量达500吨以下的,没收违法所得,处五万元的罚款,并吊销采砂许可证;

(2)超出采砂许可量达500吨以上1 000吨以下的,没收违法所得,处五万以上八万以下的罚款,并吊销采砂许可证;

(3)超出采砂许可量达1 000吨以上的,没收违法所得,处八万元以上十万元以下的罚款,并吊销采砂许可证。

3. 未按照采砂许可规定的采砂深度、作业方式、弃料处理方式作业的

(1)超出采砂许可规定深度3米以内,或者未按照许可规定的作业方式及弃料处理方式开采江砂达500吨以下的,没收违法所得,处五万元以上八万元以下的罚款,并吊销采砂许可证;

(2)超出采砂许可规定深度3米以上,或者未按照许可规定的作业方式及弃料处理方式开采500吨以上的,没收违法所得,处八万元以上十万元以下罚款,并吊销采砂许可证。

第二十条 违反本条例规定,采砂船舶在禁采期内未在指定地点停放或者无正当理由擅自离开指定地点的,由县级以上地方人民政府水行政主管部门处1万元以上3万元以下的罚款。

行政处罚裁量权基准:

1. 采砂船舶在禁采期内未在指定地点停放的

(1)经责令采砂船舶在规定期限内自行到指定地点停放的,处一万元以上二万元以下的罚款;

(2)采砂船舶被水行政主管部门强行拖至指定地点停放的,处二万元以上三万元以下的罚款。

2. 采砂船舶在禁采期内无正当理由擅自离开指定地点的

(1)擅自离开的,处一万元以上二万元以下的罚款;

(2) 经制止仍强行离开的,处二万元以上三万元以下的罚款。

第二十一条 伪造、涂改或者买卖、出租、出借或者以其他方式转让河道采砂许可证,触犯刑律的,依法追究刑事责任;尚未触犯刑律的,由县级以上地方人民政府水行政主管部门或者长江水利委员会依据职权,没收违法所得,并处5万元以上10万元以下的罚款,收缴伪造、涂改或者买卖、出租、出借或者以其他方式转让的河道采砂许可证。

行政处罚裁量权基准:

伪造、涂改或者买卖、出租、出借或者以其他方式转让河道采砂许可证尚未触犯刑律的

(1) 无违法所得的,收缴伪造、涂改或者买卖、出租、出借或者以其他方式转让的河道采砂许可证,处五万元以上六万元以下的罚款;

(2) 违法所得在五万元以下的,收缴伪造、涂改或者买卖、出租、出借或者以其他方式转让的河道采砂许可证,没收违法所得,处六万元以上八万元以下的罚款;

(3) 违法所得在五万元以上的,收缴伪造、涂改或者买卖、出租、出借或者以其他方式转让的河道采砂许可证,没收违法所得,处八万元以上十万元以下的罚款。

第二十二条 违反本条例规定,不依法缴纳长江河道砂石资源费的,由县级以上地方人民政府水行政主管部门或者长江水利委员会依据职权,责令限期缴纳;逾期未缴纳的,按日加收3‰的滞纳金;拒不缴纳的,处应缴纳长江河道砂石资源费金额2倍以上5倍以下的罚款,并吊销河道采砂许可证。

行政处罚裁量权基准:

逾期拒不缴纳长江河道砂石资源费的

(1) 拒不缴纳额占应缴纳额30%以下的,处应缴费用2倍以上3倍以下的罚款,并吊销河道采砂许可证;

(2) 拒不缴纳额占应缴纳额30%以上至50%以下的,处应缴费用3倍以上4倍以下的罚款,并吊销河道采砂许可证;

(3) 拒不缴纳额占应缴纳额50%以上的,处应缴费用4倍以上5倍以下的罚款,并吊销河道采砂许可证。

取水许可和水资源费征收管理条例

第四十九条 未取得取水申请批准文件擅自建设取水工程或者设施的,责令停止违法行为,限期补办有关手续;逾期不补办或者补办未被批准的,责令限期拆除或者封闭其取水工程或者设施;逾期不拆除或者不封闭其取水工程或者设施的,由县级以上地方人民政府水行政主管部门或者流域管理机构组织拆除或者封闭,所需费用由违法行为人承担,可以处5万元以下罚款。

行政处罚裁量权基准:

擅自设置取水工程和取水设施,逾期不拆除或者不封闭的

(1) 组织拆除或者封闭的费用在1万元以下的,处一万元以下的罚款。

(2) 组织拆除或者封闭的费用在1万元以上3万元以下的,处一万元以上三万元以下的罚款。

(3) 组织拆除或者封闭的费用在3万元

以上的，或者在地下水禁采区开凿深井的，处三万元以上五万元以下的罚款。

第五十条 申请人隐瞒有关情况或者提供虚假材料骗取取水申请批准文件或者取水许可证的，取水申请批准文件或者取水许可证无效，对申请人给予警告，责令其限期补缴应当缴纳的水资源费，处2万元以上10万元以下罚款；构成犯罪的，依法追究刑事责任。

行政处罚裁量权基准：

申请人隐瞒有关情况或者提供虚假材料骗取取水申请批准文件或者取水许可证的

（1）骗取取水申请批准文件，取水工程尚未兴建的，给予警告，处二万元罚款；

（2）骗取取水申请批准文件，取水工程已建但尚未取水的，给予警告，处二万元以上五万元以下的罚款；

（3）骗取取水许可证取水，地表水取水能力在每小时50立方米以下的，或者地下水取水能力在每小时10立方米以下的，除补缴水资源费外，给予警告，处五万元以上七万元以下的罚款；

（4）骗取取水许可证取水，地表水取水能力在每小时50立方米以上的，或者地下水取水能力在每小时10立方米以上的，除补缴水资源费外，给予警告，处七万元以上十万元以下的罚款。

第五十一条 拒不执行审批机关作出的取水量限制决定，或者未经批准擅自转让取水权的，责令停止违法行为，限期改正，处2万元以上10万元以下罚款；逾期拒不改正或者情节严重的，吊销取水许可证。

行政处罚裁量权基准：

1. 拒不执行审批机关作出的取水量限制决定的

（1）实际用水量超出限制取水量10%以下，在规定期限内停止违法行为并改正的，处二万元以上三万元以下罚款；

（2）实际用水量超出限制取水量10%以上30%以下，在规定期限内停止违法行为并改正的，处三万元以上五万元以下罚款；

（3）实际用水量超出限制取水量30%以上50%以下，在规定期限内停止违法行为并改正的，处五万元以上七万元以下罚款；

（4）实际用水量超出限制取水量50%以上100%以下，在规定期限内停止违法行为并改正的，处七万元以上十万元以下罚款；

（5）对上述超出限制取水量，在规定期限内拒不停止违法行为、拒不改正的，或者实际用水量超出限制取水量100%以上的，处十万元罚款，并吊销取水许可证。

2. 未经批准擅自转让取水权的

（1）转让取水量占批准取水量10%以下，在规定期限内停止违法行为并改正的，处二万元以上三万元以下罚款；

（2）转让取水量占批准取水量10%以上30%以下，在规定期限内停止违法行为并改正的，处三万元以上五万元以下罚款；

（3）转让取水量占批准取水量30%以上50%以下，在规定期限内停止违法行为并改正的，处五万元以上七万元以下罚款；

（4）转让取水量占批准取水量50%以上80%以下，在规定期限内停止违法行为并改正的，处七万元以上十万元以下罚款；

（5）在规定期限内拒不停止违法行为、拒不改正的，或者转让取水量占批准取水量80%以上的，处十万元罚款，并吊销取水许可证。

第五十二条 有下列行为之一的，责令停止违法行为，限期改正，处5 000元以上2万元以下罚款；情节严重的，吊销取水许可证：

（一）不按照规定报送年度取水情况的；

（二）拒绝接受监督检查或者弄虚作假的；

（三）退水水质达不到规定要求的。

行政处罚裁量权基准：

1. 不按照规定报送年度取水情况的

(1) 在规定期限内停止违法行为,并报送符合规定的年度取水情况的,处五千元以上一万元以下的罚款;

(2) 在规定期限内拒不报送符合规定的年度取水情况的,或者拒不改正的,处一万元以上二万元以下的罚款;

(3) 经罚款处罚后仍不改正的,吊销取水许可证。

2. 拒绝接受监督检查或者弄虚作假的

(1) 在规定期限内停止违法行为,配合检查、如实提供有关情况的,处五千元以上一万元以下的罚款;

(2) 在规定期限内拒不配合检查、不提供真实情况的,处一万元以上二万元以下的罚款;

(3) 经罚款处罚后仍不改正的,或者继续弄虚作假、态度恶劣、抗拒监督检查的,吊销取水许可证。

第五十三条 未安装计量设施的,责令限期安装,并按照日最大取水能力计算的取水量和水资源费征收标准计征水资源费,处5 000元以上2万元以下罚款;情节严重的,吊销取水许可证。

计量设施不合格或者运行不正常的,责令限期更换或者修复;逾期不更换或不修复的,按照日最大取水能力计算的取水量和水资源费征收标准计征水资源费,可以处1万元以下罚款;情节严重的,吊销取水许可证。

行政处罚裁量权基准:

1. 未安装计量设施的

(1) 在规定期限内安装到位的,除按照规定征收水资源费外,处五千元以上一万元以下罚款;

(2) 在规定期限内未安装到位的,除按照规定征收水资源费外,处一万元以上二万元以下罚款;

(3) 经两次以上责令其安装但仍不安装的,除按照规定征收水资源费外,吊销其取水许可证。

2. 计量设施不合格或者运行不正常,逾期不更换或者不修复的

(1) 在规定期限内不更换或者未修复正常的,除按照规定征收水资源费外,按照《江苏省水资源管理条例》第四十七条第二款第1项执行;

(2) 半年内出现两次计量设施运行不正常,在规定的期限内未更换或者未修复正常的,除按照规定征收水资源费外,可以处五千元以上一万元以下罚款;

(3) 经罚款处罚后仍未改正的,或者半年内出现三次以上计量设施运行不正常,在规定的期限内未更换或者未修复正常的,除按照规定征收水资源费外,处一万元罚款,吊销其取水许可证。

取用地下水未安装计量设施的,或者计量设施不合格或者运行不正常的,依据《地下水管理条例》第五十六条规定处罚。

第五十六条 伪造、涂改、冒用取水申请批准文件、取水许可证的,责令改正,没收违法所得和非法财物,并处2万元以上10万元以下罚款;构成犯罪的,依法追究刑事责任。

行政处罚裁量权基准:

伪造、涂改、冒用取水申请批准文件、取水许可证的

(1) 无违法所得和非法财物的,在规定期限内改正的,处二万元以上三万元以下的罚款;

(2) 违法所得、非法财物在三万元以下,在规定期限内改正的,没收违法所得和非法财物,处三万元以上五万元以下的罚款;

(3) 违法所得、非法财物在三万元以上五万元以下,在规定期限内改正的,没收违法所得和非法财物,处五万元以上八万元以下的罚款;

(4) 在规定期限内拒不改正的,或者违法所得、非法财物在五万元以上的,没收违法所得和非法财物,处八万元以上十万元以下的罚款。

大中型水利水电工程建设征地补偿和移民安置条例

第五十八条第二款 违反本条例规定，项目法人调整或者修改移民安置规划大纲、移民安置规划的，由批准该规划大纲、规划的有关人民政府或者其有关部门、机构责令改正，处10万元以上50万元以下的罚款；对直接负责的主管人员和其他直接责任人员处1万元以上5万元以下的罚款；造成重大损失，有关责任人员构成犯罪的，依法追究刑事责任。

行政处罚裁量权基准：

项目法人调整或者修改移民安置规划大纲、移民安置规划的

（1）造成的损失在二十万元以下的，经责令立即改正的，对项目法人处十万元以上二十万元以下的罚款；对直接负责的主管人员和其他直接责任人员处一万元以上二万元以下的罚款；

（2）造成的损失在二十万元以上五十万元以下的，经责令立即改正的，对项目法人处二十万元以上三十万元以下的罚款；对直接负责的主管人员和其他直接责任人员处二万元以上三万元以下的罚款；

（3）在规定的期限内拒不改正的，或者造成五十万元以上的损失的，对项目法人处三十万元以上五十万元以下的罚款；对直接负责的主管人员和其他直接责任人员处三万元以上五万元以下的罚款。

（由批准该规划大纲、规划的有关人民政府或者其有关部门实施）

第五十九条 违反本条例规定，在编制移民安置规划大纲、移民安置规划、水库移民后期扶持规划，或者进行实物调查、移民安置监督评估中弄虚作假的，由批准该规划大纲、规划的有关人民政府或者其有关部门、机构责令改正，对有关单位处10万元以上50万元以下的罚款；对直接负责的主管人员和其他直接责任人员处1万元以上5万元以下的罚款；给他人造成损失的，依法承担赔偿责任。

行政处罚裁量权基准：

在编制移民安置规划大纲、移民安置规划、水库移民后期扶持规划，或者进行实物调查、移民安置监督评估中弄虚作假的

（1）弄虚作假以价值估算在一百万元以下，经责令立即改正、赔偿损失的，对有关单位处十万元以上二十万元以下的罚款；对直接负责的主管人员和其他直接责任人员处一万元以上二万元以下的罚款；

（2）弄虚作假以价值估算在一百万元以上二百万元以下，经责令立即改正、赔偿损失的，对有关单位处二十万元以上三十万元以下的罚款；对直接负责的主管人员和其他直接责任人员处二万元以上三万元以下的罚款；

（3）在规定的期限内拒不改正，不赔偿损失的，或者弄虚作假以价值估算在二百万元以上的，对有关单位处三十万元以上五十万元以下的罚款；对直接负责的主管人员和其他直接责任人员处三万元以上五万元以下的罚款。

（由批准该规划大纲、规划的有关人民政府或者其有关部门实施）

中华人民共和国水文条例

第三十八条 不符合本条例第二十四条规定的条件从事水文活动的,责令停止违法行为,没收违法所得,并处5万元以上10万元以下罚款。

行政处罚裁量权基准:

未取得水文、水资源调查评价资质证书从事水文活动的

(1) 在规定的期限内停止违法行为,无违法所得的,处五万元罚款;

(2) 在规定的期限内停止违法行为,违法所得在二十万元以下的,没收违法所得,处五万元以上七万元以下罚款;

(3) 在规定的期限内停止违法行为,违法所得在二十万元以上五十万元以下的,没收违法所得,处七万元以上九万元以下罚款;

(4) 在规定的期限内拒不停止违法行为的,或者违法所得在五十万元以上的,没收违法所得,处十万元罚款。

第四十条 违反本条例规定,有下列行为之一的,责令停止违法行为,处1万元以上5万元以下罚款:

(一) 拒不汇交水文监测资料的;

(二) 非法向社会传播水文情报预报,造成严重经济损失和不良影响的。

行政处罚裁量权基准:

1. 拒不向有关水文机构汇交水文监测资料的

(1) 拒不汇交的水文监测资料占应当汇交资料30%以下的,处一万元以上二万元以下的罚款;

(2) 拒不汇交的水文监测资料占应当汇交资料30%以上70%以下的,处二万元以上四万元以下的罚款;

(3) 拒不汇交的水文监测资料占应当汇交资料70%以上100%以下的,或者在一年内发生两次以上同样违法行为的,处四万元以上五万元以下罚款。

2. 非法向社会传播水文情报预报,造成严重经济损失和不良影响的

(1) 造成的损失在十万元以上三十万元以下,在规定的期限内停止违法行为的,处一万元以上二万元以下罚款;

(2) 被外界引用的,或者造成的损失在三十万元以上五十万元以下,在规定的期限内停止违法行为的,处二万元以上四万元以下罚款;

(3) 在规定的期限内拒不停止违法行为的,或者被外界引用对社会安定造成负面影响的,处四万元以上五万元以下罚款。

第四十一条 违反本条例规定,侵占、毁坏水文监测设施或者未经批准擅自移动、擅自使用水文监测设施的,责令停止违法行为,限期恢复原状或者采取其他补救措施,可以处5万元以下罚款;构成违反治安管理行为的,依法给予治安管理处罚;构成犯罪的,依法追究刑事责任。

行政处罚裁量权基准:

按照《江苏省水文条例》第三十三条行政处罚裁量权基准执行。

第四十二条 违反本条例规定,从事本条例第三十二条所列活动的,责令停止违法行为,限期恢复原状或者采取其他补救措施,可以处1万元以下罚款;构成违反治安管理行为的,依法给予治安管理处罚;构成犯罪的,依法追究刑事责任。

行政处罚裁量权基准：

按照《江苏省水文条例》第三十四条行政处罚裁量权基准执行。

中华人民共和国抗旱条例

第六十条 违反本条例规定，水库、水电站、拦河闸坝等工程的管理单位以及其他经营工程设施的经营者拒不服从统一调度和指挥的，由县级以上人民政府水行政主管部门或者流域管理机构责令改正，给予警告；拒不改正的，强制执行，处1万元以上5万元以下的罚款。

行政处罚裁量权基准：

水库、水电站、拦河闸坝等工程的管理单位以及其他经营工程设施的经营者经责令改正，给予警告后，仍拒不改正的

（1）在抗旱四级响应期间拒不服从统一调度和指挥的，处一万元以上二万元以下的罚款；

（2）在抗旱三级响应期间拒不服从统一调度和指挥的，处二万元以上三万元以下的罚款；

（3）在抗旱二级响应期间拒不服从统一调度和指挥的，处三万元以上四万元以下的罚款；

（4）在抗旱一级响应期间拒不服从统一调度和指挥的，处四万元以上五万元以下的罚款。

第六十一条 违反本条例规定，侵占、破坏水源和抗旱设施的，由县级以上人民政府水行政主管部门或者流域管理机构责令停止违法行为，采取补救措施，处1万元以上5万元以下的罚款；造成损坏的，依法承担民事责任；构成违反治安管理行为的，依照《中华人民共和国治安管理处罚法》的规定处罚；构成犯罪的，依法追究刑事责任。

行政处罚裁量权基准：

侵占、破坏水源和抗旱设施的

（1）造成直接损失4万元以下，在规定期限内停止违法行为并采取补救措施的，处一万元以上二万元以下的罚款；

（2）造成直接损失4万元以上6万元以下，在规定期限内停止违法行为并采取补救措施的，处二万元以上三万元以下的罚款；

（3）造成直接损失6万元以上8万元以下，在规定期限内停止违法行为并采取补救措施的，或者未在规定期限内采取补救措施的，处三万元以上四万元以下的罚款；

（4）未在规定期限内停止违法行为的，或者造成直接损失8万元以上的，处四万元以上五万元以下的罚款。

太湖流域管理条例

第六十六条 违反本条例规定,在太湖、太浦河、新孟河、望虞河岸线内兴建不符合岸线利用管理规划的建设项目,或者不依法兴建等效替代工程、采取其他功能补救措施的,由太湖流域管理机构或者县级以上地方人民政府水行政主管部门按照职责权限责令改正,处 10 万元以上 30 万元以下罚款;拒不改正的,由太湖流域管理机构或者县级以上地方人民政府水行政主管部门按照职责权限依法强制执行,所需费用由违法行为人承担。

行政处罚裁量权基准:

1. 在太湖、太浦河、新孟河、望虞河岸线内兴建不符合岸线利用管理规划的建设项目的

(1) 在规定期限内改正,建设项目占用断面 5% 以下的,或者占地面积 100 平方米以下的,处十万元以上十六万元以下罚款;

(2) 在规定期限内改正,建设项目占用断面 5% 以上 10% 以下的,或者占地面积 100 平方米以上 500 平方米以下的,处十六万元以上二十四万元以下罚款;

(3) 未在规定期限内改正的,或者建设项目占用断面 10% 以上的,或者占地面积 500 平方米以上的,处二十四万元以上三十万元以下罚款。

2. 不依法兴建等效替代工程、采取其他功能补救措施的

(1) 建设项目占用断面 5% 以下或者占地面积 100 平方米以下的,处十万元以上十六万元以下罚款;

(2) 建设项目占用断面 5% 以上 10% 以下或者占地面积 100 平方米以上 500 平方米以下的,处十六万元以上二十四万元以下罚款;

(3) 建设项目占用断面 10% 以上或者占地面积 500 平方米以上的,处二十四万元以上三十万元以下罚款。

(本标准所称断面,是指按照河道设计洪水位、防汛警戒水位、设计排涝水位、设计灌溉水位、历史最高洪水位的先后顺序择一水位所对应的河道断面。)

第六十七条 违反本条例规定,有下列行为之一的,由太湖流域管理机构或者县级以上地方人民政府水行政主管部门按照职责权限责令改正,对单位处 5 万元以上 10 万元以下罚款,对个人处 1 万元以上 3 万元以下罚款;拒不改正的,由太湖流域管理机构或者县级以上地方人民政府水行政主管部门按照职责权限依法强制执行,所需费用由违法行为人承担:

(一) 擅自占用太湖、太浦河、新孟河、望虞河岸线内水域、滩地或者临时占用期满不及时恢复原状的;

(二) 在太湖岸线内圈圩,加高、加宽已经建成圈圩的圩堤,或者垫高已经围湖所造土地地面的;

(三) 在太湖从事不符合水功能区保护要求的开发利用活动的。

违反本条例规定,在太湖岸线内围湖造地的,依照《中华人民共和国水法》第六十六条的规定处罚。

行政处罚裁量权基准:

1. 擅自占用太湖、太浦河、新孟河、望虞河岸线内水域、滩地或者临时占用期满不及时恢复原状的

(1) 在规定期限内改正,占用断面 5% 以

下的,或者占地面积 100 平方米以下的,对单位处五万元以上七万元以下罚款、对个人处一万元以上一万五千元以下罚款;

(2)在规定期限内改正,占用断面 5％以上 10％以下的,或者占地面积 100 平方米以上 500 平方米以下的,对单位处七万元以上九万元以下罚款、对个人处一万五千元以上二万五千元以下罚款;

(3)未在规定期限内改正的,或者建设项目占用断面 10％以上的,或者占地面积 500 平方米以上的,对单位处九万元以上十万元以下罚款、对个人处二万五千元以上三万元以下罚款。

2. 在太湖岸线内圈圩的

(1)在规定期限内改正,圈圩 1 000 平方米以下的,对单位处五万元以上七万元以下罚款、对个人处一万元以上一万五千元以下罚款;

(2)在规定期限内改正,圈圩 1 000 平方米以上 3 000 平方米以下的,对单位处七万元以上九万元以下罚款、对个人处一万五千元以上二万五千元以下罚款;

(3)未在规定期限内改正的,或者圈圩 3 000 平方米以上 10 000 平方米以下的,对单位处九万元以上十万元以下罚款、对个人处二万五千元以上三万元以下罚款;

(4)未在规定期限内改正的,或者圈圩 10 000 平方米以上的,对单位处十万元罚款、对个人依据《防洪法》第五十六条处三万元以上五万元以下罚款。

3. 加高、加宽已经建成圈圩的圩堤的

(1)在规定期限内改正,加高、加宽圩堤所耗土石方 1 000 立方米以下的,对单位处五万元以上七万元以下罚款、对个人处一万元以上一万五千元以下罚款;

(2)在规定期限内改正,加高、加宽圩堤所耗土石方 1 000 立方米以上 3 000 立方米以下的,对单位处七万元以上九万元以下罚款、对个人处一万五千元以上二万五千元以下罚款;

(3)未在规定期限内改正的,或者加高、加宽圩堤所耗土石方 3 000 立方米以上的,对单位处九万元以上十万元以下罚款、对个人处二万五千元以上三万元以下罚款。

4. 垫高已经围湖所造土地地面的

(1)在规定期限内改正、垫高已经围湖所造土地地面导致可能减少蓄水量 1 000 立方米以下的,对单位处五万元以上七万元以下罚款、对个人处一万元以上一万五千元以下罚款;

(2)在规定期限内改正、导致可能减少蓄水量 1 000 立方米以上 3 000 立方米以下的,对单位处七万元以上九万元以下罚款、对个人处一万五千元以上二万五千元以下罚款;

(3)未在规定期限内改正的,或者圈圩 3 000 立方米以上的,对单位处九万元以上十万元以下罚款、对个人处二万五千元以上三万元以下罚款。

5. 在太湖从事不符合水功能区保护要求的开发利用活动的

(1)在规定期限内改正,非法所得 10 万元以下或者造成直接损失 10 万元以下的,对单位处五万元以上七万元以下罚款、对个人处一万元以上一万五千元以下罚款;

(2)在规定期限内改正,非法所得 10 万元以上 30 万元以下或者造成直接损失 10 万元以上 30 万元以下的,对单位处七万元以上九万元以下罚款、对个人处一万五千元以上二万五千元以下罚款;

(3)未在规定期限内改正的,或者非法所得 30 万元以上 50 万元以下的,或者造成直接损失 30 万元以上的,对单位处九万元以上十万元以下罚款、对个人处二万五千元以上三万元以下罚款。

地下水管理条例

第五十六条 地下水取水工程未安装计量设施的，由县级以上地方人民政府水行政主管部门责令限期安装，并按照日最大取水能力计算的取水量计征相关费用，处10万元以上50万元以下罚款；情节严重的，吊销取水许可证。

计量设施不合格或者运行不正常的，由县级以上地方人民政府水行政主管部门责令限期更换或者修复；逾期不更换或者不修复的，按照日最大取水能力计算的取水量计征相关费用，处10万元以上50万元以下罚款；情节严重的，吊销取水许可证。

行政处罚裁量权基准：

未安装计量设施的；或者计量设施不合格或者运行不正常，逾期不更换或者不修复的：

（1）取水能力每小时10吨以下，或者批准的年取水量在3万吨以下，处10万元以上30万元以下罚款；

（2）取水能力在每小时10吨以上20吨以下，或者批准的年取水量在3万吨以上6万吨以下，处30万元以上40万元以下罚款；

（3）取水能力在每小时20吨以上30吨以下，或者批准的年取水量在6万吨以上10万吨以下，处40万元以上50万元以下罚款；

（4）取水能力在每小时30吨以上的，或者批准的年取水量在10万吨以上，或者经责令安装仍拒不安装的，处50万元罚款，并吊销其取水许可证。计量设施不合格或者运行不正常，经罚款处罚后仍未改正的，吊销其取水许可证。

第五十七条 地下工程建设对地下水补给、径流、排泄等造成重大不利影响的，由县级以上地方人民政府水行政主管部门责令限期采取措施消除不利影响，处10万元以上50万元以下罚款；逾期不采取措施消除不利影响的，由县级以上地方人民政府水行政主管部门组织采取措施消除不利影响，所需费用由违法行为人承担。

地下工程建设应当于开工前将工程建设方案和防止对地下水产生不利影响的措施方案备案而未备案的，或者矿产资源开采、地下工程建设疏干排水应当定期报送疏干排水量和地下水水位状况而未报送的，由县级以上地方人民政府水行政主管部门责令限期补报；逾期不补报的，处2万元以上10万元以下罚款。

行政处罚裁量权基准：

1. 地下工程建设对地下水补给、径流、排泄等造成重大不利影响的

（1）在规定期限内停止违法行为、恢复原状、主动采取补救措施，已消除影响的，处十万元以上十五万元以下罚款。

（2）在规定期限内停止违法行为、恢复原状、采取补救措施，但仍产生一定影响的，处十五万元以上三十万元以下罚款。

（3）在规定期限内停止违法行为、恢复原状、采取补救措施，但难以消除影响的，处三十万元以上五十万元以下罚款。

2. 地下工程建设应当于开工前将工程建设方案和防止对地下水产生不利影响的措施方案备案而未备案的，或者矿产资源开采、地下工程建设疏干排水应当定期报送疏干排水量和地下水水位状况而未报送的

（1）在规定期限内停止违法行为、并报送符合规定的备案、疏干排水量和地下水水位状况的，处2万元以上6万元以下的罚款。

（2）在规定期限内拒不报送符合规定的备案、疏干排水量和地下水水位状况的，处6万元以上10万元以下的罚款。

第五十八条　报废的矿井、钻井、地下水取水工程，或者未建成、已完成勘探任务、依法应当停止取水的地下水取水工程，未按照规定封井或者回填的，由县级以上地方人民政府或者其授权的部门责令封井或者回填，处10万元以上50万元以下罚款；不具备封井或者回填能力的，由县级以上地方人民政府或者其授权的部门组织封井或者回填，所需费用由违法行为人承担。

行政处罚裁量权基准：

报废的矿井、钻井、地下水取水工程，或者未建成、已完成勘探任务、依法应当停止取水的地下水取水工程，未按照规定封井或者回填的

（1）在规定期限内停止违法行为、主动采取回填措施的，处十万元以上十五万元以下罚款。

（2）在规定期限内停止违法行为、采取回填措施，但仍产生一定影响的，处十五万元以上三十万元以下罚款。

（3）在规定期限内停止违法行为、采取回填措施，但难以消除影响的，处三十万元以上五十万元以下罚款。

第六十条　侵占、毁坏或者擅自移动地下水监测设施设备及其标志的，由县级以上地方人民政府水行政、自然资源、生态环境主管部门责令停止违法行为，限期采取补救措施，处2万元以上10万元以下罚款；逾期不采取补救措施的，由县级以上地方人民政府水行政、自然资源、生态环境主管部门组织补救，所需费用由违法行为人承担。

行政处罚裁量权基准：

侵占、毁坏或者擅自移动地下水监测设施设备及其标志的

（1）在规定期限内停止违法行为、采取补救措施，消除影响的，处二万元以上四万元以下罚款。

（2）在规定期限内停止违法行为、采取补救措施，但仍产生一定影响的，处四万元以上六万元以下罚款。

（3）在规定期限内停止违法行为、采取补救措施，但难以消除影响的，处六万元以上八万元以下罚款。

（4）在规定期限内未停止违法行为、未采取补救措施的，处八万元以上十万元以下罚款。

第六十一条　以监测、勘探为目的的地下水取水工程在施工前应当备案而未备案的，由县级以上地方人民政府水行政主管部门责令限期补办备案手续；逾期不补办备案手续的，责令限期封井或者回填，处2万元以上10万元以下罚款；逾期不封井或者回填的，由县级以上地方人民政府水行政主管部门组织封井或者回填，所需费用由违法行为人承担。

行政处罚裁量权基准：

以监测、勘探为目的的地下水取水工程在施工前应当备案而未备案的

（1）逾期不补办备案手续，没有产生不利影响的，根据工程规模、位置、投资额等裁量因素，处二万元以上四万元以下罚款；

（2）逾期不补办备案手续，仍产生一定不利影响的，处四万元以上七万元以下罚款；

（3）逾期不补办备案手续，但难以消除不利影响的，处七万元以上十万元以下罚款。

江苏省水利工程管理条例

第三十条 对违反本条例的单位和个人,按下列规定予以处罚;法律、法规已有处罚规定的,从其规定:

(一)违反第八条规定的,县级以上水利部门除责令其停止违法行为、赔偿损失、采取补救措施外,可以并处警告、没收违法所得,处以一万元以下的罚款,情节严重、造成重大损失的,处以一万元以上十万元以下的罚款;对有关责任人员,由其所在单位或者上级主管部门给予行政处分。应当给予治安管理处罚的,由公安机关依照治安管理处罚法处罚。构成犯罪的,依法追究刑事责任。

(二)违反第十六条规定,擅自开发利用河道、湖泊、湖荡、海堤和沿海港河管理范围的,县级以上水利部门可责令其纠正违法行为、退出所使用的水利工程、恢复工程原状、赔偿损失或者采取补救措施,并可处以警告、没收违法所得和一万元以下的罚款。

(三)违反第二十一条、第二十三条、第二十四条规定,阻挠防洪方案执行、拒绝拆除在险工险段或影响防洪安全的建筑物及设施的,县级以上水利部门可以责令其停止违法行为,并处以一万元以下的罚款。对有关责任人员,由其所在部门或上级主管部门给予行政处分。构成犯罪的,依法追究刑事责任。

经省人民政府批准设置的水利工程管理机构,对在其管理的水利工程管理范围内违反本条例的行为,可以依照前款规定进行行政处罚。

行政处罚裁量权基准:

1. 损坏涵闸、抽水站、水电站等各类建筑物及机电设备、水文、通讯、供电、观测等设施的

(1)违法行为造成的损失在五千元以下,在规定期限内停止违法行为、赔偿损失或者采取补救措施的,处警告,没收违法所得,对单位和个人处一万元以下的罚款;

(2)违法行为造成的损失在五千元以上一万元以下,在规定期限内停止违法行为、赔偿损失或者采取补救措施的,处警告,没收违法所得,对个人处一万元以上三万元以下的罚款,对单位处三万元以上四万元以下的罚款;

(3)违法行为造成的损失在一万元以上三万元以下,在规定期限内停止违法行为、赔偿损失或者采取补救措施的,处警告,没收违法所得,对个人处三万元以上四万元以下的罚款,对单位处四万元以上五万元以下的罚款;

(4)违法行为造成的损失在三万元以上五万元以下,在规定期限内停止违法行为、赔偿损失或者采取补救措施的,或者违法行为造成的损失在三万元以下,虽在规定期限内停止违法行为,但未赔偿损失,或者未采取补救措施的,处警告,没收违法所得,对个人处四万元以上五万元以下的罚款,对单位处五万元以上八万元以下的罚款;

(5)违法行为造成的损失在五万元以上十万元以下,在规定期限内停止违法行为、赔偿损失或者采取补救措施的,或者造成的损失在三万元以上五万元以下,虽在规定期限内停止违法行为,但未赔偿损失,或者未采取补救措施的,或者造成的损失在一万元以下,但拒不恢复工程原状或者不采取补救措施、不赔偿损失的,处警告,没收违法所得,对个人处五万元以上八万元以下的罚款,对单位

处八万元以上十万元以下的罚款;

(6)违法行为造成的损失在十万元以上的,或者造成的损失在五万元以上十万元以下,虽在规定期限内停止违法行为,但未赔偿损失或者未采取补救措施的,或者造成的损失在一万元以上十万元以下,但拒不停止违法行为、不采取补救措施、不赔偿损失的,处警告、没收违法所得,对个人处八万元以上十万元以下的罚款,对单位处十万元罚款。

2. 毁坏堤坝、渠道的石护坡和林木草皮的

(1)违法行为对水利工程设施造成的损失在五千元以下,在规定期限内停止违法行为、赔偿损失、恢复工程原状或者采取补救措施的,处警告、没收违法所得,对个人处五千元以下的罚款,对单位处五千元以上一万元以下的罚款;

(2)违法行为对水利工程设施造成的损失在五千元以上一万元以下,在规定期限内停止违法行为、赔偿损失、恢复工程原状或者采取其他补救措施的,处警告、没收违法所得,对个人处五千元以上一万元以下的罚款,对单位处一万元以上三万元以下的罚款;

(3)违法行为对水利工程设施造成的损失在一万元以上三万元以下,在规定期限内停止违法行为、赔偿损失、恢复工程原状或者采取补救措施的,处警告、没收违法所得,对个人处一万元以上三万元以下的罚款,对单位处三万元以上五万元以下的罚款;

(4)违法行为对水利工程设施造成的损失在三万元以上五万元以下,在规定期限内停止违法行为、赔偿损失、恢复工程原状或者采取补救措施的,处警告、没收违法所得,对个人处三万元以上五万元以下的罚款,对单位处五万元以上八万元以下的罚款;

(5)违法行为对水利工程设施造成的损失在五万元以上十万元以下,在规定期限内停止违法行为、赔偿损失、恢复工程原状或者采取补救措施的,或者违法行为对水利工程设施造成的损失在五万元以下,在规定期限内虽停止违法行为,但未赔偿损失、未采取补救措施的,或者造成的损失在一万元以下,拒不停止违法行为、不赔偿损失、不采取补救措施的,处警告、没收违法所得,对个人处五万元以上八万元以下的罚款,对单位处八万元以上十万元以下的罚款;

(6)违法行为对水利工程设施造成十万元以上的损失的,或者违法行为对水利工程设施造成的损失在五万元以上十万元以下,在规定期限内虽停止违法行为,但未赔偿损失、未恢复工程原状或者未采取补救措施的,或者造成的损失在一万元以上十万元以下,拒不停止违法行为、不赔偿损失、不恢复工程原状或者不采取补救措施的,处警告、没收违法所得;情节极其严重的,对个人处八万元以上十万元以下的罚款,对单位处十万元罚款。

3. 在堤坝、渠道上扒口、取土、打井、挖坑、埋葬、建窑的

(1)在规定的期限内停止违法行为、恢复工程原状或者采取其他补救措施,但未赔偿损失的,处警告、没收违法所得,对个人处五千元以下的罚款,对单位处五千元以上一万元以下的罚款;

(2)在规定的时间内停止违法行为,但未恢复工程原状、未采取补救措施、未赔偿损失的,处警告、没收违法所得,对个人处五千元以上一万元以下的罚款,对单位处一万元以上五万元以下的罚款;

(3)拒不停止违法行为、不恢复原状、不采取补救措施、不赔偿损失的,处警告、没收违法所得,对个人处一万元以上五万元以下的罚款,对单位处五万元以上十万元以下的罚款;

(4)违法行为造成堤坝渗水、管涌、坍塌、决堤等安全隐患或者事故的,处警告、没收违法所得,对个人处五万元以上十万元以下的

罚款,对单位处十万元罚款。

4. 在堤坝、渠道上垦种的

(1) 垦种面积在 300 平方米以下,在规定的时间内停止违法行为、赔偿损失、恢复工程原状或者采取补救措施的,没收违法所得,处警告、没收违法所得,对个人处三千元以下的罚款,对单位处三千元以上七千元以下的罚款;

(2) 垦种面积在 300 平方米以上 1 000 平方米以下,在规定的时间内停止违法行为、赔偿损失、恢复工程原状或者采取补救措施的,可以并处警告、没收违法所得,对个人处三千元以上七千元以下的罚款,对单位处七千元以上一万元以下的罚款;

(3) 垦种面积在 1 000 平方米以上 2 000 平方米以下,在规定的时间内停止违法行为、赔偿损失、恢复工程原状或者采取补救措施的,没收违法所得,处警告、没收违法所得,对个人处七千元以上一万元以下的罚款,对单位处一万元以上五万元以下的罚款;

(4) 垦种面积在 2 000 平方米以上 20 000 平方米以下,在规定的时间内停止违法行为、赔偿损失、恢复工程原状或者采取补救措施的,或者垦种面积 2 000 平方米以下,拒不停止违法行为、不赔偿损失、不恢复工程原状、不采取补救措施的,处警告、没收违法所得,对个人处一万元以上五万元以下的罚款,对单位处五万元以上十万元以下的罚款;

(5) 垦种面积 2 000 平方米以上 20 000 平方米以下,在规定的期限内拒不停止违法行为、不赔偿损失、不恢复工程原状、不采取补救措施的,或者垦种面积在 20 000 平方米以上的,或者采用机械深翻的,处警告、没收违法所得,处五万元以上十万元以下的罚款,对单位处十万元罚款。

5. 在水库、湖泊、江河、沟渠等水域炸鱼、毒鱼、电鱼的

(1) 经责令停止违法行为,有违法所得的,处警告、没收违法所得,对个人处五千元以下的罚款,对单位处五千元以上一万元以下罚款;

(2) 拒不停止违法行为的,处警告、没收违法所得,对个人处五千元以上一万元以下罚款,对单位处 1 万元罚款;

(3) 对水利工程设施造成损失的,比照本条的行政处罚裁量权基准第 1 项规定处罚。

6. 在行洪、排涝、送水河道和渠道内设置影响行水的建筑物、障碍物的

(1) 建筑物、障碍物占河道设计洪水位断面 3% 以下,或者建筑面积在 50 平方米以下,或者障碍物的体积在 20 立方米以下,在规定期限内停止违法行为、赔偿损失、恢复工程原状或者采取补救措施的,处警告、没收违法所得,对个人处五千元以下的罚款,对单位处五千元以上一万元以下的罚款;

(2) 建筑物、障碍物占河道设计洪水位断面 3% 以上 5% 以下,或者建筑面积在 50 平方米以上 80 平方米以下,或者障碍物的体积在 20 立方米以上 30 立方米以下,在规定期限内停止违法行为、赔偿损失、恢复工程原状或者采取补救措施的,处警告、没收违法所得,对个人处五千元以上一万元以下的罚款,对单位处一万元以上三万元以下的罚款;

(3) 建筑物、障碍物占河道设计洪水位断面 5% 以上 8% 以下,或者建筑面积在 80 平方米以上 150 平方米以下,或者障碍物的体积在 30 立方米以上 50 立方米以下,在规定期限内停止违法行为、赔偿损失、恢复工程原状或者采取补救措施的,处警告、没收违法所得,对个人处一万元以上三万元以下的罚款,对单位处三万元以上五万元以下的罚款;

(4) 建筑物、障碍物占河道设计洪水位断面 8% 以上 10% 以下,或者建筑面积在 150 平方米以上 300 平方米以下,或者障碍物的体积在 50 立方米以上 100 立方米以下,在规定期限内停止违法行为、赔偿损失、恢复工程原

状、采取补救措施的,处警告、没收违法所得,对个人处三万元以上五万元以下的罚款,对单位处五万元以上八万元以下的罚款;

(5)建筑物、障碍物占河道设计洪水位断面10%以上20%以下,或者建筑面积在300平方米以上500平方米以下,或者障碍物的体积在100立方米以上200立方米以下,在规定期限内停止违法行为、赔偿损失、恢复工程原状、采取补救措施的,或者建筑物、障碍物占河道设计洪水位断面8%以下,或者建筑面积在150平方米以下,或者障碍物的体积在50立方米以下,在规定期限内拒不停止违法行为、不赔偿损失、不恢复工程原状、不采取补救措施的,责令赔偿损失,处警告、没收违法所得,对个人处五万元以上八万元以下的罚款,对单位处八万元以上十万元以下的罚款;

(6)建筑物、障碍物占河道设计洪水位断面8%以上20%以下,或者建筑面积在150平方米以上500平方米以下,或者障碍物的体积在50立方米以上200立方米以下,在规定期限内拒不停止违法行为、不恢复原状、不赔偿损失、不采取补救措施的,或者建筑物、障碍物占河道设计洪水位断面20%以上,或者建筑面积在500平方米以上,或者障碍物的体积在200立方米以上的,责令赔偿损失,处警告、没收违法所得,对个人处八万元以上十万元以下的罚款,对单位处十万元罚款。

7. 在行洪、排涝、送水河道和渠道内设置影响行水的鱼罾鱼簖或种植高秆植物的

(1)种植面积在300平方米以下,在规定期限内停止违法行为、赔偿损失、恢复工程原状的,处警告、没收违法所得,对个人处五千元以下的罚款,对单位处五千元以上一万元以下的罚款;

(2)种植面积在300平方米以上600平方米以下,在规定期限内停止违法行为、赔偿损失、恢复工程原状的,处警告、没收违法所得,对个人处五千元以上一万元以下的罚款,对单位处一万元以上三万元以下的罚款;

(3)种植面积在600平方米以上2 000平方米以下,在规定期限内停止违法行为、赔偿损失、恢复工程原状的,处警告、没收违法所得,对个人处一万元以上三万元以下的罚款,对单位处三万元以上五万元以下的罚款;

(4)种植面积在2 000平方米以上5 000平方米以下,在规定期限内停止违法行为、赔偿损失、恢复工程原状、采取补救措施的,可以并处警告、没收违法所得,对个人处三万元以上五万元以下的罚款,对单位处五万元以上八万元以下的罚款;

(5)种植面积在5 000平方米以上10 000平方米以下,在规定期限内停止违法行为、赔偿损失、恢复工程原状、采取补救措施的,或者垦种面积2 000平方米以下,拒不停止违法行为、不赔偿损失、不恢复工程原状、不采取补救措施的,处警告、没收违法所得,对个人处五万元以上八万元以下的罚款,对单位处八万元以上十万元以下的罚款;

(6)种植面积2 000平方米以上10 000平方米以下,在规定期限内拒不停止违法行为、不恢复原状、不赔偿损失的,或者种植面积在10 000平方米以上的,处警告、没收违法所得,对个人处八万元以上十万元以下的罚款,对单位处十万元罚款;

(7)设置鱼罾、鱼簖的,对单位和个人以每张(道)处二千元以下的罚款。

8. 向湖泊、水库、河道、渠道等水域和滩地倾倒农药,排放油类、酸液、碱液、剧毒废液以及其他有毒有害的污水的

(1)倾倒、排放量在1 000升以下,经责令停止违法行为、采取补救措施的,处警告、没收违法所得,对个人处五千元以下的罚款,对单位处五千元以上一万元以下罚款;

(2)拒不停止违法行为、不恢复工程原状或者不采取补救措施的,或者倾倒、排放量在1 000升以上的,处警告、没收违法所得,对个

人处五千元以上一万元以下罚款,对单位处一万元罚款;

（3）对水利工程设施造成损失的,比照本条的行政处罚裁量权基准第1项规定处罚。

9. 向湖泊、水库、河道、渠道等水域倾倒垃圾、渣土、废弃物的

（1）倾倒物在5立方米以上10立方米以下,在规定期限内停止违法行为、赔偿损失、恢复原状或者采取补救措施的,处警告、没收违法所得,对个人处五千元以下的罚款,对单位处五千元以上一万元以下的罚款;

（2）倾倒物在10立方米以上20立方米以下,在规定期限内停止违法行为、赔偿损失、恢复原状或者采取补救措施的,处警告、没收违法所得,对个人处五千元以上一万元以下的罚款,对单位处一万元以上二万元以下的罚款;

（3）倾倒物在20立方米以上30立方米以下,在规定期限内停止违法行为、赔偿损失、恢复原状或者采取补救措施的,处警告、没收违法所得,对个人处一万元以上二万元以下的罚款,对单位处二万元以上四万元以下的罚款;

（4）倾倒物在30立方米以上50立方米以下,在规定期限内停止违法行为、赔偿损失、恢复原状或者采取补救措施的,并处警告、没收违法所得,对个人处二万元以上四万元以下的罚款,对单位处四万元以上八万元以下的罚款;

（5）倾倒物在50立方米以上100立方米以下,在规定期限内停止违法行为、赔偿损失、恢复原状或者采取补救措施的,或者倾倒物在30立方米以下,拒不停止上述违法行为、不赔偿损失、不恢复原状、不采取补救措施的,处警告、没收违法所得,对个人处四万元以上八万元以下的罚款,对单位处八万元以上十万元以下的罚款;

（6）倾倒物在30立方米以上100立方米以下,拒不停止违法行为、不赔偿损失、不恢复原状、不采取补救措施的,或者倾倒物在100立方米以上的,处警告、没收违法所得,对个人处八万元以上十万元以下的罚款,对单位处十万元罚款。

10. 擅自在水利工程管理范围内开采砂石土料的

（1）擅自在水利工程管理范围内开采砂石土料50立方米以下,在规定期限内停止违法行为、赔偿损失、恢复原状或者采取其他补救措施的,处警告、没收违法所得,对个人处五千元以下罚款,对单位处五千元以上一万元以下罚款;

（2）擅自在水利工程管理范围内开采砂石土料50立方米以上100立方米以下,在规定期限内停止违法行为、赔偿损失、恢复原状或者采取其他补救措施的,处警告、没收违法所得,对个人处五千元以上一万元以下罚款,对单位处一万元以上三万元以下罚款;

（3）擅自在水利工程管理范围内开采砂石土料100立方米以上200立方米以下,在规定期限内停止违法行为、赔偿损失、恢复原状或者采取其他补救措施的,处警告、没收违法所得,对个人处一万元以上三万元以下罚款,对单位处三万元以上五万元以下罚款;

（4）擅自在水利工程管理范围内开采砂石土料200立方米以上500立方米以下,在规定期限内停止违法行为、赔偿损失、恢复原状或者采取其他补救措施的,或者造成水利工程有裂缝、塌陷、倾斜的,处警告、没收违法所得,对个人处三万元以上五万元以下罚款,对单位处五万元以上八万元以下罚款;

（5）擅自在水利工程管理范围内开采砂石土料500立方米以上800立方米以下,在规定期限内停止违法行为、赔偿损失、恢复原状或者采取其他补救措施,若开采砂石土料在200立方米以下,拒不停止上述违法行为、不赔偿损失、不恢复原状、不采取其他补救措施

的,处警告、没收违法所得,对个人处五万元以上八万元以下罚款,对单位处八万元以上十万元以下罚款;

(6)擅自在水利工程管理范围内开采砂石土料200立方米以上800立方米以下,在规定的期限内拒不停止违法行为、不赔偿损失、不恢复原状、不采取补救措施的,或者擅自在水利工程管理范围内开采砂石土料达800立方米以上的,或者造成水利工程裂缝、坍塌、倾斜的,处警告、没收违法所得,对个人处八万元以上十万元以下罚款,对单位处十万元罚款。

11.擅自在水利工程管理范围内盖房、圈围墙、堆放物料、埋设管道、电缆或者兴建其他建筑物的

(1)占用面积在50平方米以下,或者投资额在五万元以下,在规定期限内停止违法行为、赔偿损失、恢复原状或者采取补救措施的,处警告、没收违法所得,对个人处五千元以下罚款,对单位处五千元以上一万元以下的罚款;

(2)占用面积在50平方米以上100平方米以下,或者投资额在五万元以上十万元以下,在规定期限内停止违法行为、赔偿损失、恢复原状或者采取补救措施的,处警告、没收违法所得,对个人处五千元以上一万元以下的罚款,对单位处一万元以上三万元以下的罚款;

(3)占用面积在100平方米以上200平方米以下,或者投资额在十万元以上二十万元以下,在规定期限内停止违法行为、赔偿损失、恢复原状或者采取补救措施的,处警告、没收违法所得,情节严重,对个人处一万元以上三万元以下的罚款,对单位处三万元以上五万元以下的罚款;

(4)占用面积在200平方米以上400平方米以下,或者投资额在二十万元以上三十万元以下,在规定期限内停止违法行为、赔偿损失、恢复原状或者采取补救措施的,处警告、没收违法所得,对个人处三万元以上五万元以下的罚款,对单位处五万元以上八万元以下的罚款;

(5)占用面积在400平方米以上600平方米以下,或者投资额在三十万元以上四十万元以下,在规定期限内停止违法行为、赔偿损失、恢复原状或者采取补救措施的,或者占用面积在200平方米以下或者投资额在二十万元以下,在规定期限内拒不停止违法行为、不赔偿损失、不恢复原状或者不采取补救措施的,处警告、没收违法所得,对个人处五万元以上八万元以下的罚款,对单位处八万元以上十万元以下的罚款;

(6)占用面积在200平方米以上600平方米以下,或者投资额在二十万元以上四十万元以下,在规定期限内拒不停止违法行为、不赔偿损失、不恢复原状、不采取补救措施的,或者占用面积在600平方米以上的,或者投资额在四十万元以上的,处警告、没收违法所得,对个人处八万元以上十万元以下的罚款,对单位处十万元罚款。

12.擅自在河道滩地、行洪区、湖泊及水库库区内圈圩、打坝的

(1)圈圩面积300平方米以下或者打坝长度20米以下,在规定期限内停止违法行为、赔偿损失、恢复原状或者采取补救措施的,对个人处一千元以上三千元以下的罚款,对单位处三千元以上五千元以下的罚款;

(2)圈圩面积300平方米以上1 000平方米以下或者打坝长度20米以上50米以下,在规定期限内停止违法行为、赔偿损失、恢复原状或者采取补救措施的,处警告、没收违法所得,对个人处三千元以上五千元以下的罚款,对单位处五千元以上一万元以下的罚款;

(3)圈圩面积1 000平方米以上2 000平方米以下或者打坝长度50米以上80米以下,在规定期限内停止违法行为、赔偿损失、恢复

原状或者采取补救措施的,处警告、没收违法所得,对个人处五千元以上一万元以下的罚款,对单位处一万元以上三万元以下的罚款;

(4)圈圩面积在2 000平方米以上4 000平方米以下或者打坝长度80米以上100米以下,在规定期限内停止违法行为、赔偿损失、恢复原状或者采取补救措施的,处警告、没收违法所得,对个人处一万元以上三万元以下的罚款,对单位处三万元以上五万元以下的罚款;

(5)圈圩面积在4 000平方米以上10 000平方米以下或者打坝长度100米以上300米以下,在规定期限内停止违法行为、赔偿损失、恢复原状或者采取补救措施的,处警告、没收违法所得,对个人处三万元以上五万元以下的罚款,对单位处五万元以上八万元以下的罚款;

(6)圈圩面积在10 000平方米以上15 000平方米以下或者打坝长度300米以上500米以下,在规定期限内停止违法行为、赔偿损失、恢复原状或者采取补救措施的,或者圈圩面积在4 000平方米以下或者打坝长度100米以下,但在规定的期限内拒不停止违法行为、不赔偿损失、不恢复原状、不采取补救措施的,处警告、没收违法所得,对个人处五万元以上八万元以下的罚款,对单位处八万元以上十万元以下的罚款;

(7)圈圩面积在4 000平方米以上15 000平方米以下或者打坝长度100米以上500米以下,但在规定期限内拒不停止违法行为、不赔偿损失、不恢复原状、不采取补救措施的,或者圈圩面积在15 000平方米以上或者打坝长度500米以上的,责令赔偿损失,处警告、没收违法所得,对个人处八万元以上十万元以下的罚款,对单位处十万元罚款。

13.拖拉机及其他机动车辆、畜力车雨后在堤防和水库水坝的泥泞路面上行驶的

(1)及时停止违法行为,采取补救措施,或者恢复原状的,处警告,对个人处五百元以下的罚款,对单位处五百元以上一千元以下罚款;

(2)拒不停止违法行为,拒不采取补救措施的,处警告,对个人处五百元以上一千元以下罚款,对单位处一千元罚款;

(3)对水利工程设施造成损失的,比照本条的行政处罚裁量权基准第1项规定处罚。

14.任意平毁和擅自拆除、变卖、转让、出租农田水利工程和设施的

(1)违法行为对农田水利工程和设施造成的损失或者违法所得在一万元以下,在规定期限内停止违法行为、赔偿损失、采取补救措施的,处警告、没收违法所得,对个人处五千元以下的罚款,对单位处五千元以上一万元以下的罚款;

(2)违法行为对农田水利工程和设施造成的损失或者违法所得在一万元以上三万元以下,在规定期限内停止违法行为、赔偿损失、采取补救措施的,处警告、没收违法所得,对个人处五千元以上一万元以下的罚款,对单位处一万元以上三万元以下的罚款;

(3)违法行为对农田水利工程和设施造成的损失或者违法所得在三万元以上五万元以下,在规定的期限内停止违法行为、赔偿损失、采取补救措施的,处警告、没收违法所得,对个人处一万元以上三万元以下的罚款,对单位处三万元以上五万元以下的罚款;

(4)违法行为对农田水利工程和设施造成的损失或者违法所得在五万元以上十万元以下,在规定的期限内停止违法行为、赔偿损失、采取补救措施的,处警告、没收违法所得,对个人处三万元以上五万元以下的罚款,对单位处五万元以上八万元以下的罚款;

(5)违法行为对农田水利工程和设施造成的损失或者违法所得在十万元以上十五万元以下,在规定的期限内停止违法行为、赔偿损失、采取补救措施的,或者造成的损失或者

违法所得在五万元以下,但在规定的期限内拒不停止违法行为、不赔偿损失、不采取补救措施的,处警告、没收违法所得,对个人处五万元以上八万元以下的罚款,对单位处八万元以上十万元以下的罚款;

(6)违法行为对农田水利工程和设施造成的损失或者违法所得在五万元以上十五万元以下的,但在规定的期限内拒不停止违法行为、不赔偿损失、不采取补救措施的,或者造成的损失或者违法所得在十五万元以上的,处警告、没收违法所得,对个人处八万元以上十万元以下的罚款,对单位处十万元罚款。

15. 擅自开发利用河道、湖泊、湖荡、海堤和沿海港河管理范围的

(1)在规定期限内停止违法行为,退出所使用的水利工程、恢复工程原状、赔偿损失的,处以警告、没收非法所得,对个人处一千元以下的罚款,对单位处一千元以上三千元以下的罚款;

(2)在规定期限内停止违法行为,退出所使用的水利工程,赔偿损失或者采取其他补救措施,但未恢复工程原状的,处以警告、没收非法所得,对个人处一千元以上三千元以下的罚款,对单位处三千元以上五千元以下的罚款;

(3)在规定期限内停止违法行为,退出所使用的水利工程,但未恢复工程原状、未赔偿损失或者采取其他补救措施的,处以警告、没收非法所得,对个人处三千元以上五千元以下的罚款,对单位处五千元以上七千元以下的罚款;

(4)在规定期限内停止违法行为,但未退出所使用的水利工程、未赔偿损失、未及时恢复工程原状的,处警告、没收非法所得,对个人处五千元以上七千元以下的罚款,对单位处七千元以上一万元以下的罚款;

(5)拒不停止违法行为、拒不赔偿损失、不恢复工程原状、不采取补救措施的,处警告、没收非法所得,处七千元以上一万元以下的罚款,对单位处一万元罚款。

16. 阻挠防洪方案执行的

(1)阻挠防洪方案执行未造成经济损失的,对个人处三千元以下的罚款,对单位处三千元以上七千元以下的罚款;

(2)阻挠防洪方案执行造成经济损失在三千元以下的,对个人处三千元以上七千元以下的罚款,对单位处七千元以上一万元以下的罚款;

(3)阻挠防洪方案执行造成经济损失在三千元以上的,对个人处七千元以上一万元以下的罚款,对单位处一万元罚款。

17. 拒绝拆除在险工险段或影响防洪安全的建筑物及设施的

(1)在险工险段或影响防洪安全的建筑物及设施未造成经济损失的,对个人处三千元以下的罚款,对单位处三千元以上七千元以下的罚款;

(2)在险工险段或影响防洪安全的建筑物及设施造成经济损失在三千元以下的,对个人处三千元以上七千元以下的罚款,对单位处七千元以上一万元以下的罚款;

(3)在险工险段或影响防洪安全的建筑物及设施造成经济损失在三千元以上的,处七千元以上一万元以下的罚款,对单位处一万元罚款。

江苏省水资源管理条例

第四十四条 违反本条例第十四条第一款规定,在地下水禁止开采区内开凿深井的,责令限期封井;逾期不封井的,由水行政主管部门代为封井,所需费用由违法行为人承担,可以处一万元以上五万元以下的罚款。

违反本条例第十四条第二款规定,在地下水限制开采区内,擅自增加深井数量的,责令停止违法行为,限期补办有关手续;逾期不补办或者补办未被批准的,责令限期封井;逾期不封井的,由水行政主管部门代为封井,所需费用由违法行为人承担,可以处一万元以上五万元以下的罚款。

行政处罚裁量权基准:

按照《地下水管理条例》第五十八条的裁量权基准执行。

第四十五条 违反本条例第二十九条第一款规定,混合、串通开采地下水的,责令其停止违法行为,限期采取补救措施,并可以五千元以上五万元以下的罚款。

行政处罚裁量权基准:

混合、串通开采地下水的

(1) 在规定期限内停止违法行为,虽然采取补救措施但已形成一定串层的,处五千元以上三万元以下的罚款;

(2) 在规定期限内停止违法行为,但未采取补救措施的,处三万元以上五万元以下的罚款;

(3) 在规定期限内拒不停止违法行为、不采取补救措施的,处五万元的罚款,或者按照《水法》第六十九条的行政处罚裁量权基准第7项执行。

第四十七条 违反本条例第三十八条规定,未安装取水计量设施的,责令其限期安装,并按照日最大取水能力计算的取水量和水资源费征收标准计征水资源费,处以五千元以上二万元以下的罚款;情节严重的,吊销取水许可证。

安装的取水计量设施不合格或者运行不正常的,责令其限期更换或者修复;逾期不更换或者不修复的,按照日最大取水能力计算的取水量和水资源费征收标准计征水资源费,可以处以一千元以上一万元以下的罚款;情节严重的,吊销取水许可证。

擅自拆除取水计量设施的,按照本条第一款的规定予以处罚。

擅自更换取水计量设施的,按照本条第二款的规定予以处罚。

行政处罚裁量权基准:

1. 未安装计量设施的

(1) 在规定期限内安装到位的,除按照规定征收水资源费外,处五千元以上一万元以下罚款;

(2) 在规定期限内未安装到位的,除按照规定征收水资源费外,处一万元以上二万元以下罚款;

(3) 经两次以上责令其安装但仍不安装的,除按照规定征收水资源费外,吊销其取水许可证。

2. 计量设施不合格或者运行不正常的,逾期不更换或者不修复的

(1) 在规定期限内不更换或者未修复正常的,除按照规定征收水资源费外,可以处一千元以上五千元以下罚款;

(2) 半年内出现两次计量设施运行不正常,在规定的期限内未更换或者未修复正常的,除按照规定征收水资源费外,可以处五千

元以上一万元以下罚款；

（3）经罚款处罚后仍未改正的，或者半年内出现三次以上计量设施运行不正常，在规定的期限内未更换或者未修复正常的，除按照规定征收水资源费外，处一万元罚款，吊销其取水许可证。

3. 擅自拆除取水计量设施的，按照本条第一款处罚裁量权基准执行。

4. 擅自更换取水计量设施的，按照本条第二款处罚裁量权基准执行。

取用地下水未安装计量设施的，或者计量设施不合格或者运行不正常的，依据《地下水管理条例》第五十六条规定处罚。

第四十八条　违反本条例第三十九条第一款规定，未经批准擅自扩大取水的，责令其停止违法行为，并处以二千元以上二万元以下的罚款；情节严重的，吊销取水许可证。

行政处罚裁量权基准：

未经批准擅自扩大取水的

（1）擅自扩大的取水量占批准取水量3%以下，在规定期限内停止违法行为、采取补救措施的，处二千元罚款；

（2）擅自扩大的取水量占批准取水量3%以上5%以下，在规定期限内停止违法行为，并采取补救措施的，处二千元以上一万元以下的罚款；

（3）擅自扩大取水量，扩大的取水量占批准取水量5%以上10%以下，在规定期限内停止违法行为，并采取补救措施的，处一万元以上二万元以下的罚款；

（4）擅自扩大取水量，扩大的取水量占批准取水量10%以上，经责令停止违法行为，并在规定期限内采取补救措施的，按照《水法》第六十九条的行政处罚裁量权基准第5项执行；

（5）在规定的期限内拒不停止违法行为，又不采取措施的，按照《水法》第六十九条的行政处罚裁量权基准第5项执行，并吊销其取水许可证。

江苏省防洪条例

第四十条　违反本条例第十五条规定，在湖泊、湖荡内圈圩养殖的，责令停止违法行为、恢复原状或者采取其他补救措施，并可以处以一千元以上一万元以下的罚款；情节严重的，处以一万元以上五万元以下的罚款。既不恢复原状又不采取其他补救措施的，由水行政主管部门指定单位代为恢复原状或者采取其他补救措施，所需费用由违法者承担。

行政处罚裁量权基准：

在湖泊、湖荡内圈圩养殖的

（1）圈圩面积300平方米以下或者打坝长度20米以下，在规定期限内停止违法行为、赔偿损失、恢复原状或者采取其他补救措施的，处一千元以上三千元以下的罚款；

（2）圈圩面积300平方米以上1 000平方米以下或者打坝长度20米以上50米以下，在规定期限内停止违法行为、赔偿损失、恢复原状或者采取其他补救措施的，处警告、没收违法所得，处三千元以上五千元以下的罚款；

（3）圈圩面积1 000平方米以上2 000平方米以下或者打坝长度50米以上80米以下，在规定期限内停止违法行为、赔偿损失、恢复原状或者采取其他补救措施的，处警告、没收违法所得，处五千元以上一万元以下的罚款；

(4) 圈圩面积在 2 000 平方米以上 4 000 平方米以下或者打坝长度 80 米以上 100 米以下，在规定期限内停止违法行为、赔偿损失、恢复原状或者采取其他补救措施的，处警告、没收违法所得，处一万元以上三万元以下的罚款；

(5) 圈圩面积在 4 000 平方米以上 10 000 平方米以下或者打坝长度 100 米以上 300 米以下，在规定期限内停止违法行为、赔偿损失、恢复原状或者采取其他补救措施的，处警告、没收违法所得，处三万元以上五万元以下的罚款；

(6) 圈圩面积在 10 000 平方米以上或者打坝长度 300 米以上，按照《江苏省水利工程管理条例》第三十条作出行政处罚。

第四十一条 违反本条例第十九条规定，在行洪区内设置有碍行洪的建筑物或者障碍物的，依照有关法律、行政法规的规定处罚。

行政处罚裁量权基准：

在行洪区内设置有碍行洪的建筑物和障碍物的

(1) 建筑物、障碍物占河道设计洪水位断面（没有设计洪水位的，按河道防汛警戒水位、设计排涝水位或者设计灌溉水位，下同）3‰以下，或者建筑面积在 50 平方米以下，或者障碍物的体积在 20 立方米以下，在规定期限内停止违法行为、赔偿损失、恢复工程原状或者采取其他补救措施的，并处警告、没收违法所得，处五千元以下的罚款；

(2) 建筑物、障碍物占河道设计洪水位（排涝河道为设计排涝水位、送水河道为设计灌溉水位）断面 3‰以上 5‰以下，或者建筑面积在 50 平方米以上 80 平方米以下，或者障碍物的体积在 20 立方米以上 30 立方米以下，在规定期限内停止违法行为、赔偿损失、恢复工程原状或者采取其他补救措施的，并处警告、没收违法所得，处五千元以上一万元以下的罚款；

(3) 建筑物、障碍物占设计洪水位断面 5‰以上，或者建筑面积在 80 平方米以上，或者障碍物的体积在 30 立方米以上的，按照《江苏省水利工程管理条例》第三十条的行政处罚裁量权基准第 6 项执行。

江苏省人民代表大会常务委员会关于在长江江苏水域严禁非法采砂的决定

三、对未依法取得许可从事采砂活动，或者在禁止采砂区和禁止采砂期从事采砂活动的，由县级以上地方人民政府水行政主管部门责令停止违法行为，没收违法所得以及用于违法活动的船舶、设备、工具，并处货值金额二倍以上二十倍以下罚款；货值金额不足十万元的，并处二十万元以上二百万元以下罚款；已经取得河道采砂许可证的，吊销河道采砂许可证。构成违反治安管理行为的，由公安机关依法给予治安管理处罚；构成犯罪的，依法追究刑事责任。

未按照河道采砂许可证规定的要求从事采砂活动的，由县级以上地方人民政府水行政主管部门责令停止违法行为，没收违法所得，处五万元以上十万元以下罚款，并吊销河道采砂许可证；构成犯罪的，依法追究刑事责任。

行政处罚裁量权基准：

按照《中华人民共和国长江保护法》行政处罚裁量权基准执行。

四、在禁止采砂期,本省长江水域内的采砂船舶应当停放在沿江县级人民政府指定的水域;无正当理由,不得擅自离开指定地点。未在指定地点停放或者无正当理由擅自离开指定地点的,由县级以上地方人民政府水行政主管部门责令改正,处一万元以上三万元以下罚款。

行政处罚裁量权基准:

按照《长江河道采砂管理条例》第二十条行政处罚裁量权基准规定执行。

江苏省人民代表大会常务委员会关于在苏锡常地区限期禁止开采地下水的决定

三、苏锡常地区设区的市、不设区的市人民政府应当按照省人民政府规定的地下水禁止开采的具体期限,制定封井计划并组织实施。取水单位或者个人未按照规定期限封井的,由县级以上地方人民政府水行政主管部门责令限期封井;逾期仍不封井的,代为封井,封井费用由取水单位或者个人承担,可以处五千元以上三万元以下的罚款。

行政处罚裁量权基准:

按照《地下水管理条例》第五十八条行政处罚裁量权基准执行。

四、自本决定施行之日起,苏锡常地区一律停止批准凿井,禁止新打深井。对新打深井的取水单位或者个人,由县级以上地方人民政府水行政主管部门责令停止违法行为,限期封井;逾期不封井的,代为封井,封井费用由取水单位或者个人承担,可以处一万元以上五万元以下的罚款。

行政处罚裁量权基准:

按照《地下水管理条例》第五十八条行政处罚裁量权基准执行。

六、取用地下水的单位或者个人应当安装水表等取水计量设施,实行计量取水。未安装计量设施的,由县级以上地方人民政府水行政主管部门责令限期安装,并按照日最大取水能力计算的取水量和水资源费征收标准计征水资源费,处五千元以上二万元以下的罚款;情节严重的,吊销取水许可证。计量设施不合格或者运行不正常的,责令限期更换或者修复;逾期不更换或者不修复的,按照日最大取水能力计算的取水量和水资源费征收标准计征水资源费,可以处二千元以上一万元以下的罚款;情节严重的,吊销取水许可证。

行政处罚裁量权基准:

依据《地下水管理条例》第五十六条行政处罚裁量权基准执行。

七、取用地下水的单位或者个人必须按照省人民政府的规定缴纳地下水资源费,但免于申请取水许可和法律、法规以及省人民政府规定可以减免的除外。不按照规定缴纳地下水资源费的,由县级以上地方人民政府水行政主管部门责令限期补缴;逾期不缴纳的,从滞纳之日起按日加收滞纳部分千分之二的滞纳金,并处应缴或者补缴地下水资源费一倍以上五倍以下的罚款。

行政处罚裁量权基准:

不按照规定缴纳地下水资源费,经责令限期补缴仍不缴纳的

(1)超过规定的缴纳期限,欠缴数额占应缴水资源费总额30%以下的,处欠缴地下水

资源费一倍的罚款；

（2）超过规定的缴纳期限，欠缴数额占应缴水资源费总额30%以上60%以下的，处欠缴地下水资源费一倍以上二点五倍以下的罚款；

（3）超过规定的缴纳期限，欠缴数额占应缴水资源费总额60%以上90%以下的，处欠缴地下水资源费二点五倍以上四倍以下的罚款；

（4）超过规定的缴纳期限，欠缴数额占应缴水资源费总额90%以上的，处欠缴地下水资源费四倍以上五倍以下的罚款。

江苏省人民代表大会常务委员会关于加强饮用水源地保护的决定

十四、违反本决定，有下列行为之一的，由生态环境、水利、渔业、港口等部门或者海事管理机构根据各自职责，责令停止违法行为，并依照下列规定给予处罚：

（三）在饮用水水源二级保护区内从事围网、网箱养殖的，限期拆除违法设施，处以三千元以上一万元以下的罚款，逾期不拆除的，代为拆除；

行政处罚裁量权基准：

在饮用水水源二级保护区内从事围网、网箱养殖影响行洪输水的

（1）在规定期限内停止违法行为，自行拆除围网、网箱等违法设施，恢复工程原状的，处三千元以上五千元以下罚款；

（2）在规定期限内停止违法行为，但围网、网箱等违法设施未完全拆除的，代为拆除违法设施，处五千元以上七千元以下罚款；

（3）在规定期限内拒不停止违法行为，拒不自行拆除围网、网箱等违法设施的，代为拆除违法设施，处七千元以上一万元以下罚款。

江苏省水文条例

第三十三条 违反本条例第二十七条第一款规定的，由水行政主管部门责令停止违法行为，限期恢复原状或者采取其他补救措施，并可以按照下列规定处以罚款：

（一）侵占监测场地、专用道路、测船码头等水文监测设施的，处以二千元以上一万元以下罚款；

（二）毁坏水文站房、水文缆道、监测井、水文通信设施等水文监测设施的，处以一万元以上五万元以下罚款；

（三）擅自使用、移动水文监测设施的，处以一千元以上五千元以下罚款。

行政处罚裁量权基准

1. 侵占监测场地、专用道路、测船码头等水文监测设施的

（1）违法行为对水文监测工作造成不利影响，在规定期限内停止违法行为，并恢复原状或者采取补救措施的，处二千元以上四千元以下的罚款；

（2）违法行为对水文监测工作造成不利

影响,在规定期限内停止违法行为,并恢复原状或者采取补救措施消除影响的,处四千元以上六千元以下的罚款;

(3)违法行为对水文监测工作造成不利影响,在规定期限内停止违法行为,并恢复原状或者采取补救措施后仍产生较小影响的,处六千元以上八千元以下的罚款;

(4)违法行为对水文监测工作造成不利影响,在规定期限内停止违法行为,并恢复原状或者采取补救措施后仍产生较大影响的,或者在规定的期限内未停止违法行为且未恢复原状、未采取补救措施的,处八千元以上一万元以下的罚款。

2. 毁坏水文站房、水文缆道、监测井、水文通信设施等水文监测设施的

(1)毁坏水文监测设施,造成的损失在一万元以下,在规定期限内停止违法行为,并恢复原状或者采取补救措施的,处一万元以上三万元以下的罚款;

(2)毁坏水文监测设施,造成的损失在一万元以上三万元以下,在规定期限内停止违法行为,并恢复原状或者采取补救措施的,处一万元以上三万元以下的罚款;

(3)在规定的期限内未停止违法行为且未恢复原状或者未采取补救措施的,或毁坏水文监测设施造成的损失在三万元以上的,处三万元以上五万元以下的罚款。

3. 擅自使用、移动水文监测设施的

(1)违法行为对水文监测工作造成不利影响,在规定期限内停止违法行为,并恢复原状或者采取补救措施消除影响的,处一千元以上二千元以下的罚款;

(2)违法行为对水文监测工作造成不利影响,在规定期限内停止违法行为,并恢复原状或者采取补救措施后仍产生较小影响的,处二千元以上三千元以下的罚款;

(3)违法行为对水文监测工作造成不利影响,在规定期限内停止违法行为,并恢复原状或者采取补救措施后仍产生较大影响的,处三千元以上四千元以下的罚款;

(4)在规定的期限内未停止违法行为、未恢复原状或者未采取补救措施的,处四千元以上五千元以下的罚款。

第三十四条 违反本条例规定,从事本条例第三十条所列活动的,由水行政主管部门责令停止违法行为,限期恢复原状或者采取其他补救措施,并可以按照下列规定处以罚款:

(一)种植高秆作物,停靠船只,或者设置网箱、鱼簖、鱼籪等阻水障碍物的,处以二百元以上一千元以下罚款;

(二)修建建筑物、构筑物,设置坝埂,或者堆放砂石、煤炭等物料的,处以五千元以上一万元以下罚款;

(三)取土、挖砂、采石、爆破和倾倒废弃物的,处以二千元以上五千元以下罚款;

(四)在监测断面取水、排污或者在过河设备、气象观测场、监测断面的上空架设线路的,处以二千元以上一万元以下罚款。

行政处罚裁量权基准:

1. 在水文监测环境保护范围内种植高秆作物,停靠船只,或者设置网箱、鱼簖、鱼籪等阻水障碍物的

(1)直接影响水文监测,在规定的期限内停止违法行为、恢复原状或者采取补救措施消除影响的,处二百元以上四百元以下的罚款;

(2)直接影响水文监测,在规定的期限内停止违法行为且恢复原状或者采取补救措施后仍产生较小影响的,处四百元以上六百元以下的罚款;

(3)直接影响水文监测,在规定期限内停止违法行为且恢复原状或者采取补救措施后仍产生较大影响的,处六百元以上八百元以下的罚款;

(4)直接影响水文监测,在规定的期限内

拒不停止违法行为且不恢复原状或者不采取其他补救措施的,处八百元以上一千元以下的罚款。

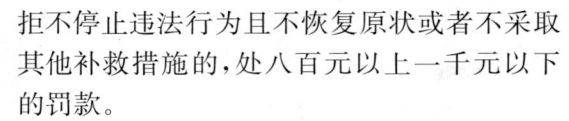

2. 在水文监测环境保护范围内修建建筑物、构筑物,设置坝埂,或者堆放砂石、煤炭等物料的

（1）直接影响水文监测,在规定的期限内停止违法行为且恢复原状或者采取补救措施消除影响的,处五千元以上六千元以下的罚款;

（2）直接影响水文监测,在规定的期限内停止违法行为且恢复原状或者采取其他补救措施后仍产生较小影响的,处六千元以上七千元以下的罚款;

（3）直接影响水文监测,在规定期限内停止违法行为且恢复原状或者采取补救措施后仍产生较大影响的,处七千元以上九千元以下的罚款;

（4）直接影响水文监测,在规定的期限内不停止违法行为且不恢复原状或者不采取其他补救措施的,处九千元以上一万元以下的罚款。

3. 在水文监测环境保护范围内取土、挖砂、采石、爆破和倾倒废弃物的

（1）在规定期限内停止违法行为且恢复原状或者采取补救措施消除影响的,处二千元以上三千元以下的罚款;

（2）在规定期限内停止违法行为且恢复原状或者采取补救措施后仍产生较小影响的,处三千元以上四千元以下的罚款;

（3）在规定期限内停止违法行为且恢复原状或者采取补救措施后仍产生较大影响的,处四千元以上五千元以下的罚款;

（4）在规定期限内拒不停止违法行为且不恢复原状或者不采取补救措施的,处五千元的罚款。

4. 在水文监测环境保护范围内的监测断面取水、排污或者在过河设备、气象观测场、监测断面的上空架设线路的

（1）直接影响水文监测,在规定期限内停止违法行为且恢复原状或者采取补救措施消除影响的,处二千元以上四千元以下的罚款;

（2）直接影响水文监测,在规定期限内停止违法行为且恢复原状或者采取补救措施后仍产生较小影响的,处四千元以上六千元以下的罚款;

（3）直接影响水文监测,在规定期限内停止违法行为且恢复原状或者采取补救措施后仍产生较大影响的,处六千元以上八千元以下的罚款;

（4）直接影响水文监测,拒不停止违法行为且不恢复原状或者不采取补救措施的,处八千元以上一万元以下的罚款。

江苏省水库管理条例

第四十条 违反本条例第八条规定,未取得水工程建设规划同意书或者农村集体经济组织未经批准擅自修建水库的,由县级以上地方人民政府水行政主管部门责令其停止违法行为,限期补办手续;逾期不补办或者补办未被批准的,责令限期拆除;逾期不拆除的,强行拆除,所需费用由违法者承担,并处以五万元以上十万元以下罚款。

行政处罚裁量权基准：

未取得水工程建设规划同意书或者农村集体经济组织未经批准擅自修建水库,经责令限期拆除,逾期不拆除的

（1）建设项目投资额在一百万元以下的，按照《中华人民共和国防洪法》第五十三条的行政处罚裁量权基准执行；

（2）建设项目投资额在一百万元以上五百万元以下的，处五万元以上七万元以下的罚款；

（3）建设项目投资额在五百万元以上的，处七万元以上十万元以下的罚款。

第四十一条 违反本条例第十三条第一款第一项、第二项、第三项和第二款、第三款规定的，由县级以上地方人民政府水行政主管部门责令停止违法行为，恢复原状，限期拆除或者采取补救措施，处以一万元以上五万元以下罚款；违反治安管理处罚规定的，由公安机关依法给予治安处罚；给他人造成损失的，依法承担赔偿责任。

违反本条例第十三条第一款第四项规定的，由县级以上地方人民政府水行政主管部门责令停止违法行为，采取补救措施，并可以处两百元以上一千元以下罚款。

违反本条例第十三条第一款第五项规定的，依照渔业、水利工程管理、水污染防治等法律、法规进行处罚。

行政处罚裁量权基准：

1. 擅自在水库管理范围内围垦、填库、圈圩的

（1）围垦、填库、圈圩面积在 2 000 平方米以下或者 10 000 平方米以上，或者在规定的期限内拒不停止违法行为、不恢复原状、不自行拆除、不采取补救措施的，按照《江苏省水利工程管理条例》第三十条的行政处罚裁量权基准第 12 点执行。

（2）围垦、填库、圈圩面积在 2 000 平方米以上 3 000 平方米以下，在规定期限内停止违法行为、恢复原状、自行拆除或者采取补救措施的，处一万元以上二万元以下的罚款；

（3）围垦、填库、圈圩面积在 3 000 平方米以上 4 000 平方米以下，在规定期限内停止违法行为、恢复原状、自行拆除或者采取补救措施的，处二万元以上三万元以下的罚款；

（4）围垦、填库、圈圩面积在 4 000 平方米以上 10 000 平方米以下，在规定期限内停止违法行为、恢复原状、自行拆除或者采取补救措施的，处三万元以上五万元以下的罚款。

2. 在水库管理范围内建设宾馆、饭店、酒店、度假村、疗养院或者进行房地产开发，在大坝上修建码头、埋设杆（管）线的

（1）占用面积在 100 平方米以下，或者投资额在一百万元以下，处一万元以上二万元以下的罚款；

（2）占用面积在 100 平方米以上 200 平方米以下，或者投资额在一百万元以上二百万元以下，在规定期限内停止违法行为、恢复原状、自行拆除或者采取补救措施的，处二万元以上三万元以下的罚款；

（3）占用面积在 200 平方米以上 400 平方米以下，或者投资额在二百万元以上三百万元以下，在规定期限内停止违法行为、恢复原状、自行拆除或者采取补救措施的，处三万元以上四万元以下的罚款；

（4）占用面积在 400 平方米以上，或者投资额在三百万元以上，或者在规定的期限内拒不停止违法行为、不恢复原状、不自行拆除、不采取补救措施的，处四万元以上五万元以下的罚款。

3. 在水库大坝管理和保护范围内，从事爆破、打井、挖掘等危害水库安全活动的

（1）在规定期限内停止违法行为、采取补救措施，能基本消除负面影响的，处一万元以上二万元以下的罚款；

（2）在规定期限内停止违法行为、采取补救措施，但仍产生一定负面影响的，处二万元以上三万元以下的罚款；

（3）在规定期限内拒不停止违法行为，不采取补救措施的，或者虽停止违法行为、采取补救措施，但难以消除负面影响的，处三万元

以上五万元以下的罚款;

（4）违法行为造成大坝渗水、管涌、坍塌、溃堤等安全隐患或者事故的,按照《江苏省水利工程管理条例》第三十条的行政处罚裁量权基准第3项规定执行;

4. 在水库大坝管理和保护范围内,从事采砂（包括取土、采石,下同）、采矿等危害水库安全活动的

（1）采砂、采矿等危害水库安全活动在100立方米以下或者在500立方米以上,或者在规定期限内拒不停止违法行为、不采取补救措施的,按照《江苏省水利工程管理条例》第三十条的行政处罚裁量权基准第10项规定执行;

（2）采砂、采矿等危害水库安全活动在100立方米以上200立方米以下,在规定期限内停止违法行为、采取补救措施的,处一万元以上三万元以下的罚款;

（3）采砂、采矿等危害水库安全活动在200立方米以上500立方米以下,在规定期限内停止违法行为、采取补救措施的,处三万元以上五万元以下罚款。

5. 在入库河道、出库口门、溢洪河道内,设置行水障碍物的

（1）障碍物占河道设计洪水位断面5%以下、10%以上,或者障碍物的体积在30立方米以上、100立方米以下,或者在规定期限内拒不停止违法行为、不恢复原状、不自行拆除、不采取补救措施的,按照《江苏省水利工程管理条例》第三十条的行政处罚裁量权基准第6项规定执行;

（2）障碍物占河道设计洪水位断面5%以上8%以下,或者障碍物的体积在30立方米以上50立方米以下,在规定期限内停止违法行为、恢复原状、自行拆除或者采取补救措施的,处一万元以上三万元以下的罚款;

（3）障碍物占河道设计洪水位断面8%以上10%以下,或者障碍物的体积在50立方米以上100立方米以下,在规定期限内停止违法行为、恢复原状、自行拆除或者采取补救措施的,处三万元以上五万元以下的罚款。

6. 在大坝上植树、垦种、修渠、放牧、堆放物料、晾晒粮草的

（1）违法行为造成的损失在500元以下,在规定期限内停止违法行为、采取补救措施的,处二百元以上五百元以下的罚款;

（2）违法行为造成的损失在500元以上800元以下,在规定期限内停止违法行为、采取补救措施的,处五百元以上八百元以下的罚款;

（3）违法行为造成的损失在1 000元以上,在规定期限内停止违法行为采取补救措施的,或者在规定期限内拒不停止违法行为、不采取补救措施的,处八百元以上一千元以下的罚款。

7. 在水库水域内炸鱼、毒鱼、电鱼,以及向水库水域排放污水和弃置废弃物的

按照《江苏省水利工程管理条例》第三十条行政处罚裁量权基准执行。

第四十二条 违反本条例第二十六条第一款规定,未经批准在水库管理范围内从事开发利用活动的,由县级以上地方人民政府水行政主管部门责令停止违法行为,限期补办手续;逾期不补办或者补办未被批准的,责令限期拆除;逾期不拆除的,强行拆除,所需费用由违法者承担,并处以二万元以上十万元以下罚款。

行政处罚裁量权基准：

1. 逾期未拆除擅自在水库管理范围内修建的工程设施（含开发旅游项目）的

（1）占用面积在150平方米以下,或者投资额在六十万元以下的,强行拆除,处二万元以上三万元以下的罚款;

（2）占用面积在150平方米以上200平方米以下,或者投资额在六十万元以上一百万元以下的,强行拆除,处三万元以上五万元

以下的罚款;

(3)占用面积在200平方米以上400平方米以下,或者投资额在一百万元以上一百四十万元以下的,强行拆除,处五万元以上七万元以下的罚款;

(4)占用面积在400平方米以上,或者投资额在一百四十万元以上的,强行拆除,处七万元以上十万元以下的罚款。

2.擅自开采砂石土料、堆放物料的

(1)擅自开采砂石土料150立方米以下或者堆放物料占用面积150平方米以下的,分别按照《江苏省水利工程管理条例》第三十条的行政处罚裁量权基准第10项、第11项的规定执行。

(2)擅自在水利工程管理范围内开采砂石土料在150立方米以上200立方米以下,或者堆放物料占用面积在150平方米以上200平方米以下的,处二万元以上三万元以下罚款;

(3)擅自在水利工程管理范围内开采砂石土料在200立方米以上500立方米以下,或者堆放物料占用面积在200平方米以上400平方米以下的,处三万元以上五万元以下罚款;

(4)擅自在水利工程管理范围内开采砂石土料在500立方米以上800立方米以下,或者堆放物料占用面积在400平方米以上600平方米以下的,处五万元以上八万元以下罚款;

(5)擅自在水利工程管理范围内开采砂石土料在800立方米以上,或者堆放物料占用面积在600平方米以上的,处八万元以上十万元以下罚款。

江苏省水土保持条例

第三十四条 违反本条例第十三条第二款、第三款规定,未采取有利于水土保持的种植方式和措施的,由水行政主管部门责令限期改正,采取补救措施,按照开垦面积,可以对个人处以每平方米二元以下罚款,对单位处以每平方米二元以上十元以下罚款。

行政处罚裁量权基准:

未采取有利于水土保持的种植方式和措施的

1.面积在500平方米以下,违法行为轻微并及时纠正,没有造成危害后果的,不予处罚;

2.面积在500平方米以上1 500平方米以下的,对个人处每平方米一元以下罚款,对单位处每平方米二元以上六元以下罚款;

3.面积在1 500平方米以上的,或者拒不改正的,对个人处每平方米一元以上二元以下罚款,对单位处每平方米六元以上十元以下罚款。

第三十五条 违反本条例第二十九条第二款规定,水土保持工程设施的所有权人或者使用权人未保证水土保持设施功能正常发挥的,由水行政主管部门责令限期改正;逾期不改正的,对个人处以一千元以上五千元以下罚款,对单位处以二万元以上十万元以下罚款。

行政处罚裁量权基准:

水土保持工程设施的所有权人或者使用权人未保证水土保持设施功能正常发挥,经水行政主管部门责令限期改正,逾期不改正的

(1)影响水土保持有效防护面积1 000平方米以下的,对个人处一千元以上二千元

以下罚款,对单位处二万元以上四万元以下罚款;

(2) 影响水土保持有效防护面积 1 000 平方米以上 3 000 平方米以下的,对个人处二千元以上四千元以下罚款,对单位处四万元以上六万元以下罚款;

(3) 影响水土保持有效防护面积 3 000 平方米以上的,对个人处四千元以上五千元以下罚款,对单位处六万元以上十万元以下罚款。

江苏省节约用水条例

第三十九条 违反本条例第十三条第二款、第三款规定,计划用水户未按照规定开展水平衡测试、接受用水审计或者未对存在问题进行整改的,由水行政主管部门责令限期改正;逾期不改正的,处一万元以上三万元以下罚款。

行政处罚裁量权基准:

计划用水户未按照规定开展水平衡测试、接受用水审计或者未对存在问题进行整改,经水行政主管部门责令限期改正,逾期不改正的

(1) 逾期 30 天以下的,处一万元以上二万元以下罚款;

(2) 逾期 30 天以上 60 天以下的,处二万元以上三万元以下罚款;

(3) 逾期 60 天以上的,或者拒不改正,处三万元罚款。

第四十条 违反本条例第十四条第二款规定,计划用水户的用水计量设施不符合水资源远程监控要求或者未与水行政主管部门的水资源管理信息系统联网运行的,由水行政主管部门责令限期改正,处五千元以上一万元以下罚款;逾期不改正的,处一万元以上五万元以下罚款。

行政处罚裁量权基准:

计划用水户的用水计量设施不符合水资源远程监控要求或者未与水行政主管部门的水资源管理信息系统联网运行,经水行政主管部门责令限期改正,逾期不改正的

(1) 在规定期限内按要求改正的,处五千元以上一万元以下罚款;

(2) 逾期 30 天以下的,处一万元以上二万元以下罚款;

(3) 逾期 30 天以上 60 天以下的,处二万元以上四万元以下罚款;

(4) 逾期 60 天以上的,或者拒不改正,处四万元以上五万元以下罚款。

第四十一条 违反本条例第二十一条、第二十二条规定,企业未循环利用或者回收利用间接冷却水、冷凝水,或者未重复利用尾水的,由水行政主管部门责令限期改正,处一万元以上五万元以下罚款;逾期不改正的,削减用水计划。

行政处罚裁量权基准:

企业未循环利用或者回收利用间接冷却水、冷凝水,或者未重复利用尾水,经水行政主管部门责令限期改正,逾期不改正的

(1) 企业未循环利用或者回收利用间接冷却水、冷凝水,或者未重复利用尾水的数量经测算在 3 万立方米以下的,处一万元以上三万元以下罚款;

(2) 企业未循环利用或者回收利用间接冷却水、冷凝水,或者未重复利用尾水的数量经测算在 3 万立方米以上 5 万立方米以下的,处三万元以上五万元以下罚款;

(3) 企业未循环利用或者回收利用间接

冷却水、冷凝水，或者未重复利用尾水的数量经测算在5万立方米以上的，处五万元罚款。

第四十二条　违反本条例第二十三条规定，公共供水企业自用水率或者管网漏损率超过国家和行业标准的，由水行政主管部门责令限期改正；逾期不改正的，处一万元以上三万元以下罚款。

行政处罚裁量权基准：

公共供水企业自用水率或者管网漏损率超过国家和行业标准，经水行政主管部门责令限期改正，逾期不改正的

（1）公共供水企业自用水率或者管网漏损率超过国家和行业标准5%以下的，处一万元以上二万元以下罚款；

（2）公共供水企业自用水率或者管网漏损率超过国家和行业标准5%以上10%以下的，处二万元以上三万元以下罚款；

（3）公共供水企业自用水率或者管网漏损率超过国家和行业标准10%以上的，处三万元罚款。

第四十三条　违反本条例第二十六条第一款规定，特种用水行业经营者未采用低耗水、循环用水等节水技术、设备或者设施的，由水行政主管部门责令限期改正；逾期不改正的，处五千元以上二万元以下罚款。

行政处罚裁量权基准：

特种用水行业经营者未采用低耗水、循环用水等节水技术、设备或者设施，经水行政主管部门责令限期改正，逾期不改正的

（1）逾期30天以下的，处五千元以上一万元以下罚款；

（2）逾期30天以上60天以下的，处一万元以上二万元以下罚款；

（3）逾期60天以上的，或者拒不改正，处二万元罚款。

江苏省河道管理条例

第四十七条　违反本条例第十八条第二款规定，擅自移动、损毁、掩盖界桩、标识牌的，由县级以上地方人民政府水行政主管部门责令停止违法行为，恢复原状，可以处以二百元以上二千元以下罚款。

行政处罚裁量权基准：

违反本条例第十八条第二款规定，擅自移动、损毁、掩盖界桩、标识牌的

（1）违法行为对界桩、标识牌造成损失在一千元（按修复费用计算，下同）以下，在规定期限内停止违法行为，恢复原状的，处二百元以上八百元以下罚款；

（2）违法行为对界桩、标识牌造成损失在一千元以上一千五百元以下，在规定期限内停止违法行为，恢复原状的，处八百元以上一千五百元以下罚款；

（3）违法行为对界桩、标识牌造成的损失在一千五百元以上二千元以下，在规定期限内停止违法行为，恢复原状的，处一千五百元以上二千元以下罚款；

（4）违法行为对界桩、标识牌造成的损失在二千元以上的，或者在规定期限内拒不停止违法行为，未恢复原状的，处二千元罚款。

第四十八条　违反本条例第二十六条第一款规定，填堵或者覆盖河道的，由县级以上地方人民政府水行政主管部门责令停止违法行为，限期恢复原状，处以五万元以上五十万元以下罚款；逾期未恢复原状的，代为恢复原状，所需费用由违法者承担；构成犯罪的，依法追究刑事责任。

违反本条例第二十六条第二款规定,擅自填堵原有河道的沟叉、贮水湖塘洼淀,废除原有防洪围堤,或者虽经批准但未按照等效等量原则进行补偿的,由城市人民政府责令停止违法行为,限期恢复原状或者采取其他补救措施;逾期未恢复原状或者采取其他补救措施的,代为恢复原状或者采取其他补救措施,所需费用由违法者承担。

行政处罚裁量权基准:

违反本条例第二十六条第一款规定,填堵或者覆盖河道的

(1) 填堵河道断面5%以下,或者填堵河道的填方量在100立方米以下,或者覆盖河道的面积在200平方米以下,在规定期限内停止违法行为、恢复原状的,处五万元以上十万元以下罚款;

(2) 填堵河道断面5%以上10%以下,或者填堵河道的填方量在100立方米以上200立方米以下,或者覆盖河道的面积在200平方米以上300平方米以下,在规定期限内停止违法行为、恢复原状的,处十万元以上二十万元以下罚款;

(3) 填堵河道断面10%以上15%以下,或者填堵河道的填方量在200立方米以上300立方米以下,或者覆盖河道的面积在300平方米以上400平方米以下,在规定期限内停止违法行为、恢复原状的,处二十万元以上三十万元以下罚款;

(4) 填堵河道断面15%以上20%以下,或者填堵河道的填方量在300立方米以上400立方米以下,或者覆盖河道的面积在400平方米以上500平方米以下,在规定期限内停止违法行为、恢复原状的,或者填堵河道断面10%以下、填堵河道的填方量在200立方米以下、覆盖河道的面积在300平方米以下,在规定期限内拒不停止违法行为、拒不恢复原状的,处三十万元以上四十万元以下罚款;

(5) 填堵河道断面10%以上20%以下、填堵河道的填方量在200立方米以上400立方米以下、覆盖河道的面积在300平方米以上500平方米以下,在规定期限内拒不停止违法行为、拒不恢复原状的,或者填堵河道断面20%以上,或者填堵河道的填方量在400立方米以上,或者覆盖河道的面积在500平方米以上的,处四十万元以上五十万元以下罚款。

违法行为可以同时适用填堵河道断面、填方量、覆盖河道面积等多种裁量标准的,按照其对防洪和水生态安全等造成的危害程度合理选择适用。

第四十九条 违反本条例第二十七条第五项规定,在堤防或者护堤地建房的,由县级以上地方人民政府水行政主管部门责令停止违法行为,限期改正,处以二万元以上十万元以下罚款。

违反本条例第二十七条第五项规定,在堤防或者护堤地垦种、放牧、开渠、打井、挖窖、葬坟、晒粮、存放物料、开采地下资源、进行考古发掘以及开展集市贸易活动的,由县级以上地方人民政府水行政主管部门责令停止违法行为,限期改正或者采取其他补救措施,处以一万元以上五万元以下罚款;构成犯罪的,依法追究刑事责任。

行政处罚裁量权基准:

1. 违反本条例第二十七条第五项规定,在堤防或者护堤地建房的

(1) 占用面积在150平方米以下,在规定期限内停止违法行为并改正的,处二万元罚款;

(2) 占用面积在150平方米以上200平方米以下,在规定期限内停止违法行为并改正的,处二万元以上三万元以下罚款;

(3) 占用面积在200平方米以上400平方米以下,在规定期限内停止违法行为并改正的,处三万元以上五万元以下罚款;

(4) 占用面积在400平方米以上600平方米以下,在规定期限内停止违法行为并改

正的,或者占用面积在 300 平方米以下,在规定期限内拒不停止违法行为、拒不改正的,处五万元以上八万元以下罚款;

（5）占用面积在 600 平方米以上,在规定期限内停止违法行为并改正的,或者占用面积在 300 平方米以上,在规定期限内拒不停止违法行为、拒不改正的,处八万元以上十万元以下罚款。

2. 违反本条例第二十七条第五项规定,在堤防或者护堤地垦种、放牧、开渠、打井、挖窖、葬坟、晒粮、存放物料、开采地下资源、进行考古发掘以及开展集市贸易活动的

（1）违法行为对堤防或者护堤地造成的直接损失在二万元以下,在规定期限内停止违法行为,采取补救措施的,处一万元以上二万元以下罚款;

（2）违法行为对堤防或者护堤地造成的直接损失在二万元以上三万元以下,在规定期限内停止违法行为,采取补救措施的,处二万元以上三万元以下罚款;

（3）违法行为对堤防或者护堤地造成的直接损失在三万元以上五万元以下,在规定期限内停止违法行为,采取补救措施的,处三万元以上五万元以下罚款;

（4）违法行为对堤防或者护堤地造成的直接损失在五万元以上的,或者拒不停止违法行为、拒不采取补救措施的,处五万元罚款。

第五十条 违反本条例第二十八条第一款规定,在涵、闸、泵站、水电站安全警戒区内捕（钓）鱼的,由县级以上地方人民政府水行政主管部门责令停止违法行为,可以处以二百元以上一千元以下罚款;从事渔业养殖或者停泊船舶、建设水上设施的,由县级以上地方人民政府水行政主管部门责令停止违法行为,限期拆除有关设施,可以处以一千元以上一万元以下罚款。

违反本条例第二十八条第二款规定,设置鱼簖、鱼箔等捕鱼设施,影响行洪、排涝、输水的,由县级以上地方人民政府水行政主管部门责令停止违法行为,限期拆除;逾期不拆除的,依法强制拆除,可以处二百元以上一千元以下罚款。

行政处罚裁量权基准：

1. 违反本条例第二十八条第一款规定,在涵、闸、泵站、水电站安全警戒区内捕（钓）鱼的

（1）违法行为首次实施,经责令后停止违法行为,记录在案后再次捕（钓）鱼,处二百元以上五百元以下罚款;

（2）捕（钓）鱼经行政处罚后,再次实施违法捕（钓）鱼行为的,处五百元以上一千元以下罚款。

2. 违反本条例第二十八条第一款规定,在涵、闸、泵站、水电站安全警戒区内从事渔业养殖或者停泊船舶、建设水上设施的

（1）渔业养殖面积在 50 平方米以下,或者停泊船舶 2 次以下,或者建设的水上设施拆除费用在 1 000 元以下,在规定期限内停止违法行为的,处一千元以上三千元以下罚款;

（2）渔业养殖面积在 50 平方米以上 200 平方米以下,或者停泊船舶 2 次以上 5 次以下,或者建设的水上设施拆除费用在 1 000 元以上 3 000 元以下,在规定期限内停止违法行为的,处三千元以上六千元以下罚款;

（3）渔业养殖面积在 200 平方米以上的,或者停泊船舶 5 次以上的,或者建设的水上设施拆除费用在 3 000 元以上的,或者在规定期限内拒不停止违法行为的,处六千元以上一万元以下罚款。

3. 违反本条例第二十八条第二款规定,设置鱼簖、鱼箔等捕鱼设施,影响行洪、排涝、输水,经责令停止违法行为,限期拆除,逾期不拆除的

（1）在非汛期首次设置鱼簖、鱼箔等捕鱼设施的,处二百元以上三百元以下罚款;

（2）在非汛期设置鱼簖、鱼箔等捕鱼设施

2次及以上的,处三百元以上五百元以下罚款;

(3)在汛期设置鱼罾、鱼簖等捕鱼设施的,处五百元以上一千元以下罚款。

第五十一条 违反本条例第三十一条第二款规定,未建设等效替代水域工程,或者违反本条例第三十二条第一款规定,未按照防汛指挥机构的紧急处理决定处置施工围堰、临时阻水设施,或者施工结束后未及时清理现场、清除施工围堰等设施的,由县级以上地方人民政府水行政主管部门责令限期改正,处以一万元以上十万元以下罚款;逾期不改正的,由县级以上地方人民政府水行政主管部门代为实施,所需费用由违法单位和个人承担。

行政处罚裁量权基准:

1. 违反本条例第三十一条第二款规定,未建设等效替代水域工程,经责令在规定期限内改正的

(1)在规定期限内补建完成的,处一万元以上五万元以下罚款;

(2)在规定期限内未补建完成的,处五万元以上八万元以下罚款;

(3)拒不补建的,处八万元以上十万元以下罚款。

2. 违反本条例第三十二条第一款规定,未按照防汛指挥机构紧急处理决定处置施工围堰、临时阻水设施或者施工结束后未及时清理现场、清除施工围堰等设施,经责令在规定期限内改正的

(1)处置施工围堰、临时阻水设施或者施工结束后清理现场、清除施工围堰等工作量完成80%以上的,处一万元以上三万元以下罚款;

(2)处置施工围堰、临时阻水设施或者施工结束后清理现场、清除施工围堰等工作量完成50%以上80%以下的,处三万元以上五万元以下罚款;

(3)处置施工围堰、临时阻水设施或者施工结束后清理现场、清除施工围堰等工作量完成30%以上50%以下的,处五万元以上七万元以下罚款;

(4)处置施工围堰、临时阻水设施或者施工结束后清理现场、清除施工围堰等工作量完成30%以下的,处七万元以上十万元以下罚款;

(5)拒不处置施工围堰、临时阻水设施或者施工结束后拒不清理现场、清除施工围堰等设施的,处十万元罚款。

第五十二条 违反本条例第三十四条规定,阻断防汛通道的,由县级以上地方人民政府水行政主管部门责令限期改正;逾期不改正的,由县级以上地方人民政府水行政主管部门代为实施,所需费用由违法单位和个人承担,处以一万元以上五万元以下罚款。

行政处罚裁量权基准:

阻断防汛通道,经责令限期改正,逾期不改正的

1. 未改正完成的,处一万元以上二万元以下罚款;

2. 制定了改正方案,但未实施的,处二万元以上四万元以下罚款;

3. 拒不改正的,处四万元以上五万元以下罚款。

第五十三条 有下列行为之一的,由县级以上地方人民政府水行政主管部门责令停止违法行为,限期改正或者采取其他补救措施,可以给予警告,处以一万元以上五万元以下罚款,没收违法所得;构成犯罪的,依法追究刑事责任:

(一)违反本条例第三十五条第一项规定,未经批准或者未按照批准的要求,在河道管理范围内爆破、钻探、挖筑、取土的;

(二)违反本条例第三十五条第二项规定,未经批准在河道滩地存放物料或者进行生产经营活动的;

(三)违反本条例第三十五条第三项规定,未经批准在河道滩地开采地下资源、进行考古发掘的。

行政处罚裁量权基准:

1. 违反本条例第三十五条第一项规定,未经批准或者未按照批准的要求,在河道管理范围内爆破、钻探、挖筑、取土的

(1)违法行为对堤防等水利工程设施造成的直接损失在二万元以下,在规定期限内停止违法行为、按时改正或者采取补救措施的,处一万元以上二万元以下罚款;

(2)违法行为对堤防等水利工程设施造成的直接损失在二万元以上三万元以下,在规定期限内停止违法行为、按时改正或者采取补救措施的,处二万元以上三万元以下罚款;

(3)违法行为对堤防等水利工程设施造成的直接损失在三万元以上五万元以下,在规定期限内停止违法行为、按时改正或者采取补救措施的,处三万元以上五万元以下罚款;

(4)违法行为对堤防等水利工程设施造成的直接损失在五万元以上的,或者拒不停止违法行为、拒不采取补救措施的,处五万元罚款。

涉及取土的行政处罚适用于《水法》第七十二条第3项行政处罚裁量权基准。

2. 违反本条例第三十五条第二项规定,未经批准在河道滩地存放物料、进行生产经营活动的

(1)堆放物在20立方米以下,在规定期限内停止违法行为、清除障碍或者采取其他补救措施的,处一万元罚款;

(2)堆放物在20立方米以上30立方米以下,在规定期限内停止违法行为、清除障碍或者采取其他补救措施的,处一万元以上二万元以下罚款;

(3)堆放物在30立方米以上60立方米以下,在规定期限内停止违法行为、清除障碍或者采取其他补救措施的,处二万元以上五万元以下罚款;

(4)堆放物在60立方米以上的,或者拒不停止违法行为、拒不清除障碍、拒不采取其他补救措施的,处五万元罚款。

3. 违反本条例第三十五条第三项规定,未经批准在河道滩地开采地下资源、进行考古发掘的

(1)开采地下资源、考古发掘的土方量在200立方米以下,在规定期限内停止违法行为、采取补救措施的,处一万元以上三万元以下罚款;

(2)开采地下资源、考古发掘的土方量在200立方米以上500立方米以下,在规定期限内停止违法行为、采取补救措施的,处三万元以上五万元以下罚款;

(3)开采地下资源、考古发掘的土方量在500立方米以上的,或者在规定期限内拒不停止违法行为、拒不采取补救措施的,处五万元罚款。

第五十四条 违反本条例规定,未经许可,或者使用伪造、涂改、买卖、出租、出借或者以其他方式转让的河道采砂许可证采砂的,由县级以上地方人民政府水行政主管部门责令停止违法行为,扣押其采砂船舶、机具或者其中的主要采砂设备等工具,可以处以五万元以上二十万元以下罚款,没收违法所得;情节严重,或者在禁采区、禁采期采砂的,处以二十万元以上五十万元以下罚款;构成犯罪的,依法追究刑事责任。

违反本条例第四十四条规定,未按照河道采砂许可证规定的要求进行采砂作业的,由县级以上地方人民政府水行政主管部门责令停止违法行为,没收违法所得,并处五万元以上十万元以下罚款;情节严重的,吊销河道采砂许可证。

运砂船舶、筛砂船舶在河道采砂地点装

运和协助非法采砂船舶偷采砂石的，属于与非法采砂船舶共同实施非法采砂行为，按照本条第一款规定处理。

发生在长江流域范围内的非法采砂行为，依照《中华人民共和国长江保护法》的有关规定予以处罚。

行政处罚裁量权基准：

1. 违反本条例第四十一条规定，未经许可，或者违反本条例第四十二条第三款规定，使用伪造、涂改、买卖、出租、出借或者以其他方式转让的河道采砂许可证采砂的

（1）采砂量在200立方米以下，经责令停止违法行为的，扣押其采砂船舶、机具或者其中的主要采砂设备等工具，处五万元罚款，没收违法所得；

（2）采砂量在200立方米以上500立方米以下，经责令停止违法行为的，扣押其采砂船舶、机具或者其中的主要采砂设备等工具，处五万元以上八万元以下罚款，没收违法所得；

（3）采砂量在500立方米以上800立方米以下，经责令停止违法行为的，扣押其采砂船舶、机具或者其中的主要采砂设备等工具，处八万元以上十万元以下罚款，没收违法所得；

（4）采砂量在800立方米以上1 000立方米以下，经责令停止违法行为的，扣押其采砂船舶、机具或者其中的主要采砂设备等工具，处十万元以上十五万元以下罚款，没收违法所得；

（5）采砂量在1 000立方米以上1 200立方米以下，经责令停止违法行为的，扣押其采砂船舶、机具或者其中的主要采砂设备等工具，处十五万元以上二十万元以下罚款，没收违法所得；

（6）采砂量在1 200立方米以上1 500立方米以下，经责令停止违法行为的，或者在禁采期、禁采区内采砂，采砂量在200立方米以下的，处二十万元以上二十五万元以下罚款，并没收违法所得；

（7）采砂量在1 500立方米以上1 800立方米以下，经责令停止违法行为的，或者在禁采期、禁采区内采砂，采砂量在200立方米以上500立方米以下的，处二十五万元以上三十万元以下罚款，并没收违法所得；

（8）采砂量在1 800立方米以上2 500立方米以下，经责令停止违法行为的，或者在禁采期、禁采区内采砂，采砂量在500立方米以上800立方米以下的，处三十万元以上四十万元以下罚款，并没收违法所得；

（9）采砂量在2 500立方米以上，经责令停止违法行为的，或者在禁采期、禁采区内采砂，采砂量在800立方米以上的，处四十万元以上五十万元以下罚款，并没收违法所得；

（10）在主汛期实施的，或者在洪泽湖、骆马湖禁采期、禁采区实施的，或者在饮用水水源保护区内实施的，或者因违法采砂受到两次以上行政处罚的，或者经责令拒不停止违法行为的，或者擅自转移、隐匿、损毁已被采取行政强制措施物品的，或者故意隐瞒事实、弄虚作假阻扰水行政执法人员查处的，或者以暴力、威胁等方式阻碍水行政执法人员依法执行公务尚未构成犯罪的，处五十万元罚款，并没收违法所得。

2. 违反本条例第四十四条规定，未按照河道采砂许可证规定的地点、采砂量、采砂深度、作业方式、弃料处理方式等要求进行采砂作业的

（1）采砂量在200立方米以下，经责令停止违法行为的，没收违法所得，处五万元罚款；

（2）采砂量在200立方米以上500立方米以下，经责令停止违法行为的，没收违法所得，处五万元以上八万元以下罚款；

（3）采砂量在500立方米以上800立方米以下，经责令停止违法行为的，没收违法所得，处八万元以上十万元以下罚款，吊销许

可证；

（4）采砂量在800立方米以上的，或者经责令拒不停止违法行为的，没收违法所得，处十万元罚款，吊销许可证。

第五十五条 违反本条例第四十五条第一款规定，采砂船舶、机具在禁采区内滞留，或者未取得河道采砂许可证在可采区内滞留的，由县级以上地方人民政府水行政主管部门责令驶离；拒不驶离的，予以扣押，拖离至指定地点，并可以处以三万元以上十万元以下罚款。

违反本条例第四十五条第二款规定，采砂船舶、机具在禁采期内未在指定地点停泊、停放，或者无正当理由擅自离开指定地点的，由县级以上地方人民政府水行政主管部门处以一万元以上三万元以下罚款。

行政处罚裁量权基准：

1. 违反本条例第四十五条第一款规定，采砂船舶、机具在禁采区内滞留或者未取得河道采砂许可证在可采区内滞留，经责令拒不驶离的

（1）违法行为首次实施，配合执法人员拖离至指定地点的，处三万元以上五万元以下罚款；

（2）在30日内出现二次滞留的，处五万元以上八万元以下罚款；

（3）在30日内出现三次以上滞留的，或者拒不配合执法人员拖离至指定地点的，或者以威胁、要挟、恐吓、滋事、非法扣押执法人员及其他暴力形式等手段阻挠抗拒执法的，或者弃船等方式逃避处理的，予以扣押，拖离至指定地点，处八万元以上十万元以下罚款。

2. 违反本条例第四十五条第二款规定，采砂船舶、机具在禁采期内未在指定地点停泊、停放的

（1）在规定时限内自行到指定地点停放的，处一万元罚款；

（2）未在规定时限内自行到指定地点停放的，处一万元以上二万元以下罚款；

（3）拒不前往指定地点停放的，处二万元以上三万元以下罚款。

3. 违反本条例第四十五条第二款规定，采砂船舶、机具在禁采期内无正当理由擅自离开指定地点的

（1）经制止自行返回指定地点的，处一万元以上二万元以下罚款；

（2）经制止仍强行离开的，处二万元以上三万元以下罚款。

我省长江流域采砂适用《长江保护法》以及《长江河道采砂管理条例》有关规定处罚。

江苏省农村水利条例

第五十七条 违反本条例第二十三条第三款规定，未先行建设替代工程的，由县（市、区）人民政府水行政主管部门责令改正，处以一万元以上十万元以下的罚款。

行政处罚裁量权基准：

因项目建设需要调整农村河网水系的，项目未先行建设替代工程的

（1）替代工程投资额在一百万元以下的，处一万元以上二万元以下罚款；

（2）替代工程投资额在一百万元以上五百万元以下的，处二万元以上四万元以下罚款；

（3）替代工程投资额在五百万元以上七百万元以下的，处四万元以上六万元以下

罚款；

（4）替代工程投资额在七百万元以上一千万元以下的，处六万元以上八万元以下罚款；

（5）替代工程投资额在一千万元以上的，处八万元以上十万元以下罚款。

第五十八条 违反本条例第三十八条第二款规定，擅自移动、损毁地理界标或者警示标志的，由设区的市、县（市、区）人民政府确定的农村供水主管部门责令停止违法行为，恢复原状，可以处二百元以上二千元以下的罚款。

行政处罚裁量权基准：

擅自移动、损毁地理界标或者警示标志的

（1）违法行为对界桩、标识牌造成损失在一千元（按修复费用计算，下同）以下的，在规定期限内停止违法行为，恢复原状的，处二百元以上八百元以下罚款；

（2）违法行为对界桩、标识牌造成损失在一千元以上一千五百元以下，在规定期限内停止违法行为，恢复原状的，处八百元以上一千五百元以下罚款；

（3）违法行为对界桩、标识牌造成的损失在一千五百元以上二千元以下，在规定期限内停止违法行为，恢复原状的，处一千五百元以上二千元以下罚款；

（4）违法行为对界桩、标识牌造成的损失在二千元以上的，或者在规定期限内拒不停止违法行为，未恢复原状的，处二千元罚款。

江苏省洪泽湖保护条例

第五十三条 违反本条例第十六条第一款第一项规定，在洪泽湖保护范围内弃置废弃船只的，由相关县（区）人民政府指定的部门责令违法者限期清除；逾期不清除的，代为清除，所需费用由违法者承担；违法者无法确定的，组织清除。

违反本条例第十六条第一款第一项规定，在洪泽湖保护范围内擅自弃置清淤弃土的，由相关县级以上地方人民政府水行政主管部门责令停止违法行为，限期清除，可以处一万元以上五万元以下罚款；逾期不清除的，代为清除，所需费用由违法者承担。

违反本条例第十六条第一款第四项规定，在洪泽湖保护范围内设置住家船、餐饮船的，由相关县（区）人民政府指定的部门责令限期拖离或者拆除，逾期不拖离，予以拖离；不能拖离或者逾期不拆除的，代为拆除，所需费用由违法者承担，可以处五千元以上二万元以下罚款。

行政处罚裁量权基准：

1. 在洪泽湖保护范围内擅自弃置清淤弃土的

（1）擅自弃置清淤弃土100立方米以下，逾期不清除的，代为清除，所需费用由违法者承担，处一万元以上二万元以下罚款；

（2）航道清淤未经许可擅自弃置清淤弃土、经许可未将清淤弃土存放指定地点100立方米以上500立方米以下，或者其他擅自弃置清淤弃土100立方米以上300立方米以下，逾期不清除的，代为清除，所需费用由违法者承担，处二万元以上三万元以下罚款；

（3）航道清淤未经许可擅自弃置清淤弃土、经许可未将清淤弃土存放指定地点500立方米以上1000立方米以下，或者其他擅自弃置清淤弃土300立方米以上500立方米以下，逾期不清除的，代为清除，所需费用由违法者

承担,处三万元以上四万元以下罚款;

（4）航道清淤未经许可擅自弃置清淤弃土、经许可未将清淤弃土存放指定地点1 000立方米以上,或者其他擅自弃置清淤弃土500立方米以上,逾期不清除的,代为清除,所需费用由违法者承担,处四万元以上五万元以下罚款;

（5）累计两次以上擅自弃置清淤弃土的,处五万元罚款。

2. 在洪泽湖保护范围内设置住家船、餐饮船,不能拖离或者逾期不拆除,代为拆除的

（1）住家船、餐饮船面积（长以船头至船尾,宽以船的最宽处为准）在120平方米以下的,处五千元以上一万元以下罚款;

（2）住家船、餐饮船面积在120平方米以上的,处一万元以上二万元以下罚款。

建设项目水资源论证管理办法

第十二条 业主单位或者其委托的从事建设项目水资源论证工作的单位,在建设项目水资源论证工作中弄虚作假的,由水行政主管部门处违法所得三倍以下,最高不超过3万元的罚款。违反《取水许可和水资源费征收管理条例》第五十条的,依照其规定处罚。

行政处罚裁量权基准：

从事建设项目水资源论证工作的单位在建设项目水资源论证工作中弄虚作假的

（1）违法所得在五千元以下的,取消其建设项目水资源论证资质,处违法所得一倍的罚款;

（2）违法所得在五千元以上一万元以下的,取消其建设项目水资源论证资质,处违法所得一倍以上二倍以下的罚款;

（3）违法所得在一万元以上的,取消其建设项目水资源论证资质,处违法所得二倍以上三倍以下的罚款,最高不超过三万元。

违反《取水许可和水资源费征收管理条例》第五十条的,依照其规定处罚,并适用其行政处罚裁量权基准。

水行政许可实施办法

第五十六条 被许可人以欺骗、贿赂等不正当手段取得水行政许可的,除可能对公共利益造成重大损害的,水行政许可实施机关应当予以撤销,并给予警告。被许可人从事非经营活动的,可以处一千元以下罚款;被许可人从事经营活动,有违法所得的,可以处违法所得三倍以下罚款,但是最高不得超过三万元,没有违法所得的,可以处一万元以下罚款,法律、法规另有规定的除外。取得的水行政许可属于直接关系防洪安全、水利工程安全、水生态环境安全、人民群众生命财产安全事项的,申请人在三年内不得再次申请该水行政许可;构成犯罪的,依法追究刑事责任。

行政处罚裁量权基准：

被许可人以欺骗、贿赂等不正当手段取得水行政许可的（除可能对公共利益造成重

大损害的外)

（1）从事非经营性活动的,撤销水行政许可,并给予警告,处一千元以下的罚款；

（2）从事经营性活动且没有违法所得的,撤销水行政许可,并给予警告,处一万元以下罚款；

（3）从事经营性活动且有违法所得,违法所得在五千元以下的,撤销水行政许可,并给予警告,处违法所得一倍的罚款,但最高不得超过三万元；

（4）从事经营性活动且有违法所得,违法所得在五千元以上一万元以下的,撤销水行政许可,并给予警告,处违法所得一倍以上二倍以下的罚款,但最高不得超过三万元；

（5）从事经营性活动且有违法所得,违法所得在一万元以上的,撤销水行政许可,并给予警告,处违法所得二倍以上三倍以下的罚款,但最高不得超过三万元。

第五十七条 被许可人有《行政许可法》第八十条规定的行为之一的,水行政许可实施机关根据情节轻重,应当给予警告或者降低水行政许可资格(质)等级。被许可人从事非经营活动的,可以处一千元以下罚款；被许可人从事经营活动,有违法所得的,可以处违法所得三倍以下罚款,但是最高不得超过三万元,没有违法所得的,可以处一万元以下罚款,法律、法规另有规定的除外；构成犯罪的,依法追究刑事责任。

行政处罚裁量权基准：

违反《行政许可法》第八十条规定之一的

（1）从事非经营性活动未造成危害后果的,给予警告,处一千元以下罚款；

（2）从事经营性活动且没有违法所得,未造成危害后果的,给予警告,处一万元以下罚款；

（3）从事经营性活动且有违法所得,违法所得在五千元以下的,或者造成轻微危害后果的,给予警告,处违法所得一倍的罚款,但最高不得超过三万元；

（4）从事经营性活动且有违法所得,违法所得在五千元以上一万元以下的,或者造成严重危害后果的,降低水行政许可资格(质)一个等级,处违法所得一倍以上二倍以下的罚款,但最高不得超过三万元；

（5）违法所得在一万元以上的,或者造成特别严重危害后果的,降低水行政许可资格(质)二个以上等级,处违法所得二倍以上三倍以下的罚款,但最高不得超过三万元。

第五十八条 公民、法人或者其他组织未经水行政许可,擅自从事依法应当取得水行政许可的活动的,水行政许可实施机关应当责令停止违法行为,并给予警告。当事人从事非经营活动的,可以处一千元以下罚款；当事人从事经营活动,有违法所得的,可以处违法所得三倍以下罚款,但是最高不得超过三万元,没有违法所得的,可以处一万元以下罚款,法律、法规另有规定的除外；构成犯罪的,依法追究刑事责任。

行政处罚裁量权基准：

擅自从事依法应当取得水行政许可活动的

（1）从事非经营性活动,在规定的期限内停止违法行为的,给予警告,可以处一千元以下罚款；

（2）从事经营性活动且没有违法所得,在规定的期限内停止违法行为的,给予警告,可以处一万元以下罚款；

（3）从事经营性活动且有违法所得,违法所得在五千元以下,在规定的期限内停止违法行为的,给予警告,可以处违法所得一倍的罚款,但最高不得超过三万元；

（4）从事经营性活动且有违法所得,违法所得在五千元以上一万元以下,在规定的期限内停止违法行为的,给予警告,可以处违法所得一倍以上二倍以下的罚款,但最高不得超过三万元；

（5）在规定的期限内拒不停止违法行为的,或者违法所得在一万元以上的,给予警告,可以处违法所得二倍以上三倍以下的罚款,但最高不得超过三万元。

涉及取水许可的情形按照《取水许可和水资源费征收管理条例》第五十条规定的行政处罚裁量权基准执行。

取水许可管理办法

第四十九条 取水单位或者个人违反本办法规定,有下列行为之一的,由取水审批机关责令其限期改正,并可处1 000元以下罚款:

（一）擅自停止使用节水设施的;

（二）擅自停止使用取退水计量设施的;

（三）不按规定提供取水、退水计量资料的。

行政处罚裁量权基准:

1. 擅自停止使用节水设施的

（1）擅自停止使用节水设施所增加的取水量占使用节水设施取水量百分之十以下的,责令其限期改正,处三百元以下罚款;

（2）擅自停止使用节水设施所增加的取水量占使用节水设施取水量百分之十以上百分之二十以下的,责令其限期改正,处三百元以上七百元以下罚款;

（3）擅自停止使用节水设施所增加的取水量占使用节水设施取水量百分之二十以上的,责令其限期改正,处七百元以上一千元以下罚款。

2. 擅自停止使用取退水计量设施的

（1）擅自停止使用取退水计量设施30日以下的,责令其限期改正,处三百元以下罚款;

（2）擅自停止使用取退水计量设施30日以上90日以下的,责令其限期改正,处三百元以上七百元以下罚款;

（3）擅自停止使用取退水计量设施90日以上的,责令其限期改正,处七百元以上一千元以下罚款。

3. 不按规定提供取水、退水计量资料的

（1）不按规定提供的取水、退水计量资料占应提供资料的百分之三十以下的,责令其限期改正,处三百元以下罚款;

（2）不按规定提供的取水、退水计量资料占应提供资料的百分之三十以上百分之七十以下的,责令其限期改正,处三百元以上七百元以下罚款;

（3）不按规定提供的取水、退水计量资料占应提供资料百分之七十以上的,责令其限期改正,处七百元以上一千元以下罚款。

水利工程质量检测管理规定

第二十七条 检测单位违反本规定,有下列行为之一的,由县级以上人民政府水行政主管部门责令改正,有违法所得的,没收违法所得,可并处1万元以上3万元以下的罚款;构成犯罪的,依法追究刑事责任:

（一）超出资质等级范围从事检测活

动的；

（二）涂改、倒卖、出租、出借或者以其他形式非法转让《资质等级证书》的；

（三）使用不符合条件的检测人员的；

（四）未按规定上报发现的违法违规行为和检测不合格事项的；

（五）未按规定在质量检测报告上签字盖章的；

（六）未按照国家和行业标准进行检测的；

（七）档案资料管理混乱，造成检测数据无法追溯的；

（八）转包、违规分包检测业务的。

行政处罚裁量权基准：

（1）有上述情形，没有违法所得，处一万元以上一万五千元以下罚款；

（2）有上述情形，违法所得在十万元以下的，没收违法所得，处一万五千元以上二万元以下罚款；

（3）有上述情形，违法所得在十万元以上的，没收违法所得，处二万元以上三万元以下罚款。

第二十八条 检测单位伪造检测数据，出具虚假质量检测报告的，由县级以上人民政府水行政主管部门给予警告，并处3万元罚款；给他人造成损失的，依法承担赔偿责任；构成犯罪的，依法追究刑事责任。

行政处罚裁量权基准：

检测单位伪造检测数据，出具虚假质量检测报告的，给予警告，并处三万元罚款。

第二十九条 违反本规定，委托方有下列行为之一的，由县级以上人民政府水行政主管部门责令改正，可并处1万元以上3万元以下的罚款：

（一）委托未取得相应资质的检测单位进行检测的；

（二）明示或暗示检测单位出具虚假检测报告，篡改或伪造检测报告的；

（三）送检试样弄虚作假的。

行政处罚裁量权基准：

委托方委托未取得相应资质的检测单位进行检测的；明示或暗示检测单位出具虚假检测报告，篡改或伪造检测报告的；送检试样弄虚作假的

（1）存在上述情形，经责令改正，按规定期限整改到位的，处一万元罚款；

（2）存在上述情形，经责令改正，但未按期限整改或整改不力的，处一万元（不含本数）以上二万元以下罚款；

（3）存在上述情形，经责令改正，但拒不整改的，处二万元（不含本数）以上三万元以下罚款。

第三十条 检测人员从事质量检测活动中，有下列行为之一的，由县级以上人民政府水行政主管部门责令改正，给予警告，可并处1千元以下罚款：

（一）不如实记录，随意取舍检测数据的；

（二）弄虚作假，伪造数据的；

（三）未执行法律、法规和强制性标准的。

行政处罚裁量权基准：

检测人员从事质量检测活动中，不如实记录，随意取舍检测数据的；弄虚作假、伪造数据的；未执行法律、法规和强制性标准的

（1）存在上述情形，经责令改正，在规定期限内整改到位的，给予警告，并处四百元以下罚款；

（2）存在上述情形，经责令改正但未按期限整改或整改不力的，给予警告，并处四百元以上六百元以下罚款；

（3）存在上述情形，责令改正，拒不整改的，给予警告，并处六百元以上一千元以下罚款。

河道管理范围内建设项目管理的有关规定

第十四条 未按本规定的规定在河道管理范围内修建建设项目的,县级以上地方人民政府河道主管机关可根据《河道管理条例》责令其停止建设、限期拆除或采取其他补救措施,可并处1万元以下罚款。

行政处罚裁量权基准:

未按本规定的规定在河道管理范围内修建建设项目的:

(1) 投资额在10万元以内的,处三千元以下罚款;

(2) 投资额在10万元以上100万元以下的,处三千元以上七千元以下罚款;

(3) 投资额在100万元以上的,处七千元以上一万元以下罚款。

水利工程建设监理规定

第二十六条 项目法人及其工作人员收受监理单位贿赂、索取回扣或者其他不正当利益的,予以追缴,并处违法所得3倍以下且不超过3万元的罚款;构成犯罪的,依法追究有关责任人员的刑事责任。

行政处罚裁量权基准:

项目法人及其工作人员收受监理单位贿赂、索取回扣或者其他不正当利益的

(1) 违法数额较小,且社会影响较小,予以追缴,处违法所得1倍以下且不超过一万元的罚款;

(2) 项目法人及其工作人员收受监理单位贿赂、索取回扣的,但未为其创造效益的,予以追缴,处违法所得1倍以上2倍以下且在一万元以上二万元以下的罚款;

(3) 项目法人及其工作人员收受监理单位贿赂并为其谋取不正当利益的,予以追缴,处违法所得2倍以上3倍以下且在二万元以上三万元以下的罚款。

第二十八条 监理单位有下列行为之一的,责令改正,给予警告;无违法所得的,处1万元以下罚款,有违法所得的,予以追缴,处违法所得3倍以下且不超过3万元罚款;情节严重的,降低资质等级;构成犯罪的,依法追究有关责任人员的刑事责任:

(一) 以串通、欺诈、胁迫、贿赂等不正当竞争手段承揽监理业务的;

(二) 利用工作便利与项目法人、被监理单位以及建筑材料、建筑构配件和设备供应单位串通,谋取不正当利益的。

行政处罚裁量权基准:

监理单位以串通、欺诈、胁迫、贿赂等不正当竞争手段承揽监理业务的;利用工作便利与项目法人、被监理单位以及建筑材料、建筑构配件和设备供应单位串通,谋取不正当利益的

(1) 有本条规定的情形,且无违法所得的,处一万元以下罚款;

(2) 有本条规定的情形,在规定期限及时整改的,违法所得在10万元以下的,予以追

缴,处违法所得1倍以下且在一万元以上二万元以下的罚款;

(3) 有本条规定的情形,在规定期限及时整改的,违法所得在 10 万元以上 100 万元以下的,予以追缴,处违法所得 1 倍以上 3 倍以下且在二万元以上三万元以下的罚款;

(4) 有本条规定的情形,在规定期限及时整改的,违法所得在 100 万元以上的,或者在规定期限拒不整改的,予以追缴,处三万元罚款。

第二十九条 监理单位有下列行为之一的,依照《建设工程安全生产管理条例》第五十七条处罚:

(一) 未对施工组织设计中的安全技术措施或者专项施工方案进行审查的;

(二) 发现安全事故隐患未及时要求施工单位整改或者暂时停止施工的;

(三) 施工单位拒不整改或者不停止施工,未及时向有关水行政主管部门或者流域管理机构报告的;

(四) 未依照法律、法规和工程建设强制性标准实施监理的。

行政处罚裁量权基准:

监理单位未对施工组织设计中的安全技术措施或者专项施工方案进行审查的;发现安全事故隐患未及时要求施工单位整改或者暂时停止施工的;施工单位拒不整改或者不停止施工,未及时向有关水行政主管部门或者流域管理机构报告的;未依照法律、法规和工程建设强制性标准实施监理的

(1) 存在上述情形,责令限期改正,逾期未改正且未发生事故的,责令停业整顿,并处十万元以下罚款;

(2) 存在上述情形,责令限期改正,逾期未改正并导致一般质量安全事故的,责令停业整顿,并处十万元以上二十万元以下的罚款;

(3) 存在上述情形,责令限期改正,逾期未改正并导致较大及以上质量安全事故的,责令停业整顿,并处二十万元以上三十万元以下的罚款。

第三十一条 监理人员从事水利工程建设监理活动,有下列行为之一的,责令改正,给予警告;其中,监理工程师违规情节严重的,注销注册证书,2年内不予注册;有违法所得的,予以追缴,并处 1 万元以下罚款;造成损失的,依法承担赔偿责任;构成犯罪的,依法追究刑事责任:

(一) 利用执(从)业上的便利,索取或者收受项目法人、被监理单位以及建筑材料、建筑构配件和设备供应单位财物的;

(二) 与被监理单位以及建筑材料、建筑构配件和设备供应单位串通,谋取不正当利益的;

(三) 非法泄露执(从)业中应当保守的秘密的。

行政处罚裁量权基准:

监理人员从事水利工程建设监理活动,利用执(从)业上的便利,索取或者收受项目法人、被监理单位以及建筑材料、建筑构配件和设备供应单位财物的;与被监理单位以及建筑材料、建筑构配件和设备供应单位串通,谋取不正当利益的;非法泄露执(从)业中应当保守的秘密的

(1) 给予警告,违法所得在 1 万元以下,予以追缴,处五千元以下罚款;

(2) 给予警告,违法所得在 1 万元以上 10 万元以下,予以追缴,处五千元以上一万元以下罚款;

(3) 给予警告,违法所得在 10 万元以上的,或者拒不整改的,予以追缴,处一万元罚款。

第三十四条 依法给予监理单位罚款处罚的,对单位直接负责的主管人员和其他直接责任人员处单位罚款数额百分之五以上百分之十以下的罚款。

行政处罚裁量权基准：

依法给予监理单位罚款处罚的，对单位直接负责的主管人员和其他直接责任人员给予罚款处罚

（1）违法情节一般，社会影响一般的，处百分之五以上百分之七以下的罚款；

（2）违法情节较重，社会影响较重的，处百分之七以上百分之九以下的罚款；

（3）违法情节严重，社会影响恶劣的，处百分之九以上百分之十以下的罚款。

工程建设项目货物招标投标办法

第五十五条 招标人有下列限制或者排斥潜在投标行为之一的，由有关行政监督部门依照招标投标法第五十一条的规定处罚；其中，构成依法必须进行招标的项目的招标人规避招标的，依照招标投标法第四十九条的规定处罚：

（一）依法应当公开招标的项目不按照规定在指定媒介发布资格预审公告或者招标公告；

（二）在不同媒介发布的同一招标项目的资格预审公告或者招标公告内容不一致，影响潜在投标人申请资格预审或者投标。

行政处罚裁量权基准：

1. 招标人限制或者排斥潜在投标行为的

（1）情节一般或者单项合同估算价在500万元以下，在规定期限内整改的，处一万元以下的罚款；

（2）情节较重或者单项合同估算价在500万元以上1 500万元以下，在规定期限内整改的，处一万元以上二万元以下的罚款；

（3）情节严重或者单项合同估算价在1 500万元以上，或者拒不采取措施予以改正的，处二万元以上五万元以下的罚款。

2. 依法必须进行招标的项目的招标人规避招标的

（1）情节一般或者单项合同估算价在500万元以下，在规定期限内整改的，处项目合同金额千分之五以上千分之六以下的罚款；

（2）情节较重或者单项合同估算价在500万元以上1 500万元以下，在规定期限内整改的，处项目合同金额千分之六以上千分之七以下的罚款；

（3）情节严重或者单项合同估算价在1 500万元以上，或者拒不采取措施予以改正的，处项目合同金额千分之七以上千分之十以下的罚款，对全部或者部分使用国有资金的项目，暂停项目执行或者暂停资金拨付，对单位直接负责的主管人员和其他直接责任人员依法给予处分。

第五十六条 招标人有下列情形之一的，由有关行政监督部门责令改正，可以处10万元以下的罚款：

（一）依法应当公开招标而采用邀请招标；

（二）招标文件、资格预审文件的发售、澄清、修改的时限，或者确定的提交资格预审申请文件、投标文件的时限不符合招标投标法和招标投标法实施条例规定；

（三）接受未通过资格预审的单位或者个人参加投标；

（四）接受应当拒收的投标文件。

招标人有前款第一项、第三项、第四项所列行为之一的，对单位直接负责的主管人员和其他直接责任人员依法给予处分。

行政处罚裁量权基准：

招标人依法应当公开招标而采用邀请招

标的;招标文件、资格预审文件的发售、澄清、修改的时限,或者确定的提交资格预审申请文件、投标文件的时限不符合招标投标法和招标投标法实施条例规定的;接受未通过资格预审的单位或者个人参加投标;接受应当拒收的投标文件的

（1）情节一般或者单项合同估算价在500万元以下,在规定期限内整改的,处五万元以下的罚款;

（2）情节较重或者单项合同估算价在500万元以上1 500万元以下,在规定期限内整改的,处五万元以上七万元以下的罚款;

（3）情节严重或者单项合同估算价在1 500万元以上的,或者拒不采取措施予以改正的,处七万元以上十万元以下的罚款。

第五十八条 依法必须进行招标的项目的招标人有下列情形之一的,由有关行政监督部门责令改正,可以处中标项目金额千分之十以下的罚款;给他人造成损失的,依法承担赔偿责任;对单位直接负责的主管人员和其他直接责任人员依法给予处分：

（一）无正当理由不发出中标通知书;

（二）不按照规定确定中标人;

（三）中标通知书发出后无正当理由改变中标结果;

（四）无正当理由不与中标人订立合同;

（五）在订立合同时向中标人提出附加条件。

中标通知书发出后,中标人放弃中标项目的,无正当理由不与招标人签订合同的,在签订合同时向招标人提出附加条件或者更改合同实质性内容的,或者拒不提交所要求的履约保证金的,取消其中标资格,投标保证金不予退还;给招标人的损失超过投标保证金数额的,中标人应当对超过部分予以赔偿;没有提交投标保证金的,应当对招标人的损失承担赔偿责任。对依法必须进行招标的项目的中标人,由有关行政监督部门责令改正,可以处中标金额千分之十以下罚款。

行政处罚裁量权基准：

招标人无正当理由不发出中标通知书、不按照规定确定中标人、中标通知书发出后无正当理由改变中标结果、无正当理由不与中标人订立合同、在订立合同时向中标人提出附加条件的

（1）情节一般或中标项目金额在500万元以下,在规定期限内整改的,处中标项目金额千分之三以下的罚款;

（2）情节较重或中标项目金额在500万元以上1 500万元以下的,在规定期限内整改的,处中标项目金额千分之三以上千分之五以下的罚款;

（3）情节严重或中标项目金额在1 500万元以上,或者拒不采取措施予以改正的,赔偿他人损失并处中标项目金额千分之五以上千分之十以下的罚款。

工程建设项目勘察设计招标投标办法

第五十条 招标人有下列限制或者排斥潜在投标人行为之一的,由有关行政监督部门依照招标投标法第五十一条的规定处罚;其中,构成依法必须进行勘察设计招标的项目的招标人规避招标的,依照招标投标法第四十九条的规定处罚：

（一）依法必须公开招标的项目不按照规定在指定媒介发布资格预审公告或者招标

公告；

（二）在不同媒介发布的同一招标项目的资格预审公告或者招标公告的内容不一致，影响潜在投标人申请资格预审或者投标。

行政处罚裁量权基准：

1. 限制或者排斥潜在投标行为的

（1）情节一般或单项合同估算价在500万元以下，在规定期限内整改的，处二万元以下的罚款；

（2）情节较重或单项合同估算价在500万元以上1 500万元以下的，在规定期限内整改的，处二万元以上四万元以下的罚款；

（3）情节严重或单项合同估算价在1 500万元以上的，或者拒不采取措施予以改正的，处四万元以上五万元以下罚款。

2. 构成依法必须进行招标的项目的招标人规避招标的

（1）情节一般或单项合同估算价在500万元以下，在规定期限内整改的，处项目合同金额千分之五以上千分之六以下的罚款；

（2）情节较重或单项合同估算价在500万元以上1 500万元以下的，在规定期限内整改的，处项目合同金额千分之六以上千分之七以下的罚款；

（3）情节严重或单项合同估算价在1 500万元以上的，或者拒不采取措施予以改正的，处项目合同金额千分之七以上千分之十以下的罚款，对全部或者部分使用国有资金的项目，暂停项目执行或者暂停资金拨付。

第五十一条 招标人有下列情形之一的，由有关行政监督部门责令改正，可以处10万元以下的罚款：

（一）依法应当公开招标而采用邀请招标；

（二）招标文件、资格预审文件的发售、澄清、修改的时限，或者确定的提交资格预审申请文件、投标文件的时限不符合招标投标法和招标投标法实施条例规定；

（三）接受未通过资格预审的单位或者个人参加投标；

（四）接受应当拒收的投标文件。

招标人有前款第一项、第三项、第四项所列行为之一的，对单位直接负责的主管人员和其他直接责任人员依法给予处分。

行政处罚裁量权基准：

招标人依法应当公开招标而采用邀请招标的；招标文件、资格预审文件的发售、澄清、修改的时限，或者确定的提交资格预审申请文件、投标文件的时限不符合招标投标法和招标投标法实施条例规定的；接受未通过资格预审的单位或者个人参加投标的；接受应当拒收的投标文件的

（1）情节一般或单项合同估算价在500万元以下，在规定期限内整改的，处二万元以下的罚款；

（2）情节较重或单项合同估算价在500万元以上1 500万元以下的，在规定期限内整改的，处二万元以上五万元以下的罚款；

（3）情节严重或单项合同估算价在1 500万元以上的，或者拒不采取措施予以改正的，处五万元以上十万元以下的罚款。

第五十二条 依法必须进行招标的项目的投标人以他人名义投标，利用伪造、转让、租借、无效的资质证书参加投标，或者请其他单位在自己编制的投标文件上代为签字盖章，弄虚作假，骗取中标的，中标无效。尚未构成犯罪的，处中标项目金额千分之五以上千分之十以下的罚款，对单位直接负责的主管人员和其他直接责任人员处单位罚款数额百分之五以上百分之十以下的罚款；有违法所得的，并处没收违法所得；情节严重的，取消其一年至三年内参加依法必须进行招标的项目的投标资格并予以公告，直至由工商行政管理机关吊销营业执照。

行政处罚裁量权基准：

依法必须进行招标的项目的投标人以他

人名义投标,利用伪造、转让、租借、无效的资质证书参加投标,或者请其他单位在自己编制的投标文件上代为签字盖章,弄虚作假,骗取中标的

（1）情节一般或单项合同估算价在500万元以下,在规定期限内整改的,处中标项目金额千分之五以上千分之六以下的罚款,对单位直接负责的主管人员和其他直接责任人员处单位罚款数额百分之五以上百分之六以下的罚款;

（2）情节较重或单项合同估算价在500万元以上1 500万元以下的,在规定期限内整改的,处中标项目金额千分之六以上千分之七以下的罚款,对单位直接负责的主管人员和其他直接责任人员处单位罚款数额百分之六以上百分之七以下的罚款;有违法所得的,并处没收违法所得;

（3）情节严重或单项合同估算价在1 500万元以上3 000万元以下,在规定期限内整改的,处中标项目金额千分之七以上千分之十以下的罚款,对单位直接负责的主管人员和其他直接责任人员处单位罚款数额百分之七以上百分之十以下的罚款;有违法所得的,并处没收违法所得;取消其一年内参加依法必须进行招标的项目的投标资格并予以公告;

（4）情节特别严重或单项合同估算价在3 000万元以上的,或者拒不采取措施予以改正,处中标项目金额千分之十的罚款,对单位直接负责的主管人员和其他直接责任人员处单位罚款数额百分之十的罚款;有违法所得的,并处没收违法所得;取消其三年内参加依法必须进行招标的项目的投标资格并予以公告,由工商行政管理机关吊销营业执照。

第五十三条 招标人以抽签、摇号等不合理的条件限制或者排斥资格预审合格的潜在投标人参加投标,对潜在投标人实行歧视待遇的,强制要求投标人组成联合体共同投标的,或者限制投标人之间竞争的,责令改正,可以处一万元以上五万元以下的罚款。

依法必须进行招标的项目的招标人不按照规定组建评标委员会,或者确定、更换评标委员会成员违反招标投标法和招标投标法实施条例规定的,由有关行政监督部门责令改正,可以处10万元以下的罚款,对单位直接负责的主管人员和其他直接责任人员依法给予处分;违法确定或者更换的评标委员会成员作出的评审结论无效,依法重新进行评审。

行政处罚裁量权基准：

1. 以抽签、摇号等不合理的条件限制或者排斥潜在投标人的

（1）情节一般或单项合同估算价在500万元以下,在规定期限内整改的,责令改正,处二万元以下的罚款;

（2）情节较重或单项合同估算价在500万元以上1 500万元以下,在规定期限内整改的,处二万元以上三万元以下的罚款;

（3）情节严重或单项合同估算价在1 500万元以上的,或者拒不采取措施予以改正的,处三万元以上五万元以下的罚款。

2. 不按照规定组建评标委员会的

（1）情节一般或单项合同估算价在500万元以下,在规定期限内整改的,处二万元以下的罚款;

（2）情节较重或单项合同估算价在500万元以上1 500万元以下,在规定期限内整改的,处二万元以上五万元以下的罚款;

（3）情节严重或单项合同估算价在1 500万元以上的,或者拒不采取措施予以改正的,处五万元以上十万元以下的罚款,对单位直接负责的主管人员和其他直接责任人员依法给予处分;违法确定或者更换的评标委员会成员作出的评审结论无效,依法重新进行评审。

第五十五条 招标人与中标人不按照招标文件和中标人的投标文件订立合同,责令改正,可以处中标项目金额千分之五以上千

分之十以下的罚款。

行政处罚裁量权基准：

招标人与中标人不按照招标文件和中标人的投标文件订立合同的

（1）情节一般或中标项目金额在500万元以下，在规定期限内整改的，责令改正，处中标项目金额千分之五以上千分之六以下的罚款；

（2）情节较重或中标项目金额在500万元以上1 500万元以下的，在规定期限内整改的，处中标项目金额千分之六以上千分之七以下的罚款；

（3）情节严重或中标项目金额在1 500万元以上的，或者拒不采取措施予以改正的，处中标项目金额千分之七以上千分之十以下的罚款。

工程建设项目施工招标投标办法

第六十八条 依法必须进行招标的项目而不招标的，将必须进行招标的项目化整为零或者以其他任何方式规避招标的，有关行政监督部门责令限期改正，可以处项目合同金额千分之五以上千分之十以下的罚款；对全部或者部分使用国有资金的项目，项目审批部门可以暂停项目执行或者暂停资金拨付；对单位直接负责的主管人员和其他直接责任人员依法给予处分。

行政处罚裁量权基准：

依法必须进行招标的项目而不招标的，将必须进行招标的项目化整为零或者以其他任何方式规避招标的

（1）情节一般或者单项合同估算价在1 000万元以下，在规定期限内整改的，责令改正，处项目合同金额千分之五以上千分之六以下的罚款；

（2）情节较重或者单项合同估算价在1 000万元以上3 000万元以下，在规定期限内整改的，处项目合同金额千分之六以上千分之七以下的罚款；

（3）情节严重或者单项合同估算价在3 000万元以上的，或者拒不采取措施予以改正的，处项目合同金额千分之七以上千分之十以下的罚款；对全部或者部分使用国有资金的项目，暂停项目执行或者暂停资金拨付；对单位直接负责的主管人员和其他直接责任人员依法给予处分。

第六十九条 招标代理机构违法泄露应当保密的与招标投标活动有关的情况和资料的，或者与招标人、投标人串通损害国家利益、社会公共利益或者他人合法权益的，由有关行政监督部门处五万元以上二十五万元以下罚款，对单位直接负责的主管人员和其他直接责任人员处单位罚款数额百分之五以上百分之十以下罚款；有违法所得的，并处没收违法所得；情节严重的，有关行政监督部门可停止其一定时期内参与相关领域的招标代理业务，资格认定部门可暂停直至取消招标代理资格；构成犯罪的，由司法部门依法追究刑事责任；给他人造成损失的，依法承担赔偿责任。

前款所列行为影响中标结果，并且中标人为前款所列行为的受益人的，中标无效。

行政处罚裁量权基准：

招标代理机构违法泄露应当保密的与招标投标活动有关的情况和资料的，或者与招标人、投标人串通损害国家利益、社会公共利益或者他人合法权益的

（1）情节一般或单项合同估算价在1 000

万元以下的,对招标代理机构处五万元以上十万元以下的罚款;对单位直接负责的主管人员和其他直接责任人员处单位罚款数额百分之五以上百分之六以下的罚款;有违法所得的,没收违法所得。

(2) 情节较重或单项合同估算价在 1 000 万元以上 3 000 万元以下,对招标代理机构处十万元以上十五万元以下的罚款,对单位直接负责的主管人员和其他直接责任人员处单位罚款数额百分之六以上百分之七以下的罚款;有违法所得的,没收违法所得。

(3) 情节严重或单项合同估算价在 3 000 万元以上,对招标代理机构处十五万元以上二十万元以下的罚款,对单位直接负责的主管人员和其他直接责任人员处单位罚款数额百分之七以上百分之十以下的罚款;有违法所得的,并处没收违法所得;取消其半年内参与水利领域的招标代理业务的资格;构成犯罪的,由司法部门依法追究刑事责任;给他人造成损失的,依法承担赔偿责任。

(4) 情节特别严重的或单项合同估算价在 10 000 万元以上的,对招标代理机构处二十万元以上二十五万元以下的罚款,对单位直接负责的主管人员和其他直接责任人员处单位罚款数额百分之十的罚款;有违法所得的,并处没收违法所得;取消其一年内参与水利领域的招标代理业务的资格。

第七十条 招标人以不合理的条件限制或者排斥潜在投标人的,对潜在投标人实行歧视待遇的,强制要求投标人组成联合体共同投标的,或者限制投标人之间竞争的,有关行政监督部门责令改正,可处一万元以上五万元以下罚款。

行政处罚裁量权基准:

招标人以不合理的条件限制或者排斥潜在投标人的,对潜在投标人实行歧视待遇的,强制要求投标人组成联合体共同投标的,或者限制投标人之间竞争的

(1) 情节一般或单项合同估算价在 1 000 万元以下,在规定期限内整改的,处一万元以上二万元以下的罚款;

(2) 情节较重或单项合同估算价在 1 000 万元以上 3 000 万元以下,在规定期限内整改的,处二万元以上三万元以下的罚款;

(3) 情节严重或单项合同估算价在 3 000 万元以上的,或者拒不采取措施予以改正的,处三万元以上五万元以下的罚款。

第七十一条 依法必须进行招标项目的招标人向他人透露已获取招标文件的潜在投标人的名称、数量或者可能影响公平竞争的有关招标投标的其他情况的,或者泄露标底的,有关行政监督部门给予警告,可以并处一万元以上十万元以下的罚款;对单位直接负责的主管人员和其他直接责任人员依法给予处分;构成犯罪的,依法追究刑事责任。

前款所列行为影响中标结果的,中标无效。

行政处罚裁量权基准:

依法必须进行招标项目的招标人向他人透露已获取招标文件的潜在投标人的名称、数量或者可能影响公平竞争的有关招标投标的其他情况的,或者泄露标底的

(1) 情节一般或单项合同估算价在 1 000 万元以下,责令改正并给予警告,处一万元以上三万元以下的罚款;

(2) 情节较重或单项合同估算价在 1 000 万元以上 3 000 万元以下的,责令改正并给予警告,处三万元以上五万元以下的罚款;

(3) 情节严重或单项合同估算价在 3 000 万元以上的,责令改正并给予警告,处五万元以上十万元以下罚款。

第七十三条 招标人有下列限制或者排斥潜在投标人行为之一的,由有关行政监督部门依照招标投标法第五十一条的规定处罚;其中,构成依法必须进行施工招标的项目的招标人规避招标的,依照招标投标法第四

十九条的规定处罚:

(一)依法应当公开招标的项目不按照规定在指定媒介发布资格预审公告或者招标公告;

(二)在不同媒介发布的同一招标项目的资格预审公告或者招标公告的内容不一致,影响潜在投标人申请资格预审或者投标。

招标人有下列情形之一的,由有关行政监督部门责令改正,可以处10万元以下的罚款:

(一)依法应当公开招标而采用邀请招标;

(二)招标文件、资格预审文件的发售、澄清、修改的时限,或者确定的提交资格预审申请文件、投标文件的时限不符合招标投标法和招标投标法实施条例规定;

(三)接受未通过资格预审的单位或者个人参加投标;

(四)接受应当拒收的投标文件。

招标人有前款第一项、第三项、第四项所列行为之一的,对单位直接负责的主管人员和其他直接责任人员依法给予处分。

行政处罚裁量权基准:

1.限制或者排斥潜在投标行为的

(1)情节一般或单项合同估算价在1 000万元以下,在规定期限内整改的,责令改正,处一万元以下的罚款;

(2)情节较重或单项合同估算价在1 000万元以上3 000万元以下,在规定期限内整改的,处一万元以上二万元以下的罚款;

(3)情节严重或单项合同估算价在3 000万元以上的,或者拒不采取措施予以改正的,处二万元以上五万元以下的罚款。

2.构成依法必须进行招标的项目的招标人规避招标的

(1)情节一般或单项合同估算价在1 000万元以下的,在规定期限内整改的,责令改正,处项目合同金额千分之五以上千分之六以下的罚款;

(2)情节较重或单项合同估算价在1 000万元以上3 000万元以下,在规定期限内整改的,处项目合同金额千分之六以上千分之七以下的罚款;

(3)情节严重或单项合同估算价在3000万元以上的,或者拒不采取措施予以改正的,处项目合同金额千分之七以上千分之十以下的罚款,对全部或者部分使用国有资金的项目,暂停项目执行或者暂停资金拨付。

3.依法应当公开招标而采用邀请招标等情形的

(1)情节一般或单项合同估算价在1 000万元以下的,在规定期限内整改的,责令改正,处二万元以下的罚款;

(2)情节较重或单项合同估算价在1 000万元以上3 000万元以下的,在规定期限内整改的,处二万元以上五万元以下的罚款;

(3)情节严重或单项合同估算价在3 000万元以上的,或者拒不采取措施予以改正的,处五万元以上十万元以下罚款。

第七十四条 投标人相互串通投标或者与招标人串通投标的,投标人以向招标人或者评标委员会成员行贿的手段谋取中标的,中标无效,由有关行政监督部门处中标项目金额千分之五以上千分之十以下的罚款,对单位直接负责的主管人员和其他直接责任人员处单位罚款数额百分之五以上百分之十以下的罚款;有违法所得的,并处没收违法所得;情节严重的,取消其一至二年的投标资格,并予以公告,直至由工商行政管理机关吊销营业执照;构成犯罪的,依法追究刑事责任。给他人造成损失的,依法承担赔偿责任。投标人未中标的,对单位的罚款金额按照招标项目合同金额依照招标投标法规定的比例计算。

行政处罚裁量权基准:

(1)情节一般或中标项目金额在1 000

万元以下的,处中标项目金额千分之五的罚款;

（2）情节较重或中标项目金额在 1 000 万元以上 3 000 万元以下的,处中标项目金额千分之五以上千分之七以下的罚款,对单位直接负责的主管人员和其他直接责任人员处单位罚款数额百分之五以上百分之七以下的罚款;有违法所得的,并处没收违法所得;

（3）情节严重或中标项目金额在 3 000 万元以上 10 000 万元以下的,处中标项目金额千分之七以上千分之十以下的罚款,对单位直接负责的主管人员和其他直接责任人员处单位罚款数额百分之七以上百分之十以下的罚款;有违法所得的,并处没收违法所得;取消一年内参加依法必须进行招标的项目的投标资格并予以公告;

（4）情节特别严重或中标项目金额在 10 000 万元以上的,处中标项目金额千分之十的罚款,对单位直接负责的主管人员和其他直接责任人员处单位罚款数额百分之十的罚款;有违法所得的,并处没收违法所得;取消其二年内参加依法必须进行招标的项目的投标资格并予以公告,由工商行政管理机关吊销营业执照。投标人未中标的,对单位的罚款金额按照招标项目合同金额,依照招标投标法规定的比例计算。

第七十五条 投标人以他人名义投标或者以其他方式弄虚作假,骗取中标的,中标无效,给招标人造成损失的,依法承担赔偿责任;构成犯罪的,依法追究刑事责任。

依法必须进行招标项目的投标人有前款所列行为尚未构成犯罪的,有关行政监督部门处中标项目金额千分之五以上千分之十以下的罚款,对单位直接负责的主管人员和其他直接责任人员处单位罚款数额百分之五以上百分之十以下的罚款;有违法所得的,并处没收违法所得;情节严重的,取消其一至三年投标资格,并予以公告,直至由工商行政管理机关吊销营业执照。投标人未中标的,对单位的罚款金额按照招标项目合同金额,依照招标投标法规定的比例计算。

行政处罚裁量权基准:

投标人以他人名义投标或者以其他方式弄虚作假,骗取中标的

（1）情节一般或中标项目金额在 1 000 万元以下的,处中标项目金额千分之五的罚款;

（2）情节较重或中标项目金额在 1 000 万元以上 3 000 万元以下的,处中标项目金额千分之五以上千分之七以下的罚款,对单位直接负责的主管人员和其他直接责任人员处单位罚款数额百分之五以上百分之七以下的罚款;有违法所得的,并处没收违法所得;

（3）情节严重或中标项目金额在 3 000 万元以上 10 000 万元以下的,处中标项目金额千分之七以上千分之十以下的罚款,对单位直接负责的主管人员和其他直接责任人员处单位罚款数额百分之七以上百分之十以下的罚款;有违法所得的,并处没收违法所得;取消一年内参加依法必须进行招标的项目的投标资格并予以公告;

（4）情节特别严重或中标项目金额在 10 000 万元以上的,处中标项目金额千分之十的罚款,对单位直接负责的主管人员和其他直接责任人员处单位罚款数额百分之十的罚款;有违法所得的,并处没收违法所得;取消三年内参加依法必须进行招标的项目的投标资格并予以公告,由工商行政管理机关吊销营业执照。投标人未中标的,对单位的罚款金额按照招标项目合同金额,依照招标投标法规定的比例计算。

第七十七条 评标委员会成员收受投标人的财物或者其他好处的,没收收受的财物,可以并处三千元以上五万元以下的罚款,取消担任评标委员会成员的资格并予以公告,不得再参加依法必须进行招标的项目的评

标;构成犯罪的,依法追究刑事责任。

行政处罚裁量权基准:

评标委员会成员收受投标人的财物或者其他好处的

(1)初次且未造成严重影响的,没收收受的财物,处三千元罚款;

(2)造成严重影响的,处三千元以上三万元以下的罚款,取消担任评标委员会成员的资格并予以公告,不得再参加依法必须进行招标的项目的评标;

(3)造成特别严重影响的,处三万元以上五万元以下的罚款,取消担任评标委员会成员的资格并予以公告,不得再参加依法必须进行招标的项目的评标。

第七十九条 依法必须进行招标的项目的招标人不按照规定组建评标委员会,或者确定、更换评标委员会成员违反招标投标法和招标投标法实施条例规定的,由有关行政监督部门责令改正,可以处10万元以下的罚款,对单位直接负责的主管人员和其他直接责任人员依法给予处分;违法确定或者更换的评标委员会成员作出的评审决定无效,依法重新进行评审。

行政处罚裁量权基准:

依法必须进行招标的项目的招标人不按照规定组建评标委员会,或者确定、更换评标委员会成员违反招标投标法和招标投标法实施条例规定的

(1)情节一般或单项合同估算价在1 000万元以下,在规定期限内整改的,处二万元以下的罚款;

(2)情节较重或单项合同估算价在1 000万元以上3 000万元以下,在规定期限内整改的,处二万元以上五万元以下的罚款;

(3)情节严重或单项合同估算价在3 000万元以上的,或者拒不采取措施予以改正的,处五万元以上十万元以下罚款。

第八十条 依法必须进行招标的项目的招标人有下列情形之一的,由有关行政监督部门责令改正,可以处中标项目金额千分之十以下的罚款;给他人造成损失的,依法承担赔偿责任;对单位直接负责的主管人员和其他直接责任人员依法给予处分:

(一)无正当理由不发出中标通知书;

(二)不按照规定确定中标人;

(三)中标通知书发出后无正当理由改变中标结果;

(四)无正当理由不与中标人订立合同;

(五)在订立合同时向中标人提出附加条件。

行政处罚裁量权基准:

依法必须进行招标的项目的招标人无正当理由不发出中标通知书的;不按照规定确定中标人的;中标通知书发出后无正当理由改变中标结果的;无正当理由不与中标人订立合同的;在订立合同时向中标人提出附加条件的

(1)情节一般或中标项目金额在1 000万元以下,在规定期限内整改的,处中标项目金额千分之二以下的罚款;

(2)情节较重或中标项目金额在1 000万元以上3 000万元以下,在规定期限内整改的,处中标项目金额千分之二以上千分之五以下的罚款;

(3)情节严重或中标项目金额在3 000万元以上的,或者拒不采取措施予以改正的,处中标项目金额千分之五以上千分之十以下的罚款。

第八十一条 中标通知书发出后,中标人放弃中标项目的,无正当理由不与招标人签订合同的,在签订合同时向招标人提出附加条件或者更改合同实质性内容的,或者拒不提交所要求的履约保证金的,取消其中标资格,投标保证金不予退还;给招标人的损失超过投标保证金数额的,中标人应当对超过部分予以赔偿;没有提交投标保证金的,应当

对招标人的损失承担赔偿责任。对依法必须进行施工招标的项目的中标人,由有关行政监督部门责令改正,可以处中标金额千分之十以下罚款。

行政处罚裁量权基准:

中标通知书发出后,中标人放弃中标项目的,无正当理由不与招标人签订合同的,在签订合同时向招标人提出附加条件或者更改合同实质性内容的,或者拒不提交所要求的履约保证金的

(1) 情节一般或中标项目金额在 1 000 万元以下,在规定期限内整改的,处中标项目金额千分之二以下的罚款;

(2) 情节较重或中标项目金额在 1 000 万元以上 3 000 万元以下,在规定期限内整改的,处中标项目金额千分之二以上千分之五以下的罚款;

(3) 情节严重或中标项目金额在 3 000 万元以上的,或者拒不采取措施予以改正的,处中标项目金额千分之五以上千分之十以下的罚款。

第八十二条 中标人将中标项目转让给他人的,将中标项目肢解后分别转让给他人的,违法将中标项目的部分主体、关键性工作分包给他人的,或者分包人再次分包的,转让、分包无效,有关行政监督部门处转让、分包项目金额千分之五以上千分之十以下的罚款;有违法所得的,并处没收违法所得;可以责令停业整顿;情节严重的,由工商行政管理机关吊销营业执照。

行政处罚裁量权基准:

中标人将中标项目转让给他人的,将中标项目肢解后分别转让给他人的,违法将中标项目的部分主体、关键性工作分包给他人的,或者分包人再次分包的

(1) 情节一般或中标项目金额在 1 000 万元以下的,处转让、分包项目金额千分之五以上千分之七以下的罚款;

(2) 情节较重或中标项目金额在 1 000 万元以上 3 000 万元以下的,处转让、分包项目金额千分之七以上千分之九以下的罚款;有违法所得的,并处没收违法所得;责令停业整顿;

(3) 情节严重或中标项目金额在 3 000 万元以上的,处转让、分包项目金额千分之九以上千分之十以下的罚款;有违法所得的,并处没收违法所得;责令停业整顿。

第八十三条 招标人与中标人不按照招标文件和中标人的投标文件订立合同的,合同的主要条款与招标文件、中标人的投标文件的内容不一致,或者招标人、中标人订立背离合同实质性内容的协议的,有关行政监督部门责令改正;可以处中标项目金额千分之五以上千分之十以下的罚款。

行政处罚裁量权基准:

招标人与中标人不按照招标文件和中标人的投标文件订立合同的,合同的主要条款与招标文件、中标人的投标文件的内容不一致,或者招标人、中标人订立背离合同实质性内容的协议的

(1) 情节一般或中标项目金额在 1 000 万元以下,在规定期限内整改的,处中标项目金额千分之五以上千分之六以下的罚款;

(2) 情节较重或中标项目金额在 1 000 万元以上 3 000 万元以下,在规定期限内整改的,处中标项目金额千分之六以上千分之七以下的罚款;

(3) 情节严重或中标项目金额在 3 000 万元以上的,或者拒不采取措施予以改正的,处中标项目金额千分之七以上千分之十以下的罚款。

评标委员会和评标方法暂行规定

第五十四条 评标委员会成员收受投标人的财物或者其他好处的,评标委员会成员或者与评标活动有关的工作人员向他人透露对投标文件的评审和比较、中标候选人的推荐以及与评标有关的其他情况的,给予警告,没收收受的财物,可以并处三千元以上五万元以下的罚款;对有所列违法行为的评标委员会成员取消担任评标委员会成员的资格,不得再参加任何依法必须进行招标项目的评标;构成犯罪的,依法追究刑事责任。

行政处罚裁量权基准：

评标委员会成员收受投标人的财物或者其他好处的,评标委员会成员或者与评标活动有关的工作人员向他人透露对投标文件的评审和比较、中标候选人的推荐以及与评标有关的其他情况的

（1）初次且未造成严重影响的,给予警告,没收收受的财物,处三千元的罚款;

（2）造成严重影响的,处三千元以上三万元以下的罚款,取消担任评标委员会成员的资格,不得再参加依法必须进行招标项目的评标;

（3）造成特别严重影响的,处三万元以上五万元以下的罚款,取消担任评标委员会成员的资格,不得再参加依法必须进行招标项目的评标。

第五十五条 招标人有下列情形之一的,责令改正,可以处中标项目金额千分之十以下的罚款;给他人造成损失的,依法承担赔偿责任;对单位直接负责的主管人员和其他直接责任人员依法给予处分：

（一）无正当理由不发出中标通知书;

（二）不按照规定确定中标人;

（三）中标通知书发出后无正当理由改变中标结果;

（四）无正当理由不与中标人订立合同;

（五）在订立合同时向中标人提出附加条件。

行政处罚裁量权基准：

招标人无正当理由不发出中标通知书的;不按照规定确定中标人的;中标通知书发出后无正当理由改变中标结果的;无正当理由不与中标人订立合同的;在订立合同时向中标人提出附加条件的

（1）情节一般或中标项目金额在1 000万元以下,在规定期限内整改的,处中标项目金额千分之二以下的罚款;

（2）情节较重或中标项目金额在1 000万元以上3 000万元以下,在规定期限内整改的,处中标项目金额千分之二以上千分之五以下的罚款;

（3）情节严重或中标项目金额在3 000万元以上的,或者拒不采取措施予以改正的,赔偿他人损失并处中标项目金额千分之五以上千分之十以下罚款。

第五十六条 招标人与中标人不按照招标文件和中标人的投标文件订立合同的,合同的主要条款与招标文件、中标人的投标文件的内容不一致,或者招标人、中标人订立背离合同实质性内容的协议的,由有关行政监督部门责令改正,可以处中标项目金额千分之五以上千分之十以下的罚款。

行政处罚裁量权基准：

招标人与中标人不按照招标文件和中标人的投标文件订立合同的,合同的主要条款与招标文件、中标人的投标文件的内容不一

致,或者招标人、中标人订立背离合同实质性内容的协议的

(1) 情节一般或中标项目金额在 1 000 万元以下,在规定期限内整改的,处中标项目金额千分之五以上千分之六以下的罚款;

(2) 情节较重或中标项目金额在 1 000 万元以上 3 000 万元以下,在规定期限内整改的,处中标项目金额千分之六以上千分之七以下的罚款;

(3) 情节严重或中标项目金额在 3 000 万元以上的,或者拒不采取措施予以改正的,处中标项目金额千分之七以上千分之十以下的罚款。

水库大坝注册登记办法

第十一条 经发现已登记的大坝有关安全的数据和情况发生变更而未及时申报换证或在具体事项办理中有弄虚作假行为,由县级以上水库大坝主管部门对大坝管理单位处以警告或 1 000 元以下罚款,对有关责任人员由其上级主管部门给予行政处分。

行政处罚裁量权基准:

经发现已登记的大坝有关安全的数据和情况发生变更而未及时申报换证或在具体事项办理中有弄虚作假行为

(1) 经发现已登记的大坝有关安全的数据和情况发生变更,大坝管理单位超过 3 个月未申报换证的,处五百元以下的罚款;

(2) 在具体事项办理中有弄虚作假行为或造成严重后果的,对大坝管理单位处五百元以上一千元以下的罚款。

江苏省长江防洪工程管理办法

第十九条 违反本办法规定,依照《中华人民共和国长江保护法》等法律、法规的规定处理。

行政处罚裁量权基准:

按照《中华人民共和国长江保护法》行政处罚裁量权基准执行。

江苏省长江河道采砂管理实施办法

第二十六条 违反本办法第十三条规定,未经批准在长江水域吹填固基、整治河道采砂的,由县级以上地方人民政府水行政主管部门责令停止违法行为,并处 1 万元以上 3 万元以下的罚款。

行政处罚裁量权基准:

未经批准在长江水域吹填固基、整治河道采砂的

（1）开采量在500吨以下的，或者经责令立即停止违法行为的，处一万元以上二万元以下的罚款；

（2）开采量在500吨以上的，或者经责令停止后又再次吹填的，处二万元以上三万元以下的罚款。

第二十七条　违反本办法第十六条规定的，由县级以上人民政府水行政主管部门依据职权责令改正，可以处1万元以上3万元以下的罚款。

行政处罚裁量权基准：

从事长江采砂活动的单位和个人违反本办法第十六条规定的

（1）未标明船名、船号，或者未装置监测设备，或者未配备按规定要求的采砂技术人员的，处一万元的罚款；

（2）未建立健全采砂采销台账，连续3日未填报采砂生产作业统计表的，处一万元罚款；连续3日以上5日以下未填报采砂生产作业统计表的，处一万元以上二万元以下的罚款；连续5日以上未填报采砂生产作业统计表的，处二万元以上三万元以下的罚款；

（3）未持有采砂有关的有效证件（书）的，或者未在批准的采砂作业区设立明显标志的，处二万元以上三万元以下的罚款。

江苏省建设项目占用水域管理办法

第二十三条　违反本办法第八条第一项规定，在河势变化频繁的河段建设对防洪、排涝、调水、通航有影响的建筑物或者构筑物的，由县级以上地方人民政府水行政主管部门或者省属水利工程管理机构依据职权，责令停止违法行为，限期拆除违法建筑物、构筑物，恢复原状；逾期不拆除、不恢复原状的，指定单位代为拆除，所需费用由违法行为人承担，并处1万元以上10万元以下罚款。

违反本办法第八条第二项规定，在河道、水库管理范围或者湖泊保护范围内从事影响河道、湖泊、水库行水蓄水能力和工程设施安全的建设活动的，由县级以上地方人民政府水行政主管部门或者省属水利工程管理机构依据职权，责令停止违法行为，排除阻碍或者采取其他补救措施，并处1万元以上5万元以下罚款。

行政处罚裁量权基准：

1. 在河势变化频繁的河段建设对防洪、排涝、调水、通航有影响的建筑物或者构筑物，逾期不拆除、不恢复原状的

（1）建筑物、构筑物占河道设计洪水位（没有设计洪水位的，按河道防汛警戒水位、设计排涝水位或者设计灌溉水位，下同）断面3%以下的，或者占用面积在100平方米以下的，或者占用岸线在20米以下的，指定单位代为拆除，处一万元以上三万元以下的罚款；

（2）建筑物、构筑物占河道设计洪水位断面3%以上8%以下，或者占用面积在100平方米以上200平方米以下的，或者占用岸线在20米以上40米以下的，指定单位代为拆除，处三万元以上五万元以下的罚款；

（3）建筑物、构筑物占河道设计洪水位断面8%以上15%以下，或者占用面积在200平方米以上400平方米以下的，或者占用岸线在40米以上100米以下的，指定单位代为拆除，处五万元以上七万元以下的罚款；

（4）建筑物、构筑物占河道设计洪水位断面15%以上，或者占用面积在400平方米以上的，或者占用岸线在100米以上的，指定单

位代为拆除,处七万元以上十万元以下的罚款。

2. 在河道、水库管理范围内或者湖泊保护范围内从事影响河道、湖泊、水库行水蓄水能力建设活动的

(1) 建设活动影响河道行水蓄水能力的

①建设活动占用面积在 500 平方米以下,在规定的期限内停止违法行为,恢复原状的,按照《中华人民共和国防洪法》第五十六条的行政处罚裁量权基准第 2 点第(1)项执行;

②建设活动占用面积在 500 平方米以上 2 000 平方米以下,在规定的期限内停止违法行为,恢复原状或者采取其他补救措施的,处一万元的罚款;

③建设活动占用面积在 2 000 平方米以上 4 000 平方米以下,在规定的期限内停止违法行为,恢复原状或者采取其他补救措施的,处一万元以上三万元以下的罚款;

④在规定的期限内拒不停止违法行为,不恢复原状,不采取其他补救措施的,或者建设活动占用面积在 4 000 平方米以上的,处三万元以上五万元以下的罚款。

(2) 建设活动影响湖泊行蓄水能力的

①建设活动占用面积在 1 000 平方米以下,在规定的期限内停止违法行为,恢复原状的,按照《中华人民共和国防洪法》第五十六条的行政处罚裁量权基准第 1 点第(1)项执行;

②建设活动占用面积在 1 000 平方米以上 6 000 平方米以下,在规定的期限内停止违法行为,并恢复原状或者采取其他补救措施的,处一万元的罚款;

③建设活动占用面积在 6 000 平方米以上 10 000 平方米以下,在规定的期限内停止违法行为,并恢复原状或者采取其他补救措施的,处一万元以上三万元以下的罚款;

④在规定的期限内拒不停止违法行为,不恢复原状,不采取其他补救措施的,或者建设活动占用面积在 10 000 平方米以上的,处三万元以上五万元以下的罚款。

(3) 建设活动影响水库行蓄水能力的

①建设活动占用面积在 2 000 平方米以下,或者建设活动面积在 10 000 平方米以上,或者在规定的期限内拒不停止违法行为、不恢复原状、不自行拆除、不采取补救措施的,按照《江苏省水利工程管理条例》第三十条的行政处罚裁量权基准第 12 项执行。

②建设活动占用面积在 2 000 平方米以上 3 000 平方米以下,在规定的期限内停止违法行为、恢复原状、自行拆除或者采取补救措施的,处一万元以上二万元以下的罚款;

③建设活动占用面积在 3 000 平方米以上 4 000 平方米以下,在规定的期限内停止违法行为、恢复原状、自行拆除或者采取补救措施的,处二万元以上三万元以下的罚款;

④建设活动占用面积在 4 000 平方米以上 10 000 平方米以下,在规定的期限内停止违法行为、恢复原状、自行拆除或者采取补救措施的,处三万元以上五万元以下的罚款。

3. 在河道、水库管理范围内或者湖泊保护范围内从事影响河道、湖泊、水库工程设施安全的建设活动的

(1) 建设活动对工程设施造成的损失在一万元以下,在规定的期限内停止违法行为,采取补救措施的,处一万元的罚款;

(2) 建设活动对工程设施造成的损失在一万元以上五万元以下,在规定的期限内停止违法行为,采取补救措施的,处一万元以上三万元以下的罚款;

(3) 建设活动对工程设施造成的损失在五万元以上,在规定的期限内停止违法行为,采取补救措施的,处三万元以上四万元以下的罚款;

(4) 在规定的期限内拒不停止违法行为,不采取补救措施的,处四万元以上五万元以下的罚款。

第二十四条 违反本办法第十四条规定,未兴建等效替代水域工程的,由县级以上地方人民政府水行政主管部门责令限期改正,处1万元以上10万元以下罚款;逾期不改正的,由县级以上地方人民政府水行政主管部门代为实施,所需费用由违法单位和个人承担。

违反本办法第十五条、第二十条规定,未按照审查同意的方案兴建等效替代水域工程、等效替代水域工程未经验收或者验收不合格投入使用、未按照规定报送建设项目等效替代水域工程有关图纸和相关档案资料的,由县级以上地方人民政府水行政主管部门或者省属水利工程管理机构依据职权,责令停止违法行为,采取补救措施,并处1万元以上3万元以下罚款。

行政处罚裁量权基准:

1. 未兴建等效替代水域工程的

(1)在规定期限内补建完成的,处一万元以上五万元以下罚款;

(2)在规定期限内未补建完成的,处五万元以上八万元以下罚款;

(3)拒不补建的,处八万元以上十万元以下罚款。

2. 未按照审查同意的方案兴建等效替代水域工程的

(1)未按照审查同意的方案兴建等效替代水域工程,在规定的期限内停止违法行为,采取补救措施的,处一万元以上二万元以下的罚款;

(2)未按照审查同意的方案兴建等效替代水域工程,在规定的期限内停止违法行为,但未采取补救措施的,处二万元以上三万元以下的罚款;

(3)拒不停止违法行为、拒不采取补救措施的,处三万元的罚款。

3. 等效替代水域工程未经验收或者验收不合格投入使用的

(1)等效替代水域工程未经验收投入使用,在规定的期限内停止违法行为,采取补救措施的,处一万元以上二万元以下的罚款;

(2)等效替代水域工程验收不合格投入使用,在规定的期限内停止违法行为,采取补救措施的,处二万元以上三万元以下的罚款;

(3)拒不停止违法行为、拒不采取补救措施的,处三万元的罚款。

4. 未按照规定报送建设项目等效替代水域工程有关图纸和相关档案资料的

(1)报送建设项目等效替代水域工程有关图纸和相关档案资料不齐全,在规定期限内改正的,处一万元以上二万元以下的罚款;

(2)未报送建设项目等效替代水域工程有关图纸和相关档案资料,在规定期限内改正的,处二万元以上三万元以下的罚款;

(3)拒不改正的,处三万元的罚款。

第二十五条 违反本办法第十九条规定,项目建设过程中未经原审批的水行政主管部门审查同意,擅自改变工程设施以及建筑物、构筑物的使用用途或者工程位置、界限、布局、结构的,由县级以上地方人民政府水行政主管部门或者省属水利工程管理机构依据职权,责令停止违法行为,限期补办审查同意手续;工程设施建设严重影响防洪的,责令限期拆除,逾期不拆除的,强行拆除,所需费用由违法行为人承担;影响防洪但尚可采取补救措施的,责令限期采取补救措施,并处1万元以上10万元以下罚款。

行政处罚裁量权基准:

项目建设过程中未经原审批的水行政主管部门审查同意,擅自改变工程设施以及建筑物、构筑物的使用用途或者工程位置、界限、布局、结构的

(1)建设项目投资额在六十万元以下,在规定的期限内采取补救措施排除影响的,处一万元以上三万元以下的罚款;

(2)建设项目投资额在六十万元以上一

百万元以下,在规定的期限内采取补救措施排除影响的,处三万元以上五万元以下的罚款;

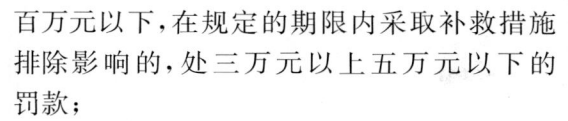

(3) 建设项目投资额在一百万元以上一百四十万元以下,在规定的期限内采取补救措施排除影响的,处五万元以上七万元以下的罚款;

(4) 在规定的期限内拒不采取补救措施的,或者建设项目投资额在一百四十万元以上的,处七万元以上十万元以下的罚款。

第二十六条 违反本办法第二十一条第一款规定,临时占用水域期满未经原审批的水行政主管部门批准,继续占用水域的,由县级以上地方人民政府水行政主管部门或者省属水利工程管理机构依据职权,责令停止违法行为,限期补办延期占用水域手续,并处1万元以上3万元以下罚款。

违反本办法第二十一条第二款规定,临时占用水域经批准的延长期限已满,未按照占用水域承诺书承诺自行恢复水域原状的,由县级以上地方人民政府水行政主管部门或者省属水利工程管理机构责令限期恢复水域原状,并处1万元以上3万元以下罚款;逾期不恢复原状的,由县级以上地方人民政府水行政主管部门或者省属水利工程管理机构指定单位代为恢复,所需费用由违法行为人承担。

行政处罚裁量权基准:

1. 临时占用水域期满未经原审批的水行政主管部门批准,继续占用水域的

(1) 在规定的期限内补办延期占用水域手续的,处一万元以上二万元以下的罚款;

(2) 在规定的期限内未补办延期占用水域手续的,处二万元以上三万元以下的罚款;

(3) 拒不补办延期占用水域手续的,处三万元的罚款。

2. 临时占用水域经批准的延长期限已满,未按照占用水域承诺书承诺自行恢复水域原状的

(1) 按照占用水域承诺书承诺自行恢复,但未达到要求的,处一万元以上二万元以下的罚款;

(2) 未按照占用水域承诺书承诺自行恢复水域原状的,处二万元以上三万元以下的罚款;

(3) 在规定的期限内拒不恢复的,处三万元的罚款。

第二十七条 发生在长江流域范围的非法占用水域行为,依照《中华人民共和国长江保护法》的有关规定予以处罚。

行政处罚裁量权基准:

按照《中华人民共和国长江保护法》规定的有关行政处罚裁量权基准执行。

江苏省水利厅关于废止和修改部分行政规范性文件的决定

苏水规〔2022〕2号

各设区市水利(务)局,厅直各单位:

为了贯彻落实国务院和省委、省政府关于维护法治统一、优化营商环境、打造法治政府等有关工作部署,根据《长江保护法》《行政处罚法》《地下水管理条例》等法律法规规定,以及国家和省委、省政府相关政策调整要求,省水利厅组织对制定的现行有效的行政规范性文件进行了全面清理,并经厅党组会议审议通过,决定如下:

一、对23件行政规范性文件予以废止(附件1);

二、对4件行政规范性文件部分条款予以修改(附件2)。

本决定自公布之日起施行。

江苏省水利厅

2022年10月28日

附件1

江苏省水利厅决定废止的规范性文件

1. 江苏省机电排灌收费标准核订办法(苏水灌〔1987〕2号)
2. 江苏省企业水平衡测试验收标准(苏水资〔2003〕1号)
3. 江苏省水利厅行政许可监督检查制度(苏水政〔2004〕18号)
4. 江苏省水利厅行政许可实施办法(苏水政〔2004〕19号)
5. 关于组织开展节水型企业(单位)创建工作的通知(苏经贸环资〔2005〕444号、苏水资〔2005〕28号)
6. 关于进一步加强地下水管理的通知(苏水资〔2006〕9号)
7. 关于加强取水许可监督管理的通知(苏水资〔2006〕54号)
8. 关于印发省级节水型社会载体建设标准(试行)的通知(苏水资〔2007〕26号)
9. 关于印发八大行业节水行动方案的通知(苏水资〔2007〕29号)
10. 关于贯彻实施省政府办公厅《关于加快节水型社会建设的意见》的通知(苏水资〔2007〕30号)
11. 关于加强自来水用水大户计划用水管理的通知(苏水资〔2008〕19号)
12. 江苏省农村饮水安全项目验收管理办法(试行)(苏水农〔2008〕25号)
13. 加强水利建设工程外观质量的若干意见(苏水基〔2009〕79号)
14. 江苏省望虞河管理规定(苏水规〔2011〕5号)
15. 江苏省淮河入海水道工程管理办法(苏水规〔2012〕3号)
16. 江苏省水行政处罚程序规定(苏水规〔2012〕5号)
17. 鼓励和引导民间资本参与水利建设的实施意见(苏水规〔2012〕7号)
18. 江苏省水利厅水行政许可论证报告专家评审管理办法(苏水规〔2013〕6号)
19. 江苏省水利厅行政复议办案程序规定(苏水规〔2013〕7号)
20. 江苏省水利厅社会法人和自然人失信惩戒办法(试行)(苏水规〔2014〕3号)
21. 《江苏省建设项目占用水域管理办法》和《江苏省水土保持条例》行政处罚自由裁量权参照执行标准(苏水规〔2015〕4号)
22. 《江苏省节约用水条例》行政处罚自由裁量权参照执行标准(苏水规〔2017〕5号)
23. 《江苏省河道管理条例》行政处罚自由裁量权参照执行标准(苏水规〔2019〕1号)

附件2

江苏省水利厅决定修改的规范性文件

一、对《江苏省江砂开采现场监督管理办法》(苏水政〔2004〕44号)作出修改

(一)将第七条修改为"沿江设区的市、县级水行政主管部门应当组织编制采砂可行性论证报告,并在采前、采后开展可采区水下河床监测,并将监测资料连同绘制的1∶2 000的水下地形图报省水行政主管部门。"

(二)删除第十七条。

(三)将第二十一条修改为"因整修长江堤防进行吹填固基或者整治长江河道、整治长江航道以及通江口门、码头、锚地等疏浚采砂的,可参照本办法执行。本办法自2004年12月1日起施行。"

(四)对条款顺序做相应调整。

二、对《江苏省水利厅行政调解工作暂行规定》(苏水规〔2012〕1号)作出修改

(一)将"(四)调解。1、责任处室或者单位应当在实施调解5日前将调解的时间、地点、调解主持人及其他调解人员的姓名和职务通知当事人……"中"5日"修改为"3个工作日"。

三、对《江苏省水利厅关于进一步加强我省长江河道采砂船通行管理的通知》(苏水规〔2014〕7号)作出修改

(一)将第二条修改为"各地发放通行凭证时应当严格按照表式要求填写,采用机打方式,并盖骑缝章。通行凭证样式由省水利厅统一制订(附后),电子稿在'江苏省水利厅'网页下载区自行下载。"

(二)将第三条修改为"各地发放通行凭证后,应向省水政监察总队报备。联系电话025-86338253"。

(三)将附件中"上述长江水域"修改为"长江江苏水域",并删除"(本凭证可在'江苏省水利厅水政监察总队网'查询)"。

四、对《江苏省水利建设工程造价管理办法》(苏水规〔2015〕7号)作出修改

第二十三条修改为:"工程造价从业单位和从业人员违反本办法的,由水行政主管部门责令其改正;情节较重的,建议有关管理部门依法降低其资质等级、吊销资格证书。"

省水利厅关于印发《江苏省重点水利工程基本建设项目招标投标行政监督实施细则》的通知

苏水规〔2022〕3号

各设区市水利(务)局,厅直有关单位、省各重点水利工程建设(管理)局:

《江苏省重点水利工程基本建设项目招标投标行政监督实施细则》已经省水利厅党组会议审议通过,现印发给你们,请认真贯彻执行。

江苏省水利厅

2022年11月10日

江苏省重点水利工程基本建设项目招标投标行政监督实施细则

第一条 为规范本省重点水利工程基本建设项目招标投标工作，强化管理，根据《中华人民共和国招标投标法》《中华人民共和国招标投标法实施条例》《水利工程建设项目招标投标管理规定》《江苏省国有资金投资工程建设项目招标投标管理办法》等相关法律法规和规章规定，结合本省实际，制定本细则。

第二条 本细则适用于本省行政区域内重点水利工程基本建设项目的勘察、设计、监理、施工以及与基本建设项目有关的重要设备、材料采购、咨询服务等招标投标活动的行政监督（以下简称"招标投标行政监督"）。其他工程项目招标投标行政监督可参照执行。

第三条 本细则所称招标投标行政监督是指本省县级以上地方人民政府水行政主管部门（以下简称"行政监督部门"）依法对省重点水利工程基本建设项目招标人、招标代理机构、评标专家、投标人等参与招标投标活动主体，在招标投标活动中遵守招标投标有关法律法规规定的监督检查以及对违法违规行为的调查处理。

第四条 招标投标行政监督工作按照"谁组建项目法人，谁负责监督"的原则，实行分级管理、分级负责。上级水行政主管部门依法指导和督查下级水行政主管部门的招标投标行政监督工作。监察机关依法对与招标投标活动有关的监察对象实施监察。

第五条 行政监督部门根据招标人提交备案的项目招标报告，分析招标项目监督重要环节和关键程序，确定监督人员，必要时可以邀请专业技术人员参加。一般采取以下方式进行监督：

（一）指派监督人员对招标准备、招标文件编制、招标文件技术咨询、投标、开标、评标及定标等与招标投标有关的活动进行全过程监督；

（二）对重要环节和关键程序进行监督；

（三）公布投诉联系地址、电话等信息，受理投诉并进行调查，根据调查结果作出处理决定；

（四）开展相关专项检查或者抽查。

第六条 招标投标工作应当依次按照招标准备、招标、开标、评标、定标、签订合同等程序进行。行政监督部门依据招标投标工作程序开展监督工作。

第七条 招标准备阶段重点监督内容：

（一）招标代理合同应当签署齐全、准确，合同内容应当包含委托人、委托事项、委托范围、服务期限、代理服务费、责任约定等内容。约定由中标人支付代理费用的，支付标准、时间应当在招标文件中明确。

（二）招标项目应当依法成立或批准，招标人应当明确，资金来源应当落实。

（三）分标方案应当科学、合理、完整，有利于工程实施，相关实施内容应当清晰、明确。

（四）招标文件应当选用江苏省水利工程

建设项目标准电子招标文件,结合项目特点和实际需要编制。

(五)招标人在省水利工程建设电子招标投标系统提出招标项目申请,完整填写相关内容,生成项目,按照要求上传代理合同、分标方案、项目批复文件等资料,在此基础上形成完整规范的招标报告。

第八条 招标阶段重点监督内容:

(一)招标公告中的企业资质、人员资格等条件,应当根据工程建设规模等级、资质管理规定和执业资格从业规定,依法依规设置。招标范围、内容、分标方案等应当与招标报告一致。分标方案等有变化的,招标人应该修改招标报告相应内容。对现场施工环境复杂或者有特殊要求的项目,应当组织现场踏勘,召开投标预备会,在此过程中不得造成潜在投标人数量、名称的泄露。

招标文件发售期不得少于5日。招标文件发售日(当日不计入)距投标文件截止日(应为工作日),最短不得少于20日(无技术评审内容的不得少于10日)。开标时间应当为提交投标文件截止时间。电子投标文件解密时间应当合理设置。

招标公告应当在规定媒介发布,招标人确认发布成功并保证内容一致。招标公告内容应该准确、完整,资格审查条件以及评标的标准和方法应当科学合理、清晰明确。

(二)投标保证金不得超过招标项目估算价的2%,最低不得少于1万元,最高不得超过80万元(勘察设计项目不得超过10万元),并按规定及时退还。质量保证金不得超过工程价款结算总额的3%,已经缴纳履约保证金的,不得再预留质量保证金。全面推行保函(保险)替代现金缴纳投标、履约、工程质量等保证金,鼓励招标人对中小微企业投标人免除投标担保。

(三)对可能影响投标文件编制的澄清或修改,招标人应当在投标截止时间至少15日(无技术标评审内容的为3日)前通知所有投标人,时间不足的,开标时间应当顺延。

(四)工程量清单和最高投标限价,应当在合同中约定编制单位,并由注册造价师(水利工程)编制、签章。所有费用应当控制在批准的初步设计概算相应范围内。安全文明措施费应当作为不可竞争费。

(五)缺陷责任期应当根据工程类型确定;应当明确主要材料内容以及价格波动风险控制条款;应当按照工程类别确定农民工工资划拨比例,枢纽及建筑物工程不低于10%,河道工程不低于5%,同一设区市、县(市、区)区域内同一企业累计缴存的农民工工资保证金不得超过80万元。

(六)评标方法一般采用综合评估法,不得鼓励低价中标。评标基准价宜采用最高投标限价与投标人有效报价平均值复合计算方式,最高投标限价权重系数原则上不低于0.6。投标报价低于最高投标限价一定幅度时(如85%)可不参与评标基准价计算。

采用综合评估法的项目,施工标投标报价评分权重一般为55%~75%,其中大型枢纽及建筑物工程为55%~65%。

工程规模小、技术简单的施工类项目可不设置业绩、奖项加分;工程规模大、技术复杂的施工类项目设置业绩、奖项加分,加分类型、标准应当与招标项目相类似,投资规模不超过招标项目。业绩加分一般针对项目负责人,企业和人员业绩数量累计不超过3个,累计加分不超过3分,期限为3~5年,最高不高于8年。奖项累计加分不超过0.5分。

施工项目负责人答辩内容及时长由评标委员会现场讨论确定,答辩分值一般为3~5分。

(七)招标人应当组织招标文件技术咨询会,对招标文件中的资质、资格、评标的标准和方法、最高投标限价、专用合同条款等内容进行讨论,形成技术咨询纪要表,所有参会人员均应当签字确认。对于技术咨询提出的修改意见,应在招标文件中逐条落实,不采纳的应当在纪要表中说明理由。

第九条 开标阶段重点监督内容：

（一）评标办法中设有报价权重等系数的,应当在开标现场随机抽取。

（二）招标文件设有项目负责人答辩的,开标时应当详细说明答辩的时间、地点等要求。

第十条 评标阶段重点监督内容：

（一）抽取的评标专家专业应当符合项目类型。招标人代表不得是招标人主要负责人。评标委员会负责人应当由评标委员会讨论确定或者由招标人确定。

（二）不同投标人的电子投标文件MAC地址一致的,评标委员会应当否决其投标。不同投标人的电子投标文件IP地址一致的,评标委员会应当要求其提供书面说明以及证明材料。

对投标报价低于成本的认定,IP地址一致澄清材料的否决,未实质性响应招标文件要求的认定等否决投标事项,以及业绩、奖项不予认定,同一评分项评分偏差较大（如20%）的,评标委员会应当集体讨论决定。评分明显偏低（如60%）或偏高（如95%）,评标委员会成员应当详细说明理由。

第十一条 定标阶段重点监督内容：

（一）招标人应当自收到评标报告之日起3日内公示中标候选人,公示期应当不少于3日（开始的当日不计入,截止日为工作日）。公示内容应明确行政监督部门名称、联系方式等信息。

（二）公示期间,投标人或者其他利害关系人对评标结果有异议的,应当向招标人提出,招标人应当自收到异议之日起3日内作出答复,公示时间不受影响,但招标投标活动应当暂停。异议答复后,方可继续招标投标活动。

（三）按照分级管理的原则,各级行政监督部门应当要求招标人自确定中标人之日起15日内,提交招标投标书面总结报告。

（四）因为投诉或者其他原因,不能在招标文件规定的投标有效期内确定中标人的,招标人应当及时通知投标人延长投标有效期。

第十二条 签订合同阶段重点监督内容：

（一）合同内容应当符合招标文件和投标文件相关条款。

（二）合同订立的时间、内容、格式等要素要全面、准确,签字人应当是法定代表人或其授权委托人。

（三）在履约保证金有效期内,建设单位不得同时预留工程质量保证金。合格工程进度款应全额支付。建设单位应根据中标单位在项目所在地区施工项目数量和农民工工资是否拖欠,按照规定明确农民工工资保证金缴存比例。

（四）合同中应当约定首次支付工程进度款前的人工费用支付方式、工程进度款中的人工费用比例以及建设单位工程款支付担保。

第十三条 招标投标活动应当明确行政监督部门和行政监督人员。行政监督人员应当参与招标文件技术咨询、开标、评标等重要环节和关键程序,并对招标公告发布、中标候选人公示、中标结果公告、合同签订等事项进行监督。

第十四条 行政监督部门应当对所管辖的招标投标活动进行监督检查,并形成记录。在对工程建设项目进行稽察和监督检查时,应当将招标投标活动纳入稽察和检查内容。

第十五条 行政监督部门依据相关管理规定,对评标专家及其评标行为进行监督,并依照《江苏省综合评标（评审）专家库及专家管理细则》（苏政务办发〔2019〕73号）中的《江苏省评标（评审）专家库专家考核评价表》对专家进行考核评价。

第十六条 投标人或者其他利害关系人

对招标文件、开标、评标结果等事项进行投诉的,应当在规定时间内先向招标人提出异议,否则行政监督部门不予受理其投诉。

第十七条 在评标过程中,评标委员会成员有频繁走动、干扰催促他人评审、发表诱导性意见等异常行为的,由行政监督部门依法作出责令改正、更换成员、取消评标资格等处理决定。

对于招标文件中资格条件、否决性条款描述模糊,投标人恶意低价投标等异常情况,评标委员会应当在评标报告中作出说明、判断以及需要采取的措施。异常情况对中标结果造成实质性影响,且不能采取补救措施予以纠正的,招标、投标、评标无效,评标委员会应当提出依法重新招标的建议,招标人应当依法重新招标。

第十八条 本规定由江苏省水利厅负责解释。

第十九条 本规定自 2022 年 12 月 15 日起施行,有效期 5 年。

省水利厅关于印发《江苏省用水统计管理暂行办法》的通知

苏水规〔2022〕4号

各设区市水利(务)局：

《江苏省用水统计管理暂行办法》已经省水利厅党组会议审议通过，现印发给你们，请认真贯彻执行。

江苏省水利厅

2022年11月21日

江苏省用水统计管理暂行办法

第一章　总　则

第一条　为了科学有效组织全省用水统计工作，规范统计行为，保障数据质量，依据《中华人民共和国统计法》《中华人民共和国水法》《取水许可和水资源费征收管理条例》《中华人民共和国水文条例》《水利统计管理办法》和水利部、国家统计局《用水统计调查制度（试行）》等有关法律、法规和文件规定，结合本省实际，制定本办法。

第二条　本办法适用于本省行政区域内水行政主管部门和用水统计调查基本单位开展的用水统计活动。

本办法所称用水统计调查基本单位是指本省境内利用取水工程（设施）直接取用地表水源、地下水源以及非常规水源（再生水、集蓄雨水、淡化海水、微咸水和矿坑水等）的取用水单位（或个人）（以下简称取用水户）。

第三条　用水统计的基本任务是依法对本省取用水情况进行统计、调查与分析，提供用水统计资料和咨询意见，实行用水统计监督，主要包括名录库建设、用水统计调查、数据填报、审核及总量核算等。

第四条　用水统计工作实行统一管理、分级负责的管理体制。

第五条　水行政主管部门和统计人员应当严格遵守国家和省有关保密法律法规规定，保证用水统计数据存储、传输、发布和应用等各环节的安全。

第二章　用水统计工作机构及人员

第六条　水行政主管部门负责本行政区域取水许可日常监管权限范围内（流域机构审批发证的除外）的名录库的建设、更新和维护；组织开展用水统计资料收集、分析、审核、汇总、报送；负责年中和年度用水总量核算；负责用水统计工作培训和指导。

第七条　取用水户应当建立健全取用水原始记录、凭证和台账留存归档制度，及时、准确、完整填报用水统计报表，不得拒报、迟报、瞒报、漏报。

第八条　水行政主管部门和取用水户按照"谁主管谁负责、谁统计谁负责"的原则，明确责任部门和责任人，落实用水统计责任，防范用水统计造假、弄虚作假。

第九条　水行政主管部门和取用水户应当配备用水统计人员，并保持相对稳定。用水统计人员应当具备相关专业技能。

第三章　名录库建设

第十条　用水统计名录库包括一套表调查单位和抽样调查样本单位。名录库建设范围和内容按照《全国用水统计调查基本单位名录库管理办法（试行）》执行。

一套表调查单位主要包括大中型灌区、重点公共供水企业、自备水源工业企业及服务业单位、人工生态河湖补水工程等。

抽样调查样本单位主要包括小型灌区、非重点公共供水企业、鱼塘补水用水户、畜禽养殖用水户、城乡环境用水户等。

第十一条 设区市、县（市、区）水行政主管部门按照在地统计原则，提出名录库建设名单，经逐级报送审核后，形成全省名录库。

第十二条 名录库按照"谁建设、谁更新"的原则，每季度进行动态更新，新增、退出或者变更名录的基本信息应当报送省水行政主管部门审核。

审核重点包括是否存在取用水户应录未录，是否存在重复录入，录入的信息是否完整、真实、规范等。

第四章 数据填报

第十三条 水行政主管部门应当填报综合年报表，取用水户应当填报基层定报表和基层年报表，其中重点取用水户按季度填报基层定报表，非重点取用水户和抽样调查取用水户按年度填报基层年报表。

填报要求按照《用水统计调查制度（试行）》执行。

第十四条 设区市、县（市、区）水行政主管部门应当于次年1月10日前完成综合年报表的填报工作。取用水户应当于每个季度季后10日内完成基层定报表填报工作，于次年1月5日前完成基层年报表填报工作。

第十五条 取用水户填报数据应当以计量设施计量的取用水量或者水行政主管部门依法核定的取用水量为依据。

第五章 数据审核

第十六条 水行政主管部门应当对取用水户填报数据和下一级水行政主管部门报送的用水统计成果在5日内完成审核。

审核的重点包括统计范围和指标口径、数值间逻辑关系、计量单位；本表、跨表，以及本期、跨期（本年上期、上年同期）等指标关系。

第十七条 水行政主管部门应当按照取水许可日常监管权限，依据抄表记录、在线监测数据、水资源费税计征水量、历史用水数据等信息，对取用水户填报数据真实性、准确性、合理性进行审核。

第十八条 水行政主管部门应当依据经济社会发展状况、水文气象、区域历史用水数据等信息，对下级水行政主管部门报送的用水统计成果的完整性、逻辑性、合理性进行审核。

第十九条 水行政主管部门应当及时反馈数据审核意见，取用水户和下级水行政主管部门应当在5日内对存在问题的数据进行复核修正后重新填报。

第六章 用水总量核算

第二十条 水行政主管部门应当按年度对本行政区域内的用水总量分行业、水源、水资源分区进行核算。核算方法按照水利部《用水总量核算工作实施方案（试行）》执行。

行业用水包括农业、工业、生活、人工生态环境补水等四类用水。水源包括地表水、地下水和非常规水源。

第二十一条 用水总量核算采用全面调查和抽样调查推算两种方式。全面调查由一套表调查单位直接填报；抽样调查推算由纳入名录库的样本单位用水指标推算获取。

第二十二条 水行政主管部门应当根据需要与基础数据产生的统计、自然资源、住建、农业农村、林业等相关部门（单位）对用水统计核算有关工作进行会商，保证用于核算的基础数据符合用水总量核算要求，并与相关统计数据相协调。

基础数据包括生产总值，耕地面积，建筑、绿化面积，农田实际灌溉、鱼塘面积，畜禽数量，园林草地面积等。

第二十三条 设区市、县（市、区）水行政

主管部门应当在规定期限内对本行政区域内年中和年度用水总量进行核算,年度核算成果经水行政主管部门技术审查后逐级报送。

第二十四条 省、设区市水行政主管部门应当对下一级报送的用水总量进行评估,并反馈经过评估确定的用水总量数据,作为下一级法定数据。设区市、县(市、区)水行政主管部门不得自行修改评估确定的用水总量数据。

第二十五条 水行政主管部门应当加强用水统计成果分析,按照国家有关规定建立统计资料的保存、管理制度,用水统计主要成果按照国家有关规定以《水资源公报》形式公布。

第七章 监督管理

第二十六条 设区市、县(市、区)级水行政主管部门用水统计工作组织实施情况纳入省最严格水资源管理考核。取用水户用水统计调查制度执行情况依法依规纳入征信管理。

第二十七条 水行政主管部门应当组织开展用水统计制度执行情况现场核查,现场核查的主要内容包括用水统计工作组织实施情况、取水计量情况、用水统计台账建立情况、"一数一源"工作落实等其他数据质量情况。现场核查发现的问题将定期通报。

第二十八条 有关部门及其相关工作人员在用水统计工作中有统计造假、弄虚作假等违法违纪行为的,按照《中华人民共和国统计法》《统计违法违纪行为处分规定》《水利统计管理办法》有关法律法规和规定,追究责任。

第八章 附则

第二十九条 本办法自2022年12月21日起施行,有效期2年。

领导讲话

在 2022 年全国水利工作会议上的讲话

水利部党组书记、部长 李国英

（2022 年 1 月 6 日）

这次会议的主要任务是，总结 2021 年水利工作，分析当前形势与任务，部署 2022 年水利重点工作。

一、2021 年工作回顾

2021 年是中国共产党成立 100 周年，是党和国家历史上具有里程碑意义的一年。党中央、国务院高度重视水利工作。习近平总书记亲临南水北调工程、黄河入海口视察，主持召开推进南水北调后续工程高质量发展座谈会、深入推动黄河流域生态保护和高质量发展座谈会并发表重要讲话，多次就水旱灾害防御、水资源节约保护、河湖治理保护等作出重要指示批示。李克强总理多次主持召开会议对防汛救灾、水库除险加固、重大水利工程建设等进行安排部署，并赴河南防汛救灾一线考察指导工作。韩正副总理多次部署推动黄河流域生态保护和高质量发展、长江经济带发展、长三角一体化发展、南水北调后续工程高质量发展等工作。胡春华副总理多次召开会议并赴现场考察南水北调、全面推行河湖长制、华北地下水超采综合治理等工作。王勇国务委员多次赴一线检查指导防汛抗旱工作。

一年来，在党中央、国务院的坚强领导下，各级水利部门心怀"国之大者"，完整、准确、全面贯彻新发展理念，深入落实习近平总书记"节水优先、空间均衡、系统治理、两手发力"治水思路和关于治水重要讲话指示批示精神，真抓实干、克难奋进，推动新阶段水利高质量发展迈出有力步伐，实现了"十四五"良好开局。

——全面深入开展"三对标、一规划"专项行动。去年 2 月下旬，水利部党组决定在水利部机关和直属单位全面开展"政治对标、思路对标、任务对标，科学编制'十四五'水利发展规划体系"专项行动。各司局各单位全员参与，分层次、分阶段、分主题，深入学习领会习近平总书记关于学习贯彻党的十九届五中全会精神的重要讲话精神、习近平总书记"十六字"治水思路和关于治水重要讲话指示批示精神，党中央"十四五"规划建议和国家"十四五"规划纲要，历时 4 个多月，反复对表对标、深入讨论研究,进一步提高了把握新发展阶段、贯彻新发展理念、构建新发展格局、推动高质量发展的政治判断力、政治领悟力、政治执行力,进一步找准了落实"十六字"治水思路的方向、目标、举措,进一步明确了推动新阶段水利高质量发展的主题、路径、步骤,形成了以69项水利专业规划为主体的定位准确、边界清晰、功能互补、统一衔接的"十四五"水利发展规划体系。完善流域防洪工程体系、实施国家水网重大工程、复苏河湖生态环境、推进智慧水利建设、建立健全节水制度政策、强化体制机制法治管理等6条实施路径的指导意见和实施方案全部出台,部分工作取得重要进展。

——全力以赴打赢抗击严重水旱灾害硬仗。2021年我国水旱灾害多发重发,一些流域雨情汛情旱情历史罕见。面对持续时间长、洪水量级大、防御战线广的严峻洪涝灾害形势,各级水利部门把防汛作为重大政治责任和头等大事来抓,坚持人民至上、生命至上,锚定"人员不伤亡、水库不垮坝、重要堤防不决口、重要基础设施不受冲击"目标,全力投入大战大考。水利部及时研判全国雨情水情汛情工情,逐流域、逐工程研究应对举措,启动11次水旱灾害防御应急响应,及时派出122个工作组赴一线技术指导。加密雨水情监测,落实预报、预警、预演、预案措施,发布洪水预报44.2万站次、水情预警1 653次、山洪灾害预警信息12.19亿条、淤地坝风险预警4 069坝次,洪水情报预报及应对措施建议直发一线。按照系统、统筹、科学、安全原则,以流域为单元科学精细调度水工程,流域、省、市、县四级共下达调度令2.3万道,嫩江尼尔基水库、漳河岳城水库关键时刻零下泄。成功抵御长江、黄河、漳卫河、嫩江、松花江、太湖等大江大河大湖12次编号洪水、571条河流超警以上洪水,有效应对黑龙江上游、卫河上游特大洪水以及松花江流域性较大洪水、

有效应对超强台风"烟花"登陆北上形成的大范围长历时强降雨洪水,有效应对特大暴雨洪水对南水北调中线工程的冲击,确保了工程安全、供水安全。特别是入秋以后,提前预置抢险力量、料物、设备,下足"绣花"功夫,"一个流量、一方库容、一厘米水位"地精细调度水库,战胜了黄河中下游新中国成立以来最严重秋汛、海河南系漳卫河有实测资料以来最大秋季洪水和汉江7次超过1万立方米每秒的秋季大洪水。汛期4 347座(次)大中型水库投入拦洪运用、拦洪量1 390亿立方米,11个国家蓄滞洪区投入分蓄洪运用、分蓄洪水13.28亿立方米,减淹城镇1 494个次,减淹耕地2 534万亩,避免人员转移1 525万人,最大程度保障了人民群众生命财产安全。面对南方地区冬春连旱、西北地区夏旱和华南地区秋冬旱,有力有序有效实施抗旱措施,特别是面对珠江流域东江、韩江60年来最严重旱情,构筑当地、近地、远地供水保障三道防线,精细调度流域骨干水库,确保香港、澳门及珠江三角洲城乡供水安全。

——扎实有效开展党史学习教育。认真贯彻党中央决策部署,按照学史明理、学史增信、学史崇德、学史力行的要求,精心组织实施、有力有序推进水利系统党史学习教育。部党组示范引领,带头深入学习,开展16次党组理论学习中心组集体学习,党组成员带头讲党课,赴李大钊烈士陵园、香山革命纪念馆、中国共产党历史展览馆等地接受教育,组织部属系统2 810个基层党组织、4.5万余名党员开展研讨交流、主题党日、专题培训、现场教育、辅导讲座、演讲比赛、调研实践、网络答题、志愿服务等系列活动,深入领悟党的百年奋斗重大成就和历史经验,深刻理解"两个确立"的决定性意义。按照"切口小、发力准、效果好"和"可量化、可办成、可考核"要求,聚焦群众反映突出的涉水问题,部党组直接组织和推动四批42项"我为群众办实事"项目,

示范带动部属系统推出380项办实事项目,水利干部职工深入一线推动,直接听取群众意见,切实解决了群众急难愁盼的一批民生水利问题。通过党史学习教育,水利系统党员干部普遍受到全面深刻的政治教育、思想淬炼、精神洗礼,进一步增强了做到"两个维护"的自觉性和坚定性,达到了学党史、悟思想、办实事、开新局的目标。

一年来,各级水利部门认真贯彻落实党中央、国务院决策部署,着眼保安全、促发展、惠民生,重点做了以下工作。

一是扎实推进水利基础设施建设。全年完成水利建设投资7576亿元,为做好"六稳""六保"工作、稳定宏观经济大盘作出了水利贡献。按照建设一批、开工一批、论证一批、储备一批的安排,加快水利基础设施建设,150项重大水利工程已批复67项,累计开工62项,水利基础设施投资惠民面大、带动力强的优势充分显现。深入开展南水北调后续工程高质量发展重大问题研究和重大专题论证,积极推进东线二期、中线引江补汉工程前期工作,南水北调东、中线一期工程累计完成设计单元完工验收146个,占全部155个设计单元的94.2%。玉龙喀什、引汉济渭二期等6项工程初步设计报告获批,一批重大工程实现重要节点目标,内蒙古东台子、陕西东庄实现截流,安徽江巷、四川红鱼洞、贵州黄家湾、广东高陂、新疆大石门等水库下闸蓄水,甘肃引洮供水二期、湖北鄂北水资源配置工程全线通水,荆江大堤综合整治工程、嫩江尼尔基水利枢纽、山东庄里水库、河南出山店水库等20项重大水利工程通过竣工验收。推进防汛抗旱水利提升工程建设,完成中小河流治理1.1万公里,实施重点山洪沟治理175条。巩固拓展水利扶贫成果同乡村振兴水利保障有效衔接,脱贫地区水利项目稳步推进,提升了4263万农村人口供水保障水平,农村自来水普及率达到84%,创历史新高,完成9.9万处农村供水工程维修养护,开展512处大中型灌区续建配套与现代化改造。开展水利工程建设质量管理提升活动,强化质量终身责任,加大工程稽察核查力度,扎实开展水利行业安全生产专项整治三年行动集中攻坚。做好在建工程移民安置工作。

二是全面加强水利工程运行管护。持续抓好三峡后续工作规划实施,开展三峡水库运行安全监管行动,三峡水库连续12年实现175米满蓄目标,全年为下游补水138天、补水总量220.8亿立方米。南水北调东、中线一期工程年度调水97.28亿立方米,累计调水498.7亿立方米,东线各监测断面水质稳定在Ⅲ类及以上,中线水质稳定在Ⅱ类及以上。丹江口水库大坝加高后首次实现170米满蓄目标,小浪底、岳城水库拦蓄运用至建库以来最高水位。加快病险水库除险加固,实施大中型病险水库除险加固129座、小型病险水库除险加固4295座、病险淤地坝除险加固556座。推动水利工程运行管理标准化,加快国有水利工程管理与保护范围划定,健全工程信息档案,积极推广区域集中管护、政府购买服务、"以大带小"等专业化管护模式。

三是持续加大水资源节约和管理力度。全面推进国家节水行动,建立节水工作部际协调机制,研究建立水资源刚性约束制度。明确了"十四五"全国及分省的用水总量和强度控制目标,推动万元GDP用水量指标纳入国家高质量发展综合绩效评价体系,公布《公民节约用水行为规范》,新发布实施1966项国家和省级用水定额,计划用水覆盖水资源超载区99%的工业企业,开展8474个规划和建设项目节水评价,从严叫停222个项目。建成第四批478个节水型社会建设达标县(区)、262所节水型高校、1914家水利行业节水型单位,发布168家公共机构水效领跑者、15家灌区水效领跑者。实施合同节水管理项目93项。征集发布192项成熟适用节水技术、工艺和装备。对黄河流域13个地表水超载地市、62个地下水超载县暂停新增取水许可审批。累计批复63条跨省江河水量分配方案、230条跨地市江河水量分配方案,确定118条跨省重点河湖、307条跨市河流生态流量目标,加强行政区界和生态流量监测,推进31条跨省江河水资源统一调度,完善国家、省、市三级重点监控用水单位名录,加强取水口监测计量,完成取水口核查登记580万个,实际监控用水量超过全国用水总量的50%。开展京津冀水资源专项执法行动,查办水资源违法案件824件。加快推进地下水管控指标确定工作,开展新一轮地下水超采区划定。启动典型地区再生水利用配置试点。

四是全面加强水生态保护治理。全面强化河湖长制,建立长江、黄河流域省级河湖长联席会议机制,建立完善流域管理机构与省级河长办协作机制,进一步完善河湖长履职尽责、监督检查、总结评估、考核问责、正向激励等制度。清理整治河湖乱占、乱采、乱堆、乱建问题2.6万个。全面完成水利普查名录内河湖管理范围划界工作,首次明确120万公里河流、1 955个湖泊的管控边界。持续推进华北地区地下水超采综合治理,治理区地下水位总体回升,滹沱河、子牙河、子牙新河以及南拒马河、大清河等多年断流河道全线贯通,永定河实现26年以来首次全线通水,潮白河实现22年以来首次贯通入海。22个补水河湖有水河长同比增加约94公里,水面面积增加约57平方公里。补水河湖周边10公里范围内浅层地下水位平均同比回升2.9米,地下水亏空得到有效回补。白洋淀生态水位保证率达到100%。印发实施长江、黄河、淮河、海河、珠江、松辽流域重要河道岸线保护与利用规划、采砂管理规划。开展全国河道非法采砂整治、长江河道采砂综合整治和采砂船舶治理专项行动,拆解非法采砂船舶1 559艘,整改长江干流违法违规岸线利用项目2 441个,腾退长江岸线162公里,清理整治长江干流及洞庭湖、鄱阳湖非法矮围,恢复水域面积6.8万亩,核定黄河及重要支流岸线违法违规项目1 643个并已整改销号1 638个。完成水土流失治理面积6.2万平方公里,依法查处违法违规项目2.4万个。巩固长江经济带小水电清理整改成果,累计退出小水电站3 500多座,修复减水河段9万多公里,累计创建绿色小水电示范电站870座。基本完成第一批55个水美乡村试点县建设任务,治理农村河道3 800多公里、湖塘1 300多个,受益村庄3 300多个,农村河湖生态环境明显改善。开展向乌梁素海应急生态补水、望虞河引江济太调水,河湖生态环境稳定向好。新增国家水利风景区24家。

五是着力提升水利行业发展能力。水利立法进程明显加快,长江保护法、地下水管理条例颁布施行,黄河保护法(草案)提请全国人大常委会审议,节约用水条例等提请国务院审议。强化水事案件的源头防控、动态巡查,查处水事违法案件2.1万余件。全面加强重大决策和规范性文件合法性审核,出台水利相关管理办法24项。大力推动长江经济带发展、黄河流域生态保护和高质量发展等国家重大战略水利重点工作。重大水利规划体系不断完善,国家水网建设规划纲要、黄河流域生态保护和高质量发展水安全保障规划、粤港澳大湾区水安全保障规划、重点流域综合规划编制取得重要进展。建立健全太湖流域调度协调组工作制度。加强部管干部队伍建设,大力推进人才创新行动,新选拔20名水利领军人才、10名水利青年科技英才、100名水利青年拔尖人才,打造10个水利人才创新团队、10个水利人才培养基地,1人入选工程院院士,2人入选全国勘察设计大师,1家单位入选创新人才培养示范基地,11人次入选其他国家重点人才工程,创近年最好成绩。深化"放管服"改革,行政许可事项由37项合并为24项,取水许可电子证照全面推广应用,配合做好水资源税、生态保护补偿改革,深化农业水价综合改革,积极培育用水权交易市场,中国水权交易所交易1 443单,交易水量3.02亿立方米,单数、水量实现双增长。举办线上多双边交流活动30余场,"一带一路"建设、中欧、澜湄水资源合作稳步推进,4位中国专家当选重要涉水国际组织领导职务。启动42项水利重大关键技术研究项目,立项实施48项长江、黄河水科学研究联合基金项目,改革重组10家部级重点实验室,新筹建5家部级重点实验室。遴选104项成熟适用水利科技成果推广应用。启动数字孪生流域及数字孪生工程建设,推进北斗水利应用。有力有序做好综合政务、宣传教育、水文化建设、离退休干部、社团管理、后勤保障等工作,《中国黄河文化大典》编纂全面启动。

六是深入推进全面从严治党。认真落实管党治党政治责任。抓好中央巡视反馈意见整改,按照"基本＋"工作思路,建立问题、任务、责任三个清单,完善并落实整改周(月)调度机制、对账销号机制、工作专报机制,推动整改件件有着落、事事有结果。加大审计整改力度,将整改任务逐项细化分解成可操作、可落实、可评估的清单,加强督导落实,严格验收销号,确保整改到位。扎实开展部党组第九轮、第十轮巡视,稳步推进巡视巡察上下联动工作。开展建党100周年系列庆祝活动。对照"四强"党支部要求,广泛开展"水利先锋党支部"创建工作,不断提高基层党组织建设质量,评选表彰19个创建模范机关先进单位、54个"水利先锋党支部"和30个先进基层党组织。始终保持严的主基调不放松,加强对"一把手"和领导班子的考核与监督,全面完成规范领导干部配偶、子女及其配偶经商办企业行为工作,开展部属系统干部职工非职务违法犯罪专项整治和贯彻执行中央八项规定精神专项检查,持续整治形式主义官僚主义,推动为基层减负常态化。强化监督执纪问责,深化运用"四种形态",处分违纪司局级干部12人,一体推进不敢腐、不能腐、不想腐。确定76家第九届全国水利文明单位,推选出10名第三届"最美水利人",积极宣传东深供水等先进典型,激发了全行业干事创业的精气神。

过去一年的成绩来之不易,是党中央、国务院坚强领导的结果,是各有关部门、地方各级政府以及社会各方面大力支持的结果,也是水利系统广大干部职工砥砺奋进、顽强拼搏的结果。在此,我代表水利部,向所有为水利事业发展提供帮助、给予支持的有关部门、地方各级政府以及社会各方面表示衷心的感谢!向全国广大水利干部职工表示衷心的感谢!

二、形势与任务

今年将召开党的二十大,这是党和国家政治生活中的一件大事,保持平稳健康的经济环境、国泰民安的社会环境、风清气正的政治环境,具有特殊重要的意义。各级水利部门要深刻认识、准确把握当前水利工作面临的形势,在以习近平同志为核心的党中央坚强领导下,坚持以习近平新时代中国特色社会主义思想为指导,全面贯彻党的十九大、十九届历次全会精神和中央经济工作会议、中央农村工作会议精神,深入落实习近平总书记"十六字"治水思路和关于治水重要讲话指示批示要求,弘扬伟大建党精神,坚持稳中求进工作总基调,完整、准确、全面贯彻新发展理念,加快构建新发展格局,统筹发展和安全,统筹水灾害、水资源、水生态、水环境系统治理,推动新阶段水利高质量发展,为全面建设社会主义现代化国家提供有力的水安全保障,以优异成绩迎接党的二十大胜利召开。

从高质量发展要求看。习近平总书记强调,新时代新阶段的发展必须贯彻新发展理念,必须是高质量发展;经济、社会、文化、生态等各领域都要体现高质量发展的要求。党的十九届五中全会和六中全会都对立足新发展阶段、贯彻新发展理念、构建新发展格局、推动高质量发展提出了明确要求。面对当前我国经济发展的困难和挑战,中央经济工作会议强调,必须坚持高质量发展,推动经济实现质的稳步提升和量的合理增长。当前,水利发展的总体态势向好,但水利发展不平衡不充分问题依然突出。一方面,水资源水环境承载能力面临瓶颈制约,河湖生态环境问题长期累积凸显,流域和区域水资源情势动态演变,水旱灾害、病险水库等风险隐患带来严峻挑战;另一方面,应对经济发展风险挑战、保障经济发展稳中求进对水利的要求更高,人民群众对水旱灾害防御的安全性及良好水资源水生态水环境需求日益增长。推动新阶段水利高质量发展,成为多重约束条件下寻求最优解的过程。我们要完整、准确、全面贯彻新发展理念,坚定不移落实"十六字"治水思路,更加自觉地走好水安全有力保障、水资源高效利用、水生态明显改善、水环境有效治理的集约节约发展之路,全力以赴推动新阶段水利高质量发展。

从统筹发展和安全看。习近平总书记指出,安全是发展的前提,发展是安全的保障。党的十九届五中全会将统筹发展和安全写入"十四五"时期经济社会发展指导思想,明确要求把安全发展贯穿国家发展各领域和全过程,防范和化解影响我国现代化进程的各种风险,筑牢国家安全屏障。水安全是国家安全的重要组成部分。习近平总书记多次强调,水安全是生存的基础性问题,不能觉得水危机还很遥远,要高度重视水安全风险。水利既面临着水旱灾害、工程失事等直接风险,也影响到经济安全、粮食安全、能源安全、生态安全。我国自然气候地理的本底条件,水资源时空分布与经济社会发展需求不匹配的基本特征,以及流域防洪工程体系、国家水网

重大工程尚不健全的现状,决定了当前和今后一个时期防洪安全、供水安全、水生态安全中的风险隐患仍客观存在。对此,必须始终保持高度警惕。我们要进一步增强风险意识,树牢底线思维,把困难估计得更充分一些,把风险查找得更深入一些,深入分析致险要素、承险要素、防险要素,下好先手棋、打好主动仗,扎实做好防汛抗洪减灾、城乡供水保障、水生态保护等工作,牢牢守住水利安全底线。

从极端天气变化风险看。习近平总书记强调,要高度重视全球气候变化的复杂深刻影响,从安全角度积极应对,全面提高灾害防控水平,守护人民生命安全。我国是全球气候变化的敏感区和显著影响区。近年来,受全球气候变化和人类活动影响,我国气候形势愈发复杂多变,水旱灾害的突发性、异常性、不确定性更为突出,局地突发强降雨、超强台风、区域性严重干旱等极端事件明显增多。2021年,郑州"7·20"暴雨最大小时降雨量达201.9毫米,突破了我国大陆小时降雨量的历史极值;黄河中下游秋汛时间之长、洪量之大,历史罕见;塔克拉玛干沙漠地区发生洪水,淹没面积达到300多平方公里;与此同时,南方丰水地区的珠江流域降雨持续偏少,珠江三角洲部分地区遭遇60年来最严重旱情。在极端天气的超标准载荷下,水利工程隐患极易集中暴发,形成灾害链放大效应。随着全球气候变化加剧、极端天气增多,我国水旱灾害多发重发的态势只会加强、不会减弱。对此,务必要有清醒的认识,决不能因为局部地区短系列的降水变化就盲目乐观认为水旱灾害将减轻。我们要主动适应和把握全球气候变化下水旱灾害的新特点新规律,坚持以防为主、防抗救相结合,坚持常态减灾与非常态救灾相统一,努力实现从注重灾后救助向注重灾前预防转变,从减少灾害损失向减轻灾害风险转变,从应对单一灾种向综合减灾

转变,强化预报、预警、预演、预案措施,做好各方面充分准备,有力有序有效应对极端天气事件风险。

从防汛查漏补缺找出的问题看。习近平总书记强调,要加快构建抵御自然灾害防线,立足防大汛、抗大灾,针对防汛救灾暴露出的薄弱环节,迅速查漏补缺,补好灾害预警监测短板,补好防灾基础设施短板。水利部迅速贯彻落实习近平总书记重要指示,对去年汛情和防汛工作进行全面复盘、深入检视,查找出一批突出薄弱环节和短板。在水库安全方面,病险水库数量多、除险加固任务重,部分水库泄洪能力不足、安全监测设施不全、管理体制机制不顺,一些小型水库运行管理责任落实不到位;防洪库容调度运用淹没损失补偿机制和政策缺失,一些水库部分防洪库容运用受限,无法充分发挥调蓄功能。在河道及堤防方面,中小河流缺乏系统治理,人类活动缩窄或压缩河道空间,阻水建筑物、阻水片林、高秆作物等阻塞河道,影响行洪安全;一些河流行洪能力底数不清,河道安全下泄流量测算不足,难以支撑防洪精准调度;部分河流堤防未达到设计标准,一些河段堤防质量差、险工险段多,维修养护不到位。在蓄滞洪区方面,一些蓄滞洪区建设严重滞后,围堤普遍标准低、质量差、豁口多,穿堤建筑物年久失修、老化病险,围村堤、避水台、撤退路等安全设施严重不足;缺乏实时监测和进退洪设施,调度运用决策程序复杂,难以安全、精确、及时启用;长江流域洲滩民垸众多,单退双退垸启用难。在"四预"措施方面,局地极端暴雨预报准确率不高,山洪灾害预警精度不够、发布渠道不畅、信息传递受阻、预警覆盖面不足;防洪调度预演能力不足、模拟验算功能不强,一些预案修订不及时、可操作性差,难以满足实践需要。在法规制度方面,水法规体系不完善,安全度汛制度不健全,有法不依、执法不严、违法不究现象依然存在;流域区域统一调度机制不顺畅,多目标调度统筹协调难度大、水工程调度运用决策难;应急响应启动条件设置不合理,预判不足、响应滞后、联动不够;水旱灾害防御日常监督检查不到位,部分地区对监管发现问题重视不够、整改不力。我们要坚持问题导向、目标导向、效用导向,统筹体制机制法治、统筹规划工程技术、统筹目标任务责任、统筹近期中期长期,分类施策、精准施策,切实增强水旱灾害防御能力,为打好今后更加艰巨的水旱灾害防御硬仗提供有力支撑和有效保障。

三、2022年重点工作

今年水利工作任务重、挑战多、要求高,要突出重点、把握关键,扎实有效做好以下工作。

(一)做好水旱灾害防御准备,确保人民群众生命财产安全。防汛抗旱是水利部门的天职,是必须牢牢扛起的政治责任。要坚持人民至上、生命至上,增强底线意识、忧患意识、责任意识、担当意识,立足防大汛、抗大旱,坚持防住为王、"预"字当先、"实"字托底,锚定"人员不伤亡、水库不垮坝、重要堤防不决口、重要基础设施不受冲击"目标,落实预报、预警、预演、预案"四预"措施,贯通雨情、水情、险情、灾情"四情"防御,抓紧补短板、堵漏洞、强弱项,从最坏处着想,向最好处努力,做好迎战更严重水旱灾害的准备。

提高水旱灾害监测预报预警水平。改进水文测报技术和手段,积极推进测雨雷达试点应用,实现超高时空分辨率短临暴雨预警。加强降雨预报、洪水预警与水利一张图基础数据叠加分析和深度融合,并将预警信息直达一线,直达工程管理单位,直达病险水库"三个责任人"。完成全国水库、堤防、水闸、国家蓄滞洪区基础数据整合集成,建设部省两级雨水情测报和大坝安全监测平台。

优化防汛抗旱应急响应机制。修订《水利部水旱灾害防御应急响应工作规程(试行)》,科学设置应急响应条件,量化响应启动标准,健全完善联动响应机制。各流域、各地都要结合实际,修订完善水旱灾害防御应急预案或应急响应工作规程,关口前移,变"过去完成时"为"将来进行时"。强化应急响应执行,对不响应、响应打折扣的,严肃追责问责。

强化水库安全管理。健全水库大坝安全责任制。建立覆盖所有水库的信息档案,全面、精准、动态掌握水库基本情况。严格水库运行监管,统筹病险水库除险加固与安全度汛,加快小型水库雨水情测报和大坝安全监测设施建设,逐库修订完善调度方案、应急预案。主汛期病险水库原则上一律空库运行。每一座水库都必须落实安全运行管理责任,都必须责任到机构、责任到岗、责任到人。

开展妨碍河道行洪突出问题大排查大整治。将确保河道行洪安全纳入河湖长制目标任务,依法依规严肃处理侵占河道、湖泊等行为,违法违规建筑物、阻水障碍等突出问题清理整治要在汛前基本完成,确保河道行洪畅通。

提升山洪灾害防御能力。汛前开展山洪风险隐患排查整治,建立危险区动态管理清单。优化山洪灾害监测站网布局,完善省级监测预报预警平台,规范预警信息发布,畅通预警信息"最后一公里",实现风险预警信息及时直达受影响区域人员。完善山洪灾害防御责任机制、动员机制,从针对性、可行性、有效性全面检视和完善县乡村三级山洪灾害防御预案。

强化工程调度运用管理。精准掌握重要江河骨干河道行洪能力,精准掌握蓄滞洪区分洪运用风险隐患,精准掌握控制性水库影响区居民分布、重要基础设施、防洪高水位下居民及生产设施情况,研究完善超征地移民线防洪库容调度运用补偿机制和政策,分级负责强化工程日常管理和监督检查,及时完善水工程调度方案,牢牢掌握汛期工程调度决策主动权。

全面开展汛前隐患排查。针对防汛薄弱环节,组织开展汛前全面检查,各地要对辖区内各类水库逐一进行检查,重点对"三个责任人"落实情况和水库大坝、溢洪道、放空设施等关键部位安全隐患进行排查,对发现的问题建立台账,限期整改。汛前不能整改完成的,要采取临时安全度汛措施。水利部将按不低于10%的比例进行抽查,并建立考核奖惩机制。

抓好水利工程安全度汛。健全在建水利工程安全度汛工作监管体系、责任体系、标准体系,水利部直管工程由各流域管理机构负责,各地在建水利工程由省级水行政主管部门负责,汛前分级开展全覆盖闭环检查。抓好南水北调工程安全度汛,以渠道与河流交叉部位为重点,全面排查防范沿线安全风险。强化淤地坝安全度汛,管住增量,改造存量,加快实施病险淤地坝除险加固。抓好灾损水利工程设施修复,倒排工期、压茬推进,主汛期前基本完成修复任务。强化水库、堤防等工程汛期巡查防守,险情抢早、抢小,及时处置,确保安全。

提升流域水工程联合调度水平。统筹运用河道及堤防、水库、蓄滞洪区等各类水工程,综合采取"拦、分、蓄、滞、排"等措施,充分发挥流域水工程体系减灾效益。要充分发挥流域防总办公室作用,强化水工程联合调度,实现协同作战、集团作战,做到联调联控、共同发力,科学、精细调控洪水。

(二)提升农村供水保障水平,确保农村供水安全。保障农村供水,事关亿万农民群众重大民生福祉。要加快提升农村供水工程建设管理水平,为巩固拓展脱贫攻坚成果、全面推进乡村振兴提供有力支撑保障。

加快农村供水工程改造提升。锚定2022年底全国农村自来水普及率达到85%的目标，推进城乡供水一体化、农村供水规模化发展及小型供水工程标准化改造，减少小型分散供水人口数量。严把工程建设质量关，优先利用大中型水库和引调水等骨干水源作为农村供水水源，因地制宜建设一批中小型水库。加强水源保护和水质监测，加快划定农村饮用水水源保护区或保护范围，配套完善净化消毒设施设备，加强水源水、出厂水和末梢水水质检测监测，着力提升农村供水水质。

健全运行管理长效机制。落实农村供水管理"三个责任"，确保有名有实有效。推进农村供水工程统一运行管理，以县为单元，整体提升工程运行管理和技术服务水平。有条件的地区，要积极推进城乡供水区域统筹管理。强化数字赋能，以规模化供水工程为重点，加强智慧应用系统建设，构建农村供水信息化管理一张图。

守住农村饮水安全底线。去年水利部"12314"监督举报服务平台转办核查的问题线索中，79.6%是农村饮水安全问题。要持续做好农村饮水安全监测排查，发挥乡镇、村组干部和管水员作用，实行农村饮水状况全覆盖排查，不漏一村一户；对脱贫地区和供水薄弱地区加大监测频次。健全农村供水问题快速发现和响应机制，继续用好水利部"12314"监督举报服务平台等监督渠道，建立问题清单、整改台账，动态清零。将农村供水问题及处置情况作为最严格水资源管理考核评分依据，推动列入脱贫攻坚后评估分省问题清单。要做实做好县级和千吨万人供水工程应急供水预案，储备应急物资，健全抢修队伍，加强应急演练，逐县逐处落实，坚决防止发生规模性、系统性、碰底线的饮水安全问题。

推进乡村振兴水利工作。推动脱贫地区、革命老区、民族地区、边疆地区巩固拓展水利扶贫成果同乡村振兴水利保障有效衔接，加大对国家乡村振兴重点帮扶县在项目、资金、人才、技术等方面支持力度，持续推进水利援疆、援藏工作，强化"一对一"监督检查，扎实抓好定点帮扶各项工作，打牢乡村振兴的水利基础。

（三）完善流域防洪工程体系，加快构建抵御水旱灾害防线。坚持建重于防、防重于抢、抢重于救，从流域整体着眼把握洪水发生和演进规律，加快完善以河道及堤防、水库、蓄滞洪区为主要组成的流域防洪工程体系，提升水旱灾害防御能力。

提高河道泄洪及堤防防御能力。加快长江干流河道整治及堤防达标建设和提质升级、黄河干流河道和滩区综合提升治理、淮河下游入海水道二期、海河河道治理、西江干流和辽河干流堤防达标建设、太湖环湖大堤后续、吴淞江及扩大杭嘉湖南排新通道等重点工程建设，保持河道畅通和河势稳定，解决平原河网地区洪水出路不畅问题。以防洪任务重、存在安全隐患、遭洪水冲毁直接威胁人民群众生命财产安全的河段为重点，加快实施大江大河主要支流和中小河流治理，确保重点河段达到规划确定的防洪标准，实现治理一条、见效一条。

增强洪水调蓄能力。以提高流域洪水整体调控能力为目标，加快珠江流域大藤峡，松辽流域阁山、长江流域牛岭、跳蹬、黄石盘、江家口、黄河流域东庄等控制性枢纽建设；推进黄河古贤、柳江洋溪等水利枢纽前期工作；开展黄河黑山峡、桃花峪水库，交溪上白石水利枢纽等前期论证。大力推进100余座大中型、3 400余座小型病险水库除险加固，确保高质量完成年度建设任务，及时消除安全隐患。

确保蓄滞洪区功能。加快长江、淮河、海河等流域蓄滞洪区布局优化调整和建设，重点推进启用几率大、分洪滞洪作用明显的蓄滞洪区建设。推动长江杜家台、华阳河、康山等蓄滞洪区建设，继续实施珠江流域湛江蓄滞洪区工程和安全建设，优化松花江流域胖头泡、月亮泡蓄滞洪区启用方式。加强洲滩民垸分类管理,推进长江中下游干流及洞庭湖、鄱阳湖综合治理,推进黄河滩区居民迁建,做好淮河干流行蓄洪区和滩区居民迁建工作。加快进退洪闸建设,确保蓄滞洪区"分得进、蓄得住、退得出",确保关键时刻能够发挥关键作用。

(四)实施国家水网重大工程,提升水资源优化配置能力。立足流域整体和水资源空间均衡配置,科学谋划"纲""目""结"工程布局,统筹存量和增量,加强互联互通,加快构建"系统完备、安全可靠,集约高效、绿色智能,循环通畅、调控有序"的国家水网,增强我国水资源统筹调配能力、供水保障能力、战略储备能力。

加快国家水网建设。编制完成《国家水网建设规划纲要》,加快构建国家水网主骨架和大动脉。科学有序推进南水北调东、中线后续工程高质量发展,深入开展西线工程前期论证。加快推进滇中引水、引汉济渭、引江济淮、内蒙古引绰济辽、福建平潭及闽江口水资源配置、广东珠三角水资源配置等引调水工程,以及内蒙古东台子、福建白濑、海南天角潭、贵州凤山、西藏湘河、新疆库尔干等重点水源工程建设。加快环北部湾水资源配置、河北雄安干渠引水、澳门珠海水资源保障、湖北姚家平、河南张湾、重庆福寿岩、四川三坝等重大水利工程前期工作,完善国家骨干供水基础设施网络。

推进省级水网建设。各地要切实谋划和实施好本地区水网建设任务,做好与国家水网建设布局和重点任务的有效衔接,按照"确有需要、生态安全、可以持续"的原则,重点推进省内骨干水系通道和调配枢纽建设,加强国家重大水资源配置工程与区域重要水资源配置工程的互联互通。做好北京冬奥会、冬残奥会水安全保障工作。

打通国家水网"最后一公里"。依托国家骨干网及省级水网的调控作用,优化市县河湖水系布局。加强大中型灌区续建配套和现代化改造,完善灌溉水源工程、渠系工程和计量监测设施,推进标准化规范化管理,打造一批现代化数字灌区。推动在东北三江平原、黄淮海平原、长江中下游地区、西南地区等水土资源条件适宜地区,新建一批现代化灌区,夯实保障国家粮食安全水利基础。

(五)复苏河湖生态环境,维护河湖健康生命。坚持绿水青山就是金山银山理念,坚持山水林田湖草沙综合治理、系统治理、源头治理,提升江河湖泊生态保护治理能力,维护河湖健康生命,实现人水和谐共生。

开展母亲河复苏行动。全面排查确定断流河流、萎缩干涸湖泊修复名录,制定"一河一策""一湖一策",从各地的母亲河做起,开展母亲河复苏行动,让河流流动起来,把湖泊恢复起来。推进京津冀地区河湖复苏,恢复白洋淀,恢复永定河、潮白河、大清河、滹沱河等,统筹上下游用水,实现水流贯通。实施大运河、西辽河水生态保护修复,推进北运河、南运河具备条件的河段通水,逐步复苏西辽河生态环境。推动实施新一轮太湖流域水环境综合治理,巩固黄河、塔里木河、黑河、石羊河等水资源优化配置和修复治理成果。

保障河湖生态流量。全面确定全国重点河湖名录明确的477条河湖基本生态流量保障目标,有序开展已建水利水电工程生态流量复核,研究新建水利水电工程生态流量标准。将河湖生态流量目标纳入江河流域水资源调度方案及年度调度计划,作为流域水量分配、水资源统一调度、取用水总量控制的重要依据。加强生态流量日常监管,严格跨省江河流域省界断面、重要控制断面和生态流量控制断面下泄流量水量考核和监督检查。推进小水电分类整改,逐站落实生态流量,实施小水电绿色改造和现代化提升工程,持续开展绿色小水电示范创建。

加强河湖保护治理。深入落实国家"江

河战略",大力推进黄河流域生态保护和高质量发展、长江经济带发展水利工作。纵深推进河湖"清四乱"常态化规范化,坚决遏增量、清存量,将清理整治重点向中小河流、农村河湖延伸。全面完成各行政区域内河湖划界工作,划定落实河湖管理范围。加强河湖水域岸线空间分区分类管控,确保重要江河湖泊规划岸线保护区、保留区比例总体达到50%以上。开展丹江口"守好一库碧水"专项整治行动,全面清理整治破坏水域岸线的违法违规问题。严格依法依规审批涉河建设项目和活动,严禁未批先建、越权审批、批建不符。因地制宜实施河湖空间带修复,加快推进长江、嘉陵江、乌江、岷江、涪江、沱江等生态廊道建设。以长江、黄河等大江大河为重点,完善部际协作机制,开展全国河道非法采砂综合整治。

强化地下水超采治理。贯彻地下水管理条例,制定地下水开发利用管理办法,启动地下水回补、地下水管控指标确定等标准制定修订工作。加快推进新一轮地下水超采区划定,推进禁采区、限采区划定,强化分区管控。完善地下水监测站网,加快确定地下水管控指标,实施地下水取水总量、水位双控管理,完善地下水水位变化通报机制。统筹华北地区地下水超采综合治理、南水北调东中线一期工程受水区地下水压采、晋鲁豫地下水超采综合治理,落实地下水压采和河湖生态补水任务。不折不扣完成《华北地区地下水超采综合治理行动方案》确定的近期目标任务,全面总结评估任务落实情况和治理成效,编制《华北地区地下水超采综合治理实施方案（2023—2025年）》。实施好三江平原、松嫩平原、辽河平原、西辽河流域、黄淮地区、鄂尔多斯台地、汾渭谷地、河西走廊、天山南北麓与吐哈盆地、北部湾地区等10个重点区域地下水超采治理工作。

推进水土流失综合防治。全面完成年度6.2万平方公里水土流失治理任务,突出抓好黄河多沙粗沙区特别是粗泥沙集中来源区综合治理,实施淤地坝、拦沙工程和沙棘生态建设工程,加大长江上中游、黄河中上游、东北黑土区等重点区域水土流失治理力度。以"山青、水净、村美、民富"为目标,打造一批生态清洁小流域。优化国家水土保持监测站点布局,实施全国水土流失动态监测,依法严格查处水土保持违法违规行为,整体提升水土保持监测、评价、决策、管理水平。落实水土保持工程建设以奖代补政策。推进全国水土保持高质量发展先行区建设和国家水土保持示范创建。

（六）加快建设数字孪生流域和数字孪生工程,强化预报、预警、预演、预案功能。按照"需求牵引、应用至上、数字赋能、提升能力"要求,全面推进算据、算法、算力建设,对物理流域全要素和水利治理管理全过程进行数字化映射、智能化模拟。

做好顶层设计。出台《数字孪生流域建设技术大纲》《数字孪生水利工程建设技术导则》《水利业务"四预"功能基本技术要求》和成果共建共享制度办法,以流域为单元,编制七大江河数字孪生流域建设方案。三峡、南水北调、小浪底、丹江口、岳城、尼尔基、万家寨、大藤峡等工程管理单位要编制数字孪生工程建设方案。鼓励和支持有条件的流域管理机构、工程管理单位、地方水利部门先行实施建设。

构建数字化场景。优化完善监测站网布局,建立与防汛调度和国家水网相匹配的水文站网,重点提高洪水来源区、水资源来源区、行政管理边界、重要防御对象、重要用水对象等重要节点覆盖率,加大天、空、地遥感技术应用力度,构建天、空、地一体化水利感知网。在完善全国水利一张图的基础上,抓紧细化流域水利专题图、定制水利工程实体场景,构建全国统一的数据底板。建立健全物理流域及水利工程等基础数据更新机制，实时更新重要站点监测信息、发生洪水的河道遥感信息、参与调度运用的工程安全监控信息，及时更新流域下垫面、重要水文站大断面、重点河段河道地形、模型参数等信息，及时定期更新影响区经济社会信息。

开展智慧化模拟。深入研究流域自然规律，融合流域多源信息，升级改造流域产汇流、土壤侵蚀、水沙输移、水资源调配、工程调度等水利专业模型，研发新一代具有自主知识产权的通用性水利专业模型，实现变化流场下数字孪生流域多维度、多时空尺度的高保真模拟。聚焦水利工程体系科学精细调度，推进预报调度一体化智能化、实体工程与数字孪生水利工程同步交互调度。构建水利业务遥感和视频人工智能识别模型，不断提高河湖"四乱"问题、水利工程运行和安全监测、应急突发水事件等自动识别准确率。

构建水利智能业务应用体系。坚持大系统设计、分系统建设、模块化链接，全面构建"2+N"应用体系。加快推进水工程防灾联合调度等流域防洪应用系统建设，以流域为单元，构建下垫面动态变化的数字流场，结合防洪工程数字孪生成果，升级流域防洪预报、预警功能，增强预演功能，支撑科学制定预案。建设水资源管理调配应用系统，整合水资源总量、水权分配、取用水量、省界断面监测以及经济社会等数据，完善数字孪生平台中红线预警等模型和功能，支撑水资源监管、调配决策预演等业务。结合各级数字孪生平台建设，同步抓好其他各业务应用系统建设。

（七）建立健全节水制度政策，提升水资源集约节约利用能力。坚持节水优先，全方位贯彻"四水四定"原则，守住生态保护红线，严守水资源开发利用上限，精打细算用好水资源，从严从细管好水资源，把节水作为根本出路，全面提升水资源集约节约安全利用能力和水平。

健全初始水权分配和交易制度。加快推动建立水资源刚性约束制度，强化用水总量强度双控，建立健全省级行政区双控指标体系，各地要进一步分解明确到地市。新批复10条以上跨省江河水量分配方案。加快明确各地区可用水量，明晰初始水权，制定出台推进用水权改革的指导意见，建立健全统一的水权交易系统，推进区域水权、取水权、灌溉用水户水权等用水权交易。鼓励通过用水权回购、收储等方式促进用水权交易。在条件具备的地区探索实行用水权有偿取得。

严格水资源保护监管措施。深入推进取用水管理专项整治行动，全面完成整改提升工作，开展专项整治行动"回头看"。建立长效监管机制，严格建设项目水资源论证和取水许可管理，推进水资源超载地区暂停新增取水许可。全面推行取用水"双随机、一公开"监管，依法规范取用水行为及管理秩序。制订规划水资源论证管理办法，推动相关行业规划、重大产业和项目布局、各类开发区和新区规划开展水资源论证。推进建设项目水资源论证区域评估和取水许可告知承诺制。强化取水口取水监测计量，加快实现非农业取水口和大中型灌区渠首取水口计量全覆盖，5万亩以上的大中型灌区渠首取水口全部实现在线计量。强化饮用水水源地监督管理。按照水资源刚性约束要求完善水资源管理考核内容，优化考核指标，改进考核机制。

深入实施国家节水行动。发挥节约用水工作部际协调机制作用，深入推进县域节水型社会达标建设，推动北方50%以上、南方30%以上县(区)级行政区达到节水型社会标准。全面强化计划用水管理，黄河流域和京津冀地区实现年用水量1万立方米及以上的工业和服务业用水单位计划用水管理全覆盖。大力推动农业节水，提高农田灌溉水有效利用系数。推动水利行业全面建成节水型单位，发挥示范引领作用。推动非常规水源纳入水资源统一配置，开展典型地区再生水利用配置试点。大力推广合同节水管理，严格用水定额管理，制定出台节水评价技术导则，严格规划和建设项目节水评价。强化节水宣传教育，向全社会宣传推介公民节约用水行为规范，增强全民节约用水意识。

打好黄河流域深度节水控水攻坚战。推进黄河流域水资源节约集约利用，坚决抑制不合理用水需求，严把黄河流域建设项目节水评价关。大力发展节水产业和技术，督促不符合节水标准的已建项目加快节水改造。严控高耗水项目建设，建立高耗水工业项目台账，推动火电、钢铁等高耗水行业节水型企业建设。开展黄河流域高校节水专项行动，推进节水目标责任考核，推动用水方式由粗放向集约节约转变。

（八）强化体制机制法治管理，不断提升水利治理能力和水平。坚持目标导向、问题导向、效用导向，深入推进水利重点领域和关键环节改革，加快破解制约水利发展的体制机制障碍，进一步完善水法规体系，善用体制机制法治，不断提升水利治理能力和水平。

强化流域统一治理管理。突出流域治水单元，坚持流域系统观念，强化流域统一规划、统一治理、统一调度、统一管理。以流域综合规划为龙头，健全流域规划体系，建立流域规划实施责任制，完善监测、统计、评估、考核制度，强化流域规划法定地位和指导约束作用。七大流域管理机构牵头，建立流域工程项目库，统筹工程布局和项目实施。统筹防洪调度、水资源调度、生态调度，建立流域水工程多目标调度体系，充分发挥流域防总办公室的平台作用。建立流域层面河湖长制工作协作机制，加强流域综合执法，强化流域河湖、水资源管理。深化流域管理机构改革，推动"三定"规定报批，理顺流域管理事权，明确权责事项。流域管理机构要尽职履责，切实当好江河湖泊"代言人"。

推动河湖长制有能有效。出台强化河湖长制指导意见，明确各部门河湖治理任务，形成党政主导、水利牵头、部门协同、社会共治的河湖管理保护机制。充分发挥全面推行河湖长制工作部际联席会议作用，在七大流域全面建立省级河湖长联席会议机制，完善流域管理机构与省级河长办协作机制，明确上下游、左右岸、干支流的管理责任，变"分段治"为"全域治"。全面建立南水北调工程河长制体系。开展河湖健康评价，把群众满意度作为重要考核指标，加强对河湖长履职情况的监督检查、正向激励和考核问责，推动河湖长考核评价与干部综合考核评价挂钩。完善基层河湖巡查管护体系，鼓励各地设立巡（护）河员等公益岗位，解决河湖管护"最后一公里"问题。

健全工程建设管理和运行管护机制。完善水利建设法规技术标准，开展水利工程建设质量提升行动，落实水利工程质量终身责任制，改进政府质量工作考核制度，深化水利建设市场信用体系建设，规范建设市场秩序，确保水利建设质量安全。严格落实水利工程注册登记和安全评价制度，强化工程检查监测和维修养护，突出病险工程安全管理，推进水利工程标准化管理和划界工作。完善水利工程安全保障制度，建立风险查找、研判、预警、防范、处置、责任等全链条管控机制。建立常态化水利设施运行管护机制，落实管护主体、经费、人员和措施，推广市场化、专业化管护模式。完善农村供水保障监管机制，探索建立小型水库"巡库员"机制。着眼"大时空、大系统、大担当、大安全"，强化三峡工程自身安全以及防洪、供水、生态等功能安全管理。强化南水北调工程沿线水资源保护，强化安全调度管理，加大东线一期北延应急供水工程调水力度，更好地满足华北部分地区生活、生产、生态用水需求。做好水库移民安置和后期扶持、对口支援工作。

深化水利重点领域改革。落实适度超前开展基础设施投资要求,健全多元化水利投融资机制,积极争取扩大中央水利投资规模,用好水利中长期贷款等金融信贷资金,推进水利领域不动产投资信托基金(REITs)试点,支持社会资本参与水利工程建设运营。深化农业水价综合改革。推动修订水利工程供水价格管理、定价成本监审办法,完善动态调整机制。研究建立水网区域综合定价机制。推动全面推开水资源税改革试点。研究推动建立水流生态保护补偿机制。

完善水利法治体系。加快推进水法、防洪法等基础性法律修订工作,推动黄河保护法、节约用水条例等尽早出台,抓好长江保护法、地下水管理条例等配套制度建设,健全完善水利重点领域规章制度。支持上下游、左右岸、干支流省份在水资源节约利用、河湖管理、防洪调度、生态水量管控等方面立法协同。实施水行政执法效能提升行动,完善水行政执法与刑事司法衔接机制,开展重点领域、敏感水域常态化排查整治,实施地下水管理、汛前"防汛保安"等专项执法行动,依法严厉打击重大水事违法行为。严格行政决策合法性审查。加强"以案释法",推深做实水利普法,提升水利系统运用法治思维和法治方式解决问题的能力和水平。推动建立涉水领域公益诉讼制度,发挥公益诉讼保障监督作用。

(九)加强水利行业能力建设,夯实水利高质量发展基础。立足推动新阶段水利高质量发展需要,扎实做好打基础、利长远的工作,着力提升行业发展综合能力。

抓好水利干部人才队伍建设。选优配强领导班子,强化政治素质把关,加强年轻干部培养选拔和实践锻炼,不断优化专业结构和年龄结构,增强干部队伍整体效能,确保水利事业后继有人。加快人才创新团队、培养基地建设,加快培养水利领军人才、科技英才、重点领域人才、复合型人才、青年拔尖人才。推广水利人才"订单式"培养模式,加强基层人才队伍建设,强化领导干部水利专业化能力培训。全链条做好人才发现、培养、使用、激励、保障工作,让水利事业激励水利人才,让水利人才成就水利事业。

强化水利科技基础支撑。抓实水利科技创新平台建设,在智慧水利、国家水网建设、水生态环境保护等领域筹建、新建一批部级重点实验室。加强科技攻关,加大泥沙、地下水、土壤侵蚀等领域基础研究力度,实施水利重大关键技术研究和流域水治理重大关键技术研究项目,努力取得一批突破性进展。加快生态流量、中小型病险水库除险加固、智慧水利等相关标准制定修订工作,推进水利技术标准国际化。优化水利科技投入机制、研发机制、应用机制、激励机制,形成贯通产学研用的水利科技创新链条,推广应用100项左右成熟适用水利科技成果。

推动水利国际交流合作。积极推进"一带一路"水利基础设施建设,不断深化水利多双边合作,积极参与第九届世界水论坛等重要多边水事活动,持续深化澜湄水资源合作。充分发挥协调机制作用,积极推进跨界河流涉外合作和管理工作,巩固强化跨界河流水文报汛及重大水情灾情信息共享合作。

进一步转变政府职能。推进水利"放管服"改革,公布水利行政许可事项清单,编制水行政备案事项清单,在流域管理机构推行行政许可一次申报、一本报告、一次审查、一件批文"四个一"改革。健全事中事后监管制度,完善水利部"互联网+监管"系统。完善水利部"12314"监督举报服务平台、在线政务服务平台,开展移动端建设,推动政务服务事项"网上办""掌上办"。推进基层水利政务公开标准化规范化,扎实做好政务督办、信访、保密、档案、离退休干部、财务审计、后勤保障等工作,高质量完成电子政务工程建设。落实意识形态工作责任制，统筹做好新闻宣传、水情教育、水文化建设。毫不松懈抓好常态化疫情防控。

（十）纵深推进全面从严治党，引领保障新阶段水利高质量发展。推动新阶段水利高质量发展必须把加强党的建设贯穿水利工作各领域、各方面、各环节。要认真贯彻落实新时代党的建设总要求，坚定不移推进全面从严治党，以高质量党建工作引领保障新阶段水利高质量发展。

强化政治引领。深入学习贯彻习近平新时代中国特色社会主义思想、习近平总书记"十六字"治水思路和关于治水重要讲话指示批示精神，用以武装头脑、指导实践、推动工作，确保水利工作始终沿着习近平总书记指引的方向前进。巩固拓展党史学习教育成果，推动党史学习教育常态化、长效化。扎实开展模范机关创建，推动政治机关意识教育向基层单位延伸，严格执行党内政治生活、重大事项请示报告等制度，持续抓好中央巡视反馈意见整改落实，巩固深化整改成果，进一步增强"四个意识"、坚定"四个自信"、做到"两个维护"。

抓实组织建设。将基层组织建设作为机关党建工作的重中之重，进一步巩固完善党的组织体系，做到党的组织和党的工作全覆盖。深入推进党支部标准化规范化建设，开展第二届"水利先锋党支部"评选表彰，严格党员教育管理，开展党建督查并针对问题抓好整改、强基固本。

坚定不移推进党风廉政建设和反腐败斗争。坚定不移纠"四风"、树新风，深化整治形式主义官僚主义，切实为基层松绑减负。深入开展廉政警示教育，抓好"关键少数"，做实做好"一把手"和领导班子监督。保持反腐败高压态势，紧盯要害部门、重点领域和关键岗位，坚决查处违规违纪违法问题，纠治侵害群众利益问题，一体推进不敢腐、不能腐、不想腐。深化内部巡视巡察，加快构建上下联动、贯通融合的巡视巡察工作体系，进一步提升巡视巡察监督质量。

推动新阶段水利高质量发展对党员干部职工综合素质和能力提出了更高要求。水利系统广大党员干部职工要自觉加强思想淬炼、政治历练、实践锻炼、专业训练，特别是要悟透以人民为中心的发展思想，坚持正确的政绩观，敬畏历史、敬畏文化、敬畏生态，提高政治判断力、政治领悟力、政治执行力。要坚持系统思维、科学谋划，加强调查研究，坚持"三严三实"，崇尚实干、力戒空谈，不驰于空想，不骛于虚声，做到守土有责、守土担责、守土尽责，坚决防止简单化、乱作为，坚决反对不担当、不作为。要抓细抓实迎接党的二十大和学习贯彻工作，做到统一思想、统一意志、统一行动，意气风发迈进新征程、建功新时代。

同志们，推动新阶段水利高质量发展使命如磐、重任在肩。让我们更加紧密团结在以习近平同志为核心的党中央周围，埋头苦干、勇毅前行，为全面提升国家水安全保障能力、实现中华民族伟大复兴的中国梦而不懈奋斗！

赓续使命　勇立潮头
奋力抒写强富美高新江苏水利现代化篇章

——在2022年全省水利工作会议上的讲话

省水利厅党组书记、厅长　陈杰

（2022年1月18日）

同志们：

经省政府批准，今天我们召开全省水利工作会议。主要任务是：以习近平新时代中国特色社会主义思想为指导，全面贯彻十九大和十九届历次全会精神，深入落实习近平总书记关于治水重要讲话指示批示精神，按照省第十四次党代会和全国水利工作会议部署，总结2021年工作，分析形势，部署2022年重点任务，推进水利高质量发展，奋力谱写强富美高新江苏现代化建设水利篇章。

一、重大关口，真情实干，实现水利事业新跨越

刚刚过去的2021年，是在党和国家历史上具有里程碑意义的一年，也是江苏水利发展进程中具有特殊意义的一年。全省广大水利干部职工以习近平总书记视察江都水利枢纽为强大动力，不负韶华，笃定前行，圆满交出了"牢记嘱托"政治答卷，圆满交出了"良好开局"工作答卷，圆满交出了"幸福河湖"开题答卷。

这一年，我们牢记嘱托，励精图治，交出了学习贯彻重要指示的精准答卷。

我们以绝对的政治忠诚，作为最大的政治责任，用最强的工作措施，全力落实习近平总书记视察江都水利枢纽重要指示精神。

（一）按照习近平总书记重要讲话指示精神，全新描绘水利现代化画卷。厅党组坚定不移用习近平总书记视察江苏重要指示精神领航水利新发展，各级党组织坚持把学习贯彻习近平总书记系列重要讲话作为第一要务，做到知其然、知其所以然、知其所以必然，努力把江苏水利打造成为最讲党性、最讲政治、最讲忠诚的地方，以实际行动捍卫"两个确立"、践行"两个维护"。对标习近平总书记的战略擘画，重新谋划"十四五"水利发展规划，系统谋定高质量发展路径，通过不断学习，理清思路，明确措施，提升成效。

（二）按照"四个生命线"的浓浓关怀，全力彰显源头省份的责任担当。深悟习近平总书记关于南水北调工程的重要论述，心怀"国之大者"，从战略视野深刻认识南水北调工程的重大意义，进一步强化责任担当。深入总结分析60年江水北调、20年南水北调的辉煌过往，邀请专家院士把脉指点，研究制定了南水北调事业高质量发展意见，逐步形成了"统一调度、就近调水、依托存量、相机增调、属地管理"等放眼未来的规划策略。南水北调13座泵站运行管理标准化建设全面完成，智能化调度系统建成投运，东线一期调水工程建设全面收官。

（三）按照"两手都要硬"的殷殷教导，全域推进丰水地区节水优先之路。在指导思想上对节水工作进行再认识、再深化、再提升，坚定丰水地区节约用水的决心，谋划丰水地区节约用水的路径。召开全省节约用水工作推进会，完善"水利牵头、部门共管"的节水推进机制,制定节水型社会建设规划,确立丰水地区节水优先目标,探索"四水四定",完成23个国家级节水型社会达标县、11个省级示范区建设工作,实现南水北调沿线国家级县域达标和全省涉农县省级示范区"双覆盖"。

(四)按照"积极开展国情和水情教育"的切切期望,全面营造爱水护水风尚。习近平总书记在江都水利枢纽首次对水情教育作出明确指示,作为江苏水利人,自然是责无旁贷、心无旁骛。我们以长江为横轴、以运河为纵轴、以历史为竖轴,谋篇布局水情教育和水文化大格局,召开专题会议,全面部署推进水情教育工作。与省委宣传部、财政厅、团省委、省科协迅速形成共识,在全国率先出台省级水情教育基地设立及管理办法,认定首批13家省级水情教育基地。扬州里运河—高邮灌区成功入选世界灌溉工程遗产名录。在全国率先公布首批117处省级水利遗产名录,持续开展水情教育"六进"活动,水情教育焕发强大影响力。

(五)按照"奋力走好新时代赶考路"的拳拳深情,全系统牢记嘱托再出发。2021年11月13日,在习近平总书记视察江都水利枢纽一周年之际,我们举办"牢记嘱托再出发"活动,检视一年来真抓实干的工作成效,展示放眼未来、让江苏水利的大旗始终高高飘扬的决心。我们深知,贯彻落实习近平总书记重要指示,必须有坚如磐石的信心、只争朝夕的劲头,必须不断自觉进行再对标、再思考、再部署,确保做好贯彻习近平总书记重要指示精神这篇永久文章。

这一年,我们立足开局,真抓实干,书写了"十四五"抢跑之年的精彩答卷。

江苏是多个国家战略叠加的地区,水利发展必须认准国家战略呈现的牵引之势。2021年是"十四五"的第一年,必须呈现开局就是冲刺之态。一年来,全省水利上下紧扣厅党组2021年年初确定的"八个围绕、八个全力"年度工作要求,坚定信心,开拓创新,下好先手棋,打好主动仗,实现了"十四五"开好局、开门红。

一是体制更加顺畅,支撑了防汛抗旱全面胜利。省委、省政府继续明确由水利部门为主负责防汛指挥机构的日常工作,这是对水利部门的巨大信任。全省上下坚决扛起防汛抗旱防台的主责,不断完备水利工程体系,不断磨合指挥调度体系,防汛体制更加顺畅,成效更加提升。在近20年来首次未启用江水北调体系的情况下,保障了全省3300多万亩水稻夏栽用水,节省用电2亿度、翻水费1亿元。有效防御了有气象记录以来登陆我省时间最长、雨量最大、影响最广的"烟花"台风,成功化解了泗阳、江都、高邮、洪泽、淮安、金湖6个县市区24小时面雨量超气象记录、129个水文测站超警超保、10站水位和7站流量达到或超历史等风险,战胜了淮河和沂沭泗地区长历时秋汛,交出了全省无人员伤亡、无重大险情、无重大损失的优异答卷。三大跨流域调水系统抽引长江水86.5亿立方米,雨洪资源利用200亿立方米,安全泄洪排涝710亿立方米。各地不断完善防汛体制机制,盐城在全省率先推行"防汛责任人点调督查+村级'敲锣人'"的工作机制,厅属管理单位均建立了防汛抢险专业队伍,淮沭新河管理处率先建成全省首个水闸专业抢险队伍,防汛防旱抢险中心率先完成全省首期防汛抢险工种技能鉴定;镇江防汛物资仓储基地开工建设。特别是去年年底,省委编办批复增加省水旱灾害防御调度指挥中心20个编制,这是十分不容易的,充分体现了省委、省政府对防汛工作的高度重视。

二是布局更加明晰,补强了水利工程保障能力。习近平总书记对国家水网建设提出了明确要求,我们认为江苏是最具备建设现代水网条件的地区。我们加强统筹谋划,初步明确了江苏水网总体布局,部署协同推进省市县乡四级水网建设。重抓水利工程建设,全年完成重点工程投资139亿元,全省全社会水利投入近500亿元,创历史新高,名列全国前茅,在水利部"两手发力"座谈会上介绍经验。大江大河治理、江海堤防能力提升等骨干工程全面推进,太湖新孟河工程基本建成并发挥效益,环太湖大堤后续工程有序推进,淮河重点平原洼地治理完成过半,洪泽湖周边滞洪区调整建设工程启动实施,长江扬州段堤防防洪能力提升工程加快实施。16项灾后应急治理工程如期实施并发挥效益。淮河干流滩区不安全居住人口全部搬迁,3个水美乡村试点县完成建设,均评估优秀、位列全国第一。沿海水利建设等区域治理项目加快推进。中央投资计划下达率、地方配套到位率、投资计划完成率100%,中央水利发展资金绩效评估连续五年优秀。以"零问题"通过水利部基建统计数据核查,在全国水利统计、监督工作会议上介绍经验。强化勘测设计行业管理,制定水闸、中小河流审查技术要点,提高规划设计质量。南通市全力推进江海堤防堤顶路建设,共贯通115千米,中央电视台多次报道。淮安市水利建设获省政府真抓实干鼓励激励通报表扬。

三是民生更加突出,铺陈了农村水利斑斓底色。服务乡村全面振兴战略,贴近农村实际,顺应农民期盼,加快建设以绿色为底色的农村水利工程体系,我厅负责的农村供水保障工作、洪泽湖渔民上岸工作,在省人大常委会对省政府各部门乡村振兴战略实施情况、为民办实事工作评议中,分获第二、第一。在灌区改造方面全国第一,共实施了35个大中型灌区配套改造工程项目,累计完成投资21.25亿元,规模及进度均居全国第一。扬州高邮灌区、南京龙袍圩灌区获评全国第二批灌区水效领跑者。在水土保持方面全国优秀,省委、省政府主要领导给予肯定。张家港获评"国家水土保持示范县",南京江宁汤山水土保持示范园项目创成国家级。在农村生态河道建设方面升级提速,农村生态河道覆盖率被省委、省政府纳入市县推进乡村振兴实绩考核,以乡镇为单位全域加快推进。全省已建成农村生态河道5 500多条段、2.2万余千米,覆盖率已达28.8%。在水库移民扶持方面群众获益最大,完成20个"美丽库区·幸福家园"项目和15个移民村产业项目,8万余人受益。连云港赣榆区移民后扶作为全省样板县区接受水利部现场评估并获得好评,石梁河水库实施专项整治,终结了无序采砂、围网养殖,实现了生态富民。

四是制度更加健全,打造了严格管水江苏样板。强化用水总量和用水强度双重控制,拓展丰水地区水资源管理的新空间。在最严格考核方面,国家最严格水资源管理制度考核连获优秀,获国务院通报表扬。全省用水总量稳定在500亿立方米以内,万元GDP水耗预计较上年下降5%以上。完成18条跨市重点河湖水量分配,确定28个重点河湖生态水位,基本建立区域总量控制体系。完成81个取水口规范化建设,取水许可电子证照实现全覆盖。出台全国首个水源地管理地方标准,完成31个水源地规范化建设。基本实现非农计量和大型、重点中型灌区计量全覆盖。在刚性约束方面,开展南京江北新区等8个"四水四定"试点,苏州吴江区开展水资源管理集成创新示范;地下水管控指标经水利部审查通过、省政府批准实施,全省地下水位稳定回升。在节水护水方面,率先出台用水单位水务经理管理制度、重点用水单位节约用水管理办法、节水型工业园区建设标准,补充部分行业用水定额,建成全国首批节水型工业园区、节水型高速公路服务区等载体。开展节水评价和用水审计,创建各类省级节水型载体489家。评选产生20家省级第三批水效领跑者、28家省级节水教育基地。长三角生态绿色一体化发展示范区苏州吴江区建成国家级达标县。句容市完成全省首单地表水水权交易。

五是行为更加匠心，收获了建设管理良好质效。出台"十四五"质量提升行动计划，印发加快推进厅属管理单位和水文系统现代化建设意见，全面布置水利工程建设提质、管理提效和水文事业发展。江都水利枢纽"精细化质量管理模式"荣获第四届中国质量奖提名奖。严格工程建设质量，开展363次专项行动，提出质量问题和建议3 164条，开展质量、安全和农民工工资等专项稽察，整改问题1 091个。质量考核蝉联"优秀等次"，今年获得大禹奖8项，创单年获奖数量新高，占全国年度获奖数的17.8%，总数已达34个，居全国第一。严把工程管护品质，报请省政府印发巩固提升水库运行管护和除险加固工作通知，小型水库除险加固和安全鉴定实现常态化，完工10座小水库除险加固，完成44座规范化小水库建设，形成江苏样板。精细化管理单位已有100家，被水利部肯定为标准化管理的升级版。对全省总库容大于10万立方米的重点塘坝全面核查，向省政府请示开展除险加固。骆运管理处皂河水利枢纽工程入选水利部"第三届水工程与水文化有机融合案例"。严抓工程运行成效，通过精心维养、精准运行，水利工程、水文设施功能得以长期维持，效益衰减能够及时补偿，工程设备完好率在95%以上，太湖管理处搭建精细化管理平台，做到一个平台全掌握。洪泽湖管理处率先建立三河闸警务室，打造立体全天候依法管水新模式；秦淮河管理处在省管湖泊中率先实施无人机实时在线巡查石臼湖固城湖；引江河管理处强化里下河湖区水葫芦等水面漂浮物清剿，打捞漂浮物460万吨。2021年，全省水库共拦蓄洪水37亿立方米、灌溉供水16亿立方米，水闸引排水1 567亿立方米，泵站运行56.6万台时、抽引水167亿立方米，全年安全运行零事故，发挥巨大工程效益。

六是改革更加有力，激发了水利发展内生动力。按照省委、省政府和水利部关于深化改革部署，系统推进水利重大改革和数字化转型升级。加快智慧水利建设，先行先试数字孪生"一江两湖"和智能泵站等4个项目，规划建设"3＋N"业务应用系统，秦淮河生态河湖监测体系南京区域基本建成，太湖流域一体化调度应用系统扎实推进，无锡在全省率先开展水利数字孪生河网示范区建设。深化农业水价综合改革，实现改革面积、计量设施、工程产权、管护组织"四个全覆盖"。加快农村水利管护体制改革，会同省发改委、财政厅等7部门印发工作意见，制定实施方案，基本建成全省基层水利服务网络。积极探索水权改革，出台水权指导意见，制定水权交易管理办法，完成不同类型水权交易22单，常州溧阳区成交全省最大的"农转供"水权交易，宿迁完成首例"农转工"地表水水权交易。法治水利建设不断深化，全面贯彻落实长江保护法，颁布实施农村水利条例，修订实施《（江苏省）河道管理条例》等7部法规，扎实推进《（江苏省）洪泽湖保护条例》立法。泰州市在全省率先出台河长制工作条例，徐州市苏鲁边界治水"五联机制"全国首创，省际边界治水联动全覆盖。苏州市"府（政府）院（检察院）联动"模式受到最高院肯定。"放管服"改革持续深入，完成26个省级以上开发区水资源论证区域评估，探索建立取水许可承诺告知制度，出台涉河项目监管办法并被水利部推广，年度审批项目监管实现全覆盖。水利投入保障机制加快完善，正在谋划落实土地出让收益用于乡村振兴水利项目。率先制定行蓄洪区管理与生态建设实施意见，经省政府同意印发。

七是保障更加坚实，取得了管党治党过硬业绩。各级党组织深入贯彻新时代党的建设总要求，弘扬伟大建党精神，以党的政治建设为统领，坚定不移推进全面从严治党。把抓好党建作为最大政绩，主动扛起主体责任，持续建强担当负责的战斗堡垒，营造风清气正的政治生态，实现管党治党与业务工作深度融合，自觉做"两个确立"的坚定捍卫者和忠实践行者。把党史学习教育作为重要政治任务，结合"两在两同"建新功行动，办结民生实事255件，扎实推进党史学习教育走深走实，江苏党史学习教育简报9次刊发我厅做法，总渠管理处党史学习教育得到省委督导组的充分肯定。始终树立大抓基层的鲜明导向，基层党组织全面过硬。把贯彻"三不"一体推进战略作为重要抓手，着力打造"亲清水利 廉洁机关"建设品牌。驰而不息加强党的作风建设，坚持落实中央八项规定精神不放松，坚决纠治"四风"，完善作风建设长效机制，以零容忍态度查处每一件问题线索，全省水利系统正气充盈。坚持党管人才原则，注重在事业发展一线考察识别、培养管理、选拔使用干部，全力打造忠诚干净担当的高素质干部队伍。

这一年，我们顺势而上，更进一步，抒写了生态河湖蝶变幸福河湖的精美答卷。

我们认真贯彻习近平生态文明思想，树牢生态优先、绿色发展理念，全面完成生态河湖三年行动计划，推动我省河湖面貌发生转折性变化。立足高起点，启航再出发，全面启动幸福河湖建设，增添美丽江苏水韵成色。

一是敢于在前，生态河湖建设率先发起。2017年，我们提出"推动生态河湖建设，全力打造水美江苏"的思路，得到省委、省政府的认可，省政府出台生态河湖行动计划，在全国率先部署开展生态河湖建设，明确了新时期生态治水作战图，展现"河通水畅、江淮安澜，水清岸绿、生物多样，人水和谐、景美文昌"愿景。13个设区市均以市政府文件发布生态河湖行动计划，省有关部门制定工作方案，生态河湖建设得以全面推进，被水利部列为4个创新事项之一，为全国河湖治理探索了新路子。

二是勇打硬战，河湖面貌实现本质改观。以河长制为依托，以"两违""三乱"整治为突破口，在全省上下共同努力下，推动解决了一大批河湖管理的难点问题。"一江两湖"全面禁采，国家级和省级水生态文明城市建设数量为各省之最，全省84%的主要河湖生态状况达到优良，退圩还湖累计新增水面200平方千米，累计划定10千米保护线。长江岸线利用再退出15.2千米，生态岸线比再增1.2个百分点，太湖连续14年实现"两个确保"。洪泽湖2万住船渔民上岸安居，省委、省政府主要领导批示肯定。共建成水美乡村1 615个、"美丽库区·幸福家园"170个，省级以上水利风景区176家。央视新闻联播专题报道江苏水生态文明建设经验。

三是水到渠成，江苏之治案例世界发布。早在2019年，国务院发展研究中心就在全国调阅生态文明建设案例。我省河长制实践入选《贯彻新发展理念实践案例（精选2021）》，是生态文明建设方面的唯一案例。中国国际发展知识中心特邀我厅专题专场向国际社会发布。我们专门向省委、省政府主要领导进行了汇报，书记、省长都很高兴。我们高度重视这次不可复制、不容闪失的发布活动，组织工作专班精心准备，南通、苏州吴江、昆山、常州武进等地全力配合，德国河长、浙江湖州河长友情支持。2021年6月15日，国务院发展研究中心在北京举行发布活动，我作主发布演讲。可以说，这次发布活动是闪亮登场、惊艳收场，获得广泛关注、赢得广泛赞誉。也可以说，这场发布会也为生态河湖行动画了一个圆满的句号。

四是审时度势，幸福河湖建设全面开启。基于"河湖生态环境发生转折性变化"的局面，顺应"走在前列"的历史使命，响应习近平总书记建设"造福人民的幸福河"的伟大号召，我们适时提出了"建设幸福河湖"的建议。6月19日，也就是北京发布会后的第4天，省委、省政府主要领导签发省总河长令，部署在全省开展幸福河湖建设,开启生态河湖建设向幸福河湖建设的华丽蝶变。省级相继发布幸福河湖建设指导意见、幸福河湖评价办法等文件,协调将幸福河湖建设纳入省高质量发展综合考核。全省各地加快建设幸福河湖,去年已建成630条幸福河湖。

这一年,疫情防控、安全生产、信访稳定等任务有效落实,政务督办、新闻宣传、财务审计等工作有力推进,离退休干部、工青妇、后勤等方面有序保障。

发展历程令人难忘,发展成果令人鼓舞。这些成绩的取得,归功于以习近平同志为核心的党中央掌舵领航,归功于习近平新时代中国特色社会主义思想的科学指引,归功于省委、省政府的团结带领,归功于厅党组的统筹谋划,更归功于广大干部职工的汗水辛劳。借此机会,我代表厅党组,向广大水利干部职工致以诚挚的问候!

二、重要时期,清醒认知,把握水利发展新要求

习近平总书记指出,进入新发展阶段,是中华民族伟大复兴历史进程的大跨越,要完整准确全面贯彻新发展理念,加快构建新发展格局。这明确了我国发展的历史方位,阐明了实践发展的理念和路径。省第十四次党代会践行习近平总书记赋予江苏的三大历史使命,明确提出六个显著提升目标、九个方面重点任务,号召全省人民奋力谱写"强富美高"新江苏现代化建设新篇章。这要求我们不懈奋斗、守正创新,为畅通经济循环提供优质的水资源保障,为实现安全发展提供坚实的水安全保障,为建成美丽江苏提供灵动的水生态保障。

(一)锚定现代化建设的方向指引。习近平总书记指出,进入新发展阶段,我们的任务就是全面建设社会主义现代化国家。省委、省政府擘画了江苏率先基本实现社会主义现代化的美好图景,要求以现代化的理念、标准和思路系统谋划推进所有工作。踏上新征程,我们明确提出,以六大水利建设为抓手,加快构建与省域现代化进程相适应的水安全保障体系,奋力走在水利现代化建设最前列。要实现上述目标,必须统筹好山水林田湖,把握好江海河湖库,协调好东西南北中,落实到省市县乡村,具体到干支斗农毛,在明晰战略战术、制定政策措施、落实工作部署中把准导向、找准定位、瞄准目标。

一要把准幸福河湖建设导向。习近平总书记2019年9月视察黄河时,发出了"让黄河成为造福人民的幸福河"的动员令;习近平总书记2020年11月到我省视察时,提出了"共同保护好大运河,使运河永远造福人民"的新希望,这指明了河湖治理保护的根本方向。江苏作为河网交织之地、著名鱼米之乡,河湖是"强富美高"新江苏的空间所在、优势所在、潜力所在。我们要按照省总河长令部署,聚焦群众关注的水问题,用好河长制的主抓手,踏好幸福河湖的节奏点,把顺畅河网水系、治理保护河湖、修复生态环境、打造乐水载体摆上更加突出的位置,力争2025年全省城市建成区河湖基本建成幸福河湖,2030年骨干河湖与条件较好的农村河道建成幸福河湖,2035年全省河湖总体展现"河安湖晏、水清岸绿、鱼翔浅底、文昌人和"的幸福模样。

二要找准现代水网功能定位。习近平总书记强调,要以优化水资源配置体系、完善流域防洪减灾体系为重点,统筹存量和增量,加强互联互通,加快构建国家水网主骨架和大动脉,为全面建设社会主义现代化国家提供有力的水安全保障。遵照这一重大部署,水利部正在编制《国家水网建设规划纲要》,已经印发《关于实施国家水网重大工程的指导意见》,提出到2025年建设一批国家水网骨干工程,有序实施省市县水网建设。江苏的天文、地文和水文特点决定,我省建设现代化水网基础最好、优势最佳。各地要切实谋划和实施好水网建设,重点以流域性行蓄洪河湖及跨流域供水河湖为骨架,以大中型闸站库等控制性工程为节点,以区域性骨干河湖为脉络,以城乡河塘为机体,打造"九路入海、八河归江、三纵调度、五湖调蓄"为纲、"百湖、千库、万河、兆塘"为目的江苏水网,努力打造国家水网江苏样板。

三要瞄准系统治理发展目标。习近平总书记提出,治水要统筹自然生态的各要素,不能就水论水,要用系统论的思想方法看问题,统筹山水林田湖治理水。这是新时期治水的根本遵循。我们要努力提高治水主体的协同性,用好河湖长制平台,完善政策措施和水利规划,强化涉水部门的工作合力,用好市场机制,健全治水议事协调机制,实现全社会联动治水。要提高流域治理的整体性,完善流域、区域、城市协调的调度平台,健全布局合理、功能全面、技术先进的监测体系,建立水资源优化配置、水生态共保联治、水灾害联防共治工作机制,实行流域统一规划、统一管理、统一保护。要提高治水措施的系统性,遵循生态系统的整体性,综合运用行政、经济、法律、宣传等手段,统筹工程措施和非工程手段,系统推进水源涵养、洪水调蓄、生物多样性保护。

(二)跟定新发展理念的思想牵引。习近平总书记强调,新发展理念是一个系统的理论体系,是经济社会发展的工作要求,也是十分重要的政治要求,全党必须完整、准确、全面贯彻新发展理念。对标对表这一重要部署,我们水利部门该如何完整准确全面贯彻新发展理念,如何实现更高标准、更高水平、更可持续、更加安全的发展?

一要厘清正确的发展观。习近平总书记指出,为人民谋幸福、为民族谋复兴,这既是我们党领导现代化建设的出发点和落脚点,也是新发展理念的根和魂。只有坚持以人民为中心的发展思想,坚持发展为了人民、发展依靠人民、发展成果由人民分享,才会有正确的发展观。新发展阶段,我们必须更加聚焦党中央提出的共同富裕目标,按照省委、省政府确立的"努力在促进共同富裕上走在前、做示范"的工作要求,始终把满足人民对美好生活环境的新期待,作为一切工作的出发点和落脚点,在推动水利事业发展过程中不断地、逐步地解决好水灾害防治、水资源短缺、水生态损害、水环境污染等新老水问题,不断增强人民群众对水利的获得感、幸福感和安全感。

二要认清掣肘的胶着点。习近平总书记指出,我国发展站在了新的历史起点上,要坚持问题导向,更加精准地贯彻新发展理念,切实解决好发展不平衡、不充分问题。从我省水利发展现状看,仍然存在不少问题和短板。比如,工程体系的短板导致防洪除涝压力大。淮河流域行洪与区域排涝之间的矛盾突出,长江局部河势不稳,太湖与长江之间河道引排能力不足,新沂河以北、里下河、太湖西部等地区排涝能力不强。比如,监管手段的短缺导致水生态环境治理难。我省水量总体丰沛,节水动力不足,水质型缺水问题尚存,降排放、保供水的压力很大;我省土地开发利用程度高、生态环境承载压力大,河湖环境污染与生态退化问题突出,源头管控、过程控制、末端治理的潜力很大。比如,治理能力的弱项导致水安全保障卡脖子。尽管我省水法规体系比较完善,但是执行端的威慑力和权威性还不高,水权交易、水价调节等配套措施不健全;尽管我省水网建设的需求很强,但是工程建设与土地约束之间的矛盾突出,如何通过空间管控、风险分摊等手段,更好地做到既能畅快地泄、又能适当地滞,还需要寻找突破口。

三要分清改革的关键处。习近平总书记强调,完整准确全面贯彻新发展理念,既要以新发展理念指导引领全面深化改革,又要通过深化改革为完整、准确、全面贯彻新发展理念提供体制机制保障。这就要求我们因地制宜、探索创新,坚持在法治下推进改革,在改革中完善各项体制机制。要依托河长制,理顺流域防洪、水资源、河湖、水生态保护等方面的管理事权,明确上下游、左右岸、干支流的管理责任,健全以流域为单元、流域与区域相协调的治水管水体制。要坚持两手发力,落实丰水地区节水优先走在前列的部署,健全水权分配和水权交易制度,培育水权交易市场,完善水利工程供水价格核定、定价成本监审制度,建立有利于促进水资源节约和水利工程良性运行、与投融资体制相适应的水利工程水价形成机制;探索水生态产品价值实现机制和水流生态保护补偿机制,健全多元化水利投融资机制。要注重协同高效,完善水利工程建设管理、运行管理和安全生产保障机制,推进水利安全管理提质增效。要坚持依法治水,健全水法律法规制度、水行政执法体系、水利"放管服"机制,夯实水利法治基础。

(三)铁定高质量发展的路径导引。习近平总书记强调,"十四五"时期经济社会发展要以推动高质量发展为主题,这是根据我国发展阶段、发展环境、发展条件变化作出的科学判断。这也是为全面建设社会主义现代化国家开好局、起好步的关键之举。省第十四次党代会提出,在改革创新、推动高质量发展上争当表率,就是要坚持以深化供给侧结构性改革为主线,更加彻底地转方式、调结构、增动能,加快实现江苏发展的凤凰涅槃。我省按照水利部李国英部长的要求,率先开展了水利高质量发展的探索,实现了高质量发展的稳健起航。今后几年,将是我省水利高质量发展的关键期、攻坚期和窗口期,必须坚定落实省委、省政府部署,奋力开启水利高质量发展新局面。

一要明晰发展思路。全省水利系统要坚决扛起"三大光荣使命",深入贯彻习近平总书记对江苏工作的重要讲话指示精神和党中央重大决策部署,深入践行"十六字"治水方针,紧紧围绕"强富美高"新江苏现代化建设大局,以系统治水为导向,以幸福河湖为载体,以改革创新为动力,遵循自然规律,树牢底线思维,强化风险意识,全方位增强灾害防治,全社会推进节水减排,全省域复苏河湖生态,全流程实现数字增效,全行业提升高效管理,加快打造"六大水利",努力实现以规模扩张为主向、以提质增效为主的转变,走出一条具有时代特征、江苏特色的水利高质量发展之路,为率先实现水利现代化开好头、起好步、探好路。

二要清晰发展愿景。在我省,由于特殊的地理位置和气候条件,兴水利、除水害在经济社会发展中始终处于基础性、战略性、先导性地位。聚焦打造水利高质量发展的示范区,我省水利高质量发展的目标,就是要实现"水安全有效保障、水资源永续利用、水生态系统复苏、水管理智能高效、水文化传承弘扬",保障经济社会安全与发展;我省水利高质量发展的着力点,就是要高起点规划现代水网、奠定水安全保障的根基,高品质建设水利工程、筑牢水旱灾害防御的坚实基础,高精度防控水旱灾害、保障人民生命财产安全,高效率利用水流资源、支撑经济社会可持续发展,高标准保护水流生态、为高品质生活提供水环境保障,高水平建设智慧水利、以信息化引领水利现代化发展,高效能落实要素保障、形成全社会推动水利高质量发展的局面。

三要辨晰发展底线。水安全是涉及国家长治久安的大事,治水管水是事关中华民族伟大复兴的千秋大计。在我省,人口稠密、产业集聚、财富富集,任何地方都淹不得、淹不起。全省经济连续多年延续稳定向好态势,发展动能接续转换,人民生活水平持续提升,这非常不容易。尤其今年是特殊之年,冬奥会、冬残奥会将在我国举办,党的二十大将于下半年召开,水利更要下好先手棋、打好主动仗，决不能给大局添乱。要守好防洪安全底线，建设好防洪减灾工程，发挥好水利工程效益，最大程度减少人员伤亡和财产损失，保障人民群众生命财产安全；要守好粮食安全底线，以大中型灌区节水改造为牵引，大力推进农村水利基础设施建设，为粮食生产夯实基础，切实把饭碗牢牢端在自己手中；要守好供水安全底线，推动实施农村饮水安全保障工程建设，深化水源地达标建设和长效管护，完善城乡一体化供水保障体系，为经济社会发展供好水；要守好生态安全底线，大尺度推进河湖治理保护，不断提升生态系统质量和稳定性，为率先建成生态示范省作贡献；要守好安全发展的底线，深化"三年大灶"等安全整治，做实稳定的压舱石，保障水利事业安全快速发展。

三、重点任务，敢于突破，夺取水利工作新进展

2022年是党的二十大召开之年，是"强富美高"新江苏现代化建设全面开启之年，是新一届省委、省政府履新担纲之年，是幸福河湖建设全面推进之年，做好今年的水利工作，事关重大。今年的重点任务是：全面落实省十四次党代会部署和水利部要求，围绕水利现代化大目标，在确保水旱灾害防御取得胜利、服务民生成效不断显现、工程安全高效得到保障、资源集约节约持续提升的基础上，力争在重大工程建设上取得突破、在重大项目规划上取得突破、在幸福河湖建设上取得突破、在数字转型升级上取得突破，奋力在各项工作上当表率、做示范、走在前。

（一）全力推进重大水利工程，助力国家水网建设。围绕国家水网重大工程建设部署，深入规划研究，完善布局方案，强化项目储备，加快工程建设，构建集水灾害防御、水资源调配、水生态保护等功能于一体，大中小协调配套的"江苏水网"。一要着力强化规划统筹。按照水利部防洪工程和水网工程实施安排，完成重点规划、完备规划体系、完善规划管理。加快完成水利基础设施空间布局规划审查审批，为今后一段时期水利项目建设留空间。全面启动三大流域防洪规划修编工作，完善防洪工程体系。继续推进南水北调东线后续工程前期工作，前几天，国家南水北调专家咨询委员会来江苏调研，我向院士专家们反映了我省诉求。我们要全力配合国家做好规划论证和前期工作，特别是长江至洪泽湖段的线路安排，要深入研究、积极争取。二要着力强化项目推进。围绕国家重大战略，建成一批、实施一批、力推一批重大工程，完成重点水利工程投资135亿元以上。环太湖大堤后续工程、淮河流域重点平原洼地近期治理要在年内建成投运。洪泽湖周边滞洪区建设要结合退圩还湖全面加快实施，吴淞江（江苏段）整治先导段力争开工建设。淮河入海水道二期工程用地预审等关键性前置要件即将到期失效，要抓紧向上对接、做好延期和补办工作。要抓住用好国家批复新一轮江苏沿海地区发展规划重大历史机遇，加快沿海水利基础设施建设，提升防洪防潮排涝减灾能力，完善水资源配置体系，为打造沿海新经济增长极提供强大水利支撑。三要着力落实要素保障。聚焦用地、生态等关键要素，上下联动、积极协调，切实破解制约。去年用地审批权下放试点已结束，上收自然资源部后，审查标准更高、审批周期更长。各地要把征地和移民安置等作为工程建设方案优化比选论证的重要因素，在保证河湖行蓄水能力的前提下，尽量减少占地和移民数量，尽量不占用永久基本农田，尽量避开生态红线。要及时落实耕地占补平衡、基本农田补划和用地规划空间指标；统筹做好移民安置规划和征地补偿安置方案的衔接，切实保护被征地农民权益；积极探索研究环评、生态红线、生态敏感区简化论证方案，提高前期工作效率。

（二）加快提升灾害防御水平，守牢水利安全底线。深入贯彻"两个坚持、三个转变"

防灾减灾救灾新理念,完善水旱灾害风险防控体系,提升水旱灾害综合防御能力,守牢水旱灾害风险防控底线。一要抓实汛前准备。强化责任制落实,组织省、市、县层层签订责任状,公布防汛抗旱责任人名单,做好各级责任人培训。认真开展水旱灾害风险普查,摸清底数,查明能力。组织汛前检查,分类整改到位。督促责任单位落实度汛措施和预案,加快水毁工程修复,严肃查处危及防汛安全违法行为,确保度汛安全。二要提高"四预"水平。在预报上,完善预报方案,基本建成太湖地区预报调度一体化平台,推进太湖地区典型区数字水网孪生底板建设。在预警上,进一步规范预警发布机制,及时发布预警信息。在预演上,运用数字化、智慧化手段开展洪水联合调度预演,为工程调度提供科学决策支持。在预案上,细化完善洪水调度方案,编制流域区域水工程联合调度方案,完善超标准洪水防御预案,提高指导性和可操作性。短期内我们要做到"四预"上的整体突破可能比较难,但是不是可以在一两个"预"上取得突破呢?三要提升应急能力。加快智能化决策指挥系统建设,加强水利系统防汛抢险专业队伍建设,组建防汛抢险专家库,运用"政府＋市场"机制,引导企事业单位组建巡堤查险队伍。提高防汛装备现代化水平,及时补充更新防汛物资。完善堤防巡查检查、应急抢险现场支撑机制,建立险情分析预警与处置系统。

(三)持续完善服务保障能力,支撑乡村全面振兴。要找准服务乡村振兴的着力点,优化工作思路,提升工作效能。一是工程项目建设再加快。完成农村水利投资80亿元,加强与高标准农田建设的衔接,加快实施大中型灌区现代化改造,服务高标准农田建设。以考核为抓手,集中连片推进农村生态河道建设,年底前全省农村生态河道总体覆盖率提升到30%以上。持之以恒做好农村供水保障工作,努力把农村供水保障能力提升到更高水平。参照小型水库建设标准,组织对全省重点塘坝进行安全鉴定,为启动除险加固改造创造条件,同时要建立长效管护机制,确保塘坝正常安全运行。二是水土保持监管再发力。积极推进生态清洁小流域创建,努力打造水土保持生态样板,建成一批国家级水土保持示范项目。分解细化水土保持率目标,提升水土保持监测能力,加强全域水土流失动态监测,动态分析水土流失状况,为美丽中国建设评估提供基础支撑。三是水库移民帮促再做实。牵头做好丰县湖西片区整体帮促工作,特别是今年项目要尽早落实。发挥水利整体优势,加大对其余重点片区、革命老区和12个重点县的帮促力度,成片推进20个美丽移民乡村建设,持续实施人居环境整治,支持产业帮扶,增强移民村发展内生动力,促进群众增收致富。

(四)纵深推进河湖管理保护,增添美丽江苏成色。坚持"五水一岸线"综合治理、系统治理,提升江河湖库管理水平,不断提升河湖生态功能。一要加快幸福河湖建设。以河长制为牵引,全面推动幸福河湖建设。各地要编制幸福河湖建设规划和实施方案,每个设区市建成幸福河湖15条以上,全省建成200条以上。这里我也提醒一下,今后全省都要统一到"幸福河湖"的旗下,不要再有别的提法了。要把水环境治理作为优先任务,巩固"两违三乱"和"清四乱"整治成果,推进重点河湖水生态修复和保护。强化协作共治,今年县级以上骨干跨界河道要全覆盖建立协同机制。建成长江河长数字化监控系统,强化河长制信息化平台应用。二要突出重点河湖治理。落实长江保护法赋予的各项职责要求,强化长江综合监管,完善堤防岸线动态管控机制,定期开展监测评估,巩固长江岸线清理整治成效。启动太湖新一轮生态清淤工程,加快构建湖滨生态带。落实蓝藻打捞处置"十四五"专项规划工作任务,推进蓝藻打捞处置信息化平台建设,做好调水引流工作,服务保障太湖高水平安全度夏。推动洪泽湖保护条例出台,充分发挥洪泽湖管委会平台作用,制定新一轮三年计划,统筹滞洪区近期工程建设和退圩还湖,有序实施环湖空间生态带修复和入湖河道生态廊道治理,全力打造淮安百里画廊。稳步推动长荡湖、固城湖等退圩还湖工程建设,恢复自由水面 30 平方千米。三要加强水域空间保护。加密河湖管控"一张网",完成湖泊名录中新增的 322 个单体湖泊划界,推动河湖划界向乡镇级河道延伸。制定水域岸线分区管控管理办法,建立分区管控机制,确保县级单元生态岸线只增不减。布局水域监测"一张图",分级实施水域动态监测,开展以县市区为基本单元的水域面积动态监管,出台河湖水域保护状况监测、水域面积调查等技术标准,发布《水域保护状况》白皮书。开展 7 个省级水域保护示范区试点建设,试点创新"水域银行"机制。强化堤防隐患排查,建立动态销号机制,实现堤防安全运行。

（五）系统实现水资源集约化,支持绿色低碳发展。深化贯彻"四水四定",保障刚性用水需求,提升水资源利用效率,全省用水总量控制在 620 亿立方米以内,万元 GDP 用水量下降 6.8% 以上。一要强化水资源刚性约束。研究制定水资源刚性约束制度建设实施意见,明确关键指标、重点制度和关键举措。8 个"四水四定"试点地区要完成实施方案编制。落实污水资源化利用要求,组织典型地区再生水利用配置试点建设。二要充分发挥最严格考核作用。全面做好 2021 年度最严格水资源管理制度考核工作,力争继续位居前列。要通过考核,真正提高管理水平、提高利用效率。抓紧完成重点河湖水量调度方案编制,落实生态水位和流量保障要求,重点河湖满足程度不低于 90%。持续加强水资源量质监测和重点河湖水生态监测,继续开展重点河湖生态状况评价。三要深入实施国家节水行动。进一步完善节水评价制度,分区分类制订节水目标和措施。持续推进南水北调受水区、长江干流沿线等重点地区的节水型社会建设,国家级县域节水型社会达标覆盖面进一步提高。加快推进节水型工业园区建设,在重点行业打造节水示范标杆。全省水利行业全面建成节水型单位,重点行业主要产品用水定额覆盖面进一步提升。四要持续推进管理创新。加快实施 1 000 个以上取水工程的规范化改造,完成 10 个以上城市水源地的规范化建设,新建 124 个重点大中型灌区的 577 个取用水在线监测站,推进 10 个以上水资源论证区域评估,深入探索取水许可告知承诺制。完成 10 个以上水权交易试点,省级水权交易平台尽快运行。贯彻国务院《地下水管理条例》,完成新一轮超采区划分调整、地下水井普查等工作,全面消除下降区域。

（六）切实提升质量安全档次,打造更多精品力作。积极弘扬工匠精神,紧紧围绕落实质量责任制,强化各项质量和安全监管措施,区域不分南北,工程不分类型,把优质精品作为常态化。一要靶向抓质量。对标"十四五"水利建设质量管理目标,精准管理每一个标段,优化质量管理环节,前移质量控制关口,强化设计质量监管,注重质量监督和质量检测,细化质量监管措施。实行精细化施工,应用新技术、新材料、新工艺和新设备,提升工程质量和安全。将水利工程优良率作为对各市质量考核的重要指标,提升质量管理标准化水平,着力打造优质工程、百年工程。二要定制创新形象。选择一批泵站、水闸、河道、堤防,从设计、施工到管护全程创新创优,省重点工程争取申报 5 项大禹奖工程,建成 10 项省水利优质工程、20 个省文明工地。发挥省市县三级稽察机制,全方位监管,全周期控制,省级项目稽察要达到 50 个以上。加强招标投标监管,遏制低价恶性竞争。用数字化增效能,加快建设项目管理信息系统。引入市场竞争机制,加强信用管理,实施奖优罚劣,推行优质优价,争创更多国优、部优和省优。三要专业提品质。指导各地组建常设专职项目法人机构,保障项目法人履职。加强初步设计、施工图审查、安全生产分级分类监管,全面落实项目法人主体责任和市县主管部门监管责任。全面落实参建各方主体质量责任,强化建设单位首要责任和勘察、设计、施工单位主体责任。推进工程质量管理标准化、建设装配化研究和应用。加强制度建设,大力推行各类技术标准和规范的制定,提升管理水平和能力。

(七)整体强化运行管理功能,保障效益持久发挥。健全运行管理长效机制,整体提升工程运行管理和服务水平,确保水利工程安全运行和效益发挥。一要夯实运行基础。压实运行管理安全责任,落实管护主体、经费、人员和措施。建立覆盖全省大中型闸站工程和所有水库的信息档案,完善管理设施和安全监测设施,常态化开展工程检查、监测和安全鉴定,加快病险工程除险加固,着力提升工程运行安全度、可靠度。建立风险防范机制,强化工程日常管理和监督检查,严格病险工程和水库工程运行监管,确保工程运行安全。二要深化精细管理。实施工程精密监测,构建运行管理全要素数据系统,加快推进老旧设施设备升级改造,开展工程智能化改造,利用数字孪生技术提升工程运行效能,力争创国家级水管单位2家、省级水管单位15家。抓好小型水库运行管理,完成一半以上的小型水库管理和保护规划编制工作。汛前全省所有水库要明确管理单位,落实专业、专职管理人员。加快开展智能化运行试点,大力推进水库规范化建设,创建更多的全国样板县。三要加强示范引领。厅属管理单位作为流域重要节点工程的前线阵地,水文系统作为水旱灾害防御的耳目尖兵,要贯彻落实厅属管理单位和水文系统高质量发展意见,充分发挥主力军、排头兵作用。加快三类、四类工程消险进度,抓紧实施老旧工程升级、超工况工程消险。要优化水文监测站网布局,用现代信息技术对传统水文测报进行升级,切实提升省属工程、水文测站品质。扎实开展全省水文站点维护保养,确保省级5300多处站点监测设施设备无病险,各类水文设施工况完好。要提升管理水平,鼓励管理技术输出,加快省级防汛物资盐城基地建设。四要注重文化养成。更加重视水文化的滋养和渗透功能,大运河文化带建设要落实落具,长江水文化建设要启动起势,深入挖掘治水历史和文化,创建更多更好的水情教育基地、水利风景区、节水教育场所,打造更多的水工程与水文化融合案例,创作更多有品味、有影响的影视作品、文化作品、专业书籍,不要让当下的"文化"变成需要后人挖掘的"历史"。

(八)实质开展智慧水利建设,顺应数字转型升级。适应新形势、新要求,加快智慧水利建设步伐,持续提高智慧决策、智慧治理、智慧服务水平。一要实化顶层设计。按照"需求牵引、应用至上、数字赋能、提升能力"的原则,抓紧出台智慧水利建设指导意见、水利信息化"十四五"规划,编制数字孪生流域建设方案,各市也要编制实施方案,支持有条件的地方先行实施。各地要树牢"一盘棋"思想,加强统筹协调,强力推动信息技术与水利深度融合。二要强化基础设施。加快构建涉及江河湖泊、水利工程和水利治理、水资源管理保护等方面的多维度、多尺度天空地一体化综合感知网,形成"全覆盖、自动化、智能化"的水利感知体系。升级水利信息网和水利云,实现涉水单位的全面互联互通,融合省市县"水利云"与政府大数据中心,提升"水利云"原生平台化能力。在"一张图"基础上,扩展三维展示功能,形成智慧水利数据底板。升级江苏水模型,建成标准统一、接口规范、分布部署、快速组装的水利模型平台。建成包括水利知识、智能算法和水利智能引擎的知识平台，为决策支持提供智慧支撑。三要活化应用能力。构建覆盖水利职能的"3+N"应用体系，推进水旱灾害防御指挥系统应用。数字孪生水网与物理水网同步设计、同步建设、同步投运。推进水资源与节约用水监控管理系统的应用，加强水资源全要素在线监测，初步实现取用水管理、水源地保障等实时预警与监控。深化河湖管理信息系统，运用遥感、人工智能、大数据等技术，建设智慧河湖数字化场景，构建河湖健康风险评价模型，提升治河管河能力。

四、重位担当，奋发作为，激生水利斗争新动能

踏上实现第二个百年奋斗目标新的赶考之路，我们要始终强化党建引领，弘扬伟大建党精神，认真学习百年宝贵经验，巩固党史教育成果，保持奋斗姿态和斗争精神，激发干事创业的激情伟力，提升改革发展的能力本领，扛起服务大局的使命担当。

（一）捍卫"两个确立"，从严管党治党。全省水利系统各级党组织要全面落实新时代党的建设总要求，纵深推进全面从严治党。一要强化政治引领。把学习贯彻习近平新时代中国特色社会主义思想作为首要政治任务，及时跟进学习习近平总书记最新讲话指示精神，始终用新思想领航定向。巩固拓展党史学习教育成果，牢记初心使命，将伟大建党精神融入血脉、铸入灵魂。严格落实意识形态工作责任制，始终高扬主旋律、凝聚正能量。突出政治监督，切实把政治监督融入水利改革发展全过程，及时发现问题、精准纠偏，推动中央和省委、省政府决策部署在水利系统不折不扣贯彻落实，坚决做到"两个维护"。二要夯实基层基础。健全完善"三级责任清单"制度，持续深化党建考核考评，全面推行党支部达标定级，推动基层党组织全面进步、全面过硬。大力实施党建创新工程，发挥好党支部战斗堡垒和党员先锋模范作用，以党建与中心工作深度融合为切入点、创新点，激发基层党建创新活力、干部职工创优动力，打造党委创新项目、党支部建设窗口、党员示范标兵，让党旗始终在水利一线高高飘扬。三要严格正风肃纪。坚持严的主基调，一体推进不敢腐、不能腐、不想腐，打造"亲清水利 廉政机关"建设品牌。加强对"一把手"和领导班子的监督，真正把"关键少数"管住、管好。坚定不移纠"四风"，深化整治形式主义官僚主义，切实为基层帮困解难、减负松绑。注重教育在先，促使党员干部形成讲规矩、守纪律、行动自觉。坚持用制度管权、管事、管人，紧盯水利行业重点领域、重点岗位，补齐制度短板，织密制度笼子。以问题为导向，深化政治巡察，开展专项整治，充分运用"第一种形态"抓早抓小、防微杜渐，推动问题有效整改整治。强化执纪问责，重拳出击，露头就打，坚决惩治，保持高压态势。各级党组织要一以贯之地支持纪检监察派驻部门开展工作，确保"两个责任"同向发力，巩固风清气正的良好政治生态。要改作风、树新风，担当实干、善于作为，踏实做事，在新征程上展现新气象。

（二）坚持依法治水，提升治理能力。水利事业的发展，既要有一时一事的具体措施，还应注重施之长远的体制机制法治建设，提高依法治水管水的能力和水平。一要健全法制。各地都要积极争取立法资源，加强水法规体系建设，省级重点推进《洪泽湖保护条例》立法和《水库管理条例》修法。要坚持法定职责必须为、法无授权不可为，压实主要负责人履行法治建设第一责任人职责，依法履行部门行政权力，严格重大行政决策合法性审查，在法治轨道上做好各项水利工作。要做好"放管服"工作，推动行政审批便利化、管理规范化、监管精准化。要加大执法力度，省级将开展执法办案竞赛、实施全省"无违"河道建设行动、长江采砂全链条打击，各地也要结合工作实际,保持水事违法案件的严查严办态势。二要严密监管。强化水利重大决策、重要政策、重点工作的督查检查,推动各项工作落地落实。要强化监督队伍,目前各设区市局均已设立监督部门,要适时向县级延伸,形成上下联动、分级负责的监督格局。要提升监督能力,引导专家和第三方机构参与,借助现代技术手段,实现不见面"远程监督",提高发现问题、解决问题的质效。要做好"12345"、"12314"和"96082"等平台涉水问题受理,倾听群众声音,办好民生实事。要高标准完成安全生产专项整治三年行动,慎终如始抓好常态化疫情防控,以高水平安全保障水利高质量发展。三要完善机制。要以河长制为抓手,推动河湖履职有能有效,流域和区域统筹兼顾。《长江保护法》的实施,已经开启流域管理有法可依局面,要加快建立相关机制,推进流域治理管理。要充分发挥洪泽湖管委会、联防指挥部等作用,推动"分段治"为"全域治"。要健全水利设施运行管护机制,落实管护主体、经费、人员,推广市场化、专业化管护模式。落实适度超前开展基础设施投资要求,健全多元化水利投融资机制,积极争取中央水利投资,用好水利中长期贷款等信贷资金,支持社会资本参与水利工程建设运营。

（三）锻造过硬队伍,激发创新活力。江苏水利发展得益于有一支政治坚定、作风过硬、业务精湛的队伍,70多年来这支队伍驰而不息,一茬接一茬,一棒接一棒,成就了持续辉煌。新阶段水利高质量发展任务繁重艰巨,需要更多心中有火、眼里有光的高素质专业化水利干部人才。一要坚持党管人才。贯彻省人才工作会议精神,牢固树立"人才是第一资源"的理念,把人才资源开发放在优先位置,做到人才工作优先谋划、优先推进、优先保障,在优先中形成更多的"走在前列"。要做好水利人才工作顶层设计,科学谋划水利人才工作思路、目标方向、重点任务和工作路径,加快实现水利人才队伍、人才效能和人才发展治理的现代化。要注重破立并举,深化人才发展体制机制改革,制定完善高层次人才选拔培养、急需紧缺人才引进、人才分类评价、资金投入、收入分配激励等制度办法,为人才创新发展作出制度安排、营造良好政策环境。二要加快培育人才。聚焦重点队伍建设,抓好高层次人才、重点领域人才、青年人才、高技能人才培养使用。要全链条做好人才培育、使用和保障工作,各级领导干部要当好新时代的伯乐,要有爱才的诚意、用才的胆识、聚才的良方。水利人才要勇于担负使命,注重解决实际问题,不断创造经得起实践检验的业绩。要注重年轻人才培养,将其作为一项关系全局、关乎长远的战略任务来推进。年轻同志要更加严格地要求自己、更加刻苦地学习业务、更加快速地提升能力,早日成为领军人才、顶级专家,筑就江苏水利"四梁八柱"。三要激励改革创新。要落实好"三项机制",鼓励、激励、添动力,容错、纠错、卸压力,能上、能下、增活力,为攻坚克难者担当,为遭受挫折者鼓气。要打好改革"组合拳",大力推进农村基础设施管护制度改革、水权制度改革等,主动塑造变革性实践、突破性进展、标志性成果,激发水利事业强大动力。要用好创新"工具包",实施创新驱动发展战略,在水利战略性、基础性、前沿性领域集中力量科技攻关,突破一批关键性、牵引性、集成性的水利技术,强化创新成果推广推介,真正使创新成为第一动力,提升江苏水利核心竞争力。

同志们,省第十四次党代会发出了"坚决扛起三大光荣使命,奋力谱写'强富美高'新江苏现代化建设新篇章"的动员令。江苏水利人要牢记嘱托、赓续使命,踔厉奋发、笃行不息,奋力推进水利现代化走在最前列,为全省经济社会高质量发展提供有力的水安全保障,以优异成绩迎接党的二十大胜利召开!

水 利 法 治

政策法规

【水法规制定及政策研究】 坚持将立法制规作为引领水利改革发展的关键措施,统筹推进法规制度"立改废释",不断完善符合新时代江苏治水要求的水法规制度体系。

1. 推进立法。树立流域化系统治理理念,按照流域统一规划、统一治理、统一调度、统一管理的要求,在洪泽湖率先开展地方立法实践。《江苏省洪泽湖保护条例》于2022年5月1日正式实施,作为我省首部针对单个湖泊制定的省级综合性法规,为洪泽湖系统治理、流域管理提供了法治保障。

2. 及时修法。坚持问题导向,围绕"要管住、要管好",组织修订水库管理条例,两次专题请示省政府同意,主动向省人大等汇报争取,组织开展省内外多种形式调研、专题请水利部大坝安全管理中心的权威专家把脉等,确保条例修订科学规范,目前已经通过省人大一审,有望彻底破除长期困扰水利部门的难题,为水库"管得住、管得好"提供有力的法制支撑。

3. 统筹"施废改释"。组织开展《长江保护法》实施情况调研,完成上报《水法》《防洪法》《长江保护法》河湖实施情况的报告,为人大推进相关法律解释提供江苏案例。完成《江苏省长江防洪工程管理办法》《江苏省长江河道采砂管理实施办法》两部省政府规章后评估,配合省人大常委会开展《江苏省河道管理条例》立法后评估;贯彻实施《长江保护法》《行政处罚法》,对3件涉水类政府规章清理修订。

4. 完善规范性文件体系。本年度制定出台6件规范性文件。按照省政府部署,全面开展省政府涉水行政规范性文件清理,保留26件,废止5件,修改2件。完成对省水利厅印发的现有有效的87件规范性文件清理,废止23部,修订4部。对省人大和其他厅局征求我厅意见的140件次法规规章规范性文件提出修改意见。

紧扣厅党组决策部署和厅主要领导要求,强化法治的规范支撑保障作用,推动中心工作有力、有效、有序落实。加强全省水利政策研究的指导,组织开展全系统节水优先战略、强化流域治理管理、全面推进幸福河湖建设等六个领域课题研究。按照厅党组部署,起草厅领导班子述职述廉述法报告、全省水利工作会议报告、全国水利工作会议以及省政府工作报告、水利调研报告等系列材料,承担了省人大常委会组织的固定资产管理专题、长江保护执法检查专题询问两项事宜,以及我厅有关征集专题内容、工作对接、答询材料牵头准备等保障工作。

【水利普法与法制宣传教育】 紧密结合依法治水工作要求,做优宣传品牌,使水法律法规借助更广泛的渠道传播,不断扩大社会影响力。制定下发全省水利普法依法治理工作要点,周密组织年度水利普法工作。指导南京等地升级提档"聚焦长江"水法治国家宣传园地,推进洪泽湖管理处打造宪法广场宣传阵地、水利领域全国性法治宣传教育基地1个、省级法治文化建设示范点5家。"世界水日""中国水周"期间,走进政务服务中心举办"地下水与我们息息相关"现场主题宣传活动;在《新华日报》开辟纪念宣传专版,在中国江苏门户网站开展在线访谈活动;协同13个设区市和9个管理单位加大公共交通网络同步宣传力度,进一步营造全省爱水、护水、节水的良好氛围。突出做好《洪泽湖保护条例》宣贯工作,联合省人大组织召开宣传贯彻座谈会,在《新华日报》开辟专版并邀请专家解读条例。组织参加水利部《习近平法治思想学习纲要》和《地下水管理条例》网络答题活动。

【水行政审批】 坚持把企业与群众的难点作为改进水利服务的重点，在更大范围、更深层次、更有利举措上推进水利"放管服"改革，持续优化水利营商环境，切实提高群众的获得感和满意度。

1. 全面实施权力清单。落实国务院办公厅和水利部要求，对照国务院发布的《行政许可事项清单（2022年版）》，组织全面梳理，编制印发我省水行政许可清单；指导各市按时完成水行政许可清单编制工作。根据法律法规"立改废释"和省权力清单专项清理核查要求，组织实施行政权力清单动态调整，更新完善政务服务事项办事指南。全域化推进水土保持、洪水影响评价、水资源论证区域评估，配合制定《2022年度江苏省区域评估工作要点》，编印区域评估改革第一批实践案例，加快推动区域评估成果应用、创新成果应用模式，试行告知承诺制，对已开展区域评估的开发区，区内新入驻项目、改扩建环节全部免费应用评估成果，切实减轻企业负担。制定全国首个《开发区水资源论证区域评估导则》，累计完成54个开发区水资源论证区域评估。

2. 持续优化营商环境。配合制定"苏政办22条"服务事项清单，编制水资源费和水土保持补偿费减征助企纾困政策措施服务指南，明确政策适用范围、减征对象、减征标准、征收部门和相关要求，指导市县严格落实助企纾困政策。会同制定关于简化厂房仓储类项目审批优化营商环境的若干措施、重大项目建设"一件事"改革方案，对于低风险厂房仓储类项目免于办理水土保持方案批复，全力推动重大项目早落地。深化取水许可电子证照改革，新增取水许可全部发放电子证照，加快推行水利工程质量检测单位资质等级证书（乙级）、河道采砂许可证等电子证照。以"群众满意"为工作目标，推进政务服务改革创新，完善政务服务标准化建设，共办结66件（其中告知承诺制8件），满意率达到100%；各类行政审批事项均无超期，提前办结率达90%，平均缩短法定办理时限70%左右。

3. 持续强化事中事后监管。创新监管方式，综合运用"列清单、双随机、适度查、用结果"等模式，深入推进"互联网＋监管"和信用风险分类监管等，加强对水行政审批监管工作的日常监督，建立对省、市水行政审批及监管情况季度通报制度，提高监管的精准性、有效性，省和各设区市分别组织对64 791个项目开展了事中事后监管，对监管中发现的问题及时提出并落实了处置措施，强化工作指导，组织对有关市县开展行政审批、事中事后监管、证照分离、区域评估工作调研指导。

【水行政复议】 认真做好行政复议、行政应诉、民事应诉工作。省厅2022年应对行政复议案件1件，经沟通协调，申请人主动撤回行政复议申请；应对行政诉讼案件2起，胜诉率100%。做好集资建房合同纠纷、民事诉讼工作，应对民事诉讼案件3件，一审、二审均胜诉。

【法治水利建设】 深入实施水利权限、程序、责任法定化，推动水利各项工作在法治轨道上运行。

1. 强化顶层设计。加强党对法治水利工作的全面领导，制定《关于深化学习宣传研究阐释贯彻落实习近平法治思想工作方案》任务分工方案，层层分解任务，压紧压实责任，将习近平法治思想贯彻落实到治水管水实践中。落实厅党组集体学法制度，厅党组集体学习《习近平法治思想学习纲要》《江苏省洪泽湖保护条例》等3次，组织参加水利部《习近平法治思想学习纲要》和《地下水管理条例》网络答题活动。贯彻水利部强化水利体制机制法治管理的指导意见，制定印发《江苏省"十四五"法治水利建设的实施意见》，制定全省法治水利年度计划和厅机关法治水利建设任务分解落实方案，部署依法行政工作，在法治轨道上推进水利各项工作,充分发挥了法治的固根本、稳预期、利长远作用。

2. 规范重大行政决策管理。健全科学、民主、依法决策机制,规范重大行政决策程序,提高决策质量和效率,《江苏省水行政处罚裁量权实施办法》《江苏省水行政处罚裁量权基准》制定列为2022年度厅重大行政决策事项,完成公众参与、专家咨询、合法性审查、集体审议决定等法定程序,并发布实施,其他重大行政决策均在厅党组会议审议,政法处依法出具审核意见。

3. 实施合法性审查。充实调整厅法律顾问委员会,通过组织召开法律咨询论证会议、专职律师坐班审核、厅公职律师集体研讨等方式,全面推行合法性审查模式,重大行政执法行为全部纳入合法性审查范畴,所有行政规范性文件制定开展合法性审查,探索实施重大规划文件合法性审查,对厅签订的100余份民事合同、政府信息公开事项40件次实施合法性审查。探索水行政执法和检察公益诉讼协作,全国首批十大涉水领域检察公益诉讼典型案例中我省占两例;组织开展水利系统行政许可案卷评查、全省水事矛盾纠纷集中排查和调处化解工作。

水政监察

【水利综合执法】 紧扣幸福河湖建设总目标,以执法办案竞赛为载体,扎实开展河湖"清四乱"常态化规范化、防汛保安及水文监测环境设施保护专项执法行动。

1. 开展执法办案竞赛。省水利厅印发《江苏省水行政执法办案竞赛实施方案(2022年)》,各地各单位全面动员,精心组织,严密实施,依法办案,全省共立案696起,同比增长13%,结案757起(含上年度立案的案件119起),总结案率高达92.9%,700余人直接参与执法办案,立案数、结案数、结案率、直接办案人数均比去年明显上升。苏州、盐城、徐州、无锡四市荣获"设区市执法办案标兵集体"称号;常熟市、东台市、吴江区、金湖县、沛县等15个县荣获"县级(市、区)执法办案标兵集体"称号;东台市水务局赵朋、杨小娟等40名执法人员荣获"执法办案标兵"称号,在广大执法人员中掀起了"履职尽责担使命,执法办案建新功"热潮,全省水行政执法效能大幅提升。

2. 开展专项执法活动。为落实水利部河湖"清四乱"常态化规范化管控要求,统筹防汛保安专项执法、水文监测环境及设施保护专项执法、水利部进驻式暗访发现问题整改、大运河文化带建设等执法工作,与河湖"清四乱"一起部署、一起落实,一起推进。及时出台《江苏省防汛保安和水文监测环境及设施保护专项执法行动方案》,从行动步骤、方法措施、组织安排等各方面作出周密部署,通过专项执法行动,大力开展防汛清障执法,消除碍洪违法行为。按照"消除存量,遏制增量"要求,进一步加大执法巡查和案件查办力度,对新近发生的水事违法行为,坚决依法查处到位。通过指导查办信访举报和开展"积案清零月"行动,加快各类水事违法案件查办进度。对水利部进驻式督查交办问题,第一时间组织相关地方现场核查,制定整改方案,明确整治时间表、路线图。通过视频连线、召开攻坚会、现场督导等方式会商重点难点问题,跟踪问效,推动问题解决,提高执法效率。水利部进驻式督查交办的32个大运河"四乱"问题,完成整改29个,水利部太湖流域管理局交办的涉太湖岛屿、苏南运河、淀山湖水域71个"四乱"问题,完成整改68个;防汛保安和水文监测环境及设施保护专项执法行动,共出动执法人员8万余人次,执法车、船18 000多台(航)次,发现问题线索1 200多条;28件信访

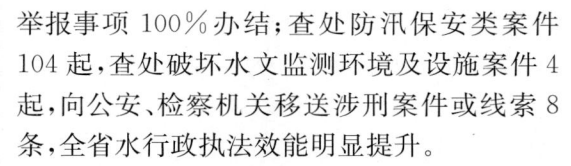

举报事项100%办结;查处防汛保安类案件104起,查处破坏水文监测环境及设施案件4起,向公安、检察机关移送涉刑案件或线索8条,全省水行政执法效能明显提升。

3. 开展水利行业重点领域扫黑除恶斗争常态化工作。建立主要领导挂帅、分管领导主抓、水政队伍牵头、多部门参与协同的工作机制,狠抓学习教育、线索摸排、收集汇总、会商研判、线索移送等关键工作,先后组织政策集中学习4次、重点领域全面摸排2次、收集汇总疑似线索13条、开展部门会商研判3次,向相关部门或司法机关移送河湖采砂管理和水利工程建设领域的涉黑涉恶犯罪线索8条,圆满完成各项工作任务,水利行业重点领域涉黑涉恶苗头及线索进一步减少,行业风气进一步清正和谐。

【执法队伍建设】 以"双标"建设为抓手,不断增强水行政执法能力。贯彻厅相关文件精神,按照"基地标准化、装备系列化、巡查信息化、队伍规范化、机制常态化"要求,开展一系列工作,着力提升水行政执法水平。

1. 启动全省水行政执法效能提升行动。完善执法机制,规范执法行为,加强执法保障,确保水事违法行为"精准防控、及时发现、依法打击",有效维护全省良好水事秩序。

2. 深化水政监察大队标准化、水政执法基地标准化建设。及时印发"双标"建设标准和验收实施细则,对省级示范点创建进行专项验收,试点引领,以点带面,掀起水行政执法能力建设高潮。

3. 举办全省水行政执法技能竞赛。联合省总工会发布《江苏省水行政执法办案竞赛活动实施方案》,通过基础知识测试、体能考试、案卷评查、现场勘验取证等环节,以赛带训、以赛促训,全面提升水行政执法人员专业化水平。

4. 强化执法装备建设。集中采购一批夜间执法记录仪、无人机、夜视仪、执法艇等装备,分发至基层一线,保障执法需求。

5. 加强党建引领共建。省水政监察总队党支部牵头组织长江澄通河段7个水政执法队伍基层党组织建立"沿江党建带·水韵江苏护江党建联盟",积极发挥基层党组织战斗堡垒和党员先锋模范作用,全省水政监察队伍完成急难险重任务的凝聚力、战斗力进一步增强。

水 利 建 设

重点水利工程建设

【国家水网骨干工程】 年度建设任务483 288万元,实际完成670 168万元,完成比例138.67%。开工建设淮河入海水道二期工程、吴淞江(江苏段)整治工程,加快实施洪泽湖周边滞洪区近期建设工程,基本完成淮河流域重点平原洼地近期治理工程、新孟河延伸拓浚工程和环太湖大堤剩余工程。

1. 淮河入海水道二期工程。该工程是国务院2022年重点推进的55项重大水利工程之一,主要是在一期工程基础上,扩挖全线深槽,加高加固两岸堤防,扩建工程沿线5座枢纽建筑物。工程建成后可进一步扩大淮河下游洪水出路,使洪泽湖的防洪标准由100年一遇提高到300年一遇;有效降低100年一遇洪泽湖水位,减少洪泽湖周边滞洪区进洪几率,减轻淮河上中游防洪除涝压力;提高渠北地区的排涝标准,并为淮河入海航道创造条件,对保障流域经济社会高质量发展具有重大意义。2022年7月22日,国家发展改革委以"发改农经〔2022〕1123号"文批复工程可研,批复估算投资4 380 949万元,工期84个月。7月23日,省发展改革委以"苏发改农经发〔2022〕785号"文批复先导工程初步设计报告,批复概算投资23 420万元,工期17个月。8月31日,省发展改革委以"苏发改农经发〔2022〕987号"文批复桩号5+300~7+200段、桩号29+760~30+960段河道工程初步设计报告,批复概算投资77 742万元,工期8个月。10月12日,省发展改革委以"苏发改农经发〔2022〕1180号"文批复桩号7+200~15+300段、桩号66+200~68+200段和桩号114+000~126+500段河道工程初步设计报告,批复概算投资367 100万元,工期18个月。工程于7月30日开工建设,2022年度完成建设任务246 000万元。淮安区750米河道工程完成约650米标准断面,完成土方挖填压约170万立方米;滨海县张家河闸站工程完成施工围堰、地基处理、老闸拆除等,实施肘型模浇筑,完成土方挖填15.4万立方米,砼浇筑约1.2万立方米。年度新增工程共7个施工标段全部开工,淮安境内年度工程累计完成土方挖填压6万立方米;盐城境内年度工程累计完成土方挖填压44.7万立方米。先行用地手续于11月7日获自然资源部批复,征迁工作有序推动。

2. 洪泽湖周边滞洪区近期建设工程。该工程对洪泽湖迎湖挡洪堤进行加固,新建堤顶防汛道路以及周边影响工程,提升洪泽湖周边滞洪区分蓄洪水能力,减轻洪泽湖防洪压力,确保洪泽湖大堤安全,保障滞洪区内群众生命财产安全,同时改善区内生产生活条件,修复河湖生态系统,促进滞洪区经济社会健康发展。2021年11月12日,省发展改革委以"苏发改农经发〔2021〕1097号"文批复工程初步设计报告,批复概算投资428 489万元,工期48个月,涉及淮安、宿迁2市6县(区)。工程主要建设内容为实施迎湖挡洪堤159.27千米(含挡墙加固5.65千米)、堤后填塘固基66.52千米、堤防防渗处理32.29千米、堤防迎水坡护砌165.32千米、护脚25.75千米,新建堤顶防汛道路21.088千米,迎湖挡洪堤配套跨河桥梁(涵)46座(新建27座、拆建5座、配套闸交通桥3座、桥涵11座),新建进退洪口门7座,新建、拆建排涝泵站4座,新建、拆建、加固改造通湖涵闸17座,影响处理建筑物92座(包括11座泵站、74座涵洞、7座交通桥)。工程于2021年12月开工建设,2022年建设任务100 000万元,实际完成103 100万元,完成比例103.1%。总计完成堤防填筑36.3千米,防汛道路10.3千米,填塘固基14.3千米,完成马化河闸等11座建筑物主体工程,正在实施17.48千米堤防填筑、加固古山河闸、淮泗河闸等25座建筑物。

3. 淮河流域重点平原洼地近期治理工程。该工程对里下河、黄墩湖地区及南四湖湖西3片洼地共6 278平方千米的面积范围进行治理，通过疏浚区内河道、加固堤防，新(改)建沿线桥涵闸站等配套建筑物，恢复提高区域防洪除涝标准，使治理区形成较为完整的防洪排涝体系。2019年8月19日，省发展改革委以"苏发改农经发〔2019〕740号"文批复初步设计，批复概算投资673 199万元，工期48个月，涉及徐州、南通、淮安、盐城、扬州、泰州、宿迁7市18县(市、区)。工程主要建设内容包括拓浚干河河道364.58千米、排涝支河(干沟)47.25千米，新建、退建、加固堤防198.73千米，新建防汛道路21.40千米；新建护岸40.07千米；新建、拆建、扩建、加固各类建筑物582座，其中涵闸272座、泵(闸)站222座、桥梁87座、船坞1座。2022年建设任务120 012万元，实际完成127 592万元，完成比例106.32%。徐州铜山区、邳州市、扬州江都区，盐城盐都区、滨海县、射阳县，泰州海陵区、姜堰区，淮安市淮安区，南通海安市，宿迁市11个地区境内工程基本完成，泰州海陵区、姜堰区、扬州江都区、徐州铜山区4地已通过县域工程竣工验收。工程累计提高洼地防洪排涝能力面积5 870平方千米。

4. 吴淞江(江苏段)整治工程。该工程通过整治河道、加固堤防护岸及扩建瓜泾口枢纽等建筑物，进一步增强阳澄淀泖区防洪排涝能力，为太湖流域及上海、苏州城市防洪保安提供水安全保障；兼顾改善生态、水资源、水环境和航运条件，并形成生态廊道与沿线地方经济社会共享共治，为长三角一体化高质量发展提供有力支撑。2022年2月11日，省发展改革委以"苏发改农经发〔2022〕149号"文批复工程可研，估算投资1 558 314万元，工期96个月。2月28日，省发展改革委以"苏发改农经发〔2022〕216号"文批复吴淞江(江苏段)整治工程一期(黄墅江-油墩港段)工程初步设计报告，批复概算投资36 353万元。工程主要建设内容包括河道整治4.39千米(含护岸、堤防及防汛道路等)，拆建2座排涝闸站、加固改造3座口门建筑物，新建支河桥梁2座。5月16日，一期工程开工建设。2022年建设任务50 000万元，实际完成50 200万元，完成比例100.4%。基本完成土地补偿、拆迁移民任务，完成河岸护坡1 466米。工程总体初步设计已审待批，先行用地市县报批材料编制完成；全线征迁工作有序推进。

5. 新孟河延伸拓浚工程。该工程是《太湖流域水环境综合治理总体方案》《太湖流域防洪规划》和《全国水资源综合规划》等规划的流域骨干工程，可改善太湖和湖西地区水环境，提高流域和区域的防洪排涝标准，增强流域和区域水资源配置能力，兼顾地区航运等。2016年4月11日，省发展改革委以"苏发改农经发〔2016〕322号"文批复工程初步设计，批复概算投资1 346 219万元。工程主要建设内容包括河道拓浚延伸116.47千米，新建堤顶防汛道路198.85千米、上堤路10.35千米，新(拆)建支河桥梁91座、桥涵5座，新建支河涵洞45座；建设干河控制界牌水利枢纽、奔牛水利枢纽；新建支河口门控制前黄水利枢纽、牛塘水利枢纽，新(改)建和维修加固口门控制建筑物28座，其中新建2座，新(拆)建22座，加固3座，拆除1座；建设跨河桥梁110座，其中高速公路桥8座，一般跨河桥梁97座，铁路桥梁5座；实施沿线水系调整及影响处理工程。2015年11月23日，新孟河金坛先导段工程开工建设。2018年10月，常州段用地手续批复后工程全面开工建设。2022年建设任务90 000万元，实际完成100 000万元，完成比例111.11%。主体工程已全部建成，界牌、奔牛水利枢纽具备动力引排能力，河道已实现全线通水,跨河桥梁除涉铁项目正在实施以及红湖大桥缓建外,其他全部完成。少量水系影响、水土保持项目扫尾。

6. 江苏省环太湖大堤剩余工程。该工程通过加固大堤、修筑堤顶道路、防护岸线、加固包港堤护岸、新建影响建筑物等,进一步巩固和提高太湖防洪安全,满足流域100年一遇防洪设计水位要求;提高流域水资源调蓄能力,增加太湖水资源可利用量,改善流域水环境。2019年11月6日,省发展改革委以"苏发改农经发〔2019〕1012号"文批复工程初步设计报告,批复概算投资129 471万元,工期36个月,工程涉及无锡、常州、苏州等3市5县(市、区)。主要建设内容为环太湖大堤加固长58.93千米,包括堤防加高培厚长23.96千米;护岸加固长50.56千米,新建挡浪板长37.98千米,加高挡浪板长13.32千米,防渗处理长0.70千米,堤脚排水沟长29.52千米;修改建堤顶道路长48.97千米;新建跨港渎桥梁11座,处理口门建筑物9座,其中新建1座,扩建4座,拆除重建1座,加固3座;岸线防护加固长10.29千米。宜兴段包港堤护岸加固长4.36千米,新建长3.01千米。湖西滨湖地区影响处理工程内容包括入湖河道整治2条及圩区达标建设37个。工程于2020年3月开工建设,2022年建设任务43 276万元,实际完成43 276万元,完成比例100%。苏州、常州及无锡经开区境内工程均已完工并通过完工验收;常州境内工程完成水保、环保专项验收。无锡市滨湖区、宜兴市境内工程,基本完成。

【堤防能力提升工程】 年度建设任务228 809万元,实际完成投资248 809万元,完成比例108.74%。包括长江、太湖、洪泽湖、主要支流堤防能力提升等工程,全年完成堤防加固157.98千米。基本完成京杭大运河苏州段堤防加固、固城湖永联圩新建堤防、水阳江干流右岸永丰圩堤防加固等工程,加快实施扬州市长江防洪能力提升堤防加固二期等工程。

1. 长江(6项)。长江扬中河段扬中市2021年度长江应急护岸、扬中市江堤加固及兴隆港闸应急改造、长江镇扬河段孟家港下段2021年度应急护岸、句容市仑山水库、泰州引江河高港枢纽闸站下游段左岸堤防应急加固等5项工程已完工,完成堤防加固6.29千米。扬州市长江防洪能力提升堤防加固二期工程完成投资120 000万元,完成比例120%,完成堤防加固26.54千米。

2. 太湖(1项)。环太湖大堤剩余工程基本完成,完成堤防加固58.93千米,完成投资43 276万元,完成比例100%。

3. 洪泽湖(2项)。洪泽湖周边滞洪区近期建设工程正在加快实施,完成堤防填筑36千米、防汛道路10.3千米、填塘固基14.3千米,完成11座建筑物主体工程,正在实施25座建筑物,征迁工作有序推进,完成投资103 100万元,完成比例103.1%。鲍集圩行洪区堤防加固工程已完工,完成堤防加固2.62千米。

4. 主要支流(3项)。京杭大运河苏州段堤防加固、高淳区水阳江干流右岸永丰圩堤防加固、高淳区固城湖永联圩新建堤防工程已完工,完成堤防加固27.6千米。

【闸站加固改造工程】 年度建设任务159 896万元,实际完成161 746万元,完成比例101.16%。工程共33座,包括大中型泵站14座、大中型水闸6座、闸站结合工程13座,完工19座,在建14座。泵站总设计流量1 164立方米/秒,水闸总设计流量10 543立方米/秒,新增改善排涝面积36.67万公顷,新增改善灌溉面积26.53万公顷,新增粮食生产能力1 564万千克。

1. 大中型泵站(14座)。① 完工项目(7座)。环太湖大堤剩余工程马圩四号排涝站、扬州市八桥北排涝站、扬州闸泵站、淮阴站、南京市高淳区永宏泵站、高邮市毛港站、泗阳二站已完工。② 主体工程已完成项目（1座）。徐州市经开区土楼泵站主体工程已完成，进行管理房及附属设施等施工。③ 在建项目（6座）。张家港市走马塘江边泵站完成基坑第二道钢支撑及土方开挖；盐城市大丰区草堰翻水站完成水泵层浇筑；南京市高淳区水碧桥站进行底板钢筋绑扎；环太湖大堤剩余工程马圩二号排涝站完成桩基础；洪泽湖周边滞洪区近期建设工程泗洪县孟沟站工程开展施工准备；洪泽湖周边滞洪区近期建设工程泗洪县纲要站工程开展施工准备。

2. 大中型水闸（6座）。① 完工项目（4座）。新孟河延伸拓浚工程奔牛水利枢纽、淮阴闸交通桥、阮桥闸、刘老涧新闸已完工。② 在建项目（2座）。新沂河海口枢纽南北深泓闸除险加固工程南深泓闸进行桥头堡、启闭机房装饰装修，北深泓闸排架浇筑完成，工作桥预制完成；洪泽湖周边滞洪区近期建设工程古山河闸进行排架钢筋绑扎。

3. 闸站结合工程（13座）。① 完工项目（6座）。淮河流域重点平原洼地近期治理工程民便河枢纽、常熟市徐六泾江边枢纽、泰兴市洋思港闸站、新孟河延伸拓浚工程界牌水利枢纽、无锡市新西闸站、丹阳市太平港闸站已完工。② 主体工程已完成项目（1座）。扬中市六圩港闸站主体工程完成，进行管理房及附属设施等施工。③ 在建项目（6座）。江阴市新桃花港江边枢纽进行上部厂房施工；常州市新北区老桃花港江边枢纽进行上部厂房施工；张家港市十一圩江边枢纽节制闸地基处理及防渗工程基本完成，实施泵站流道层立模；仪征市沙河闸站泵站进行站身钢筋绑扎；淮河入海水道二期工程盐城市滨海县张家河闸站完成水泵层浇筑；淮河流域重点平原洼地近期治理工程陈楼闸站进行底板钢筋绑扎。

【中小河流治理工程】 年度建设任务233 285万元，实际完成263 996万元，完成比例113.16％。2022年，实施中小河流治理37条，完成治理河长450千米，超额完成国家下达的治理任务。实现保护人口387万人，保护耕地21.07万公顷，新增、改善灌溉面积6.13万公顷，排涝收益面积43.47万公顷，新增粮食生产能力893万千克。

【沿海水利工程】 年度建设任务43 046万元，实际完成47 192万元，完成比例109.63％。工程共10项，其中水闸工程3项、海堤加固工程7项，完成沿海堤防加固13.19千米，改善区域排涝能力849立方米/秒。

1. 水闸工程（3项）。新洋港闸下移工程，用地材料于2022年12月28日上报国家自然资源部审核。灌南县武障河闸扩建工程已完工。响水县姚湾闸拆建工程进行底板施工。

2. 海堤加固工程（7项）。（1）已完工3项。启东市塘芦港新闸南侧段海堤达标加固、射阳县双洋闸北侧段（桩号21＋840～23＋640）海堤保滩加固、滨海县振东闸以北段（桩号39＋750～41＋000、43＋000～43＋800）主海堤水毁修复工程全部完工。（2）在建4项，均为2022年8月开工。响水县海堤保滩加固（桩号24＋015～31＋070）、射阳县双洋闸北侧（桩号25＋340～双洋港）段海堤防护及保滩、滨海县振东闸以南（桩号44＋300～48＋200）段主海堤保滩、灌云县灌西段海堤（桩号131＋875～135＋445）护坡损毁修复等4项工程，现场进行扭王字块预制、块石抛填、栅栏板安装、盖梁浇筑、四脚空心块安装等工作。

【河湖生态修复工程】 年度建设任务47 000万元，实际完成61 107万元，完成比例130.01％。累计恢复水面面积32平方千米。无锡太湖梅梁湖犊山口应急清淤工程清淤已完工，无锡市区段工程、宜兴段工程开工建设。滆湖生态修复工程二期工程开工建设，滆湖（武进）生态清淤试点工程清淤工作基本完成。洪泽湖退圩还湖工程淮安、宿迁境内工程结合滞洪区工程建设持续推进。

【数字赋能工程】 年度建设任务约680万元（已包含在相应工程建设任务中），实际完成投资710万元。

1. 省治太工程数字档案。该项目可提升全省水利重点工程建设项目档案数字化和信息化水平。概算投资268万元，2022年建设任务100万元，实际完成投资110万元。主要建设内容包括对新沟河、新孟河延伸拓浚工程档案和照片进行数字化加工，开发应用数字档案管理应用软件。新沟河延伸拓浚工程档案整理和数字化加工已完成，数字档案管理应用软件一期工程已开发，进行调试和数据上传。

2. 新孟河延伸拓浚数字孪生工程。该项目可扩大基础信息数据收集的范围及深度，围绕新孟河水量水质联合调度目标，预演和跟踪新孟河水量水质联合调度对沿线重点断面水位、流量、流向以及洮湖、滆湖水位、流向的动态影响，辅助水利工程调度决策。概算投资约280万元，2022年建设任务280万元，已全部完成。主要建设内容包括新孟河物联感知、数据底板、模型平台、知识平台、业务应用五个方面，已完成项目实施并通过技术验收。

3. 洪泽湖周边滞洪区近期建设工程数字孪生工地。该项目试点在水利工程建设中应用BIM、GIS等技术以及高空铁塔视频监控手段，探索创新实现水利工程建设项目远程管理信息化、智能化、精细化，助力提升工程建设管理和安全文明施工水平。项目实施方案于2022年4月通过省水利厅科技处组织的技术审查，概算投资448万元，2022年建设任务300万元，实际完成320万元。主要建设内容包括工程全线铁塔高空视频监控、监测系统平台、宿城区境内工程数字孪生工地。项目共分3个标段公开招标实施，7月完成全部招标。施工1标完成26个高空铁塔视频监控安装、网络调试，施工2标进行软件集成、联合调试，施工3标完成数据底板构建并基本完成数字孪生系统开发。

农村水利建设

【大中型灌区建设】 积极向国家争取实施8个大型、27个中型灌区建设项目，全年完成投资19亿元，投入规模、进度均居全国前列。协同推进大中型灌区现代化改造与高标准农田建设，大中型灌区高标准农田占比提升至80%，全省有效灌溉面积占比提升至92%、旱涝保收农田占比提升至85%。在国务院召开的全国冬春农田水利暨高标准农田建设电视电话会议上，江苏省就灌区建设管理作典型发言；在全国水利基础设施建设进展和成效新闻发布会上专门介绍灌区建设经验。

1. 谋划超前。提前谋划部署项目前期工作，大型灌区项目上年年底提前完成方案编制和批复工作，中型灌区项目实行两年项目同步审批，整体招标。省财政于2022年上半年先期下达省级配套资金；同时将中型灌区省级补助比例上调10个百分点，并通过土地出让收益足额安排了5亿元省级配套资金，为项目提前启动、顺利实施创造了有利条件。

2. 效益突出。完成新建（衬砌）渠道710千米，新拆（建）建筑物1389座，新建、改造计量设施1490座。项目实施后，共新增恢复灌溉面积21万亩，改善灌溉面积160万亩，新增节水能力7075万立方米，新增粮食生产能力12655万公斤。同时优化灌区用水管理，加强工程巡检、养护和维修，确保干支渠系和各类设施设备状态良好,在应对去年长江流域有记录以来最严重的气象干旱中发挥了重要作用,为春耕生产和夏秋粮丰收提供了有力保障。

3. 典型示范。把握顶层设计与实践探索、先行先试与推广复制、重点突破与整体推进的关系,优先选择基础条件较好、积极性高的地区,着力打造"节水、生态、精管、智慧、幸福"的现代化灌区江苏样板。兴化垛田成功入选世界灌溉工程遗产名录;南京淳东灌区、龙袍圩灌区等46个灌区被评为国家节水型灌区;南京江宁河灌区、睢宁高集灌区等26个灌区被评为省级节水型灌区。

【农村生态河道建设】 深入践行绿水青山就是金山银山的发展理念,切实回应人民对美好生活的向往,按照省委、省政府美丽江苏建设要求,以农村生态河道建设为抓手,着力加强农村水生态环境治理修复,促进河道休养生息,维护河道生态健康。截至2022年底,全省已建成农村生态河道7 503条(段)、2.92万千米,其中县级生态河道1 365条(段)、1.11万千米,乡级生态河道6 138条(段)、1.81万千米,全省农村生态河道覆盖率占比已达37.7%。

1. 落实任务。组织修编《"十四五"农村生态河道建设规划》,把建设任务逐级分解下达到各市县、细化落实到具体河道,并将其中人民群众最关心、治理需求最迫切的550条农村河道列入年度为民办实事项目,高标准推进。进一步夯实乡级、村级河长责任,"五位一体"长效管护模式在全国推广。

2. 加强考核。省委、省政府将农村生态河道建设水平纳入对市县乡村振兴实绩考核,省水利厅对年度目标任务完成情况进行了现场评估和打分,以考促干、以考创优,充分发挥考核"指挥棒"作用。省水利厅、省财政厅组织对76个涉农县(市、区)农村河道长效管护情况进行了绩效评估,依据有关考核评估结果省财政共安排奖补资金5.37亿元。

3. 成效显著。累计投入资金超过40亿元,新建成农村生态河道2 000余条(段)、6 800余千米,累计打造生态护岸4 700千米,配套建筑物2 000余座,植树180万株,绿化岸坡1 000万立方米。经过治理的农村河道,引排能力、水质条件、自然生态都得到了较大提升,同时有效改善了村容村貌,提高了居民生活质量,重现了"河畅、水清、岸绿、景美"的乡村美景。

【农村供水】 践行人民至上理念,提高政治站位,扛起行业责任,多措并举,精准施策,加快构建城乡一体、高品高质的乡村供水体系以及从源头到龙头的城乡供水工程规范化管理体系。全省共建有涉农水厂148座,均为万人及以上工程,供水总能力2836万立方米/日,覆盖乡镇(街道)1 258个,覆盖行政村14 045个,农村区域供水入户率达99%以上,农村供水保证率达95%以上,农村自来水普及率100%,农村供水受益总人口4 461万人。

1. 编制规划。对标"全域覆盖、融合发展、共建共享、服务均等"新要求,组织以县为单位对《"十四五"农村供水保障规划》进行了修编,把方向、定目标、指路径。

2. 推进建设。省水利厅与16个县(市、区)人民政府签订了农村供水保障工程建设任务责任书,持续推进农村供水保障工程建设,全年共完成投资19.3亿元,累计更新改造农村供水管网2 262千米,新建水厂3座,改造升级1座。

3. 加强监管。严格落实农村饮水安全管理"三个责任"。采取面对面督导、"四不两直"暗访、年度绩效评估相结合的方式,不定期对各地农村供水工程运行管理状况进行检查和评估,发现问题及时整改。

4. 提升效能。在全省范围内开展了农村供水保障服务能力提升专项行动,对基层群众反映的供水服务问题和合理诉求督促行业管理部门及时进行处理并跟踪督办,12314、12345、暗访等各类渠道反映问题办结率100%,群众满意率100%。

【农业水价综合改革】 印发《全省农业水价综合改革巩固提升专项行动方案》,组织开展全省农业水价综合改革巩固深化工作调研,重点摸清各地改革面积调整、农业水价核定、农业水费计收以及计量设施配备等情况,针对薄弱环节组织各地重点加强农业用水管理、促进农业节水、规范管护组织运行、持续强化工程管护。研发"苏灌通"农业用水管理信息平台,抓好用水计量记录,组织对斗口及泵站等计量点灌溉用水量填报,推进按实际用水量按方核算农业水费,进一步健全完善农业水价形成机制、精准补贴和节水奖励机制、工程建设和管护机制以及用水管理机制,持续巩固和深化农业水价综合改革成果,姜堰区经验在全国农业水价综合改革会议上交流。

【水土保持】 深入贯彻落实习近平生态文明思想,紧扣新时代水土保持高质量发展要求,做好水土流失综合治理,提升监督管理效能,强化水土保持监测质量。国家水土保持考核连续三年优秀,得到省委、省政府主要领导批示肯定。常州市溧阳市、无锡市锡山区、苏州市吴江区成功创建全国水土保持示范县,南京市六合区河王坝小流域、浦口区瓦殿冲小流域、新沟河延伸拓浚工程、苏州南部500 kV电网加强工程成功创建国家水土保持示范工程。江苏省5个集体和9位个人获评全国水土保持工作先进集体和先进个人。

1. 综合性治理。以南京六合区、江宁区、宜兴市等25个国家水土保持重点工程项目为抓手,积极整合多部门及社会资源,多措并举开展水土流失治理,全年综合治理面积322平方公里,水土保持率达97.89%。结合城市更新行动和乡村建设行动,大力推进生态清洁小流域建设,新建成48条生态清洁小流域。

2. 全链条监管。全省各级审批生产建设项目水土保持方案7 560个,完成生产建设项目水土保持设施验收备案2 610个。在全省范围内开展了生产建设项目水土保持"双提双减"专项行动,着力改善营商环境,提升服务质量。利用高分遥感影像解译、无人机监测、现场调查和资料收集等技术手段,全域推进水土保持区域遥感监管、生产建设项目信息化监管及国家水土保持重点工程信息化监管。

3. 精细化管理。省级安排专项资金,以县级行政区为单位,对全省开展水土流失动态监测、消长分析,并选取一个县开展碳汇计算,推进水土流失动态监测精细化管理。完成江苏省水土保持监测与管理信息系统工程竣工验收,进一步提高水土保持监测与管理水平。

【水利帮促工作】 深入贯彻省委、省政府关于开展富民强村帮促行动部署要求,进一步优化帮促路径,创新帮促思路,加强部门协作,主动靠前服务,牵头做好丰县湖西片区整体帮促工作,同时继续加大面上水利帮促力度,加快基础性、普惠性、兜底性民生水利建设,全面提升地区水利基础保障能力。

1. 完成湖西片区帮促任务。印发丰县湖西片区整体帮促项目年度实施计划,召开工作推进会,突出重点、精准施策,加快推进帮促项目建设,全年丰县湖西片区共实施整体帮促项目69个,完成投资15.69亿元,占计划任务的101%。

2. 推进面上水利帮促工作。聚焦防洪保安、大中型灌区改造与高标准农田建设协同推进、农村生态河道与水美乡村建设等重点,指导帮助各有关县(市、区)系统谋划县域及片区水利发展布局,在政策、项目、资金等方面全力支持、优先安排,全面提升水利服务民生、保障乡村振兴的质量。六个重点帮扶片区及3个革命老区累计完成水利帮扶项目投资 14.02 亿元。

城市水利建设

紧紧围绕"保障城市防洪安全、供水安全和改善人居水环境,加快城市水系综合整治,引导建立与城镇规模、功能和地位相适应的现代城市水利工程体系"的规划思路,巩固新一轮城市防洪规划修编成果,突出补强城市防洪工程短板,协助推进市县系统化全域推进海绵城市建设示范,各市持续推进城市防洪排涝骨干工程建设,城市防洪排涝减灾能力进一步提升。

1. 巩固新一轮城市防洪规划编制成果。各设区市城市防洪规划获政府批准实施。县级城市防洪规划编制(修编)工作基本完成。配合省住建厅开展无锡、宿迁两市系统化全域推进海绵城市建设示范,协助昆山市入选第二批国家系统化全域推进海绵城市建设示范城市。

2. 推进各设区市城市防洪工程建设。各市根据城市防洪规划,持续开展城市防洪排涝骨干工程建设。建设内容和主要措施包括:通过新建或加固防洪堤,构建城市外围防洪屏障或形成城市防洪保护圈;拓浚城区及其周边河道,增设排涝泵站,合理布置排水管网,提高城市排水能力;加快低洼地区改造,控制城区适宜水面率;对地处丘陵地区受山洪威胁的城市,采取蓄洪、撇洪、挡洪相结合的措施;防洪建设与改善城市水环境和城市景观有机结合,并加强非工程措施建设。经过全面城市防洪工程建设,各地城市防洪排涝减灾能力进一步提升。

3. 引导激励市县城市防洪建设。省水利厅通过竞争立项激励奖补市县城市防洪建设。对通过竞争立项的市县城市防洪排涝项目,经核查取得省级补助资格后,实行"先建后补、以奖代补",激励引导各地加快防洪排涝工程建设。2022 年,共 15 项市县防洪除涝项目获奖补资格,省级奖补资金约 5 300 万元;省补助范围内的城市防洪排涝工程完成投资约 6 亿元。

年度建设任务 155 258 万元,实际完成投资 160 968 万元,完成比例 103.68%。工程包括南京市浦口区芝麻河东段一期综合整治工程、徐州市市区奎河整治工程、苏州昆山市郭石塘综合整治工程等 24 项,批复概算总投资 385 222 万元。

(1) 南京市(3 项)。溧水区云鹤支河综合整治工程,包括河道疏挖清障 4.95 千米、改造跨河穿堤建筑物共 18 座等。江北新区东方天河闸站改建工程,新建东方天河泵站,泵站设计流量 16.5 立方米/秒。江北新区七里河综合整治及开发工程,对 4.5 千米河道及周边环境进行整治。

(2) 无锡市(1 项)。洋溪河-双河整治工程,河道清淤 12.296 千米,新建生态护岸长约 6.23 千米。

(3) 徐州市(2 项)。市区奎河整治工程(下段)、市区奎河整治工程二期(上段),整治奎河河道 9.7 千米。

(4) 常州市(5 项)。武进武南片区防洪除涝及畅流活水闸站建筑物工程,新建长沟河南枢纽、大庆河枢纽、湖塘河南枢纽、武南河立交枢纽。常州市城市防洪闸站—皇粮浜闸工程,新建单孔节制闸 1 座。德胜河外江段河道整治工程,0.17 千米范围内河道两侧堤防加固、河道疏浚。天宁区郑陆镇黄昌河堤防加固工程,新建挡墙 0.78 千米。钟楼区南童子河枢纽工程,新建 12 米节制闸 1 座、25 立方米/秒单向排涝泵站 1 座。

(5) 苏州市(5 项)。虎丘区马运河、前桥港、渚镇河闸站工程,新建闸站 3 座,新增排涝流量 47 立方米/秒。昆山市郭石塘综合整治工程,河道疏浚约6千米。常熟市青墩塘沿线闸站改建、常浒河沿线防汛提升、元和塘沿线泵站改建工程,新建河道沿线建筑物6座。

(6)南通市(2项)。南通市开发区新能源产业园配套基础设施东方红闸站并建工程,包括东方红出江闸站与东方红附闸并港新建东方红闸站。启东市红阳河闸迁建工程。

(7)淮安市(2项)。淮安工业园区化工片区排涝能力提升工程,包括张施沟疏浚及水系连通,新建张玉河闸站、安邦河闸站。清江浦区清隆桥泵站迁建工程。

(8)泰州市(1项)。南官河闸北段整治工程,疏浚卤汀河、五叉河及新建仿木桩护岸。

(9)扬州市(3项)。沿山河城区薄弱段综合整治工程,对沿山河扬子江北路至乌塔沟段实施综合整治,全长9.8千米。古运河城区段综合整治示范段(扬州闸—解放桥)整治工程,实施古运河(大王庙-解放桥)段清淤疏浚。七里河闸站改建工程,排涝能力10立方米/秒。

水 利 管 理

规划管理

【水利规划体系建设】 围绕中国式现代化目标,对标高质量发展要求,加强顶层设计,完善水利规划体系,强化规划实施监督,为水利现代化建设提供支撑。

1. 完成现代水网建设顶层设计。编制完成《江苏省现代水网建设规划》,规划以安全升级为主线、幸福惠民为愿景、智慧赋能为动力,打造具有江苏特色的"系统完备、安全可靠、集约高效、绿色智能、循环畅通、调控有序"的现代水网体系,规划由水利部审核同意,江苏省政府批复,江苏省水利厅印发。根据规划报告,以"十四五"后三年水网工程建设为重点组织编制形成《江苏省现代水网先导区建设实施方案》,上报水利部审核。

2. 推进三大流域防洪规划修编。根据水利部和流域机构的指导部署,组织开展江苏省淮河、长江、太湖三大流域防洪规划修编工作。完成现状评估、规划目标确定和重大思路研究,规划形成了淮河进一步扩大下游洪水出路,沂沭泗推进百年一遇提标,长江,河势守护和堤防能力提升,太湖流域进一步扩大流域洪水北排长江与太湖调蓄能力等主要思路。

3. 推进水利基础设施空间布局规划。省、市、县三级同步完成水利基础设施空间布局规划,"三区三线"划定水利专项工作基本完成,制定水利规划项目预留用地和河湖现状范围内耕地、永农的调出方案,报自然资源部和水利厅审定,为今后一段时期水利项目建设留空间。省级规划经自然资源部和水利部审定纳入了《江苏省国土空间规划》。

4. 落实国家相关规划任务。贯彻落实水利部系列战略指导意见,印发《国家水网重大工程江苏实施意见》《完善流域区域防洪工程体系的实施意见》《加强水利领域碳达峰碳中和工作的实施意见》。编制完成《洮滆地区河湖生态修复方案》。配合长江委完成长江口综合整治规划,完成年度长江地形和水沙监测任务。配合国家编制大运河国家文化公园(江苏段)建设保护规划、长江文化公园江苏段建设推进方案。

5. 统筹完成系列专业专项规划。江苏省境内31个重点河湖保护规划、水中长期供求规划、水文站网规划、地下水保护利用规划、大中型水库管理和保护规划、水情教育规划等一批规划完成并批复实施。

【水利规划管理】 修订《江苏省水利规划管理办法》,强化规划编制、审批、实施管理,充分发挥水利规划在开发、利用、节约、保护、管理水资源和防治水害中的指导和约束作用。组织制定《水工程建设规划同意书论证报告审查技术要点》,推进规划同意书论证报告审查规范化、标准化,已完成初稿。强化规划设计行业管理,规划设计专业委员会再次获评优秀等级。

【部分规划成果简介】

1.《江苏省现代水网建设规划》

根据水利部、省政府部署,2022年4月省水利厅成立水网规划工作专班,部署启动规划编制工作。在完成《国家水网重大工程江苏实施意见》等相关成果基础上,经调研座谈与思路研究,7月编制形成《江苏省现代化水网建设规划》初步成果并通过专家咨询。9月形成征求意见稿,先后征求了省有关部门和各设区市水利(务)局意见,省政府办公厅征求了各设区市政府意见。11月通过水利部技术审核并出具意见(办规计函〔2022〕1071号)。12月省发改委、司法厅分别出具了衔接意见、法律意见。12月《规划》通过省政府常务会审议,省人民政府以苏政复〔2022〕33号文予以批复。

《规划》共设10章,包括15个专栏和附图。《规划》以水网安全升级为根本主线,以幸福惠民为愿景方向,以智慧赋能为创新动力,分析了江苏水网现状、存在问题和面临形势,明确了指导思想、基本原则与目标指标,确立了"九八三五举纲、区域百河引排、平原百湖调蓄、山丘千库护源、千余闸站控导"的水网"纲、目、结"格局,确定了筑牢安全根基、打造幸福河湖、加快智慧赋能、创新发展机制等4个方面建设任务,提出推进沂沭泗河洪水东调南下提标、淮河中下游治理、长江堤防防洪能力提升及河势控制、太湖外排通道、南水北调东线后续、江水北调完善、苏北引江扩大、引江济太扩大、太湖水环境综合治理、洪泽湖综合治理等十大工程,实施流域防洪提标行动、重大调水完善行动、区域治理攻坚行动、城市水利发展行动、乡村振兴助力行动、数字水利建设行动、河湖生态复苏行动、水网精细管护行动等八大行动。《规划》是未来一段时期江苏水网建设的战略安排,是全面推进全省水利高质量发展的重要依据。

2. 三大流域防洪规划修编

根据水利部部署,2022年5月,省水利厅部署启动省三大流域防洪规划修编工作,印发《关于开展江苏省三大流域防洪规划修编工作的通知》(苏水计〔2022〕29号),成立了领导小组和专家组,印发工作任务书。6~8月,组织并配合流域机构开展现状基础调研,完成三大流域防洪规划修编与江苏省降水产流下垫面调查统计4项工作大纲编制与审查。9~10月,基本完成现状资料收集整理、规划实施评估及现状防洪能力复核、防洪形势与需求分析、规划水平年防洪保护区经济社会初步预测、防洪区划及防洪标准复核,完成降水产流下垫面调查统计工作并通过专家审查。11~12月,结合重大专题研究开展防洪工程布局、工程规划方案和非工程措施制定等工作,形成流域各专题初步成果并组织专家咨询,完成降水产流下垫面调查统计研究并正式发布。

淮河流域完成《江苏省淮河流域防洪规划实施情况评估报告》,初步完成《洪泽湖及下游防洪体系优化研究》《沂沭泗防洪工程体系优化研究》《江苏海堤建设及布局研究》《江苏省淮河流域城市防洪规划》《淮河流域重要支流及边界河道治理》等5个专题研究,形成重要易涝区治理、病险水库水闸除险加固等多个专项规划初步成果,提出了我省淮河、沂沭泗防洪总体布局以及骨干河道治理安排意见。长江流域初步完成《长江江苏段干流河道演变及整治方案研究》《堤防标准及堤线布局研究》《洲滩分类管控及治理研究》《水阳江和滁河防洪治理研究》等4个专题研究,形成中小河流治理、城市防洪等多个专项规划初步成果。太湖流域开展了防洪标准复核及抬高区域设计洪水位的可行性分析、设计暴雨和设计典型年专题研究、现状工程体系下的联合调度方案等研究,形成《太湖流域防洪规划修编总体布局初步方案》。省级基础专题降水产流下垫面调查统计形成了成果报告与技术报告,主要分水面、建设用地、水田、旱地4类下垫面,按照行政分区、防洪分区、水资源分区及治涝分区4类分区分别统计,形成3类水利分区成果表及1∶10 000比例尺成果图。

3.《国家水网重大工程江苏实施意见》

为落实《水利部关于实施国家水网重大工程的指导意见》,省水利厅开展《国家水网重大工程江苏实施意见》编制工作。1月,组织召开工作启动会,成立工作专班,研究工作方案和编制思路;2月各处室、单位完成了分项内容研究;3月依据各处室、单位素材,编制形成意见征求意见稿;4月征求相关处室、部门意见;5月通过厅党组会审议并以苏水计〔2022〕33号文印发。

《意见》明确了江苏水网重大工程实施的指导思想、基本原则、总体目标和总体布局,以优化水资源配置格局、完善防洪减灾体系、强化水生态保护、构建智慧水网体系为重点任务，建设安全水网、数字水网、幸福水网，强化水网建设保障，推动江苏水网升级取得系统性成效。《意见》是国家水网重大工程江苏实施安排的具体部署，为江苏省现代水网建设规划和先导区实施方案的编制提供了支撑。

4.《完善流域区域防洪工程体系的实施意见》

为落实《水利部关于完善流域防洪工程体系的指导意见》，省水利厅组织开展我省《完善流域区域防洪工程体系的实施意见》编制工作。1月水利厅组织召开工作启动会，成立工作专班，研究工作方案和编制思路，2月完成各分项内容研究，3月编制形成《意见》征求意见稿，5月通过厅党组会审议并以苏水计〔2022〕34号文印发。

《意见》明确了2025年前完善流域区域防洪工程体系的指导思想、基本原则、主要目标，提出了顶层设计、流域防洪、区域治理、河湖与水利工程管理、洪水灾害风险管理等主要任务和相应保障措施。《意见》是"十四五"期间我省防洪工程建设的具体实施安排。

5.《加强水利领域碳达峰碳中和工作的实施意见》

为贯彻中共中央、国务院《关于完整准确全面贯彻新发展理念做好碳达峰碳中和工作的意见》和省委、省政府《关于推动高质量发展做好碳达峰碳中和工作的实施意见》，推进水利低碳发展，省水利厅组织开展《意见》编制工作。2月成立工作专班，组织召开工作方案及编制思路研讨会；3月提出分领域工作思路，汇总形成征求意见稿；4月征求各方面意见；5月通过厅党组会审议并以苏水计〔2022〕32号文印发。

《意见》以习近平新时代中国特色社会主义思想为指导，以水利高质量发展为主题，以绿色低碳发展为路径，明确了2025年、2030年水利双碳工作目标，展望了2060年水利双碳工作目标，提出了强化节水减排节能降碳、构筑低碳调配现代水网、推动水利基础设施减碳运行、提高河湖水域碳汇效用、加强清洁水能开发利用、推进水利低碳技术创新等六大任务。《意见》对探索水利行业碳达峰、碳中和路径，推动全省碳达峰、碳中和目标实现具有重要意义。

6. 持续开展长江河道监测分析

2022年针对近年来我省长江水情、工情变化及崩岸险情，继续开展长江江苏段固定断面水沙监测、重点岸段监测工作。完成洪季、枯季固定断面水沙监测技术方案编制、海事报备和监测分析等工作，形成洪季、枯季固定断面水沙监测技术报告及2022年度分析报告。基于沿江八市重点岸段监测成果，完成2021年度长江江苏段重点岸段监测分析报告与简报，经省厅审查并印发。完成2020—2021年度重点岸段监测现场抽检及第三方评价工作，确保监测成果准确性。以上监测分析成果已在防汛决策、河道应急治理中发挥作用。

工程建设管理

【水利事权划分】 为统筹推进重大工程建设，顺应财政事权与支出责任改革要求，衔接国家重大水利工程项目中央预算内投资补助政策，进一步理清江苏省级与市县事权和支出责任，充分发挥省级资金的导向作用，根据国家发改委等六部门联合印发的《关于印发重大水利工程等10个中央预算内涉农投资专项管理办法的通知》（发改农经规〔2019〕2028号）、《江苏省水利重点工程建设补助专项资金管理办法》（苏财规〔2020〕27号）等文件相关要求，参照《江苏省人民政府办公厅关于印发基本公共服务领域省与市县共同财政事权和支出责任划分改革方案的通知》（苏政办发〔2019〕19号）有关财力分档标准，省财政厅、省发展改革委、省水利厅对原《江苏省水利基本建设项目投资省以上财政补助政策》（苏财农〔2016〕152号）进行了修订，报经省政府领导同意后正式印发执行《江苏省水利重点工程建设投资省以上财政补助政策》。

【前期工作】 依据《全省水利重点工程项目前期工作三年滚动推进安排意见（2022—2024年）的通知》，有序推进项目前期工作，多项重点工程前期工作取得突破性进展。国家水网骨干工程，列入国务院55项年度重大水利工程的吴淞江（江苏段）整治、淮河入海水道二期2项工程全部开工，江苏省委、省政府向党中央、国务院专题报告入海水道二期开工建设。苏北灌溉总渠治理、长江扬中河段二期整治等工程可研报告通过审查。望虞河拓浚工程、太浦河后续工程、长江堤防防洪能力提升近期工程前期工作有序推进。国家水安全保障工程，临海引江供水近期工程（丁堡河、江海河接通工程）可研报告已经省发改委批复启动实施。国家新一轮中小河流治理项目加快推进，已批复实施29项。江苏省重点区域水利工程，房亭河、通济河、白屈港治理等6项区域骨干河道治理可研已通过技术审查。柴米河、斗龙港（含兴盐界河）治理工程等加快推进可研编制。黄沙港闸、沙集站、马陵山泵站、东灌区一级站等大中型病险闸站陆续批复实施更新改造。江苏省补市县项目，省水利厅会同发改委、财政厅联合组织2022年省补市县项目竞争立项，27项市县工程通过评审，正在全面实施。

【水利建设管理改革】 全省在质量创优、精品引领、长效机制、数字管理等方面进行了改革、创新。

1. 开展质量提升行动。按照"江苏省水利工程建设'十四五'质量提升行动计划"，制定2022年度质量提升目标任务计划表，将质量提升行动落实到年度内每一项工程、每一个标段、每一份施工合同。逐步改变水利建设施工管理粗放现状，实施精细化、目标化管理。

2. 开展精品工程创建。完成2021年度32个文明工地、2022年度16个优质工程评审并公布；完成3个"扬子杯"水利项目评审。全国水利唯一，扬州市瓜洲泵站申报中国建设工程鲁班奖已进行获奖公示。配合中国水利工程协会，完成对我省10个申报水利部大禹水利科学技术奖现场复核。

3. 构建长效建管机制。推动专职法人建设。全省13个设区市、大多数涉农县，均已组建专职项目法人，超过一半的设区市基本实行"一县一法人"。专职项目法人的建设，不再是临时组建班子，有效积累和传承建管知识，大大提升了建设管理水平。加大代建改革力度。泰州、宿迁等部分工程建设任务较重的地区，大力推行项目代建，有效提高了管理水平和管理效率。有条件的地区，还推行集中监理等改革措施，优化监理资源，提高监理效率。

4. 提升数字管理水平。研发水利建设项目管理信息系统，对水利建设项目进行数字化管理，方便各参建单位对项目进行信息化管理，与电子招投标系统实现数据库对接，融合现场视频管理平台，逐步实现统一门户、统一平台、统一管理，规范项目法人管理工作，提升建设管理信息化水平。目前正在投入试运行。

【工程建设管理】 通过进一步落实"项目法人制、建设监理制、招标投标制、合同管理制和竣工验收制"五项建设管理核心制度，压实项目法人首要主体责任。

1. 验收管理。做好度汛应急验收，抢抓汛前时间开展阮桥闸、浦河闸和仓山水库等通水验收。推动竣工验收扫尾常抓不懈，加大质量工作考核中竣工验收权重,提高任务目标标准,由2%提高到8%,竣工验收完成率由80%提高到85%。省级组织工程各类验收7个,其中竣工验收3个。自水利部开展考核以来,连续7年全省竣工验收率超过86%。

2. 招标投标。以规范性文件制定《招标投标行政监督实施细则》,对招标投标行政监督制定全省统一的工作规则,优化流程,规范管理,强化监督。全年完成31个标段现场监督及评标报告抽查。强化省综合评标(评审)专家库管理,取消3名评标专家资格。在全省推行发布招标公告时同步发售或下载招标文件,取消施工招标的"监理单位已确定"的前置条件,优化手续,提高效率,节省时间。取消电子招标文件收费,推行保险、保函形式的保证金。召集招标代理等市场主体座谈省水利交易系统优化升级内容,并协调省公共资源交易中心修改完善。全年共完成省重点水利工程建设项目标段397个,交易额达79.38亿元。

3. 信用管理。公布2021年度从业单位履约信用等级及赋分值结果。迎接厅信用体系建设年度工作考核,省水利厅获得2021年度省级机关"一等次";修复"双公示"系统,继续采用数据库对接省公共信用信息中心。开展日常信息报送工作,积极迎接省信用办2022年度考核。

4. 建设稽察。在全国率先推行省市县三级项目稽察监管机制,全省有水利建设任务的市县,均已落实相应机制,及时发现和消除水利建设项目存在问题,进一步强化项目监管。对项目稽察实行全流程闭环管理,每个项目均向厅相关部门和领导印发稽察书面报告。累计完成51个省级项目稽察,近200个市县项目稽察。完成省稽察问题必查清单初稿编制,启动省稽察办法修订工作。开展1期水利建设项目稽察业务网络培训1 259人。

5. 优化行政审批。发布质量检测单位资质认定(乙级)审批方式公告,更新检测审批技术工作标准,正式开启一般审批和告知承诺并行审批方式。全年完成11件告知承诺许可审批。协助太湖局完成长三角乙级检测单位资质互认工作。启动电子证照建设,委托开发质量检测乙级单位、二级造价师和安管人员电子证照管理系统。乙级检测已实现省政务平台、水利部证照平台互联互通,并下发20张电子证照。

6. 保障民工工资支付。总结2021年度根治欠薪冬季专项行动工作情况并报水利部,完成保障农民工工资支付考核省级自查。根据省政府统一部署,以组长单位对淮安、盐城两市政府开展年度保障农民工工资支付现场核查。结合项目稽察,对35个项目开展保障农民工工资支付工作监督检查。

【施工质量管理】

1. 重点水利工程质量监督。重点谋划淮河入海水道二期工程和吴淞江整治工程质量监督,研究制定质量监督工作方案,实现重点水利工程质量监督全覆盖。完成南水北调调度运行管理系统质量监督工作。强化对淮河流域洼地治理、洪泽湖周边滞洪区近期工程等工程质量巡查。2022年全省各级质量监督机构累计开展质量监督检查765次,发出监督检查意见425份;开展质量监督巡查123次,发出监督巡查意见109份。

2. 质量管理指导服务。组织省、市、县质监人员开展质量监督巡查14次,发出质量监督巡查意见20份,提出质量问题意见建议257条,均已整改到位。结合工程质量巡查,强化对市县质量监督机构履职情况的检查、调研与指导,积极迎接水利部对省级水行政主管部门质量监督履职检查。组织编制《水利工程施工质量与安全所涉强制性标准选编(2022年版)》,供全省水利建设者贯彻执行。

3. 质量监督能力提升。克服疫情影响,先后组织10期共18个专题的线上网络培训,近3万人次受训。定期组织质量监督座谈研讨会，完成第三届"工匠杯"质量监督技能竞赛筹备工作。组织参加上海市长三角"啄木鸟"杯质量监督技能竞赛活动，并进行质量监督工作交流。

4. 质量监督检测。组织对5项工程检测单位的检测行为和检测数据开展专项检查，委托6家具有甲级检测资质的检测单位对22个工程开展质量检测，对检测发现的问题督促整改到位并对成果进行分析。

5. 工程质量创优。组织调研2015—2022年全省重点水利工程质量状况，分地区、分类别、分年度进行统计分析，分析质量管理工作短板弱项，提出质量提升措施。组织调研全省省、市、县（市、区）质量监督检查与巡查工作开展情况，规范质量监督工作，提高质量监督效能。

6. 造价管理服务。强化对水利工程建设造价的静态控制与动态管理，跟踪关注水利部门及相关部门的人工预算工资标准最近动态以及造价方面最新政策。开展《江苏省水利建设工程主要材料价差调整及价格风险控制指导意见》（苏水基〔2021〕12号）执行情况调查。

7. 科技引领支撑。定期升级维护江苏省水利工程质量监督移动工作平台，实现全省在建工程全面覆盖和全省省、市、县（市、区）3级机构全面应用，实现质量监督工作在线监控和动态管理。在全面应用的基础上，对系统进行全面升级，实现质量监督工作全程数字化，质量监督工作更规范、质量监督数据更全面、统计分析功能更精准。

8. 通病专项治理。印发通知，全国创新性的在全省开展水利工程建设质量安全通病专项治理。对以往水利建设进行大数据分析，梳理出现频率较高的质量安全存在的问题，形成2022年度各参建单位的质量行为、安全行为和实体质量3个7类90项通病防治清单。提醒各参建单位对照预防，促进质量安全通病的源头治理。

工程管理

【水利工程管理】
1. 全面推行精细管理。依据水利部标准化管理要求，制定细化方案，组织各地编制"十四五"精细化管理实施方案和分年度实施计划，明确"十四五"精细化管理总体目标，打造标准化管理升级版。马汉河堤防、大溪水库通过水利部标准化管理工程省级初评，大溪水库高分通过水利部标准化管理工程评价验收。精细化管理成果被以胡亚安院士为组长的专家组评定为具有国际领先水平，精细化管理经验被《中国水利报》等多家媒体宣传。推进水库运行管护能力提升，879座小型水库逐库明确管理单位，探索小型水库管理模式创新，推进专业化管护政府购买服务，在南京浦口、江宁等地开展试点，石梁河水库综合整治经验被《人民日报》报道宣传，小型水库管理经验被水利部在官微专文推广。确保工程运行安全，委托第三方检查13个市200多个工程，发现问题隐患731个。组织泵站长期抗旱开机抽水和水闸引水工况下安全生产专项检查指导，开展水库溢洪道、闸站工程病险桥梁专项检查和工程运行管理安全隐患大排查。按照国务院安委会部署开展小水电专项督查，5位厅领导带队对36座小水电站安全生产进行全覆盖督查，发现问题隐患256个。约谈有关市、县水利局及工程管理单位主要负责人，推动水利部督查检查发现问题整改。全年闸、站、库工程安全生产零事故。

2. 开展精密监测。印发《江苏省大中型水利工程安全监测方案》，部署开展917座大中型闸站、49座大中型水库和291座重要小型水库监测设施增设完善工作,明确省级资金奖补原则,引导各地在保证工程维修养护的前提下,统筹维修养护经费和地方政府一般债,加快安全监测设施增设完善。经与省财政厅沟通,安排1 000万元专项资金用于省管大中型闸站安全监测设施建设,并在土地出让金中安排小型水库大坝监测设施建设。强化数据分析和结果应用,委托第三方对全省闸、站、库监测数据进行分析评估,部署开展省管水利工程观测成果校核和异常数据分析,修订《省属水利工程观测任务书》,重新核定和校正补充相关监测项目。针对不少工程安全监测数据未分析、不应用的情况,全省运管工作座谈会要求各地重视异常数据的分析校核,综合研判风险,及时采取措施,确保工程运行安全。

3. 推进水库加固消险。重点落实加固消险常态化开展安全鉴定,完成15座水库、63座大中型闸站安全鉴定,实现"到期即鉴"。扎实推进水库加固消险,上年鉴定新增发现的4座三类坝水库除险加固工程全部开工,落实2 520万元中央维修养护资金全部用于小型水库二类坝消险、5 000万元省级土地出让金用于小型水库二类坝消险和安全监测,共计落实82座二类坝小型水库消险资金。积极推动闸站工程三年消险,全面梳理60座三、四类大中型水闸,12座三、四类大中型泵站消险情况,制定病险闸站三年消险方案,部署各地根据方案,抓紧前期工作,尽快立项消险。积极探索水库清淤扩容,开展水库清淤扩容调查,编制实施方案,与省发改委、财政厅沟通推动,着力提升丘陵山区和高亢地区水源保障能力。

4. 抓好制度创新。推进《江苏省水库管理条例》修订,完成社会稳定风险评估,省人大、省司法厅等单位组织赴连云港、无锡、常州、南京等地调研,修正草案上报省政府,通过省政府常务会议和省人大一审。创新工程管理制度,修订《江苏省水利工程精细化管理评价办法》及评价标准,印发《江苏省水利工程精细化管理评价补充规定》,新增《江苏省小型水库工程精细化管理评价标准》。印发《水利发展资金绩效考核随机抽查和结果应用管理办法》,配合省教育厅等5部门出台防溺水管理规定。积极与水利部农水司沟通,针对我省实际,明确我省小水电站按生态水位管理办法,不再按照生态流量进行管理考核。出台工程管理标准规范,完成地方标准《河湖与水利工程管理范围划界规范》和《江苏省水利工程电气试点技术规定》,编制《小型水库管护政府购买服务指导意见、购买目录和合同范本》《病险水利工程应急预案编制导则》。大中型水库管理与保护规划全部完成,547座小型水库完成水行政主管部门审查。

【水利风景区管理】

全省共有国家水利风景区64家,省级水利风景区122家。

1. 加强顶层引领。将"推选水利风景区精品路线,培育省级水利风景区"列入省委省政府十大主要任务百项重点工作。深入挖掘大运河文化带水利遗产资源,加强治水文化研究,调查分析里运河历史演变和沿线水利遗产,展演淮安清口枢纽演化过程和运行原理,着力阐释治水遗产的水利科技价值和内涵,为景区发展培厚水文化之基。在全国率先开展《江苏水利遗产保护利用规划导则》研究,科学指导地方构建水利遗产管理保护规划体系,助推大运河文化带建设高质量发展。

2. 突出典型引路。南京浦口区象山湖、常州武进区滆湖(西太湖)、盐城白驹镇串场河等3家景区成功通过水利部国家水利风景区专家现场考察评价;南京市栖霞区周冲水库、徐州市睢宁县白塘河、常州市滨江毗陵潮、常州市武进区春秋淹城遗址、淮安市清江浦区大口子湖、淮安市金湖县水上森林、盐城市盐都区小马沟、扬州市仪征市月塘水库、镇江市句容市北山水库、泰州市泰兴市长江生态廊道等10家景区通过省级水利风景区认定。南京玄武湖、泰州引江河入选第二批国家水利风景区高质量发展典型案例名录，三河闸被列为重点推介案例。江都水利枢纽、三河闸、盐城市大纵湖、宿迁市古黄河、连云港市赣榆区夹谷山等5家景区入选水利部红色基因水利风景区名录，数量居全国之首。

3. 提升服务能力。编制《江苏省水利风景区建设与管理办法》，为景区高质量发展提供政策支持。深入开展全省水利风景区建设管理评估，促进景区长效管理。深化"云上水景"服务程序开发应用，丰富大众游览体验方式。以泰州引江河水利风景区为例，开展水利风景区BIM试点研究，提升景区智慧化水平。

4. 加大宣传力度。创新开展水利风景区精品线路推选，设计推出"故道千里远、故事千年传""明珠太湖，未来之约"等15条水利风景区主题精品线路。编撰《水韵江苏—河湖印记丛书》，入选"江苏省2022年主题出版重点出版物"。在《江苏水利》推出水文化专栏，连续9期展现水利风景区、水利遗产管理保护成果。16部作品获水利部"60秒看水美中国"主题赛事一等奖等多个奖项，6部作品斩获水利部黄河流域水利风景区水文化产品创意设计大赛多个奖项，省水利厅获优秀组织奖。全年共组织600余人次参加水利风景区建设管理线上、线下培训。

【水利工程移民管理】

1. 水利工程移民安置。淮河入海水道二期工程和吴淞江整治工程开工建设，两项工程被列入国务院2022年重点推进的55项重大水利工程清单，上半年移民安置规划分别通过省水利厅审核。11月7日，淮河入海水道二期工程2022年度先行用地获得国家自然资源部批准；淮安市清江浦区、工业园区、淮安区，盐城市滨海县、阜宁县开展部分地段征地和移民安置工作，当年完成征地移民投资23.5亿元。徐州市郑集河输水扩大工程、宿迁市境内黄墩湖滞洪区调整与建设工程移民安置通过省级终验。

2. 水库移民后期扶持。下达中央大中型水库移民后期扶持资金7.57亿元、国家重大水利工程建设基金（三峡工程后续工作）3540万元、省级小型水库移民扶持资金4635万元，实施水库移民后期扶持项目328项，惠及600个移民村，水库移民（搬迁群众）生活水平稳步提高，居住环境持续改善。2021年度中央水库移民后期扶持资金和三峡后续工作资金绩效评价获全国优秀等次。后期扶持项目继续以推进美丽移民乡村建设为重点，列入省委省政府重点工作的20个美丽移民乡村建设任务顺利完成。开展"寻找水库移民乡村振兴先行村"推选活动，南京市六合区冶山街道东王社区、宜兴市西渚镇横山村、徐州市铜山区伊庄镇马集村、溧阳市天目湖镇桂林村、连云港市赣榆区黑林镇大树村、连云港市赣榆区塔山镇太平村、东海县石梁河镇南辰村、盱眙县天泉湖镇陡山村、仪征市月塘镇尹山村、句容市茅山镇丁庄村等10个村推选为水库移民乡村振兴先行村。

3. 水利移民监督检查。继续对全省28个县（市、区）大中型水库移民后期扶持政策实施情况，以及新沂市，盱眙县，宿迁市宿豫区、宿城区、湖滨新区和泗洪县洪泽湖水利工程建设搬迁群众帮扶政策实施情况开展监测评估。对宜兴市、溧阳市、东海县、连云港海州区、仪征市和句容市6个县（市、区）水库移民后期扶持政策实施情况开展监督检查。对南京市滁河近期防洪治理完善工程和水阳江下游近期防洪治理工程、宿迁市黄墩湖滞洪区调整与建设工程、盐城市江河支流治理新洋港整治工程移民安置规划执行情况开展监

4. 水利移民信访。全省没有发生极端恶性和重大负面舆情水利移民信访事件,移民群体稳定总体向好。

【省属水利工程运行管理】

1. 完成防汛抗旱任务。省属各闸站工程克服疫情、高温和工程超长期运行等困难,成功应对春汛洪水、夏秋连旱和强台风袭击,在防汛抗旱防台中充分发挥了主力军作用。省属各梯级泵站累计运行27万台时,抗旱调水187亿方,涵闸累计引水排涝655亿方,抗旱运行突破历史;南北2支抗旱排涝队出机抗旱,翻水1.2亿方,有效缓解区域旱情。接管新孟河丹阳、奔牛枢纽并投入试运行,首次实施新孟河工程抗旱调水,保障太湖"两进三出"引排格局形成。

2. 推进现代化建设。2022年是全面贯彻落实《省水利厅关于加快推进厅属管理单位和水文系统现代化建设的若干意见》的开局之年、关键之年。完成1.43亿元除险加固投资,完成维修养护、防汛应急等经费超2亿元。泗阳二站等7座工程除险加固基本完成,沙集站等4座工程除险加固可研获批,18座工程完成安全鉴定,入海水道海口闸应急处置工程顺利完成,病险工程消险除患全面提速,老旧工程提档升级稳步推进。开展厅属管理处既有房屋安全专项整治专项行动,消除安全隐患、恢复原有功能。石港站等70座省属工程成功创建省精细化管理工程。开展管理处布局规划编制,打造水利系统现代化样板。

3. 强化工程检查评估。汛前做好管理单位自查、省厅核查、复查等环节,派出专家组,采用线上线下相结合的方式,检查131座工程和3支抗旱排涝队,提出意见建议955条,试运行各类工程、设备设施60余次,对省属工程机电设备、水工建筑物、安全设施和各类预案、技术档案、观测工作及维修养护项目管理等进行了全面核查和复查。汛后组织开展汛后检查和运行安全管理评估,实施评估结果纵向动态评价,形成9家管理处、70余个管理所评估报告。结合历次检查评估工作,组织技术专家基层行,促进技术交流。

4. 加强工程维修养护。完成省级水利工程维修养护资金共计1.54亿元,较上年增长39%。其中:维修经费11 496万元,养护经费3 916万元。大幅提高洪泽湖大堤管养标准,经费从41万提高到550万。落实工程清淤、漂浮物打捞等专项经费。强化维修养护项目安全、进度和质量管理,全年完成179个水工建筑物、机电设备维修项目。出台省属工程维修养护自养自修目录,在具备条件的基层站所推行自养自修,引导技术力量回归核心业务,提升技能水平。开展省属工程养护经费测算,为经费调整提供依据。

5. 推进技术创新攻坚。首次投入专项经费,在刘老涧站、杨庄闸、淮安一站、三河闸、万福闸、武定门节制闸、江阴枢纽和高港闸站等8座工程实施精密监测试点,完成试点项目建设及精密监测分析评价平台初步开发。编制省属水利工程运行管理信息化建设总体实施方案,初步完成信息化建设顶层设计,为下一步信息化建设实施明确技术路线。开展智能泵站、智能水闸、智能变电所研究,完成江都四站、新沂河海口枢纽、淮安变电所3个典型样板工程改造方案设计,以点带面,为工程智能化改造提供经验与技术路径。开展沿江沿海工程冲淤保港研究,提出减淤措施和运行调度方案。以秦淮新河枢纽为试点,创新研制装配式测压管,有效解决传统测压管易淤堵的问题。开展三河闸水平位移引张线法自动监测,结束我省大型水闸无水平位移观测的历史。开展入海水道大运河立交等工程水下机器人探查,摸清涵洞水下真实情况。

水资源管理与保护

【最严格水资源管理制度】 国家最严格水资源管理制度再创佳绩。水资源管理节约保护水平全国领先,2021年度实行最严格水资源管理制度再次获得优秀等次第一名。圆满完成2022年度国家最严格水资源管理制度考核现场抽查。自2013年国家实行最严格水资源管理制度考核以来,我省已实现"八连优"。

省级最严格水资源管理制度考核全面完成。省政府建立最严格水资源管理制度考核和节约用水工作联席会议制度,各设区市政府均成立联席会议或领导小组,建立省市县三级层级考核评估体系,形成年度综合考核、专项监督检查、日常监督检查和"四不两直"检查的强监管体系。省级最严格水资源管理制度考核全面完成,南京市等获得优秀等次。

建立用水总量与强度控制体系。2022年,全省用水总量低于620亿立方米的国控目标,全省万元GDP用水量、万元工业增加值用水量和水功能区达标率等指标均全面完成并优于国家目标,水资源合理配置和高效利用水平不断提高,有力保障了经济社会高质量发展。

【水资源配置】
1. 水资源刚性约束"四水四定"试点全面实施。制定水资源刚性约束制度实施意见,组织开展丰水地区"四水四定"内涵与制度框架建设研究。以南京江北新区、徐州丰县、连云港东海县、泰州泰兴经济开发区等8个地区为重点,编制完成"四水四定"试点实施方案,组织地方政府批复实施。

2. 确定"十四五"期间用水上限。下达各设区市"十四五"及2022年度用水总量和强度控制指标,明确地下水用水总量和水位控制指标,将再生水利用量首次纳入水资源统一配置,明确"十四五"期间区域用水总量上限。

3. 配合开展跨省江河水量分配。配合流域机构开展长江、滁河、青弋江、水阳江、白塔河、池河、高邮湖和南四湖等跨省河湖水量分配,将池河、青弋江、水阳江、高邮湖、白塔河等跨省河湖水量同步分解至相关市县。配合流域机构开展淮河、太湖、沂河、沭河等跨省江河流域水资源调度。组织编制省内京杭大运河(苏北段)、苏南运河、徐洪河、新通扬运河等4个重点河湖的水量调度方案并印发实施。

4. 完成跨市及跨县重点河湖水量分配。累计完成废黄河、通榆河、丹金溧漕河等21河4湖跨市水量分配方案和93个跨县重点河湖水量分配方案,提前超额完成水利部下达我省目标任务。

【水资源规范化管理】
1. 严格取水许可审批。贯彻落实《江苏省取水许可实施细则(试行)》,建立超许可取水预警和监督管理机制,严格水资源用途管制,依法查处超许可取水,实行超计划取水累进加价。落实水资源专家库机制,建立水资源论证报告书抽检制度,在全省随机抽取80个取水项目核查水资源论证报告书审查和取水许可审批情况,督促各地强化取用水管理。将抽查情况纳入最严格水资源管理制度考核内容,不断提高《水资源论证报告书编制》质量。

2. 严格取用水日常监管。落实取水工程(设施)规范化建设"三规范、二精准、一清晰"(取水工程建设规范、取水行为规范、取水档案台账规范;取水计量精准、监控传输精准;取水口标志标识清晰)的建设标准,提升取水口环境和取用水规范化水平。巩固取用水专项整治行动成果,完成水利部取用水专项整治行动"回头看",颁布实施全国首个取用水管理团体标准《取用水管理技术规范》(T/JSSL 0005—2022),年度完成2 100余个取水工程管理规范化建设,50%以上非农取水口进行管理规范化改造。

3. 严格监测计量建设。推进计量体系建设三年行动,完成124个重点大中型灌区新建577个取用水在线监测站任务,全部接入省水资源管理信息系统,在线计量水量占比进一步提升。委托第三方计量设施检测机构随机抽取680个取水户开展计量设施抽检,推动地方自行完成1 000余个计量设施抽检校准,全省计量设施数据准确性有效提升。

【水资源保护】

1. 保障饮用水水源地安全。动态更新县级以上城市水源地名录库,完成南京市长江桥林水源地、宿迁市中运河月堤应急备用水源地、江阴市利港地下水应急水源地3个水源地达标建设。组织开展22个全国重要水源地和全省96个城市水源地长效管护年度评估,完成31个城市水源地规范化、标准化建设,全省2/3的水源地完成规范化升级,印制水源地管理规范化、标准化样板汇编,为丰水地区水源地实行规范化管理提供样本示范。29个水源地视频信息接入水源地视频监控信息平台。

2. 贯彻落实地下水管理条例。上报省政府《江苏省人民政府关于进一步加强地下水保护管理工作的通知(代拟稿)》,印发实施《江苏省地下水保护利用规划(2022—2030年)》。在全国率先开展地下水取水工程登记造册,全省8 000余个地下水取水工程登记在册,完成省级现场技术核查。地下水超采区划定方案第一批通过水利部水规总院技术审查,超采区面积和数量均较上一轮划定方案有了显著减少。

3. 提升重点河湖生态环境质量。连续12年开展重点河湖生态状况评价,开展2022年度省级重点河湖生态状况评估前期工作。省级印发28个重点河湖生态水位,各设区市确定148个生态水位(流量),完成省市两级生态水位确定工作。组织开展已印发重点河湖生态水位(流量)复核。落实生态水位保障措施,实行日监测、季评估、年考核制度。建成生态水位监测预警系统,制定生态水位预警发布响应机制,2022年生态水位(流量)均得到有效保障。

【水资源管理改革创新】

1. 推进水资源管理信息化体系建设。建立水资源管理信息专班,开展取水许可电子证照、用水统计、水资源监测运维等多个系统数据治理,全面落实"一数一源"。从管理端和服务端两个维度,持续完善包括水资源管理、水资源保护、综合监管在内的6大类19个专项管理子系统,逐步形成具有江苏特色的流域区域配套衔接、管理流程覆盖齐全、用户终端应用便捷的智慧水资源管理服务系统。

2. 推进水权改革。制定印发《江苏省水权交易可行性论证报告编制技术导则(试行)》,明确报告编制主要内容、工作程序和技术方法等。出台《江苏省用水权交易平台运行规则(试行)》,上线运行省级水权交易平台。组织13个设区市年度完成26单水权交易,盘活水量4100万立方米,交易类型向再生水和区域水权交易延伸。

3. 开展水资源论证区域评估。颁布全国首个《开发区水资源论证区域评估导则》团体标准(T/JSSL 0002—2022),累计完成54个省级以上开发园区完成水资源论证区域评估,占全省省级以上开发园区1/3以上。推行取水许可告知承诺制,宿迁项王水泥有限公司、捷安特轻合金科技(海安)有限公司等企业办理全省首批承诺制取水许可证,进一步简化取水手续审批流程,提升开发园区营商环境。

【水资源管理能力建设】

1. 健全水资源统计体系。落实国家用水统计调查直报制度要求,以用水统计"一套表"、联网直报和保证数据质量为重点,建立健全全省用水统计制度。在全国率先出台《江苏省用水统计管理暂行办法》,规范用水统计行为,确保用水统计数据质量。强化取水户名录建立、用户认证、数据填报与审核等工作,加强名录库动态更新与维护管理,实时更新用水统计名录库,全省共录入6 472户取用水户。严控数据填报进度和质量,季报表和年报表填报率和审核率均处于全国前列。建立年度用水总量预估制度,提前谋划年度用水总量核算工作。

2. 加强水资源政策和主要问题研究。印发《江苏水中长期供求规划(2022—2030年)》,根据全省水资源供求态势,提出水资源配置方案、供水保障方案、重点供水保障工程、重点制度建设等。组织完成水资源资产有偿使用制度、用水权回购收储和有偿取得、江苏省水生态环境损害赔偿制度框架设计、江苏省水生态产品价值实现机制框架设计、水流生态保护补偿制度框架设计、典型区域地下水可更新研究、地下水分区管控对策和地下水应急储备研究等政策研究。

3. 规范水资源费征收及经费使用。严格执行《取水许可和水资源费征收管理条例》,建立差别化水资源费标准体系。落实国家和省政府关于助企纾困政策,与省发展改革委联合出台助企纾困政策,减征水资源费近1亿元、缓征近4.5亿元。强化财政预算绩效管理,完成2021年度省级水利发展资金(水资源管理与保护)绩效评估,年度工作性经费全年执行进度达100%,省级专项资金全年执行进度达100%。

节约用水管理

【实施国家节水行动】 充分发挥节约用水工作协调机制作用,召开厅际节约用水工作座谈会,按照《江苏省"十四五"节水型社会建设规划》和国家节水行动要求,研究部署各部门年度节水工作任务。召开联席会议联络座谈会,通报国家节水行动和各专项工作进展情况,协调解决重大问题。全省各地市均编制完成"十四五"规划或实施方案。根据国家和省最严格水资源管理制度考核要求,制定下达万元GDP用水量、万元工业增加值用水量等强度指标,明确节水型社会建设目标任务,细化分解节约用水管理目标。将万元GDP用水量列入高质量发展考核指标。组织实施省对各市最严格水资源节水管理考核,指导市对区县开展考核。深入落实国家发展改革委等十部门《关于推进污水资源化利用的指导意见》,按照水利部等六部委印发的《典型地区再生水利用配置试点方案》要求,省级编制并印发《江苏省典型地区再生水利用配置试点实施方案编制大纲》,按照典型代表性强、再生水利用配置基础好、再生水需求量大的试点要求,选择了环太湖平原河网地区的无锡市、南水北调东线受水区的宿迁市、长江经济带和21世纪海上丝绸之路交汇处的张家港市等3个城市,作为江苏省再生水利用配置的先行试点地区。省相关部门联合组织对试点方案进行审查,指导推动试点工作有序进行。

【节水型社会建设】 加快长江沿线、环太湖地区、沿海地区等区域的县域节水型社会达标建设进程,年内完成16个县域达标建设任务,全省建成率达87%。常熟市、昆山市、淮安市淮阴区3市(区)被评为"太湖流域片县域节水型社会达标建设十佳案例"。积极落实《长江保护法》,指导园区推行串联用水,开展园区循环化改造,年内已建成9家省级节水型工业园区,如期完成《江苏省节水行动实施方案》确定的目标。进一步加大高耗水行业节水型企业建设力度,落实工业水效提升行动计划,以高耗水行业企业和国家、省、市三级重点监控用水单位为重点,大力推进各级节水型企业建设,年度完成省级节水型企业172个。持续推进机关、学校、高校、居民小区、公共机构等节水型载体建设,选择试点城市开展节水型乡镇、节水型机场、节水型工业园区等建设。全面完成省直机关、水利行业单位和50%以上省属事业单位节水型单位建设。完成节水型高校建设23个,全省建成率达到56%。制定节水型高校典型案例遴选标准,遴选26个省级节水型高校典型案例,其中5所高校入选全国节水型高校典型案例。打造节水行业示范标杆,光大常高新环保能源(常州)有限公司等20个单位被评为"江苏省第三批水效领跑者",罗盖特(中国)营养食品有限公司等8个单位被评为"江苏省第三批水效领跑者入围单位",累计评选出三批共49个省级水效领跑者。

【节水制度标准体系建设】 严格计划用水管理,加大计划用水指标的核查力度,全省计划用水户用水计划下达率达100%。强化规划和建设项目节水评价管理,严格节水评价审查,健全节水评价台账。有序推进水平衡测试、用水审计工作,督促用水单位限期整改完成审计发现的问题,并加强监管指导。制订发布节水型民用机场、节水型高速公路服务区省级团体标准。完善用水定额体系,持续开展用水定额制(修)订,制订增补用水定额263项,全省主要产品用水定额覆盖率进一步提高。严格用水定额管理,把用水定额作为取水许可、计划用水、节水评价等工作的重要依据。加强重点用水单位管理,调整完善重点监控用水单位名录,将年用水量50万方以上的918家工业和服务业用水单位全部纳入省级重点监控用水单位名录。全省完成各类合同节水项目24个。对年取用水10万方以上的用水单位实施水务经理制度,省、市水行政主管部门提供规范化管理培训,不断提高用水单位节约用水管理能力。加快建设信息化平台,围绕计划用水、重点监控用水单位、节水载体、用水定额等业务,构建面向公众、取用水户和管理者的信息服务平台。

【节水宣传教育】 制定年度节水宣传工作方案。在"世界水日""中国水周"开展节水系列宣传活动,厅领导带队走进"在线访谈"和"政风热线"栏目,回答群众关心的热点问题。创新联合团省委、省少工委等部门在全省中小学开展第二届"水韵江苏—节水少年行"活动,征集各类作品13 772幅。开展《公民节约用水行为规范》主题歌曲创作和征集活动。建设省级节水教育基地云展示平台。"全国科普日"期间,开展了"喜迎二十大、科普向未来"节水科普进社区、进学校、进机关等系列活动。在水利部举办的第六届中国青年志愿服务项目大赛中7个申报项目全部获奖。积极组织推进水利部等十部委联合举办的《公民节约用水行为规范》主题宣传活动,取得全国地区综合排行榜、地区数量排行榜、活动人气排行榜3个第一的好成绩。

河湖管理与保护

【河湖规范化管理】
1. 完善河湖划界成果。全面完成省湖泊保护名录新增单体湖泊划界,印发《河湖及水利工程管理范围管理办法》,建立成果动态调整管理机制。

2. 严格落实分区管理。贯彻水利部关于加强河湖水域岸线空间管控的指导意见,落实河湖保护规划要求,全面建立水域岸线分区管理制度,制定功能分区管控办法,确保水域岸线保护区、保留区从严管控,控制利用区、开发利用区高效利用。

3. 开展水域保护状况监测评价。部署全

省水域空间和重点河湖保护状况监测工作，完成2021年度全省水域保护状况报告；开展重点河湖水域岸线空间动态遥感监测，及时发现处置违法违规利用行为；开展常熟市、丰县等水域保护试点工作，实施水域清单化、图斑化管控，探索水域"空间不减少、功能不衰退"的实现路径。

4. 做好环保督察问题整改。积极推进第二轮中央环保督察涉及水利问题整改。建立上下联动机制，指导地方制定环保督察反馈问题整改方案，明确整改责任、细化整改任务，务必依法依规、精准务实、严格整改到位。

【河湖采砂管理】 省水利厅与省公安厅、江苏海事局等部门联合部署开展全省长江河道采砂综合整治"强化年"行动，加强长江非法采砂治理。

1. 落实责任。经省政府主要领导同意，明确长江河道省级河长和省政府长江河道采砂管理责任人。在《新华日报》公告长江及其他重点水域采砂管理责任人名单。各级党委、政府和采砂管理责任人先后专题巡查、召开联席会议，扎实推进和落实河道采砂管理工作。

2. 依法处置。各地按照"强化年"行动方案要求，组织水利、公安、海事、工信、交通运输等部门加大对采砂船、运砂船、砂石码头、船厂等重点环节的巡查检查，突出市县交界、节假日、夜间等重点区域、重点时段巡查，确保全覆盖、无死角。扬州市进一步明确对船舶企业的监管责任，加强对"隐形"采砂船的源头治理。

3. 联合执法。重要节日、重大活动期间，联合相关部门开展集中巡江行动，释放严管信号，形成强大威慑。各地创新巡查监管模式，灵活运用多种手段，取得明显成效。南京市守住长江"西大门"不放松，在苏皖交界水域盯牢盯死。苏州、南通、无锡、泰州等地连续多次开展"两岸四地"巡查行动，成效明显。

南通、泰州针对非法采砂活动向通江河道延伸新情况，加大对通江河道、内河的巡查力度，适用《长江保护法》查处长江流域内河非法采砂案。2022年共出动执法人员33 215人次，执法船4 397艘次，开展各层级集中打击行动519次，查处非法采砂船1艘，非法移动采砂船6艘，拆解"三无"采砂船17艘（累计381艘），对10艘改装"隐形"采砂船拆除采砂机具去功能化（累计128艘）。

4. 探索疏浚砂综合利用工作。认真落实水利部、交通运输部《关于加强长江干流河道疏浚砂综合利用管理工作的指导意见》要求，科学有序推进长江河道、石梁河水库疏浚砂综合利用，坚决杜绝假借疏浚名义规避河道采砂许可管理制度、以疏浚之名行采砂之实，维护长江及重点河湖采砂管理秩序。2022年，全省共许可实施泰兴市民生港务码头、镇江危险品锚地、张家港东沙作业区进港航道等多个疏浚采砂项目，批准镇江和泰州两市开展长江航道疏浚砂综合利用试点工作，全年约600万吨疏浚砂得到了综合利用。在项目实施过程中，严格监管施工现场，探索采区、采深、采量、转驳、运输、上岸、计量等全过程监管模式，保障国有资源不流失，取得了积极的经济和社会效益。

5. 推进洪泽湖、骆马湖、石梁河水库等重点河湖禁采执法工作。组织沿湖（库）各地水政监察队伍，扎实开展日常巡查，与淮委、沂沭泗水利管理局开展联合巡查打击，会同公安、交通运输、国土资源及渔业管理等部门，开展联动禁采执法，着力整治并全程跟踪指导连云港市开展石梁河水库疏浚砂利用试点。"两湖"水域禁采"双清零"成果继续得到巩固。

【长江治理保护】 抓好生态环境突出问题整改，推动2021年长江经济带生态环境国家警示片及2022年省级警示片披露水利牵头问题整改方案制定及问题整改工作；完成

2021年长江经济带生态环境警示片明确水利牵头问题的整改工作。开展长江干流岸线利用项目排查整治行动"回头看",不断完善长江堤防岸线涉河巡查机制,建立完善"周巡查、旬抽查、月通报"制度,不断健全源头预防、过程控制、终端治理的闭环管理体系。推进镇江、泰州等地2022年度疏浚砂综合利用试点工作,合理管控河道砂石资源。

【大运河治理保护】

1. 围绕功能强基础。实施里运河、中运河、不牢河堤防与穿堤建筑物除险加固,开展苏南运河堤防达标建设。接续实施南水北调东线一期工程,2022年圆满完成北延应急供水出省7 000万立方米,助力大运河百年来首次全线贯通。

2. 围绕资源护生态。开展专项整治,清理整改大运河沿线突出问题1 200多个,大运河实现非法采砂船只全部清零。实施完成南水北调东线治污工程,建立健全水质保障机制,不定期联合巡查干线水质。推进大运河沿线节水型社会建设,省政府批准印发大运河苏北段、苏南段保护规划,持续开展大运河及沿线重要河湖生态状况评价。加快运河沿线水生态环境修复,至2022年底全线已建成农村生态河道339条、水利风景区176家、水美乡村1 820个。

3. 围绕文化培底蕴。推进水利遗产管理保护,推荐洪泽湖大堤、江都水利枢纽等申报国家水利遗产,里运河—高邮灌区、兴化垛田成功入选世界灌溉工程遗产。江都水利枢纽等入选水利部首批全国十大标杆水利风景区,建成大运河淮安水上立交等一批最美运河地标,沿线建成19个省级以上水情教育基地,成为水文化传播弘扬的实境课堂。组织开展"寻找大运河江苏记忆""河湖故事大家讲"等主题活动,推动《最美运河地标》上线大运河国家文化公园数字云平台,开发全国首个"云上水景漫游"服务程序,扩大运河水文化社会传播面。

【太湖治理保护】 全力强化生态清淤、蓝藻打捞,消减内污染负荷,持续实施调水引流,扩大水环境容量。在加大望虞河引江调水的基础上,成功实施新孟河工程调水试运行,全年累计引长江水16.4亿立方米、入湖7.9亿立方米,入湖水量为2015年以来最高。启动新一轮生态清淤工程,完成150万立方米年度清淤任务。全年打捞蓝藻217万吨;指导环湖各市加快健全"挡、引、捞、控"蓝藻打捞防控体系,蓝藻打捞量已连续3年超200万吨。太湖氮磷浓度降至近十年同期最低水平,小范围水质异常频次降至历史最低,太湖"两保两提"治理目标不断得到巩固提升。

【洪泽湖治理保护】 省洪泽湖管理委员会组织淮安、宿迁两市人民政府和省发改委等11个省级成员单位协同发力,合力推动实施洪泽湖治理保护。

1. 出台保护条例。《江苏省洪泽湖保护条例》正式颁布实施,这是我省首部以单个湖泊的流域系统治理为制度设计的法规。

2. 强化水安全保障。洪泽湖滞洪区近期建设工程全面开工,完成淮河行蓄洪区及淮干滩区居民迁建工程,淮河干流应急加固工程基本完成,全面实施洪泽湖退圩还湖综合治理,泗阳县基本完成,恢复洪泽湖水域面积30平方千米,恢复防洪库容近5 000万立方米。

3. 加强水生态修复。开展洪泽湖东岸"百里画廊"、洪泽湖西岸"醉美湖湾"建设,打造生态型护岸。

4. 提升水环境质量。建立禁捕退捕、住家船餐饮船整治等长效管理机制,围网养殖和圈圩养殖实现"零增长",有序清退湿地保护区内围网养殖。实施洪泽湖及入湖河道排污口"查、测、溯、治",排查整治洪泽湖周边涉水"散乱污"企业。湖体平均水质总体稳定Ⅳ类且趋势向好,总磷浓度基本稳定,区域内25

个国省考断面年均水质达标率100%。

5. 开展水管控行动。常态化开展26条入湖河道和湖体水文、水质、水生态、开发利用遥感等常态化监测和健康评估工作,相继开展"中国渔政亮剑""百日行动""苏安行动"等专项行动。

6. 挖掘水文化资源。加强洪泽湖沿线历史文化遗产保护,推进"高家堰郊野风光生态园""洪泽湖大堤水上长城观光园"等环湖旅游重点项目建设,完成洪泽湖治理保护展示馆、高家堰水工文化博物馆等建设,推进洪泽区洪泽湖古堰国家5A级景区创建工作,泗阳县卢集镇成河村申报国家级乡村旅游重点村。

河湖长制

【河湖长制工作】
1. 完善联合河长机制。联合流域机构全面建立省际河湖长联席会议机制。我省作为今年太湖流域首轮轮值方,许昆林省长组织召开太湖流域片省级河湖长联席会议,部署年度工作任务。省内县级以上跨界河湖联合河长制已实现全覆盖,并向乡镇级河湖延伸,南京、苏州、镇江等实现乡村级联合河长制全覆盖,建成村级工作站2 900多个。指导建立南京都市圈联合河长制,实现2省9市13个县协同共治。充分发挥河湖长制研究院智库作用,在全国率先建立河湖保护与治理技术联盟,成立2家河长制研究院分院,助力河湖长制工作向高质量发展。

2. 加强河长制智慧管理。持续完善河长制信息化平台建设,长江河长制数字化监控系统已建成并投入使用,及时掌握河长履职和工作动态,实现数据常态化互联互通,以数字赋能助力河长高效履职。联合相关厅局对13个省辖市河湖长制工作开展年度专项督查,检验工作成效,查找薄弱环节,推动重点任务落实落地。对市级河湖长开展季度量化积分考评,采取交办单、督办函等形式推动解决重点难点问题,推进督查激励常态化。

3. 开展突出问题整治。根据水利部部署要求,针对不同类型碍洪问题,动员组织市县排查清理。共排查不同类型碍洪问题284个。通过清单化管理、挂图式作战、动态化督办,分类研究制定整改措施。截至5月底,碍洪突出问题全部整改完成,提前7个月完成水利部要求。推进水面漂浮物打捞治理,部署里下河地区和苏锡常镇地区40多个区县一体化协同开展"清剿水葫芦、美化水环境"联保共治专项行动,先后实施了"首季争优""春夏攻坚""保Ⅲ增Ⅲ"等专项行动,两大区域全年共计打捞水葫芦等水面漂浮物730.3万吨,区域水生态环境质量持续提升,有力保障了上海第五届进博会水环境安全,开展"水葫芦资源化利用技术集成研究及其示范"项目,探索升级水葫芦处置模式,推动水葫芦资源化利用取得突破性进展。

【河湖长履职】 根据省委、省政府领导变动情况,结合全省重要河道、省管湖泊分区分布情况和河湖长制工作的延续性,及时提请省级总河长、省级河湖长调整,确保河长履职不留空档。全年联络服务省级河长巡河履职33人次。对照水利部在南水北调工程全面推行河湖长制的工作要求,提请新增我省南水北调东线一期工程省级河长,充实完善南水北调工程河湖长体系。支持引导各地不断创新巡河方式,积极探索线下线上相结合的模式,利用视频实时监控、无人机巡查、卫星遥感监测等高科技手段,进一步拓展巡河途径,提升巡河质效。2022年,全省5.7万名河长,累计巡河巡湖290多万人次,解决各类河湖问题259.5万个。修编完善省级河长履职手册,建立省级河长管辖河湖一河一档。

【幸福河湖建设】 幸福河湖建设被纳入

省委常委会2022年工作要点重点任务，省政府2022年十大重点任务百项重点工作。牵头制定《长三角生态绿色一体化发展示范区幸福河湖评价办法（试行）》，规范示范区幸福河湖建设，助力长三角一体化绿色发展。组织开展"一河（湖）一策"修编工作，督促各地编制幸福河湖建设实施方案和工作计划，作为幸福河湖建设的行动指南，幸福河湖建设实施方案（规划）实现市级全覆盖。南通焦港河入选全国7个幸福河湖建设试点之一，中央补助资金8 500万元。省财政专门设立每年5 000万元幸福河湖奖补资金，严格按照"建成一条，补助一条"的政策要求，对通过评定的县级以上幸福河湖实施奖补，全年共87个市县144条（个）河湖获得资金奖补。谋划以政银合作方式促进幸福河湖建设的积极举措，联合省发改委、省财政厅、省金融监管局、人民银行南京分行等单位共同设立江苏省幸福河湖建设基金，成为全国首个"千亿"级授信额度的金融政策基金。通过优惠利率、绿色金融贷款等形式，累计向全省幸福河湖建设领域有关项目投放信贷支持近450亿元。

安全生产

【安全生产管理】 全省水利行业树牢安全发展理念，严格安全责任落实，深化提升专项整治，加强安全基础建设，安全生产形势保持总体稳定态势。

1. 压实安全生产责任。严格落实"党政同责、一岗双责、齐抓共管、失职追责"和"三管三必须"要求，厅党组5次专题研究安全生产工作，厅党组理论学习中心组开展安全生产专题学习交流，厅主要领导就安全生产工作开展专题宣讲并发表署名文章，制定印发厅领导班子成员年度安全生产重点工作清单。厅主要领导多次以"四不两直"方式深入工程一线、基层站所督查检查安全生产工作，其他厅领导均结合业务工作统筹抓好分管领域安全生产监管。召开3次全省水利系统安全生产工作视频会议和3次安全生产专题会议，定期召开厅安委会会议，部署重点工作任务。持续将安全生产工作列入厅巡察工作重要内容，对省泰州引江河管理处等12家厅属单位开展巡察和"回头看"，对安全生产工作进行"全面体检"，确保巡察发现的安全生产问题闭环整改。邀请15家厅属单位和水利企业主要负责人围绕"做好第一责任人"主题进行座谈会商，强化安全生产主体责任落实。

2. 深化安全专项整治。围绕"从根本上消除事故隐患""从根本上解决问题"目标，印发《深化提升全省水利行业安全生产专项整治三年行动实施方案》，强力推进各项工作任务落实。全面完成危化品使用安全专项治理，印发《全省水利行业危化品使用安全风险分析报告》，有效指导危化品使用安全风险管控和全链条安全管理工作。部署开展安全生产大检查、百日攻坚行动、燃气使用、自建房、水利设施风险隐患排查整治、冬季安全生产专项治理、岁末年初重大隐患专项整治等专项行动，明确责任，统筹推进，集中攻坚。聚焦党的二十大、节假日等重点时段，紧盯水利工程建设、工程运行管理等重点领域，督促各水利生产经营单位全面开展自查自纠，深化安全风险管控和隐患排查治理，加快构建水利安全生产风险查找、研判、预警、防范、处置和责任等风险管控"六项机制"。各业务部门结合日常工作常态化开展专业领域安全检查，综合监督部门定期开展"四不两直"专项抽查，并邀请安全生产专家参加监督检查，加强精准指导，提升检查质效。省水利厅共组织37个督查组抽查155个工程（单位），对工程所在设区市和县级水行政主管部门进行重点督导，发现问题隐患787个，均现场反馈、书面督办、闭环整改,并对照规范条文形成年度常见问题清单。

3. 夯实安全基础工作。扎实推进水利水电施工企业、水利工程管理单位等9类单位标准化建设管理工作,组织对24家申报标准化一级单位的材料进行审核,对12家标准化新申报单位进行材料审查和现场核查,公开摇号抽取52家标准化单位进行年度和延期现场核查,强化动态监管。深入推进"安全监管+信息化"模式,印发《水利安全生产信息报告和处置规则》,修订《水利安全生产状况评价指导手册》,规范安全生产信息报告处置,定期评价分析水利安全生产状况,省域安全风险度保持低位、全国领先。多维度开展安全生产宣传教育,大力宣贯新修订的《安全生产法》,部署开展"安全宣传咨询日""身边隐患大家查"等内容丰富、形式多样的"安全生产月"宣教活动。积极组织参加水利部安全生产法知识网络答题活动,省水利厅获优秀组织奖,115人(全国共200人)获得个人优秀奖;参加全国水利安全生产知识网络竞赛——《水安将军》趣味活动,省水利厅获优秀组织奖,7个单位获优秀集体奖,67人获个人奖;参加全国水利安全生产标准化建设应急演练成果展评活动,省水利厅获优秀组织单位奖,15个应急演练成果获奖。组织开展省水利厅生产安全事故应急预案桌面演练,与省防汛物资储备中心联动开展实战演练,提高应急处置能力。

4. 强化消防安全。厅消委会修订《江苏省水利厅消防安全事故应急预案》,制定《厅系统消防安全任务清单实施细则》,进一步完善工作机制,压实工作责任,提高处置能力。厅消委会召开了《厅系统消防安全任务清单实施细则》培训部署会,要求各处室单位对照任务清单,完善主要领导负总责、分管领导直接负责、相关部门具体负责的工作格局,在重点、重要、重大的时间节点,认真履行主体责任。将消防安全工作抓在日常,厅办公室会同监督处、建设局、质检站等组成联合工作组强化日常消防安全巡查,统筹指导施工工作,落实施工现场安全责任,规范火灾防控安全设置,加强消防及人员密集场所安全工作督查,明确防火用电和易燃易爆物品专人管理,做好各类安全隐患每日排查工作。每逢重要节假日,厅领导带队赴现场检查指导,重点检查办公场所是否存在私拉乱接电线、使用大功率电器等问题,公共场所的消防疏散通道是否畅通、消防器材和消防设施是否完好、使用是否正常,食堂等场所的燃气安全和设施设备标识标签标牌是否维护到位等,确保厅系统消防安全。一年来,厅系统未发生消防安全事故。

【重大水利工程建设安全生产】 全省组织15批次84人次,对47个重点水利在建项目开展度汛检查,共发现存在问题67个,其中排查安全度汛隐患问题32个,对照《水利工程建设项目生产安全重大事故隐患清单指南》,无重大事故隐患。针对排查出的安全度汛隐患,及时出具稽察意见,明确责任单位,限定整改时间,要求责任单位立即组织整改。建立问题台账,跟踪问题整改情况,实行闭环管理,确保整改工作真正落实到位。对特殊原因不能满足进度要求的,督促制定应急处置方案,确保安全度汛要求。以一周一报形式及时汇集全省穿堤工程施工进展和度汛措施信息。

1. 制定年度安全生产工作要点计划。制定印发年度安全生产工作要点、安全监督检查计划、项目稽察计划、安全培训计划和安全资金使用计划,统筹安排全年安全监督检查各项工作。

2. 突出项目前期工作安全管理。制定印发《2022年全省水利重点工程建设推进实施意见》《2022年水利重点工程建设任务书》,明确提出深化安全生产管理相关要求。加大初步设计文件安全生产相关章节审查力度,指导项目法人对施工图设计文件安全生产内容进行严格把关。

3. 完善安全生产制度体系。制定出台《水利重点工程保证安全生产的措施方案和拆除爆破工程专项施工方案编制指南》《水利重点工程施工度汛方案和超标准洪水应急预案编制指南》《江苏省水利重点工程施工重大危险源清单指南实施细则》《水利重点工程建设生产安全重大事故隐患清单指南实施细则》《江苏省水利厅关于开展水利工程建设质量安全通病专项治理工作的通知》等5个安全生产指导性文件,深化细化安全生产重点工作。

4. 开展水利建设质量和安全通病专项治理。制定《2022年度安全行为通病防治清单》,列出在工程建设中常见的安全行为问题20条。开展全省水利工程建设质量和安全通病专项治理,对以往水利建设进行大数据分析,梳理出现频率较高的质量和安全存在问题,形成2022年度各参建单位的质量行为、安全行为和实体质量3个7类90项通病防治清单。提醒各参建单位对照预防,促进质量和安全通病的源头治理。

5. 开展安全生产业务培训。6月下旬,采用视频方式开展全省水利重点工程项目法人安全生产业务培训。各设区市水利(务)局、全省在建水利重点工程项目法人及参建单位共计2 000余人参加培训。

6. 组织开展安全生产月活动。制定印发安全生产月活动方案,围绕"遵守安全生产法、当好第一责任人"主题部署开展安全生产月系列活动,包括赴省水利重点工程施工现场开展"送清凉、送安全、送法律"活动,组织参加水利部安全生产知识竞赛,邀请水利重点工程参建单位第一责任人做安全生产专题宣讲,组织宣传《中华人民共和国安全生产法》和"十五条硬措施"等。

7. 加强在建工程安全度汛管理。统计并公示涉及度汛216个标段的责任单位和责任人,督促落实项目法人首要责任、参建单位主体责任和水行政主管部门监管责任。建立度汛重点关注项目清单,共涉及27个项目59处破(穿)堤,督促项目按照汛前节点目标,确保工程形象进度,落实安全度汛措施。全省在建水利重点工程全部实现安全度汛,无一处失事。

8. 开展安全生产专项稽察。共组织开展39个项目稽察(其中安全生产专项稽察项目6个),书面提出安全生产整改问题302个。问题内容涵盖项目法人、设计、监理和施工等责任单位。存在的问题均印发稽察意见,明确整改责任主体,提出整改落实工作要求,举一反三全面排查问题,并督促其认真整改。稽察意见整改情况反馈后,依据整改材料,进行核实,建立问题整改台账,实行销号制度。

9. 组织开展安全监督检查。采取视频检查和"四不两直"等方式,开展安全监督检查。对省级组建项目法人的水利重点工程开展安全检查9次,对市县项目开展6次,问题隐患全部整改到位,实现闭环管理。开展在建工程安全度汛检查和隐患排查治理

【省属水利工程安全生产】 按照《江苏省水利厅安全生产委员会工作规则》《水利重大风险排查及防范化解预案》的要求,切实履行省属水利工程安全运行监督管理职责,以如履薄冰的心态,扎实有效的措施,抓好安全生产各项措施的落实,坚决杜绝责任事故、重特大事故的发生,确保工程和人身安全,厅属管理处省属闸站工程全年无安全生产责任事故。

1. 提高政治站位。深入学习贯彻习近平总书记关于安全生产工作的重要指示精神,落实省委、省政府和省水利厅关于安全生产的决策部署,统一思想认识,坚持把安全生产工作摆在突出位置,在安全发展上"争当表

率、争做示范、走在前列"。积极开展安全生产与疫情防控专题教育、多种形式的安全生产宣传培训活动,在全国水利安全生产知识竞赛中成绩名列前茅。

2. 筑牢工程安全防线。完成1.43亿元除险加固投资,完成维修养护、防汛应急等经费超2亿元。泗阳二站等7座工程除险加固基本完成,沙集站等4座工程除险加固可研获批,18座工程完成安全鉴定,入海水道海口闸应急处置工程顺利完成,病险工程消险除患全面提速。完成179个水工建筑物、机电设备维修项目,有效保证工程完好率。组织开展安全生产专项检查、汛前汛后检查及运行安全管理评估,确保工程安全度汛。

3. 提升安全管理水平。强化汛期安全运行管理工作,定期召开省属工程防汛调度会商会。持续开展危险源辨识及风险评价、隐患排查工作,落实风险管控及隐患治理措施。修订完善观测任务书,更新增设观测设施,完成2021年度观测资料整编及数据集中会审,掌握工程变化情况,为保障工程安全运行奠定技术基础。强化安全生产标准化管理工作,省太湖管理处、蔷薇河送清水管理处成功创建安全生产标准化一级单位,泗阳站水电站成功创建农村水电站安全生产标准化一级单位。

4. 开展房屋安全专项整治。深刻汲取长沙"4·29"自建房倒塌事故教训,组织开展管理处既有房屋建筑的全面摸底、隐患排查和安全鉴定,加强危险房屋安全管理,尤其D级危房立即采取清人、停用、封房等措施。印发《厅属管理处既有房屋建筑安全专项整治行动实施方案》,开展为期2年的安全专项整治,针对管理处8类整治对象,采取5种整治措施,彻底消除既有房屋建筑安全隐患、恢复原有功能。

防 汛 防 旱

雨情、水情、旱涝灾情分析

1. 雨情。全省降雨量总体偏少，1—9月全省面雨量666毫米，较常年同期偏少25%；汛期（5—9月）全省面雨量439.9毫米，较常年同期偏少36%，其中5月降雨显著偏少，列1951年以来倒数第1位。降雨空间上分布不均，1—9月500毫米以上降雨主要分布在淮北及沿江苏南东部，其中连云港和徐州北部地区降雨超600毫米；其他地区降雨均在400毫米以下。

2. 水情。（1）淮河、太湖发生春汛。3月中旬至4月上旬，淮河、太湖流域相继发生春汛，洪泽湖水位一度超警戒、水位最高涨至13.66米；太湖水位一度超防洪控制水位，最高水位达3.65米，为1954年以来同期最高，苏南运河无锡、苏州、望亭等站水位一度超警戒。（2）沂沭泗河长时间行洪。入梅后，沂沭泗地区出现多轮强降雨过程，沂河发生多场小洪水、沭河发生"2022年第1号洪水"；南四湖下级湖超汛限29天，韩庄枢纽持续泄洪；骆马湖嶂山闸持续泄洪30天，累计泄洪约48亿立方米；石梁河水库持续泄洪36天，累计泄洪23.5亿立方米。

3. 旱情。（1）苏北地区发生春夏旱。上游来水枯，4月中旬至6月下旬，沂沭泗诸河基本无来水，淮河来水偏枯，几乎无水入洪泽湖，淮干蚌埠闸日均流量连续20余天在最小生态流量以下，最小流量仅20立方米每秒左右。土壤墒情差，5月下旬，江淮之间中西部和淮北地区10厘米土壤相对湿度普遍在50%以下，发生轻度以上干旱，其中徐州丰县、沛县、贾汪、邳州达到严重（及以上）干旱程度。湖库蓄水少，春夏旱期间，洪泽湖、微山湖最低水位分别为11.18米、31.20米，低于死水位；石梁河水库最低水位21.25米，低于旱限水位；骆马湖最低水位21.38米，接近旱限水位。（2）淮河以南地区遭遇夏伏旱。8月2日—23日我省出现入夏后第三轮高温天气，强度大、影响广、持续时间长。夏伏旱期间一度出现热旱叠加、江淮并枯局面，8月中旬起长江出现罕见的"主汛期反枯"现象，汛期大通最小流量7340立方米每秒（9月30日），列1951年以来汛期最小。我省长江代表站南京、镇江、江阴等多站8月平均高潮位均列1951年以来同期最低。沿江支流水阳江水碧桥站、石臼湖蛇山闸站最低水位分别为3.93米、4.97米，列设站以来同期最低；太湖最低日平均水位3.05米，为近20年来历史同期最低水位；8月10日至10月9日连续两月，淮干蚌埠闸日均流量再次持续低于最小生态流量，洪泽湖蒋坝水位再度降至旱限水位以下。汛期，横山水库水位在旱限水位以下达64天；汛末，我省49座大中型水库蓄水总量较常年同期仍偏少22%。

4. 台风情况。（1）超强台风"轩岚诺"。第11号台风"轩岚诺"于8月28日在西北太平洋洋面上生成，9月4日至6日对江苏省东南部地区和南通、盐城海区造成较大风雨影响。第一，体积大。"轩岚诺"影响江苏时，七级风圈半径达350～400公里，虽然其中心位置距海岸线超过300公里，仍给我省东南部地区普遍带来6级以上大风。第二，风力强。"轩岚诺"增强为超强台风级累计时间达105小时，我省东南沿海地区受大风影响，陆上风力6～7级，阵风7～8级，江河湖面风力9～10级，海区风力10～12级；降水影响较小，主要以分散性降雨为主，台风影响期间全省面平均降雨量仅10.3毫米。第三，路径诡。"轩岚诺"生成后，其路径预报存在不确定性，进入东海后，尚不能完全排除在华东近海北上或登陆可能，极大增加防御难度。（2）强台风"梅花"。第12号台风"梅花"9月8日在西北太平洋洋面上生成,并逐渐增强为强台风;15日3时10分前后进入江苏,13时前后从我省射阳入海。第一,影响范围广。12日12时,台风"梅花"外围开始影响我省,15日凌晨3时台风本体由南向北穿过我省苏州、南通、盐城等市,风雨影响全省。12日12时至15日21时影响期,全省普遍降雨,面雨量58.5毫米;中东部内陆地区最大风力普遍达7~9级。第二,影响时间长。"梅花"自12日12时开始影响我省,至15日13时前后入海北上,在我省境内停留约9个小时,对我省影响长达80个小时。第三,影响强度大。台风给我省中东部带来较强风雨影响,尤其是14日22时至15日白天本体影响时,我省东部大部分地区出现暴雨,全省有305个乡镇(街道)累计雨量超过100毫米(占全省18.6%),最大点为南通启东寅阳镇圆陀角275.0毫米;太湖及沿海海面最大风力达10~12级,最大为南通如东阳光岛12级(最大风速34.8米/秒)。

5. 灾情。受干旱影响,全省有7个设区市21.08万人受灾,受旱面积10.59万公顷,直接经济损失12.77亿元。受台风影响,全省有3144公顷农作物受灾,成灾面积1220公顷,绝收面积5.47公顷,直接经济损失3158万元。受洪涝影响,全省有11.2公顷农作物受灾,损坏护岸142处、损坏水闸6座、损坏水文测站3座,直接经济损失1013万元。

全省防汛抗旱防台工作

1. 做好汛前准备。省水利厅超前部署,周密安排,有效开展防汛备战工作。(1) 夯实责任体系。汛前,省市县3级防指及6个联防指挥部组成人员均调整到位,全面落实"党政同责、一岗双责"的防汛责任制;明确各类工程行政和技术责任人,并在相应媒体公布接受社会监督;及时筹划召开全省防汛抗旱工作会议,制定印发防汛抗旱工作任务清单。(2) 排查消险除患。年初即部署水利工程汛前检查,督促各地各单位全面排查堤防、水库、涵闸、泵站、蓄滞洪区等工程隐患,突出妨碍河道行洪问题排查整治。汛前共排查出流域性河湖堤防风险隐患102处,病险水闸(船闸)59座、泵站16座、水库4座,妨碍行洪障碍284处,以"一市一单"下达各地限期整改。54个水毁修复项目全部于主汛期前完成。3月部署各行业汛前大检查,督促有关职能部门消除度汛安全隐患。(3) 筑牢防御基础。健全预案方案,修订《江苏省防汛抗旱应急预案》并经省政府批准、由省政府办公厅印发实施。完成5个重点河流与重点区域的超标准洪水防御预案修编,印发里下河地区江水东引调度方案、全省大中型水库洪水与水量调度方案,核定并启用42个站点防汛抗旱特征水位。加强队伍建设、培训和演练,会同省应急厅组织开展防汛抢险救援综合演练,会同太湖局开展武澄锡虞区应对极端强降雨演练,组织开展石梁河水库防洪调度、防汛抗旱通讯保障演练及水利专业抢险队伍训练、演练,检验"四预"措施。提升防汛抗旱信息化水平,建设部署太湖、秦淮河水工程预报调度一体化系统、防汛风险辅助制图系统、防汛信息服务机器人查询、防汛抗旱预案数字化等系统,新建并整合多源水利重点视频监视点,实现对风险隐患点的数字化动态监管。积极争取中央水利救灾资金两批次、2.83亿元,落实省级专项资金,较去年新增水旱灾害防御物资增储和管理费2 000万元。建设仓储基地。高标准完成镇江分中心原址新建项目建设,已交付启用,工程总投资5 992万元,总建筑面积8 751平方米。省级盐城仓储基地取得显著进展,省发改委已批复可研报告,工程总投资估算6 942万元,总建筑面积6 072.22平方米。完善物资结构,增储入库系留滞空无人机供电基站系统、水下机器人、土工合成材料检测设备平台等一批高新防汛抢险新材料新设备,谋划设立省级水旱灾害防御物资检测检验中心,开展防汛新材料新技术、应急调运物流等重点课题研究,努力构建"储、运、检、研"一体化新体系。

2. 积极应对区域性洪涝灾害。(1)科学调度太湖、淮河流域春汛洪水。受3月中下旬多场较强降雨影响,太湖、淮河流域发生春汛。针对春汛期间苏南运河无锡、苏州、望亭等站水位一度超警戒的情况,持续加大太湖出湖流量,在太浦闸不具备自排条件时协调太湖局开启太浦河泵站抽排,协调望亭水利枢纽开闸排水,调度太湖沿江常熟水利枢纽等口门全力排水,降低周边河网水位。鉴于淮河春汛期间洪泽湖水位持续上涨,提前加大洪泽湖出湖流量,并调度三河闸于3月22日首次开闸泄洪,二河闸、高良涧闸站逐步增加流量分泄洪水。为确保泄洪不淹滩地小麦,精细调控泄洪流量,控制淮河入江水道行洪总流量1 350立方米每秒左右,高邮控制线全力排水,归江控制线按照闸上水位4.20米控制排水,优化调整淮沭河沿线闸门流量,精准控制新沂河南偏泓闸流量。(2)成功应对沂沭泗河长时行洪。入梅后淮北地区发生多轮强降雨,沂沭泗河长时间行洪。提前预降湖库水位,洪水来临前骆马湖、石梁河水库水位预降到位,腾出库容迎纳雨洪;统筹沂沭河洪水东调南下,协调淮委沂沭泗局做好沂沭河及南四湖上级湖洪水调度,尽可能将沂沭泗洪水东调,适时调整南四湖洪水下泄流量,确保流域防洪安全;积极实施引沂济淮,充分利用沂沭泗洪水资源,通过徐洪河、中运河双线补给洪泽湖并解决周边地区用水;做好行洪安全工作,针对新沂河、新沭河长期行洪,部署各地加强堤防巡查防守,确保河道行洪安全,全省累计投入巡堤查险力量28.2万人次。

3. 全力抗御全域性干旱。针对苏北地区春夏旱、全省性夏秋连旱,通过全力调水保水补水管水,统筹水源调配,最大限度减轻了干旱损失,抗旱减灾挽回粮食损失128.6万吨。(1)强化研判,及时会商部署。加强雨情水情旱情监测、预报、预警,定期会商研判天气变化和旱情发展趋势,部署抗旱调度措施。滚动编制江水北调沿线地区抗旱调度方案,并统筹做好南水北调供水出省与省内抗旱调水用水。多次发出通知,加强用水管理,厉行计划用水,节约用水,做好干旱防范,保障粮食安全。6月20日、8月19日两次发布洪泽湖干旱蓝色预警,并于8月19日启动淮河以南地区抗旱Ⅳ级应急响应。(2)科学统筹,调度水源抗旱。超前调度充分蓄水,2021年汛后苏北"三湖一库"及大中型水库共拦蓄雨洪资源65.4亿立方米,为2022年春灌及夏栽打下坚实基础;精确抓住入梅后沂沭泗地区行洪时机,积极实施引沂济淮10亿立方米,最大限度利用洪水资源,增加抗旱水源。扎根长江全力调水,先后启动江水北调、江水东引、引江济太三大跨流域调水系统,累计抽引江水186亿立方米。在抗旱过程中突破常规调水抗旱,近10年来首次在主汛期实施"引江济太",首次启动新孟河工程大规模抗旱调水,首次多途径调度抗咸保供,确保了城乡居民生活、工农业生产、交通航运和河湖生态用水需求。多措并举应急补水,组织在南京市高淳区水阳江水碧桥应急架机100台套和溧水区石臼湖新桥河口应急架机45台套,每日向固城湖和溧水丘陵山区翻水,累计翻水1.26亿立方米;启用淮河以南61条抗旱翻水线、架设2 301台套临时机组,保证丘陵山区、岗地抗旱需水。(3)加强督导,强化用水管理。先后派出6个抗旱工作组赴受旱地区督查指导抗旱工作。按月制定下达江水北调沿线供水调度计划,特别是在6月农业大用水期间,每5天进行一次优化调整,从紧从细安排各地供水量。采用"线上+线下"监督方式,每日统计分析调水河段用水情况,严控各河段用水量;优化灌区灌溉引水,实施错峰轮灌,指导做好农业节水;加强与交通部门沟通联系,督促优化船闸运行,减少开启频次,提高通行效率,减少水源消耗。

4. 科学防御台风侵袭。成功战胜第11号台风"轩岚诺"、第12号台风"梅花",确保了人民群众生命财产安全。(1)滚动会商部署。加强与气象、自然资源、应急等部门联系,加密水情、雨情、台风的监测和预测预报,每日滚动会商研判,全程实时掌握台风发展动态及影响。及时组织召开防台风会议,推动各地各部门压实责任、排查风险、落实措施,做好各项防御工作,及时发出预警信号及应急响应通知,先后启动并调整防台风应急响应4次。(2)科学调度工程。针对台风影响前我省旱情实际,坚持防洪减灾与蓄水兴利并举,实施差别化调度措施。台风强降雨地区,全力做好洪涝防范调度;台风影响小、河湖底水低的地区,科学拦蓄雨水资源补湖补库。在台风外围影响前,暂停江水东引、引江济太调水系统引江,沿江地区停止引水,及时转为排水;提前分泄苏南运河涝水,望虞河常熟枢纽和太湖地区骨干河道全力排水;调度里下河地区沿海五大港闸提前排水,预降区域水位;督促台风影响地区水库合理控制水位,避免超汛限运行。在确保防洪安全前提下,充分利用台风带来的雨水资源,发挥拦蓄潜力,尽可能多储备水源。(3)抓好转移避险。始终把保障人民群众生命安全放在首位,把人员转移作为首要任务,抢在台风来临前的窗口期,全力做好人员转移避险工作,做到该撤的撤、该转的转,不漏一人。两次防台期间,全省累计撤退转移人员210 035人,回港避风船只19 524艘,排查消除广告牌等市政隐患15 281处,排查消除龙门吊、塔吊、围挡等建筑工地隐患7 434处,停工工地11 387个。

2022年省防指成员名单

指　　　挥：许昆林　省长
常务副指挥：费高云　省委常委、常务副省长
副　指　挥：马　欣　副省长
　　　　　　胡建林　省军区副司令员
　　　　　　陈建刚　省政府秘书长
　　　　　　诸纪录　省政府副秘书长
　　　　　　张叶飞　省政府副秘书长
　　　　　　陈　杰　省水利厅厅长
　　　　　　宋乐伟　省应急管理厅厅长
　　　　　　刘爱军　武警江苏省总队副司令员
成　　　员：张本明　东部战区联合参谋部作战局副局长
　　　　　　杨力群　省委宣传部副部长
　　　　　　李侃桢　省发展和改革委员会主任
　　　　　　葛道凯　省教育厅厅长
　　　　　　谢志成　省工业和信息化厅厅长
　　　　　　尚建荣　省公安厅党委副书记、常务副厅长
　　　　　　张乐夫　省财政厅厅长
　　　　　　刘　聪　省自然资源厅厅长
　　　　　　王天琦　省生态环境厅厅长
　　　　　　周　岚　省住房和城乡建设厅厅长
　　　　　　吴永宏　省交通运输厅厅长
　　　　　　杨时云　省农业农村厅厅长
　　　　　　杨志纯　省文化和旅游厅厅长
　　　　　　谭　颖　省卫生健康委员会主任
　　　　　　张国梁　省粮食和物资储备局党组书记
　　　　　　于　波　省气象局局长
　　　　　　许继金　省通信管理局局长
　　　　　　邓立刚　省消防救援总队总队长
　　　　　　陶长生　省供销合作总社理事会主任
　　　　　　章亚军　民航江苏监管局局长
　　　　　　朱汝明　江苏海事局局长
　　　　　　吴向东　上海铁路局南京铁路办事处主任
　　　　　　顾德军　江苏交通控股有限公司总经理
　　　　　　马苏龙　国网江苏省电力有限公司总经理
　　　　　　张有根　中石化江苏石油分公司董事长
　　　　　　袁连冲　南水北调东线江苏水源有限责任公司总经理
　　　　　　陈志宏　中国安能集团第二工程局有限公司常州分公司总经理
办公室主任：张劲松　省水利厅副厅长兼省应急管理厅副厅长

2022年省联防指挥部成员名单

一、省沂沭泗地区联防指挥部

联防范围：沂沭泗流域，办公室驻省骆运水利工程管理处

指　　挥：郑在洲　省水利厅党组成员、省南水北调工程建设领导小组办公室副主任

副指挥：孙文华　徐州市政府副市长
　　　　宋　波　连云港市政府副市长
　　　　武　倩　宿迁市政府副市长
　　　　郑胡根　沂沭泗水利管理局副局长

办公室主任：周元斌　省骆运水利工程管理处主任

办公室副主任：袁　聪　省淮沭新河管理处副主任

二、省洪泽湖联防指挥部

联防范围：淮河干流、入江水道、入海水道（苏北灌溉总渠）、淮沭河（含二河）、里运河、洪泽湖周边等沿线区域，办公室驻省洪泽湖水利工程管理处

指　　挥：韩全林　省水利厅副厅长

副指挥：邱华康　淮安市政府副市长
　　　　吴本辉　盐城市委常委、市政府副市长
　　　　余　珽　扬州市政府副市长
　　　　武　倩　宿迁市政府副市长

办公室主任：郭明珠　省洪泽湖水利工程管理处主任

办公室副主任：董兆华　省灌溉总渠管理处副主任

三、省里下河地区联防指挥部

联防范围：里下河地区（含南通、盐城沿海地区），办公室驻省泰州引江河管理处

指　　挥：高圣明　省水利厅党组成员、副厅长

副指挥：刘　洪　南通市政府副市长
　　　　邱华康　淮安市政府副市长
　　　　吴本辉　盐城市委常委、市政府副市长
　　　　余　珽　扬州市政府副市长
　　　　周小慧　泰州市政府副市长

办公室主任：姚俊琪　省泰州引江河管理处主任

办公室副主任：周灿华　省江都水利工程管理处副主任

四、省长江干流联防指挥部

联防范围：长江干流沿线（含通南地区），办公室驻省防汛防旱抢险中心

指　　挥：方桂林　省水利厅副厅长

副指挥：霍慧萍　南京市政府副市长
　　　　马　良　无锡市政府副市长
　　　　狄志强　常州市政府副市长
　　　　唐晓东　苏州市委常委、市政府副市长
　　　　刘　洪　南通市政府常务副市长
　　　　余　珽　扬州市政府副市长
　　　　殷　敏　镇江市政府副市长
　　　　周小慧　泰州市政府副市长

办公室主任：马晓忠　省防汛防旱抢险中心主任

五、省太湖地区联防指挥部

联防范围：太湖流域，办公室驻省太湖地区水利工程管理处

指　　挥：朱海生　省水利厅一级巡视员

副指挥：马　良　无锡市政府副市长
　　　　狄志强　常州市政府副市长

唐晓东　苏州市委常委、市政府副市长
殷　敏　镇江市政府副市长

办公室主任： 陈卫冲　省太湖地区水利工程管理处主任

六、省秦淮河流域联防指挥部

联防范围： 秦淮河、水阳江、固城湖、石臼湖、滁河等流域，办公室驻省秦淮河水利工程管理处

指　挥： 周　萍　省水利厅总工程师
副指挥： 霍慧萍　南京市政府副市长
　　　　殷　敏　镇江市政府副市长
办公室主任： 张加雪　省秦淮河水利工程管理处主任

水 文 工 作

水文站网

【站网设置】 2022年,全省共有159处水文站、140处水位站、236处雨量站、36处蒸发站、21处泥沙站以及环太湖、沿江、新通扬运河、通榆河等省级巡测线。另外,还有苏北水资源供水监测专用站34处、环境资源区域补偿专用站30处。

全省地下水基本监测站650处。其中:国家级基本监测站523处,省级基本监测站127处。按监测层位分:潜水297处,岩溶水9处,基岩裂隙水31处,孔隙承压水313眼。

水土保持监测站16处,包括4个综合观测场、11个坡面径流场和1个小流域控制站。

【站网建设】 1. 推动前期工作。结合我省"十四五"规划中重点建设项目,制定完成《全国水文基础设施建设"十四五"规划》(江苏部分)5项建设任务的分解落实方案。积极与省水利厅及省发改委沟通,实施省水环境监测中心升级改造及无锡、常州、扬州分中心迁建项目调研,组织工程勘察设计标招标和项目建议书编制,上报省发改委待批。组织完成省水文测报能力提升工程勘察设计标招标,启动项目建议书编制工作。实验室改造、测报能力提升两个项目为我省水文基础设施建设做好项目储备。

2. 推进市际断面水文监测工程。9月14日,省属重点工程江苏省市际河道断面水文监测工程初步设计报告获省发改委批复。组建工程建设处和十三个项目部,编制完成各项管理制度,开展工程标段划分、招标代理等工作,完成工程建设监理标及土建标招标工作,以及固定式ADCP及地形测量、走航式ADCP、雷达测流等8个标段的招标准备工作。

3. 加快推进工程验收。完成基本站达标建设工程自动测流标、连云港项目部和无锡项目部损毁站点修缮改造项目合同工程完工验收,以及自动测报系统标、水文测验仪器设备标等7个设备标档案收集整理工作。完成省水环境监测中心连云港分中心工程全部建设内容、淮安水环境监测分中心标合同工程完工验收及设计变更报告报批,检查督促并指导省水环境监测中心徐淮通分中心工程档案整理工作。完成新沟河延伸拓浚工程仪器设备标、水文设施增补工程合同工程完工验收,及工程财务审计工作。组织完成江苏省生态河湖监测体系(南京区域)工程档案验收,完成省水土保持监测与管理信息系统工程竣工验收。

【站网维修养护】 组织完成2022年度省级水文维修养护项目实施方案报批,全年共下达经费6 000万元。对全省水文测站(包括国家基本水文测站、中小河流水文监测系统等)根据定额进行常规养护,批复投资1 098万元。针对水文设施维修改造,完成审批维修改造项目32个,批复水文设施维修改造项目经费1 853万元。对水文测报系统维护批复项目经费578万元;对水质自动监测站批复经费101万元;对信息化项目运行批复经费1 670万元;对应急仪器购置批复经费700万元。同步组织2023年维修养护项目经费申报审核,完成报厅办公会审查准备。

水文测报

【雨水情监测】 及时部署汛前准备工作,完成工作方案制定、人员分组、线路安排、组织协调、上报总结、下发通报等工作。3月下旬以视频连线方式"直通现场",对部分中心、重点测站和实验室开展"云检查"。4月1日召开全省水文汛前准备工作视频总结会,梳理整改意见200条,均在主汛期前整改到位。6月上中旬,成立4个组采用"四不两直"方式开展防汛工作现场检查,印发水文测报防汛准备及现场复查情况通报及总结。6月上旬,完成水利部水文司水文测报汛前准备工作线上调研并现场连线沭阳水文站。促进平台整合,推动自动测流设备数据入库,年度已实现72处设备运行正常站点的测验数据入库统一管理;开展全省自动测流设备运行状况检查及年度运行维护工作;推动成果应用,年度批复自动测流系统成果应用站点4处,年度批复1处间校测分析成果。

2022年,全省年降雨量较常年偏少2成,有2个台风对我省影响较大。我省水情总体偏枯,全省仅有15个河湖代表站水位超警戒,13座大中型水库超汛限;长江大通站全年来水量偏少,汛后来水量为历史同期倒数第一;沿江代表站潮位偏低,8月低潮位历史同期最低;太湖水位及河网水位总体偏低,沿江口门全年引水量历史第一,环湖入湖水量略偏多,出湖水量偏少;淮河水系发生春汛,入汛后淮干来水持续偏少,日均流量长时间低于生态流量,里下河水情基本平稳;沂沭泗水系汛期沂河发生多场洪水,沭河发生编号洪水,骆马湖、石梁湖水库短时超汛限;全省淮河以南大中型水库蓄水量长时间偏少。由于全年降水偏少且气温偏高,部分地区旱情严重,达到中度及重度干旱。

【水资源监测】

1. 省界断面水资源监测。根据水利部关于做好年度实行最严格水资源管理制度考核有关工作要求,江苏省界断面共有23个断面参与月任务报送,每月均按时上报水位、流量数据;48个断面参与年任务报送;29个断面作为生态流量(水位)考核断面、1个断面作为水量分配考核断面参与考核,均已上报数据,完成考核。为跨省江河流域水量分配、重要河湖生态流量等目标的完成提供数据支撑。

2. 地下水监测。年度全省共执行650处地下水监测站监测任务,监测项目包括水位、水温。年内完成日常巡查3 652站次,校测4 147站次,高程引测80处、洗井清淤37处,透水灵敏度试验504处,井深测量620处,测站环境改造83处。

3. 河道地形测量。根据水利部办公厅《关于开展重点河段河道地形测量工作的通知》(办水文〔2022〕63号)文件要求,4月初编制完成《江苏省重点河段河道地形测量工作方案》,并发文部署全省重点河段河道地形测量工作,在国家重要水文站和水情预报站所在河段优先开展,年度共完成27处水文测站所在河段地形测量工作,已形成DEM、DOM和DLG数据成果,共施测河段长度143.4千米,地形面积100.7平方千米,其中:岸上部分面积67.6平方千米,水下部分面积33.1平方千米。

4. 水文巡测断面监测。在沿海、通榆河东岸以及新通扬运河沿线等173处断面开展水文巡测,累计投入监测人员310人次,出动巡测车辆72次。落实通榆河东岸巡测工作,开展河道水量监测384断面次,东岸巡测线施测150断面次。

5. 调水水量监测。组织开展通榆河北延送水工程抗旱调水、里下河应急调水抗旱水文监测,布设46处断面,累计监测流量175次,编制监测简报10期,编制里下河低水位原因分析;开展望虞河两岸口门分水流量监测工作,布设羊尖大桥、大义桥等7处水质水量同步监测断面,开展河道水量监测275断面次;开展南水北调东线一期工程江苏段调水水文测验,对宝应站、邳州站、皂河二站开展流量测验工作,为调水水量结算提供技术支撑;开展新孟河调水试验期间水文监测,共布设48处断面,累计编制新孟河抗旱调水水文信息简报62期。

【水环境监测】

1. 常规地表水水质监测。修订并编制年度水资源质量监测方案并及时组织实施，重点对82个国家重点水质站、28个省管湖泊、6个大型水库、33条流域性河道、123条骨干河道、200条跨县重要河道、300余条县域重要河道等站点开展常规水质监测，为全省的河湖健康以及河道管理提供了坚实的数据基础。

2. 地下水水质监测。对全省650处地下水水质开展监测工作，年内共监测2次，监测指标为39项，此外，配合水利部信息中心完成国家地下水监测工程中水质部分相关工作，以及配合流域机构完成部分流域站点地下水样品的采集和运输工作。

3. 饮用水水源地水质监测。对全省96处县级以上城市地表集中式饮用水源地开展监测工作，在此基础上，充分发挥水文部门量质并重优势，补充省内各监测水源地水位流量信息，并于年内开展了2次全省22个国家重要水源地的109项全指标监测工作。

4. 太湖巡查及护水控藻水质监测。完成湖泛巡查、护水控藻监测、太湖蓝藻打捞督查等太湖安全度夏专项工作。本年度自3月1日启动以来，截至10月31日，累计巡查湖区面积14万余平方千米，行驶车（船）程14万余千米，实现了"早发现、早报告"的湖泛巡查要求。

5. 水生态监测。继续深入推进省管湖泊、大型水库、部分骨干河道和重要水体的水生态监测，持续扩大水生态监测范围。在每月开展12个省管湖泊、6个大型水库水生态监测的基础上，新增33条流域性河道、43个中型水库监测。

6. 其他专项监测。一是突出做好长江、洪泽湖的水质专项监测。开展102条主要入江河道水质监测工作，并于年内对全省的331条入江河道开展一次全覆盖监测。此外，开展洪泽湖水质专项监测，包含洪泽湖湖体、入湖河道、省界河道的相关水质水量水生态监测。二是持续做好保调水水质专项监测。引江济太调水期间，对望虞河干流、环太湖出入湖河道等同步开展水质监测。此外，10月起，对新孟河抗旱调水沿线及影响区开展大规模水质监测，为上级部门形势研判、行政决策提供了可靠的技术依据。

【水土保持监测】 2022年全省16处水土保持监测站，覆盖13个设区市，主要开展降雨、径流、土壤含水率、泥沙、气象、植被盖度、作物产量等要素的监测。制定监测站网"一站一策"下垫面优化配置方案，明确95个坡面径流小区的下垫面配置方案。提出"一站一册"要求，逐站编制精细化操作手册，开展自动采集、实时传输、月度在线整编、年度在线整编工作。开展全省水土流失动态监测，采用资料收集处理、卫星遥感影像解译和野外验证等手段，获取气象、土壤、地形、土地利用、植被、水土保持措施、人为扰动等要素信息，通过模型计算分析得出以县级行政区为单元的全省水土流失类型、面积、强度和分布。

【应急监测】 5月组织全省水文系统开展2022年江苏省水文系统应急监测演练，首次采用"分散演练、卫星通信"方式，设7组20个科目，省局首次组队参加演练。编制印发《江苏省洪水水文应急测报管理办法》；梳理排查154处水文测站超标洪水水文应急测报预案，完成预案修订；编制完成省局机关、各水文分局和水保总站等15家单位疫情封控期间水文测报应急预案。组织开展通榆河北延送水工程抗旱调水、里下河应急调水抗旱水文监测，布设46处断面，累计监测流量175次，编制监测简报10期；组织开展新孟河沿线河道抗旱调水水文测验，编制水文信息简报62期，连续48小时开展新孟河运北段河道输水损失测验，为形势研判、行政决策、调水效果评估提供技术依据。6月组织蔷薇河送清水通道抗旱应急调水水质监测；7月起组织开展望虞河引江济太水质水量监测工作；8月对望虞河及贡湖水源地2-MIB进行应急监测；9月对长江咸潮影响水源地内河进行持续应急补水水质监测。以上应急监测成果为水利部门及时应对和处置工作提供了科学依据。

【资料整编与刊布】

1. 地表水资料整编。地表水水文资料复审共完成水流沙607站年、降蒸479站年，共计162万字组的水文资料审查工作。其中包括159处水文站、140处水位站（366处水位项目）、443处降水量项目、36处蒸发量项目、21处泥沙项目，其中遥测数据直接参加整编的水位项目364处（99.5%）、雨量项目441处（99.5%），采用走航式ADCP测流的站55处，采用定点式ADCP、二线能坡法等自动采集数据进行流量资料整编的站16处，其中盐城分局阜宁（射）、草堰、川东港闸，镇江分局赤山新闸（含抽水站），连云港分局临洪等站流量自动监测数据首次参加资料整编。

2. 地下水资料整编。地下水水文资料复审共完成水位（埋深）650站年、水温605站年，共计87万字组的水文资料审查工作。水位（埋深）、水温均采用遥测数据进行整编。形成水位资料：逐日监测成果表650站年、年特征值统计表650站年；埋深资料：逐日监测成果表650站年、年特征值表650站年；水温资料：逐日监测成果表601站年、年特征值表601站年。

3. 水质资料整编。全省共监测集中式饮用水水源地站点96个（含国家重要水源地站点22个）、流域性河道及区域性骨干河道站点698个、省级河湖长履职河湖站点382个、省管湖泊、大型水库及主要入湖河流监测站点219个、长江支流（入江河道）监测站点331个、水生态站点84个、国家重点水质站82个、国家重点水文站水质监测站点151个、地下水站点654个、护水控藻和引江济太监测站点59个、洪泽湖专项监测站点49个。累计监测各类不重复地表水站点1 890个，地下水站点654个，共出具的各类水质监测数据达74.3万个。

4. 水土保持资料整编。全省16处水土保持监测站监测数据整编共计11万多条，各监测站点共收集监测数据1 819万条。形成降水资料：降雨过程摘录表102站年，逐日降水量表102站年；径流泥沙资料：逐次径流泥沙表15站年，逐年径流泥沙表15站年；土壤含水量及植被盖度表15站年；小流域流量泥沙（悬移质）资料：逐次洪水径流泥沙表3站年，逐日平均流量3站年，逐日产沙模数表3站年。

水文分析与服务

【雨水情分析服务】

1. 雨情分析。2022年，全省面雨量804毫米，较常年偏少20%；最大点雨量苏州铜罗站1 273.0毫米。三大地理分区及各行政分区年降雨量均较常年偏少，除徐州、连云港、苏州、无锡以外均偏少20%以上，其中淮安642毫米，较常年偏少34%，列1951年以来倒数第3位。梅雨期（6月23日至7月11日），全省面雨量125毫米，与常年梅雨期（212毫米）相较偏少41%。

2. 水情分析。2022年长江干流大通站来水量7 563.5亿立方米，较常年偏少17%。我省沿江代表站南京、镇江、江阴和天生港站年平均高潮位较常年偏低0.10～0.48米，年平均低潮位较常年偏低0.23～0.76米。沿江代表站仅有天生港站出现1次短时超警过程，发生在9月15日台风"梅花"影响期间，最高潮位5.74米，超警0.14米。太湖水位及河网水位总体偏低,武澄锡虞区个别代表站短时超警。环湖入湖水量略偏多,出湖水量偏少;沿江口门引水量,谏壁闸汛期引水量历史第一。淮河干流及区间主要支流入洪泽湖总水量134.7亿立方米,较常年偏少63%。汛期,吴家渡站累计89天日均流量小于生态流量,流域发生长时间干旱;洪泽湖累计67天低于旱限水位,并一度低于死水位,省水利厅于6月20日、8月19日两次发布洪泽湖枯水蓝色预警。里下河北部片区6月水位短时偏低,阜宁站一度低于旱限水位。2022年年末,全省49座大中型水库蓄水量7.81亿立方米,较常年同期偏少16%。

3. 水情气象服务。全年向国家、流域、各省交换水雨情数据2.15亿条,发送水雨情短信31.4万条;发送沿江引调水工程引水情况表、新孟河抗旱调水监测断面一览表、望虞河调水水量日报表等专题水情报表超千份;发布沿江主要引水能力统计分析32期,配合编制长江口咸潮信息26期;开发上线新版水情移动应用,注册用户数量超过3 000人,最大实时在线人数超1 000人。汛期发布水情快讯54期、水雨情预测分析101份、水情分析12期,呈送省级分析材料100余份;累计制作重要预报站点预报1 500站次。向气象及应急管理部门共享基础数据50余万条,共享水情分析成果250余份,协助应急部门开展汛期会商材料编撰60余份,参与应急部防汛会商40余次。

【水资源分析服务】

1. 常规水资源分析。完成2021年江苏省水资源公报水量分析与报告编制,测算2020年水资源存量分析,开展地下水年报季报编制及专项分析,完成《中国水文年报(2021)》数据整理分析与部分表格填制。基本完成水资源分析评价和预测预警系统建设方案编制与建设前期准备。

2. 水资源专题分析。开展完成三大调水系统、主要湖库、出入省境及入海水量等9个专题分析,组织开展设区市行政交界进出水量分析方案编制,开展全省主要河湖健康年报、湖泊管理年度中水资源量分析评价,完成主要湖泊污染物通量分析,承担水源地水文情报、太湖巡查年报月报编制中水文情势及雨水情分析。

3. 水资源调配与管理。开展河湖生态水位评估年报月报编制,整理长江、淮河、太湖三个流域河湖生态水位(流量)自评估材料,完成全省39条河湖水资源调度控制指标达标分析。完成2021年长江引排水分析,复核修改第三次水资源调查报告,参加全省干旱分析灾害风险调查评估分析。

4. 水资源基础研究。推进全省径流小区分析,探讨困难与问题,多方谋划解决办法,加快推进典型小区成果分析;完成水文手册修编工作方案编制,基本完成技术大纲编制。完成《水域状况评价规范》编制与报批。获省水利厅批复"南水北调东线邵伯湖及其供水区水资源保障研究""洪泽湖流域气象水文精细化预报关键技术研究及应用"等科技项目5项,完成"基于数值天气预报的灌河流域来水预测模型及系统开发研究""江苏省典型地区水资源环境承载能力提升研究""武澄锡虞区城市群洪涝致灾机理与调控技术研究"等8项。

【水环境分析服务】

1. 保障供水安全及抗旱调水服务。编制发布《江苏省城市地表集中式饮用水水源地水文情报》12期,编制国家重要水源地109项全指标监测年报1期,为水源地监督检查、信息报送、长效管护与评估等工作提供了有力支撑。新孟河抗旱调水沿线及影响区开展大规模水质监测,完成报送水质监测信息50余期。

2. 助力"一江两湖"及河湖长制服务。太湖安全度夏期共获得各类巡查等监测数据

15.1万余个，累计编发《太湖巡查简报》《治太水利日报》《太湖护水控藻水质简报》《太湖安全度夏水质周报》等各类简报、专题分析报告900余份。2007年以来，省水文部门始终作为治太工作的重要落实和支撑单位，连续15年助力实现太湖安全度夏。年内入江支流监测获得监测数据1.8万余个，共编发《长江江苏段入江河道水质监测专题报告》6期，年报1期；年内洪泽湖专项监测获得数据约0.7万个，共编发《洪泽湖水资源质量状况报告》6期；完成省级河湖长履职河湖15个片区34个河湖的监测年报10余份。年度累计监测各类不重复地表水站点1 800余个，获取水质数据量近60万个，站点个数、站网密度、监测数据量全国领先。

3. 水质水生态调查与规划。根据水利部要求完成洪泽湖、骆马湖、七浦塘等国家试点水域水生态监测专题报告，为全省河湖生态状况评估工作提供了重要基础支撑。完成全国水质水生态监测规划江苏省部分内容编制。建立太湖水生生物图谱库，获得大型水生植物和底栖动物标本50余个，编制完成太湖水生生物调查报告1项。

【水土保持分析服务】 1. 站点监测数据分析。完成全省水土保持监测站功能定位专题研究与应用系统分析模块升级，为监测成果分析研究打好基础，有效提升监测数据实时监控、场降雨合理性分析、整编成果分析能力。

2. 水土流失情况分析。全省水土流失动态监测年度共完成645.73万个土地利用图斑解译与水土保持措施信息提取，3.27万个调查图斑野外复核，8 930张统计表的各类专题分析。2022年，全省水土流失面积2 165.15平方千米，占全省总面积的2.11%，包含水力侵蚀2 164.93平方千米，风力侵蚀0.22平方千米。该成果为掌握全省水土流失年度消长情况提供了数据支撑。

水文行业管理

【规划工作】 省水文"十四五"规划获批。完成《江苏省"十四五"水文发展规划》编制，1月7日顺利通过省水利厅组织的专家论证，3月4日经省水利厅与省发改委联合印发，该规划是首次获省水利厅和省发改委联合审批的江苏水文五年规划。编制完成水文站网规划。根据省政府2022年度省级专项规划编制工作部署，省水文局组织编制完成《江苏省水文站网规划（2022—2030）》，并报请省发改委与省水利厅联合印发。

【行业建设】 1. 强化制度建设。颁布出台《南通市水文管理办法》，修订施行《常州市水文管理办法》，《连云港市水文管理办法》通过市政府常务会审议。

2. 加强队伍建设。新增设高淳、昆山、张家港、丹阳等4个县级监测中心，30个县级水文机构全面升格为正科级建制。水文勘测工种职业技能培训鉴定站获批成立，水文勘测工种培训考核大纲通过省人社厅审查。新提任21名科级干部，其中85后占52%，1人获太湖流域水科技英才奖，成功推荐省第六期"333高层次人才培养工程"第三层次培养对象等各类高水平专业技术人才22人次，组织10余期水文勘测技能竞赛选手集中培训考核。获评全国水土保持工作先进个人、省打好污染防治攻坚战先进个人各1名。聘任85名第二届江苏省水文测验质量检查专家、116名江苏省水文资料整编专家。

3. 开展文化建设。打造江苏水文科普园，创建水文系统首个省级水情教育基地。结合党建、文化展示、运河文化带建设等主题，将16个百年水文站和特色测站打造成传播水文化的"文化聚集点""网红打卡点"。苏州分局推进大运河文化带沿线站点文化提升工程建设，完成平望水文站改造；连云港分局建成石梁河水库水文站水情教育微展馆；淮安分局挖掘高堰志桩历史，完成复建工作；泰州分局建成兴化中心"听雨关水"文化广场；《徐州市水文志》获评2022年度全省史志类作品质量评定优秀成果。

【精细化管理】 在全国率先构建水文精细化管理体系，《江苏水文精细化管理》出版发行。编制完成40个监测中心、13个实验室工作手册，532个水文测站、21个实验室项目操作手册，录制完成21个水质检测操作标准化示范视频，《江苏省水文测站精细化管理评价办法》正式印发，操作流程和评价标准规范、明晰。推进党务精细化，编制完成中心组学习等8个操作手册。深化财务精细管理，修订采购管理实施细则，编制内部控制手册，完善财务网报系统功能，实现资金监管信息化。

【安全生产】

1. 安全生产标准化全覆盖。《水文监测单位安全生产标准化评审规程》成为全国水文安全生产评价的行业标准。《水文监测单位安全生产标准化建设指导手册》即将出版。镇江、泰州分局在全国率先高分通过一级单位创建，南京、盐城、徐州、淮安、连云港、无锡六家单位完成三级单位创建，局系统创建达标单位实现全覆盖。

2. 持续开展专项整治。聚焦危化品、实验室、水文测验、火灾防控、既有建筑等重要领域，持续开展三年专项整治、安全生产大检查和百日攻坚行动。

3. 强化安全教育培训。承办省水利厅"6.16安全宣传咨询日"活动，获水利部安全生产月活动"优秀组织奖"。

4. 深化双重预防机制构建。全年排查安全隐患338处，全部完成闭环销号整改。

南水北调

南水北调　　　　　　　　　　　　　　　231~234页

工程建设

【工程概况】 江苏南水北调一期工程包括调水工程和治污工程,总投资约267亿元,其中调水工程总投资约134亿元,治污工程总投资约133亿元。工程自2002年起开工建设,2013年5月建成试通水、8月通过原国务院南水北调办组织的全线通水验收,11月正式投入运行,实现了省委省政府确定的"工程率先建成通水,水质率先稳定达标"的总体目标。截至2022年底,调水工程累计完成投资134亿元,占总投资的100%。治污工程建设分两阶段实行,第一阶段102项治污项目实际完成投资70.2亿元;第二阶段203项治污项目总投资约63亿元,二阶段工程均已全部建设完成。2022年,江苏南水北调工程完成南水北调东线一期江苏境内调度运行管理系统工程建设扫尾,完成宿迁市尾水导流工程全部建设任务。东线一期工程已完成全部建设任务。

【征迁安置】 《江苏省南水北调工程征地移民档案管理实施细则》明确:南水北调江苏段第一期工程竣工验收通过后,省南水北调办公室将完整的征地移民档案,分别向省档案局和江苏水源公司移交。2021年,江苏南水北调工程征迁档案数字化扫描及整理工作正式启动,按照省档案馆要求进行档号重排,对缺失和错漏档案补正处理,于2022年全面完成3 586卷征迁档案数字化扫描及整理,将实体档案和数字副本移交省档案馆。

2022年,水利部及中国南水北调集团公司部署开展南水北调东中线一期工程竣工财务决算编制工作,我省按照《南水北调东中线一期工程竣工财务决算编制》范本要求,充分动员江苏水源公司及有关市县力量,按时完成27个设计单元工程征迁竣工项目竣工财务决算编制,上报中国南水北调集团公司。

以维护和谐稳定为目标,畅通交流渠道,及时排查调水运行期间问题纠纷,妥善处置入江水道洪金段船民反映的调水影响通航、金宝航道刘圩段1号码头存在安全隐患等来信来电,按时回复政务咨询。全年未接到投诉信件,未发生个体和群体上访事件。

【工程验收】 省南水北调办会同江苏水源公司、南水北调工程江苏质量监督站,组织完成南水北调东线一期江苏境内调度运行管理系统设计单元工程完工验收,至此,东线一期江苏境内40个设计单元工程已全部通过完工验收;根据水利部工作部署,东线一期工程总体竣工验收准备工作全面启动。同时,由我省组织建设的尾水导流工程中,宿迁市尾水导流工程完成档案专项验收和竣工验收技术性初步验收,新沂市尾水导流工程排污口通过淮河流域生态环境监督管理局组织的验收。

【后续规划】 按照国务院、国家发改委、国务院南水北调后续工程专家咨询委员会等部门召开的南水北调后续工程高质量发展、总体规划修编等专项工作部署推进会要求,就长江至洪泽湖段短距管道方案、胶东输水新方案、一期工程水量消纳等专项工作提出我省有关意见,先后完成了南水北调东线后续工程江苏境内工程建设管理方案、江苏省东线一期工程运用现状专题报告、江苏省东线一期工程水量消纳方案专题报告。

工程运行

【体制机制】 进一步完善省政府统一领导、省水利厅会同南水北调工作机构统筹组织协调、省水利厅统一调度、省有关单位和沿线各地分工负责的管理模式,以及部省协调会商、省市协作联动、职能部门协同配合、南水北调新建工程与江水北调工程"统一调度、联合运行"的调水工作机制。深化管理体制研究,加强与中国南水北调集团公司的沟通协调。

【运行监管】

1. 强化运行及安全监管。制定年度安全监管工作计划,在汛前汛后以及开机等重要时段,组织水工、机电、金属结构等方面有关专家和技术力量,开展各类监督检查6次,下发整改通知3份;北京冬奥会、党的二十大等重大活动期间,开展安全运行百日攻坚、专业领域安全隐患自查自纠、小水电站安全运行等专项督查,督促指导运行管理单位抓好工程安全运行责任落实。

2. 推动运行监管创新。编制《泵站安全监督指引》《泵站反事故措施》及《调水工程标准化管理评价标准》,江苏水源公司出版《南水北调后续工程高质量发展·大型泵站标准化管理系列丛书》,运用调度系统高清视频会议和工程监控系统,在全国首创视频会议"云"监督检查,总结凝练《江苏南水北调新建工程视频监督检查办法(试行)》。

3. 保障尾水导流工程安全运行。开展尾水导流工程运管情况调研督察,掌握沿线4市已投运尾水导流工程的运行管理情况、应急预案编制及执行情况等,对发现的问题及时督促整改;协调争取尾水导流工程省级维修养护经费;指导宿迁水利局积极探索政府监管、企业运行、市场调节的可持续运行机制,大力推进尾水资源化利用等工作。

【水质监管】 加强与省生态环境厅、省交通运输厅等相关职能部门的联系,与省生态环境厅联合印发《商请做好2022—2023年度调水期间水质保障工作的函》,协调省生态环境厅督促沿线各市做好调水水质保障,协调省交通运输厅在输水河道严格执行危化品船舶禁航,协调省住建厅深入推进调水沿线污水管网建设与运行,协调省农业农村厅加强沿线区域渔业、畜禽养殖管控。水质监测数据表明:北延应急调水和年度调水期间,我省南水北调调水水质稳定达到国家考核标准。

【水价水费】 受水区6市2022年度南水北调基本水费3.51亿元及时、足额征收到位,协调省财政厅落实拨付各市水费奖补资金,连续5年顺利完成水费征缴任务。省财政厅、省水利厅、省发改委会商研究,报经省委省政府同意,南水北调新建工程参与省内抗旱排涝服务运行维护费用标准在10亿方以内,由0.01元/方提高到0.03元/方。根据水利部、国家发改委工作要求,结合江苏境内工程"统一调度、联合运行"实际情况,组织开展江水北调参与南水北调运行的成本测算研究,形成初步成果。

调水管理

【管理体制】 按照南水北调新建工程和江水北调工程"统一调度、联合运行"的原则,会同省生态环境、住房和城乡建设、交通运输、农业农村等部门,积极做好水质监督监测、危化品禁运监管、养殖水体污染防治、电力保障等工作;沿线地方政府加强境内输水干线用水口门管控、尾水导流工程运行管理及各类矛盾化解等。按照江苏工程实际和综合功能情况,坚持属地管理、省界计量交水原则,加强沟通联系,确保了调水出省目标完成和省内综合效益的正常发挥。

【调度运行】 面对调水出省、北延供水、省内抗旱多重任务叠加,通过南水北调新老工程"统一调度、联合运行",按照水利部年度调水计划和北延应急供水计划,逐段逐时细化完善水量调度计划,优化调水路线,加大水量调度协调,保障年度向省外调水任务、北延应急供水和省内抗旱顺利完成。推进"标准化+信息化"建设,通过调度运行管理系统的建设,有效提升大规模泵站群"远程集控、智能管理"能力。

【数字孪生建设】 开展数字孪生赋能南水北调工程先行先试探索,启动洪泽站数字孪生先行先试项目建设,通过搭建统一物联网平台、研发视频、声纹 AI 算法模型等,初步实现工程全面感知和大数据分析,有效提升工程管理水平,数字孪生洪泽站获评 2022 年度智慧江苏重点工程。

【工程效益】 根据水利部水量调度计划,2022—2023 年度江苏计划向省外调水出省 12.63 亿立方米,为南水北调东线一期工程通水以来最大。省水利厅、省南水北调办认真组织协调,制定调水组织实施方案,11 月 13 日南水北调新建 14 座泵站首次全面投入运行,至 2022 年底,累计完成向省外调水 2.58 亿立方米任务,调水进度符合预期,水质满足要求。同时,按照水利部统一部署,2021—2022 年度我省南水北调工程首次参与并圆满完成北延应急调水任务,调水出省 7 000 万立方米,助力京杭大运河实现百年来首次全线贯通。参与省内抗旱运行,11 座新建泵站累计抽水 30 亿立方米,为沿线地区提供了有效的水资源补给。

水 利 科 技

智慧水利建设

1. 开展数字孪生试点。出台《江苏智慧水利指导意见》《水利数字化转型三年行动计划》《加强水利工程建设数字化工作意见》,全省域、全领域开展部、省级数字孪生试点49项。太湖地区"一湖多片",以太湖湖体联动区域水网"纲、目、结"—江、河、湖、库、城的数字化集成应用。长江"一线多点",带动沿线城市数字孪生水网建设,重点推进秦淮河流域系统平台集成和"四预"应用。沂沭泗"一河一湖一库",实现骆马湖上游至海口闸新沂河一线数字融合,建设智慧新沭河石梁河水库、六塘河数字孪生工程。淮河水系"一湖双线",实施洪泽湖周边、入江水道数字孪生建设,入海水道数字孪生建设从设计中起步,与建设同步进行。入选部级试点方案特色鲜明,具有丘陵山区流域和平原河网区数字孪生建设的典型性和代表性。2022年已落实部试点经费7 700万,省级试点近1.5亿。秦淮河系统依托江苏省智能中枢全面上线,支撑水利业务"四预"功能实现。太湖模型经历全汛期实战训练,新孟河、望虞河等融合项目建设奋力推进。南通城市水网完成L2级底板建设。

2. 建设"水利智能中枢"。该系统目标是建设具有自主产权的普适性水利数据治理管理、服务数字孪生建设的操作系统,高效融通数据资源,实现模型与知识体系相辅相成,为数字孪生流域提供基础算据、算法和知识等能力支持。同时,推进全省水利数字资产跨部门、跨层级、跨地区的整合共享,安全防护、优化配置和赋能服务,提升水利精细化管理和精准化决策水平。目前,智能中枢已经形成约2万平方公里面积L2级底板,汇聚27类5.6T数据,33.6G活态数据,14个原子级模型,19个知识图谱,四项试点全部基于中枢打造,数据资产市场已现雏形。

3. 研发国产基础应用。编制完成《信创工程实施方案》,打造软件自主研发新环境,打通数据资源和公共服务资源链路,建设江苏水利数据治理管理平台。同步在线安全伴生系统,实现数据资产分类分级保护、数据流转监测与安全事件快速溯源等能力。创建工控管理提升新计划,基于鸿蒙操作系统研发一系列高度集成的基础核心设备,替换原有体系中的PLC、RTU、SCADA、工控机和网关等模块,实现关键水利工控核心设备和软件的国产化替代。省级优选骆运、秦淮河管理处,市县在江阴试点,从芯片级探索研发适用水利的系列信创软硬件产品。引进视频集成融合新技术,建设符合《公共安全视频监控联网信息安全技术要求》(GB 35114—2017)等有关国标规范的信创视频监控平台,从芯片单元开始构建基于信创平台的、具备高效存储和加密认证传输功能、拥有全部自主知识产权和生产能力的江苏水利视频监控体系。

4. 构建"智慧+"技术体系。重点加强区块链、5G等新一代信息技术与水利业务深度融合。成功应用"AI+数字底板"技术打造细节丰富、高度还原的大范围三维数字孪生场景,满足数字孪生流域对高质量三维地理镜像空间的需求。"5G+智慧水利"在长江沿线实现监测业务数据的立体感知和全面互联。务实启动入海水道、吴淞江工程等新建水利工程"BIM+GIS+IOT"全生命周期智能化管理。基于"区块链+"技术,在智能中枢实现高效率、无中心化代理、大规模、高度安全的水信息资产交互运行。

5. 加强网络安全管理。重点保障元旦、春节、冬奥会、全国两会、汛期、党的二十大期间水利网络安全。全年组织开展3次网络安全攻防演练和2次网络安全现场督查检查。

组织防守队伍参加上级网信部门开展的护网行动。组织对全系统互联网资产开展常态化、高频次监测与通报。积极开展国家网络安全周宣传活动，参加网络安全知识竞赛，组织全省水利系统网络安全技术培训。统一互联网出口，厅直单位完成互联网与水利信息网的物理隔离。完成厅直单位门户网站群建设。全面排查供应链安全。

水利科技管理

围绕"十四五"水利改革发展目标，广泛开展科技需求调研，在多轮听取各有关单位建议、征询专家意见的基础上，发布2022年省水利科技项目申报指南。416个申请项目经多轮审查最终确定立项84个，下达科研资金2843万元。设立基于深度学习的数字孪生泵站主机组故障诊断与性能预测关键技术研究与应用、数字孪生流域建设关键技术研究与应用、里下河区平原水网模型及决策场景构建关键技术研究、基于北斗/GNSS卫星的超标准洪水测流技术研究、新时期变化环境下的江苏省太湖流域防洪形势及对策研究、高邮灌区仿真模拟技术研究及应用等6个重大技术攻关项目。组织开展水利部2022年度重大水利科技项目申报工作，江苏省数字孪生流域智能中枢关键技术研究及应用、河湖水域岸线空间管控AI智能识别及预判预警技术研究、淮河流域高分辨率陆气耦合模式研发及旱涝预报精细化应用等3项成功立项。

全面开展建立重大水利工程创新计划。组织召开了淮河入海水道二期工程科技创新专题会议。会议邀请了唐洪武院士、钮新强院士、胡亚安院士等专家，针对淮河入海水道二期工程中重点、难点提出了科技创新的意见和建议。同步编制吴淞江整治工程创新计划，明确科研重点方向和创新目标。全过程推进项目监督指导，定期分析通报，多次赴设区市、厅直单位以定向服务的形式推进项目执行，少数滞后现象大为缓解。全方位推进项目结题验收，年度完成91项验收任务，超额完成年度任务。

提名"大范围干旱动态监测与预测关键技术及应用""湖库蓝藻水华长尺度演变规律及情势预测"等2项成果申报大禹水利科学技术奖，获得二等奖1项，三等奖1项。指导2022年江苏省推广工作站推广数字孪生水利智能中枢建设，支撑数字长江江苏段管理平台构建、数字孪生秦淮河先行先试项目建设。"墩墙底部延性超缓凝混凝土过渡层预防温度裂缝技术"列入水利部2022年度先进实用技术重点推广指导目录。

水利科技成果

1. 2022年大禹水利科学技术奖二等奖——"大范围干旱动态监测与预测关键技术及应用"

项目揭示了海陆气相互作用下大范围干旱形成演变机理，突破了大范围干旱关键变量模拟技术，构建了大范围多类型干旱动态监测指标体系，创建了大范围干旱多尺度渐进式滚动预测预报技术，取得了以下创新成果。

一是识别了变化环境下海陆气相互作用致旱因子，提出了基于改进信号场的大范围干旱形成演变过程大尺度环流异常特征概化方法；建立了基于大尺度环流异常特征的年尺度干旱预测模型和动力－统计相结合的季节尺度干旱趋势预测模型。

二是考虑气候土壤因子、地貌特征和植被特性区域差异性，建立了全国范围VIC模型网格化水文参数移用公式;突破了背景场动态适配和时空非平稳误差特征的多源数据融合技术;构建了全国范围气象—水文—作物耦合的分布式干旱模拟模型。

三是提出了多结构—多预测因子集成的月尺度降水概率预报方法;构建了气象—水文—作物耦合的干旱时空演变过程预报模型。

四是建立了集精准监测、滚动预报、动态预演技术为一体的大范围干旱监测预测系统平台,实现了从网格到各级分区不同等级干旱强度、范围等信息的时空演变全过程动态监测,以及大范围干旱多要素、多类型、多尺度、渐进式滚动预测及动态预演。

项目登记软件著作权3项,授权发明专利2项,出版专著1部,在国内外权威期刊等发表论文123篇,其中SCI论文40篇。大范围干旱动态监测与预测系统平台已在水利部信息中心及13家流域机构和省级干旱防御业务单位业务化运行,为我国抗旱"四预"能力提升提供了有力支撑,具有广阔的应用前景。

2. 2022年大禹水利科学技术奖三等奖——"湖库蓝藻水华长尺度演变规律及情势预测"。

项目阐明了蓝藻水华长尺度演变规律及其维持机制,创建了湖库蓝藻水华长尺度预测模型,取得了以下创新成果:

一是揭示了水华蓝藻物候学和生物量的长尺度演变规律及其维持机制,突破了大型浅水湖泊蓝藻水华多驱动因素定量拆分的难题,确定了主要驱动因子的定量贡献,为蓝藻水华长尺度情势预测奠定了基础。

二是构建了蓝藻水华年内首次发生时间和区域以及逐月强度等长尺度预测模型,突破了传统生态模型的指标体系,实现了不同情境下蓝藻水华情势预测。

三是基于湖库特异性,研发出蓝藻水华高精度预测技术,创建了蓝藻水华长尺度情势预测平台并实现了业务化运行,为国内众多湖库水体的生态安全和供水保障提供了支撑。

项目发表相关学术论文253篇,其中SCI论文158篇(被引4 926次),授权发明专利22件、软件著作权5项,获国家及省部级人才计划6人次。预测模型在太湖成功实现业务化运行14年,且在巢湖、洪泽湖、滇池、千岛湖、于桥水库、对河口水库等水体得到推广应用,为湖泊管理部门掌握蓝藻水华发生情势提供了及时有效的信息,发挥了重要科技支撑作用,取得了显著的社会效益。

水利技术标准

《湖泛巡测规范》(DB32/T 4187—2022)、《地表水资源分析评价数据库表结构与标识符》(DB32/T 4188—2022)、《水利防汛物资储备安全管理规范》(DB32/T 4287—2022)、《城市防洪规划编制规程》(DB32/T 4288—2022)、《水利对象代码编制规范》(DB32/T 4294—2022)、《水文自动测报系统数据传输规约(修订)》(DB32/T 2197—2022)、《河湖库利用变化高分遥感监测规范》(DB32/T 4324—2022)、《水工船闸运营人员服务规范》(DB32/T 4325—2022)、《水情教育基地评价规范》(DB32/T 4388—2022)、《农业灌溉用水流量率定规程》(DB32/T 4389—2022)、《小型预制涵闸技术规范》(DB32/T 4390—2022)等11项发布实施。

《数字孪生水网建设总体技术指南》《幸福河湖评价规范》《水域状况评价规范》《智能泵站技术导则》《水利工程液压式启闭机检修技术规程》《涵洞工程技术管理规范》《河湖生态疏浚工程施工质量检验与评定规范》《节水型灌区评价规范(修订)》等8项地方标准获得省市场监督管理局批准立项。

《河湖和水利工程管理范围划定技术规程》《河道管理范围内建设项目防洪评价技术规程》《幸福河湖建设与评价规范》等3项地方标准通过省市场监督管理局审查。

《生态清洁小流域建设技术规范》(DB32/T 4151—2021)、《水旱灾害防御调度方案编制规范》(DB32/T 4177—2021)等2项地方标准获得2022年度江苏省质量强省奖补专项资金。

省水利科学研究工作

围绕人才队伍现状、科研业务特色、学科建设进展、创新平台打造等,编制"十四五"发展规划,拟定十大重点攻关方向,明确打造"特色强院"的目标定位。以水利部科技推广中心江苏省推广工作站为依托,紧紧围绕防汛抗旱、长江大保护、幸福河湖建设、河(湖)长制、智慧水利建设等重点水利工作,大力实施"科技创新能力提升工程",荣获江苏省"工人先锋号""江苏省文明单位"荣誉称号。全年获各类科技奖项13项(省部级奖6项);获批科研项目36项(省部级6项);通过验收各类科研项目20项;发表论文64篇(SCI、EI 22篇);获授权专利45项(发明专利8项);出版专著5部;编制地方标准6项。首次荣获长江科学技术奖二等奖、中国地理信息科技进步奖二等奖、中国地理信息产业优秀工程奖金奖、中国江苏人才创新创业大赛——数字经济揭榜赛一等奖、伊斯坦布尔国际发明展银奖等奖项。获批国家自然科学基金项目1项、省自然科学基金项目1项、水利部重大项目3项,教育部重点实验室开放基金1项、省水利科技项目8项。获水利部数字孪生流域建设先行先试优秀案例1项。

在前3年累计投入1 640万元的基础上,新筹措330万元,围绕防洪安全、"一江两湖"保护与治理、水环境水生态、智慧水利等方向资助立项21项(其中重点项目9项、青年基金12项)。

政 务 公 开

政务公开 241~246页

信息公开

1. 深入推进主动公开。充分发挥厅网站信息公开第一平台作用，全年主动公开各类信息5 498条。开设"牢记嘱托、勇担使命"等9个专题，发布动态信息1 368条。加强规范性文件公开解读，政府信息公开平台已公开80项规章和129项规范性文件。通过专家解读、图说图示、视频动画等方式，全方位立体式加大政策解读力度。结合行业特点推进水利数据公开，实时公布江苏水情、雨情，每日公布水情信息，每月公布全省水利重点工程进展情况。畅通政民互动渠道，全年受理答复公众咨询426条。

2. 依法做好依申请公开。开通网络、信函、传真等多种申请渠道，为公众提供便捷有效的依申请公开服务。全年受理答复依申请公开45件，严格规范政府信息公开申请接收、登记、审核、办理、答复、送达、归档等各环节要求，全部在规定时间内予以答复，全年无政府信息公开方面的行政复议和行政诉讼。

3. 夯实信息公开基础。制定政府信息公开年度要点，细化公开重点和要求，压实信息公开责任，依法及时发布政府信息公开年度报告。加强对各处室、单位政府信息公开工作的监督和考核，对各处室、单位政府信息公开工作落实情况开展不定期督查通报，并纳入厅机关处室、单位年度综合考核，确保厅政务公开各项任务落实到位。

宣传教育

1. 强化水利宣传。坚持正面宣传，全年在中央媒体发表稿件330余篇，省级媒体发表500余篇，编发《昨日要情》235期，舆情专报4期。围绕党的二十大，将水利改革发展和现代化建设成效融入国家和省主题宣传之中，配合主流媒体开展"江河奔腾看中国""非凡十年""喜迎二十大"等系列报道，成功组织开展吴淞江（江苏段）、淮河入海水道二期开工宣传报道工作。注重打造融合网站、微博、微信等于一体的自媒体阵营，省水利厅微信公众号影响力始终保持在全国水利政务新媒体矩阵前列，全年微信公众号推文382篇，发布官方微博400余条。

2. 深化水情教育。加强顶层设计布局，发布全国首个省级《水情教育基地评价规范》标准，出台《江苏省"十四五"水情教育规划》，为水情教育基地评价工作提供指引。蓬勃开展水情教育，组织召开全省水利新闻宣传暨水情教育工作座谈会，指导各地做好水情教育工作；推荐扬州中国大运河博物馆申报2022年度国家水情教育基地。丰富水情教育手段，组织举办全省水情教育科普讲解大赛并推荐优秀选手参加全国比赛，4人获奖；联合生态环境厅，完成首届省中小学生水科技发明比赛。

3. 推进文史工作。组织开展2022江苏水利年鉴编撰工作，坚持尊重事实，注重内容质量，紧凑工作节奏，提前布置任务，定期催征相关稿件，有计划有步骤地推进编撰工作进展。年内完成《中国水利年鉴》《治淮汇刊》《长江年鉴》《江苏水利年鉴》4类年鉴约15万字的编审工作。

4. 做好期刊出版。《江苏水利》期刊全年刊发12期学术正刊、2期专题增刊。全年共收稿787篇，刊用238篇，基金论文和高学历人才论文显著增加，评选出2021年度优秀论文18篇。在中国科协等权威组织进行的期刊评选中，《江苏水利》综合影响指数大大提前。发行量在同层次期刊中名列前茅，做到社会效益和经济效益相统一。

财务审计

1. 强化资金保障。各地以规划锚定项目、以项目促进投资，争取适度超前的基础设施投资政策向水利部门倾斜，全省全年全社会水利投入500余亿元，投资规模创历史新高，其中省以上财政专项资金补助155亿余元。全省积极利用土地出让金支持乡村振兴政策，争取一批水利项目列入土地出让金支持范围。坚决执行国家的减税降费和疫情租金减免政策，协调财税部门水土保持费应收尽收，协调财政收足水利建设基金，争取水利各项收费全部用于水利。加强与金融部门合作，联合省财政厅、农发行、国开行、招商行等多次开展市县利用专项债券、金融支持水利政策培训，及时与各银行对接，编制投融资项目指导手册，推广融资创新案例31个。

2. 保障单位发展。厅系统工资发放及单位运转保障有力，符合政策规定的工资福利待遇全面落实，市县多措并举，逐步落实，保障职工规定的工资按时发放，待遇按标准享受，单位正常运行，提高职工获得感、幸福感。各地着眼于水利单位长远发展，加强前瞻规划，储备发展项目，争取资金支持。省直单位发展专项财政补助稳中有增，支出需求应保尽保，厅直各单位危房解危项目列入预算6 500万元，安排厅属单位水利现代化资金1.6亿元。配合做好引江河、太湖处过闸费标准核定，协调各项水利价格收费政策，助力单位发展。加强了财政、金融、收费等改革政策的学习研究，时刻关注与单位发展、争取资金等方面的有利信息，积极争取政策支持、业务指导，助推单位长远发展。

3. 深化绩效管理。强化绩效责任约束，按照"谁下达、谁负责"原则，落实省市县三级纵向管理绩效责任，切实做好专项资金分解下达、绩效目标申报、绩效监控和绩效自评价等相关工作，紧盯市县绩效考核重点环节，引入第三方复核，精准督导绩效自评价报告编制。高质量完成中央下达的绩效目标，在财政部、水利部组织的2021年度中央财政水利发展资金绩效评价获得优秀，省级防汛抗旱专项资金重点绩效评价获省财政好评。进一步强化绩效成果运用，推行绩效评价成果与预算安排挂钩，做到"花钱必问效、无效必问责"。

4. 加强资产监管。持续推进省级行政事业单位出资企业统一监管改革，稳妥解决改革中出现的问题难题，47家企业平稳过渡。联合财政厅全面开展水利公共基础设施资产清查入账。坚决贯彻落实省委省政府减税降费和疫情免租减租政策，水资源费、水土保持费按规定减免缓，房租应减尽减。进一步强化资产管理基础工作，厅属单位实物资产登记信息化管理全覆盖，规范资产配置，严格房产租赁及车辆购置审批，财政资产管理绩效评价成绩提升显著。

5. 完善财务管理。坚决落实过紧日子要求，下发《关于进一步厉行节约坚持过紧日子的通知》，全年压减一般工作性经费10%，压减资金超2 000万元，行政运行成本进一步降低。完善制度体系，修订出台《江苏省水利厅财务管理办法》，发布《关于进一步加强合同管理的通知》《关于明确差旅费报销有关事项的通知》《江苏省入海水道二期财务管理办法》进一步规范财务行为。加强政府采购管理，厅属单位均制定了采购实施细则，明确采购各环节要点，保障规范操作。加强预算执行动态监控，高质量考核要求的经费压减、节支等目标全面完成，全年机关及参公单位预算执行进度超95%，厅系统超92%，超额完成年度目标。

6. 强化审计监督。完成各类审计 50 项，审计资金超百亿，核减工程资金 3 200 万元，厅直单位巡察审计、预算执行审计、经济责任审计相结合，实现审计全覆盖。组织对下达市县的省以上水利专项资金审计，及时发现风险隐患，有效促进资金使用规范。加强审计制度建设，制定《江苏省水利内部审计工作指导意见》《江苏省水利厅系统事业单位领导干部经济责任审计实施办法》，发布《江苏省水利厅关于加强审计查出问题整改工作的通知》《关于加强水利专项资金审计工作的通知》，进一步规范审计工作。加强计划管理，推进审计项目和审计力量"两统筹"，实现"一审多项""一审多果""一果多用"。创新利用信息网络技术开展异地审计和审计意见交流会。狠抓审计问题整改，建立审计问题清单和整改台账，逐条整改到位、对账销号，实行闭环管理。

机关后勤

1. 营造安全稳定环境。秉持"安全无小事"原则，全方位、高频次开展安全检查，安全隐患立查立改。完成水利大厦消防改造提升工程，完成消防设备及电器安全检测，更换各楼层灭火器材，安装电动车棚喷淋灭火装置。开展"安全月"及"119"消防日主题宣传活动和技能培训演练活动。着眼疫情防控，配合安装大厦"智慧疫情防控系统"，做好防疫值班，配合完成厅多轮核酸检测，优化消毒措施，做好物资保障。着眼安全保卫，严格落实24小时值班和巡查制度。着眼设备维护，确保空调、电梯、配电、监控设施安全运行，确保生活、消防及制冷设备用水供应。着眼工程实施，完成大厦烟道渗水维修工程，更换自爆幕墙玻璃，对车库渗水和广场自来水管漏水问题组织专家查找原因、及时处理。车辆安全。增加车管人员和驾驶员，严格执行公车平台化管理规定，平台标识化率、北斗导航定位装置率100%，公车平台派车率95%以上。更新 4 辆公务用车，定期对车辆进行维修保养，按时进行年检。邀请市交管局警官来厅开展"应对高速行驶中突发情况"专题讲座。全年车队共出车 550 次，其中长途 140 次，租车 85 次，安全行驶约 20 万公里。

2. 提升服务保障能力。推进节约型机关建设，广泛开展节能宣传周和节能体验活动，有序做好垃圾分类，创建无烟环境。美化周边环境，翻新院墙护栏、广场地面砖，移栽、补种绿植。积极回应职工关切，解决值班人员洗澡问题，举办心血管健康讲座，组织约 500 名职工体检，落实停车位计 67 个。强化物业高标准考核，积极保障汛期重大水事活动。配合落实厅劳动服务公司企业转制工作，完成上海路 9 号 5 幢文保房安全鉴定工作，完成办公用房系统信息上报工作，做好出租房屋租赁管理工作。按照《江苏省水利厅政府采购管理办法》规定，履行好"厅机关政府采购归口部门"职责，全面启用"苏采云"线上交易平台。全年管理财政资金约 2.75 亿元，做好厅机关和各委托单位预算编报和执行工作，配合完成各类审计检查，做好国有资产管理工作，全年收缴非税收入 1 600 多万元，报销单据 1 万多笔，日常会计基础工作做到零差错、无疏漏。

疫情防控

1. 压紧压实疫情防控责任。省水利厅坚决落实好"疫情要防住、经济要稳住、发展要安全"的重大要求，厅党组 5 次专题学习研究疫情防控工作，强调要认清当前防控形势，坚决克服麻痹思想,严格执行各项防控规定,压紧压实防控责任,坚决守护干部职工的生命安全和身体健康,确保全系统疫情防控稳定。省水利厅疫情防控工作领导小组办公室,6次组织召开系统内疫情防控工作会议,从严细化防控措施,根据国内复杂多变的疫情防控形势,不断优化调整防控政策,疫情严峻期间每天召开厅防控办成员碰头会,全年制定印发通知类疫情防控指导性文件31份,因时施策动态调整防控措施。

2. 规范疫情防控措施。为做好重要时段疫情防控工作,元旦、春节、国庆节前,研究制定《2022年元旦春节期间新冠肺炎疫情防控工作实施方案》《关于切实做好国庆期间疫情防控工作的通知》,全面督查落实系统内疫情防控工作。党的"二十大"召开前,及时召开厅系统疫情防控工作会议,对当前疫情防控工作进行部署,提出落细落实疫情防控工作的具体措施和要求。省水利厅非常重视疫情防控资料管理工作,规范各类登记统计,确保防控信息可追溯。明确要求外来人员报备表、厅系统人员出省审批表、各类场所消毒记录表等基础资料要素齐全、记录完整,疫情防控档案资料实行专人保管。组织开发了疫情信息统计上报系统,对排查填报、请示事项、外来人员车辆报备、信息发布等具体内容进行了规范,降低统计误差,提高工作效率,保证疫情防控信息及时、准确上报。

3. 建立封闭运行管理预案。为减少疫情封控对水利工程运行管理、水文测报和指挥调度等工作的影响,建立省水利厅系统疫情防控封闭运行管理机制,制定25份专项预案。厅机关、各水利工程运行管理处共编制10份专项预案,水文系统共编制15份专项预案。预案编制内容包括人员编配、物资配置储备、场所准备等,列出储备物资清单。厅系统通过做好各项应急准备,为厅系统疫情防控封闭运行管理创造了条件。

4. 扎紧疫情防控关口。11月以来,全国疫情呈现波及范围广、发展速度快、社会面风险大、跨省跨区传播多的态势,疫情防控形势复杂,优化防控工作的二十条措施、十条措施相继出台。面对巨大的防控压力,省水利厅第一时间研判应对,进一步增强疫情防控的责任感和紧迫感,牢固树立疫情就是命令、防控就是责任的理念,制定《疫情防控应急处置预案》,明确组织领导、职责分工、处置流程和保障措施,提高疫情防控的科学性、精准性,最大程度保护了厅系统安全稳定运转和职工身体健康。注重把握"早""准""严"的原则,确保平稳、顺利渡过流行期。按照"四早"要求,根据属地疫情通报,尽早排查管控相关涉疫人员,力争早发现、快处置、防在前。注重精准排查、精准研判、精准管控,既不层层加码,也不被动放任。按照适度从严、分类处置的原则,及时落实厅系统应对措施。

5. 抓好常态疫情防控。《关于进一步优化落实新冠肺炎疫情防控措施的通知》(联防联控机制综发〔2022〕113号)出台前,省水利厅疫情防控办每日审核及时发布《最新疫情通报》,每日组织日常排查和动态排查。共发布《最新疫情通报》342期,审批出省人员988批1 965人次,来省人员400批1 719人次,审核审批厅系统居家监测上班人员申请3 296人次,会议报备141场次,落实人员排查487次2 367人次;审查外来人员报备2 687批8 679人次;组织厅系统驻宁单位864人次参加南京市核酸检测预约登记演练;按属地要求组织厅机关驻厅单位开展核酸检测105次,参加检测人员达61 100人次。8月,组织厅系统干部职工参加全省《新型冠状病毒肺炎防控方案(第九版)》专项学习答题活动,厅系统4 477人参加,参与率100%,4 341人取得了合格证书,合格率97%。

6. 落实疫情防控值班。厅防控办人员电

话保持24小时开机,信息发布不拖延、人员排查不疏漏、管控落实不过夜。制定国家法定假期省水利厅疫情防控值班表、疫情期间应急防控值班表和疫情防控督查排班表,落实值班人员在位值班,保障厅系统疫情防控工作始终高效运行。加强研判、加强督导,各职能处室(单位)强化值班、检查,严管严控外来人员,落细落实防控措施。各单位各部门适应新的形势,主动关注当地疫情动态,自行组织排查管控。各处室、单位教育督促所属人员加强自我健康管理。

组织人事

人事管理

【选配干部】 认真落实好干部标准,把政治标准放在首位,把工作业绩作为基础,把年轻干部培养作为重点。全年共调整处级干部57人次,其中,提任处级领导干部25名,晋升一级至四级调研员10名,交流处级干部21名,安置军转干部1名,完成8名处级干部试用期满考核;指导厅系统全年调整科级干部105人次;选派8名干部参加省委"双百工程"、对口援助、乡村振兴、科技镇长团、第一书记等工作。

【监督管理】 完成183名处级领导干部年度个人有关事项集中填报工作,开展新提任处级领导干部任前个人有关事项报告填报;年度累计查核58人次,其中随机抽查21人次,重点查核37人次,填报基本一致率100%。坚持干部人事档案"凡提必审、凡转必审、凡进必审",对拟提拔干部"三龄两历"进行认真审核,重新认定学历、出生时间、工作时间等信息6人次。组织9个单位主要负责人任期经济责任审计。

【人才建设】 评审选拔正高工43名、副高工580名,评审通过143名工程师。组织厅系统泵站运行、闸门运行、防汛抢险等水利行业工种等级工和技师升级考核,积极选送优秀技术工人申报全国技术能手,参加水利部、省人社厅组织的各类技能人才培训班,200余名技术工人参加培训。建成各工种技能鉴定站和实训基地,完成水利行业特有工种培训考核大纲审定、录制标准化网络培训课程,推动技师工作室建设,强化水利行业技能人才队伍建设硬件支撑。

【队伍结构】 选拔优秀适岗人才,优化厅属单位人员结构,公开遴选公务员3名,公开招录参公单位工作人员2名,公开招聘事业单位工作人员170名,安置军转干部1名、退役士兵20名。

机构编制

【机构职责】

1. 贯彻执行党和国家有关水利方面的方针政策、法律法规以及省委、省政府决策部署并监督实施。拟订水利发展重大政策。组织起草全省有关地方性法规和规章草案。

2. 编制全省水资源规划和省确定的重要江河湖泊流域(区域)综合规划、防洪规划等重大水利规划。编制全省水域及其岸线利用、江河湖库治理和河口控制等专业(项)规划。对有关国民经济和社会发展规划、城乡总体规划、国土空间规划中的涉水内容提出意见建议,组织开展重大建设项目的水资源、防洪、水土保持论证评价工作。

3. 负责保障水资源的合理开发利用。负责生活、生产经营和生态环境用水的统筹和保障。组织实施最严格水资源管理制度,实施水资源的统一监督管理,拟订全省和跨区域水中长期供求规划、水量分配方案并监督实施。负责重要流域、区域以及重大调水工程的水资源调度。组织实施取水(含矿泉水、地热水)许可、水资源论证制度,指导开展水资源有偿使用工作。指导水利行业供水、排水、污水处理和再生水利用工作。

4. 负责水资源保护和水文工作,组织编制并实施水资源保护规划。指导饮用水水源保护有关工作,按规定核准饮用水源地设置。指导地下水开发利用和地下水资源管理保护。组织指导地下水超采区综合治理。负责水文水资源监测、国家和省级水文站网建设和管理。对江河湖库和地下水实施监测,发布水文水资源信息、情报预报和水资源公报。按规定组织开展水资源、水能资源调查评价和水资源承载能力监测预警工作。

5. 负责节约用水工作,拟订节约用水政策,组织编制节约用水规划、拟订行业用水标准并监督实施。组织实施用水总量控制等管理制度,指导和推动全省节水型社会建设工作。

6. 负责拟订水利固定资产投资计划和资金监督管理,负责提出省级水利固定资产投资规模、方向、具体安排建议并组织指导实施。按省政府规定权限审批、核准规划内和年度计划规模内固定资产投资项目。提出省级水利资金安排建议并负责项目实施的监督管理。研究提出有关水利的价格、收费、信贷、财务等方面的意见。

7. 组织实施重点水利工程建设和质量监督,组织指导水利基础设施网络建设,组织实施具有控制性的和跨区域跨流域的重要水利工程建设。负责南水北调工程运行管理并协调落实南水北调后续工程建设的有关政策措施,督促指导地方配套工程建设。指导水利建设市场的监督管理。编制、审查重点水利基本建设项目建议书和可行性报告。指导全省水利工程建设质量监督工作。依法负责水利行业安全生产工作。

8. 指导河湖水域及其岸线的管理、保护与综合利用,指导流域和区域骨干河道、湖泊、水库及河口的治理、开发和保护。指导河湖水生态保护与修复、河湖生态流量水量管理以及河湖水系连通工作。

9. 指导水利设施的管理与保护,组织编制水利工程运行调度规程,指导水库、泵站、堤防、水闸、水电站等水利工程的运行管理与确权划界。按规定指导水能资源开发工作。负责省属水利工程的运行管理。

10. 组织开展大中型灌排工程建设与改造。指导农村饮水安全、乡镇供排水、农村河道疏浚整治等工程建设与管理工作,指导节水灌溉有关工作。指导农村水利改革创新和社会化服务体系建设。指导水土保持工作。组织编制水土保持规划并监督实施,指导水土流失综合防治、监测预报并定期公告。指导生产建设项目水土保持监督管理工作。指导省重点水土保持建设项目的实施。

11. 负责水旱灾害防御及水量调度工作,组织编制洪水干旱灾害防治规划和防护标准并指导实施。承担水情旱情监测预警工作。组织编制重要江河湖泊和重要水工程的防御洪水、抗御旱灾调度及应急水量调度方案,按程序报批并组织实施。承担防御洪水应急抢险的技术支撑工作。承担台风防御期间重要水工程调度工作。

12. 拟订水利工程移民有关政策并监督实施,组织实施水利工程移民安置验收、监督评估等制度。指导监督水库移民后期扶持政策的实施,协调监督南水北调工程移民后期扶持工作。

13. 组织重大水利科学技术研究和推广。拟订全省水利行业技术标准、规程规范并监督实施。指导水利信息化和水利行业对外技术合作与交流工作。

14. 负责重大涉水违法事件的查处,协调和仲裁跨设区市的水事矛盾纠纷。指导水利行政许可、水政监察、水行政执法和普法宣传工作。负责全省河湖采砂的统一管理和监督检查。

15. 承担江苏省河长制工作领导小组日常工作。

16. 完成省委、省政府交办的其他任务。

【机构设置】

1. 内设机构

省水利厅设15个内设机构:办公室、规划计划处、政策法规处(行政审批处)、财务审计处、水资源管理处、省节约用水办公室、基本建设处、工程运行管理处、生态河湖处、农村水利与水土保持处、工程移民处、监督处、科技与对外合作处、河湖长制工作处、人事处。

设：机关党委、离退休干部处

2. 厅属事业单位(41个)

江苏省水旱灾害防御调度指挥中心

江苏省水政监察总队(江苏省河湖采砂管理局)

江苏省水利工程建设局

江苏省南水北调工程建设领导小组办公室(江苏省南水北调工程管理局)

江苏省河道管理局

江苏省水利工程质量监督中心站

江苏省水文水资源勘测局

江苏省水利工程规划办公室

江苏省水利厅机关后勤服务中心

江苏省水利信息中心

江苏省水利科教中心(江苏省水利安全管理服务中心)

江苏省农村水利科技发展中心

江苏省水资源服务中心

江苏省水利防汛物资储备中心

江苏省水利科学研究院

江苏省骆运水利工程管理处

江苏省淮沭新河管理处

江苏省通榆河蔷薇河送清水工程管理处

江苏省灌溉总渠管理处

江苏省淮河入海水道工程管理处

江苏省洪泽湖水利工程管理处

江苏省江都水利工程管理处(江苏省南水北调水情教育中心)

江苏省秦淮河水利工程管理处

江苏省太湖地区水利工程管理处

江苏省泰州引江河管理处

江苏省灌溉动力管理一处

江苏省防汛防旱抢险中心

江苏省水文水资源勘测局南京分局

江苏省水文水资源勘测局无锡分局

江苏省水文水资源勘测局徐州分局

江苏省水文水资源勘测局常州分局

江苏省水文水资源勘测局苏州分局

江苏省水文水资源勘测局南通分局

江苏省水文水资源勘测局连云港分局

江苏省水文水资源勘测局淮安分局

江苏省水文水资源勘测局盐城分局

江苏省水文水资源勘测局扬州分局

江苏省水文水资源勘测局镇江分局

江苏省水文水资源勘测局泰州分局

江苏省水文水资源勘测局宿迁分局

江苏省水利数字中心

【人员编制】 2022年厅机关编制数为122名。事业单位编制总数为4 968名。2022年厅系统在职职工总人数为4 191名，其中厅机关人数为110名；事业单位职工人数为4 081名。

教育培训

1. 突出政治统领。将学习贯彻习近平新时代中国特色社会主义思想和党的二十大精神作为首要政治任务，科学制定年度培训计划，分级分类精准实施培训，抓好"关键少数"和年轻干部学习教育，培养造就忠诚干净担当的高素质专业化干部队伍，不断把新时代水利高质量发展推向前进。

2. 拓宽培训渠道。依托各级党校(行政学院)、各大高校等学习阵地，开展多形式、多层次的全覆盖培训，组织做好省管干部学习贯彻党的二十大精神网上专题班、省委组织部公务员大讲堂等各类学习培训。组织开展好领导干部参加江苏干部在线学习平台学习，243人参加学习，人均57.17个学时，学习完成率100%。联合河海大学、扬州大学部署开展2022年面对水利基层单位择优推荐入学。

3. 提升培训质效。对标水利现代化建设

新发展新要求,深入开展专题调研,以问题和实践为导向,围绕防汛抗旱、水利工程建设、农村水利体系完善、河湖治理保护、水利工程数字孪生等工作重点,组织完成全省县级防汛抗旱指挥长培训班、全省幸福河湖建设研讨培训班、厅系统科级干部培训班等主体班次培训,全年培训人员4 800余人次。

表彰奖励

1. 获得"全国人民满意的公务员"1名:
省水利工程建设局工务(安监)处一级主任科员何继业
2. 获得"全国水土保持工作先进集体"表彰单位5个:
南京市水务局农村水利处(南京市水土保持办公室)
无锡市锡山区水利局
常州市水利局
镇江市水利局
宿迁市水利局
3. 获得"全国水土保持工作先进个人"表彰个人9名:
省水利厅农村水利与水土保持处水土保持科科长杨逸辉
省水文水资源勘测局水土保持监测科科长郭红丽
睢宁县水务局副局长朱培
苏州市工业园区生态环境局(水务局)水利管理处副处长成瑶
南通市水利局副局长赵建华
金湖县水务局科级干部华庆平
盐城市水利局副局长王国佐
扬州市水利局农村水利与水土保持处处长魏军
泰州市水利局农村水利与水土保持处副处长管小祥
4. 获得"全省老干部工作先进集体"表彰单位1个:
省水利厅离退休干部处
5. 获得"江苏省打好污染防治攻坚战先进集体"表彰单位1个:
省水利厅生态河湖处
6. 获得"江苏省打好污染防治攻坚战先进个人"表彰个人2人:
省水利厅水资源管理处副处长游洋
省水文水资源勘测局无锡分局高级工程师蒋如东
7. 获得"江苏省安全生产月活动先进单位"表彰单位1个:
省水利厅监督处

老干部工作

1. 加强支部建设。组织支部书记培训班,把学习贯彻党的二十大精神作为首要政治任务,引导厅系统离退休干部全面准确领会党的二十大精神的思想精髓、核心要义,自觉把思想和行动统一到党的二十大精神上来。着眼常态长效深化党史学习教育,将党史学习纳入支部学习内容,创新学习活动载体,组织新一届党总支班子成员赴淮安参观党性教育基地,重温入党誓词,开展"赓续荣光·江苏水利老干部工作40年"座谈会,继续把党史总结、学习、教育、宣传引向深入。
2. 做好服务保障。及时沟通协调,保障离休干部两费的发放。与在职职工同步发放春节、端午、中秋的慰问品。积极做好离休干部适老化改造回访工作。及时开展健康体检和特约医疗人员疗养等工作。开展特困帮扶工作。落实"精准化"服务,精准制定"一人一策"。深化"三有一落实"工作成果,进一步推动家庭签约医生服务优质高效常态。主动慰问空巢、独居、失能的离退休干部,协调解决好老干部的工资待遇、遗属生活补助等急难愁盼问题。养老服务多元化。主动对接银城康养养老服务有限公司,为老同志提供更多更好的涉老服务资源。

3. 组织开展活动。印发《"开启水利发展新征程 彰显水韵江苏银辉美"志愿服务行动实施方案》。实施"银发生辉·银龄行动"。巩固深化"银发生辉"工程成效,深入开展"银发生辉·银龄行动",下发《关于在厅系统开展"银龄在行动"系列活动的通知》,建立体现水利系统特色的银发人才库,以"银发专家"团队为线,整合银发资源,完善志愿服务模式,以"银龄行动"为面,充分发挥银发人才的示范带动作用。开设具有各支部特色的银发宣讲微课堂,开展"我听前辈话水情"活动,从而进一步推动水利职工加强水安全、水忧患、水道德意识。

水利厅领导干部名录

省水利厅
省水利厅党组书记、厅长:陈　杰
省水利厅一级巡视员:张劲松
省水利厅党组成员、副厅长:郑在洲
省水利厅党组成员、副厅长:高圣明
省水利厅党组成员、副厅长:方桂林
省水利厅党组成员、副厅长:韩全林
省水利厅党组成员、总工程师:周　萍
省水利厅副厅长:王冬生
省水利厅副厅长:喻君杰
省水利工程建设局党组书记、局长:蔡　勇
省水利厅二级巡视员:张春松、黄良勇

厅办公室
主任、一级调研员:吉玉高
副主任:栾庆明、孙泽东
四级调研员:刘　瑞

厅规划计划处
处长:喻君杰(兼)
二级调研员:陈长奇、徐卫东
副处长:黄　辉
四级调研员:赵立梅、侯立新、诸晓华

厅政策法规处(行政审批处)
处长、一级调研员:陈振强
副处长:游益华、唐实仁
三级调研员:孙　见
四级调研员:万汉峰、仲大楼

厅财务审计处
处长、一级调研员:徐元亮
二级调研员:朱冠余
副处长、三级调研员:管　靖
副处长:胡国君

厅水资源管理处
处长、一级调研员:李春华
二级调研员:贾永志
副处长:游　洋

省节约用水办公室
主任、一级调研员:朱庆元
副主任:杜芙蓉
四级调研员:贡丽娟、吴以柱

厅基本建设处
处长、一级调研员:黄章羽
二级调研员:顾文菊
副处长:杨业政
三级调研员:杨祖华
四级调研员:朱平安

厅工程运行管理处
处长、一级调研员:黄俊友
二级调研员:郭　宁
四级调研员:罗柏明、周贵宝

厅生态河湖处
处长、一级调研员:张建华
副处长、三级调研员:周向华

四级调研员:杨耀中、刘仲刚

厅农村水利与水土保持处
处长、一级调研员:沈建强
副处长、三级调研员:刘敏昊
副处长:仇　荣
三级调研员:周水生

厅工程移民处
处长、一级调研员:施红怡
二级调研员:胡其勇
副处长:李桂林

厅监督处
处长:马志华
二级调研员:张政田
副处长:陆志慧
三级调研员:杨志龙
四级调研员:尚　锋

厅科技与对外合作处
处长:陈　静
一级调研员:孙洪滨
二级调研员:陈　辉
副处长:朱振荣

厅河湖长制工作处
处长:王　嵘
二级调研员:吴卿凤
副处长:任伟刚
四级调研员:吴嘉裕、刘　洋

厅人事处
处长:李　慧
二级调研员:陈　飞
副处长:乔娇娇
四级调研员:陈　浩

厅机关党委
副书记(正处级)、机关纪委书记、一级调研员:张树麟
工会主席、一级调研员:沈亚健
机关纪委副书记:张继路
四级调研员:何文艺、张　明

厅离退休干部处
处长、一级调研员:冯桂田
副处长:蒋　利

省水旱灾害防御调度指挥中心
主任:陈昌仁
督察专员(正处级):朱建英
二级调研员:于　涛
副主任:尤迎华、郑福寿、陶娜麒
四级调研员:高杏根、宋　炜、王　建、唐春生

省水政监察总队(省河湖采砂管理局)
总队长兼省河湖采砂管理局局长:武慧明
二级调研员:李玉松
副总队长兼省河湖采砂管理局副局长、三级调研员:沈建良
副总队长兼省河湖采砂管理局副局长:万　骏、周　敏
四级调研员:董万华、朱　玮

省水利工程建设局
党组书记、局长:蔡　勇
党组成员、副局长:刘胜松、何　勇、樊峻江
办公室主任:钱　钧
办公室副主任:朱小飞
办公室三级调研员:吴锦旺
办公室四级调研员:许文权
政治处处长、一级调研员:孙荣友
政治处副处长:倪　瑾
政治处四级调研员:李丰宁、张春业
项目处二级调研员:郝春明、周根富
项目处副处长:张　维、曹艳华
项目处四级调研员:唐红艺、戴秋萍
工务处(安全监督处)处长:王　蔚
工务处(安全监督处)二级调研员:王　建
工务处(安全监督处)副处长:高　山、冯小忠
工务处(安全监督处)三级调研员:张业林、陈卫东

工务处(安全监督处)四级调研员:杨国平、邵　勇、薛　飞

财物处二级调研员:焦爱华

财物处四级调研员:余　群、吴　浩

省南水北调工程建设领导小组办公室(省南水北调工程管理局)

处长、一级调研员:徐忠阳、问泽杭

处长:夏方坤

副处长、三级调研员:陈国星

副处长:薛刘宇

四级调研员:陈启明、王其强、张所新、聂永平

省河道管理局

局长:刘劲松

副局长:王　荣、曹　瑛

四级调研员:曹宏飞、王震球、李　淳

省水利工程质量监督中心站

站长:陈　健

二级调研员:吴　忠

副站长:肖志远

四级调研员:沈德忠、戴兆婷、赵立华

省水文水资源勘测局

党委书记、局长:辛华荣

党委副书记、纪委书记:王文辉

副局长:钱福军、孙永远、耿建萍

省水利网络数据中心副主任:高祥涛

南京分局局长:单延功

无锡分局局长:张泉荣

常州分局局长:陈卫东

苏州分局局长:杨金艳

连云港分局局长:刘沂轩

淮安分局局长:郝达平

扬州分局局长:王永东

镇江分局局长:谢海文

泰州分局局长:傅国圣

宿迁分局局长:赵建华

省水土保持生态环境监测总站站长:童　建

省水利工程规划办公室

主任:张　鹏

副主任:常　虹、欧建锋

省水利厅机关后勤服务中心

主任:李　民

副主任:李　政、朱友江

省水利信息中心

主任:魏　来

副主任:曹海明、黄林霞

省水利科教中心(省水利安全管理服务中心)

主任:孙明权

副主任:王　苏、沈　挺

省农村水利科技发展中心

主任:唐荣桂

副主任:王滇红、胡　乐

省水资源服务中心

主任:李太民

副主任:王　菊、张秌溪

省水利防汛物资储备中心

副主任:韦建斌、夏　晶

纪委书记:骆　勇

省水利科学研究院

党委书记、院长:王　俊

党委副书记、纪委书记:董阿忠

副院长:高士佩、赵　钢

省骆运水利工程管理处

党委书记、主任:周元斌

党委副书记、纪委书记:张合朋

副主任:王业宇、力　刚、蒋　涛、戴宜高

省淮沭新河管理处

党委书记、主任:孙　勇

副主任:张玉林、袁　聪

纪委书记:王正春

省通榆河蔷薇河送清水工程管理处

副主任:肖怀前

省灌溉总渠管理处

党委书记、主任:韩成银

副主任:戴启璠、华学坤、董兆华、盛维高
纪委书记:邱大鹏
省淮河入海水道工程管理处
副主任:华学坤、钱存斌
省洪泽湖水利工程管理处
党委书记、主任:郭明珠
副主任:周和平、王进东、徐　铭
纪委书记:张立师
省江都水利工程管理处(省南水北调水情教育中心)
党委书记、主任:钱邦永
副主任:孟　俊、徐惠亮、王雪芳、周灿华、华　骏
纪委书记:黄亚明
省秦淮河水利工程管理处
党委书记、主任:张加雪
副主任:王　强、冯　俊、刘建龙

省太湖地区水利工程管理处
党委书记、主任:洪国喜
党委副书记、副主任(正处级):李淮东
副主任:支鸣强、张　宇
纪委书记:顾学明
省泰州引江河管理处
党委书记、主任:姚俊琪
党委副书记:张　明
副主任:徐　明、张桂荣、赵林章
纪委书记:马卫兵
省灌溉动力管理一处
主任:张　明
副主任:徐　明、陈建标
省防汛防旱抢险中心
党委书记、主任:马晓忠
副主任:张友明、钱　江
纪委书记:夏　炎

党建与精神文明建设

党建工作

【党的政治建设】

1. 坚决落实习近平总书记重要讲话指示精神和党中央部署。在习近平总书记视察江都水利枢纽两周年之际,组织"牢记嘱托建新功"活动,对标对表、总结提高,扛起使命、再立新功。坚决落实"疫情要防住、经济要稳住、发展要安全"的重大要求,淮河入海水道二期等重大水利工程顺利开工,有效应对罕见秋冬连旱,为我省扛起"勇挑大梁"重任作出积极贡献。开展"三个表率"模范机关先进单位创建工作,省江都水利工程管理处成功创建省级机关"三个表率"模范机关标兵单位。

2. 坚决落实管党治党三级党建责任体系。召开全省水利系统全面从严治党暨党风廉政建设会议,出台党建和党风廉政建设"三级责任清单",印发2022年度党建工作要点和重点工作指南,每半年组织一次党建、党风廉政建设和意识形态工作形势分析,及时研究"三个表率"模范机关建设、开展党史学习教育常态化长效化等重点工作12次。

3. 坚决落实意识形态工作责任制。修订《江苏省水利厅落实意识形态工作责任制的实施办法》,党组3次专题学习,开展2次形势分析;聚焦迎接宣传党的二十大,组织"强国复兴有我"主题系列活动,严格管理网络安全、舆情管控和信息发布。组织"严明政治纪律、严守政治规矩"专题教育。开展维护意识形态安全专项督导活动,唱响主旋律、守好主阵地。

【党的二十大精神学习】

1. 加强理论学习。10月16日,厅系统3 000多名党员干部职工集中收看党的二十大开幕式,第一时间聆听习近平总书记所作的报告。10月17日,迅速召开党组中心组理论学习会,厅党组书记、厅长陈杰带头领学,为厅系统深入开展学习贯彻作表率、当示范。及时编印《学习党的二十大精神专题学习材料选篇》,配发党的二十大报告单行本、《中国共产党章程》单行本、《党的二十大报告辅导读本》、《党的二十大报告学习辅导百问》、《二十大党章修正案学习问答》等学习书目4 500多本。充分利用"六有主题党日""五个讲坛""青年学堂"等学习载体,推动学习分众化、大众化、普及化。广泛利用微信公众号、网站等媒体,布设党的二十大学习教育宣传展板、电子屏等形式,重点宣传党的二十大的重要意义、使命任务、战略部署等核心内容,广泛报道水利厅系统掀起学习贯彻党的二十大精神的热潮的具体做法和实际成效。

2. 组织专题研讨。厅党组认真谋划,10月26日、11月25日,开展集中学习、集中研讨,厅党组书记带头交流学习心得,厅领导分别结合自身工作实际,分享学习体会。11月4日,召开全省水利系统贯彻党的二十大精神迅速掀起冬春水利建设高潮视频会,厅党组书记、厅长陈杰带头宣讲二十大精神,组织开展研讨交流,在专题宣讲中把握核心要义,在交流讨论中深化学习认识。

【党的思想建设】

1. 抓好党组中心组学习。坚持"第一议题""专题学习"等6项制度,围绕学习党的二十大精神、《习近平谈治国理政》第四卷等,集中学习32次,研讨13次。持续强化"三级联学"品牌,围绕抗疫情保安全、防汛抗旱等重大任务,开展联学3次,厅党组理论学习中心组的示范引领作用充分发挥,连续三届蝉联全省县以上党委(党组)理论学习中心组示范点。

2. 抓好分众分类学习。推动专题学习制度向党支部、青年学堂延伸,持续打造"五个讲坛""青年学堂"等学习品牌,参加"新思想e

起学"活动,形成学习成果160多篇,其中7篇被上级党组织发布推广。组织"习语常听常讲"青年宣讲活动,举办青年学习骨干培训班,参加水利部"我学我讲新思想"活动,1个课程入选十大精品课程,1人被评为"水利青年讲师"。

【党的组织建设】

1. 推进达标定级。全面深化"达标定级、考评积分",制定《年度重点工作指南》,完善月度重点工作清单制度,深化挂钩帮建、联创联建、结对共建三项机制,开展月度重点考评、季度讲评、年度考评,开展半年党建考评分析讲评,通报半年考评情况,推动厅系统党支部全面达标、全面提升。

2. 开展实践活动。以"牢记嘱托担使命、模范表率当先锋"为题,在疫情防控时组织党员"三个示范",在抗击严重旱情时组织党员冲锋在前,在淮河入海水道二期等重点工程建设中组织党员蹲点推动,党支部战斗堡垒和党员先锋模范作用充分发挥,着力打造20个支部典型、20名书记典型、21名党员典型,2个支部被评为"服务高质量先锋队"。

3. 加强队伍建设。3月,组织党支部书记集训;4月,组织纪检干部集训;6月,组织工会和共青团干部集训;8月,组织党员发展对象培训,全年高质量发展党员61人。推动各党委单位深化"四合一"培训机制,选拔优秀青年干部参与巡察督查、线索核查等重要工作,在专项培训和实践锻炼中明思路、教方法、提能力。

【党的作风建设】

1. 抓好作风整改。根据省级机关作风建设领导小组办公室反馈的服务对象提出的8条意见建议,制定整改落实清单,15项整改措施全部整改到位。

2. 抓好基层减负。督促各职能部门采取"四不两直"到基层调研解难,全面清理规范需基层提供台账资料内容;持续压减文电会议,达到年度目标;严格规范监督检查,检查事项压减至43个,比2021年度减少17.3%;持续深化"放管服"改革,办结66件,满意率100%、提前办结率100%,平均提前办结时间3~4天。

3. 抓好为民办实事。完成400千米农村骨干河道的治理和新建550条农村生态河道两件省政府确定民生实事,农村人居环境持续提升;完成26个美丽移民村建设任务和24个移民村产业项目扶持,移民群众幸福感持续增强;完成三河船闸运行值班室维修等9件服务水利基层站所实事项目,有效助推基层站所发展;严格执行水土保持费和水资源费按照20%减免,助企纾困政策全面落实。省级机关作风建设简报4次刊载我厅具体做法。

【党的纪律建设和反腐败斗争】

1. 强化廉政教育。制定《关于加强和改进厅系统思想政治工作的实施方案》,重点推动"四项专题教育",建立教育考勤、教育补课、课件考评、现场考核"四项机制",引导广大干部职工存戒惧、守底线;突出集中教育。5月,以"亲清水利"廉洁机关为主题,开展党风廉政教育月,形成集中教育声势;突出警示教育。7月,组织全省水利系统工程建设领域的专项警示教育,通报水利系统和省级机关典型案例,让干部职工知敬畏、存戒惧、守底线。

2. 强化巡察整改。制定年度巡察计划,完成6家单位常规巡察和6家单位的巡察"回头看",发挥巡察利剑作用。

3. 强化专项整治。抓专项整治,开展从事营利性活动摸底清查、酒驾醉驾、在外人员教育管理、疫情期间八小时以外人员教育管理"四个专项整治",精准发力纠治。

4. 强化执纪问责。坚持零容忍态度严肃查处每一件问题线索,认真做好驻厅纪检监察组交办案件和群众来信举报问题的查处工作,按照"四种形态",严肃执纪审查,科学用好第一种形态,以强有力的监督执纪,形成震慑。坚持"一案双查",有力警醒了各级党组织和党员领导干部切实扛起管党治党的政治责任。

精神文明建设

紧紧围绕迎接宣传贯彻党的二十大精神主线,实施"四大工程",擦亮文明品牌,凝聚江苏水利高质量发展磅礴力量。"关爱山川河流"志愿活动列入省文明委2022年重点工作项目。

坚持把学习贯彻习近平新时代中国特色社会主义思想作为精神文明建设的首要政治任务,建立党组领学、基层深学、党员自学、青年联学的四级联动机制。举办"学恩来精神"青年学习骨干培训班,开展"强国复兴有我"主题活动、"牢记嘱托担使命"主题宣传,提升"三级联学""五个讲坛"等品牌效应,3 000多名党员积极参加"新思想e起学""习语常听常讲"等活动,用听得懂的"家常话"、喜闻乐见的"水利短视频"强化实效,在学思践悟中始终沿着总书记指引的方向前进。

树牢政治机关意识,以"牢记嘱托建新功"为主题,持续深化"三个表率"模范机关建设,党建引领文明创建作用充分发挥。举办文明单位创建现场推进会,专题培训《全国水利文明单位创建管理办法》等。部署新一轮省级文明单位申报。省水利科学研究院等43个单位被评为"2019—2021年度江苏省文明单位",省水文局南京分局等2个单位列为江苏省文明单位预申报单位,数量位居省级机关最前列。升级全省水利系统文明单位信息化管理平台系统。动态管理7家全国文明单位、13家全国水利文明单位、120家江苏省文明单位文明数据库。组织省淮沭新河管理处等4家单位集中拍摄文明创建巡礼,集中宣传第九届"全国水利文明单位"。积极履行社会责任,省水文局等6家省级文明单位(预申报单位)分别与泗洪县双沟镇草湾村等6个苏北薄弱村开展2022年至2024年度城乡结对文明共建活动,筹措资金30余万元。

《牢记嘱托担使命 兴水治水谱新篇》课件荣获水利部"我学我讲新思想"十大精品课程,严爽同志被评为"水利青年讲师"。"文明'善'水润物无声""文明花开映水文 不负韶华谱新篇"等7个案例入选第二届"全国水利系统基层单位文明创建案例",数量位居省级水行政主管部门之首。统筹推进精神文明和水利业务互促共进,刘老涧新闸除险加固工程等21个工地获评省级文明工地。省沭阳闸、扬州瓜洲水利枢纽等2个项目获评"第四届水工程与水文化有机融合案例"。发放《历史治水名人讲堂》200余份,引导干部职工传承弘扬历史治水名人的治水理念和治水精神。

举办"关爱山川河流·守护国之重器"江苏分会场志愿服务活动,6个地市15家单位500人次参与,擦亮江苏水利志愿服务品牌。成立节约用水志愿服务队,建立41处节水教育基地,开展纪念"世界水日""中国水周"志愿服务活动。疫情防控以来,1 800余名志愿者下沉社区471次,水利文明网、江苏党建网、学习强国平台等先后30次报道水利厅疫情防控志愿事迹做法。"暖心港湾综合服务站""水上立交服务站""洪泽湖渔民上岸服务站"等3个站点入围"首批江苏省学雷锋志愿服务示范站点"。以"节水宣传+社区服务"为特色、以"四帮四促"为主要内容,厅机关9个党组织与宁海路街道开展结对帮扶资源共建共驻共享,2022年厅机关获得鼓楼区"结对共建先进单位"荣誉称号。

群团工作

【工会工作】

1. 开展群众活动。举办厅系统群团干部培训,提升素质、凝聚力量。深入开展"中国梦·劳动美·幸福路"主题活动,精心组织喜迎二十大"中国梦·劳动美"读书演讲比赛,深入学习宣传劳模精神、劳动精神、工匠精神,在学思践悟中武装头脑、指导实践、推动工作。聚焦学习贯彻习近平总书记视察江都水利枢纽重要指示精神,牢记嘱托,勇担使命。省江都水利工程管理处女职工严爽荣获水利部"我学我讲新思想"理论宣讲"水利青年讲师"称号,宣讲课程被评为十佳"精品课程"。1名省部级劳模被推荐为中国农林水利气象工会劳模常委。多名职工在第一、第二届全国水利科普讲解大赛中获得优胜奖。

2. 选树先进典型。持续开展洪泽湖周边滞洪区近期治理工程劳动和技能竞赛,深入开展学习劳模先进,争当文明职工活动。省水利工程建设局何继业被评为全国"人民满意的公务员",受到党中央、国务院的表彰。1个单位被省总工会授予"江苏省五一劳动奖状"、3名个人被授予"江苏省五一劳动奖章"、8个班组被评为"江苏省工人先锋号"。1名女职工被省妇联评为2022年度"全省城乡妇女岗位建功先进个人"。4个集体和个人分别荣获"巾帼文明岗"和"巾帼文明标兵"。省水利厅工会获得全省工会经费审查工作规范化建设考核特等奖。陈宇潮技师工作室被省总工会命名为第五批"江苏省示范性劳模创新工作室"。

3. 关心关爱职工。坚持以职工为中心,用心用情用力关心困难职工。拨付115万元用于支持基层抗疫和组织开展"送清凉、送关怀、送健康、送书籍"活动,坚持做好职工生日蛋糕券、结婚生育、生病住院、退休离岗等常态化关怀慰问工作。大力支持开展足球、篮球等文体活动兴趣小组建设,组织参加江苏省第二十届运动会职工部比赛和省直机关的大众体育、跳绳、象棋等7个项目,并在多个项目上取得优异成绩。

【共青团工作】

1. 坚定理想信念。以"青年学堂"为载体,组织开展"党的二十大"精神专题学习,组织收看习近平总书记在庆祝中国共产主义青年团成立100周年大会上重要讲话精神,积极开展机关青年寻访江苏团史地标、"清明祭英烈 实名云祭扫"、"新征程上 点亮荣光"短视频宣传等活动,会同厅离退休干部处寻访本系统内历史上的青年典型、青年集体,挖掘出厅系统首个全国青年文明号创建背后的故事,引导团员青年坚定理想信念。省秦淮河水利工程管理处"大美秦淮"青年学习社荣获省级"青年学习社"。

2. 提升服务能力。依托青年突击队等工作平台,团结引领团员青年立足岗位创新创效、建功立业,为江苏水利高质量发展贡献青春力量。深化青年志愿服务,结合水利工作实际,以"维护河湖健康"为主题,打造一批具有水利行业特色的志愿服务品牌。江都管理处"源头·水云间"志愿服务项目荣获中国青年志愿服务项目大赛二等奖,"大美秦淮我先行"节水护水、"同'引'一江水 共护母亲河"志愿服务项目荣获大赛三等奖;4个项目荣获省青年志愿服务项目大赛二、三等奖。

3. 夯实基层基础。落实"三会两制一课"等团内规章制度,推进基层团组织按期换届选举,4家团委(团总支)顺利换届。强化"智慧团建"管理,93个团组织通过"智慧团建"系统常态化开展工作,覆盖率达100%,基层团组织架构进一步完善,团的各项工作进一步规范。省江都管理处团委荣获省五四红旗团委,省灌溉总渠管理处团委、省防汛防旱抢险中心团总支荣获省级机关五四红旗团支部(团总支),2名同志分获省级优秀共青团干部、省级机关优秀共青团员称号。

【水利学会工作】 1. 开展科普活动。"世界水日""中国水周""科普周""科普日"期间,联合相关单位以系列高端报告会、短视频大赛、科普讲解大赛、有奖问答等多种形式开展各类科普宣传活动。成功申报省科协第四批服务团2个,推荐第四批首席科技传播专家2位。成功推荐三家水利工程管理单位入选2022年度江苏省科普教育基地。本年度新增科技志愿者107人。

2. 丰富学术交流。联合相关单位共同主办2022年智能测绘装备技术研讨会,协办2022年城市防洪排涝应急抢险高峰论坛,承办中国(国际)水务高峰论坛分论坛。举办现代农田水利与水美乡村发展高端论坛,邀请到26位院士线上线下参会。协同举办河海大学挂靠学会联合学术活动。农村水利专业委员会举办农村水利专题报告会。

3. 服务会员发展。上海幸福太湖水研究发展基金会评选首届太湖流域水科技英才10名,推荐6名会员全部获奖。向中国工程师联合体推荐工程能力评价候任教官一名。组织会员参与全国水利水电工程师能力评价。组织会员提出7个项目申报2022年"科创江苏"创新创业大赛决赛,4个项目获奖。出版《智慧水利·数字孪生》论文集。

4. 支持科技创新。先后组织完成35个项目的成果评价。批准7个团体标准立项,正式发布团体标准6项,有效支撑了水利行业发展。完成江苏省科学技术奖提名工作2项;向中国水利学会申报大禹水利科学技术奖2项;申报长江科学技术奖3项。

地 方 水 利

南京市

【工作概述】 南京市锁定"生态文明建设水务典范"目标,一天当作两天用,两步并作一步走,奋力书写水务工作"十全十美"新篇章,在把握大势、服务大局、经受大考、担当大任中交出了水务现代化的"南京方案"。年度完成全市重点水务工程建设任务约48亿元。

【水利建设】 南京市再获省政府"水利建设投资落实好、省水利基本建设投资计划完成率高、年度工作成效明显"督查激励。下达市级以上补助资金4.78亿元,推进完成高淳区永宏泵站等3个续建项目、新开工高淳区水碧桥泵站工程等3个项目,重点水利建设工程完成投资同比上年增长5.9%。统筹推进档案验收、竣工决算审计、质量安全监督评定和区级资金配套等工作,八卦洲汊道河道整治工程顺利通过省级竣工验收,江宁区一干河治理工程等5个工程通过市级竣工验收。完成2021年下半年69项、2022年25项防汛消险项目、15项积淹水整治项目以及西水关等9座雨水泵站改造工程。

制定2022年度质量提升目标任务计划和具体措施,组织开展质量通病治理,积极引导服务工程创优,谋划设计、施工等招标阶段创优目标和创优措施,落实"优质优价、优监优酬"相关要求。积极组织参加省水利厅线上业务培训,自主开展市级建设管理培训,优选一线参建单位的专家、技术骨干结合实际谈体会,提高授课的专业性和精准性;运用质量监督APP完成所有基建项目全覆盖检查,督促整改问题89个。

落实农民工工资管理、工伤保险、大气污染防治等要求,年内建成智慧工地30个,实施差别化管理工地7个,获得省水利文明工地2个,评定15个市级水务工程文明工地。服务指导九乡河治理应急工程河口闸站工程通过中国水利工程优质(大禹)奖现场复核;2个项目分获2021年度江苏省优质工程奖"扬子杯"和2022年度江苏省水利优质工程。

【河湖长制】 南京市保障省级秦淮河河长及15名市级河湖长年度巡河调研43次,督促239名区级河湖长开展巡查调研1 100余次,全市1 758名基层河湖长年巡河15万余次,处置问题2.3万余件。组织"常态化河湖清四乱行动"整治河湖问题8项,排查"妨碍河道行洪突出问题"整治碍洪问题5项。协调督促老虎山水库、战备水库等除险加固7座,督促开展"江河水域清漂专项行动"清理各类水面漂浮物累计2.1万余吨。

1. 推动联合治水。在省河长办的指导下,南京市联合苏皖两省八市,共商建立"同心同力、联防联控、互商互重、共建共享"的南京都市圈联合河湖长制,并以"共建都市圈幸福河湖,助力长三角绿色发展"为主题,组织召开第一次联席会议,联合印发《工作规则》和《工作要点》,在共建共享幸福滁河、合作治理丹阳河、环石臼湖联合共治、水阳江流域团结治水、阜东水库和七乡河污染问题联合会商等方面达成共识。

2. 发挥社会力量。以河湖长制凝聚全社会力量,聘请专家河长、企业河长、部队河长、银发河长、学生河长,着力打造校地、政企、军民融合治水新模式。广泛开展"长江守望者联盟""银发河长·护水精兵"等志愿者活动,雨花台区西善桥街道荣获省"母亲河"绿色团队奖,"河小青"志愿者服务队队长霍佰义被评为"省最美民间河长"。

3. 各地创新实践。江北新区长江岸线湿地保护环境提升工程获得"江苏人居环境范例奖"。溧水区小水库"住家保姆"模式入选水利部汇编的《推行河长制湖长制典型案例》。玄武区"从治理'主动脉'到改造'毛细血管'"治污案例入选省河长制工作典型。秦淮区利用"拆、截、清、修、引、测、管、景"治水八字工作法和河长制"1＋N"综合治管模式联合打造"流域花园"。建邺区工地基坑水治理、雨水篦子智慧监管,破解中心城区河道治理难题。雨花台区出具《水环境健康体检报告》,精准溯源、对症下药治理水环境。浦口区创成国家小型水库管理体制改革样板县。

【河湖管理】 南京市10个国考、42个省考断面水质优Ⅲ比例均达100%,断面水质波动频次由2021年37次降至16次,同比减少57%,水环境监测质量连续四年保持全省第一;28条入江支流水质均达考核目标,其中18条主要入江支流全部达优良。

1. 推进岸线整治。完成《南京市长江岸线保护详细规划》的审查批复,常态化推进岸线清理整治季度"回头看"全覆盖,检查项目现场190个,全面巩固清理整治成效;开展长江干流岸线利用项目排查整治行动"回头看",全面完成11项问题清单整改。在长江岸线整治提升的基础上,持续推进浦口桥林水源地、八卦洲蓝昇段、鼓楼区三汊河入江口段生态修复工程,提升长江生态系统的质量和稳定性。落实长江岸线段格化巡查,印发年度长江段格化巡查管理计划和成效评估办法,开展巡查志愿者活动。今年以来共出动巡查人员2万多人次,巡查车辆1万多车次,巡查岸线长度2.5万千米。

2. 推进各项试点。完成浦口区水域保护省级试点方案编制并高质量通过省水利厅审查,高淳区固城湖退圩还湖工程生态工程聚泥成岛已全部完成,永联圩新建堤防工程堤防主体工程已完成。浦口区象山湖成功通过国家水利风景区专家组现场考评工作;栖霞区周冲水库成功通过省级水利风景区专家组现场考评工作。玄武湖国家水利风景区推荐成为全国水利风景区高质量发展典型案例,并在水利部召开的典型案例会上进行经验交流。全市已创建7个国家级水利风景区和环山河等12个省级水利风景区。南京市按照"补短板、创特色"的总体思路,编制印发《幸福河湖建设方案》,"一张图"谋划"一江、两带,两城、五片"幸福河湖建设布局。《南京市幸福河湖建设评价规范》已纳入申报地方标准流程。

3. 创建幸福河湖。按照"建成一批、申报一批、复核一批"的原则,年度按计划完成174条幸福河湖创建工作,其中30条民生实事幸福河湖,受到人大、政协充分肯定。创建过程充分挖掘河湖自身特色,打造玉带河"四化一体"共生系统、金川河"一馆一园一廊"、"浦邑滁河"等一批示范样板,秦淮河干流、城南河、玄武湖、固城湖等获省幸福河湖奖补,成为行业认可、群众满意的"网红地"。

【水资源管理】 南京市根据国家和省最严格水资源和节约用水管理制度考核要求,细化分解2022年水资源和节约用水管理目标。配合完成滁河、水阳江等流域在南京市的水量分配工作,全面完成省水利厅规定名录的9个跨区河道水量分配方案和调度方案。

1. 推进水资源规范化管理。推进110个取水工程(设施)规范化、标准化改造(目前已完成88个),落实取用水管理专项整治行动"回头看"要求,规范取用水管理行为。完成6个重点灌区新建30个在线监测站,推进非农用水计量全覆盖,不断提高在线监控水量占比。继续开展江宁经济开发区"四水四定"试点、浦口汤泉地区地热水水权交易。启动9个省级开发区水资源论证区域评估工作(目前已完成7个)。

2. 推进节水型载体建设。持续推进本年度126个学校、企业、居民小区节水型载体建设,开展禄口机场建设节水型机场试点,开展栖霞金港科技创业园市级节水型园区建设、浦口经开区省级节水型工业园区建设。对公共供水用水户年用水量2万吨以上的实行计划用水管理，共下达2 649个公共供水用水计划。修订完善新一轮88家用水单位纳入市级以上重点监控用水单位名录。持续推进国家级县域节水型社会达标建设，雨花台区等4区通过省级验收，剩余2区已全面启动。认真开展国家节水型城市复核自查自评，并通过省级验收。

【农村水利】 根据省厅下达的农村生态河道190千米建设任务，南京市及时制定下发了《2022年度南京市农村水利和水土保持工作意见》，将2022年全市农村生态河道建设计划放大为62条231.28千米，并全部高质量完成，其中省政府民生实事生态河道30条140千米。完成5座大中型灌区、20座重点塘坝、12座重点泵站和6条翻水线年度建设任务。高淳区水系连通及水美乡村建设试点县项目被水利部、财政部评估为优秀等级；江宁区汤山水土保持科技园已获评国家级水土保持科普教育基地；浦口区瓦殿冲、六合区河王坝2条小流域已被评为国家水土保持示范工程，在全省形成示范引领效应。

【工程管理】 完成16座到期水库、水闸的安全鉴定工作，完成12座小水库库容恢复和生态清淤建设任务。加快推进工程精细化管理，马汊河堤防工程完成国家级标准化工程省级初验，金牛山水库等10座中型水库、杨家湾闸等6座中型水闸、78座小型水库、秦淮新河等2段堤防工程创建为省精细化管理工程。

【防汛防旱】 面对历史罕见旱情，南京市立足长江水源，全面开启秦淮新河、红山窑、新禹河、蛇山等重点泵站，加大引水力度，累计补水约4.6亿立方米，保障抗旱一级水源供给。依托全市13条骨干翻水线及各级小型翻水线，实施逐级引水翻水，累计翻水量约2.6亿立方米。省、市支援130台套机泵，实施高淳区水阳江水碧桥、石臼湖陈家桥临时架机引水，采取打坝筑埂、疏通河道等措施，在全市布设临时架机1 030台套，累计翻水量约1.4亿立方米；组织实施秦淮河向石臼湖地区抗旱应急补水，保障溧水湫湖、高淳蛇山泵站等引水水源。积极争取省以上抗旱资金4 000万元，全市42万亩受旱农作物旱情全部解除，确保全市生活生产、农业生产、生态环境等用水需要。

面对6月23日夜至24日凌晨突发的大暴雨，南京市防汛部门提前预降玄武湖、内秦淮河等城市内河水位，腾空河湖库容；根据降雨情况，及时启动主城区排水设施调度指令，调度武定门闸、三汊河口闸等开闸泄洪，累计泄洪约10 980余万立方米，减缓秦淮河水位上涨，主城区泵站全力开机排水，排水量1 850万立方米。运用智慧水务调度系统，综合统筹公安122平台、交管、应急、第三方巡查等共享资源，实时掌握积淹水信息，组织开展应急处置。协调交管、公安、城管等加强积淹水路段交通管制，累计出动巡查抢险人员8 013人次、车辆633台次，积淹水均得到有效处置，城市居民生活生产秩序正常。

【水政执法】 加大执法巡查和重大案件查办力度，累计出动执法巡查人员25 143人次（其中市本级12 825人次），执法船艇2 029艘次、车辆3 869辆次，发放宣传材料3 600份，开展联合执法152次，开展专项行动72次。发现并处置水事违法行为193起（其中市本级40起），立案查处22起（其中市本级7起），结案19起（其中市本级6起），责令整改5起、下发执法监督建议书16份（市本级）。

【水利科技】 认真执行《南京市水务科技项目管理办法》，年内获省级水利科技立项项目3个，省补资金50万元；市级水务科技项目立项8个，落实市补资金200万元。加快在研项目结题，完成4个市级水务科技项目验收。2个地方标准分别通过南京市市场监督管理局正式发布（基于数据驱动的雨水口违规排污处置规程）和审查（长江水下地形分析基础数据库建设规范)。

【党建工作】 认真学习贯彻习近平新时代中国特色社会主义思想和党的二十大精神,党组理论学习中心组先后组织19次集中学习,局领导交流学习体会19人次,坚持在领学促学中推动政治机关建设,引导局系统党员干部深刻领悟"两个确立"的决定性意义,增强"四个意识"、坚定"四个自信"、做到"两个维护",不断增强政治判断力、政治领悟力和政治执行力。

制定争创"让党中央放心、让人民群众满意的模范机关"工作方案和分工细则,开展"建设模范机关、争当六个先锋"主题实践活动,综合开展"共学攻坚6 040"行动、"一社区一案例"活动、"一支部一项目"党建品牌建设,引导基层党支部和广大党员在基层治理、疫情防控、优化营商环境、防汛抢险、水环境提升等重点任务中发挥先锋模范作用,实现机关党建与业务工作融合发展,切实把"三个表率"落到实处。

【宣传教育】 发布《极美南京·幸福河湖》系列微信稿23篇,并被"南京发布"收录整合发布,累计浏览量近5万次,"'碳'秘水美南京""节水有'画'说"节水、护水宣传活动也吸引不少群众积极参与。

在水务局官网上公开发布信息1 200余条,组织开展新闻发布会8场,在国家、省、市各级各类主流媒体宣传报道210余篇,原创微信文章被"南京发布"转发20余篇。高标准开展水情教育基地建设管理工作,推荐玄武湖武庙闸历史文化展馆、南京滨江规划建设展示中心申报省级水情教育基地。

无锡市

【工作概述】 无锡水利系统坚持以习近平新时代中国特色社会主义思想为指导,认真学习宣传贯彻党的二十大精神,牢记嘱托、感恩奋进,以高质量发展为导向,统筹水安全保障、水环境治理、水资源调配、水生态保护,水利各项工作稳步推进,较好地完成了年度各项任务。

【水利建设】 加快"一轴两带""七廊八脉""十湖千链"美丽无锡现代区域水网规划建设,全年全社会完成水利投资45.46亿元,其中市级政府投资项目实际完成投资28.7亿元,完成率127%,新开工项目开工率100%,新孟河延伸拓浚工程宜兴段全线完工,环太湖大堤剩余工程基本完工,太湖生态清淤(二轮二期)完成年度任务,太湖退圩还湖、京杭大运河无锡段堤防提标、锡澄运河整治、新桃花港江边枢纽、老桃花港整治、五里湖节制闸公路桥改建、中小河流治理等重点工程有序推进。加强与央企、国企、金融机构的战略合作,积极争取国家政策性开发性基础设施投资建设基金、EOD、REITs、专项债等投融资模式落地应用,在金融支持地方发展的无锡市33个重大项目投融资合作中,涉水项目共15个、占比近一半,总投入近400亿元,已获批支持资金26.4亿元。

【河湖长制】 以新一轮河道环境综合整治为抓手,以河湖水质改善提升为重点,制定《无锡市河长湖长履职办法(试行)》,下达《2022年河长制工作目标任务书》《2022年全市河湖长制工作要点》,强化河长、湖长制工作机构履职,加强督导检查,切实将河湖长制各项工作落细落实。推进无锡市智慧河湖长制综合平台应用,完成省、市、区河长制湖长制信息系统互联互通调研,实现河长巡河、公文报送、信息填报等工作全面电子化。高标准完成16个妨碍河道行洪突出问题排查整治,扎实做好中央环保督察反馈问题整改,认真整改太湖安全度夏66个涉河突出问题。2022年,无锡市国、省考断面水质优Ⅲ比例达

94.4%，市区黑臭水体整治消黑率100%，26条主要入湖河道和9条入江河道全部达到Ⅲ类水质标准以上，新一轮552条环境综合整治河道水质优Ⅲ比例达92.8%。中央电视台《新闻直播间》栏目以《修复河流生态，完善城市宜居化改造》为题报道梁塘河治理工作，无锡市河湖长制工作荣获省政府督查激励，无锡市治水实践经验在2022年中国水博会上作经验交流，无锡市河长制工作在2022年太湖流域片河湖长制工作交流会暨太湖局与苏浙沪闽皖省级河长办协作机制联席会议上作典型发言。

【河湖管理】 将美丽河湖行动作为推进美丽无锡和生态文明建设的重要抓手，以美丽示范河湖建设为重点，印发《无锡市美丽幸福河湖评价工作指南》《无锡市美丽幸福河湖建设指引》，从6个方面36项指标进行量化评价，指导美丽河湖行动开展。强化部门协同，扎实推进住家船舶清理整治、入河排污口排查整治、"三无"船舶专项整治、河湖岸线违规行为集中整治、非法围网管桩清理整治等十大专项行动，综合运用红黑榜、督查检查、河长约谈、抄告单等举措，推动美丽河湖行动落地见效。2022年，无锡市建成美丽示范河湖816条，涌现出应天河、桥西河、运泾河、南青荡、猫桥河、环山河、伯渎港、六房上浜等一大批"河安湖晏、水清岸绿、鱼翔浅底、文昌人和"美丽河湖新典型，"打造造福于民的美丽幸福河湖"获无锡市第二届"民心工程奖"金奖。无锡市委市政府把京杭大运河无锡段、梁溪河整治提升作为全市美丽河湖行动的"一号工程"，京杭大运河无锡段着力打造黄金水带、生活秀带、城市绿带、人文纽带、产业示范带，梁溪河着力打造新理念引导下的未来诗意栖居水岸典范。2022年，编制印发"两河"整治提升工程"2（总体）+4（专项）"规划、建设导则，全线征收拆迁签约率达100%，全面启动6大示范段建设，梁溪区南尖公园先导段"三道"贯通与景观建设进场施工，惠山区江南运河文化公园首开区完成主体建设，新吴区"三水汇"科技生态公园完成景观部分施工，大运河经开区段整治完工，梁溪河南岸示范段工程建成并对公众开放、北岸全线开工建设。

【太湖治理】 坚持多目标统筹协调调度，一体推进蓝藻打捞、应急防控、生态清淤、调水引流、治太骨干水利工程建设、入湖河道综合整治等治太工作。加强能力建设，在太湖无锡岸线设立固定打捞点89个、落实打捞人员1 700人，配备蓝藻（水草）打捞（运输）船、高效纳米增氧曝气船共计254艘，藻水分离能力达6.85万吨藻水/日，建成111.6千米离岸控藻围隔、11座加压控藻深井。2022年，无锡市完成太湖生态清淤152万立方米，"引江济太"入湖11.86亿立方米，累计打捞蓝藻208万吨，滆湖治理、入湖河道整治、蓝藻湖泛防控等治太重点工程建设有序推进，太湖无锡水域实现连续15年安全度夏和"两个确保"，水质藻情创近年来最好水平。

【水资源管理】 下达2022年度实行最严格水资源管理制度目标任务，完成长江肖山、长江西石桥、油车水库、太湖贡湖沙渚、太湖锡东等5个水源地的标准化建设，完成218个地下水取水工程登记造册，完成138个取水工程规范化建设，印发《无锡市水权交易改革试点工作实施方案（试行）》，开展白屈港、界河—富贝河河道水量分配工作，实施油车水库、横山水库、东氿、白屈港生态水位确定工作，开展重点河湖生态状况评价，进一步严格用水统计。出台《无锡市热电联产行业用水定额》地方标准，填补省内行业空白。无锡市实行最严格水资源管理制度在省考核中获得优秀等次，实现"六连优"，宜兴市获评第五批节水型社会建设达标县，新吴区被确定为全国首批再生水利用配置试点地区，江南大学入选首批全国节水型高校典型案例，油车水库被推荐为水利部节水型单位建设典型案例,惠山区、滨湖区、新吴区顺利通过国家级县域节水型社会达标建设省级审核验收,锡山区取用水智慧化管理平台建设获得省级优秀水资源成果奖一等奖,宜兴经济技术开发区、无锡高新区综合保税区省级节水型园区创建取得重要进展,无锡市机关事务管理局(无锡市市民中心)、无锡商业职业技术学院、无锡职业技术学院获评江苏省第三批水效领跑者。

深入贯彻"经济要稳住"重大要求,指导节水型企业申办"节水贷"额度约11亿元,减征水资源费约900万元、水土保持补偿费约200万元。印发《无锡市水权交易改革试点工作实施方案(试行)》,服务相关企业完成水权交易7单,总交易水量11.7万立方米,滨湖区水利局开发上线全省首个水权交易供需意向平台"滨水市场"。深化"放管服"改革,第一时间出台《关于助企纾困服务发展的政策意见》,制定《关于加强水行政审批全过程服务与监管的实施意见》,完成宜兴经济技术开发区、无锡太湖国家旅游度假区、锡山区经济技术开发区水资源论证区域评估和锡山经济技术开发区水土保持区域评估,全面推行水利工程电子化招投标和远程异地评标,所有涉水事项实现不见面审批和"一件事一次办",服务保障了苏南硕放机场改扩建、宜马快速通道通风口改建、锡宜高速扩建、锡太高速、江阴靖江长江隧道、312国道改扩建、无锡地铁4号线二期、白鹤滩—江苏±800千伏特高压直流工程、新发集成电路产业园等一大批省、市重大项目重点工程重要载体规划建设。

【农村水利】 制定出台《农村水利设施管护标准》,加强农村水利建设管理,全年完成农村河道疏浚191万立方米,圩堤加高加固16.7千米,泵站更新改造43座,滨湖区、江阴市和宜兴市在农田水利工程管护方面被评定为全省优秀等次。将农村生态河道建设任务纳入无锡市委办公室、市政府办公室联合印发的《关于做好2022年全面推进乡村振兴和农业农村现代化重点工作的实施意见》中,出台《关于进一步明确农村生态河道建设在乡村振兴战略实绩考核中计分方法的通知》,编发2期农村生态河道建设管护情况通报,加强年度目标任务推进,全市建成农村生态河道建设120余条、长度约280千米,滨湖区、惠山区和锡山区在农村河道长效管护方面被评定为全省第一等次。印发《2022年全市水土保持工作要点》,无锡市水土保持目标完成情况评估结果连续三年获得省考优秀等次,锡山区创成国家水土保持示范县,完成国家水土保持重点工程—宜兴太平小流域综合治理项目建设,建成省级生态清洁小流域3个。按照省水利厅统一部署,扎实开展农业水价改革巩固提升专项行动,指导督促相关地区完成问题整改。

【工程管理】 深入推进水利工程精细化管理,无锡市水利工程管理中心、宜兴市横山水库管理所获评全省水利工程精细化管理单位,全市省级以上水利工程管理单位创建达标率88.9%,小水库规范化管理创建达标率94.1%,名列全省前茅。完成12个闸站工程的安全鉴定审查(其中省下达任务7个),专题组织开展水利工程检查督查,加强水库管理,确保工程运行安全。印发《无锡市太湖大堤与岸线管理办法》,在确保太湖大堤防洪安全的同时,充分发挥太湖大堤交通出行、生态观光、休闲健身等综合效益。制定《关于进一步加强水利闸站工程管理的意见》,强化重点水利工程全市统一调度管理。

【防汛防旱】 面对太湖、长江流域历史罕见的夏秋连旱,全面加强江水南引能力建设,科学调度沿江水利泵闸站工程,在持续干旱条件下拉动锡澄地区河网水位较常年不降反升,提高了区域水网容量,改善了水动力条件,保障了区域河湖水质持续改善,确保了全市供水安全、粮食安全、水生态环境安全。首次启用新孟河引江济太调水应对宜兴旱情,有效保障湖西地区河网水位,为宜兴应急供水提供充足水源,并通过应急扩容、原水返供等措施,保障了宜兴市供水安全。十年来汛期首次启动望虞河引江济太,累计入湖水量创十年来同期最高,扭转了太湖汛期反枯的不利局面,保障了太湖生态水位。坚持防汛抗旱两手抓,有效应对台风"梅花"影响,确保了全市平稳度汛。在省内率先完成城市极端暴雨洪涝灾害风险评估及对策研究,绘制32张风险图、建立3大类19个对象风险台账,制定无锡市城市防范应对极端暴雨洪涝灾害工作指导意见、实施方案和重点工程项目清单,被应急管理部作为全国典型案例在"全国自然灾害综合风险普查第二次成果应用交流会"上推广。率先开展堤防灾害保险机制探索,全国首单京杭大运河"堤防灾害险"落地无锡并发挥作用。

【水政执法】 对标全省水政监察规范化标准化建设,统筹推进水文水资源、长江采砂管理、河湖管理、防汛保安等专项执法行动,"利剑"专项执法行动成效显著,作为亮点工作受到省水利厅及总队领导表扬,全年全市共组织开展执法巡查2 701次,出动执法人员7 343人次,查处违法行为276起,立案查处74件,案件查办数量位列全省前列。推进河湖"清四乱"常态化长效化,全市排查整治并销号河湖"四乱"问题15个。积极开展水土保持专项执法检查,开展水土保持宣传350余次。开展长江河道采砂管理综合整治"强化年"行动,组织日常巡查3 992人次,联合海事、公安等部门开展大规模专项打击行动51次,出动执法船艇93艘次、车辆249辆次、执法人员1 153人次,切实维护长江江阴段河势稳定、防洪和通航安全。无锡水政文明廉洁执法评价效果分位居全省水政监察队伍前列,水事案件查办工作质态不断提升,无锡市水政监察支队荣获"全市执法为民先进单位"。

【水利科技】 加快推进太湖流域水治理实验室建设,省部级重点实验室创建任务基本完成、重点课题研究全面展开,协助召开实验室管理委员会第一次会议、学术委员会第一次会议,为争创国家重点实验室谋篇布局。持续推进蓝藻治理科技研究,蓝藻湖泛发生机理、污染物出入湖通量、打捞处理新技术装备研发、湖泛防控处置、资源化利用等多个研究方向共14个科研项目形成研究成果,积极开展成果转化及示范应用。成功申报模块化藻泥低温干化设备研发及资源化利用等三个科技项目,积极推进太湖生态清淤淤泥资源化、利用揭榜挂帅,鼓励科研院所和相关企业探索制陶等新型材料研发和淤泥综合利用。

【党建工作】 以迎接党的二十大和学习宣传贯彻党的二十大精神为主线,开展选树最美水利人、打造水利党建精品线路、水利职工文艺汇演等党建活动,不断提升"碧水映初心"水利党建品牌影响力,教育引导水利党员干部深刻感悟"两个确立"的决定性意义,进一步增强"四个意识"、坚定"四个自信"、做到"两个维护",不断提高政治判断力、政治领悟力、政治执行力。出台《无锡市水利局关于进一步激励广大水利干部新时代新担当新作为的意见》《无锡市水利局年轻干部选拔培养三年实施方案(2022—2024年)》,联合扬州大学举办一期水利年轻干部培训班,组织开展无锡市水利系统职业技能竞赛、无锡市水利工程建设质量监督技能竞赛、无锡市水行政执法技能竞赛,引进321名校优生,硕士、博士8人,着力打造想干事、会干事、干成事的高素质水利人才队伍。加强机关基层组织建设和作风建设,推进模范机关创建,无锡市水利局机关党委获评"无锡市级机关先进基层党组织"。

【宣传教育】 建好用好"两微一站",聚焦河湖治理、防汛防旱、太湖治理、重点工程建设、水情教育等水利重点工作开展水利公益宣传,全年通过无锡水利门户网站发布信息 580 条,通过"水韵无锡"微信公众号推送信息 444 条,"无锡市水利局"官方微博推送信息 141 条。加强与外部媒体沟通对接,新闻联播《走进县城看发展·江苏宜兴篇》,央视新闻直播间《修复河流生态,完善城市宜居化改造》,《新华日报》头版《无锡"美丽河湖"行动添彩"水韵江苏"》,《中国水利报》的《用行动兑现承诺——江苏无锡市"美丽河湖三年行动"交出满意答卷》《山水和诗 共谱江南好——无锡美丽河湖三年行动综述》等中央、省部级媒体多篇报道讲述无锡河湖治理成效。深化"节水护水 你我同行"水情教育品牌建设,组织编写《无锡水情读本》,举办"美河美影"主题影像赛,在全社会营造"全民爱水护水节水"的良好氛围。

徐州市

【工作概述】 徐州市水务局坚持统筹水安全、水资源、水环境、水生态治理,全年完成水利水务建设投资 48 亿元。积水点治理"一号工程"启动实施,成立市委书记任第一指挥的综合整治指挥部,排定总投资 22 亿元、175 项治理工程,力争 2~3 年基本解决城市积水问题;奎河综合整治工程全面完工,首创国内最小盾构和长距离曲线顶管技术,通过截污清淤、生态修复、景观提升,打造了一条贯穿城市中心的"最美家乡河";"美丽幸福河湖"全域打造,建成 380 条美丽幸福河湖和 444 条农村生态河道 2 466 千米,大龙湖成为江苏省首个淮河流域幸福河湖,城乡居民幸福指数持续增强;大中型灌区建设成效明显,总投资约 4 亿元,完成凌城、大运河、银杏湖、苗城、高集、运南和合沟 7 个大中型灌区改造 50 万亩,最大限度发挥工程效益。徐州市最严格水资源管理考核再获全省优秀等次,徐州市水务局荣获市贯彻新发展理念区域样板和幸福徐州建设先进集体,并在第十三届中国(徐州)国际园林博览会中被授予表现突出单位。

【水利水务建设】 重点水利水务工程建设。全年完成水利水务建设投资 44.05 亿元,其中省水利重点工程投资完成率 106%,位居全省前列,进一步夯实了全市水利水务工程基础。淮河流域重点平原洼地治理工程超额完成年度建设任务,南四湖、黄墩湖地区洼地治理成效显著;奎河水环境综合整治工程竣工,新增污水处理能力 5 万吨/天,人水和谐的城市中心流动景观带即将落成;刘集水厂、小沿河原水泵站等工程常态化推进,新改造农村供水管网 635 千米,城乡供水一体化格局得到巩固提升;古运河治理及沂沭泗地区灾后险工处理全部完成,流域性防洪保安能力持续提升。

1. 启动实施市区积水点综合整治。成立徐州市区易淹易涝积水点综合整治指挥部,市委书记任第一指挥,市长任指挥。市水务局按照"源头减量、过程控制、系统治理"原则,科学编排 175 项积水点治理工程。结合城市更新、河道综合治理、雨污分流改造等工程,按照清、拦、疏、蓄、排分类施策加快治理。抽调公安、城管、交通、资规、住建等相关部门精干力量 39 人,2023 年底前的 157 项工程任务全部完成方案审查,已完成投资 3.05 亿元。其中,2022 年度计划已完成 48 项,超额完成工作任务。

2. 奎河综合整治工程全面完工。工程总投资 14.06 亿元,首创小型盾构和曲线顶管(单顶最长达 725 米)的施工工艺,实现了国内最小 2 米直径盾构、60 米及 45 米连续 S 弯小转弯半径、隧道侧向开洞等多项科技创新,有效解决了徐州老城区奎河沿线地质条件复杂、施工空间窘迫难题,为我国城市地下管道施工开辟了新途径新工艺。

3.加强工程建设管理。招投标项目全部进入省、市平台,全过程实行电子化招标和"不见面"开标,并增设技术标"暗标"评审模块,由招标人自主选择评标方式,有效防范廉政风险。完成对参与省市水利水务重点工程建设的92家从业企业的年度考核,对全市54项在建涉水工程专项检查,对奎河综合整治等15项工程完成4次"飞检",对丰县湖西洼地治理等6项重点涉水工程完成市级项目稽察,并将工程进度调度和扬尘管控、质安监督、治欠保支等紧密结合,完成水利水务工程调度12次,专项调度48次。强化工地围挡监管,召开专题会议,印发加强围挡管理通知,开展围挡检查2次,及时整改工地围挡管理不规范行为8个,全面提升市区水务工程建设外貌。刘山北站拆除重建工程通过中国水利工程优质(大禹)奖现场复核,睢宁县地面水厂二期工程施工5标段、铜山区玉泉河景观绿化补充及提升工程被评为2021年度江苏省优质工程奖"扬子杯",丰县湖西洼地治理工程2020年度施工1标段、睢宁县白塘河地涵除险加固工程被评为2021年度江苏省水利工程文明工地,郑集东站增容改造工程等2个项目被评为2022年江苏省水利优质工程,奎河综合整治工程施工2标段等7个项目被评为市级文明建设工地,睢宁县沙集闸除险加固工程等3个项目被评为市级优质工程。

【河湖长制】 市县镇三级河湖长累计巡河2.3万次、解决问题2 029起。根据各级党委、政府领导调整和分工情况,及时充实调整各级河湖长、成员单位及河湖长助理,明确市级河湖长16名,并印发了《2022年徐州市河湖长制工作要点》。水利部暗访反馈8项南四湖"四乱"问题已基本整治完成,同时组织对全市已完成的4 780项"两违三乱"、300余项上级暗访交办问题开展回头看,按照不低于5%的比例进行随机抽查,坚决杜绝死灰复燃。整治碍洪问题92项,骆马湖湖区419项历史圈圩全部完成,清理围网11平方千米,清退圈圩17.3平方千米,恢复自由水面30平方千米。小沿河两侧各1千米范围内1.2万亩鱼塘退养完成,进一步保障了徐州市重点河湖形态稳定、蓄泄自如。

【河湖管理】 完成《江苏省湖泊保护名录(2021修编)》新增名录的安国湖、金龙湖保护规划的编制与审批。4月下旬,启动水域监测评估工作,全市选取2~3条(个)河湖开展保护状况(水资源、水生物、水生境)监测评估试点。推进丰县省级水域保护规划编制试点和省级保护示范区建设试点工作,2月中旬《丰县省级水域保护规划》已通过市级验收,12月底,《江苏省水域保护试点—丰县实施方案》已获属地政府批复。年度完成230条幸福河湖建设任务,大龙湖高分通过水利部验收组验收,成为江苏省首个建成的淮河流域幸福河湖及江苏省级幸福河湖,为全省幸福河湖建设提供了"可复制、可借鉴、可推广"的样板。修编市级河湖23条"一河(湖)一策"幸福河湖建设方案,强化98条已整治黑臭水体日常管护,印发《徐州市城区黑臭水体整治后长效管理监管评价办法》,坚持每月调度、检测、通报。分别对市区建成区水体监测项目共73条河道及徐州市重点河道52条(含国省考断面所在河道及支流)进行水质监测,并将每月监测成果向有关县区通报。睢宁白塘河、鲤鱼山水利风景区申报省级水利风景区,云龙湖水利风景区申报红色基因水利风景区。

【水资源管理】 严控水资源管理三条红线,制定《徐州市重点行业用水定额》《徐州市地下水保护利用规划》,丰县、沛县"四水四定"试点方案批准实施。开展地下水取水工程登记造册工作,对全市共计2 978眼已建、新建和封停报废的地下水取水工程进行普查登记与造册,逐步建立地下水取水工程完整、统一的数据库,强化用水效率管控。5万亩以上大中型灌区全部实现渠首取水口在线计量,非农取水计量不断提高在线监控水量占比。完成徐州市南四湖小沿河水源地与邳州中运河张楼水源地2处标准化建设、全市54条河流健康状况评价工作和徐州经济技术开发区、丰县经济开发区水资源论证区域评估。启动鼓楼、云龙、泉山三区国家级县域节水型社会达标建设,力争2023年实现国家级县域节水型社会全覆盖。加大节水型载体建设力度,2022年完成省级节水型学校19家、企业18家、小区10家、高速公路服务区2家和机关、高校、工业园区各1家申报。积极推进市区供水提质增量工程,小沿河原水泵站开工建设,刘集水厂加速建设,丰县第二水厂和睢宁第二水厂顺利推进,更新改造城乡供水管网635千米,进一步优化水源、水厂、管网布局,供水保障能力日趋增强。

【农村水利】

1. 推进农村生态河道建设。制定《徐州市农村生态河道考核评估办法》,在严格落实省级建设标准基础上,提出"三面四线"建设目标,周周调度、月月通报,已完成上、下半年对县区建设任务复核和评估,同时超前谋划2023年生态河道建设任务,10月已下发县区,要求利用冬春黄金施工期进行河道土方开挖,全市2022年建设1 000千米生态河道,完成投资4.1亿元。

2. 推进灌区续建改造。2022年实施了大运河灌区、银杏湖灌区、苗城灌区、高集灌区、运南灌区和合沟灌区6个中型灌区及凌城灌区1个大型灌区的续建配套与节水改造,完成投资4.324 6亿元。同时,启动灌区立法,市人大将《徐州市灌区条例》列入立项调研。

3. 开展水土保持工作。优化行政审批,委托第三方开展水土保持方案审查,执行水土保持补偿费减免和缓交政策,徐州市级共审批生产建设项目水土保持方案30件,减免水土保持补偿费308.86万元。持续推进国家水土保持重点工程项目建设,实施丰县香田集、新沂老范、鼓楼区拾屯河和经开区安乐小流域综合治理,完成投资3 600万元。

【工程管理】 水库安全管理进一步规范,全面落实水库"四个责任人",对全市5座中型水库、64座小型水库及时调整更新责任人名单,并向社会公布。全市小水库地方政府一般债累计投入达1 065万元,编制完成小水库管理工作五年计划。铜山区开展全国小型水库深化管理体制改革示范区建设,小型水库精细化工程创建率100%。继2021年丰县华山闸高分通过国家级水管单位验收以来,全市创建数量出现新高,2022年市管郑集站、铜山区崔贺庄水库积极开展省级精细化管理一级工程创建,为争创国家级水管单位打下基础。市直安全监测实现全覆盖,积极争取市级专项资金,市管水闸泵站全面布设垂直位移、扬压力、河道断面等观测基点、标点,规范开展运行观测,为准确掌握工程状态和运行情况,及时发现工程隐患提供重要技术保障。全市水闸资料汇编完成,2022年对全市120座中型以上涵闸资料汇编成册,将对全市水闸的规划、设计、施工和管理起到重要的指导参考作用。

【防汛防旱】

1. 雨水情。2022年全市平均降雨量773.6毫米,较多年平均降雨量838.6毫米偏少8%,但降雨时空分布极为不均。一是阶段降雨偏少,湖库水位偏低。4月至6月中旬,全市平均降雨仅16.4毫米,较常年同期偏少91%。据气象部门监测,自5月10日至6月20日,全市普遍处于特旱气象干旱等级,下级湖最低降至橙色生态预警水位31.2米,低于死水位0.3米。受8、9月降雨偏少和气温偏高影响,全市达到中度气象干旱等级,加之沂沭泗上游长期无来水,骆马湖水位最低21.17米。二是汛期降雨前多后少,局部降雨超历史。6月下旬至7月底,先后遭遇4轮较强降雨过程,全市平均降雨512.5毫米,接近常年汛期总降雨量(568.7毫米),特别是湖西地区沛城闸同期雨量735毫米,为该站1960年建站以来最大。8、9月全市平均降雨96.8毫米,仅为常年同期41%,导致汛后湖库蓄水偏差,总蓄水量较近10年同期均值偏少三成。三是主城区遭遇短时强降雨。7月30日凌晨,徐州市主城区及周边遭遇强对流天气,突发强降雨,强降雨主要集中在凌晨2~7时,100毫米以上笼罩面积373.9平方千米,基本覆盖整个主城区,200毫米以上笼罩面积约35平方千米,集中在主城区中心位置。最大点雨量229.6毫米,最大1小时雨强66毫米,最大3小时雨强160毫米(仅次于1997年"7·17"暴雨,列历史第二位)。四是中运河较大流量长时间行洪。受南四湖泄洪和本地降雨共同影响,中运河运河站7月5日至8月2日长时间行洪,累计行洪48.9亿立方米,其中流量大于2 000立方米每秒共18天,7月24日5时洪峰流量3 100立方米每秒,相应水位24.31米。

2. 防汛工作。面对7月30日凌晨徐州主城区遭遇的突发强降雨,徐州市迅速启动主城区防汛应急预案,全力落实各项应急措施,将不利影响降到了最低限度。市防指6时启动主城区防汛Ⅲ级应急响应,并于6时30分提升应急响应至Ⅱ级,提醒群众"非必要,不出行",各级防汛责任人迅速到岗到位,通力抓好各项措施落实,全力做好防汛排涝工作。本次降雨远超徐州市区排水管网现状排水能力,市区主干道路出现明显积水点45处。各级出动应急抢排人员2 500余人,各类防汛、抢险车辆60辆,在全市范围统筹调度各类排水泵车30辆,架设临时排涝泵200余个,全力加快积水排除。公安、交通运输部门迅速部署交通管控,累计投入警力800人次,设立固定岗35个,巡逻岗40个,对中山北路、下淀等5处下穿地道落实交通管控措施。消防救援部门出动76辆消防车、456名指战员,处置排涝险情35起;社会救援队伍出动98人次,协助转移被困群众、救援抛锚车辆20余辆。市水务部门先后下达调度指令50余条,提前预降故黄河、奎河、三八河等主要河道水位0.2~1米左右,累计腾出约98.4万立方米调蓄空间。适时关闭云龙湖泄洪闸,拦蓄市区西南山丘区洪水260万立方米,及时开启主要河道沿线闸门56座,启用市区7座主要排涝泵站全力开机抽排涝水202万立方米。市防办及应急、气象等部门通过电视、广播、微信公众号等融媒体渠道及时向社会发布暴雨红色预警和安全提醒,共计覆盖1 013万人次;应急短信全网发布降雨出行安全提醒,覆盖全市用户950余万人;启动云龙、泉山、鼓楼、铜山、贾汪区的暴雨天气用电安全精准提醒,覆盖省内短信用户427万人次、省外短信用户81万人次。

3. 用水保障。进入4月后,随着气温回升,加之本地及上游降雨偏少,湖库水位下降明显,5月11日,市防指即布置抗旱保丰收工作,督促各地强化抗旱责任,克服靠天等雨思想,抓好抗旱措施落实。同时,根据汛后湖库蓄水偏少,特别是骆马湖蓄水严重偏少实际,及时报请省水利厅组织实施江水北调,自10月12日开启皂河站向骆马湖补水,至12月底累计向骆马湖补水4.14亿立方米,抬高骆马湖水位1.2米,保障了徐州市冬春季节用水安全,并为2023年用水奠定良好基础。

【水政执法】

1. 专项执法行动。4月,开展全市防汛保安和水文监测环境及设施保护专项执法行动,全市各级水政监察机构日间巡查2 750次,夜间巡查814次,累计出动执法人员13 970人次,执法车辆3 782车次,船只761艘次,共查处310起案件。8月,在全市范围内开展了为期5个月的地下水专项执法行动,共查办案件228起,罚款31.2万元,有力维护了良好的水事秩序。

2. "执法办案"竞赛。4月全省水行政执法办案竞赛以来,徐州市迅速行动,精心组织,严密实施,依法办案,在全市水政监察队伍中掀起勇于执法、敢于办案热潮。结合"供水排水""防汛保安""地下水登记造册"等专项行动,比查处违法行为数量,赛案件办理质量,晒每季度动态排名,徐州市成绩排名全省第三。

3. 水政执法队伍建设。将10支直属大队优化为7支,重新整合配置执法力量,推进行政执法权限和力量向基层延伸,将点多面广、基层管理迫切需要且能有效承接的执法权限赋予直属大队。推动人财物等向一线倾斜,保障大队有足够的资源履行执法职责;多渠道完善各县(市)区大队执法装备,实现省、市、县三级执法网络全覆盖、信息云共享。建立健全行政执法"三项制度"落实机制,继续推进行政裁量权基准制度,坚持处罚与教育相结合,促进水行政执法更加精准、柔性。2022年度,徐州市水政监察支队获"徐州市模范职工之家""徐州市文明单位"等荣誉称号。

【水利科技】 2022年组织申报了11项省水利科技项目、4项市科研计划项目,获得省厅批复1项、市科技局批复2项;先后组织开展了2022年全国科技活动周、全民国家安全教育日、防灾减灾宣传、全国科普日、国际减灾日等一系列科普宣传活动,被国家、省、市科协表彰为"全国科普日活动优秀组织单位";先后组织专家团队深入荆马河污水处理厂、三八河污水处理厂等10余家企业,召开技术交流会,助力企业高质量发展;组织召开了"侧流污泥减量化技术交流会、施工顶管技术座谈会、防洪排涝新技术交流会、城乡智慧供水技术研讨会"等技术交流会,加强了"产学研用"合作交流,推进了新技术应用。

【党建工作】 共组织党委理论学习中心组开展专题研讨学习会13次,深入学习了习近平总书记系列重要讲话精神等51项专题内容,中心组成员撰写学习体会21篇。通过扩大学习会的形式带动局属党组织书记、党员代表、青年学习的"1+N"联学形式,创新开展跨层级联学,实现了中心组学习与党员集中学习互动。订购发放《习近平谈治国理政》第四卷、《二十大党章修正案学习问答》等必读书目500余册,组织领导班子成员为局属单位负责同志和机关全体党员上专题党课14次,累计受教育近千人次。开展优秀"微党课"征集、"学习强国"学习标兵评选表彰、二十大专题知识竞赛等活动,激励全局党员干部职工深入学习党的二十大精神,在全局营造奋进新征程、建功新时代的浓厚氛围。

组织召开2021年度基层党组织书记述职评议考核会、全市水务系统全面从严治党暨党风廉政建设工作会议,印发《2022年徐州市水务局党的建设工作要点》《徐州市水务局党委、机关党委和基层党组织抓党建责任清单》《局党委班子及成员、机关党支部、局属单位党组织全面从严治党三级清单》《2022年度党风廉政建设工作要点》,强力推进党建及党风廉政建设工作有序落实。印发《关于深化水务模范机关建设的实施方案》,向市级机关工委申报水资源管理处为模范机关建设先进单位,印发《徐州市水务局推动党史学习教育常态化长效化实施方案》,以制度化的形式,推动党史学习教育常态化长效化。积极落实"到社区报到 为群众服务"志愿服务活动,机关党员报到率达到100%,参与社区疫情防控、供排水政策宣传等各类服务活动150余人次。制定《徐州市水务局作风建设督查工作实施方案》,细化3大类17项检查内容,创新"六个一"作风建设工作法,以"四不两直"方式深入基层单位检查30余家次,电话抽查局属单位值班在位在岗情况100余家次。紧抓意识形态领域工作,全面落实意识形态工作责任制,制定年度工作方案,专题学习市委意识形态责任清单和情况通报2次。举办意形态专题大讲堂，编印《意识形态工作应知应会100条》口袋书700余册发送全局，每月调度汇总基层党组织工作情况，不断筑牢夯实基层意识形态"根据地"。

【宣传教育】 2022年发现、归并、处置各类涉水舆情信息40条，处理政府12345、水务热线等平台各类工单2 474条，工单综合办结率100%、满意率达99%。在《人民日报》《新华日报》、江苏卫视、学习强国平台等中央级和省部级以上新闻媒体发表宣传稿件16篇，在市级以上媒体开展宣传267篇（次），水务网站、微信公众号发布各类涉水信息2 102条。强化水情教育，出台《徐州市水情教育基地管理办法》，择优推荐徐州市贾汪区潘安湖水情教育基地参选省级水情教育基地，并配合省水利厅做好徐州市"十四五"水情教育规划相关工作。大力做好干部职工能力提升培训，制定印发2022年能力提升培训计划，举办13期培训班，培训人数806人次。

常州市

【工作概述】 2022年，常州市全面落实中央"疫情要防住、经济要稳住、发展要安全"的重大要求，以完善水利基础设施网络为重点，以落实最严格水资源管理制度和水生态文明建设为抓手，以深化改革和依法治水为保障，全面加快重大工程建设，奋力推进各项工作举措落实，年初制定的目标任务全面完成，全市水安全综合保障能力明显提升，有效支撑了经济社会发展，推动了"强富美高"新常州建设进程。

【水利建设】 全年全社会完成水利建设投入47.8亿元，又创新高。面上农村水利疏浚农村河道200万立方米，建设国家水土保持项目1处，省级生态清洁小流域3处。流域重点工程新孟河加紧扫尾，新北区段涉铁节点建设全力推进。北河治理、老桃花港江边枢纽水下主体工程基本完成。滆湖水源地70万方生态试点清淤、滆湖生态修复工程高新片、嘉泽片区还湖年度建设任务全部完成。2022年列入常州市"532"战略、"民生实事"水利项目完成投资9.78亿元，涉及3个大类、16项子项，均达目标值。武进永安河工程获评省优质工程，并通过国家级大禹奖的现场复核。美丽移民乡村建设深入推进。2022年争取中央资金8 990余万元，推进实施水库移民后扶项目22个，数量、规模创历年之最，并代表江苏参加水利部组织的绩效评价。共有7个水利建设工地获"江苏省水利工程文明工地"称号，历年最多。

【河湖长制】

1. 深化河长巡河履职。修订印发《常州市河湖长履职办法》《常州市河长制市级会议制度》，及时调整充实河湖长。全市1 879位四级河湖长开展巡河履职92 257次。创新推出"红黑榜"制度，开展无人机巡查河湖，通报整改黑榜河道28条。

2. 优化流程标准。采取河长令、交办单、工作联系单等形式，推动"清四乱"难点问题、妨碍行洪突出问题整改。各级河湖长交办1 491项，完成1 479项。对367条重点河湖及其支流支浜组织监测评价，编制报告。

3. 加强督查问效。市委市政府将河湖长制（幸福河湖）督查纳入年度督查计划，组成7个督查组，对各地河湖长制工作进行专项督查，印发督查通报。加强河长履职和幸福河湖宣传，开展"常州青少年爱河护河主题教育"，扩大社会影响力。企业河长余克荣获全国"十大最美河湖卫士"和江苏省"最美民间河长"称号，市水利局河湖长制综合协调处获市委、市政府"常州市推动高质量发展（绿色生态）先进集体"。

【河湖管理】 幸福河湖建设和小微水体

治理列入2022年度市政府十件民生实事（生态创优工程），以幸福河湖建设为抓手，贯彻坚持优中选优的原则，制定《常州市幸福河湖管护样板评选办法》，在已创建成功的幸福河湖范围内评选10条管护示范河湖，每条再奖励10万元。出台《常州市河长制主题公园评价办法（试行）》，对符合市级创建标准的主题公园一次性奖补。印发《常州市农村生态河道建设与考核评价办法（试行）》，加强市域农村生态河道分档奖补，打造标杆示范，建成幸福河湖建设202条，建设各类河长制主题公园15个。完成32条示范幸福河湖、21个幸福小微水体示范片区（村、社区）建设；整治问题小微水体1 055个。老大运河（天宁段）成功创建成为省级示范幸福河湖。国考断面优Ⅲ比例同比上升5个百分点，达80%，省考断面优Ⅲ比例同比上升2个百分点，达92.2%。

【水资源管理】 推动水资源刚性约束机制建设，联合市发改委印发"十四五"用水总量和强度控制目标，用水总量控制在31亿立方米（地下水为200万立方米）。发布了3条河道，5个水库生态水位。完成4条河道的水量分配方案、5条河道的水量调度方案、年度用水计划和由省厅发布5处重点河湖的水量分解。批复省级开发区水资源论证区域评估报告2个，初审1个。组织水权交易3单。取水工程（设施）全面实现"三规范、二精准、一清晰"管理，验收211家。修订《常州市农业、林牧渔业、工业、生活和服务业用水定额》，内容涵盖173个行业中类、309个行业小类、581项产品。推进监测计量规范化管理。规上非农取水户在线监测全覆盖。强化地下水取用水管理。《常州市地下水保护利用规划（2020—2030年）》报省厅技术审查。开展全市地下水取水工程登记造册，规范延续18个取水许可证，注销3个取水许可证，对发现的埋深下降变化较大的点位，及时开展排查和整治工作，封填取水井14眼，立案11起。

2022年全市超采区代表站点平均埋深22.48米，比去年上升1.61米。节水减排力度不断加大。坚持节水与农业增效相结合，推进小型灌区标准化规范化建设，建成节水型灌区4家。启动畜禽节水型养殖和渔业节水减排生态养殖方式试点。坚持节水与工业减排相促进，推进工业节水型载体建设。完成省、市两级节水型企业创建49家（省下达任务12家）。坚持节水与城镇节水相促进，完成公共机构节水载体创建28家（省下达任务12家）；江苏城乡建设职业学院建成国家级节水型高校，完成芳茂山高速公路服务区省级高速公路服务区建设；新北区、钟楼区通过国家级达标县建设行政验收，实现国家级达标县建设全覆盖；创新开展高标准节水型乡镇建设，湟里镇率先完成试点建设。

【农村水利】 着力推动省级水土保持区域评估先行示范区建设。常州市政府推进政府职能转变和"放管服"改革协调小组办公室将"深化水土保持区域评估"相关内容写入《常州市打造高效规范便利的一流政务环境实施方案（2022—2024年）》。与市商务局、市政务办联合印发《关于加快推进水土保持区域评估工作的通知》（常水农〔2022〕21号），明确了建设方案和管理实施细则（试行），出台了评估报告编制技术要点和监测技术要点。完成常州经济开发区市级扩展区核心片区等5个区域水土保持区域评估报告审批，做法经验被省水利厅专门发文全省推广。生产建设项目水土保持行政许可报批率从2021年的32%提升至90%以上。2022年全市审批生产建设项目水土保持方案526个，验收备案197个，水土保持费收缴约2 600万元。水土保持目标完成情况考核位于全省前列。2个国家水土保持重点工程按期完成建设和验收；4个生态清洁小流域通过省级达标创建；溧阳市被认定为国家水土保持示范县。常州市水利局获得"全国水土保持先进集体"表彰。

【防汛防旱】 扛起防汛主责天职，面对2022年长历时、大范围严重气象干旱，以及路径不确定、超历史强度的台风"梅花"，围绕确保人民群众生命安全这个根本，快速反应，发挥水利工程体系完备、可控可调的功能优势，科学调度，夺取抗旱防台全面胜利。水资源保供调度刷新纪录，8月5日至12月17日，沿江泵站累计运行10 546台时，累计引水6.8亿立方米。配合新孟河实施抗旱调水试运行，至12月16日，界牌枢纽提引江水约4.1亿立方米，抬高沿线河网水位2~9厘米，干流水质稳定维持Ⅱ类。其间初步建立新孟河、新沟河联合调度机制。针对农业灌溉用水量增加的情况，8~10月投入翻水泵站1 863座，架设临时机组890台，翻水1.7亿立方米，水库农灌补水3 922万立方米，确保96万亩的农田灌溉需水。首次争取中央农业生产和水利救灾资金2 500万元，用于全市抗旱项目建设，实施抗旱水源应急工程26个，溧阳市沙河水库补水入库工程于2022年12月8日10时启动实施补水调度，日均补水入库约15万立方米，保障了城乡居民生活用水。

【工程管理】 落实水库"四个责任人"，开展工程安全鉴定和监测工作。河湖顶层设计逐步完善。市本级18条河道保护规划方案由市政府批准发布实施，并获得常州市2022年度市级优秀国土空间规划评选专项研究组3等奖。组织系统职工和全市参建单位参加部、省竞赛，获水利部"安全生产网络知识竞赛"江苏省设区市第3名，省水利厅"隐患大家查"活动单位组织奖。开展危险源辨识和风险评价工作，安全风险管控指标排名提升至全省第三。完成6家施工单位、1家防汛物资仓库三级安全生产标准化评审工作。推进水利工程精细化管理。大溪水库成为江苏省首家国家级水利标准化管理工程。2022年争取中央级资金600万元，省级资金1 363万元，落实市级专项4 800万元，用于水利工程维修养护及河湖巡查管理。2022年市本级办理占用行政许可20项，覆盖了桥梁、清淤、电力线路等方面。所有涉河项目建档立卡，做到开工核验、施工管理、工程验收等全程监督管理。完成"长江干流岸线违规利用项目清理整治""沿江自然岸线率偏低"中央生态环境保护督察行问题回头看。创新探索水上运动及其配套设施临时许可流程。启动水域监测评估工作，开展水域面积变化核查工作。河湖生态修复初见成效。武进区滆湖高新区片区和嘉泽镇片区近岸带水生态修复工程完成先导段工程，溧阳市长荡湖龙政线保护范围以南的退圩还湖主体工程进场施工。金坛区成为全省第二批省级水域保护试点。

【水政执法】 水利立法工作进展顺利。修订后的《常州市水文管理办法》正式颁发，《常州市河道管理条例》正式进入立法程序。印发法治水利建设、普法依法治理年度工作要点。加强行政执法指导工作，编制31项处罚事项执法指引（水利事项）。出台《常州市水利局公职律师管理办法》，发挥法律顾问作用，就执法案件、合同审核等法律事务咨询会商26次。推进"放管服"改革，全年受理并办结行政许可申请54件，承诺时限内办结率达100%，承诺办理时限压缩度91.08%。推进"互联网+监管""双随机、一公开"工作，在市委编办组织的权力清单运行情况评估中得分位居前列。加强水行政执法。全年开展防汛保安执法巡查3 177次，采砂巡查603次；全市立案27件，结案率86.2%。针对钟楼区邹区（Ⅱ）国家监测井地下水位埋深线下降问题，开展为期三个月的摸查，排查邹区、北港镇企业45家，填封13眼井。全面落实旧案"清零"，中央环保督察核查3件案件实现闭环。市级查处2个积案，年内实现结案，省厅督办案件1件，已申请法院强制执行。对水资源专项执法行动中，根据市依法办出台的"免罚清单"事项，对8家企业作出不予行政处罚的决定,同时加强批评教育,指导、帮助企业依法依规经营。

【水利科技】 完成《常州数字水利三年行动计划及水利数字孪生系统建设实施方案》,对接市"一网通管"平台,构建1个统一数据仓、1个统一门户、6大核心业务应用和1套管理机制。制订《2022年常州市水利局网络安全工作责任制实施办法》,常态化开展水利信息化项目建设和运行维护。完成常州市智慧水利水土保持监管平台等3个项目的建设验收,数字孪生滆湖项目成功入选水利部数字孪生流域先试先行项目——江苏太湖地区典型水网工程。完成常州市水利信息综合服务平台、河(湖)长制信息管理与服务平台等8个系统改造。联合扬州大学制订印发《常州市农村生态河道建设技术指南》,从技术层面,对农村河道农村生态河道建设的设计与实施提出指导性意见。强化适用技术推广。澡港水利枢纽"水上ETC"船舶快速过闸系统建设经过风险评估投入试运行。市管河道全面引入无人保洁船、电动打捞船、水面垃圾拦截装置联合作业,一年试运行,节省人力成本50%,打捞拦截率增长80%。

【党建工作】 实施基层党组织标准化、规范化建设,完成常州市"特色支部"创建1家,建成党建重点书记项目"节水红盟"。创新开展"清源悦读·水利新声代"读书分享、"礼赞新时代 奋进新征程"青年讲堂等各类活动,强化理论学习。落实全面从严治党暨党风廉政建设工作月报和重大事项备案制度,首次制作完成局系统科级以下在编人员廉政档案221份;编写《市水利局内部采购监督工作手册(试行)》,强化监督管理。充分发挥党建引领群团工作效能,持续推进群团组织建设。2022年,先后组织100余人382人次参加多地疫情防控志愿服务,344人次就地参与社区志愿服务。首次联合红十字会和中心血站开展水利专场集中"三献"活动,5名同志申请加入中华骨髓库;1名同志成功配型并于11月23日捐献造血干细胞。局机关和局属3家单位获"2019—2021年度常州市文明单位"称号;城防处获"2019—2021年度江苏省文明单位"称号;水利工程建设质量管理技能竞赛首次入围市总工会年度一级竞赛工种。

【宣传教育】 广泛开展"最美河长"选树宣传,武进区成立常州首支"桑榆河长""青企河长"队伍,进一步凝聚治水合力。突出品牌效应,打造常州市"生命之水"水情宣教品牌,连续15年开展"生命之水"主题教育活动,组织市级"生命之水"主题教育示范园区建设;开展"水韵江苏"节水少年行活动,把《公民节约用水行为规范》宣贯纳入"乡规民约";在"世界水日""中国水周"等关键节点,开展"小水滴旅行记""城市会客厅——节水专场"直播等节水宣传活动。强化水情教育载体建设。在各辖市、区水利局和协办单位共同推荐基础上,经专家考核、综合评议产生溧阳沙河展览馆、金坛愚池湾等首批7家市级水情教育基地,溧阳沙河展览馆水情教育基地创建待省级验收。启动1个国家级和2个省级水利风景区创建工作,武进滆湖国家级水利风景区通过水利部考察评价,成为常州第6家国家级水利风景区。新北区滨江毗陵潮、武进区淹城水利风景区于12月9日通过省级验收。常州"平桥坝起,天目放歌"(常州专线)和"明珠太湖,未来之约"(苏锡常联合线)两条线路获评"江苏省水利风景区精品线路"。

苏州市

【工作概述】 苏州市一体推进水安全保障、水生态改善、水资源保护、水文化弘扬等工作。吴淞江整治(江苏段)工程开工建设,以"三横两纵"(三横:望虞河、吴淞江、太浦河,两纵:京杭大运河、张家港河)骨干水系为主动脉的水网工程加快推进,成功抗御台风"梅花",有效应对高温干旱和长江咸潮影响,推进清水互联互通、引水上山工程建设,实现确保饮用水安全、确保不发生大面积湖泛、确保城区不发生蓝藻集聚"三个确保"。

【水利水务建设】 全市全社会水利水务投资计划为67.48亿元,实际完成全社会水利水务投资67.49亿元。全市纳入省水利重点工程建设计划20.19亿元,实际完成投资20.26亿元。大运河苏州段堤防加固工程全部完工,长江干流江苏段崩岸应急治理工程苏州市境内工程完工并通过验收投入使用,徐六泾江边枢纽通过机组启动验收,北福山塘治理、元和塘(相城段)治理工程完工,吴淞江整治(江苏段)工程及徐六泾整治、大德塘整治等中小河流项目工程开工建设,太浦河后续、浏河江边枢纽等工程开展前期工作。全市新建供水管道205千米,改造供水管道175千米;新、改(扩)建污水处理厂7座,完成1 100千米污水管道建设和321个自然村生活污水治理,建成163个污水处理提质增效达标区和1个尾水生态净化湿地。加强建设管理,推进水利工程建设从业单位履约考核和信用管理,开展安全生产三年专项整治,推进安全生产标准化建设,加大项目稽察力度,狠抓安全文明施工。强化工程质量管理,推进水利工程建设质量提升行动、水利工程建设"十四五"(2021—2025年)质量提升行动,开展71个在建项目"四个一"专项整治(清退一批不合格原材料,责令一个不达标工程返工,停工整改一个不合格项目,约谈一家不履职的监理单位),整改质量安全问题4 653条。昆山市城镇污水提升工程通过2021—2022年度中国水利工程优质(大禹)奖现场复核,水体"消劣争优"及生态美丽河湖建设项目获评2022年度"苏州十大民心工程"。

【河湖长制】 苏州市纵深推进河(湖)长制改革,巩固"党政领导,一级抓一级;河长主导,层层抓落实;社会引导,全民共参与"工作体系,落实"认河、巡河、治河、护河"工作思路,市委、市政府主要领导签发"构建现代水网、建设幸福河湖"2022年1号"总河长令",对水安全、水生态、水资源、水文化建设作出明确部署。18位市级河湖长带头巡河51次,完成市级"一事一办"清单282项,5 500名河(湖)长累计巡河超过18万次,推动解决问题3.5万项。建立太湖流域(苏州)水行政执法与检察公益诉讼协作机制,协同开展公益诉讼43起,累计涉案金额6 140余万元;建立河湖长履职定期评价机制,常态化开展履职督察,发布履职"红黑榜",评选"最美基层河长""最美民间河长"各15名。在全省率先开展"消劣争优"行动,累计治理857条城乡劣Ⅴ类河道,城市建成区基本实现消除劣Ⅴ类水体,累计建成幸福河湖1 690条;水体"消劣争优"及生态美丽河湖建设项目获评2022年度"苏州十大民心工程"。联合河长制工作经验入选《解码中国之治——贯彻新发展理念实践案例精选》《全面推行河长制湖长制典型案例汇编》,河(湖)长制工作连续4年获省政府督查激励。

【河湖管理】 系统开展生态河湖建设。深入推进"消劣争优",年内完成486条劣Ⅴ类水体整治。实施城区污水处理"厂网一体化"改革,推动污水治理提质增效,新增生活污水处理规模24.65万吨/日。推进工业污水处理设施建设,新增工业废水处理能力5万吨/日。推进505个长江排污口、2 746个太湖排污口整治,启动太湖、阳澄湖、淀山湖等重点湖泊综合治理,加强总磷污染控制。强化农业面源治理,完成高标准池塘改造30.66万亩,推进化肥农药使用减量增效。持续实施长江禁捕专项行动,非法捕捞案件查处率和移送率均达100%。强化集约利用,加快沿江产业绿色转型,推动制造业"智改数转",累计关停低端低效产能企业1 600家,排查整治"散乱污"企业3 427家。开展区域再生水循环利用,万元GDP用水量较2020年下降7.6%。严格岸线管控,完成7 304千米河湖管理范围线划定。开展碍洪问题专项整治,恢复河道水域面积3.38万平方米。建设幸福河湖,依托"一轴、两带、六廊、三群、五网"格局,提速幸福河湖的集中连片建设,年内建成630条幸福河湖。积极探索生态产品价值实现新路径,推进太湖"山水林田湖草"一体化治理,加快生态岛环湖湿地带建设,构建太湖水源地"水下森林",全市自然湿地保护率超70%。完成淀山湖环湖生态治理项目,元荡岸线实现全线贯通,水乡客厅建设持续加速。深化基层跨界河湖治理,开展镇村级跨界河湖协同共治行动36个。强化上下游协作,加大水葫芦打捞力度,连续4年为"进博会"成功举办提供坚实水环境保障。聚焦G60科创走廊、"环太湖科创圈""吴淞江科创带"滨水绿廊建设,传承塘浦圩田和桑基鱼塘文脉精髓,打造澄湖地区、环长漾片区等鱼米之乡样板区。国考、省考断面水质优Ⅲ比例分别达到86.7%和92.5%,13个饮用水源地水质稳定达标,太湖实现连续15年安全度夏,太湖苏州片区水质达"十三五"以来最好水平。

【水资源管理】 强化最严格水资源管理,市政府印发《苏州市水资源综合规划(2021—2035)》,统筹平衡分配省用水总量指标,分解下达"十四五"用水总量和强度控制目标、2022年度最严格水资源管理目标任务。制定《苏州市太湖流域水量分配方案(试行)》,完成8条跨县骨干河湖水量分配,推进吴江区水资源刚性约束"四定"试点工作和张家港市、太仓市、昆山市、相城区、虎丘区省级以上开发区水资源论证区域评估,完成太仓市1例水权交易。严格取水许可,压减取水许可1.96亿立方米,制定《苏州市取水口监测计量体系管理效能提升行动方案》,开展取用水管理专项整治行动"回头看",巩固19个国家重点取水口规范化建设成果,完成971个取水工程规范化建设。实施国家节水行动,发布《苏州市城市节约用水规划(2035)》《苏州市城市非常规水资源利用规划(2035)》,修订《苏州市建设项目节约用水管理办法》《苏州市计划用水管理办法》《苏州市水平衡测试管理办法》,出台《苏州市工业节水三年行动计划》《苏州市推进污水资源化利用的实施方案》,完成1 157家用水单位"节水专员"培训,评定各类省、市级节水型载体190个,其中省级载体143个,市级载体47个;完成第一批宾馆行业节水载体的创建,命名苏州市节水减排示范宾馆1家,苏州市节水型宾馆9家。累计完成30家高校对标达标工作,覆盖率96.8%;实施合同节水管理项目5个,其中高校合同节水管理项目1个。"昆山开发区光电产业园"成功申报第二批省级节水型工业园区,"常熟都市生态农业产业园""太仓市城厢镇现代水稻循环经济转型升级示范园区"建成苏州市第二批节水型农业园区,培育指导张家港锦丰服务区申报省级节水型高速公路服务区。加强水资源保护,优化调整阳澄湖取水口,完成13个饮用水水源地安全保障年度评估,以及第一批10个水源地39路视频监控接入省水利厅信息系统。完成47个骨干河道、省名录湖泊健康评价。系统开展蓝藻防控,印发《2022年苏州市水务局太湖、阳澄湖安全度夏工作方案》,开展"空、天、地"立体监测,全年打捞蓝藻5.3万吨,藻泥综合利用率100%。

【农村水利】 全市完成农村水利建设投资10.62亿元。加高加固圩堤52.6千米,更新改造圩区"三闸"(防洪闸、分级闸、套闸)127座,建设排涝站43座,挡墙61.6千米。轮浚各级农村河道1 157条774千米,完成河道土方918万立方米;拆除坝埂44处、建桥涵40座。建设农村生态河道292条346.7千米;创建县乡级生态河道131条319千米,其中纳入省政府民生实事工程36条127千米，县乡级生态河道覆盖率达到54.28%；常熟市杨塘、昆山市红星2个小流域成功创建省级生态小流域。开展生产建设项目水土保持事前事中事后全流程监管，完成生产建设项目水土保持方案许可1 289个，事中事后监管1 294个项目次，验收报备766个项目，现场验收核查111个，2020—2021年881个部、省图斑全部销号，2022年基本完成746个部、省图斑核查，减免水土保持补偿费911万元。吴江区成功申报国家水土保持示范县，国网江苏省电力有限公司苏州南部500 kV电网加强工程成功申报国家水土保持示范项目。

【工程管理】 强化设施运行安全，完成水利部淮委安全运行专项监督检查涉苏州市4个闸12个问题整改，以及35座水闸泵站安全鉴定工作；开展全市29座水闸安全运行抽查。加强水利工程精细化管理，福山闸、浒浦闸、金泾闸、白茆闸、浏河闸、七浦闸、新荡茜节制闸、胥口枢纽节制闸、阳澄湖枢纽东地涵、七浦塘工程江边枢纽泵站、西塘河枢纽裴家圩泵站、中西湖枢纽周家浜泵站、七浦塘堤防、西塘河堤防、中西湖连通工程堤防、苏州高新区太湖堤防、常熟市长江堤防、太仓市长江堤防等18项工程被评定为省首批精细化管理一级工程，占全省首批认定的13%；完成望虞河常熟段堤防、苏州市河道管理处东风新枢纽、南庄枢纽、仙人大港枢纽、大龙港枢纽、胥江枢纽等6处水利工程省精细化管理一级工程申报，完成张家港市走马塘江边枢纽水闸工程、四干河江边枢纽、三干河江边枢纽、长江张家港段堤防和苏州市河道管理处澹台湖枢纽、青龙桥枢纽、外塘河枢纽、元和塘枢纽、娄江枢纽等9处水利工程省精细化管理二级工程申报；推进苏州市水利工程管理处、太仓市堤闸管理处、虎丘区堤闸管理所、常熟市长江河道管理处4个国家级水管单位精细化管理，管理任务、工作标准、管理制度、操作流程分别从120项增加到263项、从77项增加188项、从218项增加到374项、从51项增加到185项；截至2022年底，全市建成6个国家级、7个省级水利风景区。2022年，全市大中型水闸累计安全运行6 560小时，引排水量115.79亿立方米，泵站累计运行69 167台时，抽引水量23.74亿立方米。

【防汛防旱】 1. 雨水情。2022年汛期，苏州市降水较常年偏少3成，汛期降水时空分布不均，降水主要集中在9月，较多年平均偏多37.0%，5—8月雨量较多年平均分别偏少78.0%、7.3%、44.2%和68.0%。汛期面平均降水量为455.3毫米，较多年面平均降水量666.3毫米偏少31.7%。2022年，苏州市6月23日入梅，7月8日出梅，梅期15天，较多年平均23天偏短8天，累计面平均梅雨量86.2毫米（17站平均），较多年面平均梅雨量（210.2毫米）偏少59.0%。梅雨期雨量偏少，分布不均匀，梅雨不典型。

汛期，降雨量整体偏少，太湖流域水位整体偏低，太湖平均水位3.21米。2022年9月12日—15日台风"梅花"影响期间，全市河湖水位整体平稳。自7月16日引江济太至汛期结束，望虞河常熟枢纽泵闸联合引水8.66亿立方米，望亭立交累计入湖4.35亿立方米，太湖平均水位保持在3.23米，阳澄湖水位保持在3.24米。

2. 台风。2022年9月，连续经历第11号台风"轩岚诺"和第12号台风"梅花"影响，其中，台风"轩岚诺"对苏州产生较小外围影响，9月2—6日出现阵雨天气，雨量分布东多西少，区域站最大累计雨量117.1毫米（工业园区长阳街吴淞江口）；出现陆地7～8级、水面阵风9级的偏北大风，极大风速21.0米/秒（9级，太仓浏河水源地站）。台风"梅花"于9月12日夜里至15日影响苏州，其中14日下午至15日上午对苏州有较严重风雨影响。"梅花"与2021年"烟花"相似,但对苏州的影响时长、范围、强度均弱于"烟花"。9月12日20时—15日12时,苏州市普降暴雨到大暴雨,最大累计雨量183.9毫米(张家港德积街道),14日8时—15日12时最大累计雨量122.2毫米(吴江盛泽镇),出现陆上阵风8~10级、水面最大阵风11级(31.1米/秒,15日凌晨2:03出现在太仓浏河水源地)。台风"梅花"造成农业受损水稻4818亩,玉米131亩,设施大棚1221亩,养殖池塘25亩,果树园艺180亩;受损供电线路55条;出现了2处超过15厘米的积水,其余短时积水均在处置后迅速排除。

3. 抗旱。2022年7至8月,全市持续高温少雨,降水量总体偏少近七成;8月26日太湖最低水位3.04米,8月平均水位3.11米、较多年平均低0.37米。全市出现中旱等级气象干旱,7个乡镇9.4万亩山地茶果林有5个乡镇4.85万亩受灾,其中金庭镇受灾严重1.09万亩,光福镇受灾严重2220亩。苏州市水务部门制定"全力引水、节约用水、强化监测、保障供水,精准施策、服务民生"抗旱保供措施,与应急、农业农村、消防、气象等部门和吴中区通力合作,落实"就近抽水、科学保水、精准灌溉、合理配水"等应急引水上山措施,全力保障吴中区山区农业用水需求和全市生活生产生态用水需求。

4. 咸潮保供。2022年夏季以来,长江上游来水减少近70%,9月上旬起遭受咸潮影响。苏州市水务部门制定"抢、调、抽、联、降"五种措施,抢抓小潮窗口期及时从长江向浪港、浏河应急水库补水,打通浪港线(望虞河-阳澄湖-七浦塘-浪港)和浏河线(望虞河-阳澄东湖-浏河)两条清水通道加快从内河调水,开挖深井抽水补充应急水库,加快推进互联互通供水,加强监测适时人工降水,全力保障咸潮期间供水安全。

【水政执法】 强化水政执法机制建设,苏州市水务、公安、交通等部门建立苏州市主要干线航道联合巡查机制,成立省市县三级"沿江党建带·水韵江苏护江党建联盟",建立"两书同达"(行政处罚决定书和信用修复告知书)机制。加强水行政执法,印发《关于加强河湖空间管控提升水行政执法工作的通知》,组织水政执法巡查2999次(含打击长江非法采砂巡查),现场制止违法行为173件,清除违章建筑77平方米,清除违章占用75平方米,清除网簖908处,查处各类水事违法案件207件(含综合执法局立案数),罚款293.26万元。加大长江非法采砂打击力度,印发《长江苏州段河道采砂综合整治行动实施方案》,与上海市、无锡市、南通市、泰州市定期开展联合执法行动,组织长江采砂管理执法巡查624次;市政府办公室印发《苏州市长江河道疏浚砂综合利用实施意见的通知》,推进河道疏浚砂综合利用。加强执法能力建设,印发《关于加强水行政执法规范化管理的通知》,开展全市水行政执法案卷评查;组织市、区两级水行政执法业务培训班15期,参与全省水行政执法技能竞赛、水行政执法办案竞赛;梳理各类违法典型案例10篇;培育张家港水政监察大队全省水行政执法"双标建设"示范点。

【水利科技】 推动科技项目提档升级,完成省水利科技项目2项、市科技项目验收2项、市水利科技项目验收6项,获批2022年度省水利科技项目2项、市科技项目1项,立项市水利科技项目12项,获评市自然科学优秀学术论文2篇。加强技术交流,与河海大学苏州研究院签订深化合作协议,加强太湖流域水环境治理、吴淞江工程科技创新、河湖保护和生态恢复、河湖淤污泥资源化利用、桥隧立交和管网检监测加固等方面研究;与坝道工程医院签订共建协议,开展重要工程体检及问题解决、人才培养等方面合作。推进产学研合作,完成与中交集团蓝藻船及水葫芦打捞船研制、高藻期苏州城区水源保障工程建设等项目,推进与国投集团淤泥资源化利用项目。推动数字赋能,推进水务一张图建设,整合河网基础信息、动态监测数据、设施静态数据、险情工情信息,完善数字河道业务应用系统,完成全市21 868条河流、353个重要湖泊的GIS信息录入和防洪大包围数字河道底图;推进数字水务建设,建成"供水报装一件事"系统、水行政许可技术论证中介服务平台,编制完成第一批苏州市水务数据资源目录。"数字孪生苏州中心城区大包围""数字孪生金鸡湖水环境综合治理""数字孪生太仓供排水""淀山湖智慧圩区数字孪生流域建设""数字孪生吴淞江(江苏段)"等项目入选水利部发布数字孪生先行先试任务。

【党建工作】 全面加强党的建设。严格落实民主集中制和三会一课、专题民主生活会等组织生活制度,深入开展党的二十大精神学习,开展局党组理论中心组(扩大)学习会13次,实施"领航、铸魂、强基、融合、清风"五大模范机关创建工程,选优配强10个基层党组织书记,做好10个基层党组织换届和3名党员发展工作,提档升级"善河惠民""供排水先锋""碧水守护"等市级机关优秀党建品牌,抓好"推进'消劣争优'攻坚、促进全域水环境提升"局党组书记项目和12个基层党组织书记项目。开展结对社区扶贫帮困和疫情防控志愿服务,市水务部门累计出动防疫志愿者2 257人次。严格落实党组书记及班子成员党支部工作联系点制度,创新建立每月"书记接待日",局党组书记接访38人次。制定"十要十不要"对照检查制度,印发工作报告、督办、外出线上报备、评审报备等制度,制定机关处室工作规则。认真执行中央八项规定精神,严格公务接待、用车和办公用房管理,召开全市水务系统全面从严治党会议和党风廉政教育学习培训会,系统开展任前廉政谈话、"走馆访廉"警示教育、宪法宣誓、集中观看警示教育专题片、推送廉政漫画信息等廉政教育活动,排查廉政风险岗位208个、风险点254个,制定防范措施780条、绘制重点涉权事项运行流程图73张,印发《关于落实吴淞江(江苏段)整治工程建设管理防范廉政风险的通知》,推进"工程安全、资金安全、干部安全、生产安全"。全年共调整使用干部25人次,其中,职务提拔4人,职级晋升15人,转任公务员2人,轮岗交流4人,女性干部7人;35岁左右中层干部人数同比增长20%,90后科级干部同比增长200%,35岁以下科级干部同比增长66.67%。

【宣传教育】 加快水文化载体建设,提升大运河沿线4座水文站风貌,完成大运河堤防加固零星工程、长浒大桥景观节点工程,打造大运河文化带最精彩段;协同推进太湖水文化馆建设,基本建成苏州水文化公园,白茆闸遗址、谷渎港、浏河节制闸、吴江古纤道、宝带桥、苏南水稻田灌溉遗址、盘门、山塘河等8处水利设施获评首批省级水利遗产;"江岸潮平,心驰天堂"精品线路:张家港环城河(谷渎港)→张家港凤凰→望虞河常熟枢纽→白茆闸→太仓金仓湖线路入选省水利风景区精品线路。加强水情教育,制定十四五水情教育基地创建计划,张家港水资源科普馆申报2022年度省级水情教育基地,望虞河水情教育基地、黄花泾节水教育馆等一批场馆建成投用,实现省级节水教育基地全覆盖。加水文化大宣传力度,打造"党员带你看水务""我的天堂我的水""水讲堂公益讲座""一滴水的旅行"等宣传品牌,连续11年开展"我的天堂我的水"征文活动,开展"'河'颜悦色共绘幸福河湖活动",开设"探苏州幸福河湖 赏江南诗意水乡"纸媒专栏,张家港《"讲好水利故事"水利作家志愿服务》项目获第六届中国青年志愿服务项目大赛金奖。

南通市

【工作概述】 南通市以河长制为统领，全面实施区域治水，加快建设现代水网，全域打造幸福河湖，水旱灾害防御、水资源集约节约利用、水环境治理、水生态修复等同治共赢。区域治水覆盖3 000平方千米，《中国水利》全面介绍南通实施区域治水建设现代水网经验做法。省考以上断面水质优Ⅲ比例达到100%，南通获第六批"国家生态文明建设示范区"命名，南通市水利局被表彰为"江苏省打好污染防治攻坚战先进集体"。焦港幸福河湖建设获批国家试点。南通市河湖长制工作、幸福河湖建设工作受到江苏省人民政府激励通报。数字孪生水网（南通城区）项目被水利部纳入全国"数字孪生流域建设先行先试工作（2022—2023年）"，水利部中期评估为优秀。高分通过国家节水型城市省级复查，在2021年度实行最严格水资源管理制度省级考核中获优秀等次，实现省考"十连优"。成功防御多轮风雨侵袭，有效应对1961年以来长江流域最严重气象干旱。水土保持目标完成情况省级考核"三连优"。新增贯通沿江沿海生态景观带堤顶路170千米。人民群众对治水的获得感幸福感安全感不断提升。

【水利建设】 实施区域治水建设现代水网。南通市委、市政府统一部署区域治水工作，坚持贯彻新时代南通"四化"治水新理念（系统化思维、片区化治理、精准化调度、长效化管护），科学选划23个治理片区，系统实施148项"引、排、连、控"工程，区域治水覆盖面积3 000平方公里以上。完成水利建设投资43.46亿元，比2021年增长11.04%，创历史新高。

1. 省重点工程建设。完成省水利重点工程建设投资5.259 7亿元，其中，中小河流治理项目投资4.735 4亿元，治理长度164千米，海堤达标项目投资5 243万元。如泰运河（如皋西段）、九洋河、三条港、亭石河治理工程等4个中小河流治理项目及启东海堤达标项目全部完工，栟茶运河（如东段）、通启运河（启东段）、通扬运河（海安、如皋段）、团结河（通州段二期）治理工程等5个项目顺利开工，临海引江供水近期工程（丁堡河、江海河接通工程）完成招投标工作。

2. 沿江沿海生态景观带建设。加快推进沿江沿海生态景观带堤顶路提标贯通工程，定期赴工程现场协调指导，及时帮助解决工作推进中的难题，新增沿江沿海生态景观带贯通里程170千米，高水平筑牢一道江海安全屏障。

3. 重点城建水利项目建设。南通市沿江第一座双向引水排涝泵站——海港引河南闸站建成使用，南通市主城区防洪除涝能力达到20年一遇标准。东港闸站投入运行。海港北闸拆建工程完工验收。姚港闸站迁建工程开工建设。洋口外闸枢纽加固改造工程通过竣工验收。

【河湖长制】 6月17日，南通市河湖长制工作、幸福河湖建设工作受到江苏省人民政府真抓实干成效明显激励通报。南通市委书记王晖、市长吴新明双总河长2022年6月20日联合签发《关于持续深化区域治水 全面推进地表水环境质量提升的动员令》，南通市委副书记牵头，成立工作专班，开展地表水环境质量提升专项行动，一体化推进农村区域治水和分散农户生活污水治理、厕所革命等工作，城乡水环境质量显著提升，再建铺港河二期、兴石河、裤子港河等一批"河道公园"，55个省考以上断面、104个市考以上断面地表水优Ⅲ比例均达100%。8月2日，南通市人民政府举行南通市河长制实施五周年暨幸福河湖建设新闻发布会，通报河长制实施五周年"成绩单"。

1. 压实河长责任。市级河长累计巡河71人次,交办具体任务755项。召开河长制工作推进会、总河长会议、党政联席会议、河长办主任会议、专题会议等共计201次。各级河长累计巡河49.9万余人次,解决问题57 325个。

2. 严格考核督查。印发《2022年度南通市河长制重点工作专项考核奖补办法》,市级财政安排3 000万元专项资金。将地表水环境质量提升专项行动纳入南通市委、市政府重点工作督查内容。市、县两级河长办、污染防治攻坚办组织对河长制、水污染防治重点工作开展"月督查、季通报、年考核"。

3. 开展系统治理。印发《南通市农村黑臭河道治理专项行动工作总体方案》,滚动排出治理88条(段)黑臭河道。围绕河道疏浚整治、跨界河道治理、"清四乱"等,累计疏浚等级河道3 374条(段)、村庄河塘15 083条(处)、清理河沟66 012条、打捞水葫芦等水面漂浮物59 000余吨、清除"四乱"2 089处。市县两级共同推进跨界河道治理,整治提升119条跨界河道。

【河湖管理】 南通市省考以上断面水质优Ⅲ比例达到100%,南通获第六批"国家生态文明建设示范区"命名,南通市水利局被表彰为"江苏省打好污染防治攻坚战先进集体"。

1. 幸福河湖建设。制定印发《南通市幸福河湖建设行动计划(2022—2025年)》,全力打造长江、通榆河南通段全省幸福河湖示范样板。将幸福河湖建设纳入河长制重点工作考核。28条(段)骨干河道、60条(段)城市建成区河道、272条(段)农村河道建设成为幸福河道。焦港作为江苏省唯一入选国家级幸福河湖建设试点,获中央财政水利发展资金支持8 506万元。

2. 农村生态河道建设。将农村生态河道建设工作纳入乡村振兴、高质量发展、河长制重点工作等考核范围,建立市、县、镇、村监督考核体系,层层压实工作责任。疏浚整治农村河道3 487条(段)、土方1 068万立方米。建成720千米农村生态河道,超额完成省下达任务,农村生态河道覆盖率达到42.5%。

【水资源管理】 高分通过国家节水型城市复查。实行最严格水资源管理制度省级考核获优秀等次,实现省考"十连优"。严格控制用水总量"红线",加强用水全过程管理,万元GDP用水量下降率超额完成省下达年度任务,较2020年同期下降约16%。落实地下水总量控制指标,削减地下水许可总量10%。积极开展农贸市场经营户违规抽取地下水专项整治,拆除非法取水设备80多台。稳步推进应急备用水源地规范化建设,启东市头兴港汇龙应急水源地率先实现规范化管理。加强取水工程(设施)规范化管理,市区取水工程(设施)规范化管理全覆盖。积极推进水权交易试点。创建9所省级节水型学校、1个省级节水型工业园区和1个省级节水型灌区,创成38所市级节水型学校和5个水利行业节水单位。水利部水资源管理司司长来通调研,对南通水资源管理的成效和做法给予高度评价。

【农村水利】 加快灌区建设与高标准农田建设协同推进,全面实施灌区续建配套与节水改造,提前完成海安红星中型灌区建设任务。九圩港中型灌区等3个灌区获批立项建设,投资总额位居全省前三。持续巩固农业水价综合改革成果,落实《全省农业水价综合改革巩固提升专项行动方案》要求,加强农业用水管理,足额落实改革经费。开展生产建设项目"双提双减、万事好通"专项行动,推深做实普法宣传,牵头推动部门联席审批,联动协作强化监督检查,按时保质推进遥感监管,重点督导服务助企纾困,稳步推进水土保持区域评估,治理水土流失18平方千米,水土保持目标完成情况省级考核"三连优"。建立完善农村水利动态监测排查和长效管护机制，农村河道管护率逐年提高，海安市、海门区、如皋市、启东市获得全省农村河道长效管护第一等次；启东市、如东县获得全省农田水利工程管护优秀等级。

【工程管理】 1. 落实安全生产责任。深入开展水利安全生产大检查和百日攻坚行动，其间下发书面检查意见36份，交办问题隐患111条，全部整改完毕。针对省级重点、市级及主城区水利工程项目开展工程质量监督，做好"双随机"抽查。

2. 强化水利工程日常运行管理。加强隐患排查、安全鉴定、工程观测及设备评级等工作。完成九圩港至营船港段长江水下地形监测、九圩港水利工程、通吕运河水利工程上下游港道水下地形监测、涵闸中心各闸站水下地形和位移监测汛前监测成果验收。

3. 推进水利工程标准化、精细化管理。下达《水利部工程标准化管理评价办法》《江苏省水利工程精细化管理评价办法》等新评价标准。如泰运河接通工程获省优质工程，海港引河南闸站工程获省文明工地。新江海河闸、营船港闸、双桥套闸、掘苴新闸，全部通过江苏省水利厅2022年度第一批省精细化管理一级工程认定。

【防汛防旱】 修订防汛抗旱和防御台风应急预案，印发全市防汛抗旱工作任务清单，认真组织汛前检查，备足防汛物资，严格执行24小时值班和领导带班制度，密切关注雨水情，提前会商研判，及时调度部署。全年成功防御3次台风袭击和19轮强对流天气，有效应对1961年以来长江流域最严重气象干旱。创新"四个一"专项工作法（每一轮重要天气过程开展一次会商、一轮调度、一份通知、一份专报），加强组织指挥。科学调度水利工程，沿江3个大型泵站、5个大中型水闸超负荷运行，引提水量及运行时间均创历史新高。

200余名一线运行管理人员枕戈达旦，24小时轮流值守，各级领导奔赴一线检查指导，实现"防洪保安全、抗旱保供水，无重大险情、无重大灾害损失、无人员伤亡"的目标，实现"大旱之年无大灾"。认真做好汛后总结和水毁修复工作，在江苏省防指召开的长江太湖片防汛抗旱总结座谈会上作交流发言。全面开展水利工程汛后检查，检查梳理安全隐患31处并做好除险加固。

【水政执法】 认真落实"共抓大保护、不搞大开发"要求，长江禁采工作向内河延伸，实施全省首例内河非法采砂行政处罚，长江水域非法采砂"零发生"。联合上海、苏州、泰州水利部门开展7次"两岸四地"清江行动。全市出动执法人员14 568人次，执法车5 246辆次，执法艇383航次，开展夜间行动449次，查处非法采砂（取土）、非法移动案件12起。升级长江堤防精细化管理系统，实现长江禁采、长江岸线实时化、全时段监管，长江干流岸线清理整治成果有力巩固。南通市首艘新型智能化水政执法艇投用，全市水事秩序保持稳定。出台《南通市水利局水事违法行为交接管理制度》《南通市水利系统加强行政执法风险防范工作指导意见》《南通市水政监察支队水行政处罚案件办理制度》等8项行政执法指导性和规范性制度。开展全市水行政执法办案竞赛，编制《全市水行政执法案件办理情况通报》5期。

【水利科技】 数字孪生水网（南通城区）项目被水利部纳入全国"数字孪生流域建设先行先试工作（2022—2023年）"，水利部中期评估为优秀。自主研发的全国产轻量化安全逻辑控制器被列入水利部数字孪生流域建设先行先试优秀应用案例推荐名录。成立数字孪生水网（南通城区）项目建设工作领导小组。通过运用云计算、数字孪生、仿真模拟等现代信息技术，对物理水网进行数字化映射，进一步整合包括防汛抗旱、河长制、水资源管理、工程运行、长江堤防精细化管理、水行政执法、水土保持、安全监管等多个系统在内的数字化平台,初步实现具有预报、预警、预演、预案功能的智慧水利体系,打造具有南通特色的数字孪生水网综合样板。综合运用物联网、大数据等技术,融合水文化,推进水情教育基地建设,积极打造彰显新时代南通治水成就、展现"水美南通"魅力的窗口。

【党建工作】 压实全面从严治党政治责任,形成"第一书记"履职纪实制度。召开13次党组理论学习中心组专题学习会议,深入学习贯彻党的二十大精神、党的十九届历次全会精神,组织学习党的二十大报告、《习近平谈治国理政》第四卷,建设学习型机关。举办学习党的二十大精神宣讲会、贯彻党的十九届六中全会精神宣讲会、"学习新思想喜迎二十大"理论宣讲比赛,南通市委理论宣讲团为全体党员干部作专题辅导。抓好青年干部理论学习,成立青年理论学习小组,大力组织开展分享会、读书会、专题讲座等各类活动。组织开展"水利巾帼建功新时代""建设现代水网 打造幸福河湖""强党建品牌 展先锋作为"等特色机关先锋讲堂5次。按照"四协助、四主抓、四纳入"要求,狠抓意识形态、网络意识形态、网络安全和舆情管控工作,牢牢占领意识形态领域主阵地。成立南通首个江河交界水域守护党建联盟。开展"联学联践"活动,"善水利民"党建品牌获评2022年度南通市级机关融合党建最佳服务品牌,南通市水利局《聚焦民生项目 回应百姓关切——全面实施区域治水加快建设现代水网》获评2022年度南通市级机关融合党建示范书记项目。扎实开展"十聚焦十查摆,从严务实向未来"机关作风提升年活动,大力弘扬新时代南通治水精神,锻造求真务实、为民惠民、躬身力行的优良作风。坚决落实中央八项规定精神,认真组织岗位廉政风险排查防控,抓好南通市委巡察反馈问题整改,涵养风清气正的政治生态。

【宣传教育】 加强与南通日报社、南通广播电视台等主流媒体合作,突出宣传重点,在持续推进河长制、全面实施区域治水加快建设现代水网等方面进行重点宣传。全年在各级媒体发布新闻报道300多条,其中在学习强国、《新华日报》《中国水利报》等重要媒体发布文章13篇,不断扩大南通水利成效和影响。组织信息宣传培训班,定期召开信息员会议,充分利用"南通水利"微信公众号和门户网站,及时反映水利工作的新动态。严格执行信息发布"三审三校"制度,严把政治关、法律关、保密关、文字关,及时、准确、全面公开政府信息,做到内容更新及时,发现问题整改到位,全年未发生负面舆情。运用南通市水利局网站、"南通水利"公众号以及各级主流媒体,广泛开展党的二十大精神宣传贯彻。开展2022年度南通水利十大新闻评选,营造浓厚学习氛围。持续推进"水美于清 人贵于廉"水利廉洁文化品牌建设,建成具有水利特色主题廉洁文化园暨水情教育基地。

连云港市

【工作概述】 2022年,完成各类水利建设投资25.6亿元,其中重点水利工程建设投入6.5亿元。兴庄河治理、武障河闸扩建、玉龙泵站拆建、东盐河河滨公园二期等工程建成发挥效益。石安河治理、青口河治理、柴南河治理、灌西段海堤修复等总投资8亿元的新建工程密集开工。加快推进项目验收,完成烧香支河、新沭河下段疏浚清障、沭新渠应急加固、西盐大浦河清淤工程、东盐河河滨公园一期工程、玉带河闸拆建工程等6项工程的竣工验收。农村水利建设完成投入2.86亿元,完成3个中型灌区续建配套与节水改造项目,创成9个国家级节水型灌区和3个省级生态清洁型小流域,完成农村生态河道建设82条345千米。投资2.16亿元,实施水库移民后扶项目73个,核发水库移民直补资金3.9万人次计2361万元。实施东海县黑埠水库、赣榆区万桥2号水库等水利工程维修养护项目40余项,完成投资0.45亿元。开展水利工程建设质量监督活动136人次,出具质量巡查意见14份。成功应对台风"轩岚诺"和"梅花"带来的风雨影响,调度沿海涵闸抢排强排涝水1.25亿立方米。严格水资源管理,完成22家取水工程规范化建设和8条河库生态水位制定,永久填埋备用井21眼,压减年开采量35.85万立方米。加快节水型社会建设,完成45家省级节水型载体复核,2所国家级节水型高校、17所省级节水型学校的推荐申报。完成幸福河湖建设56条,石梁河水库清水进城工程建成并投入使用,向市区送清水8000万立方米。交办河湖整改"清四乱"问题416项、突出水环境问题120项。办结水行政强制诉讼案件3起。

【水利建设】

1. 重点工程建设。全年完成重点水利工程建设投资6.5亿元,主要实施青口河、兴庄河、柴南河等中小河流工程治理以及石梁河水库生态修复一期等11项重点水利工程。其中,赣榆区兴庄河治理工程建设完成,治理河道22.3千米;新沭河堤顶道路提标工程右堤道路通车运行,左堤道路基本建成。武障河闸扩建工程、东盐河河滨公园二期、玉龙泵站拆建等工程建成发挥效益。石安河治理、青口河治理、柴南河治理、灌西段海堤修复等总投资8亿元的新建工程密集开工。推行全流程电子招投标,全市水利公共资源交易共计117项,成交额11亿元。开展水利工程建设质量监督活动136人次,出具质量巡查意见14份。

2. 规划与前期工作。编制完成全市"十四五"水利发展规划,并获得市政府批复。编制并印发《连云港市沿海地区水利发展三年行动计划(2022—2024年)》,推进城市防洪规划修编工作,完成水文分析专题研究,形成初步成果。启动淮河流域防洪规划修编相关专题研究。启动江苏省中小河流治理总体方案编制,推进石梁河水库调整兴利水位总体方案论证。推进项目前期工作,新沂河提标、新沭河扩大等一批单项投资过10亿元的重大水利工程项目纳入国家和省专项规划,全市储备三年内实施的重点水利基建项目17个,估算投资规模约123亿元。开展青口河、石安河、柴南河、牛墩界圩河、北六塘河、柴米河、烧香河等中小河流治理工程前期工作,开展韩口河闸、燕尾挡潮闸拆建工程、灌云县灌西段海堤护坡修复等省级重点工程前期。推进石梁河水库清水进城、新浦闸迁建、龙尾河水环境提升、凤凰河综合治理、玉带河上游段清淤等市级重点项目前期工作。柴南河治理、青口河治理、石安河治理、灌西段海堤护坡修复、龙尾河水环境提升、凤凰河综合治理、新浦闸迁建等省市重点工程初步设计顺利获得批复。牛墩界圩河治理、燕尾挡潮闸拆建工程可研报告通过技术审查,韩口河闸可研获省发改委批复。

【河湖长制】

1. 河长履职。2022年,3030名市县镇村四级河长履职,其中市级河长巡河90次,县镇村三级河长巡河累计10万次。实施"三色清单"制度,形成闭环动态式督查交办考核工作模式,各级累计交办销号问题400项。

2. 制度机制创新。创新实施流域长制,对河道上下游、左右岸、干支流统筹治理。创新实施"河长+纪委监委""河长+检察长",提供纪律和司法上保障。建立全市河湖综合治理联合会商制度、石梁河水库保护开发联席会议机制、烧香河水环境提升督查机制,整合水利、生态环境、住建、农业农村、交通、公安等部门力量,实行跨行业协同治水。与山东省临沂市建立石梁河水库上下游跨省联防联控机制,开展联合执法,清理越界"三无渔船"和私布网箱。与省内周边淮安、宿迁等市建立42条跨界河湖联合行动机制。

3. 断面水质达标。2022年度,全市国省考断面优Ⅲ比达到93.3%,同比提升6.6个百分点,改善幅度位居全省前列。全市累计新建城镇污水管网287.16千米,累计新建控源截污管网66.8千米,130个老旧小区雨污分流开工建设。全面实施面源污染整治,全年秸秆离田收储总量210万亩,20条市级河流两岸500米范围内秸秆全部整体离田收储。全市直播稻播种面积较上一年度减少13.88万亩,降幅达16%。全市1377个规模畜禽养殖场粪污处理设施装配率100%,粪污资源化利用率达95%。化肥农药施用量较上一年度分别减少2.62万吨和33万吨,降幅达8.4%、5.3%。

4. 治违治乱。推进"清四乱"常态化规范化,共清理市级"四乱"问题416处,完成水利部"四乱"督查问题17处,在全省率先销号突出碍洪点问题20个,全部通过淮委现场核查。深入推进水质污染防治,编制印发《连云港市淮河流域入河(湖)排污口排查整治专项行动工作方案》《2022年连云港市农村生活污水治理工作方案》,全市共确认入河排污口1272个,被列入国家重点监管的14条农村黑臭水体治理完成9条。

【河湖管理】 石梁河水库生态治理。启动石梁河水库幸福河湖建设清水进城行动,实施"生态修复、碧水畅流、道路通达、乡村建设、文旅融合"五大工程50项重点任务。生态修复一期工程完成投入5.64亿元,复绿380万平方米,栽植苗木40万株,恢复河口湿地110万平方米。培育形成新的乡村振兴富民主导产业,每方采砂收益提取10元用于库区乡村振兴建设和水利工程养护,周边村给予504万元直补扶持,新布设高标准养殖网箱1.58万只。合理利用石梁河水库雨洪资源,向市区送清水8000余万立方米。2022年6月3日,成功举办石梁河水库幸福河湖建设清水进城行动启动仪式。江苏省委书记吴政隆2022年5月在连云港调研时指出,石梁河水库综合整治及生态修复是认真贯彻落实习近平生态文明思想、践行"两山"理论的生动体现和鲜明例证。

1. 烧香河治理。市委书记马士光主动担任市区水环境面貌最差的烧香河市级河长,2022年2月,启动烧香河幸福河湖建设,共排定面源污染防治、企业污染治理、生活污水处理、船舶污染防治、支流排口管控等8大类78个重点任务。2022年投入资金3亿元,先后实施凤凰河片区治理、大蒋河整治、畜禽粪污治理等系列工程,完成支流清淤80千米,新建污水收集管网12.9千米,提升污水处理能力1500吨/日,烧香河水环境迅速提升。2022年1—12月,烧香河北闸国考断面有8个月单月水质达Ⅲ类,同比增加7次,高锰酸盐指数、氨氮、总磷、化学需氧量、五日生化需氧量等主要水质指标浓度同比分别下降19.5%、25%、29.4%、20.5%、39.6%。

2. 幸福河湖建设。按照"河安湖晏、水清岸绿、鱼翔浅底、文昌人和"标准,围绕82条骨干河道、167座大中小型水库,全力开展覆盖全域的幸福河湖现代化水网建设。全市累计建成新沭河、通榆河等幸福河湖样板河道56条326千米。建成东海县西双湖、灌南硕项湖、灌云潮河湾、赣榆青口河、海州月牙岛、连云宿城水库、开发区朝阳水库、徐圩香河湖、云台山景区的虎窝水库等一批幸福河湖样板段。

【水资源管理】 最严格水资源管理制度。印发2022年度水资源管理目标和重点任务"一县一单",定期发布《水资源管理工作动态》通报,完成2022年省市最严格水资源管理考核。推进取水工程规范化建设，完成22家取水工程规范化建设，完成5万亩以上灌区部分渠首68处在线监测计量建设。推进灌云县水资源管理规范化示范县建设。

1. 用水总量管理。下达"十四五"用水总量和效率控制指标，开展重点河湖分水，制定印发蔷薇河水量分配及调度方案，下达鲁兰河、沭新渠年度分水计划。2022年全年用水总量为26.13亿立方米（预估）。

2. 饮用水源地保护。完成连云港市沭新渠、蔷薇湖、灌云县伊云湖、灌南县北六塘河、硕项湖、通榆河田楼、赣榆区莒城湖、徐圩新区善后河、香河湖等9个水源地规范化建设。

3. 地下水保护。建立监测预警机制、地下水水位变化通报和定期会商机制，实施地下水水位动态监测，开展地下水水位评估。完善《连云港市地下水利用与保护规划》，推进县区地下水保护利用规划编制。巩固地下水封井压采成果，永久填埋备用井21眼，压减年开采量35.85万立方米。开展地下水取水工程登记造册，印发《连云港市地下水取水工程登记造册工作方案》，完成全市地下水取水工程普查及空间信息采集。

4. 取水许可管理。规范取水许可审批与监管，完成4家市级取水许可审批，协助徐圩水厂、江苏徐圩核能供热厂项目向上级部门申请取水许可。完成高新区、灌云经开区、临港产业区、灌南经开区等4家开发园区水资源论证区域评估。

5. 生态水位管控。完成房山水库等8条河库生态水位制定，建立实时监测和数据共享机制。对已制定生态水位的27条重点河湖库开展生态水位评估，完成年度生态水位评估报告。

6. 节水工作。下达市本级用水计划378家，东海、灌云、灌南、赣榆三县一区下达用水计划213家，全市下达用水计划水量累计22.85亿立方米。印发《连云港市计划用水户监督管理办法》，编发《连云港节水工作动态》。出台节水补助政策，落实助企纾困资金70万元。加快节水型社会建设，完成45家省级节水型载体复核，2所国家级节水型高校、17所省级节水型学校的推荐申报。参加"节水中国、你我同行"发布活动75个，由市水利局主办、江苏海州湾会议中心党支部承办的"2022生命之源源于生命、节水中国你我同行"主题党日活动获全国网络人气第1名，点赞量超过3 700万人次。联合市教育局开展《公民节约用水行为规范》主题短视频征集活动，征集短视频211个。由市水利局牵头制作的《节水快板》《大圣取水记》荣获全国二等奖及三等奖。组织参加第二届"水韵江苏—节水少年行"活动，全市参赛作品达400幅。

【农村水利】

1. 农村水利建设。全年完成农村水利建设投入2.86亿元，重点实施农村生态河道、中型灌区续建配套与现代化改造、农村饮水安全巩固提升、水土保持等农村水利重点建设项目。昌梨水库灌区、沂南灌区、八条路水库灌区等3个中型灌区续建配套与节水改造项目全部完成，改善灌溉面积4.65万亩。投资4亿元的灌云一条岭灌区、灌南淮涟灌区两个中型灌区改造项目获省立项。成功创成东海县沭南、灌南县柴沂和柴塘等5个省级节水型灌区，全市9个大中型灌区获批国家级节水型灌区。持续巩固深化农业水价改革，规范农民用水合作组织运行，开展农田灌溉水有效利用系数测算分析，完成5万亩以上灌区部分渠首在线监测计量建设68处。实施灌云县农村供水老旧管网更新改造工程，新增农村饮水安全巩固提升工程受益人口5万人，铺设管网261千米。推进农村河湖水系综合整治，完成农村生态河道建设82条345千米，完成农村河道岸坡整治404千米，疏浚河道215千米，清理农村河道违法违章占用7万平方米，水利绿化造林4 200亩。实施东海县安峰山水库－曲阳水库小流域水土保持工程,综合治理面积10平方千米,水土流失治理面积3.77平方千米。成功创建连云区宿城、赣榆区芦山、东海县昌平河等3个省级生态清洁型小流域。完成11个省级以上开发园区水土保持区域评估审查。

2. 移民后扶。全市累计完成移民后扶投资2.16亿元。核定发放移民直补资金3.9万人计2361.14万元。完成后扶项目建设73个,完成投资1.92亿元。新建、改建混凝土道路78.38千米,新建(改建)排水沟16.66千米,新建过路涵78座,新建健身广场1座、文化广场4 749平方米,新建(维修)太阳能路灯1 474盏,新建(拆建)生产桥15座,新建水情教育节点2处,河道整治及护坡17.36千米,新建截流堰、跌水、拦水坝23座。新建框架及钢结构标准厂房4栋及配套设施合15 700平方米,新建电商中心1座及配套设施2 000平方米,新建花卉产业园服务中心1处及配套设施2 000平方米,新建15栋香菇种植大棚及配套设施、新建冷棚1座4 800平方米,新建蘑菇大棚20栋及配套设施。

【工程管理】 工程管理考核。完成45个精细化管理工程评价验收。

1. 工程维修养护。实施水利工程维修养护项目40余项,完成投资2 000万元。

2. 小水库除险加固。实施东海县的黑埠、赣榆区万桥2号和红领巾、连云区凰窝等4座小水库除险加固,投资概算2 224万元。

3. 河湖保护。全面编制完成166座水库、78条骨干河道和4座湖泊保护规划。完成全市水域面积监测评估。实施新沭河、新沂河、通榆河等3条流域性河道和11座大中型水库遥感监测。

4. 工程监测。完成96座大中型工程安全监测,5座水利工程安全鉴定任务。实施三洋港挡潮闸等6座大型闸站安全监测设施恢复完善工程,投资概算235万元。

【防汛防旱】
1. 抗旱。遭遇新中国成立以来最严重气象干旱,尤其4月1日～6月12日全市降水量12.2毫米,为我市1949年以来同期降水量最小值,气象干旱等级为特旱。发布善后河和石梁河水库干旱蓝色预警、蔷薇河干旱黄色预警,启动抗旱Ⅳ级应急响应。近11年来首次启用引淮入石泵站向石梁河水库补水8 000万立方米。在8月下旬,引淮入石泵站创新实施"东水西调",从蔷薇河下游提水1亿立方米反向补充石安河。磨山、古城等3 200座泵站开足马力提水。多次启用通榆河北延送水工程,翻水量为1.01亿立方米。全年共调水17.66亿立方米,保障了城乡居民、工农业生产和生态用水需求。

2. 防汛。提前排查整改44项重点险工隐患,修订防汛等6个应急预案。6月13日起全市发生多轮强降雨,6月份总降雨量157.7毫米,比常年同期偏多45.5%,全市发生旱涝急转,7月份降雨量299.1毫米,比常年同期偏多21.7%,新沂河、新沭河、蔷薇河等主要河道行洪,市防指7月19日10时起启动新沂河防汛Ⅳ级应急响应,及时调度河库降低水位,抢排涝水。积极应对台风"轩岚诺"和"梅花"带来的风雨影响,9月13日18时启动全市防台风"梅花"Ⅳ级应急响应,14日14时提升至Ⅲ级。全年沿海涵闸抢排强排涝水125亿立方米,新沂河泄洪33天50.5亿立方米,新沭河石梁河水库泄洪36天23.5亿立方米。

3. 清水进城。首次启用新建成的清水进城通道,调石梁河水库水源经新沭河、蔷薇河入市区,17次开启乌龙河调度闸、蔷薇河穿堤涵洞等水利工程,累计向市区调水约8 000万立方米。

4. 雨洪资源利用。夏插夏种前,全市大中型水库提前拦蓄雨洪资源3.8亿立方米,使枯水季蓄水反而较同期偏多19%。在新沂河行洪期间,针对高水行洪期间无法引水难题,首次开启盐河北闸和叮当河涵洞等共70立方米每秒引流。流域行洪即将结束时,主动拦蓄行洪尾水,调度新沂河北堤涵洞、盐河北闸和叮当河涵洞共150立方米每秒,利用小潮河闸200立方米每秒,开启沭北闸20立方米每秒,改善灌南县、灌云县、赣榆区等地水环境。

【水政执法】 1. 巡查。全年共巡查河道长度约2万千米,巡查监管对象83个,出动水行政执法人员1 584人次,执法车辆239车次,执法船只220航次,有效维护了全市水事秩序安全。

2. 查办案件。推进全市防汛保安和水文监测环境及设施专项执法检查活动,针对水文设施问题清单,积极与江苏省水文局连云港分局进行沟通协商,解决多年遗留问题。完成中央环保督察整改工作,主办2件信访事项。办结行政处罚案件2起,完成1起行政处罚强制执行。

3. 项目监管。办理涉水建设项目行政许可监管项目20件,其中完工6件。采用双随机监管方式对新增水行政审批项目定期开展事中事后监管,一个项目一套台账。全面实施水土保持信用监管"重点关注名单"制度,指导建设单位按照批复的项目水土保持方案,落实好水土保持"三同时"制度。下发多个文件,推进石梁河水库采砂规范化监管,推进库区砂石资源综合利用。

4. 队伍建设。着力推进执法基地、执法队伍双标建设,组织召开现场会,颁发五个市级示范点建设奖牌。完成石梁河水库执法基地主体工程建设。

【水利科技】 市水利局主持申报的"沿海地区洪水资源利用及水库安全风险管理关键技术与应用"项目喜获中国大坝工程学会科学技术进步奖二等奖。全年组织申报水利科技项目18项,其中2项水利科技项目获省水利厅批复入选。

【党建工作】 局党组班子成员和基层党组织书记带头上党课16次。持续开展清润党建品牌建设,建立书记项目制度、协作认领机制、项目申领机制、督导评估机制、鞭策激励机制等5项机制,做到品牌创建项目化、常态化、制度化。

持续擦亮"清润·小水滴"志愿服务品牌,落实海宁东路道路创文、市容环境整治、美丽乡村建设等专项行动,开展"关爱山川河流"、"党建引领 协力助残"、"慈善一日捐"、"三下乡"、无偿献血等常态化志愿服务公益行动,与海州区新浦街道市东社区开展联动共建,与赣榆区班庄镇黄班庄村等开展城乡结对文明共建。积极组织党员干部参加疫情防控,全局100余名党团员志愿者下沉26个社区,参与全市疫情防控。

【宣传教育】 1. 职工教育。局党组理论学习中心组集中学习10次,申报县处级中心组学习示范点,选派1名军转干部参加转业军官进高校专项培训班。水利系统50人报名扬州大学在职专升本及硕士学历继续教育,20人报名参加河海大学高等学历继续教育。

2. 宣传工作。2022年,先后在《人民日报》及客户端、学习强国平台、光明网、新华网《中国水利报》、《新华日报》、《连云港日报》等中央、省市主流媒体发表宣传稿件650篇次。其中石梁河水库生态治理工作多次被《人民日报》、央视、《光明日报》等央媒集中报道。

淮安市

【工作概述】 淮安市深入落实"节水优先、空间均衡、系统治理、两手发力"的治水思路,群策群力,创新实干,打造出了一批可学可借鉴的特色亮点。河湖长制工作跻身全国样板,淮安市荣获2021年度国务院河湖长制工作督查激励通报表扬,获中央奖励资金2 000万元;"实名、压责、赋能、提效"8字工作法获得水利部领导批示并在全国推广。淮安市政府与省水利厅签署战略合作协议,共谋幸福河湖建设。淮河入江水道金湖城区段、涟水县五岛湖创成首批淮河流域幸福河湖暨江苏省级幸福河湖。全市水利建设完成投资41.6亿元,超序时进度,治淮史上投资最大的防洪单项工程——淮河入海水道二期工程于7月30日正式开工,累计完成投资16.25亿元,超额完成年度建设任务。淮阴区入选全国2023—2024年水系连通及水美乡村建设试点县,获中央补助资金8 000万元。推进"不淹不涝不旱"城市建设,完成相关预案方案编制,争取抗旱专项资金2 350万元。紧抓民生水利服务乡村振兴,生态河道建设、灌区改造提标、农村供水保障、长效监管创新等民生水利四大行动成效凸显。我市6个灌区获评2022年度省级节水型灌区,数量位居全省第一。持续优化涉水审批,创新构建重大项目洪评"预审查"工作机制。出台《淮安市节约用水管理办法》,为推进全市水资源集约节约利用提供重要制度支撑。

【水利建设】 有力发挥水利稳投资、促增长重要支撑和基础保障作用,全年实施流域治理、区域治理、城市水利、农村水利、水生态建设等6大类69项水利工程,完成投资41.6亿元,完成率达133.4%。治淮史上投资最大的防洪单项工程——淮河入海水道二期工程于7月30日正式开工,累计完成投资16.25亿元,超额完成年度建设任务。洪泽湖周边滞洪区近期建设工程完成投资3.52亿元,淮河行蓄洪区及淮河干流滩区居民迁建工程枕水人家安置小区全部完成,淮安区里下河洼地治理工程通过完工验收。北门桥控制工程已通过省水利优质工程审查,获得中国水利大禹奖推荐。累计向上争取到位资金23.75亿元,淮河入海水道二期工程成功申报基础设施投资基金,已投放到位15.934 9亿元。淮安市获得2021年度中央水利发展资金现场绩效评价考核优秀等次。淮河入海水道二期工程弃土利用、泵站引河工程、桥梁拓宽工程、堤顶道路加宽等事项得到省级有关部门支持。盱眙县高桥河治理、东灌区一级站更新改造、大中型灌区续建配套与现代化改造、国家水土保持重点工程等各类工程相继获得立项或审批。水利规划有序开展,配合省厅开展淮河流域防洪规划修编,开展中小河流治理实施方案编制,组织淮河干流滩区蓄洪垦殖规划等。

【河湖长制】 立足"重塑'运河之都'和'壮丽东南第一州'繁华盛景"的发展定位,持续夯实生态绿色基底。淮安市荣获2021年度国务院河湖长制工作督查激励通报表扬,新华社刊发《实名、压责、赋能、提效——淮安市"八字工作法"建设幸福河湖》专题文章,相关经验做法获水利部和省政府领导批示肯定。深入推进幸福河湖建设,编制印发《淮安市幸福河湖建设总体规划》《淮安市幸福河湖建设实施方案》,完成16条(个)重点河湖"一河一策"修编工作,建成幸福河湖96条,淮河入江水道金湖县城区段、涟水五岛湖高分通过淮委和省水利厅组织的淮河流域幸福河湖建设验收。创新建立"河长制+警长制"、跨界河湖联合河长制等工作体系,全市4 716名市县镇村四级河湖长积极履职,累计巡河履职13.9万人次,交办、整改问题3 103余件。完成全市18个自排查碍洪问题整改,排查清理"三水"问题河湖1 258条,清理面积607万平方米。扎实推进洪泽湖退圩环湖工程,完成清退圈圩3.23万亩,占全年任务102%。

【河湖管理】 持续优化涉水审批,创新构建重大项目洪评"预审查"工作机制,高效办结大运河百里画廊、苏盐井神卤水管道工程等重点项目行政许可手续,完成小微涉河项目审批53件，相关工作经验得到水利部肯定和推广。开展幸福河湖示范建设，淮河入江水道金湖县城区段、涟水五岛湖高分通过淮委和省水利厅组织的淮河流域幸福河湖建设验收。充分发挥示范引领作用，重点推进94条幸福河湖建设，通过开展河道清淤疏浚、生态修复、主题公园建设等项目，河湖面貌发生显著性转变。全市各级财政累计投入约6.25亿元开展河湖治理，努力建设一批生态河道和幸福河湖。开展洪泽湖等退圩还湖、生态修复、入湖河道整治，完成退圩还湖清退圈圩3.23万亩。投资1.26亿开展洪泽湖大堤生态修复项目，有效改变洪泽湖周边景观风貌，建设让人民满意的"幸福河湖"。

【水资源管理】 深入推进最严格水资源管理制度贯彻落实，开展淮阴区"四水四定"试点，强化重点河湖生态水位（流量）确定和管控，逐步实现区域人口、经济与水资源均衡发展，获得2021年度省实行最严格水资源管理制度考核优秀等次，市水利局荣获江苏省打好污染防治攻坚战先进集体；通过国家节水型城市复查，实现县域节水型社会达标建设全覆盖，出台《淮安市节约用水管理办法》，3项活动在水利部等10部门组织的2022年"节水中国 你我同行"联合行动中获评优秀活动。实施淮安经济开发区古淮河、盱眙河桥、金湖入江水道3个水源地规范化建设。完成取水工程规范化建设102个，超额完成省定目标任务。全面开展取水许可执行、用水定额设定、用水计量记录、自流灌区计量及节水成效分析排查，全市9个大型灌区、17个中型灌区全部核发取水许可证，核定用水总量，实行定额管理。全面执行水资源费超计划累进加价制度，加强水资源费（税）征收管理，做到应收尽收、按标准足额征收。

【农村水利】 全年，投资1.387亿元，完成207条、644千米农村生态河道建设，超额完成省厅下达的430千米任务。推动大中型灌区骨干工程与高标准农田建设有效衔接，投入3.69亿元推进淮涟、渠北、利农河、洪湖圩等大中型灌区现代化改造，相关工作经验在全国高标准农田会议作交流发言。淮涟、洪金等9个灌区被水利部命名为国家级节水型灌区，渠南、竹络坝等6个灌区获评2022年度省级节水型灌区，数量位居全省第一。持续提升农村供水保障能力，投入1.57亿元实施淮安区、洪泽区、盱眙县农村供水保障工程建设，新建增压站3座，更新改造管网895公里，着力构建从源头到龙头的城乡供水保障工程体系。加大水土保持治理力度，投入2700万元完成清江浦区清河西片、淮阴区营东、涟水县高沟小流域治理项目3个，获评全省水土保持目标考核评估优秀等次。建成市樱花园水土保持科技示范园，不断丰富水情教育基地内容。

【工程管理】 淮安市获省级水利工程维修养护经费2185万元，其中养护经费1188万元、维修经费997万元。市级水利工程维修养护经费980万元。全面加强水利工程精细化管理，11座工程被认定2022年度第一批省精细化管理工程，淮安区菱陵抽水站创建水利部标准化管理工程即将申请省级初验。安全生产持续向好，创成安全生产标准化单位50家，数量位居全省前列，淮安在全省水利监督和安全生产工作座谈会上进行交流发言。近三年水利部和省水利厅督查交办水闸、泵站、水库、水电站的211个问题，全部完成整改。深入挖掘河道总督署（清晏园）、清口枢纽等文化内涵，编制《驻淮河漕总督要览》《河道总督署（清晏园）保护提升总体规划》，清晏园列入国家AAAA级旅游景区创建名单。创成清江浦区大口子湖、金湖县水上森林等2个省级水利风景区，洪泽湖大堤申报国家水利遗产通过水利部专家现场核查。

【防汛防旱】 完成《"不淹不涝"城市建设工作实施方案》《淮安城市水利工程调度方

案》《淮安城市突发性强降雨应急排涝预案》等编制,组织建立网格化巡查助排机制,落实区域排涝网格化责任。完成3 600平方米的市级物资储备仓库建设,新增防汛物资储备超1 000万元,新组建65人防汛抢险救援队伍,汛前完成81处积水点问题整改,开展"防汛实战演练月"活动,开展堤防抢险、城区泵站应急排涝、行滞洪区撤退演练等9场防汛抢险演练,组织5期、240人次全市防汛抢险队员培训演练,加快推进年度防汛应急工程实施。台风"梅花"侵袭期间,全市共落实防汛抢险队伍、社会救援队伍69个、5 410人;落实机泵356台套,移动泵车23辆,吸污车、叉车等排水救援车辆10辆、机械设备79台;累计排查危化企业125家,消除龙门吊、塔吊、围挡等建筑工地设施隐患389处,建筑工地停工19处,累计通知回港避风船只615条,排查广告牌1 804块、消除广告牌隐患34处,关闭景区园区7处,排查地质灾害风险隐患30处。针对近六十年最严重气象干旱,协调各方要素资源,全力配合做好江水北调引江济淮等调水工程,累计翻引江水近113亿方,相当于3个洪泽湖正常蓄水量,强化雨洪资源利用和用水计划监管,累计完成抗旱浇灌面积179.4万亩,实现抗旱减灾效益52.04亿元,其中减少粮食(含经济作物)损失3.57亿元,水产养殖减少损失17亿元,航运因抗旱提水受益3.9亿元,城市及工业供水效益27.57亿元,有力保障人民群众生产生活用水安全。

【水政执法】 淮安市以河湖"清四乱"、防汛保安和水文监测环境及设施保护专项执法行动、洪泽湖违法问题专项整治、违法取用水专项整治等执法行动为抓手,一体推进水文、水资源、河湖空间等执法监管,做好河湖"清四乱"常态化规范化工作。水利部交办河湖"清四乱"8件问题、防汛保安和水文监测环境及设施保护专项执法排查的29件问题全部完成整改。围绕洪泽湖违法圈圩、违法建设等问题开展专项整治,排查问题36件,完成整治28件。建立水行政执法和检察公益诉讼协作机制,全面推进"水行政执法+检察公益诉讼"深入合作、深度融合,在"水资源管理、河湖管理、水旱灾害预防、水利工程管理、水土保持、节约用水"等六个领域开展协作,进一步凝聚执法合力、提升执法效能。

【水利科技】 加强水利科技研究,向省水利厅申报19个项目,其中获得立项2个,获省补资金40万元。依托重大规划、重大项目、重大工程、重大平台和重点任务等载体,主动为水利行业企事业单位开展科技创新与人才培养提供人力、财力、物力等方面的支持保障。积极开展科技推广工作,结合与省水利厅签订的战略合作协议、与河海大学签订的人才培养培训战略合作协议,大力推广新型式、新材料、新技术,组织相关单位参加部、省技术交流会,研究推广先进实用技术。持续开展科普宣传工作,在"中国水周、世界水日"期间,利用现有的淮安市水利科普馆、两园科普示范基地,做好全市水利科学知识的科普宣传工作,提高全民水患意识、节水意识、水资源保护意识。

【党建工作】 深入学习宣传贯彻党的二十大精神。巩固深化"我为群众办实事"实践活动成果,完成1项市级层面、5项局级重点项目以及14项县处级领导干部领办的实施项目评估验收工作,实践活动评议满意率达100%。开展年轻干部"建功新时代 逐梦新征程"主题实践活动,召开年轻干部座谈会,启动开展师徒结对培养工作,积极与河海大学签订淮安水利人才培养培训战略合作协议,队伍建设更加有力。加强对工青妇工作的领导和组织建设,局团委、妇联成立读书组织,局团委成立防汛抗旱先锋队,推进和谐文明机关建设;开展"我为群众办实事 志愿服务学雷锋"主题党日、巾帼维权学雷锋普法宣传、节水宣传进社区石球涂鸦等活动,组织开展了淮安市水利局第一届"淮水杯"防汛抢险技能竞赛运动会,不断丰富机关活动载体。发展党员7名,预备党员转正7名。

【宣传教育】 组织全市水利系统在各级新闻平台发稿1 000余篇,策划了重点水利工程建设、幸福河湖等多个主题报道。在抓好《淮安日报》、淮安电视台等传统媒体宣传外,组织开展"水润淮安——淮安水利印象"宣传片摄制,加强与央视新闻频道、《中国水利报》、《新华日报》、学习强国等媒体合作,年内均有淮安水利重点新闻报道。在第二届水文化国际研讨会上,我市受邀作了《以水弘文润古城——江苏省淮安市水文化建设的实践与探索》专题报告。央视《江河奔腾看中国》栏目聚焦我市境内淮河、洪泽湖、大运河等。

盐城市

【工作概述】 盐城水利系统认真落实新发展理念和"十六字"治水思路,紧紧围绕"四个绿色盐城"建设大局,坚持水安全、水资源、水生态、水文化"四水同建",勇于担当、真抓实干、克难奋进,水利改革发展呈现良好态势。盐城市第四次获得"水利建设投资落实好、省水利基本建设投资计划完成率高、年度工作考核成绩优异的市"督查激励,2021年度实行最严格水资源管理制度考核再获优秀等次;盐城市水利局被省生态环境厅、省人力资源社会保障厅表彰为"江苏省打好污染防治攻坚战先进集体",大丰区王港闸下移工程新闸主体工程获评"2022年度江苏省水利优质工程"。

【水利建设】

1. 淮河入海水道二期工程顺利开工。盐城水利人攻坚克难,超常规完成项目前期工作,"把不可能变为可能",保证了新中国成立以来我省单体投资最大的工程——淮河入海水道二期工程如期开工,获得省市领导的高度赞扬;央视新闻、《新华日报》、江苏新时空等30多家中央、省级媒体报道近60次;贯彻"开工不停工"要求,压茬推进张家河闸站和14.5千米年度河道工程,年内完成投资11.1亿元。

2. 水利建设投资创新高。水利建设完成全社会投资62.20亿元,较上年增加31%,创五年来新高。省水利重点工程建设完成投资21.85亿元,22项市县自主实施项目完成投资9.24亿元。里下河洼地治理年度工程,响水、射阳、盐都中小河流治理,滨海、射阳侵蚀性海堤治理等续建工程全面完成;新洋港闸下移工程完成保护区功能区调整,用地报批材料重新组卷,获自然资源部受理;盐城市级防汛物资仓库项目基本完成主体工程;东台中小河流治理、临海引江近期工程,大丰草堰翻水站、响水姚湾闸拆建工程,响水、滨海、射阳侵蚀性海堤治理等新项目全面开工建设。

3. 强化建设管理机构建设。经市委编办批准成立盐城市水利工程建设管理中心,作为市本级水利工程的常设专职项目法人机构,有效提高市本级水利工程的建设管理水平。

4. 提升工作质量。大丰王港闸下移工程获评"2022年度省水利优质工程";青墩中心河南闸站、东台市梁垛河整治工程、建湖县洼地治理2020年度工程等3个项目获评"江苏省水利工程文明工地";蟒蛇河盐都段、建湖县西塘河、东台市东台河治理工程获评"江苏省2022年度幸福河道建设示范工程"。

加强行业监管。全年组织市、县两级稽察7次,实现了在建水利重点工程县级稽察全覆盖、市级稽察项目覆盖率超过50%的目标,稽察发现并整改各类问题312个;开展市级质量考核、建设管理指导服务、履约考核等监督检查活动17次,检查项目10个,发现整改各类问题418个。

5. 建设智慧工地。在新洋港闸下移工程、张家河闸站工程、大丰草堰翻水站更新改造工程、建湖洼地治理工程等大型工程采用BIM管理模式；在省水利重点工程中推广使用重大水利工程建设管理信息系统、质量监督APP、水利重点工程视频管理平台等，优化提升建管、质监、安监工作效率。

【河湖长制】 印发《盐城市2022年全市河湖长制工作要点》，明确强化河湖长履职尽责、提升河湖长制效能、推动幸福河湖建设等年度重点工作。履职水平长足提升。及时调整完善河湖长制组织体系，全年各级河湖长巡河41万人次，其中县级以上河湖长巡河858次，发现并解决问题5 869个，下发河湖问题交办单60份、督办单9份。在省第二届"最美基层河长"评选活动中，尤保亮获评"最美民间河长"、常敏获评"最美基层河长"。制度体系更加完善。修订《盐城市河道管理办法》，健全完善河湖管理规章制度；全市58条跨市、跨县界河全部建立河湖协同共治机制，335条乡镇跨界河道以联合河长制、联席会议等方式建立协同共治机制，船舶出海管理长效治理纳入河长制管理。全市共建立村级河长工作站285个，"江苏盐城：村级工作站打通河长治河最后一公里"入选《中国河湖年鉴》优秀经验做法。全市119条省骨干河道保护规划体系基本形成。综合治理成效显著。完成全市范围内列入国家水普名录的321条河道、省湖泊保护名录的8个湖泊湖荡等重点水域和其他一般水域面积动态监测工作。完成水利部56个"清四乱"问题、省24个妨碍行洪突出问题整改销号，市、县排查整治涉河违法问题259个。

【河湖管理】 以河长制为总抓手，坚持综合治理、系统治理，健全河湖管理体系，加强水域空间保护，提高江河湖库管理水平，不断恢复和提升河湖生态功能。幸福河湖建设走在前列。全市建成幸福河湖120条(个)，串场河全域建成示范幸福河湖；打造河长制主题公园26个，水文化长廊94个，其他特色主题公园93个，创建国家级水利风景区1个、省级水利风景区1个；大纵湖入选水利部首批红色基因水利风景区名录。蟒蛇河盐都段、建湖县西塘河、东台市东台河入选江苏省2022年度幸福河道(段)建设示范工程。常态化打捞水面漂浮物。按照"政府主导、部门监管、专业打捞、断面补偿、考核推动"的河湖水面漂浮物工作机制，组织开展"清剿水葫芦、改善水环境"联保共治专项行动、内部河道冬季水面漂浮物清理专项行动和水面漂浮物专项清理百日行动，全域常态化打捞水面漂浮物，全年累计打捞漂浮物405万吨，为全市国省考断面水质全面达Ⅲ类作出了重要贡献。河湖监管水平不断提升。组织对12个市级审批涉河水行政许可建设项目开展了"双随机、一公开"事中事后监管；委托第三方随机抽取43个市级审批涉河建设项目开展现场检测，对照批复内容进行批建相符性分析评价，对存在问题限期整改到位；配合省水利厅完成苏北灌溉总渠、淮河入海水道及黄河故道92个遥感变化点市级复核工作。

【水资源管理】
1. 落实最严格水资源管理制度。健全组织制度体系，盐城市水资源管理和节约用水工作委员会完成更名，24个组成单位人员进行相应调整。市政府制定出台《盐城市水资源管理办法》，将地下水管理、生态水位(流量)确定与保障、水资源论证区域评估、水权交易等新的工作要求纳入办法，推进水资源管理制度化、规范化。完成《盐城市节约用水管理办法》后评估报告。印发实施盐城市"十四五"水资源管理与保护规划、地下水保护利用规划，修编《盐城市水资源综合规划(2022—2030年)》《盐城市饮用水水源地安全保障规划》等专项规划，为全市水资源合理开发利用和节约保护提供支撑。

2. 强化水资源刚性约束。完成建湖经济开发区、射阳经济开发区等5个开发区水资源论证区域评估,并通过省级审查。建湖县完成水资源管理保护规范化集成试点建设任务,235个取水工程完成规范化建设。在33个大中型灌区建设122个渠首取水在线监测计量设施,全部接入省水资源管理信息系统,实现在线运行。实施工业、农业不同类型用水户之间水权交易1例,盘活1 850万立方米存量水权。全市122条骨干河道生态状况评价全覆盖,5个集中式饮用水水源地实现规范化。实施地下水封井72眼,完成1 342个地下水取水工程登记造册。

3. 国家节水行动落地见效。开展"农业节水领跑、工业节水减排、城镇节水降损、全民节水普及"四大节水行动,滨海、响水县国家级县域节水型社会达标建设通过评估、验收和公示。协调市文明办将节水纳入精神文明建设体系,入选首期全国节水工作动态并在全国推广。制定出台市级节水型农业园区标准,江苏大丰经济开发区风电产业园通过省级节水型工业园区技术评估和验收。"节水盐城 全民同行"联合宣传活动获评全国优秀活动,34名同学在"水韵江苏—节水少年行"活动中获奖,公布市节水大使38名、节水志愿者60名。组织开展"绿色低碳·节水惜水护水"盐城市"节水在身边"短视频大赛等宣传活动,播放节水公益广告、宣传短视频,举办节水书画展,编排节水淮剧戏剧巡演,发挥节水宣传引领作用,提升全社会节水意识。

【农村水利】 以服务民生为重点,以绿色生态为底色,以创新发展为路径,农村水利建设完成投资20.5亿元。农村河道生态治理拓宽至区域,以镇为单元统筹谋划,在全省首创以乡镇为单位,开展农村河道生态治理整镇推进,建成农村生态河道1 962千米、农村河道生态治理示范乡镇11个,整治村庄河塘1 662条;完成6个大中型灌区现代化改造项目,整治生态渠道83.6千米,建设灌排设施150座,改善灌溉面积89万亩;农村供水保障工程进一步提档升级,更新改造农村供水管网322千米;围绕人居环境、产业发展要求,建成生态清洁小流域8个。常态化开展生产建设项目水土保持全过程监管,强化遥感图斑现场复核、认定和整改工作。开展2017—2021年度水土保持倒查行动,督促5个未缴费项目、18个未验收报备项目落实整改。年度审批生产建设项目水土保持监测方案报送率提升至100%,达到36件,实现应报尽报。完成1 825万元水土保持补偿费征收,创历年之最。修订《盐城市水土保持目标责任制考核办法》和《盐城市全国水土保持规划实施情况考核工作联席会议制度》,进一步完善考核目标内容,量化考核目标任务,增设联席会议成员单位。

【工程管理】 2022年全市工程维修养护共投入5 629万元,完成了斗龙港闸、东台抽水站等4座大中型工程的安全鉴定,超额完成响水县灌东扬水站等11座小型穿堤工程的安全鉴定,督促12座病险工程严格实行安全生产"五落实",确保安全度汛;完成西潮河闸、东台市第二抽水站等14座工程的精细化评价工作,其中得分750分以上9座、900分以上5座。首次在全市水利系统中举行闸门运行工职业技能竞赛,受到了承担考评的省属泰州引江河管理处专家和各基层单位及选手的一致好评,进一步增强盐城市水利工程管理发展的动力和后劲。

制定局领导班子成员年度安全生产重点工作清单、修订完善机关各处室安全生产职责清单和局安全生产工作制度,与局直各单位签订安全生产责任状16份。深入推进水利行业安全生产专项整治三年行动和危险化学品使用、燃气使用、有限空间作业专项整治,持续推进既有建筑再排查再整治、火灾防控安全专项整治行动,扎实开展危险源辨识管控和隐患排查治理双重预防机制建设,持续推进"安全监管+信息化"模式。全年共开展检查126次,发现问题隐患558个,全部整改到位;举办2期安全生产监管人员业务培训班,创成水利安全生产标准化三级达标单位10家。

【防汛防旱】 2022年盐城气候异常,先后遭受了60年来罕见干旱、高温和强台风"梅花"正面袭击,闸下潮位超历史极值,全市水利系统坚持人民至上、生命至上,全力投入大战大考,实现了汛期无人员伤亡、无重大险情、无重大损失,防灾减灾效益38.7亿元。

1. 扎实备汛。全市更新建立市县镇村四级、5198人的责任体系;提请市政府常务会议审议通过《防汛抗旱应急预案》《防御台风应急预案》,提请市长办公会审议试行《盐城市防汛防旱指挥部工作机制》;组织开展市县联动、部门协作的防汛防台抢险演练活动;开展水安全隐患专项排查,整改各类水安全隐患179个。

2. 迎战强台。市委主要领导连续两天调度部署,市长24小时值班点调,分管市长全程督导指挥,先后启动应急响应5次,全市累计回港避风船只656艘、海上作业平台3个、转移人员4546人,成功抵御了两次强台风。

3. 抗击大旱。先后发布干旱预警信息6次,精准调度水利工程,打好"蓄、引、提、调"组合拳。积极申报废黄河立交工程地涵上下游河坡坍塌及冲塘修复等8个项目,共争取防汛抗旱资金1183万元。全年共调引江淮水129.66亿立方米,市内调剂水源10.29亿立方米,沿海五大港排水68.91亿立方米,保证了全市670万居民生活、620万亩水稻生长及工业企业用水需求。常态化开展市区第Ⅲ防洪区生态调水,共运行44轮200天,补水2.06亿立方米,有效改善水环境,保障有关国、省考断面水质稳定达标。

【水政执法】

1. 提升执法能力。全市核定保留245名水政监察员,开展执法业务培训82次,水政监察员轮训实现全覆盖。东台市水行政执法泰东河东台基地标准化建设通过省水利厅验收。执法巡查取得新成绩。全市共出动水政执法巡查人员20881人次,出动车船4375次,巡查总里程5.12万千米,水域1050平方千米,现场制止水事违法行为291起,全市水事秩序持续稳定向好。与市公安、生态环境、交通运输、农业农村、海事、海警等6部门联合出台《关于加强全市水域联合执法管理体系建设的工作意见》,开展联勤巡逻67次。

2. 推进执法办案。推进全省防汛保安专项执法行动成绩显著,代表全省接受水利部专项督查验收。在全市部署开展地下水、水土保持和骨干河道内违法设置鱼罾鱼簖养殖网箱专项整治成果回头看等3项专项执法行动,全市共查办各类水事违法案件116起、结案106起,办案量同比增加45%,无行政诉讼败诉案件或行政复议纠错案件。现场处理水事违法行为287起,核查信访和举报178起,拆除涉河违建64处15.97万平方米,封填违法凿井367眼,制止水利工程警戒区内违法钓捕鱼287次,拆除违法复设的鱼罾鱼簖和养殖网箱377个,罚款142.4万元,追缴陈欠水行政处罚费234.7万元。市本级对违法填堵三河子河道建设案、未依法办理水土保持许可手续和涉河项目许可手续即擅自开工建设案重罚95万元,相关直接责任人受到党政纪处分。参加全省水行政执法办案竞赛,名列全省第二。

3. 开展执法督导。首次与市司法局联合开展全市水行政处罚案卷评查,邀请省和市司法、水利部门专家对案卷开展联合评查。指导大丰等地对中央环保督察交办问题中的涉水违法案件进行查处,指派全省水行政执法能手驻点指导办案。推动局系统常态化开展扫黑除恶斗争工作向纵深推进,开展《反有组织犯罪法》专题学习,市水利局被市委、市政府评为"盐城市扫黑除恶专项斗争先进集体"。

【水利科技】 盐城水利系统在组织申报5个2022年度水利科技项目课题的基础上,配合省水利厅开展课题评选工作,同时督促各课题研究项目承担单位严格按照合同规定要求,完成课题项目,并组织开展课题验收评定工作,完成"射阳河挡潮闸集中驱动减卷同轴启闭机研究与应用"和"微信技术在智慧水务建设中的应用研究"两个课题的验收工作。年内,阜宁县的"现代化灌区用水总量动态调度及AI分析"项目列入省水利科技项目。

【党建工作】

1. 深入学习党的二十大精神。印发局系统《关于认真学习宣传贯彻党的二十大精神的通知》,部署开展局系统"喜迎二十大 水利向未来"主题宣传教育系列活动,通过举办主题演讲、专题培训、专题党课、技能竞赛、实境教育、歌咏比赛等"十个一"活动,引导广大党员干部深刻领悟"两个确立"的决定性意义,忠诚践行"两个维护"。邀请党的二十大精神市委宣讲团来局开展宣讲,建立联系点制度,部署开展局系统领导干部党的二十大精神宣讲活动,推动学习贯彻党的二十大精神走深走实。

2. 深入推进思想建设。扎实推进党史学习教育常态化长效化,完成规定动作;深化理论武装,推进学习型党组织建设,充分发挥党委理论学习中心组的示范带动作用,组织学习党的二十大精神和习近平总书记系列重要讲话;履行意识形态工作主体责任,健全责任体系,强化检查考核和责任追究,加强意识形态阵地管理,加强思想政治工作和党员干部教育管理,加强舆论引导和舆情应对。

3. 抓好基础工作。制定机关党建"三级"责任清单并抓好落实,积极推进机关党建"书记项目";完成机关支部换届选举、党费收缴、"三会一课"等党建基础工作;开展机关党组织书记述职评议工作;完成每月20日统一活动日内容。

4. 抓好作风建设。组织召开全市水利系统全面从严治党暨党风廉政建设会议和党风廉政建设警示教育大会,印发全面从严治党责任清单、党风廉政建设工作要点,签订党风廉政建设责任状。组织局系统吃喝风负面清单集中学习,开展服务外包项目、领导干部在社会团体兼职、财政供养人员经商办企业等专项排查。组织开展"510"警示教育、"纪法教育提升年"活动。接受市委第三巡察组对局党委开展常规巡察,并对工程领域进行专项巡察,对市水利工程管理处、市通榆河枢纽工程管理处等党组织开展延伸巡察;接受保密、意识形态、选人用人专项巡察。

【宣传教育】 完成"勇当排头兵、奋进向未来""盐城市水土保持管理办法"两场新闻发布会。全年在《新华日报》《盐阜大众报》等省市各类媒体发表宣传报道210余篇;策划推出"江河眷顾奋楫者 星光不负追梦人——盐城水利系统全力以赴推动淮河入海水道二期工程开工纪实""全市农村河道生态治理"等系列报道30余篇,高密度高频次高强度地宣传,提升了水利影响力。指导盐都区水务局开展大纵湖蟒蛇河省级水情教育基地网上云建设,目前VR云展厅已完成,并在江苏水利微信公众号、盐城水利微信公众号等平台展示。启动编制《盐城市"十四五"水情教育规划》;完成"一堤四河"水情教育口袋书(送审稿)。

扬州市

【工作概述】 扬州市水利局全面落实"疫情要防住、经济要稳住、发展要安全"重大要求,积极应对防汛抗旱和新冠疫情叠加的考验,自觉在思想上对标对表、行动上紧跟紧随、执行上坚定坚决,水利系统各项工作扎实推进、富有成效。

【水利建设】

1. 水利工程建设。全年落实地方水利建设投资29.22亿元。扬州闸泵站、仪扬河闸功能提升和应急抢险恢复、长江镇扬河段三期整治工程扬州市境内增补工程等均全面建成并发挥效益。仪征龙河(二期)、高邮东平河、江都红旗河、宝应运西中港河等新一轮中小河流治理工程全面建设完成。长江防洪能力提升堤防加固一期工程通过竣工验收,二期工程基本完工,全线具备挡洪能力。一系列工程进一步巩固我市水旱灾害防御基础,助力扩内需、稳投资、稳住经济基本盘。扬州城市安全第一工程——瓜洲泵站作为水利部水利工程建设司唯一推荐的水利工程成功入选2022—2023年度第一批中国建设工程鲁班奖(国家优质工程)。

2. 城乡水利建设。完成年度中心城区647.39平方千米水域监测。《城河水系修复专题行动方案》编制完成,实施润扬河东堤导渗沟改造、沿山河城区薄弱段综合整治、古运河城区段综合整治示范段(扬州闸—解放桥)等23项城市水利项目,启动古运河重生水生态修复前期工作,强势助力历史文化名城保护和有机更新。新建农村生态河道615千米,实施高邮灌区、宝应泾河灌区和江都红旗河灌区等大中型灌区续建配套与节水改造,高邮灌区入选全省唯一数字灌区(大型)先行先试试点。

3. 水利规划编制和前期工作。修编形成《扬州市城市防洪规划(2021—2035)》成果。完成新条件下镇扬段(扬州境)河道演变与治理对策研究,启动新时期淮河入江水道(扬州段)治理方案、扬州市里下河蓄滞洪区调整及水资源保障方案等重大水利研究,为争取地方治理项目进入国家长江、淮河流域防洪规划修编成果奠定基础。完成新时期扬州市水利现代化规划战略研究、扬州片现代水网布局研究,组织开展邵伯湖供水区补水线路研究论证,完成邵伯湖及其供水区水量保障研究。广陵区北洲主排河、高邮市天菱河等2条河道治理工程均已获批开工,宝应县大潼河、高邮市张叶沟、江都区小涵河等3条河道纳入2023年中小河流项目名录,长江扬中河段二期整治、淮河流域白宝湖洼地治理工程前期工作加快推进。

4. 安全生产工作。研究制定《市水利局领导班子成员2022年安全生产重点工作清单》《深化提升全市水利行业安全生产专项整治三年行动实施方案》《2022年全市水利安全生产工作要点》等文件。及时传达上级安全生产重要会议及文件精神,不定期采用"四不两直"的方式开展安全监督活动,做好行业内省级安全发展示范城市创建工作,完成6家水利安全生产标准化三级单位创建工作,全年水利安全生产形势良好。积极参加全国水利安全生产知识网络竞赛,取得全国地级市第15名的优异成绩,获得"优秀组织奖"。

【河湖长制】 在全省率先印发实施河湖长制工作问责办法和县级河湖长履职数字化评价办法,推动河湖长制从"有名有责"向"有能有效"转变。全市92条省级河道名录内的镇级以上跨界河湖全部建立联合河长制,市、县两级跨界河湖联合河长制实现全覆盖。市级河湖长全年累计巡河调研、会议推进河湖治理保护工作170人次,签发"河长交办单"31单。

1. 建设幸福河湖,全市建成幸福河湖55条(个)。其中广陵区积极探索幸福河湖建设新思路,在打造示范幸福河湖的基础上,着力推动片区河道综合治理,创新提出"集中连片、系统治理、区域推进"的新思路,选取湾头镇和广陵新城作为幸福河湖打造片区,集中

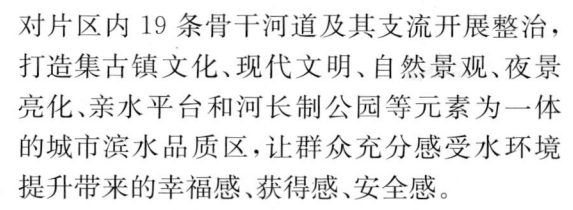

对片区内19条骨干河道及其支流开展整治，打造集古镇文化、现代文明、自然景观、夜景亮化、亲水平台和河长制公园等元素为一体的城市滨水品质区，让群众充分感受水环境提升带来的幸福感、获得感、安全感。

2. 开展河湖"清四乱"。常态化整治、妨碍河道行洪突出问题专项整治，共清理整治"四乱""碍洪"问题37个。

【河湖管理】

1. 岸线清理整治常态化。牵头完成中央环保督察下发的"仪征市扬子江大酒店、开发区锦程新能源有限公司"市级验收并提请市委市政府上报省级销号，从严从细开展"回头看"排查整治，全面摸底排查72个长江、313个大运河岸线利用项目，建立"一企一档"信息库。

2. 河湖管理体系制度化。贯彻落实《长江保护法》《江苏省水域保护办法》等法律法规，配合修订《扬州市河道管理条例》，5座省管湖泊、50条省骨干河道保护规划全部分级印发实施，开展水域面积和重点水域监测评估，保障河湖安全运行和综合效益发挥。

3. 重大项目服务优质化。贯彻落实市委市政府优化营商环境决策部署，跟踪服务保障重大民生工程，编制《扬州中心城区小微涉河建设项目审批工作方案（试行）》，全年累计完成涉河建设项目审批29件、出具土地征收成片开发方案意见18件，有效推动北沿江高铁、宁扬城际、壁虎河大桥等10余项重点工程实质性开工，指导扬州化工园区等2个省级以上开发园区完成防洪影响区域评估。

4. 河湖巡查监管严格化。出台《扬州市重点河湖巡查管理办法（试行）》，并利用"空+天+地"综合手段加强河湖监督检查，对违法违规侵害河湖行为做到立行立改、定期通报、闭环处理；落实第三方技术支撑单位，对涉河审批项目各重点环节实施全覆盖、全过程跟踪管理，形成项目复核报告22份、项目台账资料27本，有效提升监管效能。

5. 退圩还湖推进长效化。持续推进里下河湖泊湖荡退圩还湖工作，完成宝应县兰亭荡、广洋湖退圩还湖一期、二期工程，累计退圩15.7平方公里，恢复自由水面10.9平方公里，逐步恢复湖泊调蓄能力，有效改善水生态环境。

【水资源管理】 强化总量强度控制。严控总量，细化分解我市"十四五"用水总量和效率控制指标，以最严格水资源管理制度联席会议文件形式下达各县（市、区），全面构建以用水总量、万元GDP和工业增加值用水量为核心的总量强度指标体系。细分水源，完成盐邵河、小涵河—小泾河等跨县河湖水量分配方案，并经市政府同意后发布。以区县为单元明确地下水总量控制指标和水位控制指标，用水总量控制指标进一步细化到重要河湖和水源，完成月塘水库、古运河等13条河流生态流量（水位）确定与保障方案。

1. 强化标准规范建设。深入推进水资源管理提质增效。管理上求"严"，全面落实最严格水资源管理制度，围绕水量、水质、组织管理、监测预警、应急保障五个方面，完成全市城市水源地长效评估；组织开展取水工程（设施）规范化建设，完成136个非农取水工程规范化建设和3个水源地标准化建设工作。监测上求"精"，健全完善取用水、水源地、水功能区等3大监测体系的运行和维护，非农监测计量全覆盖，大型、重点中型灌区实现渠首在线计量全覆盖。2022年全市系统在线率达98%，非农取用水在线计量率达92%。

2. 强化集约节约利用。严格取用水监管，通过"扬州发布"平台，公开印发《致广大取用水户的公开信》，规范取用水监管。推进水权制度改革，联合财政、发改、工信等部门，印发《扬州市水权交易实施办法》，邀请中国水权交易所开展专题业务培训，积极盘活存量水权。全面启动开发区水资源论证区域评估,变"单个项目评"为"区域整体评",推广取水许可承诺告知制度,为开发区发展提供便捷水管理服务。强化用水统计,组织市统计、农业农村局、住建等部门,认真做好省高质量考核万元GDP水耗指标的分析测算和协调会商,科学合理争取水量核减。加大地下水管控,完成《扬州市地下水保护利用规划》编制,开展地下水取水工程登记造册工作,建立地下水取水工程完整、统一的数据库。

3. 落实最严格水资源管理制度。在省"十三五"实行最严格水资源管理制度考核中获评优秀等次。单位地区生产总值用水量(省高质量发展绩效评价考核指标)约51.9立方米/万元,较2021年下降5.6%。完成长江瓜洲等4个水源地标准化建设。完成136个非农取水工程规范化建设,实现全市5万亩以上大中型灌区渠首取水口在线监测全覆盖。江都区在中国水权交易平台完成首单水权交易合同。建立扬州市节约用水工作联席会议制度,顺利通过国家节水型城市第四次复查。

【农村水利】

1. 建设农村生态河道。2022年度全市农村生态河道建设全面发力,围绕河畅水清岸绿景美的目标,建设915千米农村生态河道,以打造优美农村水环境作为乡村产业发展、农民居住改善的突破点,写好乡村绿色转型发展的"水文章"。2022年农村生态河道建设注重高位推动,纳入市政府民生实事任务,加大财政支持,增加市级补助,完善体制机制,创新"四个一"工作法(一张图:形成全市"十四五"农村生态河道建设计划一张图,挂图作战;一份表:明确建设名录、存在问题,形成年度建设任务表,实施名录化清单化管理;一会议:每季度以市政府名义召开一次全市农村生态河道推进会,同步将每2个月市级检查结果以市委督查室、乡村振兴专班名义发布通报;一张榜:依据现场督查检查结果形成问题清单,乡镇建设人员通过微信群实时上报整改结果至市局,进行问题销号处理,依据销号结果每日发布一次红黑榜。)。

2. 推进灌排工程。打通水网"最后一公里",畅渠系、稳水量,助力农业发展提质增效,对高邮灌区、宝应泾河灌区、江都红旗河灌区进行续建改造。进一步迈向灌区管理现代化,高邮灌区、广陵沿江灌区被评为国家级节水型灌区;高邮灌区入选全国数字孪生灌区先行先试名单,为全省唯一入选的大型灌区。

3. 开展水土流失防治。高邮周山—万福小流域、广陵新坝小流域综合治理项目成功立项2022年度国家水土保持重点工程,实现扬州该领域零突破。深化区域评估成果应用,全市26个省级以上开发园区内生产建设项目水土保持方案由报告书简化为报告表,实现手续简化。依据相关政策全市缓交、减免水土保持补偿费共计992万元,惠及574个生产建设项目,切实减轻企业负担。在全省年度水土保持目标完成情况考核评估中,我市连续四年均为优秀等次。

【工程管理】 以安全鉴定为基础保证。对照工程安全鉴定有关规定,完成月塘水库、铜山闸、高邮毛港漫水闸、黄金坝闸站等4座中型水利工程安全鉴定,为掌握工程安全状况和强化监督管理奠定基础。

1. 达标创建。印发《扬州市水利工程精细化管理实施方案》,月塘水库、润扬河闸、仪扬河闸、润扬河堤防被认定为全省首批精细化管理一级工程,平山堂泵站、沿山河堤防通过省精细化管理一级工程初评,瓜洲泵站、安墩闸泵站、昭关闸创成省精细化管理二级工程,仪征市乌山、邗江区姚湾等10座小水库完成精细化管理评价。

2. 水利风景区建设。创成月塘水库省级水利风景区,在全省率先实现水利风景区"县级层面全覆盖";古运河水利风景区、瓜洲枢纽水利风景区、润扬河水利风景区入围江苏省水利风景区精品线路,其中古运河水利风景区列入2022年国家水利风景区高质量发展典型案例名单。

3. 落实资金。积极争取省级以上水利工程维修养护和防汛抗旱资金5 359万元,较2021年度增加2 304万元（上涨幅度达75%）,并落实市级财政资金1 706万元,实施完成一批维修养护和防汛应急项目,及时消除各类安全隐患,确保工程安全运行。

4. 水库安全。严格落实水库安全"四个责任人"和"三个重点环节",并将仪征市3座小水库清淤整治和3座小水库监测设施完善列入省级试点;完成中型月塘水库和仪征市9座、邗江区12座、高邮市3座小水库管理和保护规划编制并分级印发,为新形势下水库安全运行和综合效益发挥保驾护航。

【防汛防旱】 入夏后,全市呈现降水异常偏少、来水异常偏枯的特点,面对历史少见的气象干旱,在配合实施江水北调,全力支持全省抗旱大局的同时,调度万福闸、施桥翻水站抢抓长江短暂高潮引江补湖1 000万立方米,利用洪泽湖控制汛限水位契机拦蓄淮水2.5亿立方米,沿江各闸站全力抢潮引水1.5亿立方米,全市上下累计投入抗旱资金9 609.44万元,抗旱人员6.3万人次、设备设施11 000余台（套）,新凿抗旱井35眼,启用补水线64条,补水总量达7亿立方米,有效保障生产生活生态用水,尤其是农业灌溉用水。修订完善《扬州市城市防洪应急预案》,以超强台风和极端暴雨为背景,通过桌面推演和现场实战的方式,组织开展多部门联合预案演练。储备6.9万吨块石等防汛物资,采购55套铝合金挡水墙,引进水上救援机器人等新型装备,确保关键时刻"拿得出"。严格执行防汛24小时值班和领导带班制度,加强与水文、气象等部门会商研判和信息共享,强化雨情、水情、工情监测预警,及时预降部分河道水位,严防旱涝急转。妥善应对了台风"梅花"和汛期多轮短时强降雨。

【水政执法】 拓展水行政执法领域。2022年全市共立案查处水事违法案件20件,现场调查纠正各类水事违法行为22件,发送执法文书14份。完成省水利厅交办各项任务清单3件,参与局督查组完成市政府组织的非法占用长江滩地的19个项目拆违工作,群众举报各类水事活动6件。对上级交办和群众举报案件件件有落实并回复。长江河道采砂管理持续加强。

1. 健全机制。市政府主导成立全市水域联合执法管理联席会议,将市工业和信息化局、市场监督管理局列入联席会议成员单位,明确对船舶企业和砂源市场的监管责任,加大了对隐形采砂船非法改造和砂石码头砂源的管理力度,进一步增强长江河道采砂综合管理力量。

2. 综合治理。强化两法衔接,沿江各地主动向司法机关移交线索,配合公安部门侦办非法采砂案件3起。加强与公安、海事、市场监管、渔政等部门联合执法巡查,共开展联合执法巡查行动9次,全市共组织巡查长江河道及通江沟叉856次,开展非法改装采砂船专项检查3次,出动执法人员3 528人次,出动执法艇503航次,执法车巡查513次,共查处涉砂案件3件,拆解"三无"采砂船1条。

【水利科技】 始终贯彻"科教兴水"战略,扎实做好水利科技工作,大力支持先进实用技术研究与应用推广,本年度共组织申报11个省级水利科技项目和2个市级社科重点课题,其中3个科技项目通过审核并完成立项,1个社科课题申报成功;同时加强科技项目管理,明确承担单位主体责任,积极推进项目实施,本年度共完成1个省级水利科技项目验收结题,2个省级水利科技项目总结结题,1个市级社科重点课题结项。积极把握数字化、网络化、智能化融合发展的战略机遇,结合实际制定《扬州市水利局数字化转型工作方案》，谋划构建水利数字化发展体系。加快推进扬州市城市水利安全运行调度基础建设工程，基本完成闸站电气设备改造、调度中心基础配套、水利物联感控等子工程，以古运河为典型打造数字孪生应用场景。启动以防洪排涝模型、水动力水质耦合模型、人工智能深度学习模型等为技术支撑的扬州市城区智慧水利综合调度系统，智慧水利雏形初显，推进水利基础设施数字化转型升级。

【党建工作】

1. 抓实主体责任。制定并落实年度全面从严治党责任清单，提醒班子成员对照"一岗双责"认真落实。研究印发并落实《2022年度全面从严治党及党风廉政建设工作要点》。召开全市水利系统党风廉政教育会议，专题研究全面从严治党、党风廉政建设及反腐败工作各2次，确保业务工作和党风廉政建设同抓共进。

2. 强化监督约束。出台党组1号文件《扬州市水利局加强党建引领促进作风建设实施方案》，制定基层党建"书记项目"，召开作风建设大会、作风建设年中总结会，以加强党建引领作风建设，严肃工作作风，锤炼工作本领，水利系统工作作风更加扎实。发挥机关纪委执纪监督作用，对市直基层单位开展党建、党风廉政建设、作风建设检查全覆盖，及时发现问题，督促相关单位（党支部）整改。

3. 加强学习教育。积极创建廉洁机关，制定实施方案。扎实开展"5·10""12·9"党风廉政教育日活动，观看警示教育片，做到纪律规矩常抓不懈，教育党员警钟长鸣。开展集体廉政谈话，沟通思想、交流情况，及时解决苗头性倾向性问题，让广大党员干部筑牢思想道德防线；抓好节假日党风廉政教育，提醒党员干部保持清醒头脑，增强廉政意识，严防各类"节日腐败"现象。

4. 严抓疫情防控志愿服务。贯彻落实"微网格＋机关党员干部志愿者"联建共创机制，扎实开展疫情防控志愿服务，做好全员培训与应急演练。今年以来，组织协调180余人的3支服务队，成立蒋王社区行动党支部，无论周末假期，共承担了广陵区27所学校、8个农贸市场、7个宾馆酒店、1家大型商场和邗江区1个社区的抗疫志愿服务，全年人均服务时长超过200小时。

【宣传教育】

1. 做好水利宣传。牵头召开扬州水利宣传信息工作座谈会，积极对接扬州报业传媒集团、广电传媒集团，充分利用报纸、电视、网络等媒体，开展"工作宣传""人物宣传""单位宣传"，全面记录新阶段水利人迎风击浪、克难而进的艰辛历程，生动展现扬州水利百尺竿头更进一步的跨越式发展，传递扬州水利正能量。在把好政治关、政策关、保密关、文字关的前提下，今年共组织发布《扬州这样守护"隐藏的资源"》《我市紧急下拨抗旱资金676万元》《48小时补水10万立方米 3 500亩水稻田"解渴"》等新闻报道达160余篇。特别是围绕党的二十大专题，策划推出了党的十八大以来扬州水利发展十年成就系列宣传报道，包括扬州日报专版文章《踔厉奋发 笃行治水 新时代扬州水利发展成绩斐然》、扬州发布报道《喜迎二十大｜江苏扬州，从调水与节水看"一碗水"端平的生动实践！》、党的二十大精神学习感悟《撸起袖子加油干 风雨无阻向前行》、扬州新闻特别报道《回首十年·绿色发展 美丽宜居"好地方"》、关注专题节目《非凡十年"里子工程"叩响幸福民生》等。

2. 开展水情教育。认真学习研究水情教育基地创建相关政策文件，及时动员各县（市、区）组织申报。对照评选条件，根据实际情况，确定扬州水利展示馆为省级水情教育基地申报单位，并指导展示馆依据水情教育工作计划，开展水状况、水政策、水法规、水常识、水科技、水文化等六方面的教育活动，努力将展示馆打造成为具有教学、宣传、展示、实践、研究"五位一体"的水情教育基地。充分利用展示馆多方联动开展水情教育宣传活动,带动社会公众进一步了解市情水情,扩大水情教育的社会覆盖面和公众影响力,发挥水情教育示范引领作用,形成知水、节水、护水、亲水的良好氛围。

镇江市

【工作概述】 镇江市各级水利部门全力抓好"生态要提升"的紧迫任务,深入推进"美丽镇江 幸福河湖"建设,全面完成市委、市政府交办的12项重点任务以及3件民生实事,高质量考核实现最好结果,水利工作取得积极成效。

【水利建设】 科学高效统筹资金使用,全年争取市以上水利发展资金约3亿元,全市实现水利建设投资约12亿元,保障各类建设任务有力有序推进。长江镇扬河段孟家港下段应急护岸工程、丹阳市太平港闸站拆除重建工程等重点水利工程顺利完工,扬中市六圩港闸站移址新建工程完成主体工程建设、丹阳市九曲河备用水源地达标建设有力推进。扬中市思议港闸站工程被评为市"金山杯"优质工程,谏壁节制闸拆除重建工程被评为省优质工程。

【河湖长制】 依托河长制平台统筹各方力量,推进系统治理,打造人民群众满意的幸福河湖。积极构建"市级河湖长抓统筹协调、县乡河湖长抓推动落实、村级河湖长抓巡查管护"的工作格局,全年各级河湖长履职超3万人次,解决各类问题2千多个,让"水流到哪里,责任就跟到哪里"。深化跨区域、跨部门联动机制,创新河湖长助力黑臭水体治理模式,发布河湖"红黑榜",推动河湖系统治理,镇江市日供水万吨以上集中式饮用水水源地水质达标率以及国考断面优Ⅲ比例继续保持100%。举办"喜迎二十大 建设幸福河"集中行动,营造良好社会氛围。来自丹阳市和丹徒区的3位河长获得江苏省最美基层河长、最美民间河长称号,句容市《水韵赤山湖》获得全国"60秒看水美中国"优秀短视频,央视《焦点访谈》栏目点赞镇江市河湖长制工作。

【河湖管理】 高标准建成34条幸福样板河湖,22个河湖长制公园。

【水资源管理】 镇江市润州区和京口区创成国家级县域节水型社会。全市打造各类节水载体56个,江苏大学成功入选节水型高校典型案例,窦庄服务区和仙人山服务区创成节水型高速公路服务区,实现镇江市节水型高速公路服务区零的突破。强化法制化保障。出台《镇江市节约用水条例》,开展《镇江市河道管理办法》立法调研,不断完善水法规体系。

【农村水利】 全年疏浚农村河道227万立方米,建设农村生态河道72条,治理水土流失面积15平方千米,新增3个省级清洁型小流域,我市水网体系不断完善,镇江市水利局荣获全国水土保持工作先进集体。长期以来,镇江市水土保持工作以习近平生态文明思想和"节水优先、空间均衡、系统治理、两手发力"的新时期治水思路为指引,认真贯彻落实国家、省关于水土保持工作的决策部署,紧紧围绕高质量发展、乡村振兴战略等地方党委、政府中心工作,加强组织领导,健全体制机制,加大综合防治力度,强化监督管理,全市水土流失面积从"十二五"期末的265.58平方千米降至2021年底的154.50平方千米,水土保持率达到95.98%,水土流失面积和强度持续呈现"双下降"态势,工作成效显著。一是规划体系更加健全。坚持规划先行,实现市、县水土保持总体规划和"十四五"专项规划全覆盖,科学指导和加快推动全市水土流失防治工作。二是机制建设逐步完善。充分发挥水利部门牵头作用,在全省率先建立健全市级水土保持工作协调机制,强化部门协同,在联动审批、综合防治、联合监管等工作方面形成合力。三是防治成效不断提升。坚持山水林田湖草系统治理,加快实施水土保持综合治理项目,以"山青、水净、村美、民富"为目标因地制宜打造12个生态清洁小流域(总建成数量位列全省第二)。四是监督管理持续强化。全面加强生产建设项目水土保持全链条、全流程监管。加强部门信息共享,推动联动审批,严格方案管理。规范开展在建项目水土保持监督检查和验收备案管理,综合运用"天空地一体化""互联网+"等技术手段开展水土保持信息化监管,有效管控人为水土流失。

【工程管理】 全年下拨维修养护资金及水库移民项目资金超1.3亿元,争取中央抗旱专项资金3 400万元,保障工程安全运行,进一步夯实乡村振兴水利基础。推进标准化建设,完成34个省规范化、精细化管理工程评价,句容市北山水库国家级水管单位、丹徒区全国深化小型水库管理体制改革样板县等创建工作取得积极成效。

【防汛防旱】 调整优化防汛抗旱指挥体系,修订完善调度方案和应急预案,有效处置34处重点度汛隐患,及时清除18处行洪障碍,扎实做好物资储备、队伍演练等备汛工作。面对历史高温天数最长、历史同期长江上游来水最小的严重干旱,各地发扬特别能吃苦、特别能战斗的精神,谏壁抽水站、丹阳九曲河枢纽、丹徒长山提水站、句容长江站、赤山站连续开机,最长超130日,共引提水约25亿立方米,保障了全市生产生活用水需求。坚持防汛抗旱"两手抓、两手硬",面对来势汹汹的强台风"梅花",各级防指统一指挥、果断决策、科学防御,交出全市无人员伤亡、无重大损失、无重大险情的优异答卷。

【水政执法】 结合常态化扫黑除恶,经常性对长江禁采、疏浚砂综合利用等重点领域开展专项执法,有效遏制涉水违法违规行为。各地以第二轮中央生态环境保护督察问题整改为契机,全面对标对表习近平生态文明思想,以铁的决心、铁的措施、铁的纪律,深入实施长江干流岸线违规占用项目系统治理。市水利局会同属地全面排查长江干流岸线利用项目468个,下达举一反三整治项目270个,建立联合会商、月度调度、挂钩指导等工作制度,构建"牵头部门指导、责任部门配合、属地狠抓落实"的工作闭环链条,扬中市、丹徒区、润州区、镇江新区主要负责同志牵头挂帅、靠前调度,京口区委主要负责同志赴长江委协调沟通,有力推动问题整改。19个典型案例已拆除17个,其余2个项目计划今年完成搬迁。完成举一反三拆除类项目129个,拆除违章面积约22万平方米。通过铁腕治理,解决了一批长期想解决而没有解决的历史遗留问题,部分地区"临江不见江、靠水不亲水"的困局实现破题。市水利局被评为全省污染防治攻坚战先进集体。疏浚砂综合利用监管取得积极成效,全年累计上岸257.92万吨,创历史新高,开创了疏浚砂综合利用试点"镇江模式"。

【水利科技】 突出智慧化支撑,开发智慧水利平台电脑手机操作系统,完成市直主要闸站自动化改造,持续加大创新力度,市工程勘测设计研究院通过省级高新技术企业认证。坚持人性化服务,简化小微涉水建设项目审批流程,压缩审批时限近90%;落实"苏政22条"及缓缴行政事业性收费等政策,累计减免或缓缴各类费用约1 300万元,展现助企纾困水利担当。

【党建工作】 镇江市水利局党委将迎接党的二十大、学习宣传贯彻党的二十大精神作为2022年最重大的政治任务和最重要的工作主线,深刻领悟"两个确立"的决定性意义,用党的二十大精神统一思想、统一意志、统一行动。始终牢记"国之大者",自觉把水利工作融入发展大局,主动扛起服务长江经济带、运河文化带、全面乡村振兴等国家重大战略的使命担当,推动党中央、国务院和省市各项决策部署落地见效。全面加强党的建设,坚持大抓基层的鲜明导向,选优配强基层党组织班子,加强党员队伍能力建设,做实书记项目和民生实事,在实践中不断擦亮"旗展江河 水映初心"水利党建品牌。市谏壁抽水站第一党支部创成五星级支部,市防汛抗旱抢险中心党支部被评为"一线先进战斗堡垒",市水政监察支队周佩日同志入选全市首届最美公务员,支部战斗堡垒以及党员先锋模范作用充分发挥,风清气正的政治生态不断巩固。

【宣传教育】 充分认识意识形态工作的极端重要性,不断加强阵地建设管理,大力弘扬清风正气,努力讲好水利故事。全年在市级以上媒体发布宣传稿件300余篇,完成《镇江市水利志》编撰,镇江市水文化展示馆建设完成,推动水文化进基层、进校园,市水利局获得"水韵江苏—节水少年行"优秀组织奖。

泰州市

【工作概述】 泰州市水利系统以习近平新时代中国特色社会主义思想为指导,在市委市政府的正确领导和省水利厅的大力支持下,围绕迎接党的二十大、学习宣传贯彻党的二十大精神,坚决落实"疫情要防住、经济要稳住、发展要安全"重大要求,着力打造"水安全有效保障、水资源永续利用、水生态系统复苏、水管理智能高效、水文化传承弘扬"的现代水利体系,扎实做好各方面工作,较好完成了年度目标任务。

【水利建设】 1. 重点水利建设。重点水利建设任务为3.3亿元,全年完成投资3.95亿元,完成率119.7%。实施重点水利建设工程项目8个。其中:结转项目3个,均完成年度任务,新开工项目5个,焦土港整治、姜堰西姜黄河整治等工程有序推进。马甸枢纽改建工程项目被评为省级优质工程,通过中国水利工程优质(大禹)奖现场复核,创成省级文明工地1个,市级水利工程优良率达到50%以上。

2. 城市水利建设。城市水利建设任务为6 109万元,全年完成投资1亿元,完成率163.7%。实施8个工程项目。其中:结转项目3个,基本建设完成。新开工程5个,城区河道清淤轮浚、南官河闸北段整治工程基本完成,姜溱河整治等工程有序推进。

【河湖长制】 修编市管河道"一河一策"三年行动计划,明确21条市管河道任务清单,制定《市级河湖长履职交办督办机制》《河湖突出生态环境报告制度》,市级河长巡河履职72次、签发交办单21件,解决污水直排、违建反弹等重点难点问题40项,县、乡、村级河长巡河履职分别达436次、4.8万余次、42.9万余次,共计解决各类涉河湖问题9 721个。开展"清风行动"河长制专项行动,市级层面累计开展4轮集中督查和2轮明察暗访,共计督查河道458条,书面通报涉河湖重点问题59项,现场交办200余项轻微问题并整改到位。继续强化督查力度,2022年共计问责各级河长和责任人16人。建立"联合河湖长制",协同治理管护跨界河湖25条。开展长江干流岸线利用项目排查整治"回头看",拆除天港码头东侧码头。加大里下河地区投入,累计打捞水面漂浮物470余万吨。强化《泰州市河长制工作条例》宣传,累计印发1.5万余册,开展专题宣讲800余场、媒体宣传600余次。推行幸福河湖"积分银行",吸收主动参与群众3万多名。积极动员村(居)两委委员、网格员、退休老党员等社会力量参与河湖长制工作,新吸收"民间河长"2 300余名。

【河湖管理】

1. 幸福河湖建设。建成幸福河湖1 020条，评选出"十佳"幸福河湖10条，"五星"幸福河湖30条，"星级"幸福河湖40条，建成数居全省前列。

2. 退圩还湖工程。融入打造"美丽岸线"理念，以近自然的生景系统实施河湖空间形态，积极营造健康湖盆形态。兴化市继续实施得胜湖退圩还湖工程，完成形象进度70%；姜堰区推进喜鹊湖退圩还湖工程前期工作；海陵区、姜堰区龙溪港、夏家汪退圩还湖实施方案已报省厅。

3. 河湖空间管控。推进里下河湖泊湖荡遥感监测存量问题销号，探索利用退圩还湖堆土区消化历史违章问题，存量违法点只减不增。兴化市配合开展非法船舶行业专项整治，对37家非法船厂开展整治行动，对不符合管理规定的船厂36家进行取缔，恢复岸线自然生态。

【水资源管理】 印发2022年全市水资源管理工作要点。在全省率先完成灌区渠首取水在线监测计量建设。完成取水工程规范化建设76个，地下水取水工程登记造册基本台账信息登记、上报率100%。探索建立水权交易政府收储制度，明确改革主要思路，推动改革向纵深发展。全年共减征水资源费93.6万元，惠及企业128家。节水型工业园区创建实现零突破，国家级节水达标县实现市域全覆盖。节水"三同时"工作落地落实。"节水进邮路"宣传活动成效显著，覆盖9万余家企事业单位和居民。

【农村水利】 农村水利建设任务为8.1亿元，全年完成投资8.6亿元，完成率106%。实施中型灌区续建配套与节水改造工程4个，整治骨干渠系88条、173千米，升级改造电灌站236座，建设圩口闸4座、田间建筑物15座。开展农村生态河道建设，共实施127条、396千米，农村生态河道覆盖率达38%。上争国家级水土保持重点工程项目2个，综合治理水土流失面积18平方千米。

【工程管理】 对全市水利工程基础信息进行调查，动态更新了堤防、水闸基础数据库的各项信息，制作了全市水利工程"一张图"，印发了《泰州市主要水利控制性建筑物工程名录》。常态化运行城区调水泵站，开机108天，引水4 658万立方米，通过口岸闸、马甸闸、过船闸、夏仕港闸等向通南地区引水12.68亿立方米；协调省高港枢纽向通南地区生态补水开机34天，引水1.89亿立方米，启动马甸枢纽开机7天、引水3 200万立方米。推进7座水利工程创建精细化管理单位。建立了汛前、汛中、汛后专项检查机制，落实维修养护经费，建立堤防安全会商机制，全年堤防未发生险情。

【防汛防旱】 补充完善防汛抗旱指挥部成员单位，组织开展汛前汛后检查，实行隐患问题销号管理。与军分区联合开展"祥泰5号"全市域、多险种军地防汛抢险演练。台风"梅花"来袭期间，泰州市迅速启动防台风预案，联合气象、应急、农业、水文等部门，多次召开会商会、视频调度会，加强信息发布，发布预警、避险信息短信500余万条。科学精准调度水利工程，各通江口门共计引水68.28亿立方米。全力推进改革创新项目，建成长江防洪一小时应急响应圈，构建起市防指统一指挥调度，5个响应圈快速协同响应的应急处置体系，做到险情发生1小时内，应急处置人员、物资、装备到位，快速应急处置。长江防洪一小时应急响应圈建设获得泰州市2022年度改革创新一等奖。

【水政执法】 开展水政监察队伍标准化和水行政执法基地标准化建设，完成省级示范点泰兴大队创建。有序开展市级长江执法基地建设。拓展"智守长江"平台功能，开发疏浚砂监管、电子围栏等新功能，增配高清视频监控探头、夜视仪、望远镜、执法记录仪等执法装备。开展水行政执法技能竞赛,推动水行政执法整体形象和能力提升。联合开展"镇扬泰""苏通泰"等跨区域非法采砂行动,全市组织开展长江执法巡查695次、联合执法行动174次,查处涉砂行政处罚案件3起,移送公安机关涉嫌刑事犯罪案件4起。持续服务长江航道疏浚砂综合利用,创新工作机制,落实现场监管,累计上岸利用疏浚砂184.66万吨,为实现销售1.07亿元。

【水利科技】 积极组织申报省、市有关部门研究课题,并与相关科研院所建立了良好的互动。省水利科技项目"街河并行"水生态空间规划设计方法研究工作大纲及阶段性成果通过专家评审。

【党建工作】

1. 思想政治建设。将学习新思想特别是党的二十大精神作为"第一议题",研究党建工作5次,中心组集中学习13次,交流研讨6次。全年开展理论宣讲8次,专题调研20余次。开展"习语共鸣"沙龙、支部书记"七一"党课、中层干部"创新大讨论"、"新征程面对面"读书会、"光荣在党50年"授勋等特色活动10余次。"泰州水利党建引领高质量发展工作"获《中国水利报》《泰州党建》专版报道,相关动态被《省委快报》和《泰州快报》头版头条刊登。

2. 新时代文明实践活动。持续弘扬和践行社会主义核心价值观,举办"爱、敬、诚、善"主题道德讲堂4期。精心策划"我们的节日"活动,开展元宵节花灯制作、端午节"粽叶飘香 情暖万家"等活动4次。发挥"5+1+2"党建联盟优势,举办共建活动7次。组织关爱"山川河流"、服务省运、"博爱万人捐"等志愿活动20余次,捐款近6万元。文明创建深入推进,制定《创建全国文明单位工作方案》,清单化、项目化实施。

3. 党支部建设。局机关党委开展工作提示12期、示范观摩5次、督查检查3轮。创新成立联合支部,出台《支部委员、党小组长履职清单》。"一小时响应圈""积分银行"等"党建+"项目获得央视新闻直播间、《新华日报》等媒体宣传报道。

4. 干部队伍建设。注重在重大考验、急难险重中观察、评价、识别干部,出台《局中层干部"点燃"计划任务清单》,在急难险重任务和支部工作岗位培养锻炼干部。大力培养年轻干部,出台《市水利局年轻干部培养方案》,推出5大类18条培养举措。召开"90后年轻干部成长座谈会",开展新入职人员见面会暨"成长导师"结对仪式。组建防汛抢险队、青年突击队,推动干部在急难险重岗位摔打磨炼。

5. 机关作风效能建设。建立个人与集体挂钩、平时与年终挂钩、领导与职工挂钩的多方共同成长体系。完善廉政风险防控体系,修订排查廉政风险点,分解党风廉政建设和廉政风险防控责任清单。

【宣传教育】

1. 节约用水宣传教育。开展第30届"世界水日"、第35届"中国水周"主题宣传。在《泰州日报》刊登主题宣传文章,在公众号"泰州河长""泰州水政""首善城南""泰州学院""九龙实验学校",微信朋友圈、抖音等新媒体平台推送相关节水公益广告,并被"新闻头条"采用。在泰州电视塔、泰州电信、金融中心广场大屏,市内公交等平台开展节水公益宣传;组织水法宣传进校园、进社区、进工地等活动,联合泰州学院、九龙实验学校中心小学开展"节水知识公开课"、"节水惜水 共创未来"主题创作比赛、"共沐节水之风 同创绿色家园"主题教育、"大手牵小手 一起进校园"节水活动。

2. 水行政执法宣传教育。联合省泰州引江河管理处、南京海事法院泰州法庭、市司法局、市渔政监督支队、高港区农业农村局、长航泰州派出所等单位,深入沿江企业、码头,通过悬挂宣传横幅、发放宣传手册及宣传物品,开展《中华人民共和国长江保护法》《长江河道采砂管理条例》等法律法规宣传。

3. 河长制工作宣传教育。强化《泰州市河长制工作条例》宣传，累计印发 1.5 万余册，开展专题宣讲 800 余场、媒体宣传 600 余次。推行幸福河湖"积分银行"，吸收主动参与群众 3 万多名。积极动员村（居）两委委员、网格员、退休老党员等社会力量参与河湖长制工作，新吸收"民间河长"2 300 余名。

宿迁市

【工作概述】 宿迁水利以迎接党的二十大、学习宣传贯彻党的二十大精神为主线，积极践行"节水优先、空间均衡、系统治理、两手发力"治水思路，牢记嘱托淬炼担当、凝心聚力开创新局，成绩斐然、佳绩频传。完成全省首例县区间水权交易，颁发全省首张承诺制取水许可证，入选国家首批再生水利用配置试点城市，全省地级市唯一；荣获省政府河长制督查激励市，全省仅 4 家；宿迁市水利局被表彰为"全国水土保持工作先进集体"和"江苏省打好污染防治攻坚战先进集体"。

【水利建设】 实施 33 项（类）年度重点水利工程，完成水利投资 33.03 亿元，流域防洪能力进一步巩固，淮河水系防洪标准达到 100 年一遇，沂沭泗水系防洪标准达到 50 年一遇。一是重大项目前期。沂沭泗河洪水东调南下提标工程规划获水利部批复，骆马湖、新沂河提标工程作为整体单元率先启动可研编制；淮河干流浮山以下段行洪区调整与建设工程可研通过水规总院审查；配合加快推进淮西洼地和柴米河治理工程可研编制；岔流新开河、安东河、拦山河、利民河等一批中小河流治理工程及淮洪站更新改造工程获批实施。二是流域重大工程。单项投资最大（26.3 亿元）的水利工程洪泽湖周边滞洪区治理工程全面开工程建设，年度完成投资 6.31 亿元，占年度任务的 105.2%。三是区域基础工程。完成马河上段治理工程建设任务，岔流新开河、拦山河治理等区域重点工程快速推进，有效提升区域防洪排涝标准。

【河湖长制】 印发《宿迁市 2022 年度河湖长制工作要点》，实施 25 类 100 项重点工程，发挥河湖长制统领作用。

1. 河长履职工作。修订《宿迁市河长履职规范》《宿迁市基层河长履职实施细则》。全年市级河长巡河 61 次，县、乡、村级河湖长巡河 11.2 万余次。

2. 河长业务培训。开展全市河湖长制工作培训，邀请省内外行业专家授课，通过案例分析、理论讲解和现场观摩等多种形式进行专项培训，提升河长履职的积极性和工作能力。

3. 整违治乱工作。委托第三方对全市河湖常态化巡查，加大河湖问题巡查力度，下发交办单 32 张，交办疑似问题 1285 个，督办问题整改 1 093 个，完成省下达妨碍行洪突出问题 21 项。

4. 幸福河湖建设。出台《宿迁市幸福河湖建设实施方案》，排定幸福河湖 10 年建设计划；编制《宿迁市幸福河湖建设评定细则》，全年建成幸福河湖 41 条，其中，黄河故道（城区段）创成黄河故道沿线第一段、淮河流域第一批"幸福河湖"，建设经验获水利部淮委推广。

5. "河长＋"创新工作。宿迁市与淮委、省水利厅及河海大学等单位技术骨干举行了"技术管家"聘用仪式，强化河湖治理技术支持，共同破解河湖治理的难点和痛点，深化和拓展"河长＋管家"应用。

【河湖管理】 坚持生态理念，通过科学治理、综合施策，打造幸福河湖，保护河湖水环境、水生态健康。

1. 洪泽湖治理保护。完成 16.33 平方千米洪泽湖退圩还湖任务和 4 个洪泽湖生态修复示范项目,恢复15千米河道岸线,修复面积近4.33平方千米,有效改善水生态环境。

2. 河湖品牌建设。黄河故道(城区段)创成淮河流域第一批、黄河故道沿线第一段幸福河湖,典型经验得到淮委通报表扬。宿城区黄河故道入选国家级红色基因水利风景区,依托多处红色景点,传承红色基因、赓续红色血脉,打造红色旅游专线。

3. 河湖治理培训。2022年度淮河流域采砂管理培训班在宿迁召开,5个省份80余名培训人员参加,全市采砂及河湖管理成绩得到淮委充分肯定。

4. 涉河建设管理。加大涉河建设项目监管力度,对全市涉河建设项目进行不定期抽查检查,开展30余次现场专项巡查,印发督查通报,督促问题整改落实。

【水资源管理】 强化水资源刚性约束,全面加强节水,优化水资源配置格局,提高水资源利用效率,提升水资源管理水平。

1. 水权交易集成改革。完成全省首例县区间水权交易,由宿豫区向沭阳县转让1900万立方米用水权指标,解决沭阳县部分地区农业用水紧张、供需矛盾突出等问题。宿城区、泗洪县分别创新开展全市首例农业与生态水权交易、企业串联用水水权交易,泗阳县开展全省首例再生水水权交易。宿迁水资源论证区域评估案例入选省典型案例。宿迁市高新区水资源论证区域评估案例入选省商务厅、省发改委、省水利厅等十个部门总结的"推进放管服改革,优化营商环境"区域评估典型案例。在全省率先开展取水许可审批承诺备案制改革,宿迁项王水泥有限公司获批全省首张承诺制取水许可证。

2. 水资源规范化建设与管理。完成100个取水工程规范化建设任务;全市非农规上用水户和33平方千米以上大中型灌区渠首取水口全部接入省水资源信息系统,全年省水资源信息系统平均在线率达100%,非农用水量在线监测占比超过95%,超省定80%的任务;完成5个饮用水水源地规范化建设,分别为骆马湖宿城、中运河宿豫刘老涧、泗洪县徐洪河金锁、沭阳县淮沭河闸南、骆马湖嶂山水源地。

3. 饮用水源地建设与管护。完成中运河月堤水源地水源涵养工程建设,中运河月堤应急水源地达标建设通过省水利厅、住建厅和生态环境厅的联合验收;成立市级水源地管理单位,专责管理骆马湖宿城和中运河月堤水源地;会同生态环境、住建部门建立全市水源地水质水量信息共享平台;泗阳县中运河姜桥水源地达标建设方案通过省水利厅审查。

4. 地下水利用与管控。完成全市地下水井登记造册,对全市地下水井实行清单化管理;建立水位动态跟踪和预警机制,全年地下水水位实现回升。

【农村水利】 聚焦民生水利热点难点,进一步健全农村水利工程体系,增强农村群众的获得感和幸福感。

1. 灌区现代化改造。来龙灌区现代化改造项目完成渠道及排涝沟整治58千米,巡检道路铺设19千米,配套建筑物30座,新增灌溉面积5.33平方千米,恢复和改善灌溉面积153平方千米。泗洪县红旗、曹庙灌区已完工。通过水利部复核的节水型灌区达到7个,有效灌溉面积达到4013平方千米,农田灌溉水有效利用系数达到0.606。

2. 农村生态河道建设。以市委农村工作领导小组名义印发《关于加强全市农村生态河道建设与管护的实施意见》,明确"一年攻坚、两年突破、三年冲刺、四年巩固"推进思路,新建农村生态河道1182千米,提前半年完成省水利厅下达年度建设任务,超额完成市级建设计划。

3. 水土保持监管。在全市范围创新开展"双提双减、宿迁速办"专项行动,全市7个省级及以上开发区全面完成水土保持区域评估,2个特定区域完成区域评估试点,成功创建6条省级生态清洁小流域;连续二年省对市水土保持目标责任考核达到优秀等次,被水利部评为"全国水土保持工作先进集体"。

4. 农村供水。制定《全市农村供水保障服务能力提升2022年行动计划》,完成泗洪县农村供水设施提标改造工程6 978万投资,铺设清水主干管37千米、二三级配水管网110千米,入户改造2 535户,对13个小区二次供水实施全面改造。

【工程管理】 不断夯实管理基础,建立健全工程运行管理体制,保障水利工程良性运行,效益正常发挥,监管水平进一步提高。

1. "对标对表"活动。印发《宿迁市水利工程管理单位对标对表争先创优活动实施方案》,局属各工管单位选定一个省管优秀单位作为"对标"目标。通过调研学习、专家授课、现场指导等方式激发单位职工热情,提升运行管理水平,锤炼工程管理业务技能。

2. 工程运行管理。完成袁滩闸、淮柴河闸、刘柴河南闸、刘柴河北闸安全鉴定工作;完成市骆马湖一线堤防、泗洪县濉河闸、宿豫区井头翻水站省精细化管理一级工程和沭阳县淮沭河堤防省精细化管理二级工程市级评价;完成泗洪县7座小水库省精细化管理二级工程评价及复评工作。

3. 工程项目实施。下达两湖搬迁项目资金2 124万元,维修养护资金1 774万元,指导和督促县区做好工程规范实施和资金管理工作。全市两湖搬迁群众扶持项目建设全部完成并通过验收,各县区水利工程维修养护项目按期完成。

【防汛防旱】 成功应对新沂河长历时行洪和1961年以来最严重气象干旱,累计实现防汛抗旱减免灾效益18.36亿元,落实省市防汛抗旱经费3 500余万元,为经济社会平稳较快发展提供了坚强保障。

1. 防汛工作。受沂沭泗上游多轮强降雨影响,骆马湖嶂山闸7月5日起持续泄洪30天,累计下泄水量48.3亿立方米。根据防汛防台形势变化,宿迁市防汛抗旱指挥部及时启动防汛Ⅲ级、防台风Ⅳ级和新沂河防洪Ⅳ级应急响应,派出5个工作组,分片区指导防汛防台工作,全面夯实防汛责任。汛期发布雨情水情汛情工情研判信息40余条,超前部署防汛物资,组织县区近3 000人参与巡堤查险,确保行洪期间堤防安全。加大险工隐患处置力度,完成各类工程应急消险项目53项,推动中心城市水系连通工程建设,提升片区排涝能力。

2. 抗旱工作。受1961年以来最严重气象干旱影响,2022年累计降雨量仅722毫米,比多年同期偏少22%,最高气温35摄氏度以上天数达17天。洪泽湖、骆马湖分别累计低于旱限水位55天、24天;淮河干流全年总来水量117亿立方米,比多年平均偏少56%,汛期(6—9月)来水量仅23.6亿立方米,比多年同期偏少84.4%,不足2021年同期十分之一。面对严重旱情,宿迁市加强河道生态流量管控,制定生态补水实施方案,利用新沂河行洪期间洪水资源,向洪泽湖补水近4亿立方米;协调通过"江水北调"工程向"两湖"补水约6亿立方米;组织各地加强淮沭河、中运河、徐洪河沿线灌溉用水管控,适时关闭用水口门、拦蓄雨洪资源抬高湖库河网水位,为全市为生产、生活、生态用水保留充足水源。

3. 防汛能力建设。开展防汛决策系统开发,防汛会商系统实现省市县乡四级覆盖。组建专业防汛机动抢险队6支179人,落实水利工程巡堤查险队伍157支3.8万人。组织开展防汛专题培训21班次1 500人次,组织防汛抢险演练3 700人次,2个滞洪区全覆盖撤退演练1 200人次,切实提升应急处置能力。

【水政执法】 全市水行政执法巡查共出

动万余人次、956船次、1 203车次、无人机126航次,处理水事违法行为196起,组织行政约谈2次,作出行政告诫3起,立案查处58起,彰显了水行政执法威慑,维护了良好水事秩序。

1. 协调联动。梳理水事违法行为监管分类清单95项,明确13个监管处室单位,开展防汛安保、水土保持、水文设施、地下水专项执法,清除碍洪问题58处,下达水土保持整改通知书12份,整治破坏水文监测环境6起,立案查处市直区域非法取水案件29起,洋河地下水水位回升3.33米,"以案释法"案例入选《全省依法行政典型案例选编》。

2. 平安水域。深化市平安水域共建共治机制,加强公安、交通、渔政跨部门执法协调联动,采取船艇与监控系统交叉互补巡查方式,突破水域盲区和气候瓶颈,保持涉水违法活动高压打击态势,开展多部门联合执法行动30余次,排查统计"三无"船舶3 885艘,查处涉河违法建设4起,清除违法物料堆场5处,持续保持洪泽湖骆马湖水域非法采砂"双清零"成果。

3. 智慧执法。积极探索智能视频监控自动取证、无人机智能巡查等执法监管手段,部署完成水行政执法监督系统,实现执法全过程数字化留痕;推广应用"试剂＋地探"智能化技术手段,让地下水盗采行为无处遁形;建设水资源费费源数据库,取水用水信息化集抄全覆盖,全年征收水资源费2 100余万元。争取省厅拨付150万元支持骆马湖、中运河执法基地建设,泗洪县洪泽湖执法基地成功创成"省级标准化基地"。

【水利科技】《宿迁市区浅表含水层雨洪调蓄能力研究》《基于碳达峰碳中和下平原河网地区活水循环综合调控技术研究》等2项省水利科技项目获批立项,省补经费30万元。全市省水利科技在研项目5项,省补经费130万元。

【党建工作】

1. 思想政治建设。深入学习贯彻党的二十大精神、习近平新时代中国特色社会主义思想和习近平总书记关于治水重要讲话和指示批示精神,开展局党组理论学习中心组学习18次、专题研讨7次。围绕学习贯彻党的二十大精神,开展专题学习研讨、专题宣传宣讲、专题培训测学,局领导带头撰写学习笔谈,开展红色宣讲暨专题党课、"学习二十大畅谈微体会"等23项活动。

2. 基层组织建设。推进党支部"标准＋示范"建设,指导9个局属党支部按期换届,选优配强支部班子。深入开展"双联双促"先锋行动,投入6万元作为社区精神文明创建资金,深入产业链党组织开展"送服务、送政策"活动,服务企业发展壮大。

3. 党员队伍建设。开展"强国复兴有我"主题系列活动,参加第七届市级机关文化艺术节,获得4项表彰,选拔水利红色宣讲员,开展学习二十大精神和水利精神专题宣讲活动。全年开展党务知识专题培训2次,赴红色档案馆、彭雪枫纪念馆开展党性教育7次。新发展党员4名,新增入党积极分子15名,党组织吸引力不断增强。另有水利行业党建工作。调整完善由局党组书记任行业党委书记的领导架构,出台《关于进一步加强水利行业党的建设工作的实施意见》,指导各地成立水利行业党组织,构建行业部门主管、业务部门分工负责的市、县(区)两级水利行业党组织框架体系。围绕"两个覆盖"要求,探索建立起纵向到底、横向到边的组织架构,市水利行业党委下设市水利重点工程功能型党委、市水利学会功能型支部、水利行业党建联盟等,实现全市水利重点工程领域、行业管理领域党组织"一张网"的纲举目张效果。打造"紫薇花开 幸福河湖"的水利行业党建品牌,全市水利行业各基层党组织在总品牌统筹下,深入开展形式多样的创建活动。组建第一批"红色指导员"队伍,对社会组织、涉水企业开展全方位服务。

【宣传教育】 围绕年度宣传教育工作目标，紧贴工作实际服务大局，找准有效载体借力，坚持报刊网台结合、文字图片视频并举，传播好声音讲好水利故事，为水利高质量发展营造良好的氛围。

1. 水利宣传。组建县区＋各处室（单位）信息员队伍，与《中国水利报》《新华日报》、市级官媒全面合作，做大做强宿迁水利网、水利微信自媒体。全年发布信息1 000余条，组织召开新闻发布会5场，推出重大专题系列宣传活动10余次。市民政局、税务局、生态环境局、统计局等兄弟单位先后来我局学习交流宣传工作经验做法。

2. 水情教育。全市创成国家级水情教育基地1家，国家级水利风景区4家，省级水利风景区5家，省级节水教育基地7家，市级节水教育基地2家，2022年申报省级水情教育基地1家。依托这些载体，连续多年开展征文比赛、摄影比赛、演讲比赛、网络知识问答、水情教育进校园等形式多样的水情教育实体活动，与市委宣传部、团市委、教育局、妇联等部门广泛联动，打造"宿迁水情"教育品牌。

3. 水文化建设。挖掘水文化内涵，推动水旅融合，建成水利遗址公园、运河湾公园、皂河龙运城等一批蕴含河湖文化的特色公园景点。围绕河湖沿线重要文化和自然遗产保护修缮，打造重要节点展示区、水展馆，建成溧河洼百里湖湾、月堤湖、玉珠湖等6个河湖长制文化主题公园，加快实现水、城、人、文和谐交融。

昆山市

【工作概述】 昆山市委、市政府主要领导先后10次批示肯定水务攻坚克难相关工作。昆山市水务局统筹发展和安全，扎实做好抗疫保供，深化水安全综合保障和水生态环境保护各项工作，推动新阶段水务事业高质量发展。昆山市连续五年荣获苏州市河湖长制考核第一等次，国家水网骨干工程——吴淞江整治工程（江苏段）在昆山开工建设，高质量推进污水处理提质增效示范市建设经验被国家住建部遴选为中央城市工作会议精神落实情况交流典型，连续五年圆满完成进博会水环境联保共治任务，省水文局批复成立昆山监测中心，为全力打造社会主义现代化建设县域示范，努力把昆山建设成为向世界生动展示中国式现代化光明前景的重要窗口，提供最坚强有力的水务综合保障。

【水利水务建设】 昆山市水务局共扎口昆山市重点实事工程9项。老杨林塘综合整治工程（二期）、昆山市水文自动监测点建设、新塘河、湖川塘综合整治工程（常泾河-超英河、长胜中心河—金鸡河段）、孟子浜村防洪完善工程（挡墙及堤防部分）、2022年昆山市积水易涝点整治工程等7项工程已完工。老杨林塘综合整治工程一期获评"苏州市2021年度水利工程建设文明工地"；锦溪镇棋盘荡综合整治工程获评"2021年度苏州市级水利建设优质工程"，昆山市在苏州市2021～2022年度水利建设质量工作考核中获评A级（优秀）。

【河湖长制】 市第一总河长、总河长共同签发昆山市2022年第1号"建设幸福河湖，展现水韵鹿城"的总河长动员令，围绕水安全、水生态、水资源、水文化四篇文章对幸福河湖建设进行专题部署。召开全市河湖长制及城乡生活污水处理提质增效精准攻坚"333"行动推进会，确保河湖长制各项工作圆满完成。607名河湖长累计巡河湖21 138次，完成140项昆山市级重要河湖"一事一办"任务清单，有力推动治水护河工作顺利开展。持续深化"五办合一"工作机制，加强工作监督检查、正向激励和考核问责，及时发现和交办问题并督促整改落实，全年累计督查196

次,下发河长办工作交办单38份。累计完成淮委交办问题1项,省河长办工作热线交办问题1项,苏州市河长办交办问题5项。采用线上+线下的方式开展河湖长制工作培训,持续压实基层河湖长及河长办履职责任。多元河长机制持续深化,外籍河长何诺获评江苏省第二届"最美民间河长",4位基层(民间)河长获评苏州市优秀基层(民间)河长,花桥鸡鸣塘河长因幸福河湖建设成效亮眼被评为第一批"苏州基层红榜河长"。"河长+检察长"机制走深走实,在劣Ⅴ类河道治理、汽修、餐饮行业排水整治等领域开展合作,首条利用生态环境损害赔偿资金建设的幸福河湖南范基江顺利建成,并获评苏州市级幸福河湖。

【河湖管理】 锚定2023年底消除劣Ⅴ类水体目标,全力推进劣Ⅴ类河道整治工作。针对水质反复、整治进度脱幅的版块加强督查、交办、通报。每月对疑似劣Ⅴ类河道开展水质监测,严把水质数据关,及时掌握整治动态。2022年49条计划整治的劣Ⅴ类河道已全部完成,同步完成45条2021年已整治的劣Ⅴ类河道销号工作。同时自加压力,提前开展2023年河道整治工作,78条河道均已完成"一河一策"方案编制,水质已达标70条,达标率89.7%。深入落实江苏省、苏州市总河长令要求,2022年完成100条幸福河湖建设,完成2021年度85条幸福河湖验收,10条河道被评为苏州市级幸福河湖,周市镇洪双溇被评为2022年度苏州市十佳最美幸福河湖。目前,全市已累计建成幸福河湖221条,不断提升幸福河湖覆盖面与影响力,做到"开门见绿、出门见景",使群众的获得感更充实、幸福感更真实。全面开展农村生态河道建设,根据《2021年度全省推进乡村振兴战略实绩考核实施方案》要求,积极落实农村生态河道建设工作,2022年昆山市完成18条(段)生态河道建设,总长度25.65千米。

【水资源管理】 落实水资源总量和强度双控。突出统筹配置资源,合理有序使用地表水、严格控制使用地下水、积极利用非常规水,强化水资源统一调度,统筹协调生活、生产、生态用水。顺利完成昆山市2021年度最严格水资源管理制度考核工作,连续三年获苏州考核优秀等次。2022年,全市用水总量5.075亿立方米,非常规水利用量0.526亿立方米。围绕"三规范、二精准、一清晰"目标,全面摸清取水口及取用水管理现状,稳步推进取水工程(设施)规范化建设。落实地下水水量和水位双控。严把审批关口,近年来均无新增地下水开采量,全市地下水埋深均位于控制红线以上。不存在地下水水情警示区和预警区,全市区域全部为水情安全区。完成地下水取水工程和监测井空间信息采集、资料收集整理、登记造册等工作;修编完善《地下水井养护与监测工作台账》,调整优化监测井养护和监测要求。2022年,全市地下水用水量16.42万立方米。推进生态河湖建设,加强水源地长效管护。严格落实水源保护区水陆24小时巡查制度,强化监管力度,构建人防、物防、技防"三位一体"安全保障体系。建立水源地保护与管理电子档案,开展水源地长效管理与保护评估工作,持续深化水源地标准化建设。落实生态治理任务,保护生物多样性,推进湖泊健康发展。做好阳澄湖、淀山湖、澄湖等重点湖泊的蓝藻防控,增强应对重点湖泊蓝藻暴发的预警、防控、应急准备及处理能力。

【农村水利】 推进2022年农水工程计划建设,包括河道疏浚及综合整治66.5千米,畅通工程1项,堤防挡墙工程8.3千米,闸站39项,防汛应急设施采购及外立面改造等其他工程24项,工程总投资约3.9亿元,主要围绕圩内河道水质改善、农业灌溉发展、农村生态河道建设、生态美丽河湖建设、闸站设施等水利设施建设等内容,稳步完善水利基础设施,巩固提升水生态环境,不断满足人民群众对美好生活的需要，提升人民幸福感、获得感。编制完成昆山市"十四五"农村生态河道建设规划修编，规划在"十四五"期间建设80条县乡级农村生态河道，建设生态河道总长206.42千米，主要工程内容包括清淤疏浚、岸坡整治、堤防加固、绿化植被、景观设施、河道管护、截污治污等，2022年建设生态河道18条(段)，治理长度25.65千米。市级河道积极探索实施城乡航道保洁及水葫芦防控一体化，关口前移、统一谋划，集中优势力量于主要航道，将全市主要航道涉及的河道保洁作业工作交由国有企业负责，强化航道水葫芦管控力度。积极融入长三角一体化发展，全力保障中国国际进口博览会水环境质量，全年共打捞水葫芦等水生植物17万余吨。完成文明城市创建各类问题整改，助力昆山成功创建全国文明典范城市。完成72条省级生态河道和18座新增省保护湖泊保护范围线划定和验收工作，2022年划定总长366.9千米；推动镇村级河道和水利工程划界工作。做好水利部、苏州市级水域遥感监测图斑整改销号工作，开展2018年以来涉水项目事中事后监管工作大检查，并着手补充完善监管薄弱环节，全面加强河湖及水利工程巡查，通过综合巡查模式统筹综合河湖和水工巡查内容，提升监管的强度和效率。

【工程管理】 推进农村水利排查整改工作，开展水利工程自查。推进2022年水闸安全鉴定工作，完成17座站闸安全鉴定及验收工作。加强站闸应急发电机组维修养护，完成200座站闸应急发电机组汛前维修养护，保障防汛应急工作。完善昆山市水利工程巡查整改信息系统，探索站闸无人化和智能化管理，并已取得初步成果。探索制定站闸精细化管理制度，推进精细化管理的项目化试点和精品站闸评选工作。

【防汛防旱】 2022年昆山汛期降水量546.5毫米，比常年同期偏少8.3%。6月23日入梅，7月8日出梅，梅长15天，比常年偏短6天，梅雨量（昆山国家气象观测站为基准）为124.3毫米，较常年偏少46.3%。汛期共计出现13次暴雨过程，其中6次区域性暴雨过程、7次局地暴雨过程。共计有27天出现强对流天气，其中，出现雷暴大风13天，出现短时强降水14天。汛期昆山先后受3个台风影响，分别为第5号台风"桑达"、第11号台风"轩岚诺"、第12号台风"梅花"，均给我市带来不同程度的风雨影响。市防指启动防台风应急响应2次，台风"轩岚诺"期间，启动防台风Ⅳ级应急响应，台风"梅花"期间，防台风应急响应提升至Ⅱ级，在市委、市政府主要领导亲自坐镇指挥下，昆山防御力量到位、消除隐患到位、转移安置到位、险情处置到位，经受住了台风考验，奋力将台风影响降到了最低，全市未发生灾情险情。汛期平均水位2.90米（佘山吴淞基面高程，下同），低于去年同期（3.03米），与近十年来最低汛期平均水位（2013年）持平，整个汛期期间四个国家水位站测点均未出现超警戒水位。汛期全市共计储备草包15万余只、各类机泵1 000余台套，组织落实应急抢险队伍348支、5 363人。同时全市组织开展各类防汛培训、演习21次，累计参与人数772人次。

【水政执法】 昆山市水务局近年来坚定不移推进综合执法改革，探索巩固长三角一体化发展成果，统筹开展水行政执法工作，推进执法队伍规范化建设。2022年共开展执法巡查326次，出动执法人员588人次；制止或查处水事违法违规行为153件，在现有的执法权限下立案4件，结案4件，累计罚款4万元；11个区镇管理站向综合执法局移交案件线索共计233件，协助区镇综合执法局立案处罚13件。根据自身工作职责制定了一系列内部规章制度，编写《水行政执法手册》，涉及执法指引、法律摘录、文书模板、案卷评查、案例分析等水行政执法内容，能够让新人"来之即学、学之即用"。坚定不移助力综合执法改革,积极寻求突破,稳中求进巩固改革成果,做好各区镇水务管理站与综合执法局桥梁纽带。2013年以来,与青浦、嘉善、吴江联合共建江浙沪边界水事联合巡查机制,积极探索长三角一体化战略决策重大部署,深化省际边界河湖巡查网络构建,围绕发展"一盘棋"、融合"一家亲"的目标,齐心协力,推动长三角一体化发展不断迈上新台阶。2022年会同青浦水务行政执法支队共同处理昆沪交界区域某小区擅自在淀山湖水域岸线内修筑临时围堰的案件,切实保障省级交界区域水环境质量,促进边界水事稳定。持续开展倒流防止器安装专项行动,对15家企业出具《行政警示书》,要求限期完成安装,对未按期完成的企业进行立案处罚,并紧盯安装进度;积极开展"双随机、一公开"执法检查,随机抽取20家机动车维修企业作为检查对象,将检查中发现的问题提交监管平台,督促企业整改;针对温泉洗浴、啤酒、矿泉水、纺织、混凝土生产等22家重点地下水用水企业开展执法检查。

【水利科技】 对科研基地研究成果进行挖掘梳理,联合河海大学、清华苏州院联合发表论文6篇、申请专利2项。依托已结题的省水利科技项目,与河海大学联合申报2022年江苏省水利科技进步奖,并将研究成果整理汇编,进行推广应用。定期组织开展水务科技沙龙,搭建了系统内广大热衷科研人员良好的学习交流平台,营造浓郁的学术氛围,激发系统内科研创新活力。同时与相关科室(单位),尤其是区镇水务管理站沟通,协调整个水务系统相互合作,共同解决实际问题,充分调动一线工作研创氛围,助推全市生态科创。联合高校、科研单位高起点申报省、市科技项目,同时跟进各项水利科技项目开展情况。2022年通过了1项苏州市水利水务科技项目(《环淀山湖(昆山)及其入湖支流生态涵养带设计研究》)、1项苏州市科技计划(资金)项目(《水葫芦水热炭化利用技术及其还田减肥固碳应用研究》),组织完成2项苏州水务科技项目(《生态景观组合护岸研究与推广项目技术报告》《可持续的河道沉水植物生态修复技术研究与应用》)验收工作,督促3项苏州水务科技项目(《苏州市不同类型城镇污水处理厂尾水湿地净化效能研究》《周庄古镇河道沉水植物生态修复技术研究与应用》及《昆山市全域水文化建设的主要内涵与实施路径研究》)按时结题。依托千灯陆宝江、周市竖南村河综合整治工程,对千灯基地道路、生态排水沟、大门、围墙、宿舍及管理房外立面等进行改造,周市基地河道清水型水生态系统重构技术实施,提升两个科研基地整体生态面貌,打造集科研、创新、治理、示范的产学研合作平台。昆山市水环境治理研究基地被市社科联授牌成为昆山市第十六批社科普及基地。水环境治理研究基地将以此为契机,进一步展示宣传昆山市水环境治理成果,着力提升基地的社科普及工作水平与成效,打造品牌亮点,使之成为新时代满足人民群众对美好精神文化生活追求的新阵地。

【党建工作】 昆山市水务局坚持以习近平新时代中国特色社会主义思想为指导,深入贯彻落实党的二十大精神,以"五强化五提升"引领党建高质量发展,为全力打造社会主义现代化建设县域示范提供坚强的水务保障。常态化开展"党课开讲了"活动,组建水务局党课教员库,完成22个课件。成立5名成员的"百姓名嘴"宣讲团,让党的创新理论"飞入寻常百姓家"。以迎接学习宣传贯彻党的二十大为主线,参观红色教育基地,举办"喜迎二十大 奋进新征程"微党课竞赛、学习达人挑战赛、《习近平谈治国理政》第四卷读书分享会。分长三角一体化、服务对象、村社区三个层次,构建水务行业党建机制。深化与青浦、吴江水务局党委"毗邻"党建联盟的合作。结对10个村社区,组建"城乡融合"党建联盟,开展社区"大党委"活动。坚持"一线工作法",选派 2 名党员挂任行业管理非公企业任党支部副书记,量身定制为企业提供个性化的党建服务和技术指导。以非公企业、行业监管企业、直属单位为基础,建设 6 个党建特色品牌阵地。全面推行"行动支部"工作法,国家水网骨干工程——吴淞江整治工程(江苏段)今年开工建设,第一时间成立项目部党支部。创新"支部+"水环境治理工作模式,14 个党支部挂钩 12 座苏州市级河湖,通过主题党日和志愿服务活动的形式,协助行政河长开展巡河护河工作。汛期组建 25 支"党员突击队",划分"党员责任堤",在轨交 S1 线、易积涝小区等抢排现场,党员冲锋在第一线、战斗在最前沿。实施"党建红引领水务蓝,水先锋治理河湖美"书记项目,建成 100 条幸福河湖。实施"青出于蓝"水务青年培养计划,开展"青水攻坚"活动,31 名青年专攻 7 个难题。疫情期间火线组建水务局防疫先锋行动支部、水路疫情防控行动支部,400 多人编入水务"党员突击队"和"党员志愿者服务队"。成立水务保供工作专班,确保 16 座城镇污水处理厂生产安全和人员安全。

【宣传教育】 以迎接学习宣传贯彻党的二十大为主线,参观红色教育基地,举办《习近平谈治国理政》第四卷读书分享会,"红色引领·青水筑梦"初心之旅、"喜迎二十大 奋进新征程"微党课竞赛,学习达人挑战赛等活动。充分发挥昆山市水务局党校的主阵地作用,常态化开展"党课开讲了"活动,组建水务局党课教员库,完成 22 个课件。成立 5 名成员的"百姓名嘴"宣讲团,开展"昆水大讲堂"系列活动。2022 年全年,昆山市公众号累计推送发文 480 篇,阅读量破 60 万大关,收获 8 万+点赞。昆山市政务微信排行榜每月榜上前十。昆山市水务局官方抖音号、微信视频号,全年累计发布视频 110 余条。全年报送党政信息 150 条,录用 45 条,获评 2022 年度全市党政信息先进单位,一篇政务信息"科学谋划切实做好澄湖地区生态环境治理"获得苏州市委副书记、政法委书记黄爱军肯定签批。

泰兴市

【工作概述】 泰兴市水务局累计上争项目资金 2 亿多元,实施焦土港西段整治、黄桥灌区二期、根思乡红色美丽村庄建设水环境治理、宣堡港泰兴段整治等重点项目。水务局工程管理科获评泰州市第十三批"骏马奖",马甸水利枢纽创建省精细化管理工程通过泰州市级验收;马甸水利枢纽改建工程获评 2022 年度"江苏省水利优质工程"、泰州市优质工程奖"梅兰杯",通过中国水利工程优质(大禹)奖复核验收,是历年泰州市唯一;泰兴长江生态廊道创成泰州市唯一省级水利风景区。全市生态河道覆盖率达 48%,并列泰州第一。整村推进幸福河湖建设,连片打造虹桥镇六圩村、延令街道蔡巷村和根思乡红色幸福河湖等"示范区"。高标准完成 166 条幸福河湖创建任务,获评泰州市级"十佳"幸福河湖 3 条、"五星"幸福河湖 10 条,获得泰州市级奖补资金 160 万元,居泰州市第一。积极上争,获得中央水利救灾资金补助 200 万元,成功抵御台风"梅花",召开全市防汛抗旱工作新闻发布会,积极开展长江防洪"一小时"应急响应圈建设。扎实开展各类风险隐患排查整治,排查整改安全隐患 45 处,全年未发生一起安全事故。推进水利工程标准化建设,水利建设质量考核连续三年在泰州市考核中获得 A 级第一等次,农村河道长效管护连续四年获省级绩效评估考核第一等次。非法采砂、水土保持、质量安全监管等工作扎实推进,水利行业发展规范有序。

【水利建设】

1. 防汛抗旱工程建设。全年投入3 500万元,开展坍塌段观测,组织白蚁防治,对长江水下地形开展多次测量;完成洋思港闸站工程,全面实现智慧化、信息化监管;实施省级水利工程维修养护项目,完成过船船闸大修、天星闸安全鉴定、如泰运河滨江镇段坍塌应急处置项目、马甸水利枢纽创建省精细化管理工程;完善水利工程基础数据库,推动水利工程安全运行管理信息系统建设;全面掌握长江堤防、大中型水闸和重点堤防险工险段安全状况,分类实施除险加固,消除安全隐患。

2. 城市水环境治理。围绕"水体清净,水岸景美,文水互映,人水和谐"的总体目标,累计投资2.4亿元,实施22项城市水利工程,系统综合治理城市河道。实施"清水润城"一期、二期工程,建成智能化一键式河道调度系统,将城区投入运行的26座闸站、48座节制闸全部接入系统,所有节制闸和1个流量规模以下泵站都实现了远程控制、无人值守;实施学院河泵站、友谊中沟南闸站、金沙中沟北排涝站改造等城市防洪工程,推进如泰运河、羌溪河、汤庄河、北汤庄河、洋思港、新上横港、东风河北侧、两泰官河西侧等河道整治工程,进一步贯通水系,加强水体循环自净能力,提升城区调水排涝能力;对东润河、外城河、香榭湖人行步道进行改造,优化整治城市桥下空间,给群众提供亲水、尚水的滨水开放空间。建设腾蛟阁、西水关,坚持一桥一文化,将水文化融入项目建设,挖掘打造水文化景观节点,彰显泰兴水城的水韵特色。

3. 安全高效供水工程。新建从S232向老叶方向3.2公里DN300管网,开工建设河失第二增压站、农产品加工园区增压站和黄桥增压站改扩建工程—清水库项目,保障偏远地区供水水压。改造完成泰黄一期济川路段(阳江路—大庆路)2.5公里DN600供水管道,完成复兴社区、南郊村、兴燕社区、府前社区等片区老旧小区53处供水管网改造工程,进一步降低了管网漏损率。

【河湖长制】

1. 推动河长巡河履职。制定印发《2022年度泰兴市河长制工作要点》,督促各级河长认真履行"管、治、保"职责。2022年,市级河长集中巡河51次,镇级河长巡河3 800余次,村级河长巡河5万余次,下发市级河长及河长办交办单40件。

2. 推进协同治水。会同姜堰、如皋联合治理边界河道,协同高港、靖江实行上下游、左右岸联防联控,77条镇级以上跨界河湖已全部建立协同共治机制。

3. 狠抓污染防治。制定国省控重点断面以及全市通江河道水质达标整治工作方案,省级以上考核断面水质优Ⅲ类比例均稳定在100%。深入排查整治长江各类排污口320个,扎实开展农业面源污染、生活污水、畜禽粪污治理、船舶水污染物整治工作,农村生活污水处理设施行政村覆盖率达80%,规模养殖场畜禽粪污治理率达100%。

4. 强化岸线管控。精心编制骨干河道保护规划,科学划定河湖管理范围。常态化开展河道"两违""清四乱"等系列行动"回头看",巩固内河码头整治成效,建立内河港口码头长效监管机制。推进幸福河湖建设,高标准完成166条幸福河湖建设任务。

5. 落实河道长效管护。制定《泰兴市农村河道长效管护实施细则》,推广干河、中沟市场化管护,乡镇级河道纳入农村公共服务运行维护"六位一体"实施管护。采取"人巡+机巡"相结合方式,建立电脑—手机云端管理系统,实时监测河道信息动态,提高巡查管护效率;部分乡镇(街道)因地制宜,发动退休老人、聘请低收入农户巡查农村河道等。严格落实河湖警长制,健全部门联合巡查、综合执法机制,加强执法信息互通,坚决打击各类涉水违法行为。

【河湖管理】 建成生态河道42条80千米，生态河道覆盖率达48%，并列泰州第一。着眼于幸福河湖"示范区"建设，创新提出"连片系统治理"，整村推进幸福河湖建设。突出长江圩区、城郊结合部、红色乡村等不同特点，结合当地水资源条件，创新探索，先行先试，建设"一村一品、一河一景"，连片打造了虹桥镇六圩村、延令街道蔡巷村和根思乡红色幸福河湖等"示范区"。3条河道被评为泰州市级"十佳"幸福河湖，10条河道被评为泰州市级"五星"幸福河湖，获得泰州市级奖补资金160万元，获奖条数及奖补资金均位列泰州市第一。示范引领，树立典型，持续开展"模范河长""示范河道"创建活动，每年评选20条幸福河湖示范中沟、庄河，评选10名示范河长。

【水资源管理】 落实最严格水资源管理制度，全市用水总量5.9亿立方米；开发区水资源刚性约束"四定"实施方案已经市政府批准实施，完成2个节水型机关、4个节水型企业(4个高耗水行业)、2个节水型学校、1个节水型小区、1个节水典型示范样板以及1个水效领跑者等11个载体的创建工作，完成6家重点用水单位用水审计、组织15家企业开展水平衡测试。实施年度生态河湖相关项目，对东姜黄河、两泰官河、羌溪河实施生态河湖状况评估，对两泰官河开展水量分配方案研究，编制季黄河水量调度方案。严格地下水管理，对本市尚存的闲置、报废地下水井开展封填工作，共计封填2家单位2口地下水井。加大水资源费征收力度，全市自备水水表安装率达100%，全年征收水资源费2 499万元，倒逼用水户高效集约用水。

【农村水利】 投资2.89亿元，实施省级水利发展资金农村河道疏浚、人大干河桥梁、古马干河东段绿化、根思乡红色美丽村庄建设水环境治理、天星港结余资金增补工程、黄桥灌区续建配套与节水改造、水土保持焦荡小流域设计变更、焦土港整治、宣堡港泰兴段整治等9项工程，整治河道88条约152千米，其中干河3条(段)22千米、中沟50条91.32千米、庄河35条38.6千米，配套建设桥梁19座、闸站2座、各类涵洞13座。

【工程管理】 加强生产建设项目水土保持监管，完成2022年部省级监管系统交办的121个扰动图斑复核认定工作，共涉及97个生产建设项目，已确认销号项目70个，下发限期整改通知单82份。规范招投标和工程管理，常态化开展履约考核飞检，推进水利工程标准化建设，水利建设质量考核连续三年在泰州市考核中获得A级第一等次。马甸水利枢纽创建省精细化管理工程通过泰州市级验收，马甸水利枢纽改建工程获评2022年度"江苏省水利优质工程"、泰州市优质工程奖"梅兰杯"，入选泰州市第十三批"骏马奖"，2021—2022年度中国水利工程优质(大禹)奖创建通过水利部复核验收，泰兴长江生态廊道创成省级水利风景区，泰州市唯一。扎实开展安全生产专项整治系列行动，排查整改各类安全隐患45处，未发生一起安全事故。制定出台《泰兴市城市河道管理实施办法》《泰兴市农村河道管护实施细则》《泰兴市河湖保护规划》，进一步提升全市河湖管理保护能力水平。对全市37个岸线利用项目进行了常态化监管，泰州港泰兴港区泰兴市东夹江开发项目一期油品泊位工程等涉河建设项目顺利通过水利部长江委专项检查，民生港务散货码头项目通过泰州市涉水专项验收。

【防汛防旱】 健全防汛组织机构和管理网络，落实防汛岗位责任制，做到责任明确，落实到人；修订防汛防台预案，严格执行24小时值班制，确保水情、工情及时上报，通知、通报及时下达。汛前检查发现的28个度汛隐患全部整改完成，渔场涵进水口漏水问题已设置围堰进行临时封堵；汛后印发《关于做好水利工程汛后检查工作的通知》，按照查全、查细、查实的要求，开展水利工程汛后检查工作。加强防汛抢险队伍建设，调整和充实防汛抢险人员，组织开展防汛抢险培训。印发《泰兴市水情旱情预警发布管理办法》，进一步规范水情旱情预警发布，防御和减轻水旱灾害影响。针对今年高温少雨干旱天气形势，强化水利工程调度，全力做好调水供水等民生保障工作，马甸水利枢纽泵站今年共开机82天，累计向通南地区补水2.83亿立方米。积极上争，获得中央水利救灾资金补助200万元，用于泵站运行、设备应急维修、抗旱设备采购等。台风"梅花"防御期间，组织沿江各控制口门停止引水、适时排水，工程管理单位加强值班值守，开展隐患排查处置，科学进行水利工程调度，全市未发生一起灾情。积极开展长江防洪一小时应急响应圈建设，制定《泰兴市长江防洪一小时应急响应圈防汛抢险应急预案》，绘制《泰兴市沿江防汛示意图》，构建起市防指统一指挥调度、响应圈内部资源共享、优势互补、快速协同响应的应急处置新模式。

【水政执法】 加强河道岸线执法检查和长江采砂管理，全年累计长江执法巡查260余次，开展长江船巡70余次，对非法采砂情况立即予以重点打击；组织对全市干河进行全面清障，印发张贴《清障通告》200余份，出动执法人员200余人次，执法艇20余航次，清除内河各类渔网鱼箔30余口，清理僵尸船、住家船3艘。会同长航公安、海事、水警大队等开展常态化联合巡查和联合打击执法活动，定期参与市采砂管理联席会议，建立多部门共商共管、联合执法、信息共享、案件移送的联合执法协作机制，今年查处非法采砂船3艘，1艘非法采砂船移交长航公安镇江分局刑事立案查处。

【水利科技】 完善城区河道调度控制系统，以城区河道、闸站、节制闸及闸涵为基础，通信系统为保障，决策系统为核心，远程控制为手段，逐步达到"信息采集自动化、数据传输网络化、管理数字化、决策科学化"的目标。建成清水润城联控联调系统，将城区投入运行的26座闸站、48座节制闸全部接入系统，建成智能化一键式河道调度系统，河道水流由主要靠调度向"调度＋自流"模式转变，调度模式由"水量＋经验"型向"水质＋智能"型转变，实时监测各河道水位、水质、水情等信息，实时监测设备运行状态，所有节制闸和1个流量规模以下泵站都实现了远程控制、无人值守。

【党建工作】 按照党中央和省市委部署要求，巩固党史学习教育成果，深入学习贯彻党的二十大精神，深入学、反复学、读原文、悟原理，持续拓展深度、延伸广度，不断掀起学习宣传贯彻的热潮，切实把思想行动统一到党的二十大精神上来。稳步推进党风廉政建设工作，认真履行党风廉政建设主体责任，召开领导班子述职述责述廉暨选人用人"一报告两评议"会议、市委巡察、涉粮巡察、党史学习教育民主生活会、警示教育专题会、党风廉政建设工作会、廉洁水务建设动员部署会、落实全面从严治党和党风廉政建设主体责任工作汇报会。签订党风廉政建设责任状，开展廉政风险点排查，共排查出风险点33条、落实风险防控措施41条。做好巡察整改"后半篇"文章，充分运用监督执纪"第一种形态"，加大违纪案件查处力度，给予开除党籍1人、留党察看1人、党内警告处分1人、行政警告处分2人，对18人开展提醒谈话，批评教育1人。领导干部结合分工深入基层一线、项目一线扎实推进"两在两同"建新功主题活动。牢牢掌握意识形态工作的领导权和主导权，有力有效引导处置突发事件舆论。学习贯彻《中国共产党统一战线工作条例》，制定年度统战工作计划，注重加强党内外代表人士培养使用管理。深化"我为群众办实事"实践活动，疫情防控期间，共组织141人次党员干部深入社区、高速卡口开展志愿服务。从严选拔使用中层领导干部,今年以来共提拔任用干部12名、调整7名,完成了酝酿、预审、考察、公示、任免、备案、归档工作。从严管理监督领导干部,严格执行年度考核、评优奖励、廉政谈话、廉政测试、离任审计、《廉政档案》和个人重大事项报告等制度。

【宣传教育】 深入学习贯彻党的二十大精神和习近平新时代中国特色社会主义思想,组织开展书记上党课、"喜庆二十大 阅读新时代"主题征文、"喜庆党的二十大 强国复兴有我"道德讲堂和学习强国"学习达人"线上挑战赛等活动,激发党员干部立足本职、再建新功的责任担当。组织开展"唯实唯勤唯新 水务发展谱新篇"主题党日活动、"水务论坛·青年讲堂"主题宣讲活动。今年以来《人民日报》《新华日报》、央广网、学习强国、《中国水利报》等国内主流媒体广泛报道150多篇。结合第三十届"世界水日"、第三十五届"中国水周"、"民法典宣传月"等活动,通过现场宣传、组织专题讲座、悬挂横幅标语、进园区、进企业等形式,积极宣传《中华人民共和国民法典》《中华人民共和国长江保护法》《中华人民共和国水土保持法》《水利工程管理条例》等法律法规,普及水利科学知识,传播依法治水思想,营造依法治水氛围。坚持团结和民主两大主题,邀请特约人员列席上半年局基层党支部书记述职会议。组织学习中国共产主义青年团建立100周年纪念大会上的重要讲话精神,开展"青春心 水务情 奋斗志"青春分享会活动,组织职工观看《守边人》教育影片、爱心助残文艺演出。对外积极开展全民阅读、疫情防控、文明城市创建、绿化种植等活动,树立良好的水利形象。

沭阳县

【工作概述】 2022年,沭阳县水利局紧紧围绕县委、县政府下达的中心工作和决策部署,认真对照年初政府工作报告确定的各项目标任务和重点工作,坚持抓重点、补短板、强弱项,有序推动水利基础设施建设,全县各项水利工作呈现积极向好的良好发展态势。沭阳县水利局荣获宿迁市委市政府颁发的"全市生态文明建设工作先进集体",县河长办负责人任建中被宿迁市委市政府评为"全市生态文明建设工作先进个人"。局党委委员、副局长侍珍同志荣获省生态环境厅、省人力资源和社会保障厅联合表彰"江苏省打好污染防治攻坚战先进个人"荣誉称号。

【水利建设】 沭阳县水利局承担2项重点工程建设任务,共计投资2.521亿元。

1. 岔流新开河治理项目。2022年6月30日,省水利厅批复了岔流新开河初步设计,工程批复总投资2.389亿元,工程计划2023年底前完成。目前,各中标单位已全部进场,已完成上下游围堰填筑,正在进行河道疏浚、建筑物基础开挖等施工工作。

2. 古泊河沿线控制闸工程。投资1 320万元,对古泊河沿线7座控制闸进行新、拆建和加固,工程已完工并通过验收。

【河湖长制】

1. 积极履职尽责。县级河长共召开会议33次,开展巡河322次,交办各类问题85个,办结率达100%;乡级河长共开展巡河8 972次,交办各类问题124个,办结率达100%;村级河长共开展巡河51 756次。

2. 推进幸福河湖建设。根据《江苏省幸福河湖评分标准(河道)》,开展专项督导4次,督促完成治理难点问题3个,创建幸福河湖5条,并通过市级专家审查。

3. 强化反馈问题整改。投入资金60多万元,民力800多人,机械170多台套,共清理围网养殖20多处、河滩地内活动板房约30立方米、成片林近26.67公顷,基本完成新沂河6项碍洪问题整改。

4. 常态化开展河道整治。落实属地管理责任,坚决遏增量、清存量,持续推进河道"两违三乱""四乱"问题清理整治。2022年,全县参加河道保洁62 628人次,打捞水草10 449吨,打捞河道长度共计9 935千米,拆除围网面积5 928平方米,清理种植面积约2 969 561平方米,清理岸滩长度6 568千米,清理垃圾10 523吨。

【河湖管理】 沭阳县克服了面大量广、基础薄弱、资金不足等不利因素,紧紧围绕省下达170千米和市下达470千米的农村生态河道建设任务,积极开展农村生态河道建设统筹工作。全力推动农村生态河道建设与高标准农田、农村人居环境整治工作、"小城市"建设相结合,全面落实"六个到位",即河道疏浚及岸坡整治要到位、"三乱"治理到位、河道绿化及管养到位、水系连通及配套建筑物到位、河道截污纳管到位、示范工程覆盖到位。7月,沭阳县152.19千米农村生态河道通过省厅复核,基本完成了省厅下达的全年目标任务。11月底,110条480.82千米农村生态河道通过市级考核,提前并超额完成市下达的目标任务。

【水资源管理】 沭阳县水利局持续加强规范水资源管理工作,积极推动节水型社会建设,全面提升水资源利用效率。

1. 严格用水总量和强度双控。用水总量不超过7.70亿立方米,为实现年度万元GDP用水量较2020年下降率达7.6%提供有力支撑。

2. 落实最严格水资源管理。强化取用水全过程监管和水源地管理,全年超额完成了市下达的目标任务,累计完成20个取水工程规范化建设任务,顺利通过市级、省级和水利部的最严格水资源管理督查考核。

3. 大力推进节水型社会建设。国家级县域节水型社会达标建设以91分高分通过省水利厅验收,完成10个省级节水型载体创建任务。积极做好节水评价,加强重点用水单位管理,实现重点监控用水户用水审计全覆盖。落实节水设施"三同时"管理制度,累计完成9个项目节水设施"三同时"审查。

【农村水利】

1. 推进农业水价综合改革。与资规部门对接,根据三调成果,重新核定了7个灌区的耕地面积;开展农业用水计量,对全县近期新建的灌溉泵站补充进行"以电折水"测算,对部分支渠首、斗渠首安装水尺;加强用水定额管理,按照市确定的全县农业灌溉年用水总量、灌溉面积、种植结构等,下达2022年用水定额和各乡镇用水计划,推行"总量控制、定额管理、配水到户、计量用水"的用水管理制度;加强农田水利工程管护,制定完善《沭阳县水利工程长效管护细则(试行)》,明确水利部门建设的工程长效管护职责,工程管护标准和工程管护要求等。

2. 加强水土保持工作。共核查水利部图斑及水利厅3期图斑共140个,认定违法违规项目42个,下发补编补报通知单42个;召开水土保持方案报告书评审会议50个,其中线上评审11个,函审7个;准予水土保持行政许可95个,其中承诺制34个;开展水土保持现场监督检查10次,完成水土保持验收报备项目10个;全面落实中央、省、市助企纾困相关文件和会议精神,全县水土保持补偿费按8折收取,累计为各类市场主体减免水土保持补偿费1 530 515元。

【工程管理】

1. 完成绿化造林工作。全年共植树约500亩,共计0.80万株。

2. 开展涉水建设项目审批。先后对宿连高速二期跨县管河道桥梁工程、江苏恒能家纺新材料有限公司取水工程、沭阳G205中压燃气管道工程、沭阳县2022年农村公路危桥改造工程等涉水项目进行审批并落实后续监管。

3. 实施省级水利工程维修养护。完成淮

沭河子堰堤顶路养护和淮沭河西堤堤肩修复。

4. 高效推进重点工程清障。为宿连高速、宿连航道、京沪高速改扩建等重大项目及时办理堤防林木采伐许可，组织采伐清障，保障项目顺利实施。

【防汛防旱】

1. 防汛工作。足额储备防汛物资，共储备化纤袋18.5万条、石子3 000吨、块石4.2万吨等防汛物资，确保防汛抢险关键时刻随用随调；全面清除阻水障碍，对水利部排查出来的新沂河5处碍洪问题，按照"谁设障、谁清除"原则，已于5月20日前全面清理到位；提前部署淮西排涝工作，汛前在淮沭河堤防背水坡硬化集中抽排场地200米，在陇集、耿圩等乡镇6处易涝点提前架设12台套临时机泵，并完成市防指交办的10台套潜水泵采购任务；开展防汛抢险应急演练，维修保养各类泵站、涵闸，落实柴油机泵、电动机泵排涝设备等121台套，保证关键时刻随用随调；全力防御台风"梅花"，及时发布全县防台风Ⅳ级应急响应，住建、水利、应急、气象、宣传等8家防指成员单位抽调精干力量集中办公，及时汇总各部门防台动态，保证防台工作高效、有序开展，确保各项防台措施落到实处。

2. 抗旱工作。受持续高温及水稻栽插时间同步影响，全县用水需求较往年明显增加。6月20日8时，沭阳县主要灌溉水源淮沭河沭阳闸水位8.13米（低于正常水位0.37米），淮阴闸供水356立方米/秒，除去淮安及连云港等地用水，我县实际用水量不足150立方米/秒，无法满足全县水稻栽插需求，用水形势十分严峻。面对旱情，沭阳县水利局主动担当，积极对上争取水源，增加沭阳灌溉用水量；成立3个抗旱服务工作组，包片到全县各乡镇（街道）开展抗旱保苗工作；采取分时轮灌方法，避免过度集中供水现象发生；组织应急取水机泵67台套，分赴高墟、韩山、华冲等旱情严重乡镇帮助农户提水灌溉，解决水稻栽插用水困难。

【水政执法】 共组织河道巡查137次，出动执法艇巡查32次，出动执法人员1 026人次；打击非法采砂13次，全部砸毁采砂机具并沉没，立案查处两处，罚款8万元，没收非法所得6万元；现场封填地下井173眼，立案查处47起，罚款67万余元，追缴水资源费170万余元；查处破坏堤防4起。

【党建工作】 学习贯彻落实党的二十大精神。党的二十大会议胜利闭幕后，县水利局第一时间召开会议传达落实，邀请党的二十大代表李敏列席会议，组织党委领导班子成员、水利系统18名"80后"干部，分别领学党的二十大精神，并通过现场提问方式提高学习效果。截至12月底，共开展活动20期参加学习2 000多人次。

【宣传教育】 以开展国家级县域节水型社会达标建设为抓手，以"推进地下水超采综合治理，复苏河湖生态环境"为宣传主线，全面宣传贯彻《地下水管理条例》，联合县委宣传部、科协、教育局、融媒体中心等单位，开展"节水中国，你我同行，沭阳在行动"主题宣传活动。利用世界水日、中国水周、全民科普日等重要节日契机，广泛开展进社区、进企业、进学校、进农村等活动，开展各类节水科普讲座、举办水资源管理专题培训班30余次，组织居民节水问卷调查，共有超过3.8万人次参与。组织全县中小学校学生参加"水韵江苏——节水少年行"活动比赛，获奖人数名列宿迁市第一，节水宣传工作取得显著成效，在全县营造了浓厚的节水、护水、爱水氛围。

厅直工管单位

省骆运水利工程管理处

【工作概述】 省骆运管理处处管泵站累计运行192天，抽水40.83亿立方米，各涵闸排涝37.06亿立方米。有力应对沂沭泗地区强降雨，顺利完成南京溧水区架机抗旱任务。开工建设沙集泵站加固改造工程。全处获得发明、实用新型专利45项。泗阳站成功创建水利部农村水电站安全生产标准化一级单位。5家单位被评定为第一批省级精细化管理一级工程。创新开展4期"三会下基层"活动，提质打造"一支部一品牌一项目"。连续第5年获水利部《水安将军》知识竞赛"优秀集体奖"。全力推进全国首家"泵元素"水情教育基地创建工作，建设了泵站技术展览馆，成功创建"江苏省科普教育基地"。

【工程管理】
1. 强化主业主责。处管泵站累计运行192天，抽水40.83亿立方米（含南水北调），各涵闸排涝37.06亿立方米。按照省水利厅"保安全、保供水"要求，加强江水北调、南水北调运行管理，严格执行24小时专人值班和领导带班制度。密切关注天气及水雨情，严格按照省防指中心调度指令精神，及时准确调度相关工程。
2. 开展"一湖三河"用水口门巡查管理。做好巡查河（湖）段水量监测，掌握各用水口门的用水计划执行情况，督导地方做好用水管理工作。加强沟通协调，实施灌区轮灌措施，做到错峰用水，控制用水总量，保障城市生活用水和工农业等用水。统筹兼顾，有力应对疫情，制定全处疫情防控期间工程运行管理专项预案，沙集站疫情期间封闭运行达59天，及时采取果断应急措施，确保了工程运行稳定。

【防汛防旱】
1. 履行联防办职责。组织开展我省沂沭泗地区汛前检查。两次就嶂山闸行洪期间管理问题，召开徐州、宿迁两市联防联控会商会议，明确两市相关政府、部门职责，确保嶂山闸行洪安全。用水紧张时期，开展徐州市丰沛地区农业生产用水情况现场调查，为省水利厅对丰沛地区用水水源调度提供参考。
2. 做好滞洪区预警系统管理。完成黄墩湖滞洪闸、爆破口门及黄墩湖滞洪区等45处预警、19处预警反馈系统的管理维护，确保系统处于良好状态。
3. 开展防汛演练。联合宿迁市水利局等单位，组织210名抢险队员开展20个科目的防汛抢险训练。做到了汛期60名主力队员24小时待命，各站所100名后备队员随时做好抢险准备。
4. 做好物资保障准备。用好专项资金，推进抢险设备更新。全力完成抗旱出机任务，派遣44名队员赴南京溧水区抗旱，架设潜水电泵机组45台套，抗旱运行86天，翻水3 255万立方米。派遣13名泵站运行技术骨干增援新孟河丹阳水利枢纽抗旱补水运行值班。

【水政水资源】 开展"两湖三河"巡查124次，组织开展"一湖四河"水域保护状况调查评价。完成2022年度宿、徐境内河湖库700处遥感监测变化点核查、会商。成立3个工作专班，完成徐州、宿迁两市2 707个妨碍河道行洪点现场排查复核工作。创新建立"周巡、月查、季考"长效管理机制，实现重点区域每天必查，管理区域每周必巡，支队督查每月全覆盖。多次组织集中执法行动，查处并结案了一起非法占用滩地堆放物料的案件。组织开展水行政执法技能培训、无人机应用技能竞赛。骆运支队通过省水政监察队伍标准化建设省级示范点验收。组织开展

"中国水周""世界水日""12.4 国家宪法日"系列宣传活动。

【基础建设】 泗阳二站加固改造工程完成机组预试运行。开工建设沙集泵站加固改造工程。防汛防旱物资及抢险设备仓库工程前期准备工作取得进展。泗阳节制闸除险加固工程获"扬子杯"江苏省优质工程奖，刘老涧新闸除险加固工程成功创建"2021年度江苏省水利工程文明工地"，皂河闸除险加固工程被评为江苏省水利优质工程。深入推进信息化建设，成立全处智慧水利建设专班队伍，编制全处数字集控中心（省沂沭泗地区联防会商中心）、数字孪生沂沭泗水系（骆马湖部分）实施方案，探索皂河站数字孪生建设方案。配合省厅开展水利工程重点设施设备国产化替代试点工作。

【管理与改革】 编制精细化管理创建实施方案以及分年度实施计划。洋河滩闸、六塘河闸、房亭河地涵、黄墩湖滞洪闸、皂河站被评定为第一批省级精细化管理一级工程。皂河闸通过省厅精细化管理二级评价验收。开展刘老涧站工程精密监测试点建设。全处获得发明、实用新型专利45项，取得计算机软件著作权3项，发表论文65篇，组织、参与编写各类书籍8册，制定团体标准1项。组织开展了闸门运行技能专门选拔培训，选拔12名技术人员参加全过程闸门运行培训，对优秀学员开展多岗位锻炼。开展技术考核，确保100名班组长以上技术人员做到开停机、开关闸、柴油机操作以及应急处置等全过关。创新开展"四库一中心"职工能力提升工作法，取得了国家版权局计算机软件著作权登记证书。成立管理处工程技术委员会，推动全处水泵技术、水工建筑、电气设备、水文化等工作高质量发展。与宿迁水利局开展"双促双提"协作，确定5名业务骨干作为第一批人选。

【党建及精神文明建设】 持续深化党建引领，纵深推进"党建＋中心工作"融合示范，创新开展4期"'三会'（党委会、党委中心组学习会、党建与中心工作融合会）下基层"活动，党委班子现场把脉问诊、开方送药，为高质量发展定方向、添动力，典型做法被《中国水利报》头条报道。开展党的二十大精神宣贯，提质打造"一支部一品牌一项目"，常态开展"五个讲坛"，有序推进对标建设、达标定级工作，组织全处党建台账评比交流。开展党委书记上党风廉政教育专题党课、处领导下基层宣贯党风廉政建设、党委书记与青年职工"面对面"座谈等活动。召开党风廉政建设形势分析暨警示教育大会，举办系列法律法规讲座，全力正风肃纪。切实抓好省水利厅巡察反馈意见、省纪委监委派驻省水利厅纪检监察组《纪律检查建议》整改落实。印发《落实意识形态工作责任制的实施办法》，全面加强意识形态管控，切实强化网络安全管理。持续强化文明单位创建长效机制，定期组织开展挂钩帮扶、结对共建等系列服务地方发展活动。管理处职工书屋荣获"江苏省最美职工书屋"称号，1名职工荣获省"五一劳动奖章"，泗阳所荣获宿迁市"青年文明号"称号。推进全国首家"泵元素"水情教育基地创建工作，建设了泵站技术展览馆。在皂河水利枢纽工程水情教育基地，举办了"赞美新时代 诗颂新江苏"诗歌采风系列活动，被《人民日报》、学习强国、今日头条、新华网报道。皂河水利枢纽工程成功创建"江苏省科普教育基地"。定期开展宿迁日报小记者研学、"大运少年看水利"等系列活动，制作的相关科普视频，获得50万次播放点击量。

【安全生产】 构建双重预防机制，每季度组织开展危险源辨识与风险评价；开展汛前汛后定期检查，消防、燃气使用、在建工程、小水电等13次专项检查，5次节假日检查，及时发现、消除隐患。以安全标准化为抓手，开展"三年行动"、"百日攻坚"等7项专项行动及时修订3项规章制度、2项应急预案,提升安全管理规范化水平。受水利部海河水利委员会和中国水利企业协会委托,编写《海委安全生产标准化图册(水闸、堤防类)》。泗阳站成功创建水利部农村水电站安全生产标准化一级单位。管理处连续第5年获水利部《水安将军》知识竞赛"优秀集体奖";被江苏省疾病预防控制中心评为"2021年度江苏省职业病防治工作先进单位";在水利部安全标准化应急演练成果评选展示活动中获鼓励奖;在2022年度水利企业质量管理小组竞赛中获三等奖。

省淮沭新河管理处
省通榆河蔷薇河送清水工程管理处

【工作概述】 全处水利工程调度运行1 500余次,淮沭河沿线工程累计引排水158.6亿立方米,新沂河行洪50亿立方米,淮阴二站、滨海站抗旱翻水8.07亿立方米,二河闸反向补湖4.7亿立方米。4座工程新创精细化管理工程,13座工程被认定为第一批精细化管理工程,通榆河蔷薇河送清水工程管理处新创安全生产标准化一级单位。按期完成8 000余万元工程建设和维修任务,5项QC成果通过水利部初评,牵头实施的数字孪生沂沭泗水系(江苏部分)被水利部确定为94项先行先试项目之一。全国水利应急演练成果展评活动荣获三等奖,全国安全生产知识竞赛荣获"优秀集体奖"。通榆河蔷薇河送清水工程管理处获得江苏省"五一劳动奖状"。

【工程管理】 克服疫情防控带来的诸多困难,检查保养机电设备近千台套,工程观测千余点位。对闸门的主侧滚轮、齿轮箱、支铰等隐蔽部位检查保养,对限位装置、制动装置、继保装置等安全防护设施调试维护。开展水闸运行管理"分享课堂"30余批次。推进盐河北闸、善后新闸、车轴河闸、烧香河闸新创精细化管理工程,筹备滨海抽水站、沭阳闸及柴米地涵2023年创建水利部标准化管理工程。开展"三精"工作,实施完成杨庄闸精密监测项目试点,开展淮涟闸新型测压管修复试点和滨海抽水站全要素智能巡检试点,在沭新闸、新沂河南、北深泓闸除险加固工程中编列精密监测项目。采用声呐探测结合高清摄像的方式开展水下检查,编制完成涵洞工程检查导则。印发《工程管理常态化考核清单》,推动工程管理常态化、精细化。开展上闸下涵、古清口、民国老闸等特色水文化研究,沭阳闸申报水利部第四届水工程与水文化有机融合案例。建成"分淮入沂"文化展馆、通榆河北延广场和"开山建闸"文化园。

启动水闸管理技术提升三年行动计划,多方位提炼水闸管理技术经验,树立水闸管理标杆。推进电缆整理专项行动和限值管理机制;开展高性能混凝土、气动冲沙防淤减淤、新沂河海口枢纽分流比模型试验等研究与应用,借力科技创新解决特殊环境下钢筋混凝土和金属结构防腐蚀和长期困扰沿海挡潮闸下游巷道淤积等难题;编制的《水利工程液压式启闭机检修技术规程》被省级立项,《水利工程安全管理规范》《智能水闸建设标准》《水利工程交通桥伸缩缝养护及维修施工技术规范》完成初稿,《水闸精细化管理标准》出版发行,《水闸泵站安全隐患及精细化管理图集》编制完成。

【防汛防旱】 在3月中下旬的桃花汛期间,淮阴闸分淮入沂最大流量750立方米每秒,淮沭河沿线累计排洪23亿立方米。梅雨期间,及时启动新沂河洪水应急响应,行洪时间长达38天,嶂山闸最大行洪3 000立方米每秒,排洪超50亿立方米。淮阴二站运行98天,滨海站运行41天,抗旱供水8.07亿立方米,较好地完成了供水、排水、送清等工作任务。二河闸反向运行85天，补洪泽湖4.7亿立方米。与此同时，埒子口枢纽全力排泄区域涝水2.2亿立方米，盐河北闸和新沂河海口枢纽充分利用洪水资源帮助连云港市区和灌云地区引水抗旱。

【水政水资源】 完成灌云县境内89个"两违"问题调查复核工作。完成连云港市河湖"清四乱"专项整治"回头看"省级抽查复核工作。完成盐城、淮安、连云港、宿迁4市共863个水利部遥感图斑问题现场复核，对23个妨碍行洪的突出问题进行现场检查。对2起违法案件进行立案查处，及时制止新增违章行为，维护了单位的合法权益。组织12名水政监察员取得UTC无人驾驶航空器系统操作手合格证。在"世界水日""中国水周"宣传期间，共开展各类宣传活动12场，受众1000多人；与淮安市水利局、淮安市气象局、淮安市教育局等5家单位联合主办了"淮安市第七届青少年水利与气象科普知识大赛"。

【基础建设】 全年完成基建投资5 200万元，沭新闸拆建工程和淮阴闸交通桥除险加固工程通过完工验收，杨庄闸除险加固工程具备竣工验收条件。新沂河海口南、北深泓闸除险加固工程进展顺利，北深泓闸下游围堰按期合龙，工程进入全面建设期。淮沭船闸除险加固工程可研已获批复，初步设计已报省审查。主动参与淮河入海水道二期二河越闸工程和新沂河提标设计，完成沭新北船闸和二河闸安全鉴定工作，沭新北船闸除险加固工程、淮阴二站除险加固工程等前期工作有序推进。全年完成维修养护及防汛应急经费2 656万元，顺利实现年度目标任务计划。

【管理与改革】 推行"上挂、下派、外联"实岗锤炼培养模式，选派3名优秀年轻职工分别赴省防办、省河道局、厅机关党委锻炼，选拔3名职工赴淮安市水利勘测设计研究院工作学习，挑选10名处属单位职工来机关跟班学习。选派近30名职工到工程加固和代管工程项目部锻炼学习。完成38名工作人员职称聘用（晋级）和等级晋升。招聘9名工作人员，其中硕士研究生2人，提升了我处现有人才队伍专业结构和层次。

【党建及精神文明建设】 组织开展习近平总书记系列重要讲话精神专题学习教育，举办"喜迎党的二十大"学习宣贯系列活动。坚持"第一议题"制度，系统深入学习党的二十大精神和《习近平谈治国理政》第四卷。大力推进"三个表率"模范机关建设，开展"举旗铸魂""凝心聚力""正风肃纪""担责强能"四大工程，在防汛抗旱、疫情防控、项目建设、安全生产等方面，始终用习近平新时代中国特色社会主义思想武装头脑、指导实践、推动工作。签订党建工作目标管理责任状，出台全面从严治党、意识形态工作责任清单，定期开展全面从严治党、党风廉政和意识形态工作形势分析。开展安全生产和疫情防控、法纪道德、保密工作、意识形态四项专题教育。"关爱母亲河 守护绿色家园"项目荣获2022年江苏省青年志愿服务项目大赛环境保护类二等奖。"淮水润万家"志愿服务队荣获2021年度江苏青年志愿行动组织奖。"用文化凝聚力量、用文明展示形象"创建案例被水利部评选表彰为第二届基层单位文明创建案例。

【安全生产】 通榆河蔷薇河送清水工程管理处创成安全生产标准化一级单位，持续推行32座工程安全生产标准化管理全覆盖。对交通桥安全管理开展专项整治，在交通桥除险加固、检测鉴定、限载限行、防范抛网捕鱼等方面取得突破。强化水电站专项治理，完成二河闸水电站退出工作。施工现场按照"五个一"要求做好安全生产工作，推行工程管理及安全生产"严管20条"落地。开展4次网络安全评估和漏洞整改，执行网络安全24小时值班保障制度。积极开展安全生产月活动，在全国水利安全生产标准化应急演练成

省灌溉总渠管理处 省淮河入海水道工程管理处

【工作概述】 灌溉总渠渠首春汛等泄水39亿立方米,处管泵站淮安站运行178天,淮阴站运行156天,累计抗旱抽水56.60亿立方米,抽水总量突破历史极值;淮安三站等4座工程完成精细化管理评价;淮阴站加固改造工程通过机组启动验收,阮桥闸拆除重建通过完工验收,运东闸等10座工程开展安全鉴定,阜宁腰闸拆建等6座工程加固前期工作有序推进;全面参与淮河入海水道二期工程建设河湖网格化管理和遥感监测支撑河湖常态化管理;水政支队成功创建省级标准化示范点;管理处荣获江苏省工人先锋号和省级机关五四红旗团委等荣誉称号;1名职工荣获江苏省政府表彰的"江苏工匠"第三届江苏技能大奖;1名职工被列为江苏省第六期"333高层次人才培养工程"培养对象,2名职工被列为淮安市第三期"533英才工程"培养对象,管理处实训基地主体工程建成;淮安水利枢纽景观提升规划编制出台,淮安水利枢纽创成江苏省科普教育基地;管理处治水广场建成开放展示。

【工程管理】 开展工程设备设施检查维修保养,线上线下开展汛前汛后检查、整改督查,严格执行省防指中心调度指令,长时间满负荷开机运行,完成年度调水任务。淮安三站、淮安引江闸、通榆立交、六垛闸4座工程,完成工程精细化管理初评,已上报省厅进行考核评价。淮安一站深入开展工程垂直位移精密监测,高良涧闸持续开展流量率定与同步实测精准调度,海口闸安全监测研究及精密监测项目实施完成投入运行。入海水道通榆立交等工程测压管功能恢复。处管涵洞水下检查全部完成并通过验收。申报淮安枢纽数字孪生项目,已列入19项省级数字孪生流域建设先行先试项目清单。深化建成针对水泵主机组多参数、预防性监控的淮阴站泵站健康管理系统。以淮安站变电所为例的水利行业智能变电所建设标准编制完成。管理处获江苏省技术进步奖1项、实用新型专利18项。全年共完成省财政批复下达维修养护项目62个,累计完成经费2 743.62万元。

【防汛防旱】 3月中旬以后,淮河来水流量持续加大发生春汛,高良涧闸最大下泄流量736立方米每秒,灌溉总渠实测最大下泄流量795.00立方米每秒,抢排洪水入海、入江和济运,灌溉总渠累计春汛排洪8.10亿立方米。进入5月份,淮河来水急剧减少,苏北地区降雨明显偏少,抗旱形势严峻。5月9日起,第二梯级泵站淮安一、二、三、四站,第三梯级泵站淮阴抽水站、淮阴三站相继投入运行;7月上旬,因淮河流域上中游遭遇强降雨,洪泽湖入湖水量较大,淮安站停止抽水,区间用水由淮水补充,为落实洪泽湖汛限水位要求,六垛南闸一度弃水入海。7月下旬以后,淮河以南长时间高温少雨,加之农业用水高峰,洪泽湖水位持续下降,8月17日、19日淮安站、淮阴站再次相继开机,12月13日停机。至12月13日,淮安站全年开机178天,抽水36.70亿立方米,最大抽水流量335.00立方米每秒;淮阴站(一、三站)开机156天,抽水19.90亿立方米,最大抽水流量258.00立方米每秒,淮安站、淮阴站年度抽水量分别突破或接近历史极值33.60亿(1999年)、19.97亿立方(2011年)。灌溉总渠渠首共泄水39.00亿立方米;六垛南闸泄洪9.50亿立方米;南、北运西闸分别引水供调138天、149天,共引水约16.00亿立方米;入海水道海口枢纽排水超13.00亿立方米;全年处管工程调度安全运行。

【水政水资源】 累计开展河湖巡查检查79次,会同相关市县(区)水行政主管部门开展专项检查22次,会同涉湖四县区管理单位开展湖泊网格化巡查380次,巡查总里程达到2 800千米。完成961个碍洪突出问题点排查复核工作。全面开展段格化管理工作。开展"世界水日""中国水周"宣传活动,完成支队省级标准化示范点创建。劝拆违法搭建1处,开展联合执法活动3次,收缴渔网20余张,清除河道历史遗留网竿7处,闸区实施围栏封闭管理,水事秩序得到改善。

【基础建设】 淮阴站加固改造项目基本完成。阮桥闸拆建工程5月下旬通过省水利厅组织的通水阶段验收,12月16日通过合同工程完工验收。入海水道海口闸应急处置项目11月底施工全部结束,12月9日完成项目完工验收。阜宁腰闸等6项工程除险加固前期工作有序推进。开展二河新闸、运东闸等10座工程安全鉴定,其中运东闸已通过省厅组织的安全鉴定,其余9座工程已上报安全鉴定申请,完成淮安引江闸交通桥安全鉴定。参与淮河入海水道二期工程建设,协助筹建淮河入海水道二期工程建管局挂牌成立,对接二期建管局和设计单位做好枢纽平面布置、管理设施和运行管理方案等初步设计工作,研究制定入海水道二期工程建设机关迁址方案。

【管理与改革】 修订《采购管理办法》《财务管理办法》《财务审批制度》,编印《财务报销手册》。完成2021年度省级部门决算等四项工作,被省厅评定为先进单位。加强干部队伍及专业技术人才队伍建设,完成全处12个科级干部岗位调整和5个正科级职位、9个副科级职位人选的民主推荐;对全处48名职工的工作岗位进行调整;编制《2022年度"3+2"强才工程实施计划》《2022年度职工教育工作要点》,印发《关于进一步提高"流动课堂"实效的通知》,开展年度职工教育"每年一考"和职工技能竞赛。组织开展保密知识专题教育课,开展保密法及保密相关学习竞赛活动。全处实现经营收入2 728.00万元,经营净收入1 836.00万元。统筹用好专项资金,办好职工实训基地建设、新能源充电桩安装、基层文体设施完善等10项民生实事。

【党建及精神文明建设】 通过2019—2021年度江苏省级文明单位考核验收。开展"春风送暖学雷锋,志愿服务进社区"学雷锋志愿服务活动、赴淮安市承恩小学开展"节水护水,志愿先行"节水宣传进校园活动、与淮安区史桥村开展"陪伴成长,让爱回家"关爱留守儿童志愿服务活动。疫情防控期间,组建志愿服务队协助清华苑小区开展疫情防控执勤工作,累计参加执勤396人次。组织开展无偿献血26 700毫升,组织党员开展"慈善一日捐"捐款4.64万元。完成18个基层单位工会换届选举工作。慰问困难职工、职工遗属99人次10.60万元,慰问生病住院职工52人次5.80万元。组织开展"致敬峥嵘岁月,励志民族复兴"青年读书沙龙以及"回望百年,青春向党"青年素质拓展训练等活动。处团委荣获"省级机关五四红旗团委"称号,运西分水闸管理所荣获"江苏省工人先锋号",淮安水利枢纽入选江苏省科普教育基地,"守护水脉在行动"志愿服务项目获淮安市第十届学雷锋优秀志愿服务项目。撰写《全力抗旱调水 保障流域地区用水安全》《"关键少数"引领带动"绝大多数"》等文章在学习强国江苏台、《中国水利报》等主流媒体发表。

【安全生产】 开展安全监测、安全评估和隐患排查治理,修订三、四类工程安全应急预案,开展危险源辨识与风险评价。全年组织开展8项专项整治、7次安全培训、10类安全宣传教育、106人职业健康体检、990人次参加竞赛答题。管理处获水利部《水安将军》答题"全国优秀集体奖"、江苏省"身边隐患大家查"活动"单位组织奖"等多个奖项。

省洪泽湖水利工程管理处

【工作概述】 省洪泽湖水利工程管理处入选国家水利风景区高质量发展典型案例、水利部《红色基因水利风景区名录》、全国水利系统基层单位文明创建案例，石港泵站更新改造工程荣获江苏"扬子杯"优质工程奖。处管工程力保安澜、湖泊管理攻坚克难、内部管理规范有序、党建及精神文明建设成绩斐然。

【工程管理】 开展达标创建。推进全处精细化管理，石港泵站更新改造工程荣获江苏"扬子杯"优质工程奖，三河闸、石港抽水站被认定为2022年度第一批省精细化管理工程。强化应急能力。完善应急预案、加强物资储备、强化抢险队伍建设，成立以退伍军人为主的防汛抢险队。开展堤防渗漏、应急排水、防汛抢险专项演练和疫情封控运行值守演练，提升防汛抢险装备。抢抓项目实施。规范项目采购，强化质量安全管理，督促实施进度，省厅批复维修项目19项（1 210万元）、防汛抗旱项目5项（395万元），均保质保量按时完成。

【防汛防旱】 按照"查严、查细、查实"的总体要求，坚持维修保养责任明确、标准明晰、流程明朗，查清工程现状、维护出新设备、开展电气预防性试验，夯实安全度汛根基。指令执行到位。三河闸累计泄洪28天，最大泄洪流量1 200立方米/秒，累计泄洪19.32亿立方米，洪泽湖大堤安全御洪，石港抽水站运行2 642台时，抽水2.06亿立方米，全年累计执行调度指令21次，执行准确率100%。组织召开联防工作会议，联合开展险工患段检查、入江水道行洪督查，现场复核淮安、宿迁、扬州三市925处碍洪疑似图斑，编制完成洪泽湖大堤、入江水道淮安段防汛工作手册和布防"一张图"。

【水政水资源】 协助省人大做好前期调研，助力《江苏省洪泽湖保护条例》出台。邀请起草法律、水利方面的专家进行《条例》解读和辅导，组织开展湖泊管理人员专题学习讲座，策划制作动漫片、文创产品，安装宣传牌。协助编写《洪泽湖治理保护三年行动计划（2023—2025年）》、配合起草《2022年度洪泽湖治理保护工作要点》，经省水利厅同意增设三个湖泊监测保护中心。恢复河湖生态岸线13千米，累计恢复河湖生态岸线超50千米。编制《洪泽湖健康状况报告》《洪泽湖管理年报》，编制"数字洪泽湖"平台构建初步方案。协同省洪泽湖管委办稳妥推进洪泽湖退圩还湖年度工作任务5.63万亩。更新升级洪泽湖网格化管理平台，加强涉湖项目监管，做好洪泽湖退圩还湖与滞洪区近期工程建设衔接工作。开展监督巡查105次，全湖湖长办、网格员共开展网格化管理巡查14 263次，开展滞洪区建设监督巡查28次，退圩还湖巡查20次，专项巡查2次。主持完成"洪泽湖水环境特征与演变趋势研究"项目获江苏省水利科技进步三等奖，"基于内外源污染物输移及控制的洪泽湖综合治理研究"通过省水利厅验收，两项研究成果分获中国水利教育协会"第二届水利职工创新成果奖"一等奖、三等奖。

与洪泽区公安、渔政达成联合执法合作协议，在厅属管理处中率先建立水利、公安、渔政联合执法机制，开展4次联合执法行动，通过省水政监察总队水行政执法基地标准化建设验收。开展洪泽湖禁采巡查监管工作，维护洪泽湖禁采"双清零"成效。参与省厅关于洪泽湖周边17个引水口门运行情况核查，提高水资源利用效率。

【基础建设】 已编制洪泽湖大堤蒋坝段改造项目建议书，正推进落实。推进病险工程"脱帽"销号,蒋坝抽水站除险加固工程已完成招标工作;三河船闸拆建工程列入金宝航线改造中,已基本完成可研申报前置条件的审查。推进职工值守房整治,基本完成三河闸、三河船闸老旧宿舍改造。以三河闸为重点,改造职工值守房、职工餐厅,处机关及其他站所优化办公场所环境,提升环境面貌。

【管理与改革】 严格落实疫情常态化防控要求,加强人员排查、场所管控、防疫物资储备,保障职工健康。持续深化"亲清水利"廉洁单位建设,开展"两个专项整治""严肃财经纪律、规范采购管理"专项整治,筑牢中央八项规定精神堤坝。修订对外综合经营管理规定,拓展对外经营项目。修订完善年度综合考核实施办法,完善考核对象、考核内容、考核指标体系等内容。引进新进毕业生13名、退役军人2名,有效缓解人员紧缺压力,优化人员结构。加强职工教育培训,定期开展"练、考、赛",开展导师带徒,为管理处发展提供技术支撑和人才保障。组织开展职工趣味运动会,积极开展职工兴趣小组活动,开展工会工作调研,举办征集金点子活动,认真落实离退休人员"两项待遇"。

【党建及精神文明建设】 坚持"第一议题"制度,认真学好《习近平谈治国理政》第四卷等必读书籍,构建处党委负主体责任、党委书记负"第一责任人"责任、班子成员负"一岗双责"责任、处属各党支部负具体责任的责任体系。坚持党管意识形态,每半年开展形势分析,在党的二十大胜利召开时间节点,开展意识形态风险点排查、网络安全排查,始终唱响主旋律、守好主阵地。围绕党的二十大、十九届六中全会和省第十四次党代会精神,以党委理论中心组示范学带动全员学,开展专题党课。处精神文明建设成效入选全国水利系统基层单位文明创建案例,管理处志愿服务项目荣获江苏省青年志愿服务项目大赛三等奖,三河所党支部在省级机关党支部书记培训班上作交流发言。推进党建与中心工作深入融合,持续打造党委实践示范、党员干部领岗示范、"支部品牌项目"、党员责任区、示范岗等活动,建成党建园,创成"爱国主义教育基地"。召开第八届职工(会员)代表大会,创成江苏省工会"职工书屋示范点",1名女职工荣获"江苏省巾帼建功标兵"称号。建成洪泽湖治理保护展示馆、三河闸展示馆。把宪法和法律元素融入水情教育、风景区建设之中,建成三河闸法治广场。开展洪泽湖治理保护和三河闸工程口述史采集,参与编制《江苏省水情教育基地评价规范》,编辑出版《中国有个洪泽湖》洪泽湖水情教育读本。高效完成洪泽湖大堤国家水利遗产申报,三河闸水利风景区被水利部列入第二批国家水利风景区高质量发展典型案例重点推介名单、《红色基因水利风景区名录》,三河闸荣获"江苏省科普教育基地"称号。

【安全生产】 编制印发年度安全生产工作要点、处领导班子安全生产重点工作清单、单位部门负责人及工作人员岗位责任清单,逐级签订安全生产责任状,压实各级管理责任,细化安全生产管理网络。每季度开展1次危险源辨识,及时研判风险等级,分类管控,全处4座水利工程开展危险源辨识12次。深入开展安全隐患排查治理,安全监督检查13次,发现安全隐患92条,确保整治到位。开展"安全生产月"活动,参加水利部安全生产法知识网络答题竞赛,22名同志获得优胜奖。

省江都水利工程管理处

【工作概述】 积极打造现代化水利工程榜样,工程运行管理效益显著,党建业务深度融合发展,智能泵站建设探索前行,河湖保护治理不断深化,对外经营服务优化提升,国情水情教育深耕厚植，干部人才队伍提质增效，干事创业气场持续升腾。管理处蝉联"江苏省文明单位"，荣获"省级机关模范机关建设标兵单位"，入选"江苏省科普教育基地"，被授予"国家水利风景区高质量发展标杆景区"。

【工程管理】 以江都四站为试点研究数字孪生工程架构，构建江都四站场景化联动系统，进一步提升泵站智能化水平，体现"四预"功能，指导运行管理，实现可视化展示和实时化管控。"江都水利枢纽数字泵站"项目入选2022数字江苏建设优秀实践成果。万福闸、邵仙闸、宜陵闸等三个管理所分别建立监控分中心。研发万福闸智能测控平台，实现卷扬式启闭机智能安全监测。开发江都东闸感潮引水智能化控制系统，实现潮水自动跟踪、闸门自动开启和自动调节功能。加强邵仙套闸岸基雷达预警系统研究，全面提升工程安全监测效能。积极推动节能降耗与提质增效，组织基层单位申报"五小"创新项目。统筹推进基层专利成果与软件著作权的申报与转化应用；配合厅职能处室开展水利科技项目研究和技术管理培训等工作，完成水利部大中型水闸标准化指导手册编写。

提升邵仙套闸安全管理和收费管理水平。管理处超额完成省水利厅下达的年度净收入指标。对原有招投标用CA进行维护并新申请注册两处CA；成功申报管理处水资源论证单位和水文水资源调查评价单位乙级资质，以及管理处承装（修、试）四级资质；对管理处质量体系认证证书及安装公司承装（修、试）三级资质进行维护；对安装公司及水利水电设计院有限公司资质进行年审。

【防汛防旱】 规范汛前检查、汛后检查和度汛措施，对站闸工程进行监测巡查、隐患排查处置，提高设备完好率，统筹做好定期检查、电气试验、维修养护、工程观测等工作。5月9日江都站首次投入调水运行，7月6日完成第一阶段调水任务；8月8日江都站再次投入并持续运行。根据长江潮汐水位变化以及高水河白天、夜晚不同水位控制要求，采取精准调度手段，动态调节水泵叶片角度，提高调水效能。江都东闸根据潮汐水位变化，应用感潮系统适时调整闸门，最大限度满足调度要求；宜陵闸、宜陵北闸配合宝应站调水运行，实行联合调控分流运行；淮河入江水道万福闸利用长江高潮位两次开闸引江水向邵伯湖补水。江都站年运行205天，抽水66.1亿立方米；江都东闸运行331天，引水44.3亿立方米；万福闸泄洪20.4亿立方米，向邵伯湖引潮570万立方米；芒稻闸排水2.7亿立方米。

【水政水资源】 严格水政执法，提高反恐袭击事件应急处置能力，联合特警大队开展年度防恐防暴演练；联合地方有关部门实施常态化河道清障及捕（钓）鱼违法行为专项整治，通过水政监察队伍标准化建设验收，持续开展涉水建设项目监管，推动历史遗留问题的解决，完成闸所安全警戒区告示牌的布置；开展"世界水日""中国水周""国家宪法日"系列活动，组织"复苏河湖生态环境 维护河湖健康生命"巡湖、护湖活动。加强河湖空间管控，开展河湖巡查累计约2万公里。全面运用省管湖泊网格化管理巡查系统，动态掌握省重点河湖库空间变化情况，推进违法点跟踪处置。严格涉湖项目监管，完成扬州、淮安境内777处水利部遥感图斑及49条河道妨碍行洪突出问题现场排查复核。做好河湖长制工作，开展河湖生态监测，科学分析河湖健康状况及变化趋势，为幸福河湖建设提供数据支持。完成省水利科技项目，开展课题研究，升级改造江都水利枢纽河湖信息化管理系统，推进高邮湖、邵伯湖科学保护试验站规划建设。完成苏水政江都01号艇试航、接收工作和邵伯湖执法基地等建设工程。

【基础建设】 管理处充分利用原有的设施和条件，建设新时代江苏治水展示馆，11月13日正式开放。

新时代江苏治水展示馆位于管理处三站与四站之间的高地上，共5层，总高32.3米。一层约158平方米，主要展示江苏水利深入贯彻落实习近平总书记视察江都水利枢纽重要指示精神，以担当践行使命、以实干开创新局、以成效回报关爱。二层约148平方米，主要展示江苏水利以习近平总书记江河战略为引领，形成切实有效的治水路径，构建江苏特色的防汛格局，推动水生态转折变化、实现工程体系整体提升、增强服务民生的能力水平。三层约66平方米，主要展陈习近平总书记视察江都水利枢纽时工作人员汇报用的量杯、江都水利枢纽总规划设计图、施工图、工程巡查记录红宝书、第一抽水站奠基石以及有关的名人字画。四层、五层各56平方米，主要是会商眺望区。

【管理与改革】 分解落实年度9大类31项131条重点工作任务，签订处2022年度目标管理"三状两书"，实施《处创新突破与品质提升年行动实施方案》，举办"牢记嘱托 再建新功"系列活动。统筹推进全处档案管理规范化，完善信访与保密工作机制，持续处信息系统安全等级保护工作，确保重大活动期间网络安全。制定处《人才队伍建设规划（2022—2025）》，实施处《人才建设"三大工程"实施方案》，开展人才建设"三大工程"遴选；跟进人才发展与岗位配置项目课题研究。管理处职工有10项成果在全国水利职工创新及教育理论成果遴选活动中获奖，为全省水管单位之最。细化预算执行计划，开展绩效评价，组织专项工程评估督办，不定期组织专项审计、突击检查，做好邵仙套闸收费系统优化和管理工作。

【党建及精神文明建设】 推动党建责任落实落地，坚持"第一议题"制度，强化理论武装和意识形态工作，规范"党员之家"和"青年学堂"建设，强化主题党日"六有"要求，举办"六个讲坛"。深入学习研讨党的二十大报告、党章修正案和习近平总书记重要讲话精神。开展"习语常听常讲"，参加水利部"我学我讲新思想"宣讲活动被评为"精品课程"。推动党史学习教育常态化长效化，改进职工思想政治工作，开展四项专题教育，积极参与"三个表率"模范机关争创活动，树立"工程榜样·源头先锋"项目品牌。把握全面从严治党主线，召开党风廉政建设形势分析会，紧扣"三不"一体推进目标，开展专项督查17批次，开展酒驾醉驾、疫情期间八小时以外人员管理和在外人员教育管理等专项整治活动。

充分发挥"全国文明单位"典型示范和辐射作用，加强网络文明管理，持续举办道德讲堂，深化结对帮扶工作，举办无偿献血、疫情防控等志愿服务活动，开展老同志汛前检查献计献策等"银龄在行动"活动。实施"十大文明新风尚"行动，举办"中国梦劳动美""习语常听常讲""青春百年路·永远跟党走""牢记嘱托 再建新功"等特色创建活动。"源头·水云间"青年志愿服务荣获第六届中国青年志愿服务项目大赛银奖，获评"省十佳志愿服务项目"；"亲亲我心·爱在源头""源头水卫士·守护碧水家园"获得省优秀青年公益项目奖。

入选"水美中国"首届国家水利风景区高质量发展标杆景区，出席首届国家水利风景区高质量发展典型案例发布会并作推介。成功申报国家水利遗产，编制江都水利枢纽水利遗产保护和发展规划。

【"牢记嘱托 再建新功"系列活动】 在习近平总书记视察江都水利枢纽两周年之际，管理处组织实施"牢记嘱托 再建新功"系列活动，深入学习贯彻党的二十大精神，激励全处干部职工在新征程上干出新成绩、展现新作为。

1. 宣讲党的二十大精神。充分运用理论中心组学习会、主题党日、理论讲坛、青年学堂等载体，开展学习研讨活动；邀请党校专家来处宣讲;营造浓厚学习宣传氛围。

2. 开展高质量发展当先锋行动。开展"牢记嘱托担使命、模范表率当先锋"实践示范项目成果观摩活动,进一步深化"一支部一品牌一项目",引导广大党员"亮身份、做表率、当先锋、建新功",为管理处高质量发展贡献力量。

3. 做好治水展示馆开馆工作。做好"云开馆"准备工作,利用新媒体平台与现场实地讲解结合,带领群众,尤其是青少年参观治水展示馆,让受众直观感受厅党组将贯彻习近平视察江苏重要讲话指示精神作为头等大事和重要任务,以高度政治自觉认真学习,以全新视野认知江苏水利,以全新布局规划江苏水利,以饱满政治激情坚决落实,探索具有鲜明水乡特色、无愧时代特征的江苏水利现代化之路。

4. 举行"国家水利风景区高质量发展标杆景区"挂牌仪式。邀请上级领导为管理处授牌并开展现场展示推介活动,展示集水情教育、水利科普、文化体验、观光旅游、健身休闲等多功能于一体的国家级示范水利风景区。

5. 举行"全省科普教育基地"挂牌仪式。作为2022年度江苏省科普教育基地,举行"全省科普教育基地"挂牌仪式,同时推进小小宣讲员宣讲大赛的开展;依托大型水利枢纽设施和江都水利枢纽展览馆的科普优势,厚植科普教育宣传沃土,加强科普与教育深度融合,打造青少年科普教育矩阵,推动科教资源共建共享。

6. 举办"八五"普法暨国情水情教育志愿讲解员大赛。依托"省级法治文化建设示范点""东线源头法治文化广场"阵地,积极拓展法治文化建设的内涵和外延,切实发挥法治文化、水文化宣传窗口作用,开展"八五"普法活动;组织科普志愿者参加水利政策法规宣讲、水利科普、国情水情教育科普讲解员比赛,加强水利政策法规宣传,普及水情教育知识,提高宣讲能力。

7. 举办"水利工程管理现代化"工程管理业务讲坛。内容包括水利工程管理新形势和新要求、泵站运管智能化和信息化、水利工程管理标准化和精细化。

8. 开展幸福河湖建设宣传与现场调研。以南水北调东线输水干线——京杭运河苏北段为对象,拍摄制作幸福河湖建设宣传片,展示京杭运河苏北段河湖治理与保护、河湖长制工作、幸福河湖建设等取得的成效;组织赴京杭运河苏北段进行现场学习调研,感受一年来运河管护与文化建设成果,汇聚幸福河湖建设、一江清水北送的工作合力。

9. 举行"大师工作室"开工仪式。汇报展示"技能大师、首席技师、工匠工作室"建设方案,推介江苏大工匠、江苏工匠、绿色工匠、首席技师、江苏技能大师,举行开工仪式,推进工作室建设。

10. 开设"牢记嘱托 再建新功"专题宣传。利用管理处门户网站、微信公众号、宣传展板等宣传媒介,开展"牢记嘱托 再建新功"专题宣传,营造浓厚活动氛围,全方位、多角度、深层次展示管理处工作成果。

11. 开展"牢记嘱托 再建新功"全民健身活动。动员全处20个分工会分别结对共建,开展形式多样的文体健身活动,让全体职工在运动热潮中共享健身红利,以更加饱满的精神状态和健康体魄,为管理处高质量发展再建新功。

【安全生产】 制定2022年度安全生产工作目标计划,全员签订安全生产责任书,健全各级安全生产组织网络,定期召开安全生产工作会议。结合全省水利安全生产大检查和百日攻坚行动,突出工程运行、办公后勤、走出去服务等重点领域、场所,全年开展安全生产检查30余次,建立问题隐患和制度措施"两个清单",隐患整改率100%,完成安全生产专项整治三年行动、燃气使用、小水电、既有建筑安全隐患再排查再整治、冬季安全生产专项治理等专项整治工作。完成安全生产标准化一级单位证书延期复核工作,全年安全投入132万元,开展安全生产培训14期,修订完善处级应急预案14个,开展处区用电高负荷期1#所变高负荷运行、东闸智能感潮系统突发故障停止运行、邵仙套闸利用雷达预警救援失控船舶等应急演练23次。管理处在厅属单位水利安全生产状况评价中排名第一。以安全生产月活动为抓手,大力宣贯新安法,开展安全生产倡议承诺、隐患排查竞赛、"送安全"进社区、到船头,安全知识培训、网络竞赛等活动。在全国水利安全生产知识网络竞赛中管理处获优秀集体奖,在全省水利系统"身边隐患大家查"活动中管理处获单位组织奖、12名职工获个人奖。

省秦淮河水利工程管理处

【工作概述】 省秦淮河水利工程管理处找准工作定位和方向,为秦淮河流域尤其是省会南京经济社会发展提供更加安全可靠的水利支撑。抗旱保供水工作得到江苏省委副书记邓修明的充分肯定,《人民日报》点赞,南京市防指发来感谢信。科技创新成果丰硕,工程管理、安全生产继续保持省内领先水平,获评江苏省级机关党支部"服务高质量发展先锋行动队"、一星级全国青年文明号集体、第六届中国青年志愿服务项目大赛银奖、全国水利系统"七五"普法先进集体等。

【工程管理】
1. 管理创新。坚持科技引领、创新驱动,建成数字孪生武定门泵站,以数字化、网络化、智能化为主线,完成孪生数据底板搭建,集成智能巡检系统、设备管理系统、精细化系统,构建"四预"应用框架,实现工程运行管理可视化,作为数字孪生秦淮河子项目在水利部数字孪生流域先行先试中期评估中获评优秀,获第九届江苏省勘察设计行业信息模型(BIM)应用大赛二等奖,被江苏省数字经济工作领导小组办公室收入工作简报,在2022年能源与水利科学装备技术国际会议上做专题报告。规范维修养护项目全过程、全流程,秦淮新河闸站、武定门闸站被认定为2022年度第一批省精细化管理工程,工程精密监测能力、精细化管理水平再度提升。

2. 首次实施主汛期生态调水。采用"泵站低潮翻水"和"节制闸乘潮引水"的联合运行模式,常态化保障秦淮河生态水位、生态流量,全力增加生态用水补给,增强水体自流能力,秦淮河干流安全度夏,全部国考省考断面水质优良,全年水质优Ⅲ比例达100%。建成全省首个水利工程管理范围(水域)智慧防控系统,实现无人机自动巡飞、自动监测和自动预警,作为示范点向全省推介。

3. 开展科研工作。与中科院南京地理与湖泊研究所、水利部南京水科院、河海大学等专业力量开展科研合作,全年实施创新研究14项,开展课题研究6项,取得专利19项、软件著作权9项,出版专著6部,发表论文数十篇。首创闸站装配式测压管、机器视觉位移监测,在全省水利行业推广。引入"水工诊所"概念,建设监测平台,提升水利工程安全管理水平。出版国内首部湖泊健康管理关键技术与应用专著,项目成果获得应用检验。精准调度实时流量监测、泵站温度及绝缘监测等工程精密监测研究成果,保证抗旱安全高效运行。

【防汛防旱】 抵御秦淮河全流域大旱,处属水利工程调水时间历年最长,引调水量创历史最高,有效抬升并维持秦淮河东山站水位在7.5米左右,及时补充了上游南京、镇江等地农业生产和水产养殖及石臼湖、固城湖等农业抗旱一级水源供给,有力保障秋粮丰收稳产，发挥出骨干水利工程抗旱减灾效益。成功防御强台风"梅花"，精准执行调度指令，提前有效控制秦淮河水位，紧抓停机间隙对闸站工程进行安全检查和维修保养，加密工程巡查值守，切实守护人民群众生命财产安全。

【水政水资源】 持续提升河湖管护信息化水平，在省管湖泊投入使用首个"河湖巡查大数据平台"，配合常态化无人机实时在线巡湖，做到巡查全天候、全方位、无死角，实现巡查、整改、销号的闭环管理。借助无人机"湖长眼"和大数据平台，石臼湖、固城湖在省内首次实现省级湖长远程无人机巡湖。强化网格化管理，推进网格员能力提升工程，提档升级网格员巡查装备，协助地方加大"两违三乱"处理力度，两湖管理范围内违法点保持"动态清零"。

【基础建设】 完成秦淮新河水利枢纽改扩建工程项目不可避让生态管控区域论证，编制可行性研究报告，可研前置要件除建设征地和移民安置规划大纲外均已办理，江苏省委常委、南京市委书记韩立明于9月24日赴秦淮新河水利枢纽专题调研改扩建工程。建成数据无链接安全传输系统，使用二维码识别技术，实现工业控制网络向可用网络的安全传输，全方位推广智能巡检系统、维修养护专项管理和安全生产标准化管理系统，固化工作要求和流程，突出"现场、过程、程序"管理，提高信息化监管效能。建成秦淮水博苑智汇馆展厅，完成武定门闸管理用房外立面防渗改造、周边设施除险及闸下游左岸附属设施维修，实施全处公有房屋除险改造项目，开展管理范围堤防植物防护。

【管理与改革】 优化技能实训课堂和技师工作室，运用试题数据库、云端考试等信息化技术，开展职工技能理论和实操轮训，构建标准化、特色化、专业化的技能实训体系。在全国水利安全生产知识网络竞赛中，2人获一等奖，10人获二等奖，2人获三等奖，2人获优胜奖，在全国参赛单位中名列前茅。创建技术攻关、智慧创新、技能实训职工创新队伍，被南京市总工会认定"南京市职工创新工作室"。组织秦淮河机动队开展防汛抢险演练，将教学与练兵有机融合，更好地应对水旱灾害等突发事件。

【党建及精神文明建设】

1. 强化标准示范。制定党支部特色实践项目，用好党员示范岗、突击队、责任区，持续强化标准示范，江苏卫视采播专题片介绍相关工作。深入学习宣传党的二十大精神，大力开展"强国复兴有我"群众性主题宣传教育活动，持续深化"三个表率"模范机关建设，开展"牢记嘱托担使命，模范表率当先锋"实践活动，江苏省秦淮新河闸管理所党支部被江苏省委省级机关工委评为省级机关党支部"服务高质量发展先锋行动队"。

2. 抓牢廉政风险防控。全年开展嵌入式监督49次，提高监督合力。深化"亲清水利"廉洁机关建设，开展"党风廉政教育月""清风廉韵"话清廉等多个系列活动，在全处形成浓厚的"我要廉"氛围。以"三个结对""三封书信""三种谈心谈话"的"333"工程创新实施职工八小时外教育管理，继续保持全年无违法违纪案件的良好成绩。打造青年成长"样板学堂"，"大美秦淮"青年学习社获评2022年度省级青年学习社。

3. 开展青年节水护水志愿服务二十余项。推动"秦淮水博苑云平台"成为线上水情教育主阵地，联合南京教育部门举办"秦淮e学堂"水情教育云课堂，累计受众超10万人次，获人民日报刊文点赞，作为样板面向全省水情教育基地推广。编撰出版《秦淮博览》图集、《秦淮水脉》文史图书，梳理出秦淮治水的千年历史和时代感召，特别是新中国成立以来秦淮治水的艰辛历程、踔厉经历，充分展示了秦淮河的历史人文和治水成就、治水文化，在厅属管理单位尚属首次。秦淮河枢纽水利风景区入选全省水利风景区精品线路,《幸福秦淮河》等多部短视频获全省"关爱家乡水 秀出幸福河"水情教育文化产品征集活动一、三等奖,《一汪湖水清如许》等三部原创视频作品揽获水利部第四届"守护幸福河湖"短视频征集活动二、三等奖,居厅属管理单位之首。

【安全生产】 委托第三方专家团队,定期开展工程运行和安全管理技术服务,克服内部检查惯性,实现隐患闭环管理。全面部署水利安全生产专项整治三年行动,深入开展百日攻坚、火灾防范等专项整治工作,实现风险全链条全方位管控。扎实开展安全宣传教育。推动安全宣教进学校、进企业、进社区、进家庭、进农村,举办"6.16"安全宣传咨询日、安全生产网络知识竞赛等各项活动。《数字孪生场景下的洪水防御演练——智慧水利应急演练》获全国水利安全生产标准化应急演练成果三等奖。

省太湖地区水利工程管理处

【工作概述】 省太湖地区水利工程管理处以迎接学习宣传贯彻党的二十大精神为主线,充分发挥太湖管理主力军作用,顺利通过水利部安全生产标准化一级达标创建,成功应对太湖春汛、罕见高温和夏秋连旱,全力抵御台风"轩岚诺""梅花",流域骨干工程有序接管,深耕"三精"工程高效运行,流域河湖生态持续向好,内控管理体制机制不断健全,重大项目取得实质进展,圆满完成全年各项工作任务。

【工程管理】 以常态化管理平台为载体,采取三色分级定责方式,实行"清单+闭环"式工作机制,处属10座工程被评定为省级精细化管理工程。主持编制《江苏省水利工程安全风险公告牌图集》,规范统一省内安全风险公告牌样式。落实"三精"管理理念,结合工程汛期运行情况和长期运行现状,科学开展工程维修养护。打造全周期管控的智慧闸站样板,大型同步电机绝缘在线监测装置实现24小时监测。组织开展数字孪生先行先试,完成新沟河信息化项目,建成太湖地区工情水情数据分中心。科技成果转化取得积极成效,全年共开展5项"五小"发明研究,获得10项实用新型专利,发表科技论文16篇。

【防汛防旱】 持编制《江苏省太湖地区洪涝调度方案》《新沟河工程调度方案》等流域区域调度方案,开展《望虞河引排水控制运用细则》研究。认真履行太湖地区联防办职能,做好太湖地区汛前检查和汛期防台督查,组织完成太湖地区1 400余条行洪河道阻水障碍现场核查。通过"五比五看"劳动竞赛、汛前云检查、应急调水反事故实战演练等举措,做好汛前准备。处属工程成功应对太湖春汛、全力抵御台风"轩岚诺""梅花",全年累计排水28.53亿立方米。

做好新孟河丹阳、奔牛两枢纽建管衔接和应急调水,汛前共开展4轮次安全检查,及时整改问题隐患,编制应急预案、工程运行规程等,保障工程安全可靠运行。抗旱期间,丹阳水利枢纽累计引水运行62天,奔牛水利枢纽累计引水运行57天,累计向湖西地区补水4.45亿立方米。

2022年梅雨期几近"空梅",入汛后出现长期干旱,长江干流来水汛期反枯。7月16日,太湖水位降至近20年同期最低,常熟水利枢纽闸泵联合开启引江济太,为2007年以来首次在主汛期启动夏季引江济太水量调度。年内累计引水运行201天,引水天数达近十年之最。8月至9月,江阴水利枢纽连续引水运行36天,向太湖直武地区河网补水。10月,新孟河丹阳水利枢纽、奔牛水利枢纽建成以来首次投入引水试运行和冬季调水,向湖西地区补充抗旱水源,太湖"两进三出"引排工程全线发力、效益初显。处属工程全年累计引水32.02亿立方米,保障了区域城乡居民饮水安全和生产生活用水,太湖连续15年高质量实现"两个确保"。

【水政水资源】 协助省级河湖长完成巡河(湖)工作,加强流域区域间河湖长协同联动,推动"省级河长制＋联席会议"的工作机制顺利运行。深度参与"两省一市"跨界水葫芦联防共治,开展联合巡查及督查9次65人次,巡查省市际跨界河湖重要控制点、打捞点56个,为成功举办第五届进博会提供优质水环境保障。组织编制太湖生态清淤跟踪监测评估与技术规程,开展9个省管河湖水域状况保护评价。稳步推进滆湖、竺山圩等退圩还湖工程,组织对2022年度省级河湖库559处遥感变化点进行现场核查、复核与成果会商。年内共组织开展水域岸线巡查26次,累计巡查145人次,行程7 298千米。修订完善20项水政监察制度及相关机制,组织开展水政执法技能集训和竞赛,完成水行政执法太湖基地和水政监察队伍标准化示范点建设。开展河湖"四乱"清理整治回头看,共抽查无锡、常州、苏州境内29个涉湖整治项目,完成整治率100%。

【基础建设】 参与新孟河丹阳枢纽、奔牛枢纽工程建设工作,奔牛水利枢纽于9月正式移交。全力推进机关院内设施维修改造项目实施,加强与属地街道等单位部门沟通,推动项目开工建设。做好湖西中心立项工作,专题向省发改委、省水利厅汇报,调整立项依据、项目定位,10月正式上报省发改委等待批复立项。启动治太展示馆项目,深入挖掘太湖治水历史、新时代治太实践探索和治太成就,完成《太湖枢·最江南》文案策划、展馆空间设计等工作,项目于12月开工。

【管理与改革】 优化调整内设机构和部门职能,加强制度建设,出台《政府采购管理实施细则》,修订完善《职工技术职称(技能等级)评聘管理办法》等12项制度,强化政策宣贯执行。制定岗位比例调整建议方案,通过省人社厅审定,三类岗位设置比例得到优化。启动两次干部选拔任用和轮岗交流工作,提拔干部21人次,交流干部5人次。1人入选省"333工程"第三层次培养对象,2人取得正高级职称资格,9人取得中级职称资格,1人取得高级技师技能等级。

【党建及精神文明建设】 全面学习贯彻落实党的二十大精神,处领导班子成员组成宣讲团到各基层管理所、机关各部门开展党的二十大精神专题宣讲10次。处党委理论学习中心组开展集中学习14次,交流发言65人次。处党委全年开展"四项教育"12次,党委书记讲党风廉政、安全生产、意识形态、保密教育专题党课。完成党支部换届,配齐配强支部班子;组织开展主题党日集中观摩、发展党员示范演示,提升党建工作质量。

开展"服务长三角 太湖党旗红"实践示范项目,主动服务地方需求,探索建立生态调水有偿服务机制。江阴党支部"党旗引领启新程,数字泵站当先锋"示范项目获厅机关党委好评。完成处工会委员会和分工会换届选举,成立"护江治太"党建联盟、"银发生辉耀太湖"志愿者服务队。举办"三十再出发 奋进新征程"系列活动,与《新华日报》《中国水利报》等主流媒体开展深度合作,组织"赞美新时代 诗颂新江苏"诗人作家一线采风。

开展"510"廉政教育日系列活动,组织开展党规党纪测试,参观廉政教育基地,集中收看专题警示教育片6次,收集"廉政警言、家风家训"102条。开展"清风廉韵"话廉洁系列活动,制作"一分钟话廉洁"系列短视频10部。强化嵌入式监督,研发廉政风险防控信息化系统。扎实开展"酒驾醉驾和疫情期间人员管理"专项整治工作。紧盯重大节日、关键节点,通报中纪委、省纪委相关案例,对公务接待、公务用车、通航服务等关键领域进行督查检查25次,按要求完成经营性活动排查64人次。

【安全生产】 认真贯彻落实全员安全生产责任制,层层签订安全生产责任状。抽调业务骨干组成工作专班,创新打造"太湖安全微课堂""安全进奔牛"等载体,组织开展安全教育培训122次、实战应急演练41次,先后完成形式审查、技术审查、视频答辩、现场核查等创建任务,通过水利安全生产标准化一级单位达标评审,成为省内首个涵盖四类水闸通过一级达标创建的水管单位。累计开展工程现场检查243次,整改隐患问题519个,全年安全生产无事故。参加全省水利安全生产知识竞赛,1人荣获一等奖,15人次获奖;参加全省水利"身边隐患大家查"活动,3人次获奖。

省泰州引江河管理处
省灌溉动力管理一处

【工作概述】 省泰州引江河管理处、省灌溉动力管理一处落实厅属单位高质量发展推进会精神,克服疫情旱情叠加的影响,较好完成工程管理、防汛防旱、河湖管理以及党建和精神文明建设等工作。管理处通过水利安全生产标准化一级单位复审,获得全国《水安将军》知识竞赛优秀集体奖,文明创建成果入选第二届水利系统基层单位文明创建案例,科普活动被国家科协评为优秀活动,管理处被省科协评为优秀组织单位,引江河风景区入选国家水利风景区高质量发展典型案例。

【工程管理】 继续实施精密监测、精准调度、精细管理,实现泵站、水闸、船闸管理精细化全覆盖,并加以研究总结,形成《高港枢纽工程精细化管理》专著。审核各工程"三图一表"等基础图表资料,规范完善工程基础资料。推进20个维修养护项目、5个防汛项目按期完成。高港船闸全面推行"不见面服务、不上岸过闸"的服务模式,成立通航业务受理中心,通过智能化语音平台,一站式线上办理各项业务,减少疫情影响,方便船舶登记,缩短待闸时间。利用船闸视频监控系统、闸口抓拍系统的视频数据、水位数据,对船舶实施精准调度,提高放闸效率。高港一、二线船闸累计放行船舶11.69万艘、船队1 619个,船舶通航量1.56亿吨,助推区域航运业发展和经济振兴。

【防汛防旱】 2022年入汛后,长江中下游地区发生了60多年来范围最广、程度最重的水文干旱,管理处严格执行江苏省水旱灾害防御调度指令调引长江水,组织工程建成以来首次主汛期闸站联合运行。高港枢纽自流引水333天共50.39亿立方米,泵站开机运行43天送水2.55亿立方米,拉马河闸引水2 240万立方米,为苏中苏北地区水供给、水安全、水生态提供保障。开展里下河圩区防汛应急抢险救援演练2次、应急调水演练3次,参加泰州市军地联合防汛抢险演练1次,与泰州职业技术学院联合开展防汛抢险综合能力培训。新增10寸便携式变频潜水泵30台套、移动泵车1辆、移动照明灯塔2套、无人监测船1艘、水下机器人1台、手推式电动叉车2辆。

【水政水资源】 强化引江河行业管理、里下河湖区监管,推进幸福河湖建设。与里下河各地开展联合巡查1 309次,处置问题10多起、查处违法点30多个,编制里下河湖泊湖荡电子书以及月报、季报和年报。组织实施2022年度"一湖三河"水域及滩地遥感监测及"一湖六河"水域状况调查评估项目,完成1 296个变化点现场核查及分级审核任务,组织验收2021年度大纵湖射阳湖水生态监测及健康报告编制项目。建成九龙口省级湖泊管控站,完成里下河湖区管理中心选址。实施泰州引江河幸福河湖研究,推动沿线新增绿化 35 万平方米，建成河长制公园 1 个。持续跟踪引江河江都段风电项目，制止违法施工。加强与省、市自然资源规划部门沟通，维护引江河权属面积不减少。兴化市得胜湖新退圩还湖 1.28 平方千米，宝应县兰亭荡、广洋湖新退圩成湖面积 5 平方千米。龙溪港（海陵区域）退圩还湖实施方案报省水利厅审查。平旺湖退圩还湖一期工程（成湖面积 1.59 平方千米）通过监管验收。复核里下河碍洪问题 2411 个，指导地方落实整改。协助省河长办组织开展 2022 年里下河地区"清剿水葫芦，改善水环境"联保共治专项行动，里下河五市十三县共打捞漂浮物 684.8 万吨。

开展水政监察队伍、水行政执法基地标准化建设，修订完善管理处水行政执法管理等制度 45 项，编印《水行政执法工作手册》。开展各类学习培训 58 次、法律知识测试 15 次、模拟水事案件查处 5 次，联合泰州市水政支队、姜堰区及高港区水政大队开展水行政执法技能竞赛。与泰州、江都两地水利局加强会商，制定"清四乱"联合巡查工作方案，开展联合巡查活动和专项督查行动，推动泰州引江河、长江泰州沿线清四乱工作取得实效。与地方渔政、公安部门加强沟通会商，建立常态化执法机制，泰州引江河依法禁渔联合执法工作站及滨江派出所警务室正式挂牌。全年累计收缴各类渔具 23 件，移交渔政部门查处违法捕鱼行为 2 起，办结高港枢纽管理范围内违法建设案件 1 件。

【基础建设】 完成高港枢纽闸站下游左岸堤防应急加固工程，堤顶宽度由 6 米拓宽至 10.5～14 米，防洪能力得到提升，实现了江堤标准化、工程生态化、景观优美化。优化防汛装备物资仓储布局，完成 1 号、4 号仓库、防汛抗旱抢险训练室加固改造以及 3 号仓库局部维修。完成高港枢纽部分道路黑色化。

【管理与改革】 成立船闸通航能力提升、"江苏莱茵河"建设、枢纽环境规划等课题组，委托东南大学、同济大学、省水利设计院进行总体规划，完成信息化、抢险能力建设、高港枢纽建设等规划编制。与河海大学、中科院植物研究所等高校、科研院所合作开展课题研究，2 项课题获省水利科技立项。编制《数字孪生引江河高港枢纽建设方案》，成为首批省级数字孪生水利试点项目。全方位、多维度识别培养年轻干部，新提拔科级干部 8 名，交流调整科级干部 9 名，进一步催生动力，激发活力。

【党建及精神文明建设】 建立"第一议题""三级"联学和专题研学机制，把学习贯彻党的二十大精神和习近平新时代中国特色社会主义思想作为首要政治任务。全年开展集中学习研讨活动 18 次，组织党员干部参加党性教育、警示教育，开展酒驾醉驾和疫情期间八小时以外人员管理专项整治。推进厅巡察反馈意见整改落实，48 项整改内容年底前完成或阶段完成 47 项，占全部整改任务的 98%。深入开展"两在两同"建新功行动，研究建立"四融四立"党建工作法。完成党支部调整和换届选举。巩固"全国文明单位"创建成果，开展各类创建活动，建成船闸"暖心港湾"。管理处荣获"2019—2021 年度江苏省文明单位"称号，处高港水闸管理所被授予"江苏省工人先锋号"，"同'引'一江水 共护母亲河"节水公益项目分获国家和省青年志愿服务项目三等奖，2 名职工分获全国、江苏水利科普讲解大赛三等奖、一等奖。

【安全生产】 建立健全全员、全岗位、全过程安全生产责任体系。修订全处安全生产责任清单以及综合预案 2 项、专项预案 26 项、现场处置方案 8 项，开展应急演练 9 次。管理处通过水利部水利安全生产标准化一级单位延期换证。获全国《水安将军》趣味知识竞赛优秀集体奖、全省水利系统"身边隐患大家查"单位组织奖，14 人获《水安将军》个人奖、33 人获全国水利安全生产法知识竞赛个人奖、7人获"身边隐患大家查"个人奖。编印《水利安全文化手册》。定期组织开展危险源辨识及风险评价工作，管控率100%。接受省水利厅督查2次，开展处安委办安全监督检查8次，各单位自查16次，开展特殊节点专项检查12次，问题整改率100%。完成安全鉴定工作。开展高港一线、二线船闸和拉马河闸等3座工程的安全鉴定，完成安全鉴定报告编制。完成全部所管7座水利工程的安全鉴定工作。

省防汛防旱抢险中心

【工作概述】 省防汛防旱抢险中心全力以赴抗旱保供，圆满完成高淳抗旱任务，南京市防指发来感谢信；国家级水情教育基地——省防汛抢险训练场成功创建省级科普教育基地，水利科普教育讲解大赛荣获水利部二等奖；安全生产管理更加规范，荣获全国水利安全生产标准化应急演练成果评选展示活动二等奖（一等奖空缺）；精神文明成效更加显著，中心职工参与各类竞赛获奖6人次。

【工程管理】 组织编写《江苏省防汛抢险训练场枢纽工程技术管理细则》。开展水工建筑物、机电设备及金属结构检查保养。组织开展防汛抢险八大专项训练。

1. 抗旱排涝训练，以潜水电泵、柴油机泵、应急排水车等抗旱排涝主力设备操作训练为主，做精做强抗旱排涝；

2. 通讯会商训练，以卫星通信车为中枢搭建宿营车、指挥帐篷为临时指挥所，形成野外一体化会商平台，实现商业卫星、水利专线和4G单兵三种通信传输方式互备；

3. 巡堤查险训练，利用无人机巡堤查险+人工巡堤模式，在长江和滁河堤防，针对不同天气环境实战开展无人机巡堤查险训练；

4. 险情侦监测训练，通过人工测绘、无人船侧扫、无人机建模三种不同方式、手段的险情监测形成优势互补；

5. 堤防抢险训练，开展决口封堵闭气卷帘、装袋机打包输送、两栖植桩实战训练；

6. 应急救援训练，开展冲锋舟救援、无人机抛投、水上救援飞翼等科目水上实战训练；

7. 物资储运训练，组织土袋围井实战及物资调度全流程训练，实现野外抢险装袋机物资供给；

8. 后勤保障训练，通过野外宿营车、餐后勤保障车、送水车等后勤保障车辆协同配合，构筑野外保障体系。

【防汛抗旱】 启动1次抗旱四级响应、2次防台四级响应、1次防台三级响应及1次防台二级响应。全面开展自养自修和周检月试，检试129台潜水电泵及控制柜、12台变频泵及控制柜、50台套柴油机泵组，完成7台潜水电泵大修、20台混流泵养护；应急排水车、卫星通讯车、照明灯塔、冲锋舟等9大类134台套抢险装备设备，累计检试人次达106人次，试运行时间达4 628分钟；对板坝式子堤、围井、膨胀袋等26种防汛物资进行核查盘点。8月12日，完成2022年江苏省防汛抗旱通信保障演练。累计运行107天，翻水9 008.27万立方米，抬高固城湖水位1.2米，为10余万户农业、养殖业提供了优质水源。

【水政水资源】 组织8轮长江岸线巡查，形成季报2期、月报6期。下发遥感监测变化点2 078项。开展4轮全面执法巡查，编制4期采砂巡查报告，2次参与专项执法行动。履行省长江干流联防指挥部办公室职责，排查出流域性河道堤防隐患25处，病险闸站7座；发现长江堤防险工险段18处，穿堤闸涵和管线隐患3处，汛前督促落实处置措施。对19个妨碍行洪项目跟踪督查，主汛前完成整改。

【基础建设】 1月4日抗洪排涝训练楼改造项目开工建设，9月23日通过工程竣工验收开展单位院内改造规划。对23幢老旧房屋和仓库进行安全鉴定工作，分批逐步维修老旧房屋。完成泰山路小区自来水改造工程。

【管理与改革】 全领域推进精细化管理，建立了规范化、精细化、可量化的标准管理体系，完成了全中心全领域120张流程图、90个规章制度和120本作业指导书的编制工作。探索无人机搭载双光相机巡航探测堤防渗漏险情的实用方法，开展不同介质、不同时间段、不同气候条件下的对比试验。优化干部队伍结构，严格按照程序选拔5名副科级干部，制订《专业技术和工勤技能岗位竞聘管理办法》，通过竞争上岗12名技能人员、10名专技干部岗位升级聘任，4人通过中、高级职称评审，5人通过技师选拔和考核。实施全省水利系统数字孪生试点项目，建成基于数字孪生的防汛物资仓储管理平台，实现防汛物资仓储的数字化实时仿真管理。完成自动化无人存取货试点建设，实现仓储管理系统与AGV智能行车系统的无缝交互。强化资产管理，获得省级部门资产年报先进单位荣誉称号。

省防汛抢险训练场举办4期培训班和1期全省防汛演练，前往消防应急部门开展水情教育，邀请河海大学工程管理系师生110人次赴基地参观，组织人员到六合区龙袍中心小学上水情教育课，组织人员到高淳等抗旱现场开展水情教育，年度累计受众人数6 000多人次。1月，"河海大学产教融合实习实训基地"挂牌；7月，获得"省级科普教育基地"称号；9月，挂牌长江设计集团"防汛抢险先进技术装备示范基地"称号。新建成"节水教育园"。开展"水利灾害仿真训练平台"项目研究，打造集教育、展示、体验为一体虚拟现实系统。基地讲解员第荣获三届全国水利科普讲解大赛二等奖。

【党建及精神文明建设】 组织开展中心组学习18次，开展支部大讨论、青春微感言、前辈话水情等系列活动。切实履行党委主体责任，严格落实纪委监督责任，及时通报违纪违规典型案例15期，通报关于违反中央八项规定精神问题和形式主义、官僚主义典型问题6起，编辑廉政短信、微信转发提醒12条。做好在外人员教育管理、疫情期间"八小时以外"人员管理和酒驾醉驾专项整治，开展厅直属事业单位有关人员从事营利性活动等"四项"整治行动。参加江苏省第二十届运动会职工部排舞（广场舞）比赛，荣获道德风尚奖，2人被评为道德风尚运动员；组织承办江苏省水利厅喜迎二十大"中国梦·劳动美"读书演讲比赛决赛，2人分别荣获一、二等奖。关心关爱职工群众，夏季安康"三送"活动慰问职工121人次，探望慰问住院职工2人次；新增2名团员取得红十字救护员证。

【安全生产】 开展中心仓储管理区域和训练场枢纽工程区域运行安全管理评估，每季度组织开展危险源辨识与风险评价，制定专项应急预案，增设安全风险告知牌、危险源警示牌和应急处置卡等标识标牌。开展安全生产专项整治三年行动，加强维修养护项目建设、防汛抢险及训练演练、人员密集场所和消防安全等隐患排查治理，开展电瓶车充电、蓄电池使用管理、燃气使用管理、特种设备持证上岗、消防和网络安全等6次专项整治行动，18次安全检查，共查出各类安全隐患54个，全部整改到位。组织学习电视专题片、主题宣教片，开展新进人员岗前安全培训，消防安全知识培训，23名安全生产管理人员年度教育培训。在全国安全生产法知识网络答题活动中，4名职工荣获个人优秀奖；在全省水利系统"身边隐患大家查"活动中，1名职工荣获二等奖，1名职工荣获三等奖和优秀奖；在全国水利安全生产标准化应急演练成果评选展示活动中，中心《科技赋能，贴近实战——全面提升防汛抢险应急能力》应急演练视频荣获二等奖（一等奖空缺）。

水利统计资料

2022年江苏省水资源公报

一、综　　述

2022年，全省年降水量813.3 mm，折合降水总量834.8亿 m³。降水量比2021年少31.7%，比多年平均少19.2%，属枯水年份。

全省水资源总量192.8亿 m³，比多年平均少43.1%，比2021年少61.5%，其中地表水资源量142.5亿 m³，地下水资源量102.7亿 m³，重复计算量52.4亿 m³。

全省6座大型水库和43座中型水库年末蓄水总量7.9亿 m³，比年初减少2.4亿 m³。太湖、洪泽湖等10个省管湖泊年末蓄水总量94.3亿 m³，比年初减少14.7亿 m³。

全省供水总量611.8亿 m³，其中，地表水源供水量595.0亿 m³，地下水源供水量2.8亿 m³，非常规水源供水量14.0亿 m³。用水总量611.8亿 m³，其中，生产用水553.4亿 m³，生活用水43.5亿 m³，生态环境用水14.9亿 m³。

全省人均综合用水量718.5 m³，按当年价，全省万元地区生产总值用水量33.6 m³，万元工业增加值用水量17.8 m³。按可比价，万元国内生产总值用水量和万元工业增加值用水量分别比2020年下降11.4%和10.6%。全省农田灌溉亩均用水量476.1 m³，农田灌溉水有效利用系数0.620；居民人均生活用水量，城镇151.7L/人·d，农村106.1L/人·d。

二、水资源量

（一）降水量

全省年降水量813.3 mm，比2021年少31.7%，比多年平均少19.2%，属枯水年份。按流域分，淮河流域降水量739.1 mm，比多年平均少22.0%（其中沂沭泗水系760.3 mm，比多年平均少12.6%）；长江流域降水量916.9 mm，比多年平均少14.8%；太湖流域降水量956.4 mm，比多年平均少15.5%。与2021年比较，淮河流域、长江流域、太湖流域分别减少37.6%、20.1%、23.7%。

13个设区市降水量与多年平均比较均减少，其中淮安、扬州、盐城、镇江、南京减少20%以上。各设区市及流域分区降水量见表1。全省年降水量年际变化、降水量等值线、年降水量距平见图1～图3。

全省汛期降水量较常年同期偏少，其中4月中旬至6月下旬，沂沭泗水系基本无来水，淮河干流来水偏枯，洪泽湖、微山湖一度低于死水位；5月降水量较多年平均少90%，接近历史同期最低；8月长江出现罕见"主汛期反枯"现象，长江潮位及沿江支流均出现设站以来同期最低潮（水）位，太湖最低日平均水位为近20年来历史同期最低。受气象干旱降雨严重偏少，长江、淮河及沂沭泗上游来水偏枯等影响，全省先后发生两次旱情，其中4月至7月初苏北地区发生春夏旱，8月至9月淮河以南地区发生夏秋连旱。

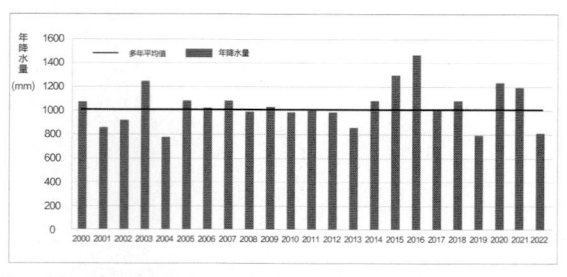

图1　2000—2022年降水量年际变化

表1 各设区市及流域分区降水量

设区市及流域分区	年降水量(mm)	与2021年比较(%)	与多年平均比较(%)
南京	862.3	−26.2	−20.2
无锡	1010.8	−21.4	−11.7
徐州	741.3	−41.1	−10.6
常州	931.7	−31.0	−19.3
苏州	971.0	−19.1	−13.4
南通	979.5	−15.3	−9.1
连云港	835.0	−33.5	−6.8
淮安	644.5	−42.0	−33.8
盐城	734.3	−35.5	−27.1
扬州	725.0	−35.0	−29.0
镇江	817.3	−29.5	−25.6
泰州	842.0	−26.4	−19.3
宿迁	726.8	−41.6	−18.7
全省	813.3	−31.7	−19.2
淮河流域	739.1	−37.6	−22.0
其中:沂沭泗水系	760.3	−40.0	−12.6
长江流域	916.9	−20.1	−14.8
太湖流域	956.4	−23.7	−15.5

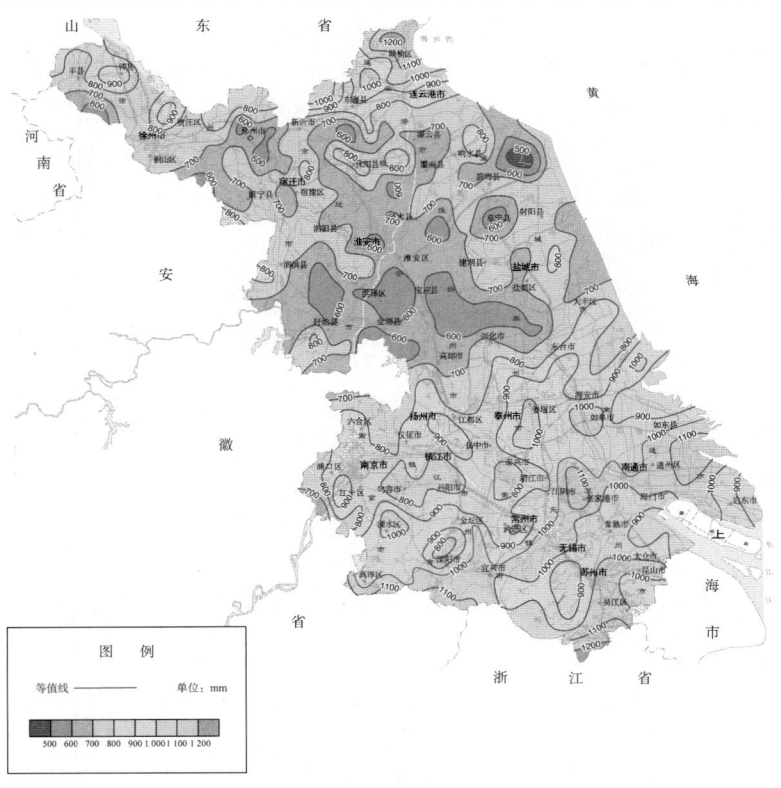

图2 全省年降水量等值线

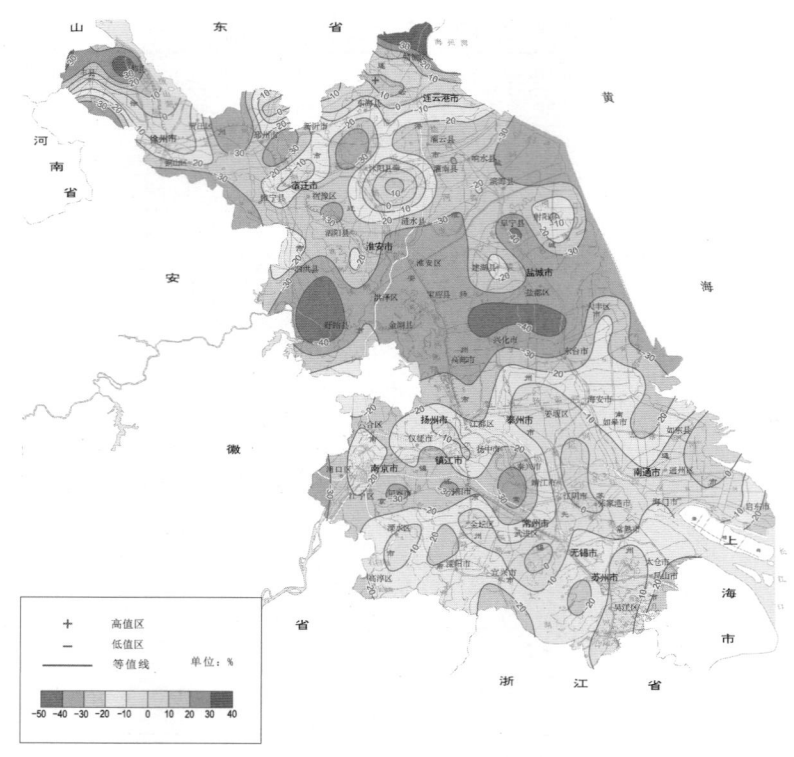

图3 全省年降水量距平

（二）地表水资源量

全省地表水资源量142.5亿 m^3，年径流深138.8 mm，比2021年少67.8%，比多年平均少50.9%。按流域分，淮河流域73.3亿 m^3（其中沂沭泗水系48.8亿 m^3），长江流域25.0亿 m^3，太湖流域44.2亿 m^3。

13个设区市地表水资源量与多年平均比较，扬州、淮安、泰州、盐城、镇江均减少60%以上。各设区市及流域分区地表水资源量见表2。

表2 各设区市及流域分区地表水资源量

设区市及流域分区	地表水资源量（亿 m^3）	与2021年比较（%）	与多年平均比较（%）
南京	9.9	−63.0	−54.6
无锡	12.1	−52.0	−37.2
徐州	22.6	−57.0	6.7
常州	10.5	−62.0	−40.3
苏州	17.7	−53.4	−39.8
南通	13.6	−52.8	−46.5
连云港	19.2	−53.1	−5.7
淮安	4.4	−88.9	−83.1
盐城	13.8	−76.6	−69.4
扬州	1.4	−94.4	−92.0
镇江	5.4	−67.8	−61.6

续表

设区市及流域分区	地表水资源量(亿 m³)	与2021年比较(%)	与多年平均比较(%)
泰州	3.4	-83.3	-78.4
宿迁	8.5	-80.0	-51.3
全省	142.5	-67.8	-50.9
淮河流域	73.3	-73.6	-54.7
其中:沂沭泗水系	48.8	-62.3	-14.8
长江流域	25.0	-61.5	-54.0
太湖流域	44.2	-55.7	-40.3

(三) 出入境水量

全省入省境水量 8 200.5 亿 m³。按流域分,淮河流域来水 242.8 亿 m³,其中淮河中游来水 142.2 亿 m³,淮河下游来水 1.0 亿 m³,沂沭泗水系来水 99.6 亿 m³;长江流域来水 7 900.6 亿 m³,其中,长江干流来水 7 867.7 亿 m³,长江支流来水 32.9 亿 m³;太湖流域来水 57.1 亿 m³。

出省境水量（不含长江干流）234.6 亿 m³。按流域分,淮河流域出省境 12.1 亿 m³,其中,淮河中游入安徽省 4.6 亿 m³,沂沭泗水系入山东省 7.5 亿 m³;长江流域支流入安徽省 28.5 亿 m³;太湖流域出省境 194.0 亿 m³,其中,入上海市 131.3 亿 m³,入浙江省 62.7 亿 m³。

入海水量 277.0 亿 m³。淮河流域入海 268.9 亿 m³,其中沂沭泗水系入海 122.2 亿 m³,淮河下游入海 146.7 亿 m³;长江流域支流入海 8.1 亿 m³。

引长江水量 401.5 亿 m³。其中,淮河流域引江 108.5 亿 m³,长江流域引江 143.2 亿 m³,太湖流域引江 149.8 亿 m³。按南北岸分,长江以北引江 245.4 亿 m³,长江以南引江 156.1 亿 m³。

汇入长江水量 122.8 亿 m³。其中,淮河流域入江 22.8 亿 m³,长江流域入江 49.7 亿 m³,太湖流域入江 50.3 亿 m³。按南北岸分,长江以北汇入 69.8 亿 m³,长江以南汇入 53.0 亿 m³。

全省出入省境和入海水量见图4。

表3 各设区市及流域分区水资源总量

设区市及流域分区	水资源总量(亿 m³)	与2021年比较(%)	与多年平均比较(%)
南京	10.9	-60.7	-51.7
无锡	13.8	-48.6	-32.5
徐州	30.7	-52.4	-5.1
常州	11.5	-59.8	-38.7
苏州	20.1	-51.0	-37.7
南通	20.8	-41.1	-32.1
连云港	24.1	-48.5	-0.8
淮安	8.9	-80.0	-71.2
盐城	21.9	-67.7	-57.9
扬州	3.4	-87.3	-82.1
镇江	6.0	-65.3	-58.6
泰州	6.0	-73.8	-66.0
宿迁	14.7	-71.0	-38.2
全省	192.8	-61.5	-43.1
淮河流域	109.2	-66.1	-45.0
其中:沂沭泗水系	67.6	-56.2	18.0
长江流域	33.9	-53.6	-44.3
太湖流域	49.7	-53.1	-37.5

(四) 地下水资源量

全省地下水资源量 102.7 亿 m³,比多年平均少 17.1%,比 2021 年少 24.1%。其中,平原区地下水资源 98.2 亿 m³,山丘区地下水资源量 5.2 亿 m³,重复计算量 0.7 亿 m³。按流域分,淮河流域 69.3 亿 m³（其中沂沭泗水系 28.9 亿 m³）,长江流域 18.3 亿 m³,太湖流

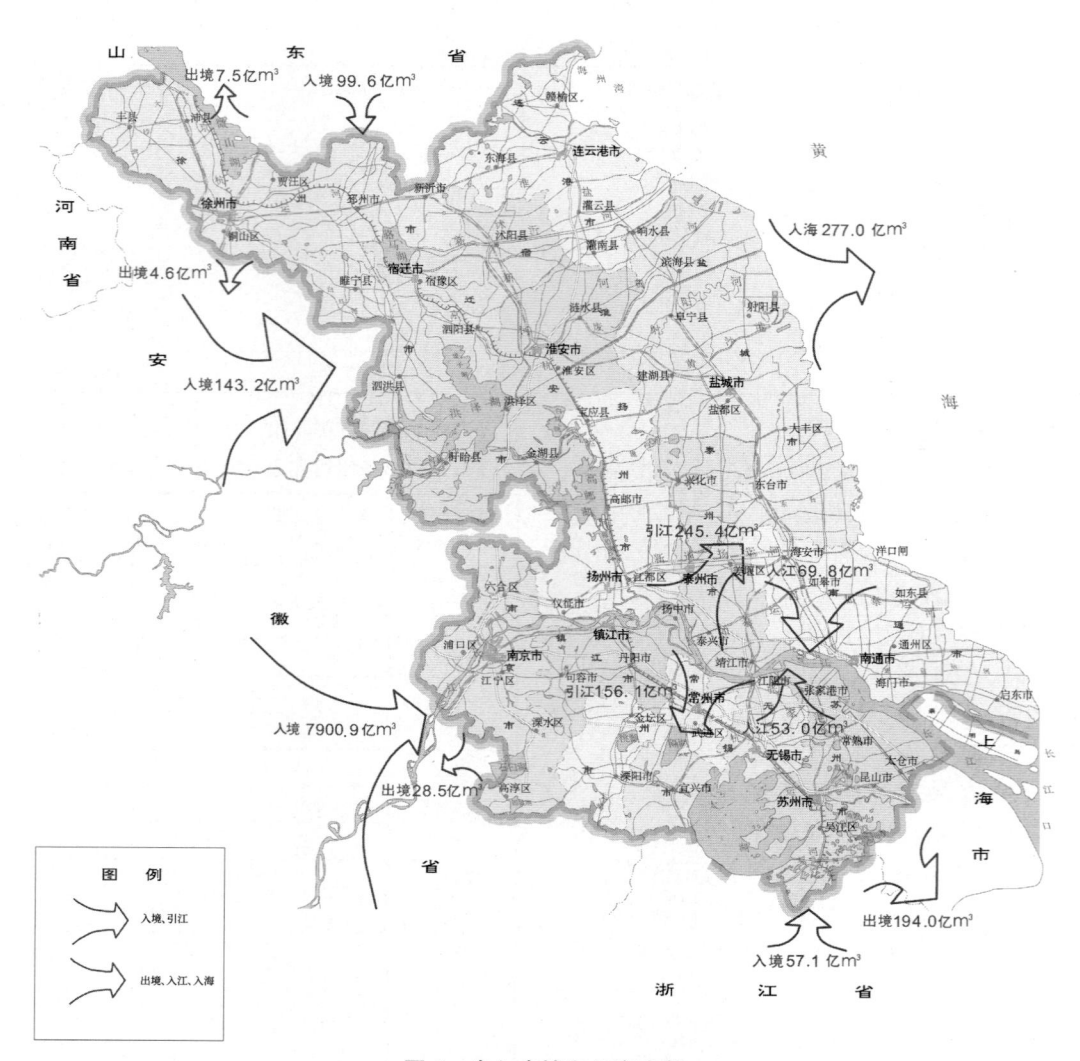

图 4　出入省境和入海水量

域 15.1 亿 m³。

（五）水资源总量

全省水资源总量 192.8 亿 m³，比多年平均少 43.1%，比 2021 年少 61.5%，其中，地表水资源量 142.5 亿 m³，地下水资源量 102.7 亿 m³，重复计算量 52.4 亿 m³。按流域分，淮河流域 109.2 亿 m³（其中沂沭泗水系 67.6 亿 m³），长江流域 33.9 亿 m³，太湖流域 49.7 亿 m³。全省平均产水系数 0.23，平均产水模数 18.8 万 m³/km²。

各设区市及流域分区水资源总量见表 3，各设区市降水量与水资源总量对比见图 5，2000—2022 年全省水资源总量年际变化见图 6。

（六）蓄水动态

1. 省管湖泊

全省太湖、洪泽湖等 10 个省管湖泊年末蓄水总量 94.3 亿 m³，比年初减少 14.7 亿 m³。重点省管湖泊蓄水量见表 4。

2. 大型水库

全省 6 座大型水库年末蓄水总量 4.3 亿 m³，比年初减少 0.9 亿 m³。大型水库蓄水量见表 5。

表4　重点省管湖泊蓄水量　　　　　　　　　　　　　　　　　　　　　　　单位:亿 m³

湖泊名称	太湖	洪泽湖	骆马湖	固城湖	长荡湖	滆湖	白马湖	宝应湖	高邮湖	邵伯湖	总计
年初蓄水量	45.1	36.5	9.6	0.8	0.6	1.4	2.1	0.7	10.7	1.5	109.0
年末蓄水量	46.5	24.5	7.1	1.3	0.6	1.5	1.8	0.8	9.3	0.9	94.3
蓄水变量	1.4	−12.0	−2.5	0.5	0.0	0.1	−0.3	0.1	−1.4	−0.6	−14.7

表5　大型水库蓄水量　　　　　　　　　　　　　　　　　　　　　　　单位:亿 m³

水库名称	石梁河	小塔山	安峰山	沙河	大溪	横山	总计
年初蓄水量	2.2	1.3	0.6	0.4	0.5	0.2	5.2
年末蓄水量	2.2	1.0	0.5	0.2	0.2	0.2	4.3
蓄水变量	0.0	−0.3	−0.1	−0.2	−0.3	0.0	−0.9

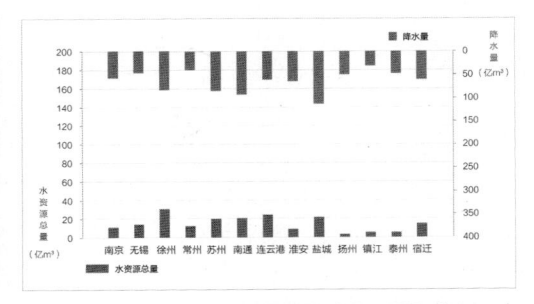

图5　设区市降水量与水资源总量对比

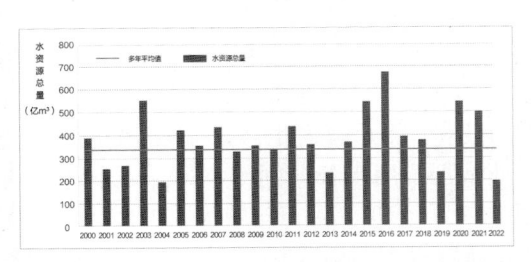

图6　2000—2022年全省水资源总量年际变化

3. 中型水库

全省43座中型水库年末蓄水总量3.6亿 m³,比年初减少1.5亿 m³。其中,淮河流域19座,年末蓄水总量2.0亿 m³,比年初减少0.7亿 m³;长江流域17座,年末蓄水总量1.3亿 m³,比年初减少0.6亿 m³;太湖流域7座,年末蓄水总量0.3亿 m³,比年初减少0.2亿 m³。

4. 浅层地下水

全省平原区年末浅层地下水储存量比年初增加0.3亿 m³,其中,淮河流域减少0.8亿 m³,长江流域增加0.4亿 m³,太湖流域增加0.7亿 m³。

全省地下水位总体稳定。地下水位上升区面积0.4万 km²,储存量增加0.6亿 m³;地下水位相对稳定区面积7.8万 km²,储存量增加0.4亿 m³;地下水位相对下降区面积0.5万 km²,储存量减少0.7亿 m³。

三、水资源利用

（一）供用水量

全省供水总量611.8亿 m³。其中,地表水源供水量595.0亿 m³,占供水总量的97.3%;地下水源供水量2.8亿 m³,占供水总量的0.5%;非常规水源供水量14.0亿 m³,占供水总量的2.2%。与2021年相比,供水总量增加7.8%,其中,地表水源增加7.7%,地下水源减少12.5%,非常规水源增加17.6%。

全省用水总量611.8亿 m³。其中,生产用水553.4亿 m³,占用水总量的90.5%;生活用水43.5亿 m³,占用水总量的7.1%;生态环境用水14.9亿 m³,占用水总量的2.4%。

按照产业结构划分,第一产业用水285.8亿 m³,占生产用水的51.6%,其中农田灌溉用水258.5亿 m³,占第一产业用水的90.4%;第二产业用水248.4亿 m³,占44.9%,其中,电力工业用水205.6亿 m³,一般工业用水39.8亿 m³;第三产业用水19.2亿 m³,占

3.5%。各类用水量组成见图7。

按流域分,淮河流域用水量241.0亿 m³,占用水总量的 39.4%(其中,沂沭泗水系用水量 94.6 亿 m³,占用水总量的 15.5%);长江流域用水量 165.3 亿 m³,占用水总量的 27.0%;太湖流域用水量 205.5 亿 m³,占用水总量的 33.6%。分流域供用水量见表6。

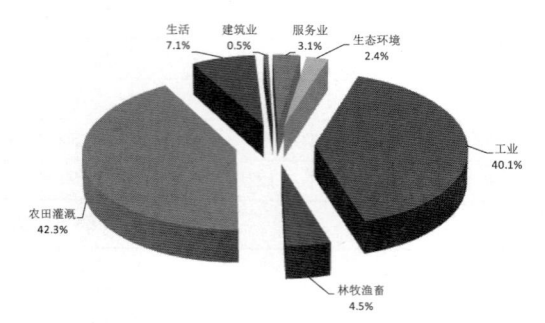

图7 各类用水量组成

表6 分流域供用水量   单位:亿 m³

流域分区	供水量				用水量			
	地表水	地下水	非常规水	合计	生产	生活	生态	合计
淮河流域	234.4	2.7	3.9	241.0	218.3	17.7	5.0	241.0
其中:沂沭泗水系	90.9	1.9	1.8	94.6	85.5	7.6	1.5	94.6
长江流域	161.9	0.1	3.3	165.3	152.0	10.3	3.0	165.3
太湖流域	198.7	0.03	6.8	205.5	183.1	15.5	6.9	205.5
全 省	595.0	2.8	14.0	611.8	553.4	43.5	14.9	611.8

按区域分,苏南地区用水量 277.7 亿 m³,占用水总量的 45.3%;苏中地区用水量 139.8 亿 m³,占用水总量的 22.9%;苏北地区用水量 194.3 亿 m³,占用水总量的 31.8%。设区市用水量组成见图8。

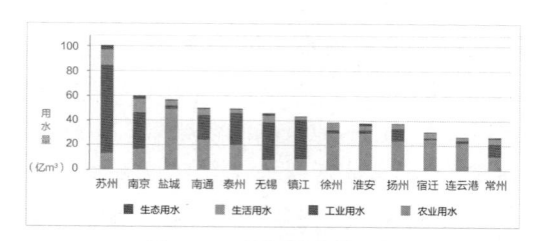

图8 设区市用水量组成

(二)废污水排放量

全省用水消耗总量 284.6 亿 m³。废污水排放总量 67.7 亿 m³。

(三)地下水开发利用

全省地下水开采量 2.8 亿 m³。全省 22 个地下水超采区,水位上升的 13 个,稳定的 9 个,无下降区。地下水漏斗区面积 2 630.2 km²,主要分布于徐州、宿迁、盐城等地,较上年减少 1 441.3 km²。地下水漏斗区分布见图9。

(四)用水指标

按当年价,全省万元地区生产总值用水量 33.6 m³,万元工业增加值用水量 17.8 m³;按可比价,万元国内生产总值用水量和万元工业增加值用水量分别比 2020 年下降 11.4% 和 10.6%;农田灌溉亩均用水量 476.1 m³,农田灌溉水有效利用系数 0.620;居民生活用水量,城镇 151.7 L/(人·d),农村 106.1 L/(人·d)。

四、水资源调配

(一)助力京杭运河百年首次全线贯通

按照水利部统一部署,2022 年 5 月我省首次参与并圆满完成 2021—2022 年度南水北调北延应急调水任务,调水出省 0.7 亿 m³,助力京杭大运河实现百年来首次全线贯通。11 月启动 2022—2023 年度南水北调向省外调水工作,包括北延应急供水年度调水出省 3.48 亿 m³。

图9 地下水漏斗区分布

（二）战胜淮河以南严重气象干旱

2022年我省苏北地区降水偏少，江都站累计抽引江水 66.2 亿 m³，通过强化水工程优化调度，加强计划用水管理，有效保障了苏北地区生活、生产、生态及航运等用水需求。

（三）保障里下河沿海及通南地区供水安全

江水东引江都东闸、高港枢纽全年分别累计引江水 44.3 亿 m³、52.9 亿 m³，沿海五大港闸累计排水 74 亿 m³，为里下河沿海及通南地区城乡生产、生活、生态、航运及冲淤保港等提供了水源。

（四）实现太湖连续 14 年"两个确保"目标

近10年来，首次于主汛期实施调水引流，严格控制望虞河沿线、环太湖口门运行。引江济太常熟枢纽年抽引江水 22.8 亿 m³，其中，通过望亭立交入太湖 11.9 亿 m³；梅梁湖泵站（含大渲河泵站）年出湖水量 6.5 亿 m³，太浦闸出湖水量 33.7 亿 m³，促进梅梁湖、贡湖及东太湖水体流动，既维护了太湖良好水生态，又抑制了太湖蓝藻暴发，保障了无锡、苏州市太湖水源地及宜兴市等太湖周边地区乡镇的供水安全。

（五）促进秦淮河流域水生态改善

秦淮新河枢纽抽引江水 6.29 亿 m³，武定门闸排水 12.6 亿 m³，促进了秦淮河水体流动、水生态改善。

（六）新孟河工程首次投入抗旱运行

首次启用新孟河工程抗旱调水，共抽引

江水 4.3 亿 m³,入运河以南 4.0 亿 m³,有效增加了抗旱水源,保障了太湖湖西地区城乡居民生活、生产、航运等用水需求,促进了水体流动和水生态改善。

五、水资源管理

(一)深入落实最严格水资源管理考核制度

2021 年度我省再获国家最严格水资源管理考核优秀等次第一名,实现 2013 年以来"八连优"。充分发挥省最严格水资源管理制度考核联席会议作用,组织开展全省 2021 年度最严格水资源管理制度考核工作,通过专项督查、日常检查和"四不两直"检查等手段推进年度重点任务的全面完成。

(二)持续健全用水总量与强度控制体系

累计完成 24 条跨市和 93 条跨县河湖水量分配工作,基本实现"应分尽分"。组织编制重点河湖水资源调度方案,加强重点河湖水量调度工作。

(三)全面开展水资源管理规范化建设

规范取水许可审批、验收、发证、延续全过程管理,抽查建设项目水资源论证报告书,提升水资源论证质量。颁布实施全国首个《取用水管理技术规范》,完成 2 000 余个取水工程和 38 个城市水源地规范化改造;124 个重点大中型灌区渠首新建 577 个取用水在线监测站,完成 680 余个取水计量设施抽检。

(四)探索推进水资源管理制度改革

开展南京江北新区、徐州丰县等 8 个"四水四定"试点建设。制定印发《江苏省水权交易可行性论证报告编制技术要求(试行)》,省级水权交易平台上线运行,年度完成 26 单水权交易。颁布实施全国首个开发区水资源论证区域评估标准,54 个省级以上开发区完成水资源论证区域评估,推行取水许可告知承诺制。

(五)深入实施水资源和节约用水信息系统建设

制定江苏智慧水利—水资源与节约用水管理信息化建设总体实施方案,提升完善包括取用水管理、水资源保护、综合监管、政务服务在内的 6 大类 19 个专项子系统功能。开展取水许可电子证照、用水统计、水资源监测运维等系统数据治理,全面落实"一数一源"。按照"融合为主、联通为辅"的原则,加强省市县水资源和节约用水系统的整合共享。

(六)持续健全水资源统计体系

落实国家用水统计调查制度要求,率先制定出台《江苏省用水统计管理暂行办法》,规范用水统计行为。以用水统计"一套表"、联网直报和保证数据质量为重点,强化用水统计调查制度实施。建成 6 472 户取用水名录库,报表填报率和审核率 100%。加强用水总量核算分析,为水资源节约保护管理科学决策提供依据。

六、节约用水

(一)全面深化国家节水行动

细化分解"十四五"和年度用水总量和效率控制目标,将节约用水主要指标纳入各级政府高质量发展考核体系。发挥节水行动协作机制作用,组织召开节水行动成员单位会议,研究部署、协同推进年度工作任务。省发改委、水利厅、教育厅、工信厅、交通厅、机关事务管理局等部门联合行动,推进各类节水型载体建设。

(二)持续强化用水节水全过程监管

严格计划用水管理,强化执行情况考核。调整完善重点监控用水单位名录,将年用水量 50 万方以上的工业企业、服务业和大型灌区全部纳入省级重点监控用水单位名录。全年开展涉水规划和建设项目节水评价 255 项、用水户水平衡测试 1 400 余个、用水审计 300 余个。开展节水监督检查和"四不两直"节水调研，指导服务用水单位提升节约用水管理水平。

（三）加快推进节水型社会建设

加快长江沿线、环太湖、沿海等地区的县域节水型社会达标建设进程，全省累计建成84个达标县，建成率达87%。大力推动节水型载体建设，建成节水型高校23家，水利行业节水型单位57家，各类省级节水型载体479家，节水型工业园区9个，实施各类合同节水项目24个。启动典型地区再生水利用配置试点建设，宿迁市、张家港市、无锡市新吴区入选全国试点城市。

（四）不断完善制度标准体系

制订印发《2022年部分行业补充用水定额（试行）》，新增234项省级用水定额，进一步提高用水定额覆盖率。研究制订《节水型民用机场评价规范（T/JSSL0006—2022）》《节水型高速公路服务区评价规范（T/JSSL 0007—2022）》省级团体标准，苏州、常州等地开展节水型农业园区、节水型乡镇建设。

（五）广泛开展节水宣传引导

积极组织推进水利部等十部委联合举办的《公民节约用水行为规范》主题宣传活动，省水利厅获评优秀组织单位。在全省中小学开展第二届"水韵江苏—节水少年行"活动，并被全国节水办评为"节水中国 你我同行"优秀活动。"节水我先行-丰水地区创意节水公益宣传项目"荣获水利部水利公益宣传教育类一等奖。建设省级节水教育基地云展示平台，21个省级节水教育基地实现在线展示。

七、水资源保护

（一）有效保障饮用水水源地安全

动态更新县级以上城市水源地名录库，南京市浦口区长江桥林水源地等5个水源地完成达标建设。组织开展22个全国重要水源地和96个城市水源地长效管护年度评估，完成38个城市水源地规范化、标准化建设，全省2/3的水源地实现规范化标准化改造升级。组织编制水源地管理规范化、标准化样本汇编，为丰水地区水源地实行规范化管理提供样本示范。

（二）深入贯彻《地下水管理条例》

省政府出台《关于进一步加强地下水保护管理工作的通知》，印发实施《江苏省地下水保护利用规划（2022—2030年）》。在全国率先开展地下水取水工程登记造册工作，调查登记和核查8 000余个地下水取水工程。新一轮地下水超采区划分方案通过水利部技术审查，超采区面积和数量均显著减少。

（三）持续提升重点河湖生态环境质量

连续12年开展重点河湖生态状况评估，组织开展2023年度省级重点河湖生态状况评估前期工作。复核已印发重点河湖生态水位（流量）。建立生态水位预警响应机制，落实保障措施，建成监测预警系统；实行日监测、季评估、年考核制度，生态水位（流量）得到有效保障。

（四）全域推进幸福河湖建设

河湖长带头巡河履职，全面开展河湖长制专项督查，建立省际河湖长联席会议机制，县级以上跨界河湖联合河长制实现全覆盖。出台《幸福河湖评价规范》地方标准，年度建成幸福河湖400条（个）以上。设立全国首家"千亿"级授信额度的幸福河湖建设基金，省级财政每年投入5 000万元作为幸福河湖奖补资金。

（五）持续加强水资源监测评价

强化重点河湖水资源监测，持续监测长江入江支流、地下水、水生态、生态水位等。开展太湖、洪泽湖主要湖泊和行政区交界断面水资源质量监测，加强入河排污口监督性监测。按月度发布城市水源地和应急水源地监测水文情报。

附 注

1. 长江流域：指湖口以下干流区，不含太湖流域。

2. 地表水资源量：指河流、湖泊、冰川等地表水体逐年更新的动态水量，即当地天然河川径流量。

3. 地下水资源量：指矿化度<2 g/L的地下饱和含水层逐年更新的动态水量，即降水和地表水入渗对地下水的补给量。

4. 水资源总量：指当地降水形成的地表和地下产水总量，即地表产流量与降水入渗补给地下水量之和。

5. 多年平均：采用1956—2016年系列。

6. 降水距平：指年降水量与多年平均值的比较。

7. 省管湖泊蓄水量：太湖、长荡湖、滆湖、白马湖、宝应湖、高邮湖、邵伯湖蓄水量采用新的水位容积关系计算。

8. 供水量：指各种水源为用水户提供的包括输水损失在内的毛水量，分地表水源、地下水源和其他水源统计，不包括海水直接利用量。地表水源供水量指地表水工程的取水量；地下水源供水量指水井工程的开采量；其他水源供水量包括污水处理再利用、集雨工程、海水淡化等水源工程的供水量。

9. 用水量：指各类用水户取用的包括输水损失在内的毛水量，按生活、生产、生态环境3大类用户统计，不包括海水直接利用量。生活用水包括城镇和农村生活用水。工业用水指工矿企业生产过程中用于制造、加工、冷却、空调、净化、洗涤等方面的用水，不包括企业内部的重复利用水量。

10. 第一产业用水：包括农田灌溉、林牧渔和牲畜用水。

11. 第二产业用水：包括工业和建筑业用水。

12. 第三产业用水：包括商品贸易、餐饮住宿、交通运输、机关团体等各种服务行业用水。

13. 万元地区生产总值用水量：用水总量与地区生产总值的比值。根据《水利部2022年度实行最严格水资源管理制度考核方案》，2000年后直流火电冷却用水以耗水计，河湖补水不计入用水总量。

14. 万元工业增加值用水量：工业用水量与工业增加值的比值。根据《水利部2022年度实行最严格水资源管理制度考核方案》，工业用水量中2000年后直流火电冷却用水以耗水计。

15. 废污水排放量：指第二产业、第三产业和城镇居民生活等用水户排放的水量，不包括火电直流冷却水排放量和矿坑排水量。

2022 年全省水利重点工程建设完成情况表

截止日期:12 月 31 日　　　　　　　　　　　　　　　　　　　　　　　　　　　　　　　单位:万元

序号	项目名称	建设任务	本年完成	完成比例
	合　计	1 350 582	1 613 986	119.50%
一	国家水网骨干工程	483 288	670 168	138.67%
1	淮河入海水道二期工程	80 000	246 000	307.50%
2	洪泽湖周边滞洪区近期建设工程	100 000	103 100	103.10%
3	江苏省淮河流域重点平原洼地近期治理工程	120 012	127 592	106.32%
4	吴淞江（江苏段）整治工程	50 000	50 200	100.40%
5	新孟河延伸拓浚工程	90 000	100 000	111.11%
6	江苏省环太湖大堤剩余工程	43 276	43 276	100.00%
二	堤防能力提升工程	228 809	248 809	108.74%
三	闸站加固改造工程	159 896	161 746	101.16%
四	中小河流治理工程	233 285	263 996	113.16%
五	沿海水利工程	43 046	47 192	109.63%
六	河湖生态修复工程	47 000	61 107	130.01%
七	城市防洪工程	155 258	160 968	103.68%
八	数字赋能工程	不重复计列建设任务		

2022年度省级组织验收统计表

序号	项目名称	批复概算(万元)	阶段验收	竣工验收	验收时间	鉴定书印发情况	备注
1	长江南京河段八卦洲汊道河道整治工程	47 562		竣工验收	8月12日	苏水办基〔2022〕10号	
3	郑集河输水扩大工程郑集东站增容改造工程	83 194		竣工验收	6月23日	苏水办基〔2022〕8号	
6	江苏省水土保持监测与管理信息系统	2 932		竣工验收	9月23日	苏水办基〔2022〕13号	

2022年江苏省洪涝灾害基本情况统计表
(2022年1月1日~2022年12月31日)

地区	受灾范围 县(市、区)(个)	受灾范围 乡(镇、街道)(个)	受灾人口(万人)	农作物受灾面积(千公顷)	受淹城镇(个)	死亡人口(人)	失踪人口(人)	转移人口(万人)	直接经济总损失(亿元)	其中水利工程设施直接经济损失(亿元)
合计	15	108	0.761 8	18.443 5	4	/	/	0.063 2	0.957 7	0.277 3
省本级									0.049 6	0.049 6
南京市										
无锡市										
徐州市	6	39	0.016 5		3			0.020 7	0.090 3	0.060 3
常州市										
苏州市										
南通市										
连云港市	3	22	0.125	15.781 6				0.038	0.455	0.027
淮安市										
盐城市	2	3		0.011 2					0.000 8	
扬州市										
镇江市										
泰州市										
宿迁市	4	44	0.620 3	2.650 7	1			0.004 5	0.362	0.140 4

2022年江苏省水利设施洪涝灾害统计表
（2022年1月1日～2022年12月31日）

地区	损坏堤防 1级堤防 处数(处)	长度(米)	损失(万元)	2级堤防 处数(处)	长度(米)	损失(万元)	3级及以下堤防 处数(处)	长度(米)	损失(万元)	损坏护岸 数量(处)	损失(万元)	损坏水闸 数量(座)	损失(万元)	损坏灌溉设施 数量(处)	损失(万元)	损坏水文测站 数量(个)	损失(万元)	损坏机电泵站 数量(座)	损失(万元)	其它 数量(处)	损失(万元)	水利工程设施直接经济损失(亿元)
合计	3	1 800.0	200.0	4	400.0	50.0	15	1 500.0	150.0	167	1 851.0	9	95.0	11	200.0	9	12.5	21	123.6	30	90.0	0.277 3
省本级										5	496.0											0.049 6
南京市																						
无锡市																						
徐州市										142	437.0	6	65.0			3	12.0	6	38.6	25	50.0	0.060 3
常州市																						
苏州市																						
南通市																						
连云港市										1	150.0			1	120.0							0.027
淮安市																						
盐城市																						
扬州市																						
镇江市																						
泰州市																						
宿迁市	3	1 800.0	200.0	4	400.0	50.0	15	1 500.0	150.0	19	768.0	3	30.0	10	80.0	6	0.5	15	85.0	5	40.0	0.140 4

2022年江苏省较大重大水毁工程台账
(2022年1月1日—2022年12月31日)

地区	工程基本情况					损毁情况			备注
^	工程名称	工程类型	工程级别	管理单位	所在位置（县(市,区)-乡(镇)-村）	水毁等级	损毁原因	^
江苏→徐州市→市本级	护岸挡墙	护岸	3级及以下	徐州市河湖管理中心	徐州市泉山区	较大	其他	"730"强降雨时云龙湖溢洪道望云桥西侧南岸挡墙受雨水冲刷坍塌，正在修复
江苏→宿迁市→泗阳县	北门干渠挡墙倾斜	护岸	3级及以下	泗阳县众东灌区管理所	泗阳县众兴街道西湖社区	较大	其他	倾斜500米

2022年江苏省城镇受淹情况统计表
（2022年1月1日—2022年12月31日）

地区	城市名称	淹没范围 面积（平方公里）	淹没范围 比例（%）	进水时代表站水位（米）	进水时间（月-日-时）	淹没历时（小时）	主要街区最大水深（米）
合计	—	18.152	—	—	—	—	—
徐州市	城区	0.15	1.0	35.26	07-06-07	5.0	0.5
徐州市	城区	8.0	8.0	29.8	07-30-05	4.0	0.35
徐州市	城区	0.002	0.1	31.0	07-30-09	5.0	0.4
宿迁市	泗阳县	10.0	30.0	8.5	08-23-08	4.0	0.3
						2.0	0.5

2022年江苏省抗洪抢险技术支撑情况统计表
(2022年1月1日—2022年12月31日)

地区	巡堤查险(人天)	专家(工作)组 省(人天)	专家(工作)组 市(人天)	专家(工作)组 县(区)(人天)	省级及以下资金投入 总计(万元)	其中 水利救灾资金投入(万元)	其中 技术支撑投入(万元)	防洪减灾效益 减少受灾人口(万人)	防洪减灾效益 减淹耕地(千公顷)	防洪减灾效益 避免县级以上城区受淹(座)	防洪减灾经济效益(亿元)
合计	281 908	84	428	3 055	63 778.3	58 492.9	1 861.9	592.910 3	221.265 8	34	123.136 2
省本级		84			10 275.0	10 275.0					
南京市	94 800		92	126							
无锡市	9 919							108.0			17.28
徐州市	500		30	1 871	8 106.8	7 503.9	602.9	342.53	63.3	8	49.445
常州市	13 743				640.0	640.0		37.15	2.656	6	6.58
苏州市	13 800		150	200	3 125.0	3 105.0	20.0	24.830 3	13.853 8	10	7.304 4
南通市	101 750		130	120	800.0	600.0	200.0	6.5	4.67	1	1.97
连云港市	8 083				280.0	280.0		14.6	53.263		14.245 8
淮安市				373	398.0		398.0				
盐城市	23 168		8	55	3 325.0	976.0	35.0	12.0	49.9	1	13.18
扬州市	4 288			88	1 011.0		35.0	1.2	0.58		0.3
镇江市	6 399		18	90	101.5		3.0	9.5	10.963	2	0.001
泰州市	5 458			132	35 716.0	35 113.0	603.0	36.6	22.08	6	3.87
宿迁市											8.96

2022年江苏省农业灾情统计表
（2022年1月1日—2022年12月31日）

地区	本年度累计播种面积(千公顷)	其中粮食作物(千公顷)	其中经济作物(千公顷)	作物累计受旱面积(千公顷)	受灾面积(千公顷)	其中成灾面积(千公顷)	其中绝收面积(千公顷)	累计因旱影响供水人口 小计(万人)	其中:因干旱饮水困难人口(万人)	因旱饮水困难大牲畜(万头)	本年度粮食总产量(万吨)	本年度粮食因旱损失(万吨)	本年度粮食因旱损失(亿元)	本年度经济作物因旱损失(亿元)	本年度投入抗旱人数(万人)
合计	4 702.850 6	1 086.906 8	883.843 2	230.791 2	70.489 8	4.468 2				2 987.352 7	27.708 449	7.838 5	4.782 9	46.531 7
省本级															
南京市	50.467	12.772	30.8	18.24	18.24					37.850 3	8.16	2.688	0.378	1.98
无锡市	80.05	55.28	0.454 8	0.024 8	0.024 8					55.065	0.006 799	0.001 8		0.213 8
徐州市	778.908	71.033	301.158 3	41.066	8.5					231.924 7	3.148	0.76	0.092	8.398
常州市	87.718	45.343 3	26.304 6	14.378 1	4.846 8	0.747 7				69.471 3	1.910 1	0.571 3	1.607 9	2.019 5
苏州市	120.237 1	58.630 9	6.608	0.947						97.877 7			0.037	0.096 8
南通市	538.3	213.3	22.0	18.6	2.077	0.335				340.1	1	0.3	0.3	0.02
连云港市	444.211 5	74.067 1	125.958 6	23.875	15.824 1	1.560 8				365.89	3.957 6	1.029	0.161	3.251 5
淮安市	682.666	100.0	32.192 6	29.754 9						490				9.87
盐城市	775.558 4	311.617 2	156.040 3	38.897 2	5.99	0.49				364.451 9	3.253 3	0.827 3	1.619 3	12.415 9
扬州市	213.232 5	15.142 8	8.081 2	3.759 8	1.047 6	0.228 3				224.286 9	1.099 05	0.198 9	0.256 4	2.728 1
镇江市	135.666 4	29.112 8	19.433 2	10.015 4	3.706 5	1.006 4				94.727 8	2.333 6	0.911	0.065	2.204
泰州市	427.413 3	88.941 7	1.929 6							194.057 1			0.256 3	0.261 9
宿迁市	368.422 4	11.666	152.882	31.233	10.233	0.1				421.65	2.84	0.551 3	0.01	3.072 2

2022年江苏省抗旱情况统计表
（2022年1月1日—2022年12月31日）

地区	本年度投入抗旱设施 机电井（万眼）	本年度投入抗旱设施 泵站（处）	本年度投入抗旱设施 机动抗旱设备（万台套）	本年度投入抗旱设施 机动运水车辆（万辆）	累计投入抗旱资金 合计（万元）	累计投入抗旱资金 中央拨款（万元）	累计投入抗旱资金 各级财政拨款（万元）	累计完成抗旱浇灌面积（千公顷）	累计完成抗旱浇灌面积（千公顷次）	累计解决因旱影响供水人口 小计（万人）	其中：累计解决因旱饮水困难人口（万人）	累计解决饮水困难大牲畜（万头）	全年抗旱减灾效益 其中挽回粮食损失（万吨）	全年抗旱减灾效益（亿元）	其中挽回经济作物损失（亿元）
合计	3.392 7	21 841	20.154	1.284 9	87 967.07	27 318.0	60 649.07	816.417 5	3 678.557 5				128.613 785	43.378 5	10.090 1
省本级					2 600.0	2 600.0									
南京市		96	0.089		19 440.0	4 000.0	15 440.0	30.8	30.8				6.3	2.52	0.304
无锡市		1 892	0.020 4		1 464.1	1 200.0	264.1	0.454 8	0.659 4				6.097 808	1.585 4	
徐州市	2.509 1	3 653	16.852 8	1.248 2	9 105.48	1 450.0	7 655.48	301.158 3	642.82				18.192	5.052 5	0.638
常州市		1 847	0.164 9	0.003 2	4 563.85	2 500.0	2 063.85	21.563 5	74.689 2				3.232 9	0.964	1.098
苏州市		57	0.065 7	0.007 1	2 900.0	1 000.0	1 900.0	6.608	276.47					0.75	
南通市		4			1 900.0	1 100.0	800.0	22.0	25.0				2.1	0.65	0.2
连云港市	0.35	1 119	0.235	0.021 9	3 990.0	1 600.0	2 390.0	125.808 3	395.598				4.595 16	1.229 5	0.03
淮安市	0.5	736	1.33		7 792.0	2 350.0	5 442.0	32.192	119.605 2				13.75	3.575	5.6
盐城市	0.014 5	3 119	0.439	0.001	7 216.0	1 000.0	6 216.0	140.526	427.335				36.773 4	14.572 4	0.137 5
扬州市	0.019 1	6 054	0.229 3	0.000 1	9 609.44	2 018.0	7 591.44	8.042 9	1 399.879 1				1.500 709	1.530 1	0.204 4
镇江市		1 498	0.250 4	0.002 9	8 057.0	3 400.0	4 657.0	15.089	124.727				11.257 9	4.167 6	0.628 5
泰州市		37	0.007 7	0.000 5	1 273.0	1 100.0	173.0	1.292 6	1.292 6				0.813 908	0.352	0.399 7
宿迁市		1 729	0.469 8		8 056.2	2 000.0	6 056.2	110.882	159.682				24	7.18	0.1

2022年度江苏省水利科技进步奖获奖名单

序号	成果名称	主要完成单位	主要完成人员
一等奖 6项			
1	水利工程精细化管理理论体系及关键技术研究与示范应用	江苏省水利厅、河海大学、江苏省江都水利工程管理处、南京南瑞水利水电科技有限公司、南京市水利规划设计院股份有限公司	张劲松、沈菊琴、陆一忠、郭　宁、高杏根、夏方坤、简迎辉、周灿华、谈震、陈建明、黄天增、刘　敏、蔡　平、匡　正、罗柏明
2	江苏省70年水利经济效益分析研究	江苏省水利工程规划办公室、江苏省水利勘测设计研究院有限公司、江苏省太湖水利规划设计研究院有限公司	袁文秀、罗龙洪、蒋燕华、陈　栋、汪院生、张　明、吕馨怡、凌　哲、张艳霞、王浠浠、姜中清、钟　粟、王宇露
3	江苏省湖泊生态健康诊断与治理关键技术及应用	江苏省水利科学研究院、中国科学研究院南京地理与湖泊研究所	王　俊、胡晓东、吴苏舒、蔡永久、黄　睿、王春美、何春鹏、郭刘超、徐季雄、吴沛沛、房　凯、尹子龙、杨源浩、丰　叶、苏律文
4	江苏湖泊健康保障关键技术研究与应用	江苏省秦淮河水利工程管理处、中国科学院南京地理与湖泊研究所、江苏省洪泽湖管理委员会办公室	张加雪、高俊峰、韩全林、张建华、刘建龙、闵克祥、闫人华、张　明、刘建华、朱　慧、石雯倩、张奇谋、田　峰、李　琪、张　京
5	滨湖城市河网防洪与水环境智能调控技术与应用	南京水利科学研究院、无锡市水利局、无锡市梁溪区水利局	范子武、张小稳、刘国庆、陈天宇、金雪林、金　杰、黎东洲、陈光育、王蔚、乌景秀、廖铁鹏、杨　畅、杨　光、黄　玄、刘思恩
6	基于高频微波与智能算法的高时空分辨率降水监测研究与应用	江阴市水利局、中国科学院地理科学与资源研究所、江苏微之润智能技术有限公司	邹明忠、陈转兰、吕　宁、吴浩楠、王　辉、徐小军、范亚峰、李　清、钱彬源、胥杜杰
二等奖　6项			
1	江苏省水旱灾害防御调度方案编制研究	江苏省水旱灾害防御调度指挥中心、河海大学	孙洪滨、方国华、黄显峰、尤迎华、朱建英、陶娜麒、鲍建腾、周春飞、焦野、孙超君
2	可持续发展视角下洪泽湖渔民转产上岸路径研究	江苏省洪泽湖管理委员会办公室、河海大学商学院	韩全林、史安娜、陈昌仁、万　骏、刘永进、张　敏、赵　敏、童纪新、汪露、张　祯
3	苏南运河沿线流域、区域、城市防汛排涝联合调度研究	江苏省水旱灾害防御调度指挥中心、南京水利科学研究院、江苏省太湖水利规划设计研究院有限公司、江苏省太湖地区水利工程管理处	张劲松、刘丽君、朱建英、范子武、王船海、周春飞、宋　玉、展永兴、刘国庆、乌景秀

续表

序号	成果名称	主要完成单位	主要完成人员
		二等奖 6 项	
4	水利工程建筑信息模型设计应用标准研究与应用	江苏省水利勘测设计研究院有限公司	宫国胜,朱庆华,王海俊,沈国华,张超,谷江峰,何孝光,陈蕾,徐鹏
5	苏南城市化地区极端暴雨洪水演变与适应性对策研究	南京大学,江苏省水利学会,江苏省水文水资源勘测局常州分局,南京市水利规划设计院股份有限公司	许有鹏,王强,叶健,张鹏,陈卫东,高斌,张明,费国松,胡尊乐,林正欣
6	节水灌溉稻田灌溉施肥一体化技术模式研究	河海大学,昆山市水务局,江苏省农村水利科技发展中心	徐俊增,张坚,胡乐,刘笑吟,周皎艳,杨士红,王洁,戴惠东,朱莉,王海渝
		三等奖 8 项	
1	江苏治淮重要堤防防渗隐患诊断与处理及评价研究	江苏省分淮入沂整治工程建设管理局,江苏省水利工程建设局,江苏鸿基水源科技股份有限公司	孙绍君,高山,翁佳兴,冯迪,别学清,张珂,刘胜
2	江苏省典型地区水资源环境承载能力提升研究	江苏省水文水资源勘测局,河海大学,江苏省水土保持生态环境监测总站	董增川,辛华荣,周毅,刘淼,童骏,梁文广,陆小明,杨光
3	河湖库水利变化高分遥感监测规范	江苏省水利科学研究院	王冬梅,何耕胜,张明,万昊,王铁虹,刘仲刚
4	长江径潮流河段水下防护工程质量提升关键技术研究与示范	江苏省水利科学研究院,河海大学,张家港市水务局	王茂枚,赵钢,徐毅,何继鹏,鲁程鹏,方波
5	农田精准灌溉试验及灌溉控制指标优化研究	江苏省水利科学研究院	高士佩,陈文猛,侯苗,张雯叶,齐斐,鞠艳,王加忠
6	两栖轻型多功能水生植物收割装备研发与应用	江苏省水利工程科技咨询股份有限公司,扬州大学,江苏省水利机械制造有限公司	颜红勤,宋力,蒋红樱,沈辉,王景成,沈静,尤宽山
7	江苏省水利工程运行管理技术标准体系研究	河海大学,江苏省水利厅工程运行管理处	方国华,陆一忠,宁,黄显峰,高杏根,周贵宝,赵勇
8	淮北地区灌区节水减排与生态建设关键技术研究	宿迁市节约用水管理服务中心,河海大学	房凯,奈冬立,叶志才,单延功,王彦东,王明明,王燕妮